선사시대 인류의 문화와 문명

선사시대 인류의 문화와 문명

브라이언 M. 페이건·나디아 두라니 지음 | 이희준 옮김

사회평론아카데미

선사시대 인류의 문화와 문명

2000년 3월 15일 1판 1쇄 발행
2011년 3월 14일 2판 1쇄 발행
2022년 3월 15일 3판 1쇄 발행

지은이 브라이언 M. 페이건·나디아 두라니
옮긴이 이희준

편집 김천희
디자인 김진운
마케팅 최민규
본문조판 토비트

펴낸이 고하영
펴낸곳 (주)사회평론아카데미
등록번호 2013-000247(2013년 8월 23일)
전화 02-326-1545
팩스 02-326-1626
주소 03993 서울특별시 마포구 월드컵북로6길 56
이메일 academy@sapyoung.com
홈페이지 www.sapyoung.com

ISBN 979-11-6707-054-8 93900

창조적 영감을 주고 많은 호의를 베풀어준 빅토리아 프라이어에게
심심한 감사와 더불어 이 책을 바친다.

서문

지금 그대가 선 무덤 바닥을 인간의 발이 마지막으로 밟은 후 3천 년, 아마도 4천 년이 흘렀을 것이다. 그럼에도 그대 주위에서 최근의 인간 활동을 가리키는 표지들, 즉 문 밀봉용 회반죽이 반쯤 남은 통, 그을린 램프, 막 칠을 한 벽면에 남은 손가락 자국, 문턱에 떨어진 작별 화관 등이 눈에 띄니, 이런 것들로 보면 바로 어제 일이 벌어졌구나 싶을 것이다…시간은 이처럼 우리가 익히 아는 아무것도 아닌 것들 때문에 깡그리 없어져버리고, 그래서 그대는 자신이 마치 침입자인 듯 느낀다.

이집트학자 하워드 카터의
1922년 11월 26일 투탕카멘 왕묘 조사 기록에서

황금 파라오, 사라진 도시, 싱긋 웃는 인간 해골. 고고학은 바로 이런 낭만과 전설이 가득한 학문! 많은 사람들은 아직도 고고학자를 쉬이 손에 넣지 못할 성배(聖杯)를 찾아 나선 유명한 할리우드 영화 주인공 인디애나 존스처럼 모험가요 보물 사냥꾼쯤으로 여기고 있다. 좀처럼 가실 줄 모르는 이런 이미지는 그 뿌리가 19세기 말로 거슬러 올라가니 그때는 하인리히 슐리만 같은 유명한 고고학자들이 트로이를 비롯한 사라진 문명들을 아직 찾아낼 수가 있었고 일주일 만에 왕궁 셋을 발굴할 수도 있었다. 오늘날 인디애나 존스처럼 행동하는 고고학자는 없다. 오늘날의 고고학자는 모험가가 아니라 과학자이며 외딴 벽지에서 발굴을 하더라도 에어컨을 켠 연구실에서처럼 편안하고 기분 좋게 느끼는 학자들이다. 고고학이 영국 빅토리아시대의 초창기로부터 이제 엄연한 과학적 학문으로 발전한 사실은 20세기 학문이 올린 최대의 개가 중 하나로 꼽힌다.

고고학은 인류의 경험에 대한 우리의 이해를 그간 여러모로 철저히 바꾸어 놓았다. 한 세기 전에는 학자 대부분이 인류의 나이를 10만 년도 안 된다고 믿었다. 오늘날 우리는 자신의 기원이 적어도 500만 년 전으로 거슬러 올라감을 안다. 우리 선배들은 아메리카 대륙에 사람이 처음으로 살기 시작한 때는 서기전 8000년경이고 세계의 농경은 서기전 4000년쯤에 시작되었다고 믿었다. 하지만, 이제 새로운 발굴 결과들은 최초의 아메리카 사람들이 늦어도 서기전 12,000년에 이주해왔고 농경의 시작은 서기전 10,000년쯤이었다고 연대측정한다. 그리고 무엇보다 중요한 점은 고고학이 그간 우리 자신, 특히 우리의 생물학적, 문화적 다양성에 대한 인식을 바꾸어 놓았다는 것이다. 황홀한 고고학의 세계에 오신 것을 환영하는 바이다!

『선사시대 인류의 문화와 문명』 제10판은 이전 판들의 오랜 전통을 이어받아 독자들을 6백만 년에 걸친 인류 과거의 경관 속으로 흥미진진하면서도 골치 아픈 전문 용어 없는 여행을 떠나도록 해주고 있다. 부디 페이지마다 머물면서 즐기시기를 빈다.

제10판의 하이라이트

이 책『선사시대 인류의 문화와 문명』 제10판은 이 분야의 최신 진전을 담아내기 위해 전면적으로 개정하였다. 이 책은 수십 명의 고고학자 및 학생이 이전 판들을 써 본 후 수고롭게도 우리에게 연락을 해 일러준 여러 좋은 제안들을 수용하였다.

지금은 고고학에 관한 책을 쓰기에 무척 신이 나는 때이다. 목하 수많은 과학적 진전들이 과거에 대한 우리의 인식들을 바꾸어 놓고 있기 때문이다. 제10판은 초기 인류의 진화, 빙하시대 말기, 농경의 기원에 관한 새롭고도 중요한 발견 사항들을 담고 있다. 장마다 해당 부문의 최신 정보를 새롭게 망라하였고, 또 각 장의 끝에는 참고문헌 목록을 쇄신해 실었다. 이와 더불어 책 말미에는 전문 용어 해설과 고고학 유적 및 문화 용어 해설을 더하였다.

새롭게 쓰고 고쳐 쓴 내용

- 세계 선사에 대한 새로운 인식 제1장에서 이 중요한 주제에 관한 새로운 사조를 반영하면서 고고학 이외에도 과거에 대한 대안적 관점들을 비중 있게 다루었다.
- 초기 인류의 진화 제2장을 완전히 개정하였다. 이에서는 에티오피아, 케냐 그리고 남아프리카에서 가장 최근에 발견한 화석들을 포함하면서 인류 기원 연구의 최신 전전 사항들을 논의하였다.
- 현대인(현생인류)의 기원 제3장을 크게 개정하였다. 이에서는 이론 분분한 최초 현대인 문제에 대해 그간 이루어진 새로운 연구 성과와 네안데르탈인의 계보 및 행동에 대한 최신 지견들을 다루었다.
- 식량생산의 기원 제5장에서 농경 및 동물 순화의 기원에 관한 최신 이론들을 더 많이 짜 넣었으며, 각지의 최초 농경민을 다룬 제6장에서는 가속질량분석(AMS) 방사성탄소연대측정법으로 얻은 초기 농경의 최신 연대들과 세계에서 가장 이른 농경 취락들 중 일부가 목하 발견되고 있는 참인 터키 동부에서의 새로운 연구 성과들을 담았다.
- 국가와 문명의 기원 제8장에서 국가조직 사회의 기원에 관해 지금 벌어지고 있는 이론적 논쟁을 분파주의 및 카리스마 리더십 문제까지 포함해 다루었다. 제9장에서 제14장까지는 세계 각지의 최초 문명들에 대해 최신 사실들을 서술하고 분석을 하였으며, 특히 고대 이집트 문명과 아프리카 왕국들 그리고 남아시아 및 동남아시아 국가들에 대해 이전보다 더 많이 다루었다. 제12장과 제13장에서는 저지대 및 고지대 메조아메

리카 문명을 이전 판들보다 폭 넓고 깊게 분석한 결과를 담았다.

- 전면 개정과 수정 분문 전체와 그림 그리고 참고문헌을 개정하고 지면 마다 쇄신하였다.

특집 테 글

분문 서술 내용을 보완하고 깊이를 더하기 위해 네 가지 유형의 특집 테 글을 곳곳에 배치하였다.

- 이론 여러 시기의 기후 변화가 인간 사회들에 어떤 식으로 영향을 미쳤 는지를 서술한 테 글을 비롯해 고고학의 이론 및 방법론에 관련된 테 글 을 책의 곳곳에 배치하였다.
- 과학 이 테 글들은 주요 연대측정법과 여타 과학적 접근방법들을 소개 하는데, 예를 들면 방사성탄소연대측정법과 가속질량분석법, 환경 복원 연구법 등이다.
- 유적 특히 중요하고 이례적으로 흥미로운 측면을 가진 유적을 설명하 는 테 글을 대부분의 장에다 한 개 이상 배치하였다.
- 고대인의 음성 메소포타미아, 이집트, 그리고 메조아메리카 문명에 관 한 장들에 특집 테 글을 배치하였는데, 이는 당대의 저술을 직접 인용함 으로써 고대인의 이례적 '음성'을 생생하게 들려줄 것이다.

책의 편집 개선

제10판에서는 새로운 사진들과 더불어 디자인을 새롭게 하거나 바꿈으로 써 편집을 개선하였다. 새로운 그림들은 최신 발견 사항들의 추가적 배경을 제공하고 본문 내용을 보완해줄 것이다.

옮긴이의 글

이 책은 2020년 브라이언 M. 페이건과 나디아 두라니가 라우틀리지(Rout-ledge)사에서 공저로 출간한 *World Prehistory: A Brief Introduction* 제10판을 번역한 것이다.

페이건이 단독으로 지은 이 책의 제4판을 일찍이 2000년에 『인류의 선사 문화: 선사시대 인류의 문화와 문명』이라는 제목으로 처음 옮겼고 2011년에 제8판을 『세계 선사 문화의 이해: 인류 탄생에서 문명 발생까지』로 옮긴 후 이제 다시 이렇게 옮겼으니 지난 20여 년에 걸쳐 꼭 11년마다 같은 책의 개정 판들을 세 번 옮긴 셈이다. 이처럼 거듭 옮긴 이유는 무엇보다 원서가 (개정을 거듭해 제10판이 나온 데서 짐작할 수 있지만) 좁게는 고고학계, 넓게는 일반교양 부문에서 계속 그 가치를 널리 인정받았기 때문이다. 물론 이런 평가에 더해 책이 개정될 때마다 그간 이루어진 새로운 발견과 연구 성과를 충실히 반영 해 여러모로 많이 업데이트된 때문이기도 하다.

원서의 제목은 직역한다면 『세계 선사(학) 개요』 정도인데 매번 우리말 제 목을 달리 한 데는 나름의 까닭이 있다. 처음 번역했을 때는 당시 재직하던 대 학교에서 책 제목과 동일한 과목명을 가진 강의에 교재로 쓰기 위해 그리하 였다. 다만, 그 제목만으로는 내용이 금방 와 닿지 않고 다소 모호했는지 출 판사 측에서 (초판 1쇄의 표지에서만이기는 하지만) 그렇게 부제를 덧붙였다. 두 번째 옮길 때는 고고학도만이 아니라 일반 시민도 독자가 되었으면 좋겠다 싶어서 제목을 바꾸어 보았으나 역시 밋밋하게 느껴져 책이 다룬 시간 범위 에 중점을 두고 부제를 달았다. 이제 옮긴이가 대학교에서 퇴직한 지 몇 년이 지난 터라 고고학도를 비롯한 일반인을 주된 독자층으로 겨냥한 책 제목을 한번 붙여보려고 궁리하던 차에 만약 누가 인터넷에서 키워드들로 이런 책을 찾는다면 어떤 단어들이 뽑힐까에 생각이 미쳤다. 그래서 앞의 두 번역서 제목에서 쓰인 단어들을 보면서 책의 내용을 가장 잘 전할 공통분모를 찾다 보니 결국 첫 번역서의 부제가 제일 적합하다는 결론에 이르렀다.

이번 제10판은 독자들이 책 내용을 쉽게 잘 파악할 수 있도록 전체를 다섯 부로 나누고 각 부의 첫머리에 해당 장들의 내용을 '서설'로 요약해둔 점이 큰 장점이다. 그리고 특집 테 글도 많이 보완했는데 특히 왜 인류 선사와 고고학 연구가 중요한지, 사이비고고학이 과학적 고고학과 어떻게 다른지를 설파한 글들이 아주 인상적이다.

돌이켜 보니 페이건과 그의 책은 옮긴이와 우연일지도 모르지만 깊은 인연이 있는 듯하다. 대학교에서 고고학을 가르치는 중에 강의용 교재 등의 필요 때문에 그동안 여러 권의 고고학 관련 영어 책을 번역해 내었는데 맨 처음 옮긴 것이 바로 이 책의 제4판이었다. 그리고 이제 이 책을 내는 것이 마지막이 될 듯하니 이걸 우연으로만 돌리기 어렵다는 생각도 든다. 또 옮긴이가 40여 년 전에 고고학을 처음 공부할 때는 제대로 된 우리말 개론서가 없었던 터라 당시 미국에 가 있던 동생 미아가 보내주어 열심히 읽은 책도 (이 책 제1장의 참고문헌에 보면 2020년에 제15판이 나온) 페이건의 *In the Beginning* 초판이었다.

첫 책을 옮기면서 사회평론사와 맺은 인연 또한 줄곧 이어져 퇴직하기까지 옮긴 책이나 써낸 책은 모두 같은 출판사에서 나왔다. 이 인연은 옮긴이의 의지가 작용한 것이기도 하지만 그래도 알지 못하는 어떤 힘이 뒤에 깔려 있구나 싶다. 인연을 말하다 보니 첫 책을 내고 바로 다음 해 초에 대구의 고고학·고대사 연구자들 및 각지의 고고학 후배들과 함께 멕시코의 고대 문명 관련 유적들을 탐방한 일도 어쩌면 그런 인연의 연장일지도 모르겠다는 생각이 든다. 그때 여행 코스를 기획하면서 페이건의 이 책이 좋은 참고가 되었음은 물론이다. 그리고 멕시코 현지에서 이를테면 Oaxaca 같은 지명을 보통의 스페인어 단어라면 오악사카로 읽어야 하지만 그렇지 않고 16세기 (스페인의 아스텍 정복 이후 현지 지명 등을 표기한) 스페인어 발음 방식이 지금껏 그대로 남은 멕시코어식 읽기로 와하카라고 하는 것도 재차 확인하였다.

그 이후로 대구의 연구자들과 함께나 다른 이들과 더불어 세계 여러 곳의 선사 문화 및 고대 문명 유적(중국 내 실크로드, 터키·그리스, 페루·볼리비아, 이집트, 인도 등지)을 찾아가 보는 여행을 매번 보름에서 스무날 정도씩 다니면서 이 책에 언급된 유적들을 방문했던 기억이 새삼 떠오른다. 그리고 그 여행들도 이 책과 알게 모르게 연관되어 있었구나 하고 느낀다. 이 책을 옮기면서 원서에서 이를테면 그리스 미케네 성채 내의 묘지와 출입문 사이의 위치 관계와 멕시코 치첸 이차의 카스티요와 전사의 신전 사이의 위치 관계에 대해 잘못 표현한 점을 바로잡을 수 있었던 것도 그 여행들을 하면서 직접 유적에 가 본 덕택이니 이 또한 어떤 인연을 일러주는 것이 아닌가?

이번 책에서는 그간 국립국어원이 정한 외국어 한글 표기 기준을 일부러 거슬러 고집해왔던(그래서 아마도 출판사의 관계자들을 오랜 기간 동안 무척 당혹스럽게 했으리라 짐작되지만) 프랑스어 및 스페인어 지명, 인명의 된소리 표기를 모두 순화하였다. 그리고 독일, 터키 등지의 일부 유적명도 옮긴이가 여러 경로로 확인할 수 있었던 현지 발음에 최대한 가깝게 바꾸었다.

마지막으로, 출판사와의 인연에 따른 것이기도 하지만 오랜 기간 여러 책을 옮기는 일을 주관하면서 그간 이어온 인연을 소중히 지켜 주시고 이 책을 내는 데도 주역을 하신 김천희 소장 이야기를 해야 하겠다. 사실 김 소장이 만약 사회평론사에 안 계셨다면 이 책은 태어나지 못했으리라. 대학교 퇴직과 더불어 더 이상 책 번역 일도 하지 않겠다고 스스로 굳게 다짐한 옮긴이에게 이 책이 고고학도 및 일반 독자에게 꼭 필요하니 한번 해보자고 특유의 부드러운 강권을 하지 않았더라면 넘어가지 않았을 테니 말이다. 다시 옮기는 작업을 하면서 다짐을 깬 후회를 여러 차례 하지 않은 것은 아니나 이제 이렇게

책이 태어나는 시점에 서 보니 덕분에 나름의 보람도 느끼게 되어 이 자리를
빌려 고맙다는 말씀을 드리고자 한다.

壬寅年 상주 수봉리 寓居에서 和峰

차례

서문 6
옮긴이의 글 10
편년과 도량 단위에 관한 특기 사항 21

제1부 선사

서설: 고고학과 선사 24

제1장 세계 선사 이해의 기초 30

프롤로그 31
이론 왜 인류 선사와 고고학이 중요한가? 32
1 "태초에…" 35
이론 신화적 영웅들과 사라진 문명들: 사이비고고학의 단골 관심사 38
2 선사·고고학·세계 선사 41
3 인류 선사의 주요 진전들 45
4 순환적 시간과 직선적 시간 47
5 문헌기록·구비역사·고고학 52
6 세계 선사의 연구 55
7 문화 57
8 문화 역사·시간·공간과 민족지적 현재의 신화 59
이론 과거의 연대를 측정하는 법 63
9 문화 과정과 과거 생활양식 68
10 문화 변동의 메커니즘들 70
11 적응으로서의 문화 74
유적 이집트 테베에서의 옛 전쟁 사상자 76
이론 옛 사회조직 77
12 문화 전통과 문화 변동 80
13 무형의 것들: 이데올로기와 상호작용 81
요약 86
참고문헌 87

제2부 최초 인류의 세계

서설: 모든 것의 시작   90

제2장   인류의 기원   97

프롤로그   98

1   대빙하시대(258만 년 전부터 1만 2천 년 전까지)   100
2   초기 영장류의 진화와 적응   103
3   인류 진화의 화석 증거(700만 년 전부터 150만 년 전까지)   108
과학   포타슘아르곤연대측정법   111
4   갖가지 오스트랄로피테쿠스군(420만 년 전부터 178만 년 전까지)   120
5   초기 호모(240만 년 전쯤부터 160만 년 전까지)   123
6   최초의 인간은 어떤 존재였는가?   127
유적   탄자니아 올두바이 고르지   131
7   최초의 도구제작자 인간   135
8   사냥꾼이었나 아니면 약취꾼이었나?   139
9   최초 인간의 정신세계   143
10   언어의 발달   146
11   최초의 사회조직   148
요약   150
참고문헌   151

제3장   인류의 조상, 아프리카 밖으로 나가다   152

프롤로그   153

1   빙하시대에 관한 배경 지식   154
2   아프리카의 호모 에렉투스(190만 년 전쯤부터 150만 년 전쯤까지)   158
3   동남아시아의 호모 에렉투스(180만 년 전쯤부터 아마도 3만 년 전까지)   163
4   유라시아와 유럽의 호미닌들   167
5   호모 에렉투스의 생활양식   168
유적   독일 쇠닝엔   172
6   네안데르탈인(40만 년 전쯤부터 아마도 3만 년 전까지)   179
과학   DNA와 고고학   186
7   초기 호모 사피엔스(30만 년 전쯤부터 1만 5천 년 전까지)   194
8   연속인가, 대체인가 아니면 그 사이의 어떤 것인가?   195
9   분자생물학과 우리의 기원   197
10   호모 사피엔스가 아프리카 밖으로 퍼지다   204
요약   208
참고문헌   210

제3부 현대 세계의 탄생

서설: 현대인, 이주, 농민   212

제4장   인류의 대확산   217

프롤로그   218
1   빙하시대 말기의 세계(5만 년 전부터 1만 5천 년 전까지)   220
2   동남아시아와 오스트레일리아의 인간 거주 개시(4만 5천 년 전쯤부터 1만 5천 년
    전까지)   223
유적 신종 섬사람들: 호모 플로레시엔시스   223
과학 방사성탄소연대측정법   226
3   빙하시대 말기의 유럽: 크로마뇽인(4만 4천 년 전쯤부터 1만 5천 년 전까지)   229
유적 프랑스 그로트 드 쇼베   239
4   유라시아의 수렵채집민(4만 5천 년 전부터 1만 5천 년 전까지)   242
5   동아시아(3만 5천 년 전부터 1만 5천 년 전까지)   245
6   동북 시베리아의 초기 인간 거주(2만 5천 년 전 이전부터 1만 5천 년 전까지)   248
7   최초의 아메리카인(1만 5천 년 전 이전부터 서기전 11000년까지)   250
유적 칠레 몬테 베르데   252
8   클로비스인(서기전 11200년쯤부터 11000년까지)   255
요약   258
참고문헌   259

제5장   식량생산의 기원   260

프롤로그   261
이론 옛 기후 변화의 연구   265
1   충적세(서기전 10000년 이후)   268
2   수렵채집 사회의 변화   269
3   수렵채집 사회의 복합도   272
4   농경의 기원에 관한 이론들   274
5   자료 수집의 혁명   278
과학 부유선별법과 식물 유체   278
과학 가속질량분석 방사성탄소연대측정법   280
6   다인(多因) 이론들   282
7   식량생산의 결과들   285
8   영양과 초기 식량생산   294
요약   296
참고문헌   296

제6장 최초의 농민들 298

프롤로그 299

1 동물의 순화 301

2 밀과 보리의 순화 304

3 서남아시아의 농민(서기전 10000년쯤부터 서기전 5000년까지) 306

유적 시리아 아부 후레이라에서의 남자 일과 여자 일 310

유적 터키 동남부의 의례 건축물 313

4 이집트와 아프리카의 초기 농민(서기전 7000년 이전부터 서기전 1000년까지) 318

5 유럽의 농민(서기전 6500년쯤부터 서기전 3000년까지) 320

과학 지속가능성: 차탈회육에서의 기후 변화 적응 321

유적 영국 이스튼 다운과 에이브베리의 경관 326

6 아시아의 초기 농경(서기전 7000년 이전부터 서기전 3000년까지) 328

7 아메리카의 초기 농경(서기전 8000년 이후) 333

요약 340

참고문헌 342

제7장 군장과 군장 사회 343

프롤로그 344

1 호혜성과 '대인(大人)' 346

2 태평양의 군장과 항해가들(서기전 2000년부터 현대까지) 349

3 미국 서남부(서기전 300년부터 현대까지) 355

과학 연륜연대측정법(나무나이테연대측정법) 357

4 북미 동부의 토루축조족(서기전 2000년부터 서기 1650년까지) 366

유적 미국 앨라배마주 마운드빌 376

요약 381

참고문헌 382

제4부 초기 문명들의 세계

서설: 구대륙 문명들 384

제8장 국가조직 사회 389

프롤로그 390

1 국가조직 사회란 어떤 사회인가? 392

2 도시 395

3 국가의 기원에 관한 이론들 396

과학 흑요석 산지 추정 401

4 사회 접근법: 세 부문의 권력 407

5 분파성과 이데올로기 411

6 변화의 주역으로서의 인간들 414

7 문명의 몰락 417

요약 420

참고문헌 420

제9장 메소포타미아와 동지중해 세계 422

프롤로그 423

1 기원(서기전 5500년부터 서기전 3000년까지) 424

유적 이라크 에리두 신전 427

2 수메르 문명(서기전 3100년부터 서기전 2334년까지) 434

고대인의 음성 문자가 말해주는 수메르 사람들 435

3 아카드인과 바빌로니아인(서기전 2334년부터 서기전 1650년까지) 441

4 히타이트인과 해상 교역자들(서기전 1650년부터 서기전 1200년까지) 443

5 미노아인과 미케네인(서기전 1900년부터 서기전 1200년까지) 448

6 해상족과 페니키아인(서기전 1200년부터 서기전 800년까지) 454

7 아시리아인과 바빌로니아인(서기전 1200년부터 서기전 539년까지) 455

요약 457

참고문헌 458

제10장 이집트와 아프리카 460

프롤로그 461

1 선왕조시대 이집트: 고대의 독점 게임?(서기전 5000년부터 서기전 3100년까지) 462

과학 이집트 아비도스의 옛 포도주 464

2 왕조 이집트 문명(서기전 3000년쯤부터 서기전 30년까지) 469

유적 이집트 사카라의 계단 피라미드 472

과학 미라와 미라 만들기 476

고대인의 음성 아바나의 아들, 전사 아모세 484

3 이집트와 아프리카 중심주의 486

4 누비아: 쿠시의 땅(서기전 3000년부터 서기전 633년까지) 487

5 메로에와 악숨 489

6 사하라이남 아프리카(서기전 500년쯤부터 서기 1500년쯤까지) 494

7 서아프리카 고대 왕국들(서기 800년쯤부터 1550년까지) 496

8 동아프리카 해안지대: 돌 읍들과 이슬람(서기 1세기부터 1498년까지) 502

9 황금과 상아: 마풍구브웨와 대짐바브웨(서기 1천년기 말부터 15세기까지) 505

요약 509

참고문헌 511

제11장 남·동·동남아시아 512

프롤로그 513

1 남아시아: 인더스 문명(서기전 2700년쯤부터 서기전 1700년까지) 515

과학 DNA와 남아시아 문명 516

2 인더스 문명 이후의 남아시아(서기전 1700년부터 서기전 180년까지) 523

3 중국 문명의 기원(서기전 2600년부터 서기전 1100년까지) 525

4 전사 군주들(서기전 1100년부터 서기전 221년까지) 531

유적 중국 진시황제 무덤 532

5 동남아시아 문명(서기 1년부터 1500년까지) 534

유적 캄보디아 앙코르 와트 538

과학 기후 변동과 앙코르의 종말 542

요약 544

참고문헌 545

제5부 아메리카 대륙의 산업화 이전 국가들

서설: 메조아메리카 국가와 안데스 국가들 548

제12장 저지대 메조아메리카 553

프롤로그 554

1 초창기: 저지대의 선고전기 사람들(서기전 2000년부터 서기 300년까지) 555

2 올멕(서기전 1500년부터 서기전 500년까지) 558

3 마야 문명의 기원(서기전 1000년 이전부터 서기 300년까지) 562

유적 과테말라 산 바르톨로의 마야 벽화 564

4 고전기 마야 문명(서기 300년부터 900년까지) 570

유적 엘살바도르 세렌의 비극 572

5 고전기 마야의 몰락 582

과학 기후 변화와 마야 문명 586

과학 온두라스 코판에서의 마야 몰락 연구 589

6 후고전기 마야 문명(서기 900년부터 1517년까지) 591

요약 593

참고문헌 594

제13장 고지대 메조아메리카 595

프롤로그 596

1 고지대 문명의 흥기: 와하카 계곡(서기전 2000년부터 서기전 500년까지) 597

2 몬테 알반(서기전 500년부터 서기 750년까지)   600

3 멕시코 계곡: 테오티와칸(서기전 200년쯤부터 서기 750년까지)   602

유적 테오티와칸 바리오에서의 생활   605

4 톨텍(서기 650년부터 1200년까지)   609

5 아스텍 문명(서기 1200년부터 1521년까지)   612

유적 테노치티틀란의 아스텍 대신전   615

고대인의 음성 아스텍 사람의 인간 존재에 대한 생각들   619

요약   626

참고문헌   627

제14장 안데스 문명   628

프롤로그   629

1 안데스 문명의 해양 토대   631

2 해안 토대(서기전 2600년부터 서기전 900년까지)   633

3 초기 지평 문화와 차빈 데 완타르(서기전 900년부터 서기전 200년까지)   637

4 초창기   640

5 모체 국가(서기 100년부터 800년까지)   642

유적 페루 시판의 군주들   643

과학 엘니뇨와 안데스 문명   649

6 중기 지평 문화: 티와나쿠와 와리(서기 600년부터 1000년까지)   651

7 후기 중간기: 시칸과 치무(서기 700년부터 1460년까지)   653

8 후기 지평 문화: 잉카 국가(서기 1476년부터 1534년까지)   656

유적 잉카 수도 쿠스코   660

9 스페인의 잉카 정복(서기 1532년부터 1534년까지)   665

요약   666

참고문헌   667

제15장 에필로그   669

참고문헌   673

전문 용어 해설   675

고고학 유적 및 문화 용어 해설   680

본문 중 인용문헌 원전   695

찾아보기   697

편년과 도량 단위에 관한 특기 사항

이 책의 선사 이야기는 연대순에 따라 직선적으로 하는 쪽이 실제적이기에 그렇게 하였다. 그 연대는 방사성탄소측정연대, 포타슘아르곤측정연대, 나무나이테측정연대들과 더불어 문헌기록에 근거하였다. 연대를 정확히 하느라 온갖 애를 쓰긴 하였지만 그 다수는 원래 그렇듯 통계학적 근사치라는 점을 인정하지 않을 수 없다.

연대에 관해서는 다음 규약을 사용하였다.

- 지금부터 몇 년 전 — 일반적으로 지금부터 4만 년 이전은 '년 전'으로 서술한 반면 12000년 전 이후는 맥락이 명백하지 않은 이상 언제나 '서기전/서기'로 서술하였다.
- 서기전/서기(BC/AD) — 혼란을 피하기 위해 흔히 쓰듯 서기전/서기를 사용하였고 또 다른 규약인 공통 기원 전/공통 기원(BCE/CE)은 쓰지 않았다.
- '지금'의 기준 연도는 과학 규약에 따라 서기 1950년으로 하였다.

모든 방사성탄소측정연대와 포타슘아르곤측정연대는 서술의 명확성을 기하기 위해 그 통계학적 오차는 붙이지 않고 인용하였다. 하지만, 독자들은 이 책의 모든 계년식 연대에 그런 오차가 있음을 인식해주기 바란다.

모든 도량 단위는 미터법과 더불어 그에 상응하는 마일 등을 같이 사용하는 것이 과학의 일반 관례이기에 그렇게 하였다(단 번역서에서는 되도록 미터법을 기준으로 옮겼다).

방사성탄소측정연대의 보정

이제 방사성탄소측정연대의 보정 작업은 아주 정치한 수준에 올랐는데, 과학자들이 나무나이테측정연대, 산호초 자료, 빙하 천공 자료를 이용해 지난 1만 5천 년에 대해 점점 더 정확한 시간 척도를 개발해낸 덕이다. 다만, 그런 보정 연대들이 통계학을 토대로 한 잠정적 연대이며, 따라서 특히 서기전 7000년 이전은 언제든 수정될 가능성이 있다는 사실은 유념해야 하겠다. 이 책에서는 되도록이면 보정된 방사성탄소측정연대를 썼다.

WORLD PREHISTORY

제1부

선사

서설: 고고학과 선사

- 세계 선사란 무엇이며 오늘날의 세계에서 이것은 왜 중요한가?
- 인류의 선사시대에 일어난 주요 진전 사항들
- 고고학의 기본 원리들

제1장에서는 짧게 잡아도 지난 3백만 년 동안 펼쳐진 아득히 먼 인류 과거라는 매혹적 세계를 탐사한다. 우리의 여행은 여러 가지 학문 분야, 그 중에서도 특히 고고학을 바탕으로 한 것이다. 고고학은 아프리카를 무대로 한 우리 모두의 기원에서부터 두 세기 전 일어난 산업혁명, 심지어는 제1차 세계대전의 참호 체계와 오늘날의 미국 할리우드 영화 세트장에 이르는 인간 경험의 모든 시간대를 탐구하는 유일한 과학으로서 유례가 없다. 많은 사람은 아직도 고고학자들이 영화 주인공 인디애나 존스처럼 멀리 떨어진 땅에서 지내면서 온통 황금으로 뒤덮인 왕족의 시신, 땅 속에 묻힌 도시 그리고 잃어버린 문명들을 발굴하는 데 매진한다고 여긴다. 하지만, 이처럼 낭만적으로 정형화된 이미지가 사라진 지는 이미 오래되었다. 물론 지금도 많은 고고학자는 실제로 멀리 떨어진 벽지에서 연구 작업을 벌이기는 한다. 그러나 고고학자 대부분은 잃어버린 문명은커녕 황금과 맞닥뜨릴 기회도 결코 갖지 못한다.

고고학자는 과학자이며 그의 관심사는 과거의 정확한 실상을 파악해내는 데 있다. 고고학은 그간 찾아낸 황금 파라오들과 흔히들 잘 알지 못하는 여러 문명 때문에 마치 대담한 모험과 위대한 영웅들로 가득 찬 세계인 듯이 보이기도 한다. 그러나 앞으로 보게 되듯이 고고학에는 그런 것을 넘어 훨씬 더 많은 것이 있으며, 그 가운데 다수는 매력적이기는 해도 휘황찬란함과는 거리가 멀다. 과학적 고고학에는 사람들의 마음을 뒤흔들어놓는 이야기와 대담한 탐사의 연대기 같은 것은 없다. 그 빈 공간을 채우려고 몸부림치는 것이 바로 사이비고고학이다. 사이비고고학자들은 전설적 영웅들과 '성배(聖杯)'와 '법 궤(法櫃)' 같은 신들의 물품을 추가한다. 여기에 20세기 중반의 악명 높은 나치 우화 같은 민족주의 어젠다가 더해지면 신화적 이야기와 모험이 제멋대로 뒤섞여 흔히 아주 이색적인 가공 소설류가 된다. 인기 작가들은 이를 무비판적으로 채용하면서 고고학적 발견사항 중에 자신들의 판타지 서술에 들어맞는다 싶은 것들을 임의로 뽑아 쓴다.

사라진 아틀란티스대륙, 페루에 착륙한 고대의 외계 우주비행사들 그리고 남극대륙에서 볼리비아 티티카카호수 근처로 이주해온 정착민들 같은 사례는 좀 더 오래 명맥을 이어가고 있는 판타지 몇 가지이다. 이런 이야기들은 흔히 독자들의 주목을 받으며 이것들을 곧이곧대로 받아들이는 사람들은 거의 종교적 신념 행위처럼 믿는다. 우리 고고학자는 지금부터 한 세기도 훨씬 더 된 시절의 초기 고고학이 신화적인 것과 초자연적인 것들에 근거를 두고 있었음을 잊고 있다. 오늘날 보는 과거에 관한 미친 스토리텔링들 가운데 다수, 즉 사이비고고학은 고고학 주변에 꼬이는 판타지들에 의해 생겨난 것들이다. 우리 고고학자가 바로 인디애나 존스, 툼 레이더 라라 크로프트 그리고 영화 '미라'의 등장인물들을 생겨나게 했다. 매스미디어와 각본가 그리고 소설가와 논픽션 작가도 고고학자들과 그들이 발견해낸 것을 정보원으로 삼고는 그것을 소설 같은 이야기들로 꾸며낸다. 이제는 거인들과 옛 우주 여행자들, 마법 지식과 오컬트의 아이디어들, 현자 드루이드들과 미국 중서부에서 코끼리를 타고 전투를 벌이는 장군들 같은 색다른 존재들 그리고 작가의 상상 속에서 지어낸 여타 판타지가 등장하고 있다. 고고학자들이 보기에 어떠냐 하면 이것들은 사정을 아주 잘 아는 사람들에 대한 경멸스런 태도를 담고 있기에 오도되었고 오만하다 하겠다. 어떤 학자가 이 모든 것들을 가리켜 '유령고고학'이라 한 적이 있는데 꼭 맞는 말이다.

고고학자는 아득히 오래되거나 그보다는 최근의 과거에 존재했던 사회들이 남긴 물질 잔적을 연구한다. 그들은 고도의 훈련을 받은 전문가들로서 너무나 당황스러울 정도로 복잡한 과거를 온갖 수고를 아끼지 않고 복원해내는 데 종사한다. 오늘날의 고고학자는 유전학과 법(法)생물학에서 기후학과 동물학에 이르는 여러 학문 분야의 과학자와 손을 맞잡고 작업을 한다. 우리 고고학자는 야외에 발굴을 나가 있을 때에도 에어컨을 켠 연구실에 있을 때와 똑같이 편안함을 느낀다. 한 세기 반 전의 발굴가가 눈부신 발견물과 고대의 왕궁들을 찾아 나섰던 반면에 오늘날의 그 후손들은 과거를 아주 세밀하게 해부를 한다. 오늘날의 고고학자는 250만 년 전의 왼손잡이 석기 제작자를 가려내고 DNA로써 옛 인간 집단의 이주를 추적해내며 뼈의 동위원소를 이용해 4천 년 전에 살았던 개인들의 일대기를 복원할 수가 있다. 우리 고고학자의 작업은 역사와 선사를 모두 망라한다.

역사는 문헌기록을 이용하는 과거 연구이다. 그런 기록은 이집트와 메소포타미아에서 거의 5천 년 전으로까지 거슬러 올라가지만, 이는 300만 년 전보다 더 오래된 인류의 과거사에서는 눈 한 번 깜빡할 시간에 지나지 않는다. 영국에서는 이 기록된 과거라는 것이 겨우 2천 년 전의 로마인들로까지 거슬러 올라가는 반면 아마존 분지, 오스트레일리아 그리고 다수의 열대 아프리카 지역 같은 다른 곳에서는 연속된 역사 기록이 19세기 중반에서 말에야 비로소 시작된다. 구전으로 세세로 전해진 구비전승이 있어서 그것만은 그보다 더 거슬러 올라가지만 그래도 그 시간대는 길어야 몇 세기이다. '선사'는 문헌기록이 존재하기 전의 과거로서 여기서는 고고학자들이 '심층 역사학자'로서 전면에 나선다. '세계 선사학'이라는 용어는 1960년대 동안에 쓰이기 시작했는데, 이는 정말로 범지구적 차원에서 이루어지는 인류 선사 연구를 가리키며 1950년대 동안 방사성탄소연대측정법이 개발됨으로써 비로소 가능해진 분야이다. 전 세계에 걸친 시야 덕분에 사상 처음으로 인간의 생물학적, 문화적 다양성이 발달해온 과정을 심층적으로 연구할 수 있게 되었다. 고고학이 그간 점점 더 국제적이 됨에 따라 오랫동안 역사의 레이더 범위 바깥에 있었던 크고 작은 사회들에 대해 기록되지 않은 역사들을 복원해낼 수 있었다. 몇 가지만 그 예를 들어보면 스톤헨지 축조자들, 남태평양의 폴리네시아인들 그리고 중앙아메리카의 고대 마야인들 등이 있다.

세계 선사를 구축해내는 일은 아득히 오래된 과거의 더 없이 귀중한 기록물들이 면전에서 대대적으로 파괴되는 데 따라 펼쳐지는 고되고 정성이 많이 드는 과정이다. 산업 개발, 채굴, 심경, 도로 건설, 그리고 전쟁뿐만 아니라 도굴 행위도 바로 우리 눈앞에서 과거의 기록들을 파괴하고 있다. 고고학 유적, 유물 그리고 여타 과거의 물질 잔적들은 유한하다. 이것들은 일단 교란되거나 파괴되면 영원히 사라지고 마는 것이고 그와 더불어 우리의 공동 문화유산도 그렇게 된다. 인류의 과거는 지금 위기에 직면하고 있다. 인류의 과거는 왜 중요한가? 고고학은 다양한 인류, 그들의 성취와 공동 경험을 연구 대상으로 한다. 우리의 아득히 오래된 조상들은 석기를 제작하는 법을 알아내었고 농경을 시작했으며 동물들을 순화시켰다. 그들은 이윽고 최초의 도시와 문명들을 만들어내었으며 스톤헨지와 피라미드를 지었을 뿐만 아니라 캄보디아 앙코르 와트에서는 위풍당당한 신전들도 축조하였다. 물론 과거를 이용해 미래를 예견할 수는 없지만 과거의 경험으로부터 나온 교훈들은 우리의 존재 구성에서 결정적으로 중요한 부분이니 우리의 솜씨와 감정 반응들은 변하지 않기 때문이다. 우리는 우리 선조들처럼 '호모 사피엔스', 즉 현명한 사람으로서 유창한 말, 일관된 사고를 할 수 있으며 괄목할 만한 도구제작 능력을 지녔고 사전에 미리 생각할 수 있는 힘을 갖추었다. 세계 선사를 연구하는 일이란 우리 자신과 아득히 오래된 조상들은 물론이고 우리가 현재 직면한 도전들까지 연구하는 일이다. 과거 없이 현재와 미래를 어떻게 대할 것인지 한번 상상해보라!

이 책에서 윤곽을 보여준 인류 선사는 과거에 폭넓고 길게 펼쳐진 커다란 흐름들을 주된 관심사로 하는데 특히 네 가지 주요 진전들을 중심으로 한다. 인간은 열대 아프리카에서 600만 년 전에 처음으로 나타났다. 인류의 기원을 연구하는 문제에는 초기 호미닌들에서 일어난 복잡한 환경적, 해부학적, 행태적 변화 사항들과 그들이 살았던 환경의 변화를 해독해내는 작업이 포함되어 있다. 흔히 고인류학이라 불리는 인간 기원 연구는 국제적이면서 여러 전문 분야가 집결된 사업이다.

네안데르탈인과 호모 사피엔스(우리 자신) 같은 좀 더 최근의 인간들이 진화하는 데는 지난 수십만 년이 걸렸다. 이 주제는 연구자들의 흥취를 아주 자극하는 것으로 논란이 매우 많으며 최첨단의 유전자 분석 결과로써 끊임없이 수정이 이루어지고 있다. 또 우리는 현대인이 구대륙을 가로질러 확산한 과정과 약 1만 5천 년 전에 아메리카 대륙으로 퍼져 나간 과정을 서술한다.

식량생산—농경과 목축—은 우리 역사에서 분수령을 이루는 진전이었다. 세계 곳곳에서 시간과 장소를 달리해 일어났으며 때로는 1만 2천 년 전이라는 이른 시기에 이루어지기도 하였다. 이 식량생산은 발명이었는가 아니면 복합적 과정이었는가? 우리는 여러 가지 서로 다른 이론을 검토할 것이다.

약 5천 년 전에는 최초의 산업화 이전 도시와 문명들이 이집트와 메소포타미아에서 등장하였다. 그보다 나중에는 이와 비슷하게 복합적인 사회들이 여기저기서 나타났다. 우리는 주요 문명들에 대해 서술하고 그들의 흥기와 몰락을 설명하려는 여러 이론을 검토할 것이다.

선사를 생각하는 데서는 그것이 시공간상으로 마치 사닥다리 모양의 생물학적, 문화적 틀을 이루고 있는 듯 여기고 싶은 유혹을 받는다. 실상은 그보다 훨씬 복잡하지만 이 책은 연대 순서로 구성했는데 그 이유는 고고학자가 옛 사회들을 시공간상으로 조직하는 방법이기 때문이다. 많은 비서구 사회는 시간에 대해 이와 완전히 다른 관점을 갖고 있으니 그들 가운데 다수는 이를테면 변화하는 계절들을 규정하듯이 시간을 순환적으로 바라본다.

고고학자들은 옛 문화들을 연구한다. 그런데 흔히 그것들을 여러 다른 환경에 대한 적응이라는 관점에서 바라본다. 그래서 고고학과 세계 선사는 특정 개인과는 다소 관계가 없구나 하고 여기리라 싶지만 결국 인간 집단들을, 그들이 개인과 집단으로서 벌이는 상호작용들을 연구 대상으로 삼는다. 불행스럽게도 우리의 증거 대부분은 석기, 토기 조각 그리고 버려진 주거지 같은 물질 잔적으로부터 나온다. 하지만, 때때로 우리는 무형의 것들을 흘낏 엿볼 수 있기도 한데, 이런 것들은 강제적 이데올로기가 무엇보다 중요한 역할을 했던 초기 문명들에 대한 연구에서는 특히 중요하다.

독자 여러분이 세계 선사를 몇 개의 막으로 이루어진 연극처럼 여기신다면 이제 여러분은 바야흐로 그 첫 번째 막이 열리려는 극장에 앉아 있는 셈이다.

제1장

●

세계 선사 이해의 기초

이집트 룩소르 태양신 아문 신전.
1838년 데이비드 로버츠 그림.

프롤로그

1922년 11월 이집트 '왕들의 계곡'. 두 사람은 오래 전 죽은 파라오의 인장으로 봉인된 무덤 문 앞에서 잠시 멈추었다. 이들은 1917년부터 1922년까지 6년 세월을 허탕 친 끝에 이 순간을 맞이한 터였다. 하워드 카터는 옛 회반죽으로 된 그 문에 구멍을 하나 뚫었다. 작은 구멍 안쪽으로부터 뜨거운 공기가 확 하고 몰려나와 그의 얼굴을 때렸다. 카터는 구멍으로 촛불을 집어넣어 비추면서 무덤 안을 들여다보았다. 수많은 금제품이 그의 눈앞에서 떠도는 듯하였기에 그는 너무나 놀라 말을 하지 못하였다.

카터가 가만히 있자 그 뒤의 카르나본 경이 참지 못하고 "뭔가 보입니까?" 하고 흥분에 차 쉰 목소리로 물었다.

카터는 구멍에서 물러서면서 "예! 정말 멋진 것들이요."하고 속삭였다.

그들은 곧 무덤 문을 부수고 들어갔다. 카터와 카르나본 경은 투탕카멘 무덤의 앞방에서 너무 놀라 멍한 상태로 이리저리 오갔다. 그들은 장례용 금 침대를 어루만지고 아름답게 상감 장식한 서랍들에 찬탄을 금하지 못하였으며 무덤 벽에 기대어 치쌓인 파라오의 수레를 요리조리 살폈다. 온통 금 천지였으니 나무 조각상에는 금박을 입혀놓았고 옥좌와 상자들은 금 상감을 하였으며 보석류에도 금을 박아 넣었고 심지어 등 받침 없는 어린이용 걸상에도 금박을 입혀놓았다. 얼마 지나지 않아 투탕카멘은 황금 파라오로 세상에 널리 알려졌고 고고학은 묻힌 보물과 왕의 무덤 및 관들을 찾아내는 분야로 세인에게 알려졌다. 투탕카멘의 휘황찬란한 무덤은 고고학의 흥분과 낭만을 나타내는 하나의 상징이 되었다.

1. '태초에…' | 2. 선사·고고학·세계 선사 | 3. 인류 선사의 주요 진전들 | 4. 순환적 시간과 직선적 시간 | 5. 문헌기록·구비역사·고고학 | 6. 세계 선사의 연구 | 7. 문화 | 8. 문화 역사·시간·공간과 민족지적 현재의 신화 | 9. 문화 과정과 과거 생활양식 | 10. 문화 변동의 메커니즘들 | 11. 적응으로서의 문화 | 12. 문화 전통과 문화 변동 | 13. 무형의 것들: 이데올로기와 상호작용 | 14. 요약

인간은 아득한 옛날부터 자신의 기원에 대해, 또 자신이 살고 있는 신비롭고 때로 위험하기도 한 세상에 대해 아주 많은 호기심을 가졌다. 또 인간은 자신에 앞서 아주 많은 세대가 살았으며 자기 아이, 손자, 그리고 미구에는 다시 그 후손들이 이 땅에서 살 것임을 알고 있다. 그런데 이 세계는 어떻게 생겨난 것인가? 우리가 늘 봐서 친숙한 강과 들, 산, 식물, 동물들로 이루어진 이 경관은 누가 창조했는가? 누가 대양과 해안, 깊은 호수와 콸콸 흐르는 시냇물을 만들었는가? 그리고 무엇보다도 최초의 남자와 여자가 어떻게 해서 이 땅에 살게 되었는가? 누가 그들을 창조했으며 그들은 어떻게 태어났는가? 모든 사회는 제각기 인류의 기원을 설명하는 창조 설화를 갖고 있다. 하지만, 고고학과 생물인류학은 그간의 연구로써 이런 각종 전설 대신에 오랜 기간에 걸친 인류의 진화와 문화 발전을 정교하게 설명해내었는데 그 진화와 발전의 시작은 무려 330만 년 전쯤으로 거슬러 올라간다. 이 장에서는 고고학자들이 인류의 선사(문자 사용 이전의 과거) 문화를 어떻게 연구하고 해석하는지 서술하기로 한다.

이론 **왜 인류 선사와 고고학이 중요한가?**

왜 우리는 인류 과거의 수십만 년에 대해 관심을 가져야 하는가? 그리고 그와 관련하여 왜 고고학은 오늘날처럼 급변하는 세계 속에서 중요한가?

우리 종 호모 사피엔스는 30만 년도 더 전에 아프리카에서 출현하였으며 12만 년 전에 이르면 신체 골격상 완전히 현대적이 된다. 이런 '해부학상 현대인'들은 어떤 현대인과도 똑같은 인식력을 가졌던 것으로 상정되어서 유창한 말솜씨를 즐기고 사물에 대해 사고하고 상상하는 능력을 지녔으며 사전에 기획을 하고 복잡한 성질의 문제들을 풀어내었을 것이다. 우리 조상들은 이런 자질들을 이용해서 지구 전역으로 이주하였으며 복잡한 예술을 발전시켰고 땅을 개간하며 동물들을 순화하였고 정교한 문명과 거대한 도시들을 만들어내었으며 대양들을 항해해 건넜고 음악과 문학을 창조하였으며 과학적 노력을 기울였다. 우리 호모 사피엔스는 하나의 종이다. 우리는 개개인은 서로 다를지라도 모두 동일한 지적 능력을 공유하며 설사 소속 문화가 서로 다르더라도 사건들에 대해 동일한 감정적 반응을 표출하는 수가 흔하다. 현대의 비상사태 대비 전문가들은 허리케인 카트리나 같은 참사에 대한 인간의 반응들은 지난 수 세기와 수천 년 동안 거의 바뀌지 않았음을 알아내고 있다. 로마시대 폼페이를 서기 79년 덮친 화산 대폭발의 희생자들도 똑같은 식으로 공포로써 반응하였다. 물론 고고학자들이 미래를 예견하기 위해 과거를 되돌아보는 일을 하는 것은 아니다. 그러나 우리 고고학자들은 과거 인간 행동에 대한 귀중한 지견들을 제공하며 이는 오늘날도 여전히 적의성을 지닌다는 것이다. 미국고고학자 로즈마리 조이스가 2008년에 현명하게 지적했듯이 "현대 세계는 단지 과거가 반복된 데 지나지 않는 것이 아니라 그것의 산물이다." 실은 투키디데스와 소(小)플리니우스 같은 그리스와 로마의 저술가들도 동일한 지적을 하였다. 우리는 우리 자신을 이해하기 위해 과거의 사람들을 연구하며, 그 점이 바로 세계 선사 연구가 전적으로 지향하는 바이고 고고학이 왜 그토록 중요한지를 말해준다.

이 책은 고고학과 매한가지로 당황스러울 정도로 복잡한 양상을 띤 사람들에 관한 책이다. 또 우리가 서로 얼마나 같고 얼마나 다른지와 그런 차이들이 어떻게 생겨났는지를 다룬다. 대상으로 하는 시간 폭이 엄청나게 긴 덕분에 우리는 겨우 5천 년의 시간 폭을 대상으로 하는 역사책들의 좁은 시계를 훌쩍 뛰어넘어 저 멀리를 바라볼 수 있으며 유례없이 풍부한 인간 존재 양상의 그림을 그려낼 수 있다. 그리고 고고학은 그 어떤 것보다도 자신이 기록한 역사를 가지지 못한 모든 인간들, 즉 인류사의 아주 이른 시기들에 살았던 사람들, 전 세계의 억압받는 무명인들, 침묵 속의 빈자들 혹은 어린이들이 제 목소리를 낼 수 있게 해준다. 많은 초기 고고학자들은 인류의 과거가 단순한 것에서 복잡한 것으로 질서정연하게 진보하는 식으로 펼쳐진 끝에 빅토리아시대의 산업 문명에 이르러 그 정점에 도달했다고 믿었다. 이런 식의 접근법에서는 자민족중심주의, 인종주의 그리고 제국주의가 중요한 역할을 한다. 오늘날의 과거 모습 그림은 이보다 훨씬 복잡하며, 이는 흩어진 도구들, 집 기초, 음식 잔적 그리고 온갖 여타 단서들로부터 마법처럼 이야기를 구축해내는 아주 세밀한 연구에 토대를 둔다. 우리는 이런 연구 작업들 덕분에 이제 옛 사회들이 흔히 추정하는 것보다 훨씬 더 다양했음을 안다. 제국 수도 로마는 제국 안 모든 곳에서 온 외국인들로 긍정적 의미의 '바벨탑'을 이루고 있었다. 중세의 런던은 이주민들의 잡탕과도 같았다. 서기 600년 멕시코 계곡의 대도시였던 테오티와칸도 그랬으며 모든 곳의 외국 무역업자들이 그곳에 와 있었다. 이 대목에서 우리는 고고학의 커다란 공헌들 가운데 한 가지를 보게 되니, 그것은 바로 인간의 다양성을 해독해냄으로써 자민족중심주의와 인종주의 같은 해악에 맞서 싸운다는 것이다.

고고학은 아주 긴 시간대를 연구 대상으로 하기에 옛 사회들이 장기간 및 단기간의 기후 변동에 어떻게 대처했는지를 엿볼 수 있는 유례없는 지견들을 우리에게 제공한다. 이런 변동들은 지난 250만 년에 걸친 빙하시대의 빙기들과 그 사이의 따뜻한 간빙기들에서부터 1만 5천 년 전에 시작된 빙하시대 종언 이후 범지구적 온난화가 촉발한 해수면 상승 그리고 따뜻해진 태평양 바닷물이 일으킨 엘니뇨 사건들로 페루 해안, 브라질 동북부, 동남아시아 그리고 중국 북부 같은 지역에 초래된 가뭄이나 폭우에 이르기까지 다양하다. 주기적 가뭄 같은 기후 사건들은 고대 마야 문명에 강한 영향을 미쳤으며 미국 서남부의 인디언들이 푸에블로를 버리고 떠나도록 하는데 큰 원인이 되었다. 우리는 옛 기후 연구에서의 혁명—단지 몇 가지 방법만 들어 보면 빙원 시추 표본, 심해저 천공 자료, 나무 나이테 그리고 동굴 석순을 이용한 연구—덕분에 기후가 우리의 과거에 미친 주요한 영향을 평가할 수 있다. 나중 장들에서 그 사례들을 틈틈이 서술할 것이다.

과거는 우리를 모든 면에서 둘러싸고 있으며 그 잔적들은 파르테논, 이집트 기자 피라미드들 같은 장대한 기념물이든 캄보디아 앙코르 와트의 거대한 건축물들이든 모두 인류의 공동 유산을 이루고 있다. 고고학자는 문화 관광에 깊숙이 연계되어 있으며 또 세계 곳곳에서 일어나는 산업 개발과 도굴로 위험에 처한 고고학 유적들을 보호하는 일에도 역시 깊이 간여하고 있다. 우리는 자신이 고고학자이든 관광객이든 옛 마야 집단의 후손이든 혹은 미국 서남부 소규모 공동체의 일원이든 모두 다 이 과거의 이해 당사자들이다. 오늘날의 고고학자는 미래 세대들을 위해 과거를 보호, 보존, 연구하는 데서 이런 이해관계자들과 점점 더 많이 협업을 하고 있다. 만약 우리가 이 더없이 귀중한 유산을 탐욕과 고의적 파괴 행위, 전쟁과 산업 활동 혹은 무차별 건설에 내맡겨 잃는다면 우리는 생각을 하는 인간 존재로서 지닌 신용을 잃어버리고 만다. 과거는 우리 자신의 것이고 아직 태어나지 않은 세대들의 것일 뿐만 아니라 또한 과거를 탄생시킨 이들의 것이기도 하다. 우리 자신을 알 수 있는 유일한 길은 우리의 과거를 이해하는 데 있으니, 이것이 바로 고고학이 하는 일이고 세계 선사가 우리 인간의 기본 구성에서 한 요소인 이유이다.

1 "태초에…"

여러 세대에 걸친 세밀한 연구들 덕분에 이제 우리는 인류 진화의 시작이 수백만 년 전으로 거슬러 올라간다는 사실을 안다. 과학은 우리에게 인간의 옛 시대를 장기적으로 보는 관점을 제공한다. 이런 과학적 방법에다 인간 삶의 복잡성을 남아메리카 마타코 인디언의 전형적 기원 신화처럼 설명하려는 전통 종교 신앙을 대비시켜 보자. 그들의 신화는 우주의 불로 시작한다. "'대

화재'가 이 세상을 모두 태워 버리고 난 뒤 작은 새 '이칸추'는 멀리 날아가기 전에 '최초의 장소'를 찾아 황무지 위를 배회했다. 고향은 알아볼 수도 없이 먼 저 너머에 있었지만 이칸추의 집게손가락은 저절로 그곳을 가리켰다. 이칸추는 그곳에서 숯이 되어버린 나무 그루터기를 찾아내 북으로 삼아 두드렸다. 그는 그 검은 북을 멈추지 않고 연주하면서 그 소리에 맞추어 노래를 불렀다… '새 날' 새벽 그 숯덩이 북에서 파란 싹 하나가 돋아났고 이는 곧 '맨 먼저 태어난 나무'로 꽃을 피웠다… 그 가지들로부터 온갖 형태의 생명이 꽃피어 '새 세상'에서 번성했다…(설리번, 『이칸추의 북』(1988), 92쪽). 이 이야기는 그런 설명이 모두 그렇듯 어떤 원기(原基; 태초의 상태)를 설정해놓고 시작하는데, 그 속에서 한 신화적 존재—이 사례에서는 이칸추—가 우리가 잘 아는 이 세상의 동물·경관·식물을 창조하고 나서 다시 인간이라는 주민을 창조하는 작업을 한다. 이칸추와 전 세계의 수많은 인간 문화에서 보이는 그와 동류의 것들은 태초의 혼돈 상태로부터 질서를 창조해내며, 구약성경 창세기 제1장에 쓰인 신의 우주 창조도 그와 마찬가지이다.

신화 및 그와 관련된 의식 및 종교의례는 인간 사회에서 영위되는 모든 상징 생활의 맥락을 만들어내는 기능을 하며, 그 상징 생활은 바로 인간 존재의 주춧돌을 이룬다. 최초의 인간들은 신성한 질서를 세우며 생명은 이를 통해 끊이지 않고 한 세대에서 다음 세대로 이어진다. 전설과 신화에 바탕을 둔 이런 종류의 이야기는 상징적 존재의 역사 이야기이다. 창조신화들은 신과 괴물들 사이의 결혼을 이야기하거나, 사람들이 우주의 여러 층을 연결하는 신성한 나무를 타고 올라와 땅 속의 구멍들로부터 출현했음을 이야기한다. 이 설화들은 인간이라는 존재와 식물, 동물 같은 다른 형태의 존재들, 그리고 천상의 존재들 사이에 떼어 놓을 수 없는 상징적 연대 관계를 만들어낸다.

이 생생하고도 항상 존재하는 상징의 세계는 인류가 창조적 사고와 추리의 능력을 처음 얻은 이후 지금까지 줄곧 인간 삶의 진로에 영향을 끼쳤다. 빙

그림 1.1 빙하시대 말기의 걸작품: 프랑스 르 튁 도두베르 유적에서 출토된 진흙 들소.

하시대 말 유럽의 현생인류는 지금부터 3만 년도 더 전의 동굴벽화 속에 신화적 동물과 자신들의 삶이 지닌 상징적 측면을 묘사해 놓았다(제4장 참조). 그들은 지하 깊숙한 동굴의 컴컴한 방에다 진흙으로 들소를 빚어 두었다(그림 1.1). 이 조각들은 햇빛이 닿지 않는 깊숙한 곳에서 위엄에 찬 의식이 거행되는 동안 사람들이 든 횃불의 빛 속에서 명멸했을 것이다. 마야 문명과 그 밖의 중미 문명에서는 우주의 알 수 없는 힘들과 우주 속에 존재하는 신들이 사람들에게 끼친 영향이 너무도 강력하였기에 그들은 모든 의례중심지를 자신들의 신화 속 우주를 기리는 상징적 경관의 형태로 건설하였다(제12장과 제13장 참조).

오늘날 현대 과학은 극도로 긴 시간 동안 펼쳐진 인류 선사를 연대순으로 서술해 낸 바 있다. 그 이야기는 과학적 연구에 바탕을 둔 것으로, 여러 인간 집단이 자신들과 자연계 및 영계 사이의 복잡한 관계를 규정하는 데 쓰는 창조신화와는 성격이 아주 다르다. 이런 신화들은 그 사람들이 아주 깊이 공감하며 또 자신들의 문화 정체성을 세우는 데 중요한 근거가 된다. 그것들이 인간의 과거와 관련하여 조성하는 관계성은 고고학이 우리의 공통된 생물학적, 문화적 뿌리와 인류의 지대한 다양성을 이해하려는 가운데 불러일으키는 관계성과는 성격이 아주 다른 것이다.

이론 **신화적 영웅들과 사라진 문명들: 사이비고고학의 단골 관심사**

황금 파라오, 사라진 문명, 땅 속에 묻힌 보물—고고학은 이런 말들이 암시하듯 사람을 흥분시키는 발견과 커다란 모험으로 가득 찬 낭만의 세계처럼 보인다. 한 세기 전 고고학의 많은 부분은 실제로 머나먼 오지로 떠나는 정말 신비롭고 아름다운 여행 같은 것이었다. 그때만 해도 지금껏 알려지지 않은 문명을 단 몇 주간의 발굴로 발견할 수도 있었다. 반면 오늘날의 고고학은 고도로 과학적인 학문으로서 굉장한 발견보다는 옛 생활의 미세한 부분들에 한층 관심을 쏟고 있다. 그러나 아직도 많은 사람의 눈에는 풀리지 않는 미스터리와 영웅적 인물들이 이 학문 둘레를 감싸고 있는 듯 보이며, 그런 환상은 때로 망상의 지경에 이르기도 한다. 파라오 투탕카멘의 무덤을 발견해낸 일은 아틀란티스나 무(Mu) 같은 아직 발견되지 않은 고대 문명들에 대한 억측의 불꽃에다 기름을 부은 격이 되었다. 아틀란티스는 아득한 과거에 일어난 지각 변동으로 바닷속에 가라앉았고 신비에 찬 무 대륙 역시 가라앉아 태평양 아래 있다고 한다. 이 가운데 무는 다들 믿지 않게 된 지 오래지만, 아틀란티스는 만약 누가 그것을 운 좋게 발견하는 경우 이루 말할 수 없이 막대한 부가 약속된 사라진 국가로서 여전히 고고학 주변을 맴돌고 있다. 물론 지금까지 그걸 발견해낸 사람은 없다. 그 이유는 단 한 가지니 실제 존재하지 않기 때문이다. 그럼에도 매년 하나 꼴로 새로운 주장이 나오고 있다. 사이비고고학이라 부를 수 있는 세계, 혹은 최근 이 주제의 연구학도 한 사람이 아주 적절하게 이름 붙였듯이 '유령고고학'의 세계로 오신 것을 환영하는 바이다.

과거가 품은 미스터리들은 많은 사람, 특히 모험·현실도피·공상과학 소설에 취미를 가진 사람들을 매료시킨다. 이 사람들은 신화적 영웅들, 모험 여행 그리고 눈부신 공적이나 피비린내 나는 정복 전쟁 같은 것들로 채워진 이야기를 선호하니, 쉽게 속았던 19세기의 독자들은 전투용 코끼리를 타고 미국 중서부를 가로질러 싸운 위대한 유럽인 전사들의 이야기를 탐독하였다. 물론 이것은 난센스지만 그 책의 저자는 떼돈을 벌었다. 그런 이야기는 한 세기 반 전에 베스트셀러였으며 오늘날 이런 사이비고고학은 여전히 번성하고 있다. 센세이션과 즉각적 욕구 만족을 추구하는 우리 세계에서 고고학적 발견의 전문적 학술성은 서사적 모험이 가득한 대중적 이야기들 앞에 가면 존재 의의가 희미해져버리니, 그런 이야기들은 생동감 있고 전개가 빠른 모험담들을 제공하면서 되도록이면 극소수 사람에게만 알려져 있는 고대의 지혜들을 중심으로 펼쳐진다. 그에 쓰인 자료들은 사람 눈을 속이는 것들이지만 그래도 이야기들은 살아남는다. 이를테면 에리히 폰 되니켄이 지어낸 아주 그럴듯한 고대 우주 비행사들의 이야기가 있는데 그들이 페루 남부에 수천 년 전 착륙해 그곳에서 문명을 창조했다는 것이다. 그의 책은 수백 만 부가 팔렸지만 과학적으로 난센스인데도 그런 점은 그의 이론을 열광적 신앙심으로 믿는 이들에게는 전혀 문제가 되지 않는다. 우리 고고학자들은 시대에 뒤떨어진 늙다리들로 사리를 잘 알기보다는 거만하고 아주 틀려먹었다는 것이다.

좀 더 최근의 또 다른 예는 영국의 신문 기자 그래함 핸콕의 펜에서 나오고 있다. 그는 어떤 위대한 문명이 1만 2천 년 전 남극 빙원 아래에서 번영하였다고 주장한 바 있다(그 장대한 도시들이 빙원 아래 깊은 곳에 묻혀 있어 발굴해 낼 수 없음은 두말할 것도 없다!). 사람들은 이 남극 본향으로부터 세계 모든 곳으로 이주를 하였으며 볼리비아 고원지대의 티와나쿠 같은 유명한 유적들을 차지해 살고 나일강 강안의 스핑크스를 건설했다는 것이다. 핸콕은 이론 분분한 온갖 종류의 지질학적 관찰 결과와 더불어 유리된 고고학적 발견 사항들을 짜 맞추어 기발한 이야기를 엮어내었다. 고고학자들이 도대체 이집트와 여러 다른 곳 어디에서 그런 옛 이민지와 문명들의 흔적을 찾아볼 수 있는가 하고 너무나 당연하게 제기하는 반문을 그는 일축해 버린다. 핸콕은 자신의 방대한 이야기를 열렬히 신봉하고 있으며, 글을 잘 짓는 인기 작가인 덕에 아마추어 탐정이 쓴 '추리 소설'처럼 널리 읽히는 베스트셀러를 그처럼 감쪽같이 짜 맞추어낸 것이다.

핸콕이 대표하는 이런 유형의 현란한 사이비고고학은 과학의 신중한 자세를 참아내지 못하는 사람들과 근거 없는 가능성을 믿는 이들에게 언제나 호소력이 있게 마련이다. 하지만, 그것은 마치 어떤 과학자가 덴마크와 뉴질랜드, 남아프리카, 스페인, 타히티에서 발견된 유물들을 이용해 아메리카의 어떤 집에 든 것이 무엇인지 복원하고자 애쓰는 것과 같다. 이런 비과학적이고 터무니없는 생각은 여러 가지 형태로 나타난다. 사라진 아틀란티스 대륙이 바하마 제도의 바다 아래 있다고 믿는 이들이 있는가 하면, 아틀란티스 사람들이 수천 년 전 가라앉은 이 고향으로부터 도망쳐 나와 아메리카 대륙에 정착했다고 믿는 이들도 있다. 어떤 이들은 고대 이집트의 선단이나 로마의 갤리 범선들이 콜럼버스보다 훨씬 전에 대서양을 건넜다고 공상하기도 한다. 고고학을 이처럼 기묘하게 묘사하는 모든 것들에는 한 가지 공통점이 있으니, 과거의 복잡한 사건들을 지나치게 단순화해 편의적으로 설명하며 또 그 설명들은 저자가 마음대로 골라 이용하고픈 고고학 자료만을 바탕으로 한다는 점이다.

또 고고학은 그간 어쩔 수 없이 정치와 역사 이데올로기의 어젠다들에 뒤얽히게 되었다. 우리 고고학자들은 원 재료를 제공하는데, 그러고 나면 그것들에 민족주의의 이데올로기들이 침투해온다. 예를 들면 힌두 민족주의의 뿌리가 4천 년 전 인더스 문명(제11장 참조)에 있다는 주장은 통상의 학문으로는 뒷받침될 수 없지만 그런 과거 이야기를 만들어내는 사람들에게는 이런 평가가 당치 않은 것이다. 그들은 정치적 어젠다를 지닌 하나의 신화를 '믿는' 것이며 그럼으로써 열렬히 신봉하는 신화들에 정신을 빼앗긴 것이다. 과거에 대한 진정한 과학 연구는 엄격한 절차와 주도면밀한 자료 수집을 토대로 하며, 그에서 이론은 야외와 연구실에서 수집한 정보─간단히 말하면 고고학적 증거와 생물학적 증거, 여타 증거─에 비추어 가설들을 끊임없이 검정하고 수정함으로써 도출된다. 하지만, 고고학이 한때 미스터리와 신화에 뿌리를 박고 있었던 점은 여기서 지적해야 공평하다. 오늘날의 고고학자들은 여전히 과거의 미스터리들을 추적하고 과거의 이야기들을 재구성하지만 주도면밀하게 체계적으로 수집된 자료에 토대를 두고 있다. 고고학은 이제 엄밀한 과학이 되었으나 그래도 사이비고고학은 이어지고 있다.

사이비고고학의 과도함에 맞서기 위해서는 무엇을 해야 하는가? 간단한 해답은 없다. 왜냐하면 그것은 실은 마음 깊이 단단히 뿌리박은 신념에 도전하는 것이기 때문이다. 우리는 엄청난 이론들을 내세우는 이들과 함께 그 일을 해야 하는가? 우리는 그들에 정면으로 맞서서 싸워야 하는가, 아니면 그냥 무시해버리고 말아야 하는가? 한 가지 답은 두말할 것도 없이 이렇다. 즉 고고학의 탁월한 업적들을 접하는 사람들이 많으면 많을수록 사이비고고학자들이 누리는 신용은 그만큼 떨어질 것이라는 말이다. 이런 접근 방식이 반드시 효과를 거두지 못할지도 모르지만 그래도 여러 세대에 걸쳐 지속적으로 노력해야 할 목표는 될 것이다.

2 선사·고고학·세계 선사

인간은 서거나 직립보행을 하도록 적응된 뼈대구조를 가졌으며 그 덕택에 우리 손은 이동 목적이 아닌 다른 일을 자유롭게 할 수 있다. 한편으로 이런 신체 특성은 추상적 사고를 할 수 있는 강력한 두뇌의 통제를 받는다. 또 우리는 바로 그 뇌 덕분에 상징을 사용하거나 언어로 의사소통을 하고 고도로 다양한 문화들—즉 인간으로서 행동하고 자연환경에 적응하는 학습된 방식들—을 발전시킬 수 있다. 그런데 우리를 인간답게 만드는 이런 특성들은 지난 7백만 년에 걸쳐 진화된 것이다.

과거에 대한 과학적 연구는 인간의 기원에 관한 근원적 물음들에 해답을 찾고자 하는 추구이다. 인류는 얼마나 오래 전에 처음 등장했는가? 그들은 언제, 어디서, 어떻게 진화했는가? 인류가 지닌 놀라우리만치 다양한 생물학적, 문화적 특성을 어떻게 설명할 수 있는가? 현대 인간(현생인류)은 어떻게 세계 곳곳으로 이주했으며 또 어떻게 그토록 복합도가 서로 다른 많은 사회를 발전시켰는가? 왜 우리 중 어떤 이들은 땅을 경작하고 소를 기른 반면 또 어떤 이들은 수렵채집민으로 남았는가? 왜 어떤 인간 집단은 예컨대 남아프리카의 산(San) 채집민이나 북미 '그레이트 베이슨'(대분지)의 쇼숀족 인디언처럼 소규모 가족 유단(遊團)을 이루고 산 반면 고대 이집트인이나 멕시코의 아스텍인은 고도로 정교한 문명을 발전시켰는가?(그림 1.2) 좀 더 복잡한 인간 사회들은 언제 진화했고 그 이유는 무엇인가? 이런 질문들에 답하는 것이 바로 세계 선사를 연구하는 과학자들의 관심사이다.

고고학자들은 선사를 정의하기를 약 330만 년 전 최초의 석기 제작 기술이 등장(케냐 투르카나 호수 로메크위 3 문화)해서 문헌사료와 기록이 창조됨(즉 역사)과 더불어 끝나는 인류사의 시간대로 한다. 역사는 문헌기록을 통한 인류 경험 연구로서 이보다 훨씬 짧은 시간 폭을 가진다. 최초의 문헌기록은 서아시아로부터 나오며 지금부터 약 5천여 년 전으로 거슬러 올라간다. 세계의 다른 지역에서는 문자와 문헌기록의 최초 사용이 그보다 여러 세기, 때로는 여러 천년이 늦다. 사실 어떤 문화는 아직도 문자를 쓰지 않는 반면 어떤 문화들에서는 유럽 열강이 저 광대한 새 영토들을 병합해 새로운 영지로서 지

그림 1.2 이집트 기자의 피라미드들.

배하기 시작했을 때인 지지난 세기에 들어서서야 비로소 문자 쓰기를 채택하였다. 선사시대(즉 역사 이전 혹은 문헌기록 이전 시간대) 연구는 학제(學際) 연구 사업으로서 고고학자뿐만 아니라 다른 많은 학문 분야의 과학자들 또한 관계하니, 그 중 몇 개만 들어보면 생물학자, 식물학자, 지리학자, 지질학자, 동물학자가 있다. 하지만, 인류의 선사에 관한 으뜸가는 정보 제공소는 역시 고고학이다.

고고학자는 과거 사람들이 남긴 '사물들'(혹은 '물질문화')에 연구 초점을 두는 특별한 유형의 인류학자이다. 고고학은 과거를 연구하는 아주 다양한 범주의 과학적 방법과 기법들로 이루어져 있으며, 그 방법과 기법은 엄격한 규율에 따라 주도면밀하게 쓰인다. 고고학자는 아득히 오래된 과거와 가까운 과거의 인간 사회들을 연구하며, 그렇게 하는 데 이용하는 자료는 그 문화들이 남긴 물질 잔적이다. 고고학은 과거의 여러 인간 문화 자체와 그것들이 긴 시간대에 걸쳐 변화한 방식들을 아주 효과적으로 연구하는 수단이다. 고고학은 인류가 살아온 시간대 전부를 연구 대상으로 삼으며 그에는 바로 전 19세기의 철도역과 현대 산업 도시의 쓰레기에 대한 연구까지 포함된다.

한 세기 전에는 고고학자라 하면 대부분이 유럽과 서아시아에서 연구 작업을 했다. 그들은 인류의 선사를 아주 한정된 지역의 관점에서 생각하였고 농경 및 문명 같은 모든 중요한 진전은 메소포타미아와 나일강 사이의 지역에서 생겨났다고 확신했다. 오늘날 고고학자들은 아프리카, 알래스카, 오스트레일리아 등 지구 전역에서 연구 작업을 하고 있다. 지금 우리는 방사성탄소연대측정법 같은 보편적 연대측정법 덕택에 서로 멀리 떨어진 세계 여러 지역의 선사문화 발전을 연대측정하고 비교할 수가 있다. 우리는 농경이 예를 들어 시리아에서는 서기전 약 10000년에 개시되었으며 아프리카 중부에서는 대략 2천 년 전에 시작되었음을 알고 있다. 또 우리는 현대 인간이 유럽에 처음으로 거주하기 시작한 연대를 4만 5천 년 전쯤으로 측정할 수가 있고 북미에서의 거주는 지금부터 약 1만 5천 년 전으로 측정할 수 있다. 이런 것이 세계 선사 연구로서, 이는 인류 선사를 서아시아 같은 단 한 지방의 관점에서가 아니라 범지구적 관점에서 평가한 연구이다.

세계 선사는 고고학에서 이루어진 두 가지 주요 진전의 결과로 생겨났다. 첫째는 1949년 미국 시카고대학교의 화학자 윌러드 리비와 J. R. 아놀드가 개발한 방사성탄소연대측정법이다. 고고학자들은 이로써 세계 도처의 고고학 유적을 연대측정할 수 있을 뿐만 아니라 이를테면 서남아시아 최초 농경과 아메리카 대륙 최초 농경의 연대 또한 서로 비교할 수 있기에 범지구적으로 적용할 수 있는 연대측정법 한 가지를 처음으로 손에 넣게 되었다(제4장의 테글 '방사성탄소연대측정법'을 참조).

그때까지는 어느 누구도 서로 멀리 떨어진 지방들의 편년을 쉽사리 직접 비교할 수 없었으며 문화 변화의 속도를 측정할 수단 또한 갖지 못하였다. 하지만, 리비와 아놀드가 이 눈부신 발견을 하고 15년도 채 지나지 않아 수백 군데 유적에서 방사성탄소연대측정이 이루어짐으로써 신뢰할 수 있는 범세계적 편년이 최초로 구축될 수 있었고 또 전 세계의 전문 고고학도 수가 폭발적으로 늘어났다.

오늘날은 고고학 조사 작업이 세계의 모든 장소, 상상할 수 있는 모든 환경—예컨대 시베리아의 광야, 남아메리카 아마존강 유역의 열대 우림, 태평양의 라파 누이(이스터섬), 건조한 사하라사막 한 가운데, 여러 대양의 해저—에서 벌어지고 있다.

두 번째 중요 진전은 1961년 이루어졌으니 영국 케임브리지대학교 고고학자 그래함 클라크가 자신의 고전『세계선사학』(제3판, 1977)을 출간한 일로, 이는 방사성탄소 편년과 전 세계 고고학 연구 성과를 최초로 충분하게 고려한 고고학 종합서였다. 당시까지 다소 좁은 지역에 국한된 학문이었던 고고학은 새로운 지평을 연 이 책의 도움으로 지적 측면에서 오늘날처럼 범지구적인 연구 활동으로 바뀌었던 것이다.

3 인류 선사의 주요 진전들

이 책에서 서술하는 세계 선사는 인류 과거의 대세적 흐름을 관심사로 하는데, 좀 더 구체적으로는 다음 네 가지 주요 진전 사항을 대상으로 한다(표 1.1).

• 약 330만 년 전 인류 문화의 기원. 우리는 최초의 인류 조상, 우리의 기원과 관련된 화석 증거, 맨 처음 조상의 출현에 수반된 행동상의 변화와 혁

표 1.1 인류사의 주요 사항들

연대	
서기 1532년	스페인의 페루 정복
서기 600년	고전기 마야 문명
서기 1년	로마 제국
서기전 3100년	문명의 탄생. 야금술
12,000년 전	식량생산의 탄생
15,000년 전쯤	아메리카 대륙 최초의 인간 이주(더 이를 수 있음)
45,000년 전쯤	오스트레일리아 최초의 인간 이주(더 이를 수 있음)
30만 년 전쯤	가장 오래된 호모 사피엔스 화석(북아프리카)
180만 년 전	중국·자바·인도네시아·조지아에 호모 에렉투스 등장
190–150만 년 전	동·남아프리카에서 호모 에렉투스 발견
240–160만 년 전	호모 속 최초 구성원인 호모 하빌리스 동·남아프리카에서 발견
330만 년 전	케냐 로메크위3에서 가장 오래된 석기공작
420–210만 년 전	갖가지 오스트랄로피테쿠스군 호미닌(아프리카)
450–430만 년 전	확실하게 가장 오래된 호미닌 아르디피테쿠스 라미두스(에티오피아)
700–600만 년 전	가장 이를 가능성이 있는 호미닌 사헬란트로푸스 차덴시스의 발견(차드)
750만 년 전	호미닌 계보가 침팬지 계보로부터 분가했을 가능성 큼

신들 중 일부에 대해 서술한다.

- 호모 에렉투스 같은 옛 인간의 진화와 바로 우리 자신인 해부학상 현대인(현생인류)의 기원. 이런 진전은 지금부터 약 250만 년 전부터 17만 년 전 사이의 긴 기간에 걸쳐 일어났다. 또 우리는 완전한 현대 인간이 구대륙 전역과 아메리카 대륙으로 확산되는 과정을 서술할 것인데, 이는 약 1만 5천 년 전에 끝난다.

- 약 1만 2천 년 전 이후의 좀 더 복합적인 수렵채집 사회들의 기원과 때로 식량생산이라고 불리는 농경 및 동물 순화의 기원. 우리는 문화적, 사회적 복합도가 증대된 이유와 인간이 농경을 시작한 이유를 설명할 목적으로 그간 개진된 여러 가지 이론을 평가하고 또 서아시아와 유럽, 아시아, 아

메리카 대륙에서의 농경 개시와 확산 과정을 서술한다.

- 서기전 3100년경 서아시아에서 탄생한 문자사용 도시 문명(국가조직 사회)의 기원과 세계의 다른 곳에서 그보다 늦은 천년기에 생겨난 유사한 복합 사회들의 전개 과정.

이상의 주요 진전 사항은 선사시대를 이야기하는 데 필요한 개략적 틀을 우리에게 제공한다. 그리고 이 틀에서 핵심 사항은 시간과 공간—과거에 일어난 생물학적, 문화적 발전의 맥락—이라는 개념들이다(고고학 연구가 어떻게 진행되는지에 대한 간단한 개요는 뒤의 그림 1.5를 참조).

4 순환적 시간과 직선적 시간

모든 인간 사회는 과거에 흥미를 가지고 있다. 과거는 우리 주위를 떠나지 않고 항상 맴돌면서 혼미하게 하고 안달 나게 하며 때로는 현재와 미래에 대해 교훈이 될 만한 것도 제시한다. 과거가 중요한 이유는 인간의 사회생활이 문화적 기대치와 가치의 틀 속에 단단히 박힌 채로 시간을 통해 전개되기 때문이다. 북극 지방 이누이트족은 지구에서 가장 혹독한 환경 중 한 군데서 살면서도 자신들의 전통 생활과 기술, 환경 대처 메커니즘을 이어가고 있다. 그들은 과거의 교훈들을 현재 속에 짜 넣음으로써 그렇게 하고 있는 것이다. 조상은 많은 사회에서 현재, 과거, 미래를 상징하는 토지의 수호자이다. 우리 자신의 국가처럼 현대의 국민국가(또는 민족국가)들은 특히 옛 시대에 대해 강렬한 관심을 갖고 있다. 이는 부분적으로는 호기심에서 비롯된 것이지만 또한 역사적 정체성을 확인할 필요성에서 나온 것이다. 그러나 우리가 스스로 하는 이야기들은 얼마나 진실한 것인가? 그것들은 때로는 완전히 지어낸 것인데, 이를테면 나치가 유럽에 대해 옛 게르만(아리안)의 권리라는 것을 주장했을 때를 들 수 있다. 오늘날의 고고학자들은 이전 시기에 대한 정확한 과학적 기록을 보존하고자 노력한다.

고고학자들은 과거에 대해 아주 깊은 관심을 가지고 있지만, 그렇다고 해서 고고학자는 말할 것도 없거니와 그 어느 누구도 자신의 관심만이 유례없는 특권을 가졌다고 전제할 수는 없다. 인간 문화들은 모두 과거에 대해 똑같이 흥미를 가지고 있으나 우리가 시간에 대해 여러 가지 서로 다른 관점을 갖고 있듯이 각 문화가 과거를 생각하고 이용하는 방식은 서로 다를 수밖에 없다. 고고학이 현대 과학에서 문화 변화를 통시적으로 연구하는 유일한 방법이라는 점은 사실이지만, 그렇다고 해서 그런 사실 때문에 고고학자들이 과거에 대해 유례없는 권위를 갖는 것은 아니다. 과거는 많은 전통 사회에서 여러 가지로 높은 가치를 부여받는 문화 상품인데, 그 방식은 고고학자가 제공하는 방식과는 근본적으로 다르다. 옛 시대에 대한 지식은 존경받는 원로들 사이로 전수되며 이들은 구비전승의 정확성을 유지하기 위해 수고를 아끼지 않는다. 그런 전승은 한 인간 집단의 정체성을 규정하고 그것이 한 세대에서 다음 세대로 잘 이어지도록 해주기 때문에 지극히 중요하며 그래서 신중하게 관리된다. 과거는 과학 속이 아니라 가구, 공동체, 친족 집단, 영역 속에 들어 있는 것이다. 예컨대 오스트레일리아 북부 준주(準州)의 욜릉우 원주민에서는 가장 연로한 씨족 성원들만이 제일 중요한 역사 지식에 대한 저장소 역할을 한다. 오스트레일리아 원주민과 아메리카 토착민들이 이구동성으로 지적한 바와 같이 서양 과학 및 그것의 과거 관점과 여타 사회들의 관점은 근본적으로 양립할 수가 없다. 이런 상반성은 부분적으로는 직선적 시간관념에서 생겨난 것이다.

서양 사람들은 인간의 경험이 곁길은 있더라도 곧게 뻗은 시간의 고속도로를 따라 일어나는 것처럼 생각한다. 19세기 독일의 대정치가 오토 폰 비스

마르크는 이를 가리켜 모든 인간 사회가 잠깐씩 타고 가는 '시간의 냇물'이라고 불렀다. 우리는 역사가 직선적으로 펼쳐진다고 느끼며 이는 5천 년의 기록된 역사를 거슬러 올라가 초기 이집트와 메소포타미아에 이른다. 고대 이집트 문명은 서기전 3100년 시작되었고 로마는 서기전 753년 건설되었으며 크리스토퍼 콜럼버스는 1492년 10월 12일 바하마 제도에 상륙했고 미국 독립선언문은 1776년 7월 4일 채택되었다. 이런 것들은 역사 편년의 사닥다리를 따라 자리 잡은 획기적 대사건들이며, 그 편년은 우리가 삶을 사는 동안 날과 달, 해를 가차 없이 계속 펼쳐 낸다.

그런데 직선적으로 펼쳐지는 과거가 옛 시대를 개념화하는 유일한 방식은 아니다. 고대와 현대의 많은 비서구 사회는 시간을 순환적 현상으로 생각하며 때로는 직선적인 것과 순환적인 것이 결합된 현상으로 생각하기도 한다. 이 순환적 관점은 계절과 천체의 변전에서 비롯되고 채집민 및 마을 농민과 그 환경 사이의 밀접한 관계로부터 생겨난다. 그리고 인간 삶의 영원한 현실인 생식·출생·생활·성장·죽음에 또한 바탕을 두고 있다. 파종과 수확·사냥감 이주·연어 회귀·야생식량 성숙의 계절들이 끝없이 반복된 사실은 인간의 생존을 아주 의미심장하게 지배했던 것이다. 고대 마야인은 세속력(曆)과 종교력이 맞물린 정교한 순환력을 개발함으로써 계절의 추이를 재고 종교 의례들을 정기적으로 베풀었다(제12장 참조).

하지만, 우리는 이렇다고 해서 순환적 시간관을 가진 사회들이 직선적 편년은 갖지 않았다고 상정해서는 안 된다. 유명한 마야 '장기력'은 직선적 연대결정법으로서 마야 지배자들과 우주 사이의 긴밀한 관계를 규정하는 데 절대로 빠질 수 없는 한 부분이었다. 또 고대 이집트인은 행정 목적을 위한 직선적 연대결정법을 개발하였다. 그러나 여러 사회는 전체적으로 보건대 필요로 할 때에만 직선적 편년법을 개발하였다. 예를 들어 서구 사회는 기도 시간을 정하거나 작업 일자를 조정하는 데, 항공기 비행 일정을 정하는 데 직선적 시간을 이용한다. 일반화하기는 어렵지만 중앙집권화된 정치체제를 가진 사회들은 수장이나 왕들의 재위를 직선적 시간 척도의 길잡이로 이용하는 경향이 있다. 예컨대 서아프리카 베닌국 통치자들의 역사를 보면 시간 해석에서 중대한 변천이 나타난다. 베닌의 역사는 서기 14세기 이전에는 편년이 부정확하고 왕들의 수가 가변적이어서 기본적으로 신화의 성격을 띤다. 하지만, 요루바 왕조가 일어나면서 모든 '오바'(왕)들의 치적과 치세는 현대까지 그대로 이어지는 정확한 편년을 갖고 상세하게 기억되고 있다(그림 1.3 참조).

많은 비서구 사회는 자신들이 변화 없는 세상 속에 산다고는 인식하지 않는다. 이들은 산 사람들의 기억 속에 있는 가까운 과거와 기억 이전의 아득히

Peter Horee/Alamy

그림 1.3 착좌한 '오바'(왕)와 두 명의 시종을 보여주는 서아프리카 나이지리아 베닌시 출토 청동 판. 이런 인공물들은 왕의 재위와 가계를 말해주는 중요한 역사 기록의 역할을 하였으며 왕궁에 보존되었다.

오래된 과거를 근본적으로 구분한다. 예를 들어 오스트레일리아 동북부 퀸즐랜드에 사는 원주민 집단은 산 사람들이 목도한 사건들의 시간대인 '쿠마'와 오래전을 가리키는 '안탄트나마', 창조의 시기인 '일라무'를 구분한다. 더욱이 많은 사회는 과거에 문화 변동이 있었음도 받아들인다. 그 중에서 힌두의 역사 전승은 순화된 동물과 식물을 가지지 않은 채 살았던 옛 사람들에 대해 이야기하며, 동아프리카의 하드자 수렵채집민은 자신들의 본향에 살았던 최초 거주민을 불이나 도구를 쓰지 않았던 거인들로 이야기한다. 이런 과거 패러다임들은 여러 가지 형태를 띠며, 현대의 사회 관습과 친숙한 경관을 수립한 신화적 문화 창조자—대개 원시 조상, 신 혹은 동물—들을 가지거나 아니면 그리스인이 그랬던 것처럼 지금과는 단절된 아득히 오래된 과거의 영웅시대를 설정하기에 극작가 아이스킬로스 같은 사람은 동시대인들의 행동을 평가하는 데 이를 이용하였다.

　인간의 사고는 복잡하고 다양해서 일단 우리가 어떤 주어진 문화에 모든 관심을 집중해보면 그에서 일을 해내는 더욱 많은 방식을 볼 수 있게 된다. 예를 들어 앞에 든 그리스인은 시간을 가리키는 두 가지 단어를 가졌다. '크로노스(chronos)'는 펼쳐지거나 잇따라 일어나는 시간을 나타내는 단어로 이에서 영어 단어 chronological과 anachronism이 유래하였다. 반면에 두 번째 단어 '카이로스(kairos)'는 질적이고 거의 영적인 의미까지 지녔다. 이에서는 시간을 '올바른' 혹은 적절한 순간인지의 관점에서 본다. 옛 인도인도 똑같이 크로노스적인 것과 카이로스적인 것으로 구분된 시간관념을 가졌다. 카이로스는 시간을 보기를 누가 앞에 있더라도 멈추지 않는 대형 트럭인 듯이 보는 우리의 직선적 비스마르크식 관점보다는 아마도 다소간 긍정적으로 바라보는 방식일 것이다.

5   문헌기록 · 구비역사 · 고고학

　대부분의 과거 인간 사회는 문자 미사용 사회였으니 이는 그들이 지식과 역사를 구전하였다, 즉 입으로 하는 말로 전하였다는 뜻이다. 문헌기록은 과거에 대한 가장 포괄적인 정보원이지만 이것들은 대개 엄격하게 직선적인 편년을 따른다. 또 이것들은 교육의 도구 역할을 하기도 하였다. 문헌기록은 무엇보다도 옛 사람들이 표준적 역사, 종교 혹은 신화 정보를 기억하는 데 유용한 실마리였다. 서기들은 이집트와 메소포타미아, 마야 같은 초기 문명들에서 상당한 위세를 누렸는데, 그 이유는 그들이 지식과 정보의 저장소였기 때문이다 (그림 1.4). 그들은 너무나 중요시되었기에 마야의 정복 군주들은 서기를 사로잡으면 손가락을 잘라 무용지물로 만들어버렸다.

그림 1.4 고왕국시대 사카라에서 출토된 고대 이집트의 서기 좌상.

아스텍 구비역사는 입에서 입으로 전해진 역사의 훌륭한 사례로 이는 16세기 스페인인의 정복 이후 부분적으로 기록이 되기도 했다. 이 역사는 잘 규정된 구술 구성에 따라 암송되는데 그 초점을 '위대한 사람들'과 핵심 사건들(예를 들면 1487년 아스텍 수도에 태양신 위칠로포치틀리의 신전을 낙성 헌당한 일), 특권 집단들의 역사 등에 맞추었다. 아스텍 구비역사에서는 다른 구비역사에서처럼 어떤 이야기의 핵심 구성요소였던 관용 표현과 주제들이 한 화자에서 다음 화자로 가면서 상당히 바뀌기도 하였지만 그렇다고 해도 본질적 내용은 변하지 않고 그대로였다. 많은 구비역사는 사실 자료와 우화의 혼합체로서 도덕적, 정치적 가치를 담아 전달한다. 그러나 이를 듣는 이들에게는 공식적으로 인정된 역사로서 비평 집단 앞에서 실연됨으로써 이전에 동일한 이야기를 들은 적이 있는 청중의 비판적 평가를 받는다.

　　문헌기록과 구비역사는 둘 다 온갖 종류의 왜곡을 겪기가 쉽다. 어느 쪽도 완전하게 객관적이라고 주장할 수는 없으며 고고학도 그에 못지않게 매한가지이다. 고고학자가 안고 있는 문제는 발굴 자료를 구비전승 자료와 관련지음으로써 어느 부분이 실제 역사이고 또 어느 부분이 신화나 도덕적 훈계인지를 비판적으로 결정해야 하는 일이다. 구비전승은 얼마나 오래되었는지 판정하기 아주 어렵기 때문에 이용하기가 결코 쉽지 않다. 구비역사와 고고학이 이를테면 오스트레일리아에서처럼 전반적으로 일치하는 일부 사례도 있다. 예를 들어 이곳의 전승은 최초 주민이 바다를 건너왔다고 하고 해안 지역의 침수를 이야기하며 거대한 유대류(캥거루처럼 육아 주머니를 가진 동물)의 사냥을 이야기한다. 그래서 오스트레일리아의 과거는 두 가지 증거 자료로부터 나온다고 할 수 있으니 하나는 고고학 자료요 다른 하나는 구비전승이다. 어떤 사례에서는 고고학자와 토착 주민이 공통 이해관계를 갖고 신성한 장소와 역사적 장소들을 식별하는 데 힘을 합치기도 하며, 그 결과 조치로 해당 장소들은 흔히 보존이 된다. 때로는 두 집단이 특정 지점의 의미에 관해 근본적

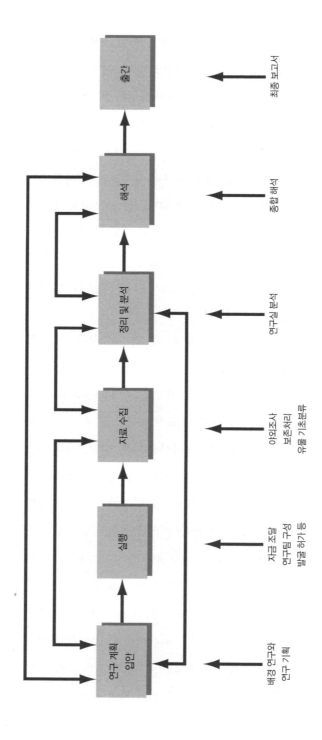

그림 1.5 고고학 연구의 과정. 유적 발견에서 시작해 연구 계획 입안과 야외 조사를 거쳐 연구실 분석, 해석으로 나아가고 최종적으로 결과 출간으로 마무리된다.

으로 의견을 달리하기도 하는데 그런 곳에서 고고학자는 아무런 건물이나 유물을 찾아내지 못하지만 토착 주민들은 이를 신성한 장소로 여긴다.

그러나 고고학자와 지역 공동체가 과거에 대해 서로 다른 이해관계를 가진 경우가 너무나 흔하다. 고고학자에게 과거는 현대 과학이 모든 엄밀성을 다해 연구해야 할 과학 자료이다. 지역 주민에게는 과거가 지극히 개인적인 사항인 경우가 흔하며 조상의 소유 재산이다. 이런 역사 또한 존중하고 이해할 만한 가치를 충분히 지닌 타당한 대안 역사 버전이니, 그 이유는 이들의 문화 정체성을 창출하고 재확인하는 데 결정적으로 중요한 역할을 하기 때문이다.

과거의 가치를 생각하는 데서 고고학자들만이 특권을 누리는 것은 아니며 또한 그들이 과거의 여러 측면에 대한 해석을 이따금 에워싸는 정치의 영향에서 자유로운 것도 아니다. 많은 서양 사람은 고고학—그리고 고고학이 의지하는 과학적 학문 분야들—이 인류의 세계 선사에 대해 가장 신뢰할 만한 설명이라고 여길 것이다. 하지만, 우리 고고학자는 옛 시대에 대해 대안적이면서 흔히 거역할 수 없는 힘을 가진 여러 가지 설명이 존재함을 잊어서는 안 된다. 또 그런 설명은 어떤 사회가 자신들의 전통 유산을 서양 사람들이 오기 전 존재한 대로 유지하는 데 도움을 주는 측면에서 중요한 역할을 한다는 점도 결코 잊어서는 안 된다.

'세계 선사'는 최신의 과학적 고고학 연구를 토대로 3백만 년이 넘는 기간에 걸친 인류사를 설명하지만 그러면서도 그와 다른 역사적 관점들을 가진 다른 이들의 문화와 역사에 대해 심심한 존중심 또한 지니고 있다.

6 세계 선사의 연구

인류 선사 문화의 연구는 현대로부터 아득한 과거로 멀리 거슬러 올라간다. 이는 마치 우리가 망원경을 거꾸로 잡고 선사시대를 향해 바라보는 것과 같다. 우리는 아스텍인이나 16세기 미국 서남부 푸에블로 인디언처럼 지금에 상대적으로 가까운 사람들의 문화에 대해서는 설사 그 지식이 한탄스러울 정도로 불완전할지라도 비교적 명료하게 분간은 할 수 있다. 과거로 더 거슬러 올라가면 갈수록 점점 더 가물가물해지고 흐릿해지며 크기는 더 작아진다. 이처럼 아득히 오래된 과거를 해석하는 데서는 이를테면 현대 북극지방 채집민이나 과테말라 마야족 농민의 생활양식을 원용할 수는 없다. 1만 5천 년 전의 최초 토착 아메리카인, 2만 5천 년 전 유럽에서 번성하였던 빙하시대 말기 채집민은 시간상 우리 세계로부터 상상할 수 없을 정도로 아득하게 멀리 떨어진 세계 속에서 살았다. 그보다 더 이전 수십 만 년 전 선사시대 인간의 세계는 너무나 아득하게 멀기에 우리가 현실감 있게 이해하기조차 어려울 정도이다. 그러므로 세계 선사 연구의 목표는 우리 세계에서 시간으로 수천 년 이상 떨어져 있을 뿐만 아니라 환경적, 사회적 과제 또한 오늘날 우리가 당면한 것과는 아주 동떨어진 과거 속 선사시대 사람들의 행동을 이해하는 일이 된다.

세계 선사는 비유를 하자면 다방면으로 가지를 뻗친 거대한 연대기 나무에 견줄 수 있는데 그 뿌리는 종국적으로 약 6~700만 년 전으로 거슬러 올라가며 그 즈음은 인간과 여타 유인원의 마지막 공통 조상의 시기 언저리였다. 우리는 인류의 과거를 직선적으로 생각할 수도 있지만 그보다 이 나무의 비유가 적합하니, 그 이유는 가장 이른 시기의 호미닌(hominin)과 그들의 문화조차도 약 330만 년 전 최초의 도구 제작 인간이 나타난 이후로 급속하게 다양화하였기 때문이다. 이 가공의 나무가 뻗친 수많은 가지를 연구하는 데는 한 가지 기초 이론 개념이 필요하니 그것은 곧 문화라는 개념이다.

7 문화

고고학자는 인류학자로서 인간의 문화들을 연구하고 또 그 문화들이 시간의 경과와 더불어 어떻게 변화하였는지를 연구한다. 문화는 인간이라는 존재들이 지닌 독특한 적응체계를 서술하기 위해 인류학자들이 개발한 개념이다. 문화는 한 사회의 전통적 신념 및 행동 체계들이라 할 수 있는데, 이는 개인과 사회 집단의 성원들에게 이해되고 또 개인행동이나 집단행동에서 분명하게 표현되는 성질을 지니고 있다. 또 이는 우리가 환경에 적응하는 방식의 한 부분이기도 하다. 우리의 도구와 주거는 우리 문화의 구성 부분이다. 인간은 이런 적응 목적의 도구를 제작하는 유일한 동물이다. 다만, 일부 다른 동물들, 특히 침팬지 또한 물체를 일부 특정 목적에 쓸 요량으로 다듬기는 한다.

어떤 동물이 죽으면 통상 그것의 경험도 그와 더불어 사라진다. 하지만, 인간이라는 존재는 언어라는 상징체계를 써서 자신들의 생각과 문화, 감정, 경험을 한 세대에서 다음 세대로 전달한다. 이런 까닭에 많은 사회에서 구비전승이 그토록 중요한 것이다. 우리가 문화를 배우는 길에는 의도적 교육뿐만 아니라 시행착오와 단순 모방 또한 있다. 사람들은 같은 생각을 공유할 수 있으며 다시 이는 자꾸 자꾸 반복되는 행동 정형이 될 수 있다. 이를 웅변하는 사례로는 선사시대 초기에 1백만 년이 넘는 기간 동안 줄곧 쓰인 다목적 도구인 주먹도끼의 긴 생명력을 들 수 있다(제3장 참조). 모든 고고학 연구의 토대는 문화가 시간의 흐름에 따라 점차 변화하는 현재진행형 현상이라는 원리에 두고 있다.

문화는 생물적 적응과는 달리 비유전적이며 사람들이 환경에 대처하는 데 도움이 되는 착상들을 한결 빨리 공유하는 방안이 된다. 고고학자들은 바로 이 문화의 적응성 덕택에 고고학 유적에서 발견한 인공물들을 환경에 대한 정형적 적응 결과라고 가정할 수 있다.

문화체계란 한 공동체가 그 환경과 평형 상태를 유지할 수 있도록 해주는 일단의 상호작용 변수들—도구, 매장 습속, 먹을거리 획득 방법, 종교 신앙, 사회조직 등등—을 포괄하는 복합 체계이다. 이 체계 속의 한 요소, 이를테면 사냥 관습이 오랜 기간의 가뭄으로 바뀌는 경우 다른 많은 요소에서 그에 대한 반작용 조정들이 일어나게끔 되어 있다. 그러므로 줄곧 정적인 상태의 문화체계는 있을 수 없다. 이는 작게건 크게건 끊임없이 변화하며 그런 현상의 일부를 고고학 유적들에서 연구해낼 수 있다. 문화체계는 온갖 종류의 아(亞)체계(혹은 하부 체계)들, 즉 종교 및 의례 아체계, 경제 아체계 등등으로 쪼개어 볼 수 있다. 이들 각각은 다른 것들에 연계되어 있다. 예를 들어 소 목축으로부터 밀 재배로의 전환 같은 한 아체계 안의 변화는 다른 많은 아체계 안에 반응을 불러일으키게 마련이다. 고고학자들은 이런 관계 덕분에 인간 문화의 끊임없는 변화와 변이를 잴 수 있는 하나의 척도를 얻는데, 그 변화와 변이는 문화체계들이 안팎의 자극에 반응함에 따라 장기간에 걸쳐 누적될 수 있는 성질을 띠고 있다. 이 상호작용하는 구성요소들 중 다수는 흔적 없이 사라지기 십상이다. 지금까지 어느 누구도 종교철학이나 문자화되지 않은 말을 발굴해 내지는 못했다.

고고학자는 토기 조각이나 집의 기초처럼 그래도 땅 속에 잔존할 수 있는 유형의 인간 활동 잔적을 대상으로 작업을 한다. 하지만, 이런 인간 활동의 잔적들은 근본적으로 인간 문화가 지닌 무형적 측면들의 영향을 받는다. 예를 들어 페루 해안의 모체인은 자신들의 대군주들을 정교한 금 및 구리 장신구와 화려한 직물, 정교한 의례 복식품들과 함께 매장했다. 월터 알바가 시판 유적의 거대한 분구를 발굴해낸 덕택에 우리는 서기 300년경 금제 요령을 지니고 묻힌 한 군주를 알고 있는데, 그 유물에는 완전한 정장을 갖춘 모체 전사가 전투용 몽둥이로 포로의 머리를 내리치는 장면이 새겨져 있다(제14장 참조). 시판의 군주와 함께 묻힌 이런 미술 걸작품은 모체인의 무형적 세계 중 한 부분이었던 정교한 상징체계와 복잡한 종교 신념을 가진 한 문화를 나타내고 있는 것이다.

8 문화 역사·시간·공간과 민족지적 현재의 신화

과거는 수십 만 년을 거슬러 올라가면서 아득한 선사시대로 펼쳐지며 고고학자들은 이 특징 없는 경관을 여러 문화들로 채워 넣는데 각 문화는 특정한 시간과 공간이라는 맥락을 갖고 있다. 이런 많은 맥락을 연구하는 문화 역사는 고고학의 기초를 이루는 한 부분이다.

문화 역사란 과거로 아득히 먼 시간까지 거슬러 올라가는 인간 문화들에 대한 서술을 가리키는 말이다. 문화 역사는 고고학 유적들 자체를 연구하고 또 유적 속 유물 및 유구들을 그 시간과 공간의 맥락 속에서 연구함으로써 도출된다. 여러 무리의 유적들과 그 속에서 발견된 인공물들을 조사함으로써 한 지역 또는 지방에서 수백 년 또는 수천 년 전으로까지 거슬러 올라가는 인간 문화의 발전 순서를 구축할 수 있다. 문화 역사 연구는 또 하나의 중요 원리인 정황의 원리를 토대로 하고 있다.

정황

고고학적 정황이란 고고학적 발견물의 시공간적 위치를 말하는데 그 위치는 발굴과 기록, 측량으로 정해진다. 시간 차원은 고고학적 정황에서 공간—하늘의 끝없는 공간이 아니라 고고학적 탐사와 발굴을 하는 동안 찾아낸 모든 발견물의 정확히 규정된 위치—차원과 연계되어 있다. 모든 고고학적 발견물은 아주 작은 핀이든 대궁전이든 위도, 경도, 깊이에서 정확한 위치를 가지고 있으며, 이 셋은 합쳐져 공간과 시간상으로 절대적이고 고유한 한 점을

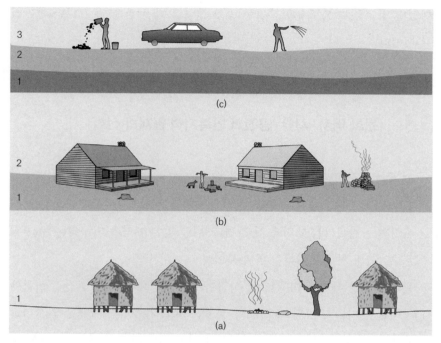

그림 1.6a 고고학의 두 가지 기본 원리인 층서(層序)와 공반. (a)누중(累重)과 층서. 미개간의 심토 위에 지은 농경 마을. 얼마 지나 이 마을은 버려졌고 오두막들은 황폐해 무너졌다. 잔해는 퇴적되는 흙과 식생으로 덮였다. (b)한참 지나 두 번째 마을이 같은 자리에 지어졌는데 건축 양식은 달랐다. 이것도 다시금 버려졌고 집들은 무너져 쓰레기 더미가 되었으며 퇴적되는 흙으로 덮였다. (c)20세기 사람들이 두 마을 유적 위에다 주차를 하고 쓰레기와 동전을 떨어뜨리는데, 그것들은 향후 노출되는 경우 제일 위 층이 현대 층이라는 사실을 고고학자들에게 드러낼 것이다. 만약 고고학자가 이 유적을 발굴하면 현대 층 아래에 두 개의 선사 시대 생활 층이 놓여 있음을 발견할 것이다. 그 둘 중 방형 주거는 두 층 가운데 위층에서 사용되었으므로 누중의 법칙에 따라 늦다. 여기서 원형 주거는 방형 주거보다 층서상 이르다. 그러므로 〈마을 1〉이 〈마을 2〉보다 이른데, 다만 자료가 더 없이는 어느 쪽이든 그 정확한 연대라든지 〈마을 1〉로부터 〈마을 2〉까지 몇 년이나 흘렀는지는 알 수가 없다.

이룬다. 고고학자들은 지표조사나 발굴을 할 때 유적과 인공물, 주거지, 여타 발견물의 정확한 위치를 기록하는 데 특별한 방법들을 쓴다. 이들은 각 유적의 위치를 정밀한 측량도 위에다 표시하는데, 그 목적은 지도상의 격자 좌표를 이용해 그 위치를 정확히 규정하려는 것이다. 또 이들이 어떤 유적을 조사할 때는 유적 전체에 대해 동일 크기의 정사각형으로 이루어진 기록용 격

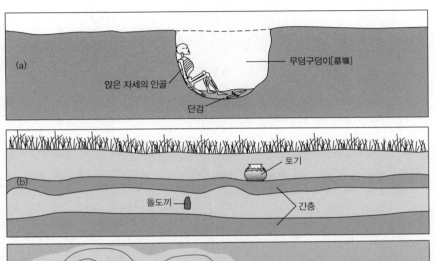

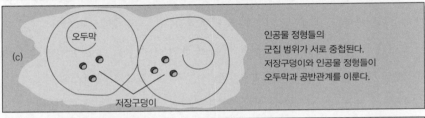

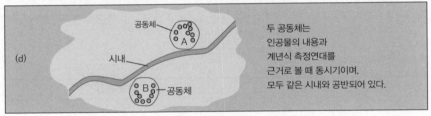

그림 1.6b 몇 가지 공반 관계. (a) 최상층에서 파들어 간 무덤구덩이에는 인골과 더불어 그 발 가까이 단검 한 자루가 들어 있다. 그 단검은 인골과 공반되고, 또 두 발견물은 모두 무덤구덩이 및 그 무덤구덩이를 파들어 간 층위와 공반되고 있다. (b)이와 대조적으로 아무런 발견물이 없는 간층(間層)으로 분리된 두 개 층위에서 각각 토기와 돌도끼가 발견되고 있다. (c)공반된 구덩이와 인공물 산포지를 가진 서로 다른 세대 군집 두 개. 이것들은 상호 공반되어 있다. (d)동시대인 두 공동체의 공반 관계.

자망(그리드)을 설정하고 그 격자망을 이용해 지표나 트렌치 안에서 나온 모든 유물의 정확한 위치를 기록하며 그 시간과 공간의 정황은 층서 관찰(그림 1.6a)과 계년식 연대측정, 공반의 법칙(그림 1.6b)으로 결정된다.

시간

인류 과거의 시간 깊이는 상상하기 어려울 정도이다. 우리는 대빙원들이 유럽의 많은 부분과 북미를 뒤덮었던 빙하시대의 끝으로부터 1만 5천년이나 떨어져 있다. 최초의 호모 사피엔스가 아프리카에 등장한 때로부터는 짧게 잡아도 30만 년이 흘렀다. 그 즈음에는 1백만 명도 못 되는 수의 인간(그것이 호모 사피엔스건 네안데르탈인이건 여타 인간 형태건 모두)이 아프리카와 아시아, 유럽에 살았고 아메리카 대륙에는 사람이 살지 않았다고 생각된다. 시계 바늘을 거꾸로 더 돌려서 200만 년 전이면 지구 위에 인간이 산 곳이라고는 열대 아프리카밖에 없었다. 선사시대 시간의 깊이는 그것을 하루 24시간에 빗대어 보면 감을 좀 잡을 수 있을지도 모르겠다. 만약 (보수적으로 잡아 600만 년 전에 나타난) 최초의 인간이 자정에 땡하고 울릴 때 처음으로 등장했다고 하면 (30만 년 전에 등장한 것으로 연대측정되는) 우리 종 호모 사피엔스의 최초인은 오후 10시 48분에, (약 1만 년 전의) 최초 농민은 오후 11시 57분 36초에, 그리고 (겨우 5천 년 되었을 뿐인) 역사 기록은 하루가 다 되기 직전인 11시 58분 43

표 1.2 연대측정 방법들과 인류의 선사

연대	방법	주요 진전
현대 (서기 1년 이후)	역사 문헌; 연륜연대측정법; 수입품에 의한 연대측정	콜럼버스의 신대륙 발견; 로마제국
서기전 3,100년		도시의 탄생 식량생산 개시
15,000년 전		신대륙 인간 이주
40,000년 전	방사성탄소연대측정법 (유기물질)	
60,000년 전		오스트레일리아 인간 이주
75,000년 전	우라늄계열 연대측정법	
100,000년 전	포타슘아르곤연대측정법 (화산물질)	
500,000년 전		
5백만 년 전		초기 호미닌과 조상들

초에 나타났다.

문헌기록이 이처럼 인류사에서 마지막 순간에 등장했기에 차지하는 시간대가 지극히 적을 뿐이라면 고고학자는 나머지 과거의 연대를 어떻게 측정하는가? 세계 선사의 편년은 덧쌓인 생활면들의 층서에 대한 관찰과 다양한 계년식 연대측정법에 토대를 두고 있으며, 이들은 우리를 서아시아에서 약 5천 년 전 처음 나타난 최초의 역사 기록보다 훨씬 전의 과거로 아주 멀리까지 데려가 준다(표 1.2). 인간이 존재한 전 기간 중 99%가 선사시대에 있으며, 그래서 그 연대측정은 수천 년을 단위로 해야 비로소 가능한 경우가 많고 이따금 수백 년을 단위로 하기도 한다.

이론 **과거의 연대를 측정하는 법**

네 가지 주요 연대측정법이 330만 년에 걸친 인류 과거의 연대를 측정해낸다(표 1.2 참조).

역사 기록(지금부터 서기전 3100년까지)

역사 기록은 과거에 문자와 문헌기록이 개시된 시점 이후로만 연대측정에 쓰일 수 있는데, 그것들은 서아시아에서 대략 서기전 3100년에 처음 나타나며 세계의 다른 많은 지역에서는 그보다 훨씬 늦다.

연륜연대측정법(나무나이테연대측정법)(지금부터 서기전 8000년까지)

옛 사람들이 들보, 기둥, 여타 목적으로 쓴 세코이아, 꺼끄러기 소나무, 유럽 오크나무처럼 오래 사는 나무의 매년 성장 테들은 미국 서남부, 지중해 지역, 서부 유럽 같은 일부 지역에서 유적의 연대를 재는 데 쓰일 수 있다. 생장 테의 계기순서를 이용하는 연륜연대측정법(나무나이테연대측정법)은 원래 미국 서남부 푸에블로들에 대해 쓰였으며 방사성탄소측정연대를 보정하는 데도 쓰이고 있다(제7장의 테 글 '나무나이테연대측정법' 참조).

방사성탄소연대측정법(대략 서기 1500년부터 4만 년 전까지)

방사성탄소연대측정법은 숯, 조가비, 나무, 터럭, 여타 유기물질 등 유기체 표본 속 방사성탄소 원자($14C$)들의 붕괴율 측정을 토대로 한다. 가속질량분석법(AMS)과 결합하면 아주 작은 표본으로부터도 연대를 측정해낸 다음 가능하다면 나무나이테측정연대에 대비해 연대 보정을 함으로써 역연대를 제공할 수 있다. 방사성탄소연대측정법은 지금부터 약 4만 년 전 이후의 선사시대 대부분을 연대측정할 수 있는데, 이 연대는 아프리카에 현생인류가 처음으로 등장한 때보다는 아주 늦다(제4장의 테 글 '방사성탄소연대측정법' 참조).

포타슘아르곤연대측정법(25만 년 전부터 생명 탄생 시점까지)

선사시대 초기를 연대측정하는 데 쓰이는 방법으로 화산암 속 칼륨40원자($40K$)의 붕괴율을 측정한다(제2장의 테 글 '포타슘아르곤연대측정법' 참조). 포타슘아르곤연대측정법은 동아프리카 호미닌 화석들의 연대를 측정하는 데 뛰어난 방법인데 그런 화석 다수가 화산암 층 속에서 발견되기 때문이다.

이 밖의 연대측정법으로는 흑요석수화연대측정법, 고지자기연대측정법, 열형광연대측정법, 우라늄토륨연대측정법 등이 있으나 그 어느 것도 보편적으로는 적용될 수 없다.

공간

공간 속 위치는 고고학자에게 필수불가결한데 그 이유는 이 공간 덕분에 유물이나 주거들 사이, 단위 취락들 사이 혹은 취락과 핵심 식생대 및 육표 사이의 거리를 측정할 수 있기 때문이다. 그 거리는 겨우 몇 센티미터일 수도 있고, 일단의 야외조사자가 취락 수십 개 사이에 교역된 사치품의 분포를 추적할 때는 수백 마일에 걸칠 수도 있다. 그리하여 고고학자들은 공간을 두 가지 일반 척도에 따라 생각하니, 하나는 한 취락 내 인공물들의 분포(그림 1.7)이고 다른 하나는 취락 분포 정형, 즉 그런 취락들 자체가 경관 위에 분포하고 배치된 양상이다.

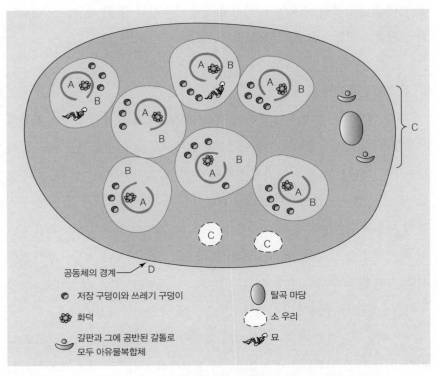

그림 1.7 가상의 옛 농경 마을로서 (A)집, (B)세대 구역, (C)활동 구역, (D)공동체를 보여준다.

공간 정황은 인간 집단의 행동과 밀접한 관련이 있다. 고고학자들은 인공물 자체를 조사하고 또 그것과 다른 인공물의 공반관계(共伴關係)를 조사함으로써 이 인간 행동에 관한 지견을 얻고자 한다.

예컨대 벨기에 고고학자들이 조사한 벨기에 북부 미르 유적의 모래바닥 개간지에 9천 년 전 세워진 사냥 야영지를 들 수 있다. 그들은 옛 지표면 위 모든 석기 조각의 위치를 도면으로 작성함으로써 야영지의 범위뿐만 아니라 그 바깥에 한두 사람이 앉아 몇 개의 플린트제 석기를 제작했음을 나타내는 석기 조각 산포지까지 알아낼 수 있었다. 또 석기 조각들 사이의 공간 관계를 분석함으로써 9천 년 전 무슨 일이 일어났는지를 놀라우리만치 자세하게 복원할 수 있었다. 그들은 석기 격지들을 서로 맞추어 봄으로써 옛 석기 제작기술을 그대로 재현해볼 수 있었고 심지어는 옛 제작자들 중 한 사람이 왼손잡이라는 사실까지 밝혀낼 수 있었다.

유추와 민족지적 현재

문화 역사 연구는 민족지 유추, 즉 과거의 문화와 인공물들을 현존 사회의 그것들에 비추어 추론하는 작업에 크게 의존한다. 옛 사냥도구와 현대의 사냥도구에 대해서는 물론 갖가지 유추를 할 수 있으며 때로는 명백한 유추를 할 수 있는 경우도 있으니 이를테면 현대 마야 인디언과 그들의 옛 조상이 똑같이 사용한 갈판(메타테: metate)을 들 수 있다. 그러나 선사시대의 채집 집단이 자기 환경을 생각하기를 현대 남아프리카의 산(San)족과 똑같이 했다거나 북극 지방 환경에 살았던 빙하시대 말기의 사냥꾼들이 현존 에스키모, 즉 이누이트들과 많은 점에서 유사했다고 가정하는 것은 어불성설이다.

한 가지 접근법은 때로 '현존 사회 고고학'이라고도 불리는 민족지고고학이다. 이는 현존 사회들을 연구함으로써 고고학적 기록을 이해하고 해석하는 데 도움을 얻는 방법이다. 예를 들어 고고학자 존 옐렌은 남아프리카 칼라하리 사막에서 쿵 산족 채집민과 여러 달을 함께 살았다. 그는 나중에 그들의 야영지로 되돌아가서 버려진 인공물의 산포 현상과 덤불 집 잔해, 화덕, 잠잔 공간들을 기록했다. 옐렌은 그 유적들 일부를 발굴하기까지 했는데 그 결과로 옛 채집민을 연구하는 데 쓸 귀중한 정보를 집성할 수 있었다. 이를테면 쿵 유적의 인공물 정형들 대부분은 가족활동의 산물이었던 반면 춤이나 사냥물 최초 분배 같은 공동행사는 공지에서 벌어진 탓에 고고학적 기록 속에 아무런 흔적도 남기지 않았다. 이런 종류의 다른 연구들은 그간 동아프리카 탄자니아의 하드자 수렵채집민 속에서도 이루어진 바 있다(그림 1.8).

고고학자들은 세계 어디서든 이미 아는 현재로부터 과거로 거슬러 올라가면서 작업을 하는데, 예컨대 역사시대 푸에블로 인디언 취락, 현대 아프리카 마을, 당대의 오스트레일리아 원주민 야영지 등으로부터 출발하는 것이다. 이

James O'Connell

그림 1.8 탄자니아 수렵채집민 하드자족에서의 민족지고고학. 여기 보인 장면은 한 사냥꾼의 도살 세부 과정을 기록한 것이다.

런 사회들은 그 주인공이 아스텍이든 잉카든 푸에블로든 혹은 줄루든 흔히 민족지적 현재라고 부르는 어떤 것, 즉 서구 문명의 영향에 오염되어 영원히 바뀌기 전 이른바 원시 상태의 전통문화를 대표한다고들 한다. 하지만, 민족지적 현재란 하나의 지적 신화일 뿐이다. 왜냐하면 모든 인간 사회는 끊임없이 변화하기 때문이다. 어떤 옛 문화라도 유럽인과 접촉한 순간은 말할 것도 없거니와 어느 한 순간이라도 정지한 채 존재하였거나 원초 상태에 머물러 있었던 적은 없었다.

예를 들어 유럽인이 북미 전역에서 만나 묘사한 아메리카 인디언 사회들은 실은 이미 서양과 접촉한 데 따른 영향을 심하게 받은 상태의 사회들이었다. 토착 주민이 외국인을 단 한 사람이라도 직접 만나기 훨씬 전에 이미 천연두와 여타 질병이 내륙 깊숙한 곳까지 퍼져 들어와 많은 토착 주민을 죽였다. 그래서 이를테면 미국 동남부 내륙을 최초로 탐험한 사람들조차 흔히 이전 모습을 찾아볼 수 없게 되어버린 인디언 사회들과 상호 교류했던 것이다. 어느 누구도 그렇게 많은 이가 죽어버린 사회들을 '민족지적 현재'라고 묘사할 수는 없을 것이다.

9   문화 과정과 과거 생활양식

문화 과정이란 문화체계 안의 변화와 상호작용들을 가리킨다. 문화 과정의 연구는 고고학자들 사이에 격심한 이론 논쟁을 불러일으키고 있는데, 이들은 거기에서 고고학이 그저 서술적인 차원의 활동을 훨씬 넘어 아득히 오래된 과거에 문화 변동이 어떻게 일어났는지 설명할 수 있다고 상정한다.

모든 문화체계는 끊임없는 변화의 상태에 있다. 정치, 사회, 기술 등 문화의 여러 가지 아체계는 변화하는 환경들에 적응한다. 우리 자신이 한 세기는 말할 것도 없고 십 년 단위로 보아도 상당한 차이가 있는 급속한 문화 변동의 시대에 살고 있다. 지난 몇 십 년 동안 자동차 형태에서 일어난 수많은 작은 변화를 생각해 보면 이 말뜻을 알 것이다. 그런 변화들은 그 자체로는 그리 큰 의미를 갖지 못하는 수가 많지만, 더욱 안전한 자동차를 향한 수년에 걸친 지속적 변화―에어백, 충격흡수 범퍼, 완충재 부착 운전대, ABS 등등―가 가져온 누적 효과는 괄목할 만하다. 오늘날의 자동차는 1960년대의 그것과는 아주 다른데, 그 동안 일어난 변화는 정부의 안전규제가 점점 엄격해진 데 기인하며, 이는 다시 소비자 측의 안전의식이 한층 커진 결과이다(그림 1.9). 여기서 우리는 거대한 기술 아체계의 한 부분에서 누적적으로 일어난 커다란 변화를 본다. 우리는 이런 기술의 변화와 정치, 사회 아체계들 사이의 관계를 조사함으로써 문화가 변해간 과정들을 이해할 수 있는 것이다.

인류 선사시대의 문화변화 과정들 대부분은 오랜 기간에 걸쳐 서서히 일어난 누적적 과정이다. 그것들은 끊임없이 변화한 외부 환경에 대한 적응의 결과이다. 문화체계는 자연 환경에서의 변화를 비롯한 내외의 환류(環流 피드백) 작용에 대해 끊임없이 적응하고 진화한다. 과거 생활양식, 즉 과거 인간 집단들이 자신들의 삶을 어떻게 꾸려나갔는지를 연구하는 데서는 선사 문화들을 각각의 환경 맥락 속에서 조사하는 작업을 한다. 환경 자료는 여러 가

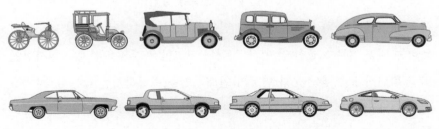

그림 1.9 자동차 스타일의 변화는 유행의 변화와 더불어 디자인의 진보 및 안전에 대한 배려를 반영한다.

지 출처로부터 나오는데, 예를 들면 옛 식물 유체와 화석 화분 알갱이, 동물 뼈들이 있다. 동물 뼈와 탄화된 씨앗, 물고기 잔존물 같은 음식 찌꺼기로부터 옛 생업 유형과 심지어 식단까지도 복원해낼 수 있다. 이런 연구도 서술적 성격의 고고학이다. 그러나 이는 고고학적 문화들을 끊임없이 변화했던 복잡한 취락 분포 정형과 생업 활동, 환경 영향에 관련짓는다.

선사시대에 대한 가장 근본적인 질문들은 문화 변동을 중심에 두고 있다. 해부학상 현대인인 호모 사피엔스는 어떻게 이전보다 한층 진보된 자신들의 문화를 서서히 발전시켰는가? 어떤 문화 과정들이 작용함으로써 사람들이 땅을 경작하기 시작했고 또 서아시아에서 지금부터 5000년 전 이전에 복잡하고 정교한 도시 사회들이 발생했는가? 한 문화체계 안의 단 한 가지 요소만이 문화 변동의 주된 요인이 아닌 것은 분명하다. 왜냐하면 여러 복합적 요인—단지 몇 가지만 들어본다면 강우, 식생, 기술, 사회적 제약, 인구밀도 등—이 서로 작용을 하는데다 체계 안의 어떤 요소에서 일어난 변화에 대해서든 반응을 하기 때문이다.

10　문화 변동의 메커니즘들

문화 역사는 과거를 서술하는 데는 견실한 방법이지만 여러 선사문화 사이의 변이를 연구하거나 과거 문화 변동의 성격에 관련된 근본적 질문들에 답하는 데는 별로 도움이 안 된다. 그러나 고고학적 기록이 언제나 질서정연하고 평탄하게 진행된 문화 변동의 연대기만을 반영하지는 않는다. 시기가 같은 유적 몇 개의 생활면에서 이전 도구복합체가 갑자기 사라지고 그것과는 근본적으로 다른 인공물 일괄이 갑작스레 나타나기도 한다. 어떤 문화의 경제 방식은 마치 쟁기가 농법에서 혁명을 일으킨 것과 똑같이 한 세기 안에 급속히 변화하기도 한다. 그런 변화는 어떻게 일어나는가? 문화 변동의 어떤 메커니즘[機制]이 작용한 때문에 고고학적 기록에서 크고 작은 변환이 일어나게 되는가? 고고학자들은 문화 변동을 특징짓는 데서 네 가지 서술적 모델을 쓰고 있으니, 그것은 불가피한 변이·발명·전파·이주이다.

- **불가피한 변이** 사람들이 자신이 속한 사회의 행동유형을 배울 때 한 세대에서 다음 세대로 가면서 그 학습된 행동에서 어쩔 수 없이 약간의 차이가 생기게 마련이다. 이 차이들은 그 자체로는 사소하지만 특히 고립된 인간 집단들에서는 오랜 시간대에 걸쳐 누적된다. 그런 불가피한 변이의 눈덩이 효과는 고립되고 드문드문 산재한 집단들에서는 상당히 클 수가 있다. 예를 들어 서기전 4000년 북미 대평원의 대형동물 사냥 집단들은 모두가 거의 똑같은 기술을 갖고 같은 동물들을 뒤쫓았지만 상호 고립적이었던 여러 집단의 투사용 창끝 형태는 서로 달랐다.

- **발명** 인간은 무엇을 자꾸 알고 싶어 하고 끊임없이 혁신을 하며 아이디어를 낸다. 발명은 새로운 아이디어의 창출이나 개발이다. '발명'이라는 단어는 인간 문화에서 우연이든 의도적이든 새롭게 생겨난 아이디어들을 가리킨다. 인간 사회의 모든 혁신은 그런 행위나 우연에 기인하지만, 어떤 사회에 진정으로 특유하며 외부의 다른 문화로부터 들여오지 않은 발명은 사실 극소수에 불과하다. 무언가를 발명해내는 것과 그것을 사회 전체가 받아들이도록 하는 것은 아주 별개의 사안이다. 예컨대 쟁기 같은 기술 혁신은 일반적으로 사회 혁신이나 종교 혁신보다는 좀 더 즉각적으로 수용되는데, 그것이 기존 가치체계와 충돌을 일으킬 가능성이 작기 때문이다. 인류의 천재성은 기회가 왔을 때 그것을 깨닫고 새로운 환경에 잘 적응했다는 데 있다. 그리하여 그런 인식이 서로 멀리 떨어진 지역들에서 흔히 비슷한 방식으로 일어남으로써 농경 같은 아주 비슷한 아이디어를 각기 독자

적으로 창안하기도 했던 것이다.

- **전파** 아이디어가 가깝거나 먼 거리로 확산되는 것을 가리켜 '전파'라고 한다. 아이디어는 사회나 공동체 전체가 실제 이동하지 않고도 여러 방식으로 전달될 수 있다. 전파는 이웃한 공동체들 사이의 정기적 교역에서 비롯될 수가 있다. 어떤 종류의 상거래든 양측 사이의 관계를 함축하며 양측은 이를 통해 재화, 용역, 그리고 당연하지만 새로운 종교 신앙 같은 아이디어도 교환한다. 예컨대 화려하게 그림을 그린 크레타 출토 미노아 문명 토기는 올리브기름과 포도주를 담고 에게해 제도 곳곳과 멀리 이집트까지 유통되었다(그림 1.10).

- **이주** 이주는 사회 전체가 의도적으로 자신들의 영향권을 확대하기로 결정해 이동하는 경우도 포함한다. 스페인 정복자들은 멕시코를 점령했고, 폴리네시아인은 의도적으로 태평양을 가로질러 이 섬에서 저 섬으로 항해를 했다. 각기 새로운 땅덩이를 의도적 탐사로 발견하고 나서 사람들을 이주시켰다. 비교적 소규모의 이주가 훨씬 더 흔한데, 멕시코 저지대 베라크루스의 상인 집단들이 고지대 도시 테오티와칸으로 이동해 와 각기 정해진 거주구역('바리오')에 정착한 사례가 그런 경우이며 이런 사실은 그들의 특징적 크림색 토기와 돔 모양 이엉을 얹은 아도비 벽돌집들로 식별해내었다(그림 1.11). 다른 유형의 이주도 있으니, 노예와 장인들의 비조직적 이동, 종교 박해를 피해 달아나는 사람들의 이동 등이다.

발명, 전파, 이주는 인간 문화와 그 환경 사이의 끊임없이 변화한 관계를 설명하기에는 너무나 일반적인 문화 메커니즘들이다. 이런 메커니즘의 식별 작업은 인공물 및 기타 물질 잔적에 바탕을 둔 대체로 서술적인 연구 활동이다. 문화 변동을 설명하기 위해서는 문화체계와 자연환경 및 여타 복합체계들 사이의 상호작용을 고찰하는 좀 더 정교한 연구 모델들이 필요하다.

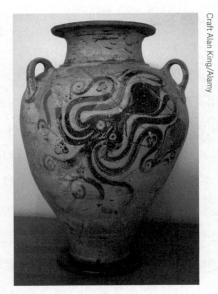

그림 1.10 크레타 크노소스에서 출토된 미노아 토기.

그림 1.11 멕시코 테오티와칸에 있었던 베라크루스인 집단 구역을 상상 복원한 그림.

11 적응으로서의 문화

미국 인류학자 줄리언 스튜어드와 레슬리 화이트는 1950년대에 스스로 문화생태학이라 이름붙인 연구 분야를 제창했는데, 이는 인간 집단들이 환경에 적응하고 그것을 변형시키는 일체의 방식을 연구한다. 문화생태학을 연구하는 고고학자들은 체계로서의 선사 문화들이 어떻게 다른 체계들, 즉 다른 인간 문화들·생물 공동체(주위의 다른 생물들)·물리적 환경과 상호작용하는지에 관심을 기울인다. 이는 인류선사를 연구하는 접근법 중 흔히 적응으로서의 문화 접근법으로 불린다.

적응으로서의 문화—이 말은 세계 선사에 대한 오늘날의 해석들 대부분의 배경을 이룬다. 레슬리 화이트는 문화를 '인간의 신체 외적 적응수단'(화이트, 『문화의 진화』(1949), 14쪽)이라 불렀다. 문화란 사건과 사물을 만들어 내고 거기에다 감식되고 해독되며 이해될 수 있는 의미를, 무엇보다도 이데올로기를 주입하는 인간 존재만이 가진 능력의 결과이다. 그리하여 인간의 문화는 장소와 시간에 따라 크게 다르며 그때문에 선사시대의 연구 자료인 선사 물질문화에서는 갖가지 변이가 생겨난다.

인간 행동은 적응으로서의 문화라는 표제에서 볼 때 단 하나의 장소에 대한 적응이 아니라 지방 단위 환경에 대한 적응 양상이다. 그래서 고고학자는 개개 유적이 아니라 지방 전체를 연구해야 한다. 고고학적 기록이란 그저 유적들의 구조화된 체계에 지나지 않는 것이 아니라 인공물들이 경관에 분포한 양태 및 밀도의 반복 정형이다. 개인이나 집단들은 이 경관 속에서 사냥을 하고 채집을 하고 농사를 지음으로써 자신들이 있었음을 알리는 물질 잔적을 남기는데, 이는 그들이 그 지방 안에서 오랫동안 되풀이한 행동을 반영하는 하나의 기록인 것이다.

다선 문화 진화

문화를 적응으로 보는 접근법은 지방을 단위로 하여 장기적 관점에서 문화변이와 적응을 해석하고자 시도한다. 이 전략의 의미는 고고학자들이 생태체계와 사회체계 사이의 관계에 깊은 관심을 기울여야 한다는 뜻이다. 이런 다선 문화 진화(여러 궤적을 따라 일어나는 진화) 이론에 따르면 각 인간 사회는 자신의 자연환경에 기술과 사회제도들로 장기간 적응하는 데 성공한 결과로 정해지는 나름의 진화 노선을 따라 나아간다. 다선 진화론은 문화 변동이 이따금 극적으로 일어나기도 했던 세계 선사를 해석하는 데서 일반적 틀로 널리 쓰이고 있다.

어떤 사회는 자신의 환경과 대체적 평형을 이룬 까닭에 적응으로부터 비롯된 변화란 것이 약간의 기술상 개선과 조직 구조의 미세한 조정에 지나지 않는다. 또 어떤 사회는 외부 환경 변화나 사회 안 변화가 촉발하는 주기적 변천을 겪는다. 그런데 만약 이런 변화들에 더해 식량공급이 확대되거나 인구 증가가 있게 되면 확충된 식량을 배분한 결과로나 더 많은 사람을 부양해야 할 필요 때문에 변천이 가속화될 수가 있다. 서기전 10000년경 서아시아의 여러 곳이 아마도 이런 경우에 해당될 터인데, 그때 조건이 좋은 지방에 살던 일부 공동체가 식량공급을 늘리기 위해 야생 곡류를 재배하기 시작했던 것이다(제6장 참조). 이곳의 많은 집단은 농경을 시험해 본 지 몇 세대가 지나지 않아 이미 알곡 농작물에 크게 의존하며 살고 있었다. 이제 사람들은 이전과는 완전히 다른 사회 조건 속에서 정주 촌락에 살게 되었던 것이다.

모든 사회는 각각의 환경 및 가용 기술이 제한된 데서 비롯된 성장 한계를 가지지만, 이를테면 이집트의 나일강 유역 같은 일부 환경은 다른 곳보다 성장 잠재력이 크다. 전문 노동력을 중앙집중적으로 통제하는 유형의 일부 사회·정치 조직은 다른 조직들보다 효율적이다. 적응에 따른 변화는 기술혁신을 촉발했고 이는 다시 식량공급의 증가와 인구 밀집의 심화를 가져왔다. 다선 진화론은 인간 사회들이 그간 여러 경로로 발전하였다고 가정한다(테 글 '이집트 테베에서의 옛 전쟁 사상자' 참조).

다선 진화를 하나의 설명 메커니즘으로 널리 사용함에 따라 다수의 고고학자가 선사시대 사회발전을 크게 두 단계로 나누어 운위하게 되었으니 하나는 국가 이전 사회이고 다른 하나는 국가조직 사회이다. 하지만, 이것들을 빅토리아시대 인류학자들이 한때 주장한 것처럼 모든 사회가 거치는 보편적 단계로 생각해서는 안 되며, 다양한 인간 집단이 다양한 환경에서 아주 독자적으로 이룩한 사회발전 수준들로 생각해야 한다(테 글 '옛 사회조직' 참조).

유적 이집트 테베에서의 옛 전쟁 사상자

고고학은 위대한 통치자들뿐만 아니라 이름 없는 보통 사람들 또한 연구한다. 보통 사람 이야기 가운데 이집트학자 허버트 윈록이 1911년 이집트 테베의 중왕국시대 파라오 멘투호텝 2세(서기전 2061-2010년) 무덤 가까운 곳에 위치한 한 무덤에서 이루어낸 놀라운 발견이 들려주는 이야기만큼 생생한 것도 거의 없다. 전투에서 사망한 병사 60명을 린넨 수의를 입혀 이 무덤에 처넣었다. 말라버린 그들의 시신은 무덤 안에서 너무나 잘 보존되어 있었지만 그에서 꺼내자마자 썩기 시작하였다. 윈록은 생물학적 자료와 고고학적 자료를 이용해 그들의 마지막 전투를 복원하였다. 모든 병사가 한창나이의 젊은이로 각각 짙은 더벅머리 한 묶음을 네모나게 묶어 목덜미에 늘어뜨리고 있었다. 모두 어떤 성채를 공격하다 죽었는데 왜냐하면 그들의 상처가 위에서 쏜 화살이나 요새에서 아래로 던진 돌덩이를 맞아 난 것이기 때문이다.

동시대의 그림들을 보면 성채 공격자들이 비 오듯 날아오는 무기들 아래서 방어를 뚫기 위해 얇은 방패로 몸을 가리고 나아가는 모습이다. 이 전투의 경우에는 위로부터의 사격이 너무 격렬해 병사들은 사정권 밖으로 도망을 쳤다. 화살 소나기가 그 중 몇을 따라잡았다. 적어도 한 사람은 등에 꽂힌 화살이 가슴 앞까지 꿰뚫고 나왔다. 그는 앞으로 꼬꾸라졌다. 그가 넘어지면서 가느다란 갈대 화살대는 부러졌고 그는 피를 많이 흘려 죽었다. 방어 측은 이제 밖으로 출격해 적어도 열두 명의 부상자를 몽둥이로 무자비하게 때려 죽였다. 그러자 기다리고 있던 독수리와 갈까마귀들이 시체 위로 내려와 부리로 살점들을 물어뜯었다. 두 번째 성채 공격은 성공이었다. 찢어진 시신들은 수습이 되었고 그들의 파라오 무덤 옆 특별 무덤에 영예롭게 묻혔다. 우리는 그 공격지가 정확히 어딘지는 몰라도 이집트 안 어디였음을 아는데 이 공격자들을 죽인 화살이 이집트 의장을 하고 있기 때문이다. 이름 없는 과거 배역들의 삶에 관해 이 발견만큼 확실한 이야기를 할 수 있는 사례는 극히 드물다.

다선 문화 진화는 체계론 접근법을 인간 문화 및 문화생태학에 결합함으로써 문화 과정을 연구하고 설명하는 데 융통성이 아주 크고 잘 짜인 방법을 개발하였다. 적응으로서의 문화 접근법에서는 문화 변동을 여러 변수 사이의 상호관계성이라는 맥락에서 보아야 한다. 그래서 이를테면 옛 시리아의 농경 혹은 메조아메리카(선사 국가들이 번영을 구가하였던 중앙아메리카 지역)의 마야 문명을 일으킨 문화 진화에서 단 한 가지 주된 동인이란 없다. 그보다는 일련의 중요 변수, 예를 들면 인구 증가, 식량 부족과 장기 가뭄의 지속, 집단 사이의 경쟁 등이 모두 작용해 문화 변동을 촉발하였다고 보는 것이다.

이론 **옛 사회조직**

국가 이전 사회란 소규모이며 공동체, 유단(遊團), 혹은 마을을 바탕으로 하는 사회이다. 이는 정치적 통합의 정도가 아주 다양하며, 때로는 느슨하게 규정된 다음 세 가지 범주로 나뉜다.

1. 유단은 25명에서 60명을 넘지 않는 가족들의 연합체이다. 이들은 긴밀한 사회 유대로 결합되어 있으며, 인류의 최초 시기부터 약 1만 년 전 식량생산 개시기에 이르는 선사시대 대부분의 기간 동안 주류를 이루었던 사회조직 형태였다.
2. 부족은 본격 친족집단인 씨족들에 의해 연계된 유단들의 결집체이다. 씨족은, 여러 친족집단 출신의 사람들을 포괄하는 부족과는 달리 공통 조상이라는 유대로써 연계된 집단으로서 그 유대는 널리 흩어진 공동체들을 연결하는 역할을 한다. 씨족은 직계가족과 친척을 뛰어넘는 더 넓은 세계와 일체감을 갖게 해 주는 사회적 연계의 한 형태이기 때문에 중요하다. 전 세계의 초기 농경 사회 다수는 이 부족 사회로 분류될 수 있다.
3. 군장 사회는 논란이 많은 범주인데, 조직이나 사회 복합도에서 아주 큰 변이를 보여 엄밀히 정의하기가 어렵기 때문이다. 군장 사회는 기본적으로 종교, 정치 혹은 경영에서 이례적 수완을 가진 인물들이 이끄는 사회이고 부족과 구분하기 어려운 경우가 많다. 이 사회 또한 아직 혈연에 기반을 두지만 한층 위계적이며, 권력은 식량과 여타 자원을 얻어 집단에 두루 재분배하는 책임을 진 친족 지도자들의 손에 집중되어 있다. 군장 사회는 인구밀도가 비교적 높은 경향을 보이며 그 발달 정도가 아주 다양하다. 이들은 정치적으로 가변성이 아주 컸으며 매우 급속하게 세력을 얻었다가 몰락하곤 했다.

국가조직 사회(산업화 이전 문명)는 중앙집중화된 정치, 사회조직을 갖고서 대규모로 운영된 사회였다. 그런 사회들은 극소수의 엘리트가 지배했으며 그들은 잉여식량을 포함한 전략 자원을 독점했고 무력을 이용해 권위를 행사했다. 이런 사회의 조직은 피라미드에 비유될 수 있으니, 정점에는 한 사람의 통치자가 있고 그 아래로 귀족, 신관, 관료, 상인, 장인, 평민 계급이 여러 계층을 이루고 있었다. 대부분이 주민 5천 명 이상을 가진 대규모 도시를 근거로 하고 있었다.

국가조직 사회는 흔히 관개 농경이나 저습지 농경—땅에 정성들여 물을 대어 일 년에 여러 차례 풍부한 수확을 하는 방식—에 크게 의존하는 집약적 농업생산을 바탕으로 했다. 이와 같이 치밀하게 운영되고 관리된 농사시설들은 그 사회가 농민 아닌 수천 명의 사람, 즉 장인, 관리, 무역업자, 신관 그리고 도시 거주자를 부양한 수단이었다. 국가경제는 공납과 징세로 자본과 사회적 지위를 중앙집중적으로 축적하는 데 바탕을 두고 있었다. 장거리 교역과 분업 그리고 물품 생산 전문화는 기록유지, 과학, 수학의 발달을 향한 진전들과 더불어 흔히 보는 초기 국가의 특징이었고 일정 형태의 문자 또한 통상적 특징이었다.

우리가 선사시대의 크고 작은 사건들을 설명하고자 한다면 우리는 그런 변화가 일어난 방식과 그 변화의 과정 및 메커니즘, 그리고 그 메커니즘을 촉발한 사회 경제적 압력들(인구압, 사냥감 부족 등등)을 고려해야 한다. 이런 다인(多因) 모델은 고대 이집트의 항해자들이 대서양을 횡단하였다든지 머리 좋은 고독한 발명가들을 운위하는 사변적 이론들과는 천양지차가 있다. 이런 모델에서는 관련 요인들을 식별해내고 또 대부분 토기편과 석기 같은 물질 잔적으로만 이루어진 자료를 잘 이용하는 데 쓸 엄격한 방법론이 필요한 것이다.

12 문화 전통과 문화 변동

　적응으로서의 문화관으로 과거에 접근하는 연구 방법은 옛 인간 문화들에서 변이를 식별해내고 장기간에 걸친 문화 변동을 설명하는 데 주로 관심을 기울인다. 이런 접근법을 표방하는 고고학자들이 그간 문화 변동의 설명, 인간 집단과 그 환경 사이의 관계성에 초점을 맞추다 보니 다른 많은 고고학자가 이런 관점은 그런 변동 뒤의 사람보다는 문화 변동 과정 자체에 더 많은 관심을 기울인다고 불만을 표시할 지경에 이르렀다. 모든 인간 사회는 개인들—남자와 여자, 아이와 어른, 가족, 단위 공동체, 그 공동체에서 멀고 가까운 이웃 공동체들—로 이루어져 있다. 이들은 의견을 같이하거나 달리하기도 하고, 협상하거나 다투기도 하는 가운데 평화 속에 사는 식으로 상호작용을 하면서 자신들의 삶을 살아간다. 이런 상호작용은 문화 전통들로부터 나오며 그런 전통은 환경에 대처하는 데 필요한 지침을 준다. 어떤 전통은 때로 변동을 막는 강력하고 보수적인 힘이 될 수도 있고 압박을 받는 시절이면 때로 혁신을 조장할 수도 있다.

　생태적 제약 및 여타 외부 제약은 문화로써 조정될 수 있지만 이들은 인간의 행위와는 별개로 작동되기 때문에 진화 이론이나 그런 류의 여타 일반화라는 관점에서 이해하는 편이 좀 더 적합할 수가 있다. 하지만, 문화 전통은 그보다 훨씬 개성적이며 우발적이다. 그런 까닭에 인류사에 대해 진화라는 질서를 억지로 덮어씌우기는 어려우니 많은 문화 변동이 외부 제약들이 있었음에도 끊임없이 변화하는 상황과 문화 전통에 좌우되었기 때문이다. 고고학자들은 개개 문화 전통을 연구함으로써 문화의 독특한 특성들을 진화론자와 문화생태학자들은 꿈도 꿀 수 없는 방식들로 설명하고자 시도한다. 우리가 과거를 외부(환경적) 제약과 내부(사회적) 제약 둘 다의 관점에서 설명하고자 하는 경향은 점차 강화되고 있다. 내부 제약으로는 지식, 신념, 가치, 여타 문화적으로 조건지어지는 습성들이 있으며 이것들은 모두 문화마다 다르다. 그럼에도 그 중 일부는 지리적으로 수천 마일이나 떨어진 문화들이 공유하기도 한다. 예를 들면 서로 아주 멀리 떨어진 두 문화가 공통된 기술적 노하우에 토대를 둔 청동 야금술을 개발할 수 있지만 그 지식의 문화 맥락은 근본적으로 다를 수 있으니, 이를테면 중국 상 문명(제11장)과 페루 해안 모체 문화(제14장)의 경우가 바로 그러하였다. 수장이나 왕을 높은 단 위에 모신다든지 통치자를 태양과 관련짓는다든지 하는 공통된 관습은 여러 곳에서 발달한 바 있다. 그렇다고 해서 이것들이 서로 연관되어 있었음을 뜻하지 않는다는 점은 두말 할 것도 없다.

이제 문화 과정과 생태학을 넘어 처음으로 조심스레 옛 인간의 마음속에서 무슨 일이 일어나고 있었는지를 살펴보려는 새로운 세대의 고고학 연구가 태동하였다. 때로 인지고고학, 마음의 고고학 연구로 불리기도 하는 이 새로운 과거 연구 접근법은 진화 심리학을 비롯한 많은 학문 분야로부터 나온 여러 계통의 증거들을 근거로 삼고 있기에 논란이 많은 동시에 큰 자극이 되기도 하는 참이다.

13 무형의 것들: 이데올로기와 상호작용

고고학자는 아득히 오래된 인류의 과거를 아주 드문 화석 인류 잔적과 인간 행동 결과물 중 잔존하는 것들, 즉 인공물, 음식 찌꺼기 등등으로부터 연구한다. 인간의 마음, 우리의 말, 사고 과정, 신념, 사람 상호간의 교제 등은 무형의 것들로 고고학적 기록 속에 잔존하지 않는다. 그럼에도 고고학적 기록은 인간 행동이 지난 250만 년에 걸쳐 진화하였고 또 지적 능력이 크게 향상되었음을 뜻하는 극적 증거들을 우리에게 준다. 동아프리카에 처음으로 도구

제작이 나타난 때인 약 330만 년 전은 커다란 변화가 일어난 주요 '순간'들 중 하나이다. 그 다음 1백만 년 동안 인간 두뇌의 크기가 급격히 증가하였음은 결코 우연이 아닐 터이다. 또 다른 주요 순간은 약 8만 년 전부터 3만 년 전 사이에 일어났는데 그때 해부학상 현대인이 이전보다 훨씬 복잡한 기술을 개발하고 우아한 미술을 창조했던 것이다.

여기서 과거에 관해 여러 가지 근본적 질문들을 제기할 수 있으니 이를테면 이런 진전은 왜 일어났는가? 이런 거대한 분출과도 같은 인류 발전이 일어나는 동안 인간의 뇌에는 무슨 일이 일어났는가? 이런 문화적 분출들이 일어나기 전과 후의 인간 지성이 지닌 기본 성격은 무엇이었는가? 등이 있다. 우리가 문화의 힘과 제약을 점점 더 잘 이해함에 따라 고고학자들은 문화 변동의 과정보다는 사람들과 인간 집단에 더 많은 주의를 기울이게 되었다. 그간 이루어진 많은 새로운 연구는 고고학적 기록의 물질적 측면들을 넘어 옛 사회들 뒤에 숨은 복합적이면서 눈에 보이지 않는 무형의 것들을 찾아내고자 노력하였다. 그간 이례적으로 많은(흔히 말뿐이고 부적합한) 이론적 논쟁을 불러일으킨 이 접근법은 때로 탈과정주의 고고학이라고도 불린다. 이론적 논쟁은 계속되고 있지만 그간 두 가지 중요 주제, 즉 옛 이데올로기 및 신념과 집단 및 개인들 사이의 상호작용에 좀 더 주의를 기울이도록 만드는 효과를 거두었다.

이데올로기와 신념

무형의 옛 이데올로기와 신념은 인공물과 미술, 건축 같은 물질 잔적으로부터 복원해내기가 지극히 어렵다. 우리는 빙하시대 말 동굴 미술(제4장)이나 요르단 예리코의 초기 농경 취락에서 출토되어 유명한 회반죽 칠한 인간 얼굴들(그림 1.12) 뒤에 숨은 신념과 동기를 겨우 짐작만 할 수 있을 뿐이다. 그러나 옛 이데올로기와 신념 연구는 이집트의 문헌이나 마야의 상형문자처럼 문

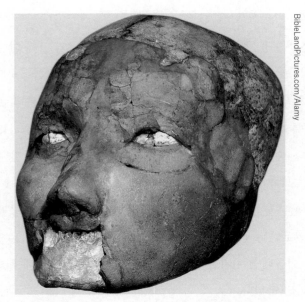

그림 1.12 요르단 예리코 유적에서 출토된 회반죽으로 얼굴을 만들어 붙인 두개골.

헌기록을 발굴 성과와 결합할 수 있을 때는 잠재력이 아주 크다. 그런 연구 가운데 가장 좋은 사례 하나로는 고대 메조아메리카의 옛 마야 도상에 대한 린다 쉘레와 데이비드 프리델의 괄목할 만한 작업을 들 수 있는데, 이들은 해독된 문자와 고고학 자료를 결합하는 접근법을 토대로 삼았다(제12장). 그들의 작업은 의례생활과 성소, 신전구조가 옛 사람들의 삶을 모양 짓는 데 어떻게 영향을 끼쳤는지 보여준다. 그들은 『왕들의 숲』(1990)이라는 책에서 "마야사람들은 언제나 되돌아오는 과거를 믿었으며, 시간과 공간이라는 직물 속에 이미 짜 넣어진 문양처럼 끝없이 반복되는 순환 주기들을 믿었다." "우리의 과제는 그들의 말과 상(像), 폐허들로 기록된 이 역사를 현대인의 마음으로 이해할 수 있으면서 또한 마야인 자신들의 인식에도 어긋나지 않게 해석하는 것이다."(위 책, 18쪽)라고 하였다.

상호작용

결국 문화를 공유하는 것은 바로 사람들이고 나날의 삶에 대한 결정을 내리는 것은 바로 집단과 개인들이다. 남자는 여자와 상호작용하며 어린이는 어른과 상호작용하고 한 친족 집단 안에서 작은 파당은 다른 작은 파당과 맞서 서로 다투며 족속 집단들은 부나 정치 권력에 대한 접근 권리를 두고 상호 경쟁을 한다. 바로 이런 개인들 사이, 개인들과 집단들 사이, 집단과 집단 사이의 교제, 교류가 문화 변동을 억제하거나 조장하는 힘이 된다. 고고학적 기록은 자체의 본질적 성격 때문에 비개인적 경향을 띠며 그 인공물과 음식 찌꺼기도 개인보다는 분명히 규정할 수 없는 집단들이나 심지어는 인간 집단의 여러 범주, 이를테면 여자들이 어떤 주어진 시점에 택했던 대처 방식들을 연대기적으로 담고 있다.

고고학자가 인공물과 음식 찌꺼기를 넘어 집단 혹은 개인들의 역할, 그들이 도모했던 일, 그들이 사건의 추이에 영향을 미친 미묘한 방식들을 연구해낼 수 있는 경우는 정말로 드물다. 예를 들어 생물인류학자 테야 몰레슨은 서기전 9700년으로 연대측정된 시리아 아부 후레이라의 초기 농경 마을 유적에서 모든 성인 여자의 골격 중 발가락, 무릎, 척추 아래 부분이 기형 상태임을 관찰해내었는데 이는 일상적으로 알곡을 몇 시간이고 간 데서 생겼음이 거의 틀림없는 현상이었다(제6장의 그림 6.4 참조). 남자 골격에서는 같은 손상이 보이지 않았다. 이는 인류사에서 남자와 여자 사이에 노동 분화가 이루어졌음을 나타내는 가장 오래된 증거에 속한다.

옛 사람의 신념, 과거의 무형적 측면을 연구한다는 것은 설명이 붙지 않은 일련의 그림을 연구하는 데 비유할 수 있다. 여기서 우리는 고고학의 엄청난 좌절들 중 하나에 부딪친다. 우리는 프랑스 서남부 라스코 동굴(제4장)의 벽에 석기시대 화가들이 그린 1만 5천년 된 프리즈 속의 거대한 황소를 보고 찬탄할 수 있으며 영국 스톤헨지(그림 1.13)의 둥근 석렬 가운데를 거닐어보거

그림 1.13 잉글랜드 남부 스톤헨지.

나 미국 동남부 미시시피 문화 유적에서 출토된 민물조개 껍질에 복잡하게 새긴 그림(제7장)이 무엇인지 추적해볼 수도 있다. 그러나 우리가 어떤 형상 뒤의 예술적 수완은 찬탄할 수 있는 반면 그런 훌륭한 업적들을 낳은 복잡한 신념과 동기들을 알아낼 수 있는 경우는 지극히 드물다. 우리는 옛 사람들에게 말을 걸 수가 없으며, 그래서 그들의 다양한 사회가 지닌, 찬란히 빛나지만 좌절감을 흔히 안겨주는 복잡성의 일부를 그저 이해해보고자 시도할 수 있을 뿐이다.

영국 고고학자 스티븐 미슨은 수십, 수백 만 년에 걸친 우리의 과거를 몇개의 막을 지닌 고고학 연극에 비유한 바 있는데 그 연극은 겨우 1만 2천 년전에야 농경이 등장하면서 하나의 클라이맥스에 도달하였다. 그 뒤로 짧디짧은 천년기가 12번 지나가는 동안 인류는 단순한 마을 생활로부터 자동차, 비행기, 거대 산업 도시, 컴퓨터화된 신흥 지구촌 사회로 이루어진 세계로 옮겨왔다. 이 연극은 세계 선사가 대부분을 차지하며 스페인 사람들의 멕시코 및 페루 정복, 16세기 초 서양 사람들과 마지막 산업화 이전 문명 사이에 이루어진 절정 같은 만남으로 끝이 난다.

우리의 연극은 약 600만 년 전에 개막된 것이었다.

요약

- 고고학은 옛 인간의 과거에 대한 연구로서 과거 인간 행동의 물질 잔적을 이용한다. 이 물질 잔적들이 선사시대의 문서고라 할 수 있는 고고학적 기록을 구성한다.
- 역사학자는 문헌기록을 연구하는 반면 고고학자는 익명의 과거를 다룬다. 고고학이 오랜 기간에 걸친 문화 변동을 연구할 수 있다는 점은 과학 가운데 유례가 없다.
- 문헌기록의 도움을 받는 고고학은 고고학의 증거를 문헌 자료와 결합하는 반면 선사고고학은 선사시대, 즉 문헌기록이 등장하기 이전 인류 과거 시대를 연구한다.
- 세계 선사의 연구는 1950년대에 개시되었는데 인류의 선사 문화를 고고학 자료와 여타 자료를 이용하면서 범지구적 관점에서 연구한다.
- 모든 인간사회는 과거에 흥미를 갖고 있으나 과거를 생각하는 관점이나 목적은 각기 다르다. 고고학자들과 좀 더 일반적으로 말해 서양 사람들은 시간을 직선적이라 인식하는 반면 많은 비서구 집단은 시간을 계절의 순환과 천체의 운행으로 측정한다. 이들은 직선적 시간을 자신들에게 쓸모가 있다고 여길 때만 이용한다.
- 고고학은 역사에 접근하는 유일한 방법은 아닌데 그 이유는 많은 사회가 구비역

사를 갖고 있고 또 자신들의 전통적 문화와 가치를 유지하는 데 결정적으로 중요한 대안적 과거관을 갖고 있기 때문이다.

- 인류 선사에 대한 이론적 접근법은 아주 많으나 크게 보아 과정주의 접근법과 탈과정주의 접근법으로 나눌 수 있다. 과정주의(적응으로서의 문화) 접근법은 인간 사회들이 여러 다양한 궤적을 거쳐 진화하였다는 전제를 바탕으로 하여 다선 문화 진화론과 문화 생태학을 이용함으로써 세계 선사 연구에 실행 가능한 일반적 틀을 제공한다. 고고학자들은 이런 틀의 한 부분으로서 국가 이전 사회와 국가조직 사회를 관습적으로 구분한다.
- 고고학자들은 근년에 들어 환경 요인들 같은 문화 변동의 외적 제약과 개개인 및 집단들의 행위가 만들어내는 내적 제약을 구분하고 있다.
- 새로운 세대의 연구는 이데올로기, 인간 상호작용, 젠더 관계, 여타 주제에 초점을 맞추면서 과정주의 접근법과 탈과정주의 접근법들을 결합함으로써 이런 두 가지 제약 유형과 그것들이 과거에 끼친 영향을 연구한다.

참고문헌

세계 선사를 좀 종합적으로 요약한 책으로는 두 권의 주요 대학 교재가 있다. Brian Fagan과 Nadia Durrani의 *People of the Earth* (제14판, Abingdon: Routledge, 2019)는 본서의 내용을 아주 확대한 판본이다. T. Douglas Price와 Gary Feinman의 *Images of the Past* (제7판, New York: McGraw Hill, 2012)는 유적 사례 연구에 바탕을 둔 세계선사학 책이다. Chris Scarre가 편집한 *The Human Past* (제4판, London: Thames and Hudson, 2016)는 여러 저자가 좀 더 수준 높은 독자를 위해 쓴 종합 선사 해설서이다. Brian Fagan과 Nadia Durrani의 *A Brief History of Archaeology* (Abingdon: Routledge, 2016)는 간결한 고고학사 책이다. 고고학 연구 방법서로는 우리의 *Archaeology: A Brief Introduction* (제12판, Abingdon: Routledge, 2016)이 좋은 출발서가 될 것이다. 좀 더 종합적으로 다룬 책으로는 Brian Fagan과 Nadia

Durrani의 *In the Beginning* (제15판, Abingdon: Routledge, 2020)과 Colin Renfrew 와 Paul Bahn의 *Archaeology: Theories, Methods, and Practice* (제7판, London: Thames and Hudson, 2016)가 있다. 후자는 과거를 진지하게 연구하려는 학도라면 반드시 보아야 할 참고서이다. Matthew Johnson의 *Archaeological Theory: An Introduction* (제2판, New York: Wiley-Blackwell, 2010)은 이론 관련 주제들을 다루 었다. Brian Fagan과 Nadia Durrani의 *Bigger than History: Why Archaeology Matters* (London: Thames and Hudson, 2020)는 직설적인 평가서이다.

제2부

최초 인류의 세계

서설: 모든 것의 시작

- 6백만 년에 걸친 인류 진화의 개요
- 인류가 호모 에렉투스를 효시로 해서 아프리카로부터 벗어나 다른 곳으로 이동한 데 대한 집중 조명
- 우리 호모 사피엔스의 등장과 다른 호미닌들과의 관계

제2부는 지금까지 알려진 가장 오래된 우리의 조상들로부터 시작해서 우리 호모 사피엔스의 등장에 이르는 6백만 년이 넘는 기간 동안의 인류 진화를 다룬다. 이는 엄청나게 긴 시간대인데다가 때로 그 증거가 아주 드물어서 손가락 뼈 하나의 끝부분이나 이빨 몇 개가 우리가 작업 대상으로 삼아야 할 물질 증거의 전부일 수 있다. 우리의 조상을 둘러싸고는 논란이 극심하며 논전이 한창 벌어지고 있다. 새로운 발견 한 가지가 우리가 안다고 생각했던 모든 것을 흔히 뒤집어 엎어버리게 마련인데, 이를테면 케냐에서 발견된 다소 과도하게 이른 석기들에 대한 2015년 보고나 호모 사피엔스의 최초 출현 시기를 대략 10만 년 밀어 올린 모로코 발견 인류 화석의 2017년 재평가가 있다. 이런 혼란 상황에다 옛 유전자 분석에서 이루어지고 있는 엄청난 진전들을 더해 보면 지금이야말로 인류 진화에 대한 연구 작업을 하기에 정말 의욕이 샘솟는 때이다. 우리는 독자 여러분이 다음 두 개 장에서 최초 인류들의 세계에 흠뻑 빠져들기 시작할 것을 기대하는 바이다.

제2장은 처음부터 시작하는 셈인데 지금까지 알려진 최초의 호미닌(호미닌이란 간단히 말해 인류 진화수 위의 모든 종을 가리킨다)들을 우리가 만나기 때문이다. 초기의 과학자들은 인류 진화를 유인원으로부터 우리로 오는 사이에 '잃어버린 고리'가 긴 일종의 사닥다리를 타고 오르는 것처럼 보곤 했다. 이제 우리는 실제 그보다 정말로 아주 많이 복잡했다는 사실을 안다.

유전자 분석 결과는 우리 인간의 계보가 침팬지의 계보와 아마도 750만 년 전쯤에 분기했음을 시사한다. 그 후의 시간대 동안에는 어떤 시점에서도 서로 다른 여러 가지 호미닌 종이 공존하였으며 어떤 것들은 새로운 형태를 낳기 전에 절멸해버리기도 했다. 여러 가지 호미닌들 사이의 진화 관계는 판정하기 어려운 수가 흔한데 특히 근거로 삼은 증거가 작은 화석 조각 몇 개일 때 그러하다. 그럼에도 과학자들은 그동안 스무 가지가 넘는 옛 호미닌의 존재를 확증하였으며 그 데이터베이스는 해를 거듭할수록 늘어나고 있다.

그러면 저 멀리 태고의 시간 속에 있었던 최초의 호미닌들은 어떤 존재였는가? 호미닌 과(科)의 핵심 특징은 이족보행, 즉 두 발로 서서 걷는 능력이다. 우리 과에 속할 가능성이 큰 최초의 일원은 (그 증거에 대해서는 논란이 있으나) 아마도 땅 위에서 두 발로 걸었겠지만 여전히 나무를 사랑한 사헬란트로푸스 차덴시스이다. 이들은 오늘날의 중앙아프리카 차드에서 대략 700만 년 전에서 600만 년 전 사이에 살았다. 지금 현재 확실한 최초 호미닌이라는 직함은 아르디피테쿠스 라미두스에게 주어지는데 이들은 450만 년 전쯤 에티오피아에 살았으며 완전하게 두 발로 걸은 사람들이었다. 이 종의 바로 뒤를 오스트랄로피테쿠스군이 잇는데, 그 이름은 라틴어로 '남쪽의 유인원'이라는 뜻이며 강건한 형태와 연약한 형태 두 가지 모두가 여러 유형으로 나뉘었다.

지금까지 알려진 모든 초기 호미닌 증거들은 열대 아프리카에서 나오고 있으며, 280만 년 전쯤에 살았으면서 우리 자신이 속하는 호모(라틴어로 사람을 뜻하는 말) 속(屬)의 최초 일원을 가리킬 가능성이 큰 증거도 바로 이 지방에서 나왔다(단, 확실한 최초의 호모를 가리키는 증거는 240만 년 전으로 연대측정된다). 그런데 우리 아과(亞科)인 호모의 일원은 어떤 특징들을 갖추어야 하는가? 뇌, 체력, 우월한 두발 걷기? 증거가 증가함에 따라 좀 더 전통적인 생각들 중 일부는 더 이상 지지를 받을 수 없게 되었다. 예를 들어 우리는 아주 최근까지 석기 제작 그리고 그것이 지성, 사전 사고, 능수능란한 손재주에 관련해 함축하는 모든 것을 우리 속(屬)의 배타적 검증각인인 것처럼 여기곤 하였다.

그 연계는 논란의 여지가 없는 듯 보였다. 즉 석기는 최초의 호모인 호모 하빌리스(손재주 있는 사람이라는 뜻)의 출현과 함께 등장하였다는 것이다. 그 도구들은 조잡하게 가공한 올도완 석기들로서 이것들은 그 이름이 탄자니아의 올두바이에서 유래된 석기공작인데 이곳에서 1960년대에 한 조사단이 220만 년 전쯤에서 170만 년 전으로 연대가 측정된 최초의 사례를 발견하였다. 하지만, 그 이후로 에티오피아에서 연대가 더 올라가 260만 년 전으로 측정된 훨씬 오래된 올도완 석기들이 발견된 바 있다. 이것과 실은 여타 증거 때문에 인류학자들은 또 다른 속(아과)에 속하는 호미닌이 최초의 석기들을 만든 것이 아닌가 하는 의문을 제기하게 되었다. 호모와 석기 사이의 배타적 연계는 2015년에 호모 속보다 시기상 크게 앞서는 330만 년 전으로 연대가 올라간 케냐 로메크위 3 석기공작이 보고됨으로써 최종적으로 완전히 분쇄되었다. 또 이 이야기는 연구자들이 340만 년 전, 그리고 그보다 앞선 연대를 가질 가능성이 있는 동물 해체 흔적들을 어떻게 찾아내었는지 고려하면 더욱 여러 가지로 재미있게 되는데 그 흔적들은 이 시점보다 더 전에 이미 석기가 쓰이고 있었음을 시사하기 때문이다. 그러나 현재로서는 로메크위 3 석기들이 지금까지 인간이 제작한 것으로 알려진 가장 이른 예이기 때문에 인류 물질문화의 개시를 알리는 표지들이라고 해야 하겠다. 하지만, 그것들이 호모 이전 호미닌들, 아마도 어떤 오스트랄로피테쿠스군에 의해 만들어졌을 것임에는 틀림이 없다.

어떤 학자들은 호모 하빌리스가 우리 아과의 일원으로서 지닌 지위를 재검토해야 한다고 주장하면서 다소 작은 뇌를 가진 이 녀석이 정말 우리 속(屬)의 일원인가 할 수도 있다. 사실 초기 호모와 그 동시대 호미닌 오스트랄로피테쿠스군 같은 것들은 190만 년 전 이후 나타난 인간들과는 신체적으로나 행동 측면에서 아직 다소간 다르다. 우리는 그 시점의 아프리카에서 호모 에렉투스, 즉 직립인간의 증거를 발견한다. 이들은 현대인을 닮은 우리 조상들 가운데 최초의 것들이다. 이것의 전반적 신체 비례는 우리의 비례와 비교적 비슷하였으며 그 발육 비율도 그러하였다. 호모 에렉투스는 좀 더 진보된 호미닌들 가운데 최초의 것들이었으며 분명히 우리 속의 일원이다.

제3장은 호모 에렉투스의 등장과 함께 시작한다. 우리가 이 초기 인간에 대해 아는 사실은 그들이 아프리카를 벗어난 최초의 인류로서 그 열대 본향으로부터 아주 멀리까지 방산 이주를 하였다는 점 이외에는 아직 비교적 많지 않다. 대지 위에서 그들의 존재는 아직 경미하였고 우리가 아는 한 그들은 북극권 지역에는 이주하지 않았으며 오늘날의 아메리카 대륙에도 살지 않았고 또 뉴기니나 오스트레일리아로도 건너가지 못하였다. 그렇지만 그들은 적응력 있는 수렵채집민이었고 많은 새로운 장소에 적응할 줄 알았으며 아마도 꽤 높은 사회적 지성을 갖고 있어서 비교적 큰 집단이 모여 계획을 세우고 협력을 하며 먹을거리를 나눌 수 있었을 것이다. 그들은 165만 년 전쯤에는 아슐리안 석기공작이라는 이름으로 알려진 새롭고도 한층 정교한 석기 일괄에 연관이 되었다. 또 그들은 아마 상당한 수준의 말도 할 수 있었을 것인데, 결국 언어와 말솜씨는 인간의 레퍼토리에서 가장 큰 도구들일 것이다. 우리는 우리 현대인이 말을 할 수 있는 유일한 존재는 아니었다는 사실을 확실하게 안다. 우리 사촌인 호모 네안데르탈렌시스(이와는 우리가 아프리카에서 공통 조상을 가졌다)는 우리와 동일한 말 관련 FOXP2 유전자를 가졌다. 다만, 네안데르탈인의 언어가(그리고 그 뒤에 있는 정신 작용 또는 과정이) 우리처럼 복합적이었는지 여부는 아직 논란거리로 남아 있다.

이 문제는 우리를 인류 진화 연구 분야에서 가장 흥미진진한 진전 가운데 하나인 옛 DNA 분석으로 데려가 준다. 이 작업은 새로운 발견이 끊임없이 이루어지기에 가히 혁명적이라 할 수 있음이 입증되고 있다. 전진을 위한 커다란 도약이 2010년 일어났는데 그때 스웨덴 유전학자 스바안테 페에보는 자신의 팀이 네안데르탈인의 게놈 서열을 완성해내었노라고, 즉 그 유전자들을 모두 해독했다고 발표하였다. 그 전에는 유전학자들이 모계 쪽으로 물려받는 DNA의 서열만을 작성해내었던 터였다. 이 모계 유전자는 호모 사피엔스와 호모 네안데르탈렌시스 사이에 이종교배가 없었음을 가리켰다. 그런 조사 결과는 '현대인 아프리카 기원설'이라는 고고학적 모델과 부합했는데, 이 모델에서는 모든 호모 사피엔스가 최근의 아프리카 조상으로부터 유래했으며 우리가 서로 다른 여러 집단, 즉 유럽의 네안데르탈인 혹은 전 세계 각지의 옛 호모 에렉투스 이주민의 후손이 아니라고 주장했다.

하지만, 일단 페에보가 네안데르탈인의 게놈 모두를 읽어내자 그와 그의 팀은 아주 뜻밖의 상황에 부딪쳤다. 왜냐하면 그들의 2010년 연구 결과는 호모 사피엔스와 이제는 절멸한 호모 네안데르탈렌시스 사이에 사실 약간의 유전자 혼합이 있었음을 보여주었기 때문이다. 다만, 그런 혼합은 우리가 아프리카 본향을 떠난 5만 년 전쯤에 일어났을 가능성이 크다. 다른 말로 하면 현생인류는 네안데르탈인의 후손이 아니고 또 현재 살고 있는 모든 인간은 동일한 특징적 종인 한편으로 그들의 조상 일부는 네안데르탈인과 성관계를 맺었으며 네안데르탈인의 유전물질 가운데 아주 소량(1%에서 4%)이 열대 아프리카 바깥의 인간 한 사람 한 사람 모두에게 계속 남아 있다는 말이다(네안데르탈인은 지금 현재 우리가 아는 한 열대 아프리카에서 결코 산 적이 없다). 그런데 놀랄 일은 여기서 그치지 않았다. 바로 그 지칠 줄 모르는 팀에 의한 2010년 연구는 더 나아가 이전에는 알려지지 않았던 인간 종인 데니소바인을 식별해내었는데 우리 조상 일부는 이들과도 이종교배를 하였다는 것이다. 이 유전자 연구에는 그 외의 예상 밖 전개 사항들도 있어서 이를테면 이제는 절멸한 아프리카의 호미닌들과 이종교배가 있었음을 나타내는 유전자 증거가 나왔지만, 어떻든 핵심 사항은 이 연구 작업으로 인류 진화가 정말로 복잡하였다는 점이 부각된 데에 있다. 인류 진화에 사닥다리 같은 진전 현상은 없었으며 실상은 그보다 아주 복잡한 관계성의 조합이었다는 것이다.

그리고 해부학상 현대인이 세계 각지에서 자체적으로 진화했는지, 즉 여러 옛 호미닌의 후손인지를 둘러싸고 수십 년 동안 논쟁이 있었지만, 이 유전자 연구는 모든 현생인류가 비교적 최근에 아프리카에서 진화한 것이고 또 우리 종이 다른 호미닌들(네안데르탈인, 데니소바인 그리고 여타)과 약간의 유전자 혼합이 있었던 반면 네안데르탈인과의 공통 조상으로부터 40만 년 전보다 이르지는 않을지라도 그즈음에 분기했음을 입증하였다.

이 DNA 도출 연대는 흥미로우니 그 이유는 그것이 새롭게 재평가된 화석 기록과도 손발이 척척 맞기 때문이다. 좀 더 설명하자면 2017년에 전문가들은 북아프리카 모로코의 제벨 이루드 유적에서 발견된 '네안데르탈인' 화석들을 재분석해 그 결과를 공표했는데, 그들은 그 화석들이 네안데르탈인이 아닌 아주 초기의 호모 사피엔스에 속하며 얼추 3만 4천 년의 오차는 있을지라도 30만 년 전으로 연대가 측정된다고 함으로써 (그때까지) 알려진 가장 오래된 호모 사피엔스 화석의 연대보다도 대략 10만 년 정도 더 올라가게 만들었다. 북아프리카라는 그것들의 출토 위치가 우리들이 상정해온 '열대 본향'을 훨씬 벗어나는 점 또한 하나의 의외였지만, 그렇다면 이 분야는 의외의 것들로 가득 찬 셈이다.

그 다음에 무슨 일이 일어났는지는 고고학, 화석 분석 결과, DNA 연구를 어떻게 함께 짜 넣어 불완전한 태피스트리를 만들어내는지에 달려 있다. 이 세 가지 분야가 언제나 합치하는 것은 아니지만 우리 호모 사피엔스는 지금부터 대략 12만 년 전이면 완전한 해부학상 현대인—이는 나나 그대와 분간이 안 되는 존재들—으로 발전하였다. 우리는 적응력이 높고 용감무쌍한 종이며 아프리카를 벗어나는 여러 차례의 이주를 개시하였지만 주요하고 영속적인 집단 대이동은 6만 년 전쯤이거나 그 이후 시작된 듯하다. 그 이후로 우리는 세계 구석구석에서 살게 되었으며 1만 5천 년 전이면 아메리카 대륙에도 살게 되었다. 인구는 증가하기 시작하였고 그와 더불어 우리의 창조성을 나타내는 증거 또한 확 하고 번지기 시작한다. 우리는 예술가요 선원이며 천문학자였고 이윽고 농민과 시민이 되었다. 인류가 6백만 년도 더 되는 기간 동안 진화를 거듭한 끝에 3만 9천 년에서 3만 년 전(이 연대에 대해서도 또한 논란이 있지만)에 이르면 우리는 최후의 유일한 호미닌으로 남게 된다. 그 뒤로 우리가 무엇을 했는지가 이 책 나머지 부분의 주제이다.

제2장

인류의 기원

Raul Martin/MSF/Science Photo Library

약 350만 년 전 동아프리카 라에
톨리에서 걷고 있는 라에톨리 호
미닌들.

프롤로그

1959년 동아프리카 올두바이 고르지 유적에서 타는 듯이 뜨거운 어느 날 벌어진 일이었다. 루이스 리키는 심한 감기 때문에 몸이 괴로워 야영지로 되돌아와 텐트 안에서 쉬고 있었다. 그 동안에 메리 리키는 협곡 바닥 가까운 곳에서 양산을 받쳐 놓고 부서진 뼈와 조잡한 석기들이 조금 흩어진 곳을 발굴하고 있었다. 그녀는 여러 시간 붓질을 해서 흙먼지를 털어내었다. 그러다 갑자기 사람 것 같은 이빨 붙은 위턱뼈 일부분을 찾아내었기에 자세히 들여다보았다. 조금 지나자 그녀는 랜드로버로 뛰어 올라 야영지로 냅다 몰고 갔다. 그녀는 "루이스, 루이스." 하고 부르며 그의 텐트로 뛰어 들어 "결국 '그 녀석'을 찾아내었어요." 하고 소리쳤다. 루이스는 감기는 까맣게 잊어버리고 침대에서 벌떡 일어났다. 그들은 둘이 함께 장대하고 건장한 호미닌 두개골 하나의 조각 뼈들을 발굴해내었다. 리키 부부는 이를 '진잔트로푸스 보이세이'(보이세의 아프리카 인간이라는 뜻)라고 이름 붙였는데 보이세 씨는 그들의 후원자 중 한 사람이었다. 그들은 이 극적 발견을 해냄으로써 인류 진화 연구를 시간제 학문으로부터 국제적 탐사 실화로 바꾸어 놓았다.

1. 대빙하시대(258만 년 전부터 1만 2천 년 전까지) | 2. 초기 영장류의 진화와 적응 | 3. 인류 진화의 화석 증거(700만 년 전부터 150만 년 전까지) | 4. 갖가지 오스트랄로피테쿠스군(420만 년 전부터 178만 년 전까지) | 5. 초기 호모(240만 년 전쯤부터 160만 년 전까지) | 6. 최초의 인간은 어떤 존재였는가? | 7. 최초의 도구제작자 인간 | 8. 사냥꾼이었나 아니면 약취꾼이었나? | 9. 최초 인간의 정신세계 | 10. 언어의 발달 | 11. 최초의 사회조직 | 12. 요약

생물학자 토머스 헉슬리는, 인류와 가장 가까운 현생 동물 친척인 침팬지나 고릴라와 인간 사이의 정확한 관계가 무엇인가 하는 인류 기원 문제를 가리켜 '제일의 문제'라고 불렀다. 그 이후 지금까지 학자들은 복잡한 인류 진화사를 맨 처음 부분까지 추적하면서 논쟁 속에 휩싸여 있다. 이들은 처음에는 진화의 틀을 단순한 사닥다리처럼 생각했다. 이제 그런 이론은 폐기되었고 그 대신에 고도로 잠정적인 초기 인류 진화 연구들로 바뀌었다. 이는 화석 표본들로부터 진화상의 정확한 관계들을 복원함으로써 완성되며 뼈 조각들이 연구 소재인 만큼 도처에서 어려움을 만난다. 이런 연구에서의 과제로는 세심하고 조심스러운 판단, 해부학적 세부 사항의 엄밀한 비교, 서로 다른 특성들의 계량, 편년과 층서의 평가 등을 들 수 있다. 문제를 더욱 복잡하게 만드는 사항은 500만 년 전부터 100만 년 전 사이의 화석 기록이 모두 합쳐 2천 개체에 못 미칠 정도로 대단히 빈약하다는 점이다. 그리고 이들 가운데 대다수는 남아프리카 동굴들에 가득한 동물 화석 가운데서 발견되는 단 한 점의 이빨에 불과하다. 모든 화석 발견물 중 가장 귀중한 두개골이나 턱뼈 조각은 지극히 드문 형편이다. 우리 조상들은 이 4백만 년 동안 극적 변형을 겪었지만 우리는 그것을 불완전한 고생물학 렌즈를 통해서만 겨우 볼 수 있을 뿐이다. 우리는 이 기간 동안 열대 아프리카에서 많은 호미닌 형태가 번성하였음을 안다. 그렇지만 그 중 어느 것들이 인류의 직접 조상인가? 우리는 되도록 많은 종을 알게 됨으로써 인류 진화를 이해할 수 있을 뿐이며 또 그런 과업조차 이제 막 시작한 데 지나지 않는다. 이 장에서는 인류의 생물학적 진화와 문화적 진화를 둘러싼 논쟁들 중 일부를 살펴보고 가장 오래된 우리 조상들의 행동과 생활방식에 대해 우리가 지금 무엇을 알고 있는지 기술하고자 한다.

1 대빙하시대(258만 년 전부터 1만 2천 년 전까지)

인류의 이야기는 지질학적 시간의 저 깊은 곳, 포유동물의 시대라고도 부르는 신생대의 후반부로부터 시작된다. 세계의 기후는 이 지질학적 시간의 대부분 기간 동안 오늘날보다 따뜻했다. 약 3500만 년 전인 점신세(올리고세) 동안 남극 주변에 총빙(叢氷) 띠가 형성되면서 그 빙하로 인한 냉각의 조짐이 처음으로 나타났다. 이런 사태가 발전하면서 세계의 기온은 1400만 년 전부터 1100만 년 전 사이에 크게 떨어졌다. 기온이 내려가자 고위도 지방에서는 지표 위로 커다란 빙원들이 형성되었다. 약 320만 년 전에는 북반구 대륙들에 커다란 빙원들이 확장되었다. 그러다가 우리 속 호모의 최초 일원이 열대 아프리카에 나타난 직후인 약 250만 년 전에 빙하가 한층 세력을 강화하였고, 지구의 기후는 지금처럼 끊임없이 변화하는 시기로 돌입하였다. 이런 변화는 지구의 역사 가운데 가장 최근의 막간이라 할 수 있는 제4기(대략 258만 년 전부터 현재까지) 동안 절정에 달했으며, 특히 그 중 플라이스토세(홍적세: 대략 258만 년 전부터 약 1만 2천 년 전까지)에서 그러하였다. 인류는 우리가 일상 회화에서 '대빙하시대'라고 하는 바로 이 플라이스토세 동안에 처음으로 지구 대부분 지역에 살게 되었다. 이 빙하시대의 주요 기후변화 및 환경변화는 진화의 가장 중요한 단계들 중 일부의 배경을 이룬다(표 2.1).

'빙하시대'라는 말을 들으면 언뜻 우리 머릿속에 얼음으로 가득 찬 풍광과 지구를 오랫동안 얼어붙게 만든 영하의 혹한이 그려진다. 하지만, 실제로는 홍적세 동안 전 세계적으로 따뜻한 기후와 아주 추운 기후가 계속 반복되었다. 전 세계 대양의 깊은 해저를 뚫어 뽑아낸 천공 자료들은 빙하시대 기후가 복잡한 양상이었음을 나타낸다. 이 천공 자료들은 약 80만 년 전까지는 추운 기후와 더운 기후 사이의 변동 폭이 비교적 적었음을 보여준다. 그 이후 대략 9만 년마다 혹독하게 추운 기간들이 반복되는 가운데 약 2만 년과 4만 년 간

표 2.1 빙하시대의 주요 사건들

기온 (낮음 ← → 높음)	연대 (년전)	기	세	빙기	인간의 진화	선사 문화
	10,000	홍적세	홍적세	홍적세		도시, 농경
						신대륙으로의 인간 이주
	118,000		비	뷔름 (북미에서는 위스콘신)		
	128,000		루 네	자알		
	200,000		스		호모 사피엔스	
	300,000		밈 투 오 밈	수많은 현행기들		
	780,000		올두바이 사건			
	1,600,000	제3기	제3기		초기 호미닌들	
					호모 속 약 240만 년 전부터 오늘날까지	

제4기(258만 년 전 → 현재)

홍적세(258만 년 전 → 11,700년 전)

13만 년 이전은 기후의 세부가 불확실함

격으로 작은 폭의 진동들이 있었다. 이제 많은 과학자는 천체들의 장기에 걸친 주기적 변화, 그 중에서도 특히 태양 둘레를 도는 지구의 주기적 궤도 변화가 이런 변동을 촉발했다고 믿고 있으니, 그 궤도 변화는 지구가 받는 태양 복사열의 계절 변이와 남북 변이에 영향을 미치기 때문이다.

적어도 아홉 차례의 빙하기가 북유럽과 북미를 거대한 빙원으로 뒤덮었고 그 중 마지막 빙하는 겨우 약 1만 5천 년 전에야 퇴각하기 시작했다. 오늘날만큼 따뜻하거나 그보다 더 따뜻했던 간빙기가 빙기들 사이사이에 이따금씩 찾아왔고, 그런 끊임없는 변화 때문에 인간을 포함한 동물과 식물들은 원래 살던 곳으로부터 다른 곳으로 옮겨가며 살았다. 추운 주기 동안에는 일반적으로 고도가 낮은 쪽과 온난 위도대 쪽의 식물과 동물들이 더 잘 버텨낸다. 동물군들은 살기에 좀 더 적합한 지역을 향해 느릿느릿 퍼져나가 그곳에 이미 살고 있던 무리들과 섞이며, 그로써 이전과는 생물종 혼합이 달라진 새로운 군집들이 생겨난다. 현재 유럽 및 인접 아시아에서 살고 있는 포유동물종 가운데 113종 이상이 지난 3백만 년 동안 진화한 것으로 추산된다. 이처럼 반복된 혼합 작용은 인류 진화에도 여러모로 영향을 끼쳤을 것임에 틀림없다.

인류 진화의 맨 처음 장들 중 일부는 진정한 의미의 홍적세가 시작되기 전 일어났던 비교적 작은 폭의 기후 변동 시기에 전개되었다. 400만 년 전부터 200만 년 전 사이의 세계 기후는 그 이후 시기보다 다소 따뜻하고 안정적이었다. 인류의 요람지로 여겨지는 아프리카의 사바나지대에는 아주 다양한 영장목(目) 동물들을 포함해 많은 포유동물 종이 살고 있었으며 우리 인간도 그 한 부분을 차지했다.

2 초기 영장류의 진화와 적응

영장목의 동물들

우리 인간은 생물 분류상 영장목에 속하는데, 이 목의 동물들은 나무를 애호하는 포유동물로 공룡의 시대 이후 꼭 6500만 년 전 직후에 처음으로 등장하였다. 좀 더 콕 집어 말하면 우리는 호미니드들이다. 이는 생물 분류상 호미니대(Hominidae)(즉 큰 유인원들)과(科)의 일원이며 그에는 사람, 침팬지, 고릴라, 오랑우탄 그리고 각각의 조상들이 포함된다. 여기서 유념할 점이 한 가지 있으니, 21세기가 시작되기 전에는 '호미니드'라는 용어가 인간과 그 조상들만을 가리켰으나 그 이후로 이 새롭고도 포괄적인 분류는 다른 큰 유인원들과 우리 사이의 긴밀한 관계를 반영하는 쪽으로 쓰이게 되었다는 것이다. 이제 우리와 우리 조상들을 거론할 때는 좀 더 특정한 용어인 호미닌(hominin)을 쓰며 이는 생물족(族) 호미니니(Hominini)에 속하는 일원이라면 모두 가리키는 말이다. 일부 과학자는 호미닌에 침팬지도 포함시키는 반면 대부분은 현생인류(우리)와 750만 년 전쯤에 침팬지와의 마지막 공통 조상으로부터 분기한 이후의 우리 조상 모두를 가리키는 데 쓴다(이 책에서도 호미닌이라는 용어를 이렇게 쓴다).

그러면 이 연대는 어디서 나온 것인가? 인간은 다른 영장류들, 그 가운데서도 특히 현재 살아있는 가장 가까운 친척인 침팬지와는 해부학적으로나 행동 면에서 모두 공통점이 많다. 분자생물학에 따르면 여러 계보별로 일어난 유전자 돌연변이의 비율은 비슷했다고 하며, 이는 곧 누적된 변화를 이용해 종들이 갈라진 연대를 추산할 수 있다는 뜻이다. 그렇지만 이 분야는 아직 걸음마 단계에 있으며 그래서 이 '분자시계'를 얼마나 빨리 가게 하느냐에 따라 추산치에 큰 차이가 생긴다. 따라서 침팬지 계보와의 추정 분기는 1300만 년 전부터 700만 년 전 사이 어디서든 일어났을 수 있다는 말이 되는데, 대부분의 연구자가 750만 년 전 즈음의 연대를 선호한다. 이 분기의 세부 사항은 아직 완전한 미스터리이다. 그 이유는 크게 보아 이 결정적 시기로 연대측정되는 화석 포함 지층이 인간, 침팬지 그리고 원숭이의 거의 확실한 탄생지인 아프리카에서 매우 드물기 때문이다.

우리는 1000만 년 전부터 대략 500만 년 전 사이의 시기 동안 아프리카에서 번성했을 유인원을 닮은 동물들의 성격에 대해서는 그저 대체적인 추측만 할 수 있을 뿐이다. 우리가 아는 한 이 동물들 대부분은 긴 팔과 다리에다 넓은 가슴을 가졌고 대개는 나무에서 살고 있었다. 그들은 나무에서는 아마도 사지 모두를 썼을 것이고 때로 땅 위를 기어 다니거나 아주 이따금 뒷다리만으로 서기까지 했을 것이다.

우리는 500만 년 전부터 200만 년 전 사이의 기간에 대해서도 여전히 단편적이기는 하지만 이제 동아프리카 사바나에 이전보다 아주 월등하게 많은 호미닌 변종들이 살았음을 안다. 그 가운데 일부만이 우리 조상들이었고 나머지 다수는 분명히 새로운 종들을 탄생시키지 못하고 절멸하였을 것이다. 이 호미닌들 사이의 관계는 복잡하고 또 흔히 미해결의 상태이다. 다만, 고인류학자들이 그들의 화석 잔적에 대해 아주 세심한 조사를 한 덕에 그들을 여러 속(집단)들로 나눌 수 있었으며 그에는 우리 자신의 종 호모 사피엔스가 속하는 호모도 들어 있다(많은 분류단위 명칭과 호미닌들의 기본 편년에 대해서는 뒤의 그림 2.11을 참조).

나무에서 내려오다

전 세계의 기온이 2000만 년 전 이후로 떨어지자 열대에 개활지 환경이 점차 늘어났다. 이처럼 삼림 환경이 감소함에 따라 종들이 땅에 적응하는 쪽으로 진화하는 추세가 생겨났을 터이다. 1000만 년 전 이후 어느 시기에는 많은 영장류 종이 이런 종류의 생활양식에 적응했다. 바꾸어 말하면 그들은 나무에서 내려왔다. 약 500만 년 전쯤에 이르면 아프리카 사바나지대가 삼림을 드문드문 가진 드넓은 초원이 되었는데 그에는 나무에만 사는 동물들과 여타 영장류뿐만 아니라 수많은 포유동물 종도 조밀하게 살고 있었다. 이들 중 일부는 작은 무리를 짓고 아마도 똑바로 서서 걸으며 돌과 나무로 도구를 만들면서 번성하였을 것으로 상정된다.

나무에서 내려옴으로써 즉각 세 가지 문제가 생겨났다. 첫째, 개활지를 돌아다니는 어려움이었다. 호미닌은 이에 대처하기 위해 늦어도 400만 년 전, 이르면 700만 년 전에 두발 걷기 자세를 채택했다. 우리 조상들은 오랜 기간을 거친 끝에 **이족보행**(二足步行)(두 발로 걷기)을 하게 되었는데, 이는 아마도 식량을 구하느라 땅 위에서 점점 더 많은 시간을 보낸 결과일 터이다. 인간이라는 존재는 덩치가 크고 대사율이 상대적으로 높기 때문에 먹을거리를 더 많이 필요로 한다. 이는 각 호미닌이 먹을거리를 얻기 위해 더 넓은 지역을 효율적으로 돌아다녀야만 했다는 뜻이다. 대형 포유동물은 자신에 비해 덩치가 작은 친척들보다 훨씬 많이 움직인다. 이들은 더 많은 땅을 돌아다니며, 그 덕에 공간상으로뿐만 아니라 계절에 따라서도 불균등하게 분포한 먹을거리를 먹고 살아갈 수 있다. 인간 같은 대형 포유동물은 기동력 덕분에 자신의 식단에다 예측하기 힘든데다가 계절이 흔히 정해진 먹을거리를 집어넣을 수가 있다. 이들은 극심한 더위와 추위를 견디어낼 수 있는데 이런 능력은 인간이 선사시대의 후반부에 열대를 벗어나 확산하는 데 큰 도움이 되었을 것이다. 두 발로 걷는 인간은 땀샘을 갖고 있으며, 그래서 수분 공급에 크게 의존한다. 이 땀샘은 이족보행을 직접 보조하는 장치인데, 땀샘이 장거리 채집활동을 위한 지구력을 높여주기 때문이다. 이족보행을 하면 신체의 무게 중심이 훨씬 덜 바뀌며 그래서 네 발로 기는 자세보다 한층 효율적으로 걸을 수 있다. 곧추서서 두 발로 걷는 모양은 호미닌의 가장 두드러진 신체 특징이다.

곧추선 자세는 진화에서 결정적으로 중요하니, 그 덕에 손이 자유로워져 도구 제작 같은 다른 활동을 할 수 있기 때문이다. 이 두발걷기는 너클걷기와 뚜렷이 대조되니, 후자는 다른 나무로 건너뛰거나 단시간을 전속력으로 달릴 때(미식축구의 라인맨을 생각해보라!) 뛰어난 추진력을 제공한다. 이는 손가락 등 부분을 땅에 대어 체중을 싣는 주된 면으로 삼는 가운데 여기저기 돌아다니도록 진화된 이동방식이다. 너클걷기는 삼림에 적응성이 있었던 것이니, 그 이유는 긴 팔다리뿐만 아니라 움켜쥐도록 된 발이 아직도 나무를 타는 데 지극히 중요했기 때문이다(그림 2.1). 우리 인간의 팔은 이런 자세를 편히 취하기에는 너무 짧다. 두발걷기는 지구력 있게 먼 거리를 돌아다니기에 알맞으며, 그래서 개활지 생활에 중요한 요건이라 할 수 있다. 이는 사냥과 채집, 도구 제작 행위에 앞서 일어난 반드시 필요하고 결정적으로 중요한 변화였다.

둘째, 사바나에는 포식동물이 가득해서 영장류들이 안전하게 잠들기가 어려웠다는 것이다. 그래서 대형 호미닌들은 본거지를 만들었고 거기서 뜨거운 햇볕을 피해 쉬고 안전하게 잠갔는데 아마도 땅위의 나무들 속이었을 것이다. 이런 본거지들이 정확히 어떤 형태였는지는 지금 커다란 논쟁거리이다. 마지막으로, 삼림에는 질 좋은 식물 먹을거리가 도처에 있는 데 반해 사바나에는 널리 흩어져 있었다는 것이다. 이와 관련해 주목되는 점은 나중 시기의 식량 채집민들이 아주 다양한 사냥감과 식물 먹을거리로 살아 나갔다는 사실이다. 그들의 호미닌 조상들은 인류 진화의 한 부분으로 먹을거리의 범위를 넓혀 나가 식물 먹을거리가 귀했을 긴 계절 동안 고기를 점점 더 먹게 되었던 것이다. 포유동물에서는 이런 특성이 뇌의 크기가 커지는 쪽으로의 진화 추세와 관련이 있다. 그리고 뇌가 커짐에 따라 당시 진화하던 호미닌의 생활양식 또한 점차 유인원과 달라져 채집 인류에 가까워졌으며, 이 과정이 전개되는 데는 수십만 년이 걸렸다.

이상의 요인들과 여타 요인—늘어난 수명과 뇌 크기의 확대 같은 것—은 행동에서 훨씬 더 큰 융통성을 필요로 했다. 이런 융통성에는 지능과 학습

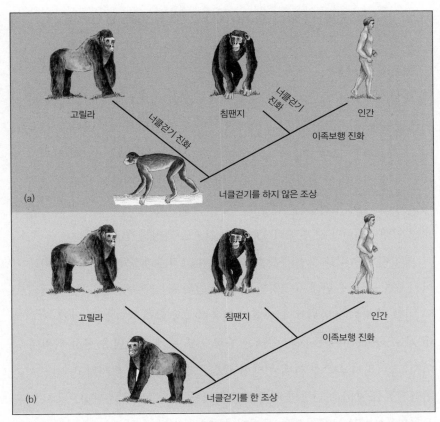

그림 2.1 너클걷기와 네 발 기기 자세. 이족보행의 진화를 설명하는 두 가지 주요 이론 (a) 만약 침팬지, 고릴라, 인간의 마지막 공통 조상이 너클걷기(신체의 무게 중심이 팔과 다리로 경계지어진 부위의 중간 지점에 있다)를 하지 않았다면 너클걷기는 침팬지와 고릴라 둘 다에서 각기 진화하였을 터이다. 이 이론에서는 인간 조상의 이동방식이 너클걷기가 아니었다. (b) 만약 침팬지, 고릴라, 인간의 마지막 공통 조상이 너클걷기를 하였다면 너클걷기는 인간의 조상을 비정하는 조건이 되는 셈이다.

능력의 향상, 자식 돌보기, 그리고 새로운 수준의 사회적 상호작용 등이 포함된다.

3   인류 진화의 화석 증거(700만 년 전부터 150만 년 전까지)

최초의 호미닌?

중앙아프리카 차드의 쥬랍 사막 토로-메날라 지방은 고인류학 연구를 하기에는 너무나 혹독한 곳이다. 2001년 프랑스 학자 미셸 브뤼네, 파트릭 비뇨와 그 동료들은 모래 표면에 노출되어 있던 침팬지 크기의 비교적 완전한 호미닌 두개골 하나를 발견하였다. 차드어로 '삶의 희망'이라는 뜻의 별명 투마이로 부르는 이 두개골은 다른 유적에서 출토된 동물 화석들과 비교를 함으로써 연대가 600만 년 전에서 700만 년 전으로 측정되었다.

투마이의 머리를 보면 혼란스럽다. 뇌의 크기(두개용량 혹은 뇌수용력)는 작아서 365cm³쯤 ― 현대 유인원의 뇌 크기 범위 중 작은 쪽 ― 이지만 얼굴 구조와 이빨 배치는 유인원보다는 초기 인류들에서 알려진 것들에 가깝다. 더욱이 척수구멍(즉 대후두공)은 아래를 향하고 또 두개골의 앞을 향한 위치에 있어서 그 머리가 곧추선 등뼈 위에서 균형을 잘 잡았음을 시사하고 있다. 이는 현생인류를 포함해 나중의 이족보행 호미닌들과 공유하는 특징으로서 다른 유인원들에서는 보이지 않는 특징이다(그림 2.2).

투마이는 이처럼 원시적이고도 한층 진화된 특성들이 혼합된 데에 근거해서 그 후 '사헬란트로푸스 차덴시스'(차드 사헬의 호미닌이라는 뜻)라는 이름이 붙여졌다. 지금까지 그런 개체 몇 개로부터 나온 화석들이 발견되었으며 투마이의 두개골, 네 점의 턱뼈 조각 그리고 이빨 몇 개다. 하지만, 여타 신체 부위는 알려지지 않아서 다른 초기 호미닌들과의 비교는 지극히 어렵다. 더욱이 투마이 발견자들은 자신들의 발견물을 지금까지 아직 정확하게 연대측정해내지 못했음을 곧바로 인정하기 때문에 절대연대가 없는 상황이다. 그래서 이 괄목할 만한 발견물의 오래된 정도가 장래에는 원래 상정했던 것과는 다소 다르다고 판명될지도 모르겠다.

그림 2.2 사헬란트로푸스 차덴시스.

투마이의 종국적 지위가 어떻게 되든 이 발견물은 아주 초기의 인류 진화가 많은 갈래로 일어났으며 단순히 직선적인 진전의 문제가 아니었음을 보여준다. 호미닌의 진화는 학자들이 불과 한 세대 전에 이렇지 않을까 생각했던 것보다 훨씬 복잡하였음이 분명하다. 아마도 십중팔구는 아주 다양한 유인원, 그 중 일부는 상대적으로 큰 뇌를 가진 것들이 800만 년 전에서 500만 년 전 사이에 열대 아프리카에서 번성하였을 것이며 사헬란트로푸스 차덴시스는 그 중 단지 하나일 것으로 추정된다. 정말이지 고인류학자 대부분은 동아프리카가 초기 인류 진화의 으뜸 도가니라고 믿고 있는데 그 주된 이유는 바로 이 지역에서 그간 가장 다양한 원시 호미닌이 출토되었기 때문이다. 에티오피아와 케냐 북부 가운데 지금은 사막인 지방들은 500만 년 전에서 400만 년 전까지는 개활지 사바나 초지로서 영양 떼와 여타 포유동물이 넘쳐났으며 포

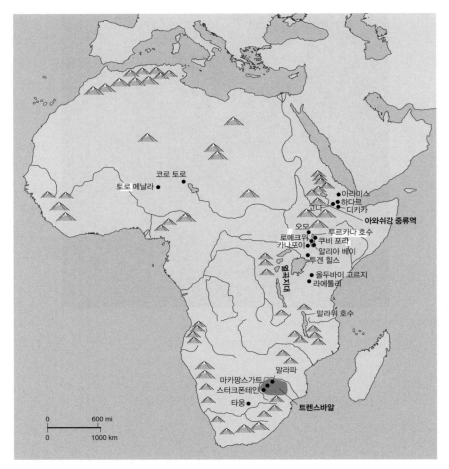

그림 2.3 제2장에 언급된 고고학 유적들의 위치도.

식동물과 더불어 아득히 오래된 시절의 우리 조상 호미닌들은 이들을 사냥하였다. 그리고 바로 여기서 그간 가장 오래된 호미닌들이 발견되었다(그림 2.3) (연대측정에 관해서는 테 글 '포타슘아르곤연대측정법'을 참조).

세계에서 가장 이른 고고학 유적들은 너무나 오래되었기에 방사성탄소연대측정의 범위를 훨씬 벗어나 있다(제1장). 포타슘아르곤연대측정법은 20억 년 전부터 10만 년 전까지의 화산암을 연대측정할 수 있다. 가장 이른 호미닌 유적 다수는 화산 활동이 활발했던 지역에서 나타난다. 동투르카나의 여러 지점이나 올두바이 고르지, 여타 유명한 초기 유적들은 인간의 도구가 동시대 화산 폭발에서 나와 굳은 용암 조각들이나 재와 직접 공반되어 발견되기 때문에 그 연대를 측정할 수 있다.

포타슘(K)은 지각 속에 가장 풍부한 원소 가운데 하나로 거의 모든 광물 속에 들어 있다. 포타슘은 자연 상태에서 방사성포타슘 40K 원자를 아주 낮은 비율 함유하고 있다. 40K 원자 100개가 자연 붕괴할 때마다 그 중 11%가 아르곤(40Ar)이 되는데, 이는 불활성 기체로서 용암이나 여타 용해 암석이 형성될 때 확산 작용에 의해 당해 물질로부터 쉽게 빠져나갈 수가 있다. 그리하여 화산암이 결정체로서 형성될 때는 아르곤의 농도가 거의 영(0)이 되지만 40K의 붕괴가 계속되면서 그 원자 100개 중 11%가 40Ar이 된다. 따라서 분광계를 이용하면 그 암석이 형성된 이후 축적된 40Ar의 농도를 잴 수 있다. 최근 포타슘아르곤연대측정에서 이루어진 진전에는 컴퓨터 이용 레이저 융합법이 있으며 이는 레이저 빔으로 조사(照射)된 화산재 알갱이들을 분석하는 방법의 한 가지로서 정제 가스를 방출해 분광계로 그 구성 아르곤 원자들을 측정하는 방식이다. 이 새로운 방법은 인류 화석이 공반된 층위에서 나온 화산 물질 결정체를 사용해 초기 호미닌들의 연대를 훨씬 더 정확하게 산출할 수 있다.

포타슘아르곤연대측정법은 그간 인간 진화 초기 단계의 연대와 지구상 최초 인간 문화들의 연대를 처음으로 비교적 믿을 만하게 확립하는 방법이 되었다.

두 발로 서서 걷기?

설령 투마이가 지금까지 알려진 세계에서 가장 오래된 이족보행 호미닌일지라도 다른 것들 또한 초기 이족보행의 표지들을 보여준다. 1974년에 고인류학자 마틴 픽포드는 케냐 투겐 힐스 지방에서 이례적 화석 어금니 하나를 발견했다. 그로부터 거의 30년이 지난 2001년에 브리지트 스뉘와 그 동료가 이끈 조사단이 연대가 620만 년 전에서 560만 년 전으로 측정된 몇 개의 개체로부터 나온 이빨, 턱뼈, 윗팔, 넓적다리 그리고 손가락 뼈 등 더 많은 화석을 발견하였다. 이로써 그녀는 이들에게 '오로린 투게넨시스'라는 새로운 속명과 종명(오로린은 케냐 투겐 언어로 '최초의 존재'라는 뜻)을 설정하였다. 특히 이 호미닌의 넓적다리가 나타내는 형태는 그들이 두 발로 걸었을 것임을 시사한다. 그 뒤로 에티오피아에서는 미국 버클리대학교의 생물인류학자팀 화이트를 포함한 2004년 조사단이 아주 초기의 호미닌 종을 나타내는 또다른 증거를 발견하였고 이 조사단은 그에 대해 '아르디피테쿠스 카답바'라는 이름을 붙였다. 580만 년 전에서 520만 년 전으로 연대가 측정된 이 녀석은 오스트랄로피테쿠스군과 관련이 있을 수 있는데, 만약 그것이 사실이면 이것 역시 이족보행을 하였을 가능성이 있다. 하지만, 증거가 단편적이어서 좀더 완전한 골격이 발견될 때까지는 분명한 결론을 거의 내릴 수가 없는 형편이다.

이 작업은 팀 화이트의 1990년대 조사를 토대로 한 것이었는데 그때 그와 그의 팀은 건조한 에티오피아 아와쉬 지방 아라미스(그림 2.4)의 440만 년된 한 지층에서 적어도 17개체의 초기 호미닌들에 대한 증거를 찾아내었다. 이 잔적들은 한 작은 녀석에 대한 증거를 드러내었는데 비록 그 두개골은 형태상 유인원의 두개골에 더 가깝기는 하지만 몸은 곧추섰고 이빨 에나멜질은 얇아서 침팬지 조상들과의 밀접한 연계를 시사하였다. 화이트와 그 동료들은 처음에는 자신들이 오스트랄로피테쿠스군의 새 종을 하나 찾아내었다고 생

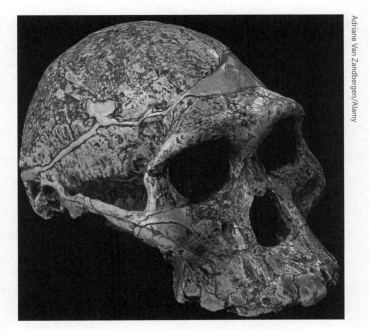

그림 2.4 아르디피테쿠스 라미두스.

각하였지만 1995년에 그 속명과 종명을 '아르디피테쿠스 라미두스'로 바꾸었는데 이는 연대상 그보다 나중이고 서로 다른 오스트랄로피테쿠스군과 구분하기 위해서였다. 오늘날 이 종은 30개체 이상에서 나온 여러 부위로 대표되고 있으며 확실하게 연대를 측정할 수 있는 정황들로부터 흔히 출토됨으로써 450만 년 전부터 430만 년 전 사이에 살았을 가능성이 큼을 가리키고 있다.

이 이야기에는 아르디피테쿠스 라미두스 한 개체로서 '아르디'라는 별명이 붙은 성인 여성 개체가 그간 특히 도움이 많이 되었으니, 그 이유는 아르디에게만 속하는 100점이 넘는 화석 조각이 발견된 데다가 그에 완전한 이빨 조합과 두개골 일부가 포함되어 있기 때문이다. 복원된 그녀의 골격은 깜짝 놀랄 만한 특징 몇 가지를 드러내었다. 그녀의 골반 윗부분은 현생 유인원의 것보다 훨씬 넓어서 아르디가 곧추서서 걷는 동안 좌우로 비틀거리듯 오가는 것을 막아주었을 것이다. 그렇지만 그녀는 또한 나무에 아주 잘 적응된 반면 곧바로 서서 걷는 데는 덜 적응되었음을 말하는 다음과 같은 여러 가지 신체 특성을 갖고 있다. 즉 나무를 타기에 좋은 강력한 다리 근육, 나뭇가지를 잘 움켜쥘 수 있도록 해주었을 굽은 손가락들 그리고 역시 나뭇가지를 꽉 쥐기에 이상적으로 넓게 벌어지고 서로 마주보는 엄지발가락들을 갖고 있었다. 과학자들은 아직도 아르디와 그녀의 친구들이 호미닌 과 나무에 들어맞는지 전적으로 확신하지 못하고 있다. 어떤 이는 아르디피테쿠스가 호미닌인지조차 의문시하면서 이것들이 절멸한 또 다른 유인원 집단에 더 밀접하게 연계된 것은 아닌가 한다. 그런데 흥미롭게도 아라미스에서는 이 녀석이 그보다 나중의 호미닌인 '오스트랄로피테쿠스 아나멘시스'와 '오스트랄로피테쿠스 아파렌시스'가 출토된 후대 지층 두 개보다 아래에 놓인 한 지층에서 나타난다.

오스트랄로피테쿠스란 어떤 존재인가?

오스트랄로피테쿠스('남쪽의 유인원'이라는 뜻의 라틴어)는 해부학자 레이먼드 다트가 1925년 남아프리카의 타웅 유적에서 처음으로 식별했다. 그는 인간의 특징과 유인원을 닮은 특징을 모두 보이는 작고 연약한 형태의 이 영장류에 대해 서술하였다. 다트는 자신의 발견물을 '오스트랄로피테쿠스 아프리카누스'라고 이름 붙였다. 그에 이어 남아프리카의 다른 유적에서, 더 나중에는 동아프리카에서 또 하나의 오스트랄로피테쿠스군이 모습을 드러내었다. 후자는 훨씬 가냘픈 형태인 전자보다 한층 강건한 형태였다(그림 2.5와 2.6). 후자는 '오스트랄로피테쿠스 로부스투스'로 알려져 있으며 땅땅하고 건장한 체격에다 두개골 윗부분에 융기가 있는 영장류이다.

고인류학자들은 여러 해 동안 오스트랄로피테쿠스 아프리카누스가 인간의 직접 조상이며 인류 진화가 시간 경과에 따라 비교적 선형적으로 진행되었다고 생각하였다. 그러나 위에서 본대로 좀 더 최근에 동아프리카와 남아

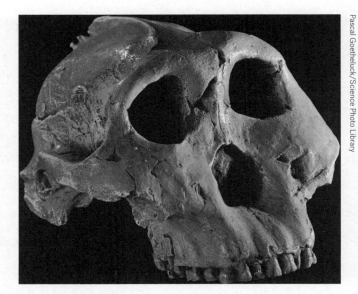

그림 2.5 오스트랄로피테쿠스 아프리카누스.

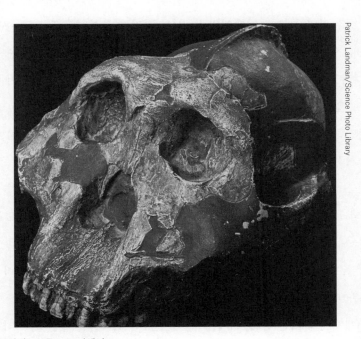

그림 2.6 파란트로푸스 보이세이.

프리카에서 나온 발견물들은 그런 복원 그림을 모호하게 만들면서 인류 계보 상 훨씬 이른 영장류들을 드러내 보여주었다.

아르디피테쿠스로부터 오스트랄로피테쿠스로

지금까지 알려진 가장 이른 오스트랄로피테쿠스군인 '오스트랄로피테쿠스 아나멘시스'는 아라미스 유적에서는 약 420만~390만 년 전, 케냐 북부 투르카나 호수 연안의 알리아 베이 유적 및 카나포이 유적에서는 약 400만 년 전으로 연대측정되었다. 미브 리키와 알란 워커가 대부분을 발견해서 오스트랄로피테쿠스 아나멘시스('아남'은 투르카나 말로 호수라는 뜻이다)라고 이름 붙인 화석 조각들은 커다란 이빨을 가지고 있으며 유인원을 닮은 특징과 그보다 진화된 특징을 모자이크처럼 갖춘 한 호미닌으로부터 나온 것이었다. 아나멘시스의 뒷다리들은 두 다리로 걷는 데 드는 추가 무게를 지탱하기에 충분할 만큼 두껍지만 그래도 현대인만큼 썩 잘 걷지는 못하였을 것으로 추정되며 이것의 진정한 이족보행 수준은 뜨거운 논쟁거리이다. 이 호미닌은 뒷다리 측정치로 보건대, 몸무게가 47kg에서 55kg이었을 것이다. 하지만, 이 종조차 논란이 없는 것은 아니며 일부 연구자는 그 화석들에서 보이는 변이의 정도로 판단하건대 우리가 한 가지 이상의 종을 대상으로 하고 있는 것이 아닌가 하는 지적을 한다.

오스트랄로피테쿠스 아나멘시스의 뒤는 그보다 훨씬 잘 알려진 한 오스트랄로피테쿠스군이 잇는다. 이들은 하다르 유적에서 발견되었는데 그곳은 아라미스와 마찬가지로 에티오피아 북부 아와쉬강 중류역에 있으면서 그로부터 남쪽으로 약 72km 떨어졌다. 모리스 탭과 도날드 조핸슨은 이 하다르에서 놀라우리만치 완전한 작은 영장류 화석 한 개체(그 유명한 '루시')와 함께 적어도 13개체에 속하는 남자, 여자, 어린이의 화석 조각들을 발견했다. 약 320만 년 전으로 연대측정된 루시는 키가 1.2m 바로 밑이고 나이는 19살에서 21살

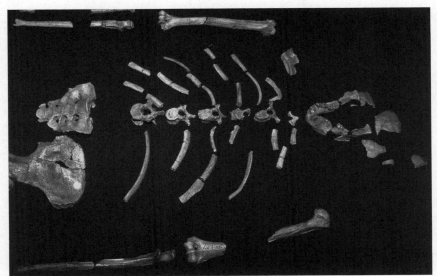

그림 2.7 오스트랄로피테쿠스 아파렌시스 '루시'.

이었다(그림 2.7). 그녀(이제는 일부 연구자가 지적하듯이 그녀가 아닌 그일 가능성
도 있다)는 강력한 근육질의 영장류로 완전한 이족보행을 했으며 팔은 인간의
것보다는 살짝 길었다. 루시와 그녀의 동시대인들은 인간을 닮은 손에 대략
침팬지 크기의 뇌를 가졌다. 조핸슨과 팀 화이트는 루시를 '오스트랄로피테
쿠스 아파렌시스'로 분류하고 후대 오스트랄로피테군의 직접 조상으로 보았
다. 최근에 아파르에서 발견된 또 하나의 오스트랄로피테쿠스 아파렌시스는
연대가 360만 년 전으로 측정되었다. 그 어깨죽지뼈와 사지뼈는 아파렌시스
가 걷고 달리는 데 익숙하였음을 시사한다.

　세 살 된 오스트랄로피테쿠스 아파렌시스의 골격 한 부위가 에티오피아
북부 디키카 지역에서 출토된 바 있다(2000년에서 2003년 사이에 발견됨). 그런
데 이 유아의 길고 굽은 손가락들 때문에 이 종에서 나무 위 생활의 행동이 계
속 중요했던 것이 아닌가 하는 결정적 의문이 일어나고 있다. 우리는 아와쉬

강 유역의 다른 발견들을 근거로 할 때 아파렌시스가 늦어도 300만 년 전까지 번성하였으며 상호간에 상당한 크기 변이가 있음을 안다. 어떤 개체는 키가 1.5m이고 몸무게가 대략 68kg 정도 나갔을 터인데 이는 작고 호리호리한 루시와는 아주 큰 차이가 있다.

이 초기 오스트랄로피테쿠스군은 강력한 근육이 잘 발달한 개체들로서 침팬지만큼이나 힘이 세었을 것으로 생각된다. 오스트랄로피테쿠스 아파렌시스는 그 선배들과 마찬가지로 해부학적으로 모자이크와 같았는데, 허리 아래는 이족보행에, 신체 상부는 나무 위 생활에 적합한 형태였다. 모두가 완전한 이족보행을 하였지만 팔은 나무 타는 동물처럼 튼튼하고 굽었다. 그들의 팔은 키에 대비한 비율을 기준으로 보면 현대 인간의 팔보다 조금 긴 편이었다.

더 괄목할 만한 이족보행의 증거는 탄자니아 라에톨리 유적의 화석 포함층에서 출토되었다. 메리 리키는 이곳에서 하다르 유적의 아파렌시스와 같은 호미닌 화석들뿐만 아니라 상당히 큰 어떤 이족보행 영장류가 큰 사냥감 동물과 더불어 남긴 360만 년 된 실제 발자국을 또한 노출시켰다. 그 발자국들은 어른 남자와 여자의 것이었는데 후자는 아이를 안고 있어서 더 깊은 자국

John Reader/Science Photo Library

그림 2.8 탄자니아 라에톨리 유적 호미닌 발자국에 근거한 상상 복원 그림.

이 남았다(그림 2.8). 메리 리키는 "그들의 발자국은 현대 인간의 균형 잡힌 바른 걸음걸이와는 달리 비틀거리며 천천히 움직인 걸음걸이를 나타내며 걸음을 뗄 때마다 엉덩이가 좌우로 오갔다"고 썼다(메리 리키와 잭 해리스, 『라에톨리』(1990), 49쪽). 일부 과학자는 이 라에톨리 발자국이 하다르에서 남쪽으로 약 1600km 떨어진 그곳에서 번성하고 있었던 오스트랄로피테쿠스 아파렌시스의 것으로 믿고 있다.

하다르와 라에톨리의 발견물들은 이족보행이라는 인간의 기본 적응양태가 최초로 도구를 제작하고 두뇌가 현생동물 중 우리와 가장 가까운 친척인 아프리카 유인원의 수준을 넘어 확대되기 전에 이미 생성되었음을 확인시켜 준다. 또 이족보행은 그보다 나중의 호미닌들이 자신들의 손을 도구제작에 쓰는 데 미리 적응한 상태였음(그렇게 쓸 만큼 이미 충분히 진화하였음)을 뜻한다.

전문가들은 처음에는 오스트랄로피테쿠스 아파렌시스가 동아프리카에만 있었다고 생각하였다. 그러던 중에 미셸 브뤼네가 사라하 사막 남쪽 구역에 있는 차드의 **코로 토로** 유적에서 연대가 300만 년에서 350만 년 되고 이빨 일곱 개가 박힌 오스트랄로피테쿠스 아파렌시스 턱뼈 화석을 하나 발견하였다. 이 차드호미닌은 오늘날의 건조한 경관보다 훨씬 습윤한 사바나-숲 환경에서 번성하였다. 코로 토로 화석은 동아프리카 리프트 밸리(열곡)보다 서쪽에서 처음으로 오스트랄로피테쿠스군이 발견된 사례이며, 이는 오랫동안 지지받은 이론, 즉 이 대협곡이 유인원 집단들을 분리하는 하나의 장애 역할을 함으로써 좀 더 트인 지역의 유인원들이 나무에서 땅으로 내려오도록 만들었다는 이론을 무너뜨렸다.

오스트랄로피테쿠스 아파렌시스는 오스트랄로피테쿠스군 중에서 원시적 형태이며 해부학적으로 상당한 변이를 보이지만 혹독하고 변화무쌍한 사바나 환경에 적응할 만큼 강인하여서 거의 1백만 년 동안 살아남았다. 300만 년 전 이전의 동아프리카에 우리가 아직 그다지 잘 알지 못하는 몇 가지 호미닌이 있었음은 의문의 여지가 없다. 약 300만 년 전이 되면 아파렌시스의 후손들이 여러 계통으로 분기하였다. 이 시점에서 진화의 줄거리가 정말로 복잡해진다. 한 계보는 좀 더 연약한 오스트랄로피테쿠스 아프리카누스로 구성되는데 이는 레이먼드 다트가 1925년 처음으로 식별하였으며 모두 남아프리카에서만 출토되었다. 두 번째 계보는 아프리카누스보다 다소 늦은 시점에 속하며 최소 세 종의 강건한 오스트랄로피테쿠스군을 포괄하는데 이들은 100만 년 전쯤에 절멸하였다. 그리고 우리가 아직 규정하지 않은 다른 계보들이 더 있었을 터이다. 우리는 이런 다기화와 더불어 인류 진화에서 좀 더 복잡한 장으로 들어가며 이 장은 지리적, 생물학적 다양화와 많은 경쟁 이론의 존재가 특징이다.

4 갖가지 오스트랄로피테쿠스군(420만 년 전부터 178만 년 전까지)

연약형 오스트랄로피테쿠스군: 오스트랄로피테쿠스 아프리카누스

오스트랄로피테쿠스 아프리카누스는 연약하고 아주 기동력이 좋은 호미닌으로 화석 형태의 특징은 작고 우아하다시피 한 두개골과 튀어 나온 얼굴에 있다(앞의 그림 2.4 참조). 연대가 330만 년 전에서 210만 년 전인 아프리카누스가 남아프리카에서만 발견된 점은 진화의 미스터리이니, 이 형태가 궁극적으로는 오스트랄로피테쿠스 아파렌시스라는 넓게 분포한 조상으로부터 진화하였을 터인데도 아직 어느 누구도 아파렌시스가 번성했던 동아프리카에서 아프리카누스를 발견하지 못했기 때문이다. 이는 진화 과정에서 실패로 끝나버린 하나의 실험이었거나 아니면 불운한 강건형 호미닌 계통의 최초 것들이었을 수도 있다.

강건형 오스트랄로피테쿠스군: 파란트로푸스 에티오피쿠스, 파란트로푸스 보이세이, 파란트로푸스 로부스투스

몇 가지 분류 명칭으로 알려진 강건형 오스트랄로피테쿠스군은 300만 년 전부터 100만 년 전까지 살았다. 동아프리카와 남아프리카에서 모두 발견된 이것들은 건장한 골격이 두드러진 특징이다(앞의 그림 2.5 참조). 이 호미닌들은 커다란 이빨에다 작은 두뇌를 가졌으며 거칠고 섬유질 많은 식물 음식을 씹어 먹도록 특화되었다. 이 뚱뚱하고 건장한 체격의 호미닌은 한 집단으로서는 아주 다양하였다.

오스트랄로피테쿠스 가르히

13개국 출신의 연구자 40명으로 구성된 조사단이 에티오피아 아와쉬 사막의 건조한 침식지에서 작업을 하다가 연대가 약 250만 년 전으로 측정된 또 다른 호미닌 형태로부터 나온 이빨과 두개골 조각들을 찾아내었다. 오스트랄로피테쿠스 가르히('가르히'는 그 지역 방언으로 '깜짝 놀람'이라는 뜻이다)라고 이름 붙여진 이 새로운 호미닌은 신체 크기가 아담하였으며 침팬지와 다르지 않게 얼굴 아래 부분이 앞으로 튀어 나온 특징을 갖고 있다(그림 2.9). 아래 어금니들은 현대인의 세 배 크기이며 송곳니도 거의 같은 크기이다. 가르히의 뇌 크기는 450cm³로서 현대 침팬지 뇌 크기의 범위 가운데 위쪽 끝에 해당한다. 다리가 여타 오스트랄로피테쿠스군보다 길었음을 나타내는 증거가 존재하는데 이는 좀 더 호모를 닮은 식으로 걸었을 가능성을 시사한다. 이 호미닌은 능숙한 약취꾼이었다. 이 화석으로부터 불과 몇 피트 떨어져 발견된 영양과 여타 대형 동물의 뼈들은 석기로 살을 자른 흔적들을 보여주며 이는 호미닌이 동물을 해체하였음을 말해주는 가장 이른 사례이다. 불운하게도 이 화석 잔존물 가까이서는 아무런 석기도 발견되지 않았지만 약 250만 년 전으로 연대가 측정된 근처 호수 바닥 층의 표면에서 조잡한 돌 격지와 가공한 자갈

Mauricio Anton/Science Photo Library

그림 2.9 오스트랄로피테쿠스 가르히.

돌들이 채집된 바 있다.

　오스트랄로피테쿠스 가르히는 곧바로 최초 도구제작자의 정체성에 대한 논쟁에 새로 불을 지폈다. 유인원을 닮은 얼굴을 가졌으며 이빨이 크고 두뇌는 작은 이 호미닌은 연약형 오스트랄로피테쿠스 아니면 강건형 오스트랄로피테쿠스라는 계보 분류에 대해 공공연한 도전장을 던진 셈이다. 이 호미닌이 살코기를 먹었다는 사실은 고에너지, 고지방 살코기 식단으로의 전환이 진행 중이었음을 뜻한다. 이는 다시 일부 호미닌에게서 두뇌 크기의 증가를 낳았을 수 있다. 정말이지 이 발견물을 처음 보고한 과학자들은 오스트랄로피테쿠스 가르히가 우리 속 호모의 한 조상이었을 수 있다고 생각하였다. 하지만, 그림은 극도로 복잡하며 발견들이 끊임없이 이어짐에 따라 새로운 질문들이 계속 제기되고 있다.

5   초기 호모(240만 년 전쯤부터 160만 년 전까지)

루이스 리키와 메리 리키는 1960년 탄자니아 올두바이 고르지에서 초기 호모로 분류된 최초의 호미닌을 식별한 최초의 사람들이었다. 그들은 자신들의 조각 난 발견물을 '호모 하빌리스'(손재주 있는 사람이라는 뜻)라 불렀는데, 이는 이 호미닌들이 도구제작 능력을 가졌으리라 상정하고 그를 기리기 위한 명칭이었다. 그 후 그들의 아들 리처드 리키는 1972년 케냐 투르카나 호수 호안에서 작업을 벌였으며 그때 조각조각은 나 있었으나 완전한 두개골인 1470호 두개골(KNM-ER 1470)을 발견하였다. 이것은 뇌가 비교적 크고(750~800cm³) 얼굴이 납작했지만 눈썹 두덩은 호모 하빌리스보다 덜 튀어나왔다. 이것은 잠정적으로 호모 속으로 비정되기는 했지만 리키는 이것이 호모 하빌리스인지에 대해서는 결코 확신할 수 없었다. 1992년에 해부학자 버나드 우드가 이 두개골에 대해 새로운 분류명인 '호모 루돌펜시스'로 하자고 제안하였다. 이 모델에서는 190만 년 전의 초기 호모에 두 가지 종이 있었다는 말이 되는데 하나는 작고 좀 더 예스러운 몸을 가진 반면에 다른 하나는 몸이 좀 더 크고 뇌도 더 컸다. 그 동안에 진정한 의견 합치에는 이르지 못하였고 논란은 계속되고 있다(그림 2.10).

만약 당신이 200만 년 전에 초기 호모와 마주쳤다면 이 새로운 호미닌을 오스트랄로피테쿠스로부터 분간할 점을 거의 알아내지 못했을 것이다. 둘 다

그림 2.10 케냐 북부 동투르카나 출토 1470호 두개골. 초기 호모의 표본.

비슷한 키와 몸무게를 가졌는데 초기 호모는 평균 약 1m에서 1.35m의 키에 32kg 정도의 몸무게였다. 둘 다 이족보행을 하였다. 하지만, 초기 호모의 얼굴과 두개골 주변은 유인원을 덜 닮아 보였을 것이다. 머리는 오스트랄로피테쿠스에 비해 위가 더 높고 둥글며 안면은 덜 튀어나왔고 턱은 좀 더 작았다. 가장 큰 해부학적 차이에는 한층 더 고르고 덜 전문화된 이빨들이 포함된다. 어금니는 좁아졌고 앞어금니는 작아진데다가 앞니가 만곡하는 점은 초기 호모가 여타 영장류보다 고기를 더 먹었음을 시사하지만 이빨의 마모상태를 현미경으로 검사해보면 오스트랄로피테쿠스와 호모 하빌리스가 모두 여전히 주로 과실을 먹었던 것으로 나타난다. 초기 호모는 두개 용적이 30% 정도 커지면서 600cm^{3}에서 700cm^{3}를 넘어서는 더 큰 두뇌를 가졌는데 이는 400cm^{3}부터 500cm^3 사이였던 오스트랄로피테쿠스군과 대조를 이룬다.

케냐의 쿠비 포라와 올두바이에서 출토된 넓적다리뼈와 사지뼈들은 초기 호모가 똑바로 서서 걸었음을 확인시켜 주었다. 손뼈는 현대인의 손뼈보다 다소 좀 굽었고 억세었다. 그 손은 쥐는 힘이 아주 세었으며 나무를 타기에 이상적이었기에 인간보다는 침팬지나 고릴라를 더 닮았다. 엄지손가락은 다른 손가락과 마주 보아서 세게 꽉 쥘 수 있는 동시에 아주 작은 물체라도 정확하게 쥘 수가 있었다. 초기 호모는 이 가운데 후자의 능력 덕택에 복잡한 도구를 만들 수 있었을 터이다. 정말이지 인류학자들은 전통적으로 가정하기를 호모 하빌리스가 오래 지속된 올도완 석기공작으로 대표되듯이 석기를 만든 최초의 호미닌 종이었다고 하였다. 이 석기공작은 나중의 모든 석기 제작 전통에 선구를 이루며 분명하게 인간이 만든 최초의 사례들 가운데 드는데 현무암과 석영 같은 거친 자갈돌을 대충 다듬은 것들로서 그 호미닌들은 자갈돌을 아마도 망치돌로 쳐서 몸돌과 더불어 날카로운 자름날을 가진 격지들을 만들어 내었을 것이다.

루이스와 메리 리키는 올두바이에서 작업을 하는 동안에 그런 도구들의 최초 표본을 발견했으며 이것들은 220만 년 전부터 170만 년 전 사이로 연대가 측정되었다. 그 이후로 여러 연구자가 그보다 더 오래된 올도완 석기들을 찾아내었으며 그 연대는 에티오피아의 고나 유적에서 260만 년 전쯤으로 측정되었다. 이는 한 가지 흥미로운 의문을 불러일으킨다. 호모 하빌리스임을 가리키는 가장 이른 분명한 골격 증거는 연대가 240만 년 전으로 측정되며 그런 호모 화석들과 직접 공반되어 나온 석기 복합체의 예는 거의 없기 때문이다. 그렇다면 다른 종이 이 이른 석기들을 만들었는가 아니면 호모 하빌리스의 연대를 더 밀어 올려야 하는가? 이 대목에서 5개의 온전한 이빨을 가진 화석화된 턱뼈 한 개(LD350으로 명명됨)로서 연대가 280만 년 전으로 측정된 2013년 발견물이 에티오피아에서 등장했다. 이 화석은 오스트랄로피테쿠스의 원시적 특징들과 좀 더 현대적인 호모 하빌리스의 특성들을 유례없이 섞어놓은 듯한 양태를 나타낸다. 이것은 전이적인 형태였나 아니면 호모 속의 연대를 사실 거의 반백만 년 정도 밀어 올리는 사례인가? 연구는 계속되고 있지만 우리는 더 많은 증거가 부상함에 따라 초기 인류 진화의 그림이 다시금 수정되고 논란이 이어짐을 본다.

초기 호모의 골격을 해부학적으로 보면 원시적 특징과 좀 더 진보된 특징들을 동시에 갖고 있으며 두 발로 걸으면서도 일반 호미노이드처럼 나무 타는 능력을 여전히 가진 호미닌이라는 모자이크 모양 그림이 그려진다. 올두바이 출토 표본 가운데 위팔뼈들 중 하나에서 확실한 증거 한 가지가 나온다. 이 뼈의 길이는 루시와 마찬가지로 넓적다리뼈 길이의 95% 범위 안에 있다. 침팬지는 위팔과 넓적다리의 뼈들이 거의 같은 길이인 데 반해 현대인의 위팔은 넓적다리의 70% 정도 길이에 지나지 않는다. 초기 호모는 거의 틀림없이 나무를 타는 데 아주 많은 시간을 보냈을 것이며 그들의 행동은 그런 적응 양태 때문에 인간을 훨씬 덜 닮았을 것이다. 이로 추측컨대 그들의 사회구조도 우리가 불과 몇 년 전까지 생각했던 것보다는 역시 인간을 덜 닮았을 것이다.

지금까지 우리가 본 대로 호모 하빌리스는 많은 분류 명칭과 마찬가지로 그 명칭 속에 실제로는 두 가지 혹은 심지어 그 이상의 초기 인간 종을 포괄하고 있을 터이다. 그래서 논지를 명확히 하기 위해 우리는 여기서 초기 호모라는 속명을 견지하는 바이다. 다만, 이런 용법 때문에 새로운 인간 형태들이 아프리카와 아마도 아시아에서도 진화하고 있었을 때인 특히 약 200만 년 전 이후로 상당한 형태 변이가 존재했던 사실이 가려지고 만다는 점 역시 강조해두어야 하겠다. 뇌 용량이 작고 연대는 대략 195만 년 전인 그런 형태 두 개가 남아프리카 북부 말라파에서 나왔다. 발견자들은 그 가운데 하나에는 '오스트랄로피테쿠스 세디바'라는 이름을 붙였는데 그것이 오스트랄로피테쿠스군과 인간 둘 다의 특징을 보여주었기 때문이다. 다른 하나는 땅땅한 호미니드인 '호모 가우텐겐시스'이다. 이 두 형태와 초기 호모 사이의 정확한 관계는 미스터리로 남아 있다.

우리의 선배 학자들은 진화를 점진적이고 단계적인 메커니즘으로 생각하였다. 하지만, 동아프리카의 초기 화석들은 전혀 다른 시나리오를 암시하며 이는 진화를 단속 평형—상대적으로 긴 안정된 기간들 사이사이에 환경 변화나 유기체 자체의 변화 같은 변경된 조건에 기인한 새로운 선택압들이 유발한 급속 변화 분출 현상들이 개재하는 양상—으로 보는 현재의 관점과 일치한다. 예를 들어 최초의 도구제작자가 어떤 이들이었든 그 창안자들은 석기 기술의 개발 덕에 다른 호미닌 종들보다 크게 유리하게 되었다. 그들은 석기 격지와 돌망치 덕분에 포식동물의 희생물들을 활용하면서 자신의 식단을 에너지가 풍부하고 지방이 많은 식단으로 바꿀 수 있었고 이는 갖가지 진화의 결과들을 낳았다. 커다란 해부학적 발전이 초기 호모와 그 다음의 주요 인간 종으로 약 190만 년 전 동아프리카에서 등장한 호모 에렉투스(때로는 '호모 에르가스테르'라고 분류됨) 사이의 그리 길지 않은 기간 동안 일어났다.

두뇌 크기는 평균해서 600cm^{3}에서 910cm^{3}쯤으로 증가하였는데 다만 아프리카의 호모 에렉투스 두개골 가운데 일부는 그저 수수한 뇌 크기를 나타낸다. 엉덩이와 사지에서도 직립보행 이동을 위한 변형이 있었고 성별 동종이형(同種二形; 성별 크기 차이) 현상은 감소하였다. 이전 초기 호미닌들의 특징인 원시적 신체 형태와 성별 크기 차이는 훨씬 더 진보한 인간들이 출현해야만 비로소 사라진다(제3장 참조). 그러나 무엇이 이런 진화의 속도 변화를 야기하였는지는 여전히 미스터리인데 다만 기후 변화, 특히 기온 강하가 한몫을 하였을 터이다.

6   최초의 인간은 어떤 존재였는가?

몇 세대 전에는 인류 진화를 바닥에 유인원을 닮은 조상이 있고 꼭대기에는 현대인이 있는 시간 여행 사닥다리처럼 생각하였다. 호모(인간)에 대해서는 도구제작이 개시되는 순간 처음 등장하였다고 보았다. 이런 까닭에 1960년대에 누가 최초의 도구제작자인가를 둘러싸고 대논쟁이 일어났다. 그것은 오스트랄로피테쿠스인가 아니면 호모 하빌리스 같은 그와 연관된 어떤 호미닌 형태인가? 발견의 속도가 붙자 도구제작이 시작될 즈음에 몇 가지 형태의 호미닌이 있었음이 금방 분명해짐으로써 최초의 '인간'을 식별해내는 일은 더욱 더 어려운 난제가 되고 말았다.

근년에 들어서는 인류학자들이 어떤 화석을 호모 속(屬)에 배당하는 데 대체로 다음과 같은 네 가지 기준을 이용하고 있다.

- 두뇌의 절대 최소 크기가 600cm^3.
- 언어의 소유. 이는 두개골 안쪽 면 두뇌 형태 주형으로 식별한다.
- 현대 인간처럼 정확하게 쥐고 마주보는 엄지손가락을 가진 손의 소유.
- 석기를 제작할 수 있는 능력.

하지만, 이 기준 각각이 모두 심각한 문제들을 안고 있다. 두뇌의 절대 용량은 생물학적 중요성이 의문스럽다. 이제 우리는 언어 증거를 두뇌 주형으로부터 추론할 수 없다는 사실을 안다. 더욱이 우리는 각각의 초기 호미닌이 어느 정도 정확하게 쥐는 능력을 갖고 있었는지 아직도 별로 알지 못한다. 종국의 '고고학적 지침'인 석기 또한 결정적 기준이 되지 못하는데 그 이유는 단순하니 가장 이르다고 알려진 석기들(330만 년이 넘음)이 가장 이르다고 알려진 호모일 가능성이 큰 잔적(280만 년 전)보다 연대상 크게 앞서기 때문이다. 누가 최초의 '인간들'인지 인지해내거나 무엇을 기준으로 인간이라고 규정해야 하는지는 오늘날도 호모 하빌리스를 최초의 우리 속으로 이름붙인 1960년대와 마찬가지로 여전히 많은 문제점을 안고 있다.

여기에 더해 호미닌 진화에는 이전에 생각했던 것보다 훨씬 넓은 수준의 종 다양성이 개재되어 있어서 문제이다. 인류 진화는 여러 종이 단순히 외길로 이어진 진화가 아니라 한 차례 이상의 적응방산(適應放散; 한 종이 다양화하여 다수의 생태 적소를 차지하고 산 결과로 새로운 형태들이 다양하게 생겨나는 식의 진화 분출)으로 볼 수 있다. 이런 관점은 1950년대에 진화에서의 관계성들을 복원하기 위해 처음으로 제시된 분석 체계인 계통분기학에서 유래된 것이다. 고전적 진화 분석법은 유기체 사이의 형태 유사성을 근거로 한다. 계통분기학도 그러하지만 차이점이 있다. 계통분기 분석법은 공통 조상을 가리키는 특징들뿐만 아니라 독자적으로 생겨나고 유례가 없으며 특정 계통에 특유한 특징들에 대해서도 연구를 집중한다. 그래서 계통분기학은 어쩔 수 없이 균질성보다는 다양성을 더 강조하는 경향이 있다.

계통분기에 따른 정의에서는 인간이라는 속을 다른 속에 속하는 종들보다 상호간 한층 밀접하게 연관된 일단의 종으로 여긴다. 이런 해석은 인간 속을 단계통이라고, 즉 그 모든 구성원이 궁극적으로 하나의 공통 조상으로부터 유래하였다고 고집한다. 우드와 콜라드는 인간 속을 "단 하나의 적응지대를 차지한 생물들로 구성된 하나의 종 혹은 단계(單系) 종"이라고 정의하였다(1999년, 「인간 속」『과학』, 66쪽). 그들은 이 정의를 사용하면서 지금까지 알려진 모든 호모 화석 종에 대한 계통분기 분석을 실시하였고, 그 결과로 모든 오스트랄로피테쿠스 형태들 및 초기 호모를 한 속으로 하고 그보다 나중에 호모 에렉투스로부터 시작하는 다른 인간들을 또 하나의 속으로 분리하는 분기도를 작성하였다(그림 2.11 참조). 이들의 복잡한 통계 분석 결과는 우리가 화석 호미닌들의 신체 크기, 형태, 이동 방법, 성장 과정, 저작 장치의 상대 크기를 충분할 정도로 알기 때문에 그들의 적응 전략을 크게 다음 두 가지 무리로 나눌 수 있음을 시사한다.

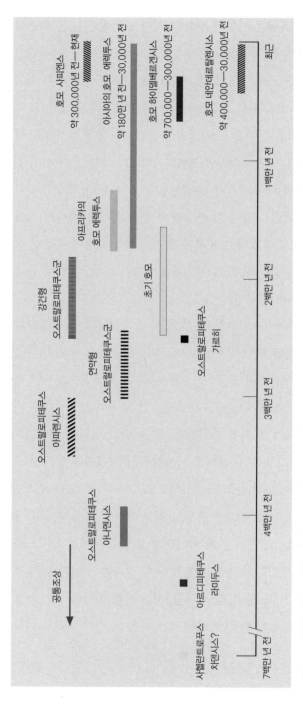

그림 2.11 초기 호미닌 및 인간들의 편년 및 진화상 위치를 보여주는 이주 간략화한 모식도.

유적 **탄자니아 올두바이 고르지**

올두바이 고르지는 사냥감이 풍부한 탄자니아 북부 세렝게티 평원에 있는 거대하게 갈라진 계곡인데 10만 년 전보다 더 전에 지진으로 생겨났으며 많은 방문객이 그랜드 캐니언 축소판이라고 부른다(그림 2.12). 그 지각 변동 때문에 그 이전 오랜 기간에 걸쳐 형성된 일련의 옛 호수 바닥 층이 드러났으며 이 협곡의 벽면에는 아득히 멀리 200만 년 전까지 거슬러 올라가는 층위들이 노출되어 있다. 지질학자들은 그간 네 개로 크게 나뉘는 일련의 호수 바닥 층들을 식별하고 I층(맨 밑바닥)부터 IV층까지로 이름 붙였는데 이 층들은 오늘날을 아주 많이 닮은 반건조 환경에서 형성된 것들이다. 올두바이는 제1차 세계대전 전에 독일의 나비 수집가 빌헬름 카트빙켈이 발견하였으며 고생물학자 한스 렉이 1920년대에 조사를 하였다. 렉은 수많은 동물 화석을 발견하였고 그 중에는 오래 전 절멸한 코끼리가 있어서 자신의 이름을 따라 그 이름을 붙였다. 오늘날 올두바이에서는 크기가 코끼리에서 새, 설치류에 이르는 절멸 동물 화석 150종 이상이 알려져 있다.

Ulrich Doering/Alamy

그림 2.12 탄자니아 올두바이 고르지 모습.

하지만, 이 협곡은 언제나 루이스 리키 및 메리 리키와 관련짓게 마련인데 이들은 올두바이가 초기 인류의 진화를 입증하는 데 잠재력이 아주 크다는 사실을 깨달았던 사람들이다. 루이스 리키는 이 협곡에서 1931년 처음으로 주먹도끼를 발견하였다. 리키 부부는 1935년부터 1959년 사이에 수많은 유적을 답사하고 발굴하였으며 올두바이 석기에 대한 중요 논문을 발표하였다. 여기서 그들은 석기 유물이 용암 덩어리를 기반으로 하는 단순한 기술(그들은 올도완 기술이라 이름 붙임)로부터 점차 복잡하고 잘 만든 주먹도끼 및 격지 석기들(아슐리안)로 진화하는 과정을 추적하였다. 그러고는 1959년 '진잔트로푸스 보이세이'를 발견함으로써 인류 진화의 연대기를 영원히 바꾸어 놓았다. 그에 이어 리키부부는 대규모 발굴을 하여 호모 하빌리스를 포함한 다른 호미닌 화석들도 발굴해내었으며 그들은 이 호모 하빌리스를 최초의 도구 제작자로 간주하였다. '루시'로 유명한 돈 조핸슨도 이 협곡에서 작업을 한 적이 있으며 초기 호모 화석 조각들을 더 찾아내었다.

가장 중요한 올두바이 호미닌 화석들은 I층과 II층에서 나온다. I층은 응회암이라는 화산암층 위에 놓여 있는데 이 응회암을 포타슘아르곤연대 측정을 하였더니 약 200만 년 전으로 나옴으로써 그 위 호수 바닥 층들에 대해 아주 좋은 연대 기준이 되었다. 그 층들 자체는 넓고 얕은 옛 호수 가장자리에 가까이 있었으며 이 호수는 계절에 따라 크기가 커졌다 작아졌다 하였다. 그 호수 물은 호미닌들이 근처 포식동물 사냥터에서 약취한 동물 부위들을 가공하기 위해 잠시 머물렀던 장소들을 덮었으며, 그럼으로써 석기 조각 및 깨어진 동물 뼈들과 더불어 때로 호미닌 화석들을 제자리에 그대로 보존해주었다. 이런 땅 표면을 발굴하는 데는 대단한 끈기와 기술이 필요하다. 조사자는 일단 어떤 지점이 식별되면 원래의 발견물 둘레 흙을 그물눈이 아주 작은 체로 쳐서 의미 있는 화석들이 있는지 찾아본다. 그러고 나서 그 옛 땅 표면과 주변 호수 바닥 층들 사이의 층위 관계를 확립하기 위해 호수 바닥을 발굴한 다음 인공물과 뼈들의 산포지를 평면적으로 노출시킨다. 이 과정은 아주 더디게 진행되며 각 조각, 심지어 뱀의 독니처럼 작은 것까지도 주도면밀하게 발굴하고 제자리에 놓인 대로 기록해야 하며 그것들을 들어내기 전에 그 정확한 위치를 또한 기록해야 한다. 여러 달에 걸친 이런 작업의 최종 결과물은 인공물과 뼈 산포의 정밀한 3차원 평면 도면이며 이로써 석기 조각들과 (희망사항이지만) 호미닌 화석을 포함한 다른 발견물들 사이의 관계성을 최대한 정확하게 확립할 수 있다.

리키 부부가 올두바이에서 선구적으로 사용한 발굴 방법은 그간 투르카나 호수 지방과 하다르 지방에서도 채택이 되고 다듬어지기도 하였으며 이 지방들에서는 고고학자가 고인류학자와 지질학자, 지형학자, 여타 전문가와 나란히 초기 인간 행동을 학제적으로 조사 연구하였다.

• 오스트랄로피테쿠스군과 초기 호모는 신체 크기가 비교적 작으며 상대적으로 폐쇄된 환경에 더 적합한 신체 형태를 갖고 나무를 능숙하게 타는 동시에 땅 위에서 이족보행을 하는 신체 구조를 가진 한 집단의 호미닌에 속한다. 이런 호미닌들의 이빨과 턱은 힘들여 많이 씹어야 하고 다양한 먹을거리로 구성된 식단에 잘 적응하였다. 오스트랄로피테쿠스의 이빨과 넓적다리뼈는 이 집단에 속한 어린 호미닌들의 성장률(과 부모 의존율)이 현대 아프리카 유인원의 그것에 더 가까움을 보여준다. 초기 호모의 이빨 생장 또한 아프리카 유인원의 그것에 더 가까웠던 것으로 보이며 추정컨대 그들의 성장 기간 또한 현대인의 그것보다 짧았던 듯하다. 다만, 초기 호모가 오스트랄로피테쿠스군과 다른 점은 뇌의 크기가 더 컸다는 데 있다.

• 아프리카의 호모 에렉투스(때로 호모 에르가스테르라고 알려짐)와 동시대 및 후대의 인간 형태들이 두 번째 집단에 속하는데 이들은 크기가 좀 더 크고 현대 인간을 더 닮은 신체 형태를 갖고서 좀 더 트인 땅에 적응하였으며 신체 구조는 지상 이족보행에 잘 들어맞는다. 나무 위를 돌아다니는 능력은 아주 제한되었으며 이빨과 턱은 현대인의 그것과 유사한 기계적 특성들을 가졌다.

성장률은 우리 자신의 성장률과 같다.

호모를 이렇게 정의하면 190만 년 전 이전의 호미닌들과 그 이후 진화한 호모 에렉투스 및 그 후계자들이 분명하게 구분된다. 이는 진정한 인간과 200만 년 전 이전 아프리카에서 번성하였던 다른 많은 호미닌 사이에 행동 및 진화에서 큰 골이 짐을 의미한다. 인간의 진화에서 정확히 무엇이 이런 적응상의 전이를 일으켰는지는 알지 못한다. 이는 기후 및 환경에서의 중대한 변화와 때를 같이하면서 다른 대형 포유동물들에서도 그에 상응하는 진화적 변화가 일어났는가 아니면 호미닌의 문화에만 특정한 변화가 일어났는가? 이에 대한 대답은 새로운 세대의 연구에서 반드시 나올 터이다.

호미닌 진화는 짧게 잡더라도 지난 6백만 년 동안 펼쳐진 일련의 적응방산으로 생각할 수 있다. 첫 번째 방산은 이족보행 유인원의 방산으로서 이들은 거의 대부분 아프리카에서 상대적으로 건조한 지대에 살았다. 나중의 두 방산이 아직 초기 호모와 강건형 오스트랄로피테쿠스군으로 불리는 것들을 낳았는데 이들 각각은 나름의 적응 주제를 갖고 있었다. 초기 호모의 경우에는 확대된 두뇌 크기가 핵심 역할을 한 반면 강건형 오스트랄로피테쿠스군은 이빨이 특화되었다. 후자는 형태 면에서 아주 다양하였지만 그보다 나중의 인간들은 형태보다는 생태적으로 방산을 하였으니 아프리카 바깥으로 퍼져 나가 지리적으로 상호 구분되는 인구 집단들을 이루었다. 이런 호미닌 유형들의 개화는 진화란 정확히 어떤 것인지 말해준다. 즉 "환경 조건들 자체가 옮겨가고 바뀌는 데 대해 오로지 자연 선택에 따라 끊임없이 새로운 행위 양식을 만들어내고 대안을 모색하며 새로운 전략을 시험해보는 것"(폴리, 『인간 이전의 인류』(1995), 103쪽)이다. 호미닌도 결코 다른 포유동물과 다르지 않았으니 가느다란 줄기 하나로 시작해서 방산을 거침으로써 뚜렷이 구분되는 가지들로 바뀐 것이다. 그런 가지들 사이의 관계성이 무엇이었는지에 대해서는 우리가 아직 아는 바가 많지 않다.

이와 똑같은 적응방산 정형이 좀 더 나중의 선사시대 후기에 호모가 아시아와 유럽으로 퍼져 나간 긴 기간 동안에도 계속되었을 것이며(제3장 참조) 그런 진화 과정의 아주 작은 한 부분으로서 거의 틀림없이 아프리카에서 현생 인류인 호모 사피엔스가 생겨났을 터이다.

7   최초의 도구제작자 인간

'도구제작자 인간'이라는 구절은 그간 최초의 도구제작 인간을 당시의 다른 모든 영장류들과 구분하는 역할을 하였다. 그들의 도구제작 능력은 인간에 특유한 속성인 문화를 분명하게 가리킨다(제1장 참조). 침팬지 같은 다른 동물들도 굼벵이를 파내기 위해서나 다른 특정한 목적을 갖고 도구를 만든다. 하지만, 사람만이 인공물을 정규적이고 습관적으로 만들 뿐 아니라 또한 훨씬 복잡한 방식으로 만들어낸다. 우리는 다른 영장류보다 도구 제작 방면으로 한층 멀리 나아간 것이다. 그 한 가지 이유는 우리 뇌 덕분에 행위를 훨씬 미리 기획할 수 있기 때문이다.

인간이 만든 가장 이른 도구들은 쉽사리 썩어버리는 나무로 되었을 가능성이 농후한데, 아마도 원초 형태의 방망이나 뒤지개 혹은 창 등이었을 터이지만 지금까지 남아 있지는 않다. 돌덩이를 다른 돌덩이에 부딪쳐 만든 간단한 석기는 동아프리카에서 약 260만 년 전에 나타나니, 전에는 통상 이 연대를 인간 문화의 기원 연대로 잡았다. 하지만, 이제 그 연대는 이보다 상당히 더 오래 전으로 밀어 올려졌다.

2015년 케냐 투르카나 호수 서안 근처 로메크위 3에서 작업을 했던 한 조사단은 330만 년 전으로 연대가 측정된 석기의 발견을 보고하였다. 커다란 화산암 덩이들로 만들어진 로메크위 3 석기공작은 매우 조잡하지만 기술적으로 다양한 문화로서 몸돌, 격지 그리고 모루일 가능성이 있는 것도 포함하고 있다. 누가 이 품목들을 만들었는지는 아직 불분명하지만 그것의 출현 연대는 호모 하빌리스를 크게 앞서는 것이어서 석기 제작이 오스트랄로피테쿠스나 케냔트로푸스와 더불어 등장했음을 시사한다.

우리는 260만 년 전쯤부터는 그간 언제나 초기 호모와 연계시켜 온 올도완 석기들(이름은 올두바이 고르지에서 유래함. 테 글 참조)을 보기 시작한다. 이 석기들은 그간 동아프리카와 남아프리카의 도처에서 다량으로 발견되었으며 동투르카나 지방과 올두바이 고르지에서는 깨어진 동물 뼈들과 공반된다. 이 석기들은 알맞은 크기의 자갈돌들로 만들었으며 일부는 아마도 격지 한두 개를 떼어냄으로써 간단한 찍개로 바꾸었을 것이다(그림 2.13).

석기 전문가인 니콜라스 토스는, 가장 중요한 석기들이 자갈돌이나 심지어는 조잡한 찍개가 아니라 그것들로부터 떼어낸 날카로운 날을 가진 격지들이었음을 밝혀낸 바 있다. 모가 난 격지와 화산암 덩어리는 무기와 긁개, 자르개가 되어 동물을 해체하고 고기를 떼어내고 어쩌면 나무를 가공하는 데도 사용되었을 것이다. 최초의 도구 제작자들은 정형을 갖춘 도구를 거의 만들어내지 못했지만, 토스는 통제실험으로 돌이 단순하나마 아주 효율적인 기술을 부릴 수 있는 소재가 된다는 사실을 이 최초 도구제작자들이 명확히 이해하였음을 보여주었다. 물론 그 기술은 시간이 지남에 따라 점점 복잡해질 터이었다. 간단한 찍개가 발전하여 이윽고 석재의 양면 모두에서 격지를 떼어낸 조잡한 도끼 모양의 석기, 즉 주먹도끼가 되었고 그것은 지금부터 100만 년도 더 전에 널리 쓰였다. 이 최초의 인간 기술은 올도완이라 불리는데 그것이 처음으로 상세히 보고된 올두바이 고르지 유적의 이름을 딴 것이다.

니콜라스 토스는 그간 올도완 석기를 수천 개나 그대로 복제해 보았고 실험으로 날카로운 날을 가진 격지들이 사냥감 동물들을 해체하고 가죽을 벗기

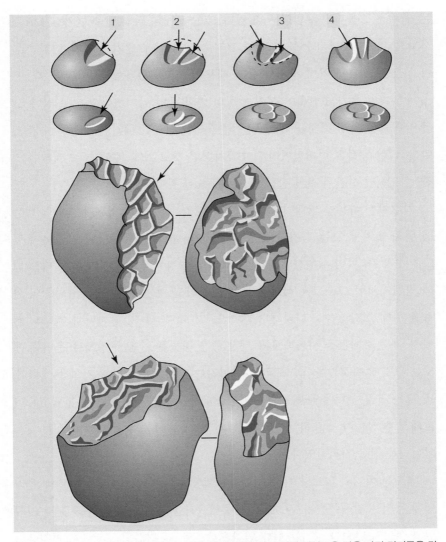

그림 2.13 올두바이와 쿠비 포라에서는 많은 자갈돌을 몸돌로 써서 날카로운 날을 가진 격지들을 만들어내었다. 먼저, 자갈돌의 자연 가장자리 근처를 세게 때려 격지를 떼어낸다. 그러고는 그 자갈돌을 돌려 이전 격지 자국들이 형성한 등마루에 타격을 더 가한다. 그렇게 해서 나온 삐뚤빼뚤한 날을 가진 '몸돌'은 아마도 초퍼로서 쓰였을 터이다. 많은 몸돌은 되도록 많은 격지를 '캐낸' 이후에 버려진다. 이 그림은 올두바이 유적에서 출토된 올도완 몸돌들을 보여주고 있다. 화살 표시는 격지가 떨어져 나감으로써 생긴 날을 가리킨다. 앞면과 옆면 모두 실제 크기의 2/5이다.

는 데 아주 효율적임을 밝혀낸 바 있다. 그는 도구의 작업 날을 현미경으로 검사함으로써 그것들이 동물 해체 및 고기 자르기, 나무 썰기와 긁기, 연한 식물질 자르기라는 세 가지 정도의 용도 때문에 마모되었음을 탐지해내었다. 토스는 우리의 초기 조상들이 석기 제작의 역학을 잘 감지했다고 믿고 있다. 그들은 타격을 가해 격지를 떼어내는 데 필요한 정확한 예각을 찾아낼 수가 있었다. 이런 능력은 현대인이라도 초심자라면 갖고 있지 못하다. 그 기술을 익히는 데는 몇 시간에 걸친 집중 연습이 필요한 것이다.

침팬지는 이용할 막대기나 돌을 몇 야드 이상 나르는 경우가 좀처럼 없는데 반해 초기 호모는 격지와 돌덩이를 14km에 이르는 상당한 거리까지 갖고 이동했다. 이런 행위는 간단한 형태의 보유행위가 이루어졌음을, 다시 말해 침팬지처럼 그때그때 적당한 돌을 이용하고 마는 것이 아니라 나중의 사용을 위해 소지했음을 나타낸다. 토스는 이 호미닌들이 강바닥과 여타 지점에서 석기 소재들을 시험해보고 가장 좋은 것들을 활동 구역으로 운반해 때로는 그곳에 이것들을 떨어뜨리고 나머지는 지니고 다녔다는 가설을 세웠다. 또 그는 그들이 나무와 뼈 같은 다른 소재들에 크게 의존했음에 틀림없으며 그래서 석기들이 반드시 초기 호미닌의 인지 능력을 정확히 보여주는 것은 아니라는 점을 지적하였다.

올도완 석기와 그보다 더 이른 로메크위 3 문화는 인간의 행동에 관해 우리에게 무엇을 말해주는가? 이 초기 도구제작자들은 원초 인간 문화를 갖고 있었고 그들의 단순한 석기는 현대 인간으로 오는 긴 진화의 도정에서 첫걸음이었는가? 아니면 올도완 호미닌과 로메크위 3 호미닌들의 행동은 그저 유인원과 같은 수준이었는가? 결국 이런 비교적 조잡한 초기의 석기들을 만드는 데 필요한 개념 능력과 지각력은 유인원이 흰개미 사냥 뒤지개 같은 도구를 만들고 잠자리를 마련하는 데서도 나타난다. 더욱이 호미닌뿐만 아니라 침팬지도 동물을 약취하고 사냥하니 이들도 작은 동물들을 뒤쫓고 살코기를 상당히 먼

거리로 운반하며 동물 뼈와 견과류를 깨기 위해 적절한 물체를 이용한다.

침팬지는 초기 호미닌들과 마찬가지로 같은 장소를 반복해 사용하며 견과를 같은 지점에서 깨뜨리고 음식을 즐겨 먹는 장소로 운반해간다. 올도완 호미닌과 더 이른 호미닌들의 행동 유형은 유인원과 비교할 때 어떤 사례에서 특정한 점은 다르고 또 사는 자연 환경도 다르지만 전체적으로는 비슷하다. 하지만, 유인원과 초기 호미닌의 행동에서는 두 가지 차이가 있다. 첫째, 호미닌들은 물건을 운반하는 데 네 다리로 걷는 것보다 훨씬 효율적인 자세인 이족보행을 하였다는 점에서 유리하였다. 둘째, 올도완 도구제작자와 로메크위 도구제작자들은 사바나의 삶에 적응을 하였으며, 그래서 그들은 이 트인 공간에서 숲에 사는 영장류 친척들보다 훨씬 넓은 영역을 차지해 꾸려나가지 않으면 안 되었다. 이는 장기적으로 새로운 공간 개념과 공간 조직 개념을 낳았을 터인데 그런 개념들은 지금부터 100만 년 전 이후 한층 복잡한 석기들에 확실히 반영되게 된다.

초기 호미닌들은 현대 유인원보다 큰 두뇌를 가진 만큼 아마도 이들과 똑같은 식으로 행동하지는 않았을 것이다. 우리는 비인간 영장류와 호미닌들 사이에 중대한 차이가 있었음을 확신할 수 있지만 그런 변화는 석기 유물들에 반영되어 있지 않을 수도 있다. 우리 조상들이 점점 더 기술에 의존하게 되었음은 의문의 여지가 없다. 원초 석기 기술이 편의적 성격을 지녔던 점은 나중 인간들의 훨씬 잘 기획되고 표준화된 석기들과 날카로운 대조를 이룬다.

8   사냥꾼이었나 아니면 약취꾼이었나?

초기 호미닌의 행동 연구는 빈약한 보존 상태와 더불어 우리를 아득히 오래된 우리 조상들로부터 갈라놓는 엄청난 시간 골 때문에 큰 어려움을 겪는다. 최초 인간의 행동에 관해서는 두 가지 정보원이 동아프리카에 잔존하고 있으니, 첫째는 그들이 만든 인공물이고, 둘째는 케냐 북부 동투르카나의 쿠비 포라와 올두바이 고르지 같은 몇몇 지점에서 발견된 도구와 음식 잔적의 공반 산포지들이다.

이 지방들과 여타 몇 곳에서는 그간 깨어진 동물 뼈와 석기가 한데 모여 있는 것들이 발굴되고 면밀하게 연구된 바 있다. 그런 집중소는 대개 지름이 그저 6m에서 9m쯤이며, 호미닌들이 한 차례나 몇 차례 찾아와 이용한 장소이다. 나중 시기의 선사 채집민은 중심지를 두고 이용하는 습관이 있었는데, 그들은 그곳에 와서 잠을 자고 음식을 조리하며 아주 다양한 사회적 활동을 벌였다. 그렇다면 우리는 쿠비 포라나 올두바이의 유물 집중소들을 우리의 최초 조상들이 그 후손들처럼 중심지로서 이용하였다고 상정해야 할 것인가? 그들은 대형동물을 사냥하고 죽였는가? 아니면 포식동물이 먹고 버린 사체에서 단지 살코기나 약취했을 뿐인가?

약 180만 년 전에 일단의 호미닌이 쿠비 포라의 한 시냇물 바닥에서 하마한 마리의 사체를 발견했다. 그들은 그 주위에 둘러 모여 작은 격지석기로 그 죽은 동물의 뼈를 제거하고 살코기를 떼어냈다. 그 인공물들이 놓인 퇴적층의 모래는 아주 미세하기 때문에 거기서 발견된 모든 자갈돌은 사체가 있는 장소에서 석기로 만들기 위해 외부로부터 반입한 것임을 확실히 알 수 있었으니, 그 일부는 약 14km나 떨어진 곳에서 가져온 것이었다. 이 유적에는 동물을 해체하고 석기를 만든 증거가 아주 많지만 그 호미닌들이 실제로 그 동물을 죽였는지는 알 수가 없다.

역시 쿠비 포라에 있는 FxJj50 유적도 옛 물길에 위치하고 있는데, 그곳은 물이 가까이 있고 석재가 풍부한데다가 호미닌들이 작열하는 태양을 피할 그늘을 구할 수 있는 곳이었다. 이 유적에는 석기와 그 조각들이 군집되어 있으며 날카로운 격지들과 찍개, 긁개 등이 있었다. 2000점 이상의 뼈가 석기들과 공반되었는데, 대부분 영양의 뼈이며 적어도 17종에 달하는 포유동물로부터 나온 것으로 일부는 하이에나와 여타 육식동물이 깨문 것이었다. 호미닌들이 뼈를 깨부수고 잘랐던 분명한 표지가 있는데, 뼈 조각들을 되맞추어 보니 망치 돌 가격 흔적과 더불어 격지로 뼈를 잘랐을 때만 생길 수 있는 미세한 선형 홈들이 나타났기 때문이다. FxJj50 유적의 많은 뼈는 육식동물이 그 관절 끝을 갉아먹었는데, 이는 육식동물이 사냥을 해서 죽임으로써 생겨난 뼈 더미들의 한 특징이다. 아마도 호미닌들은 사자나 여타 포식동물의 뒤를 따라가 그들이 죽인 지 얼마 안 된 사체에 접근했던 듯하다. 그러나 확신할 수는 없다.

올두바이에서는 메리 리키가 옛 호수 바닥의 맨 아래층에서 석기와 뼈들이 모인 산포지들을 발견했다. 많은 석기와 뼈가 지름 4.6m 정도의 범위에 집중되어 있었다. 한 지점에서는 흩어진 뼈 한 더미와 암석덩이들이 조금 떨어져 놓여 있었는데 그 뼈들은 아마도 골수를 빼 먹는 과정에서 그곳에 수북이 쌓였을 것이다. 이 올두바이 산포물들을 최근에 현미경으로 검사해 보니 그 뼈들 중 다수가 심하게 마모되었음이 나타났다. 그것들은 당시 지표에 상당 기간 동안 놓여 있었던 것이고 일부는 아마 10년 정도 그랬을 것이다. 그 산포지로부터는 여러 종류의 동물 뼈가 나왔는데 생태적으로 아주 다양한 동물군의 사체 부위들이다. 다리뼈들이 압도적으로 많으며, 마치 이 유적에 그 부위들을 되풀이해 옮겨 놓은 듯이 보인다.

쿠비 포라와 올두바이 모두에서 살코기 및 골수가 풍부한 뼈들이 좁은 범위 안에 석기들과 함께 모여 나타난다. 육식동물 뼈의 비율이 자연환경에서 보다 다소 높은데, 마치 호미닌과 다른 육식동물 사이에 치열한 경쟁이 벌어졌음을 말해 주는 듯하다. 올두바이에서 호미닌들의 활동은 아마도 그런 포식동물의 존재 때문에 제약을 받았을 것이다. 호미닌들은 육식동물이 금방 죽인 사체로부터 살코기를 가로채 그 노획물을 물 가까이 석기를 모아 둔 곳이나 아니면 다른 식료가 있을 만한 장소로 가져갔을 것이다. 그곳에서 서둘러 고기를 자르고 골수를 꺼내고는 남은 뼈를 근처를 배회하는 육식동물에게 내맡겼을 것이다. 과학자들은 아직 불을 이용하지 않았고 가축도 없었던 초기 호모들이 탁 트인 물줄기나 호숫가에서 야영하는 것이 안전하지 못했을 터이므로 아마도 동물 살코기를 우연히 습득해 먹을 수밖에 없었을 것으로 믿고 있다. 올두바이에서 육식동물이 갉아먹은 호미닌 화석 뼈 한 개가 발견된 점은 주목할 만하다.

올두바이 집적물에서 나온 뼈 대부분은 뒤쫓아가 쉽게 쓰러트릴 수 있는 소형 동물의 뼈이다. 그런 행동 유형은 유인원을 좀 더 닮은 것인데, 다만 유인원은 이미 죽은 동물의 고기를 이용하는 사례들이 관찰된 바 있다. 올두바이 뼈들을 현미경으로 조사해보니 호미닌들이 대형 동물을 해체해 부위를 나누고 그 뼈를 본거지로 운반해 간 적이 좀처럼 없다는 사실이 드러났다. 그들은 사체를 그다지 많이 자르지 않고 살코기를 획득한 것 같은데, 아마도 포식동물이 이미 찢어 놓은 사냥감에서 살코기를 가로챈 것이 아닐까 싶다. 어떤 사례에서는 뼈에 인간이 석기로 살코기를 잘라낸 흔적이 포식동물의 이빨자국 위에 겹쳐 있어서 다른 동물이 사냥한 짐승 사체에서 호미닌들이 뼈를 훔쳤음을 말하는 듯하다. 또 어떤 사례에서는 호모가 버린 뼈를 포식동물이 씹은 흔적이 있다.

고고학자 로버트 블루멘샤인은 사냥감이 풍부한 탄자니아 북부 세렝게티 평원에서 포식동물 연구를 위해 야외조사 철을 여러 차례 보낸 바 있다. 이곳은 가장자리에 나무가 줄지어 선 냇물들이 이따금 반건조 초원을 가로질러 흐르는데 초기 호미닌들이 사자나 하이에나 같은 다른 포식자들과 공유했음직한 환경이다. 블루멘샤인은 포식동물의 사냥 사례를 수십 건 관찰했으며, 버려지고 흩어진 그 뼈들을 조사해서 올두바이의 고고학적 발견 사항들과 비교했다. 그는 이런 관찰의 결과로 호미닌들이 두 가지 사체 습득 기회를 특유하게 이용할 수 있었다고 생각한다. 첫째는 시내 가까이에서인데 그곳에서는 건기에 사자가 사냥을 하기 때문이다. 때로 하루 이상이 지나야 하이에나가 몰려오므로, 블루멘샤인은 호미닌들이 자신들의 몫을 위해 손을 쓰기에 시간이 충분했다고 믿고 있다. 표범들이 작은 영양 사냥물을 나무 위에 감추는 것도 바로 이곳이며 높기는 해도 인간이 미치지 못할 정도는 아니다. 이런 사체 습득 혹은 약취 행동은 아마도 건기에 가장 흔했을 것인데 그때는 사냥감 동물(과 포식동물)들이 물이 항상 있는 곳 가까이 머무르고 식물 식료는 공급이 달리는 때이다. 반면에 비가 올 때는 영양과 포식동물 모두가 초원을 널리 오갈 것이므로 사자가 죽인 사냥물은 하이에나들의 차지가 되기 쉽다. 하지만, 그때는 호미닌들이 숲이 더 우거진 환경에서 식물 식료와 과실류에 의지하는 기간이다. 블루멘샤인은 사체 약취와 식물 채집이 연중 때를 달리해 상호 보완적으로 조화롭게 이루어졌을 것이라 주장한다. 찾아 온 기회를 잘 이용함은 인류가 맨 처음부터 줄곧 지녔던 중요한 특질이었다. 하지만, 최초 인간들의 식단에서 초본류와 온갖 종류의 야채 식료가 가장 중요하지는 않았을지라도 중요한 몫을 차지했음에는 틀림이 없다. (다만, 여기서 이런 약취 이론은 최초 인간의 사냥 능력을 둘러싼 격렬한 논쟁의 주제임을 지적해야 공정한 서술이라 하겠다.)

9   최초 인간의 정신세계

200만 년 전쯤이면 이미 몇 가지 종의 초기 호모가 공존했을 터이다. 그러면 이 초기 인간들에서는 그보다 훨씬 이전의 호미닌들에 대비해 어떤 특화된 정신 작용들이 발견되는가?

약간의 단서는 석기 제작에 들어 있다. 침팬지는 적당한 나무 조각의 이파리들을 이빨로 떼어내 흰개미 뒤지개를 만들어서는 그 '인공물'을 작은 구멍에 쑤셔 넣는다. 석기들을 만드는 데서는 심지어 아주 초기의 매우 조잡한 로메크위 3 문화(330만 년 전)에 속하는 것들조차 손과 눈의 조화로운 협동 작업이 필요한데 이는 돌에서 예각을 인식해내는 능력이며 한 도구의 모양을 다른 도구를 이용해 갖추는 정신 작용들이다. 올도완 석기공작이 출현한 때(260만 년 전쯤)에 이르면 그 석기 제작자들이 간단할 뿐인 과업을 수행한 데 지나지 않았으니 돌을 한 손에 쥐고 뼈를 깨뜨릴 수 있는 정도로만 그 모양을 다듬거나 아니면 날카로운 날을 가진 격지를 떼어내는 작업이었다. 그들의 인공물은 우리가 나중의 석기들을 이를테면 초퍼, 긁개, 나이프 같은 형태로 세분할 수 있듯이 정확하게 분류할 여지가 없다. 그들의 돌덩이와 격지들은 연속적 변이성을 나타내기 때문에 표준화된 형태들을 만들어낼 능력이나 쉽게 작업할 수 있는 소재들을 선택하는 능력은 없이 기본 파열 역학 정도만 이해하였음을 보여줄 뿐이다. 누군가 주장하였듯 침팬지도 그런 도구라면 만들 수 있었을까? 니콜라스 토스는 칸지라는 이름의 피그미 챔팬지가 올도완 석기들을 만들도록 훈련시키려 하였는데 그때 그는 칸지가 날카로운 격지를 만들 수는 있으나 돌에서 예각을 인지해내는 기술이나 다른 격지떼기 방식은 결코 습득하지 못함을 알았다. 고고학자 스티븐 미슨은 두 가지 가능성을 주장하였다. 지능이 한층 전반적으로 진화하였을 가능성과 기본 석기 제작을 위한 약간의 정신 작용들이 나타났을 가능성, 즉 초기 호모의 정신 속에 본능적 물리학이 싹텄을 가능성이다. 올도완 석기들은 주로 동물 사체를 가공하고 가죽을 벗기고 관절 부위를 자르고 살코기를 떼어내고 뼈를 깨뜨리는 데 쓰였다. 그런데 호모 하빌리스는 자연계와는 어떻게 상호작용하였는가?

200만 년 전의 고고학적 기록에서는 초기 호모와 침팬지 사이에 한 가지 분명하고 중대한 차이가 등장하니 살코기 소비가 급격히 증가한 사실이다. 초기 호모는 실제로는 행동에 융통성이 크고 전문화가 안 된 채집민이었을 것이며 그의 생활양식이 지닌 특징은 다양성, 사냥과 약취를 가리지 않음, 음식 나누기와 이동 중 음식 먹기를 자유로이 함이었을 터이다. 한층 커진 초기 호모의 두뇌는 더 많은 에너지와 질 높은 식단을 필요로 하였을 것이다. 안정된 기초대사율은 장의 길이를 줄임으로써 유지되었는데 그런 감소는 살코기가 더 많은 식단을 가져야 비로소 가능하니 그 이유는 섬유질이 많은 식단은 그만큼 장 활동이 더 많이 필요하기 때문이다.

스티븐 미슨은 이처럼 살코기를 더 많이 먹어야 할 필요성 때문에 도구 제작을 위한 능력과는 대비되는 또 다른 인식 능력, 즉 환경에 대한 지식을 이용해 어디서 사냥감을 찾고 또 어디에 그런 동물들이 많은지에 관한 아이디어를 발전시킬 수 있는 능력이 필요하게 되었다고 믿는다. 그는 도구 제작용 돌이 산지에서 10km 떨어진 곳에서까지 나타나는 점은 초기 호모가 돌뿐만 아니라 살코기도 여러 다른 지점으로 갖고 간 표지라고 주장한다. 그런 능력은 침팬지가 '도구'를 정해진 곳으로만 운반하는 점과는 비교되며 초기 호모가 환경과 비교적 복잡한 상호작용을 하였음을 시사한다.

지금까지 발견된 초기 호모는 열대 아프리카로 국한되어 있으며 후대 인간들이 상상할 수 있는 온갖 기후에 적응한 것과는 대조적으로 사바나와 초지 환경이라는 비교적 좁은 지역에만 살았다. 많은 집단이 항구 수원 가까이, 말하자면 올두바이의 얕은 호수 같은 곳에 매여 살았으며 그곳에는 유적들이 상당한 기간 동안 서로 겹치듯 집중적으로 나타난다. 올두바이 은닉처에서는 많은 동물 종이 나타나기에 마치 우리 조상들이 주변 경관을 널리 배회한 듯이 보이지만 그들이 자신들의 음식 다수를 미리 정해놓은 지점들로 운반한 결과일 가능성이 다분하다.

초기 호모는 그 이전 조상들이 넓은 지역에 걸친 자원을 '지도화'했던 능력을 또한 갖고 있었다. 그러나 그는 이 외에도 다른 인지 능력을 가졌으니 그것은 먹을거리가 있을 만한 곳에 관한 아이디어를 내고 비교적 좁은 환경 범위 안에서 그 먹을거리를 발견하는 데 동물 똥 같은 확실한 표지들을 이용하는 능력이었다. 이와 동시에 초기 호모의 일반적 지능을 보완한 것이 있었으니 인공물 제작을 위한 약간 전문화된 능력이었다. 이는 나중 시기에 환경적 지능이 발달하는 데 중요한 토대가 되는 능력이었다.

사회적 지능도 그간 상당히 발달하였을 가능성이 있다. 인류학자 로빈 던바는 현생 영장류들을 연구해서 큰 무리로 사는 개체일수록 그만큼 두뇌 크기가 크다는 증거를 찾아내고 두뇌 크기를 집단 크기에 연계시킨 공식을 개발하였다. 그러고 나서 초기 호모의 두뇌 크기를 추산한 후 그 수치를 침팬지 공식에 대입하였다. 침팬지는 약 60개체가 한 무리로 산다는 추정치가 나왔다. 이와 대조적으로 오스트랄로피테쿠스군은 평균 크기가 약 67개체로 추정된 반면 초기 호모는 그보다 많은 81개체라는 집단을 이루었다. 초기 호모에게 단체 생활은 필수불가결이었으니 육식동물들이 우글거리는 환경 속에서 살며 겨우 몸을 보호할 만한 정도로 간단한 무기만을 갖춘 채 그 육식동물들과 살코기를 두고 경쟁하는 일이 흔하였기 때문이다. 먹을거리가 경관에 불규칙하게 분포한 탓에 마치 큰 '꾸러미들'처럼 나타나는 환경 속에 살았던 호미닌들에게는 큰 무리를 지어 산 것이 엄청나게 큰 이점을 안겨주었다. 한 집단의 성원은 개별로나 짝을 지어 먹을거리를 찾을 수 있었고 또 찾은 후에는 서로 나누어 먹기 때문에 집단 전체가 훨씬 넓은 지역을 뒤질 수 있었던 것이다. 미슨은 최초 인간들이 상대적으로 큰 두뇌를 가진 덕분에 다른 이들과 아주 가까이 나란히 사는 복잡함에 대처할 수 있는 사회적 지능이 더 발달하였다고 보았는데 그런 경우 다른 이들이 돌아가는 사정을 안다고 가정하는 것이 결정적으로 중요하기 때문이다.

10　언어의 발달

인간이라는 존재에게 협동―생업과 잠재적 갈등이라는 두 가지 문제 모두를 남과 더불어 푸는 능력─은 결정적으로 중요한 자질이다. 우리는 상징 사용 구어를 가진 유일한 존재이며 그 덕에 각자가 지닌 가장 내밀한 감정을 다른 사람과 주고받을 수 있다. 그러면 호미닌은 어느 시점에서 이처럼 말하는 능력을 얻게 된 것일까?

우리와 가장 가까운 현생동물인 침팬지는 몸짓을 하고 여러 가지 야생의 소리를 냄으로써 의사소통을 하는 반면 다른 유인원은 자신의 영역을 알리는 데서만 소리를 이용한다. 그러나 침팬지는 우리에게 말을 할 수 없으니 그 이유는 그렇게 하는 데 필요한 발성 기관을 갖고 있지 못하기 때문이다. 분절 언어는 인류 진화에서 반드시 넘어야 할 중요한 문턱이었는데 그 이유는 이것이 삶을 살찌울 무한한 잠재력과 협동 행동의 지평을 새로이 열었기 때문이다. 그러면 인간이 꽥꽥거리는 소리를 버리고 언어를 쓴 것은 언제부터인가? 초기 호모가 만든 간단한 인공물들로부터 언어를 추론해낼 수는 없지만 연구를 해 볼 수 있는 길은 두 가지 방면으로 열려 있다.

비교 해부학과 실물 화석은 둘 다 유인원과 인간 사이의 차이를 연구해내는 데 쓰일 수 있다. 생물인류학자 제프리 레이트만과 다른 이들은 인간을 비롯한 아주 다양한 포유동물의 후두 위치를 조사하였다. 그들은 후두가 성인 인간을 제외하고는 모든 포유동물에서 목의 높은 곳에 위치함을 발견하였다. 후두는 그런 위치 때문에 비강 뒤쪽 공기 공간에 고정 연결될 수 있다. 원숭이와 고양이 같은 동물은 이런 위치 덕에 숨쉬기와 음식 삼키기를 동시에 할 수 있지만 이는 그들이 낼 수 있는 소리를 제약한다. 인두─식도의 공기구멍 부분─가 소리를 만들어낼 수는 있지만 동물들은 입을 이용해 소리를 변형시킬 뿐인데 그 이유는 신체 구조상 분절 언어에 필요한 범위의 소리를 만들어낼 수가 없기 때문이다.

인간 아이의 후두는 대략 18달에서 두 살이 될 때까지는 역시 목의 높은 위치에 자리 잡고 있다. 그 후 후두가 내려가기 시작해서 경추 4번과 7번 사이에서 멈춘다. 이런 변화가 어떻게, 왜 일어나는지는 아직도 미스터리이지만 이는 어린이가 숨 쉬고 말하고 음식을 삼키는 방식을 완전히 바꾸어 놓는다. 인간 성인은 숨쉬기와 음식 삼키기를 별개로 분리할 수 없으며 그래서 음식이 기도에 들어가면 숨이 막힐 수 있다. 하지만, 성대 위의 인두 구멍이 확대된 덕에 그들이 내는 소리를 무한정하게 변형시킬 수 있으며 이는 인간이 말을 하는 데 핵심 열쇠가 된다.

레이트만과 그 동료는 정교한 통계학적 분석법을 이용함으로써 되도록 많은 완전한 형태의 화석 두개골에 대해 실험을 실시하였다. 그들은 400만 년 전에서 100만 년 전의 오스트랄로피테쿠스군에서는 두개골 기부가 납작하고 후두가 목의 높은 곳에 위치한 반면 약 190만 년 전 및 그 이후의 아프리카 출토 호모 에르가스테르와 호모 에렉투스에서는 기부가 좀 더 곡선을 띠는 사실을 발견하였는데 후자는 그들의 후두가 현대인의 위치로 내려가기 시작했음을 시사한다. 두개골 기부가 최종적으로 현대인 같은 곡선을 띠는 것은 겨우 약 30만 년 전부터이며 그로써 완전히 분절적인 언어가 발달할 수 있었을 것이다. 초기 호모는 아마도 말하는 능력이 아주 제한되었을 것이다. 언어가 지닌 진정한 가치는 두뇌 발달에 자극을 준다는 점 이외에 언어를 가짐으로써 의사소통에서 몸짓이나 꽥꽥거림이 가진 한도를 훨씬 뛰어넘는 감정과 뉘앙스를 전할 수 있다는 점에 있다. 우리는 최초 인간들이 비인간 영장류들의 몸짓과 꽥꽥거림을 넘어서는 의사소통 수단을 갖고 있었다고 가정해도 좋지만 분절 언어는 그보다 훨씬 최근의 발전이었던 듯하다.

11 최초의 사회조직

그간 발굴된 몇 안 되는 초기 인류 유적은 인류 진화의 첫 단계에 생업 및 이동방식의 기본 유형에서 전이가 있었을 뿐만 아니라 음식 나누기와 도구 제작이라는 새로운 요소들도 있었음을 보여준다. 이 새로운 요소들은 의사소통·정보교환·경제, 사회적 지견의 증대뿐만 아니라 재바름과 자제력 또한 낳았다. 인간의 신체는 도구와 더불어 개량되었다. 문화가 인간다움에서 떼어낼 수 없는 부분이 되었고 사회생활은 새로우면서도 아직 거의 이해하지 못한 복잡성을 띠게 되었다.

초기 호모는 어떤 종류의 사회조직을 가졌는가? 우리가 현대의 비인간 영장류들을 아무리 들여다보더라도 확신은 할 수가 없다. 대부분의 영장류는 아주 사회적이며 어미-새끼의 관계를 중심 연대로 하여 집단을 이루고 산다. 초기 호모에서는 새끼가 어미에게 의존하는 기간이 이를테면 침팬지보다 상당히 길어졌을 것이다. 두뇌 크기가 크다는 점은 어린애가 어른보다 훨씬 작은 머리를 갖고 태어나며 정신 성숙의 수준이 초기 단계에 있었음을 뜻할 것이다. 이런 생물학적 현실은 사회조직과 나날의 습관에 커다란 영향을 미쳤을 터이다.

침팬지의 사회 집단은 가변성이 크고 어미 중심이다. 각 집단은 비교적 작은 영역을 차지하는데 그런 영역에는 상당한 밀도의 식구를 부양하기에 충분한 야채 먹을거리가 있다. 이런 정형은 보통의 수렵채집민 유단과 날카롭게 대비된다. 이 유단은 몇 가족이 25명 정도 되는 단위로 아주 긴밀히 짜인 집단을 이루는 것이 전형이다. 이런 사람들이 벌이는 조직적 사냥에는 훨씬 넓은 영역이 필요하며 또 km²당 인구밀도는 훨씬 낮다. 초기 호모는 그간 발굴된 몇 안 되는 유적들로 보면 현대 수렵채집민에 훨씬 가까운 유단을 이루고 산 경향이 있다. 그러나 그들의 사회조직은 아무리 해도 침팬지와 비비 원숭이의 사회조직을 훨씬 더 닮았는데 이는 인간의 사회조직과는 아주 다르다.

초기 호모가 처했던 세계는 심지어 오스트랄로피테쿠스의 세계보다 훨씬 예측을 할 수 없으며 요구 사항이 많은 세계였다. 그들이 좀 더 복잡했다는데 그것은 무슨 뜻에서 하는 말인가? 우리는 왜 이토록 현명하게 처신해야 하는 가? 이는 동물을 사냥하거나 먹을거리를 채집하기 위함이 아니라 다른 사람들과의 상호작용을 위해서이다. 사회적 상호작용이 이전보다 복잡해진 점은 인간의 두뇌가 진화하는 데 강력한 추진력이었을 가능성이 크다. 초기 호모가 음식을 나누어 먹는 사회 집단을 갖고 이전보다 폭 넓은 식단을 채택한 까닭에 복잡하고 예측하기 어려운 것들에 대한 대처 능력은 훨씬 더 첨예하게 요구되었을 것이다. 그리고 인류의 눈부신 기술, 예술, 표현의 능력은 우리의 초기 조상들이 사회적으로 점점 더 세련되지 않으면 안 되었던 데서 비롯된 결과일 가능성이 아주 크다.

요약

- 호미닌이라는 용어는 현생 인류와 더불어 약 750만 년 전일 가능성이 큰 때에 침팬지의 조상으로부터 분기한 계보에 속하는 다른 모든 종을 서술하는 데 쓴다.
- 최초 호미닌들은 긴 팔다리에다 넓은 가슴을 갖고 나무에 살았으나 분명히 두발로 걷는 특성들을 지니고 있었다. 그들은 자신들의 식단에 살코기를 더 많이 포함시키고 기동성을 크게 늘리며 행동의 융통성을 더함으로써 아프리카에서 이전보다 더 트이게 변한 환경에 적응하였는데, 그런 환경 변화는 400만 년 전 이전에 범지구적 한랭화가 일어난 결과이다.
- 지금까지 알려진 가장 이른 호미닌 화석은 600만 년 전에서 700만 년 전으로 연대가 측정된 사헬란트로푸스 차덴시스이지만 그것의 진화상 지위는 불분명하다. 확실한 최초의 호미닌은 아르디피테쿠스 라미두스이며 에티오피아에서 450만 년 전에서 430만 년 전에 번성하였다. 그 뒤를 오스트랄로피테쿠스 아나멘시스(420~390만 년 전)와 오스트랄로피테쿠스 아파렌시스(370만~300만 년 전)

가 이었다.

- 호미닌 계통은 300만 년 전이면 이미 여러 형태로 방산한 상태였으며 그 중에는 강건형 오스트랄로피테쿠스군 및 그보다 연약한 오스트랄로피테쿠스군이 있었고 늦어도 240만 년 전이면 한층 뇌가 큰 초기 호모가 등장하였다.
- 초기 호모(240~160만 년 전의 호모 하빌리스 같은 것)는 채집민으로서 사냥감 동물의 살코기 또한 약취하였고 아마 사냥도 하였을 것이다. 이 호미닌들은 간단한 석기 제작 기술을 이용하였고 의사소통을 하는 능력을 약간 가졌으며 아주 원초적인 형태의 사회조직도 가졌다.
- 호미닌들 사이의 관계는 복잡하여서 그에 대한 해명은 미해결의 문제로 남아 있으며, 그 호미닌들 가운데 다수는 새로운 종을 낳지 못하고 절멸하였을 것이다. 예를 들어 유인원을 좀 더 닮은 호모 하빌리스는 지금부터 190만 년 전쯤에 등장한 호모 에렉투스와 호모 에르가스테르(제3장 참조)를 위시해 인간을 좀 더 닮은 종들과 시간상으로 겹친다.

참고문헌

Louise Humphrey와 Chris Stringer의 *Our Human Story* (London, Natural History Museum, 2018)는 일반 독자를 위한 아주 훌륭한 개관서이다. Chris Stringer와 Peter Andrews의 *The Complete Book of Human Evolution* (London: Thames and Hudson, 2005)은 인류 진화 문제를 그림을 아주 풍부하게 곁들여 조망하고 있다. Richard Klein의 *The Human Career* (제3판, Chicago: University of Chicago Press, 2009)는 고급용 교재이다. 그런데 이 분야는 너무나도 급속하게 변화하기 때문에 새로운 발견 사항들을 따라잡으려면 특히 과학 잡지 *Nature*지와 상호심사 개방형 저널 *PLOS One* (journals.plos.org)을 참고하시길 권한다.

●

인류의 조상, 아프리카 밖으로 나가다

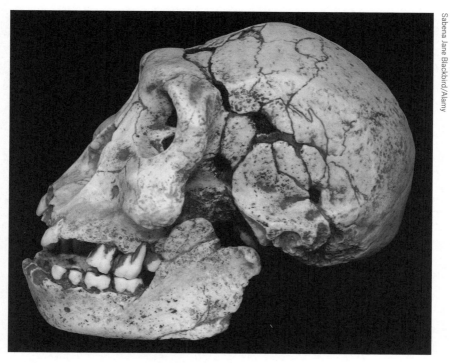

조지아공화국 드마니시에서 출토된 호모 에렉투스(혹은 호모 게오르기쿠스) 두개골.

프롤로그

외젠 뒤부아는 '잃어버린 고리', 즉 인류 진화 과정에서 유인원과 현대 인간 사이를 연결하였다는 가공의 인간에 강박적으로 사로잡힌 네덜란드 사람이었다. 직업이 외과 의사였던 젊은 뒤부아는 1887년 머나먼 동남아시아 수마트라에서 근무할 육군 군의관 자리를 용케 손에 넣었는데 그는 그곳이 '잃어버린 고리'가 발견될 장소라고 확신하였다. 믿을 수 없다고 여길지도 모르지만 뒤부아는 실제로 1891년 자바 근처에서 그런 조상이라고 주장할 만한 것을 발견하였다. 그는 자바 동북부의 솔로강 강변에 있는 트리닐에서 화석이 풍부한 재와 모래로 된 지층들을 파 들어가 절멸한 동물의 뼈들뿐만 아니라 인간의 이빨 한 개, 두꺼운 뼈로 된 두개골 하나 그리고 인간의 넓적다리뼈 하나를 찾아내었다.

뒤부아는 자신의 화석을 '피테칸트로푸스 에렉투스', 즉 '곧바로 선 유인원-인간'이라고 명명하였다. 그가 주장하기로 이것은 유인원과 인간 사이의 잃어버린 고리로서 아주 원시적인 인간이었다. 1895년 유럽으로 돌아온 그를 맞이한 것은 의심, 그리고 조롱이었다. 그에 대한 뒤부아의 반응은 과학 세계로부터의 은둔이었다. 그는 자신의 화석들을 침대 밑에다 숨겨 놓았다고 한다. 현대 과학은 외젠 뒤부아가 옳았음을 입증하였으니 그가 현대 인간의 직접 조상으로 이제 '호모 에렉투스'라 부르는 것을 최초로 발견한 사람이기 때문이다.

1. 빙하시대에 관한 배경 지식 | 2. 아프리카의 호모 에렉투스(190만 년 전쯤부터 150만 년 전쯤까지) | 3. 동남아시아의 호모 에렉투스(180만 년 전쯤부터 아마도 3만 년 전까지) | 4. 유라시아와 유럽의 호미닌들 | 5. 호모 에렉투스의 생활양식 | 6. 네안데르탈인(40만 년 전쯤부터 아마도 3만 년 전까지) | 7. 초기 호모 사피엔스(30만 년 전쯤부터 1만 5천 년 전까지) | 8. 연속인가, 대체인가 아니면 그 사이의 어떤 것인가? | 9. 분자생물학과 우리의 기원 | 10. 호모 사피엔스가 아프리카 밖으로 퍼지다 | 11. 요약

제3장은 약 190만 년 전 열대 아프리카에 좀 더 진보한 호미닌인 호모 에렉투스가 등장한 사실로 시작한다. 그러고 나서 우리는 호모 에렉투스가 180만 년 전이면 동남아시아로 이주하였음을 서술한다. 그 다음에 그들의 생활양식과 대형 동물 사냥 기술을 서술한 후 다른 옛 인간들의 출현을 논의한다. 이는 우리를 다음과 같은 매력적 의문들로 이끌 것이다. 네안데르탈인은 어떤 이들이었는가? 그들은 현대 인간과 어떻게 다른가? 마지막으로 우리는 인류 선사에서 가장 근본적인 의문 중 하나, 즉 완전한 현대인인 '호모 사피엔스'는 어떻게, 어디서, 언제 진화하였는가 하는 문제에 답을 하려고 애를 쓸 것이다. 이 질문은 마치 유전학, 고고학 그리고 환경변화의 짜 맞추기 퍼즐 게임과 같다.

지금부터 200만 년 전 직후가 되면 '호모 하빌리스'(240만 년 전~160만 년 전)와 또 다른 형태의 호미닌들에 더해 훨씬 더 복잡하고 다양화된 생활양식을 구가할 수 있는 한층 진보된 인간들이 합류하였다. 이 새로운 인간 조상들은 최초로 불을 다루고 또 최초로 아프리카의 열대 사바나를 벗어난 지역에서도 살게 된 존재이다. 그들이 그렇게 한 시기는 때로 '빙하시대'라고도 불리는 마지막 지질시대인 홍적세의 초기였다. 제3장에서는 아프리카로부터 벗어나 아시아와 유럽으로 간 다양한 옛 인간들에 대해 서술하고 그들이 빙하시대 동안 끊임없이 변화한 기후에 어떻게 점점 더 교묘하게 잘 적응하였는지 살펴보기로 한다.

1 빙하시대에 관한 배경 지식

홍적세(플라이스토세)는 약 250만 년 전 빙하 현상이 범세계적으로 심화된 이후 시작되었다. 이때쯤에는 알프스, 히말라야, 그리고 다른 곳에 거대한 산맥들이 이미 형성된 상태였다. 육괴들이 융기됨으로써 이 위도대와 남쪽 지역들 사이의 접속이 감소되어 열 교환이 적어졌고 그때문에 양자 사이의 기온 차는 더욱 커졌다. 북쪽 위도대는 약 300만 년 전 이후로 점점 더 추워졌지만 빙하시대의 첫 1백만 년 동안에는 아직 한랭기후대와 온난기후대 사이의 기후 차이가 비교적 덜했다. 바로 이때가 좀 더 진보된 새로운 인간 형태가 아프리카에서 진화한 후 그 열대를 벗어나 아시아와 유럽으로 퍼져 나간 결정적으로 중요한 때였다.

지구의 자장은 약 250만 년 전에 역전된 상태에서 약 78만 년 전에 이르러 갑자기 정상으로 바뀌었다(앞의 표 2.1 참조). 그 현상을 처음 발견한 지질학자들의 이름을 따서 마투야마/브루네스 경계라고 부르는 이 시점은 빙하시대의 나머지 기간 동안 끊임없이 일어날 기후 변동의 시발점이었다. 심해저 천공 자료들은 우리에게 해수 온도의 변동에 관한 증거들을 제공하니, 빙원들의 형성은 서서히 이루어졌으나 그 해빙과 지구 전체의 온난화 추세는 대단히 빠른 속도로 일어났음을 말해준다. 이런 온난화와 더불어 해수면이 몇 차례 크게 상승함으로써 낮은 해안지대는 물에 잠기게 되었다. 한편 빙하 극성기 동안에는 빙원이 지구 표면의 3분의 1을 완전히 덮었는데 북미 북부의 많은 부분뿐만 아니라 유럽의 스칸디나비아와 알프스도 그 속에 들어갔다. 그 결과로 해수면이 엄청나게 내려갔으며 오늘날의 해수면보다 수백 미터 아래였다. 빙하의 면적은 이른바 간빙기라고 불리는 따뜻한 기간들 동안에는 대략 오늘날 정도였으며, 그때는 해수면이 오늘날의 해안선에 가까웠다. 열대지방에서 일어난 변화에 대해서는 알려진 바가 이보다 훨씬 적다. 다만, 추운 시기 동안에는 아프리카 사하라 사막의 남쪽 가장자리가 아주 많이 확장되었던 것으로 생각되고 있다.

옛 인간들과 그보다 나중의 현대 인간들은 북위도 지방의 기후가 따뜻한 체계와 추운 체계 사이를 끊임없이 오간 긴 시기 동안 진화했다. 전문가들은

편년표 A

몇 년 전	아프리카	중동	유럽	아시아	빙하시대 사건
50,000	클라시스강				뷔름 빙하
100,000					최소 9개의 한랭기
200,000 이후 현재까지	아슐리안 호모 사피엔스	호모 사피엔스와 네안데르탈인 ?	무스테리안 호모 사피엔스와 네안데르탈인		
350,000-28,000	호모 하이델베르겐시스	아슐리안	토랄바 아슐리안 호모 네안데르탈렌시스	호모 에렉투스	
500,000		호모 에렉투스(?) 인간 거주 않음			
600,000-200,000			호모 하이델베르겐시스	대나무와 단순 찍개류 기술 조우코디엔	마투야마/브루네스 경계
1.2-500,000	동·남아프리카의 호모 에르가스테르		호모 안테케소르 (하이델베르겐시스?)	트리닐	
1.8-30,000			호모 하이델베르겐시스 600000-200000년 전 최초 이주(?) 인간 거주 않음	인간 거주 않음	한랭화 추세
1.9-1.5백만 년	올도완 올두바이 고르지				
2.4-1.6백만 년	호모 하빌리스 초기 호모 쿠비 포라				
3.7-3백만 년	오스트랄로피테쿠스 아파렌시스 아르디피테쿠스 라미두스				
4.5-4.3백만 년					

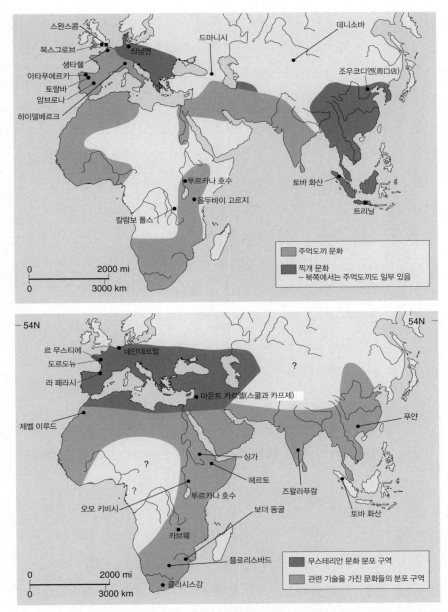

그림 3.1 제3장에 언급된 유적들의 위치도. 위 그림은 주먹도끼 문화와 초퍼 문화의 분포를 보여주고 아래 그림은 무스테리안 문화 및 그와 관련된 문화들의 분포를 보여준다.

세계 기후가 지난 78만 년의 75%가 넘는 기간 동안 양 극단을 오갔다고 믿고 있는데 그 중에서 추운 기후 쪽이 우세했다고 본다(앞의 표 2.1 참조). 적어도 아홉 차례의 빙하기(빙기)가 있었으며 약 52만 5천 년 전의 큰 빙하기 동안에는 빙하가 남쪽 멀리 북미의 시애틀, 세인트루이스, 뉴욕까지 이르렀고 해수면은 지금보다 197m나 낮았다. 51만 5천 년 전부터 31만 5천 년 전 사이에는 이와 대조적으로 좀 더 따뜻한 기간들이 있었다. 바로 이때 아프리카 바깥의 인간 거주지가 확대되었는데 작은 무리의 채집민들이 유럽과 아시아의 강 유역과 삼림들에 살면서 그곳에 풍부한 동물 및 식물 먹을거리를 이용했다.

또 다른 몹시 추운 기간이 약 18만 년 전부터 12만 8천 년 전까지 지속되었는데 이 기간은 완전한 현대 인간인 호모 사피엔스가 아프리카에서 진화하고 있던 기간과 대체로 일치한다. 10만 년 전부터 1만 5천 년 전 사이의 마지막 빙하기 동안에는 호모 사피엔스가 구대륙 전역과 아메리카 대륙까지 퍼졌다. 이처럼 끊임없는 기후 변동은, 초기 인간들이 열대 및 온대 전역으로 퍼져 나가는 데 중요한 역할을 했다(그림 3.1 참조).

2   아프리카의 호모 에렉투스(190만 년 전쯤부터 150만 년 전쯤까지)

모든 고인류학자는 초기 호모의 후계자들이 열대 아프리카에서 진화하였다는 데 의견을 같이한다. 우리는 바로 이 사하라이남 아프리카의 광대한 지역에서 오랜 기간에 걸치면서 또한 아주 복잡한 초기 인류 진화의 기록을 보게 되니, 구체적으로 말하면 차드의 사헬란트로푸스 차덴시스부터 동아프리카 및 남아프리카의 오스트랄로피테쿠스군들, 초기 호모 그리고 그보다 나중의 인간들에 이르는 기록이다. 이 장의 뒷 부분에서 우리가 보게 되듯 이용할 수 있는 증거 모두에 따르면 이 대륙은 또한 우리 호모 사피엔스의 요람이었다.

　호미닌들 가운데 전반적 신체 비례가 우리와 비교적 비슷한 최초의 호미닌은 '호모 에렉투스'(직립 인간이라는 뜻)였다. 이들은 아프리카 안에서 190만 년 전쯤에 처음 나타나서 대략 150만 년 전까지 번성하였다. 아프리카 대열곡(케냐, 탄자니아, 에티오피아)과 더불어 남아프리카의 여러 유적(그림 3.2와 3.3)에서 알려진 이 존재들은 풍부한 석기 복합체들과 공반된다. 그러나 우리가 이 호미닌에 대해 더 서술하기 전에 그 지위에 대해 한 마디 해두고자 한다. 어떤 연구자는 아프리카의 호모 에렉투스 화석들이 정말로 그렇게 분류되어야 하는지 하는 의문조차 제기한다. 그 대신에 제시된 한 분류체계에서는 아프리카에서 발견된 호모 에렉투스 표본들은 아시아에서 나온 '전형적'

The Natural History Museum/Alamy

그림 3.2 케냐 동투르카나에서 출토된 KNM-ER 3733호 두개골이 대표하는 호모 에렉투스. 이 개체는 오스트랄로피테쿠스보다 큰 두뇌와 더 둥근 두개골을 가졌다.

호모 에렉투스들과 너무나 뚜렷이 구분이 되기 때문에 다른 이름, 즉 '호모 에르가스테르'(일꾼이라는 뜻)를 부여해야 한다고 제안한다. 이 제안에서는 호모 에렉투스의 유럽 형태에 대해서도 또 하나의 고유한 이름, 즉 '호모 게오르기쿠스'(그것이 처음 발견되고 또 나중에 더 발견된 동유럽 국가인 조지아의 이름을 딴 것)를 부여한다. 간단히 말해 의견 합치가 없으며 그래서 논쟁이 극심할 수 있다. 이 책에서 우리는 타협책으로 호모 에렉투스의 아프리카 표본, 아시아 표본 혹은 유럽 표본이라고 서술 대상을 특정하기로 하겠다.

아프리카 호모 에렉투스의 신체 형태를 보면 두개골과 턱뼈들이 형태와 크기에서 아주 넓은 폭의 변이를 나타내니 어떤 것은 508~580cm³라는 수수한 뇌 크기를 지닌 반면에 또 어떤 것은 804~909cm³의 크기이다. 작은 쪽의 뇌를 가진 것들은 얼굴 윗부분이 수직적이며 윗턱은 크고 튀어나온 반면 큰 쪽의 뇌를 가진 것들은 눈썹 두덩이 좀 더 두드러지고 콧구멍이 넓으며 얼굴 중위부가 튀어나왔다. 그들의 몸통은 뇌 크기 및 얼굴 모양과는 무관하게 모두 전형적으로 호리호리하며 키가 때로는 아주 컸고(크기는 1.45m에서 1.85m의 범위이다) 팔은 이전의 어떤 호미닌 종보다도 짧았으며 다리는 길었다. 그런 변화는 아마도 완전한 지상 직립보행을 하게 되었음을 반영하는 것으로 보이며, 걷고 뛰는 양태는 우리와 거의 비슷했을 가능성이 크다.

이 새로운 인간이 초기 호모로부터 진화했다는 점은 의문의 여지가 없는 듯하지만, 세부는 아직 불분명한 상태이다. 아프리카 호모 에렉투스의 화석 기록에는 몇 개의 완전한 두개골이 포함되는데 예를 들면 동투르카나에서 출토된 KNM-ER 3733호 두개골(연대가 160만 년 전에서 150만 년 전이며 오스트랄로피테쿠스군보다 훨씬 큰 뇌강을 가졌다.), 두개골 조각들, 턱, 골반, 사지뼈들 그리고 '투르카나 소년'으로 알려진 놀랍도록 완전한 한 어린이의 골격이 있다. 1984년 투르카나 호수 서안에서 케냐 고고학자 카모야 키메우에 의해 발견된 이 이름의 시조 격인 소년은 나이가 7살에서 12살 사이이고 대략 150만 년 전에 죽었다(그림 3.3). 그의 뼈는 목 아래로는 놀라우리만치 현대적으로 보인다. 하지만, 두개골과 턱뼈는 좀 더 원시적이니 눈썹 두덩이 있고 두뇌의 용량은 700cm³에서 800cm³로 현대인의 대략 반 정도이다. 이 소년의 키는 1m 60cm쯤이라서, 그의 나이가 최근 추산에서 비정된 범위 가운데 어린 쪽 끝 부분에 가까웠으리라는 점에 비추어 볼 때 상당히 큰 편이다. 이 투르카나 소년은 몸체가 머리보다 훨씬 일찍 완전한 현대적 형태를 갖추었다는 점으로 보건대, 신체부위별로 인간 진화의 속도가 달랐다는 이론을 확증해 주는 듯하다.

아프리카 호모 에렉투스의 뇌 크기(평균 600~910cm³)는 600cm³에서 700cm³ 범위인 호모 하빌리스보다 언제나 훨씬 크지는 않지만 이 새로운 인

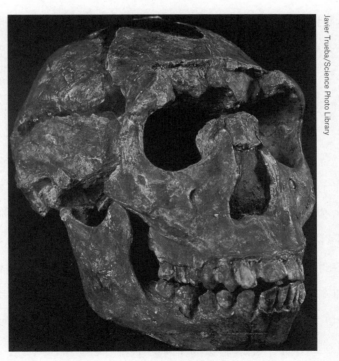

그림 3.3 약 150만 년 전 투르카나 호수 서안의 작은 호소에서 죽은 호모 에렉투스 소년의 두개골.

간은 여러 가지 측면에서 초기의 호모들과는 근본적으로 달랐다. 그들은 오스트랄로피테쿠스의 유인원을 닮은 코와 대조적으로 좀 더 인간을 닮은 우뚝 선 코를 가졌으며 아직 턱끝이 없기는 하지만 그 이전 호미닌들보다 어금니와 앞어금니가 좀 더 작아서 더 혼합된 식단을 지녔음을 시사한다. 그들의 몸체 또한 비교적 짧은 팔과 긴 다리를 갖고 있어서 현대인과 한층 비슷하게 보였을 텐데 이런 특징들은 이 호미닌이 온전히 땅 위에서만 살았음을 말한다. 그들은 오크술통 같은 가슴과 좁은 엉덩이를 가졌으며, 그래서 두 발로 걷고 달리는 데 한층 효율적인 근육이 발달하였다. 더 압축된 골반은 출산 전 두뇌 성장의 양을 감소시켰을 것이고 그때문에 새끼는 현대인처럼 어미에게 더욱 긴 기간 동안 의존하였을 터이다. 오스트랄로피테쿠스군에서 현저하였고 아마도 호모 하빌리스에서도 그랬을 성별 신체 크기 차이는 이제 사라졌으며, 그래서 남성들이 여성들을 두고 더 이상 경쟁하지 않고 남성-여성의 관계가 더 오래 지속되는 사회 환경이 만들어졌을 터이다. 그들의 행동에 관련된 측면으로 척수가 현대인보다 좁았던 점은 그 신경체계가 말을 제대로 통제할 수 있을 만큼 발달하지 못했음을 시사한다. 하지만, 165만 년 전쯤에 이르면 이들에게 새롭고 한층 정교해진 도구 복합체가 공반된다. 아슐리안 석기공작으로 알려진 이것은 격지와 찍개들을 포함하지만 또한 새로운 혁신적 형태의 석기인 주먹도끼를 포함한다. 아슐리안 주먹도끼는 '양면' 가공으로 만들어지는데, 이에서는 상당히 직선적이고 날카로운 날을 생성하기 위해 돌의 두 면에서 격지들을 떼어내며 그 과정은 기술과 더불어 사전 기획을 요한다.

아프리카 호모 에렉투스의 길고 호리호리한 몸통은 뜨겁고 메마른 환경에 사는 데 잘 적응한 것이었다. 이들은 몸에 털이 거의 없어 벌거벗은 최초의 인간이었던 것으로 추정되니 그 이유는 유인원처럼 몸이 털로 뒤덮였다면 땀을 효율적으로 흘릴 수 없었을 것이기 때문이다. 환경에 대한 적응은 호미닌들에게 결코 새로운 것은 아니다. 우리는 최초 호미닌들이 다양한 기후와 서식지에 적응할 수 있었음을 안다. 오스트랄로피테쿠스와 초기 호모는 둘 다 약 270만 년 전부터 250만 년 전 사이 빙하기 동안에 일어난 범지구적 기온 급강하에 적응하였다. 더 추운 기후가 되자 아프리카의 습윤 삼림 다수가 훨씬 건조하고 주위가 트인 사바나로 바뀌었다. 나무에 살던 영장류들이 개활지에서 더 잘 생존할 수 있는 이족보행 형태에게 밀려났으며 호미닌들은 이런 환경 속에서 번성하였다. 호미닌들은 이런 적응성 덕분에 새로운 환경들로 옮겨갔고 살코기와 식물 음식이 혼합된 자신들의 식단 때문에 넓은 본거 영역 위를 오가지 않으면 안 되었다. 호모 에렉투스는 적응력이 강하고 기동력이 컸을 뿐 아니라 또한 불을 이용하고 더 정교한 도구를 만들었으며 아프리카를 떠난 최초의 인간이기도 하였다.

3 동남아시아의 호모 에렉투스(180만 년 전쯤부터 아마도 3만 년 전까지)

아프리카에 호모 에렉투스가 약 190만 년 전에 등장한 지 얼마 지나지 않은 시점에서 우리는 중국, 자바 그리고 인도네시아 전역에서 호모 에렉투스의 증거를 발견한다(180만 년 전쯤부터 아마도 3만 년 전까지). 하지만, 그 연대들 가운데 일부는 논란거리이며 아시아 호모 에렉투스의 분류, 계보 그리고 그 후손을 둘러싸고는 많은 토론이 벌어지고 있다. 동남아시아 호모 에렉투스의 화석 기록은 외양으로 보건대 두개골, 턱뼈, 그리고 이빨이 압도적으로 많으며 그에 더해 측정 연대가 거의 없거나 불안정한 여타 신체 부위의 잔적이 있다. 그럼에도 과학자들은 그들이 신체가 크고 완전히 현대적인 직립보행을 했으며 비교적 큰 뇌에다 두툼한 눈썹 두덩 그리고 넓은 광대뼈를 지녔다고 한 바 있다. 그들은 시력은 탁월했을 가능성이 크다. 성인의 키는 평균해서 1.6m에서 1.8m였던 것으로 여겨진다.

전형적인 아시아 호모 에렉투스의 화석들은 자바의 **트리닐** 지역에서 나왔는데 이들의 연대는 180만 년 전에서 60만 년 전으로 측정되었다. 또 북중국과 남중국에서 나온 것들은 60만 년 전에서 35만 년 전으로 측정되었으나 아마도 그보다 상당히 더 이를 것이다(그림 3.4)(호모 에렉투스에 대한 연대들 다수가 그간 해당 사례를 절대연대가 측정된 동아프리카의 유적들과 맞추어보는 식의 상대적 방법들로 얻어낸 점을 유념하기 바란다.). 그들의 뇌 크기는 775cm^{3}에서 1300cm^{3}로 아주 변이가 크다. 삼림이 우거진 자바의 계곡들로부터 북중국의 엄혹한 겨울에 이르기까지 그들이 적응한 환경의 범위가 넓다는 점을 고려하면 이 용감무쌍한 호모 에렉투스들은 틀림없이 이전의 호미닌들보다 훨씬 복잡하고 다양한 생활양식을 구가할 수 있었을 것이다. 공간상으로뿐만 아니라

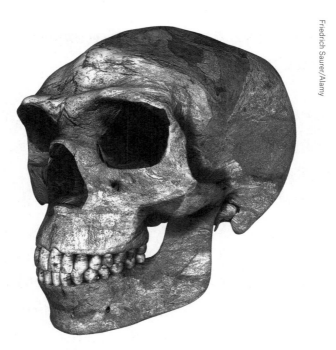

Friedrich Saurer/Alamy

그림 3.4 중국 조우코디엔 출토 호모 에렉투스.

시간상으로도 그처럼 넓게 분포한 점을 생각하면 이 주민들에게서 큰 변이가 나타나는 점은 하등 놀랄 일도 아니다. 예를 들어 중국 학자들은 베이징 근처의 유명한 조우코디엔[周口店] 동굴에서 출토된 호모 에렉투스 화석들의 뇌 크기가 78만 년 전 개체의 약 900cm^{3}에서 20만 년 전 개체의 약 1100cm^{3}에 이르기까지 서서히 증가함을 나타낸다고 주장한다.

그런데 문화적으로는 전문가들이 아직도 어리둥절해 하는 점이 있는데 아프리카에서 약 165만 년 전 처음 나타나며 아프리카 호모 에렉투스의 대표작품인 대형 아슐리안 주먹도끼들이 왜 아시아 호모 에렉투스의 돌 도구상자 속에는 들어 있지 않느냐는 것이다. 한 가지 설명은 그 호모 에렉투스가 주먹도끼들이 발명되기 전에 아프리카를 떠났기 때문이라는 것이다(증거는 이와 상충하지 않으니 가장 이른 호모 에렉투스 화석은 180만 년 전으로 연대측정되는 반면 지금까지 알려진 가장 이른 아프리카 아슐리안 주먹도끼는 그보다 여러 수만 년 늦게 등장하기 때문이다). 이에 대안적인 설명으로는 아시아의 호미닌들이 환경이나 여타 요인 때문에 주먹도끼를 배척하고 그 대신에 찍개, 격지들과 나무, 뼈, 대나무 혹은 뿔을 소재로 만들거나 이용한 도구들을 선호했다는 것이다.

모든 자료가 그 호미닌들이 아프리카에서 기원했음을 나타내는데 그러면 왜, 언제 그들이 아프리카를 떠난 것인가? 불운하게도 고고학적 기록은 아직 안타까우리만치 불완전하다. 그 과정은 아주 느리게 진행되었을 터인데 어떤 연구자는 심지어 그것이 처음에는 오스트랄로피테쿠스군에 의해 시도되었던 것이라는 제안을 하기도 한다. 혹은 작은 유단들이 먹을거리가 경관에 균일하게 분포하지 않은 넓고 탁 트인 영역을 차지하였으므로 빠르게 이동한 시나리오를 상정할 수 있기도 한데, 매년 30km에서 50km 정도만 퍼져 나간다 하더라도 몇 세대가 지나지 않아 수백, 수천 km를 뻗어나간다는 계산이 나오는 것이다. 호미닌들은 약 200만 년 전에 빙하시대가 시작되면서 자신들의 환경이 주기적으로 사바나, 삼림, 사막으로 바뀌는 데 틀림없이 적응을 하고 있었다. 그들은 많은 포유동물이 그랬던 것처럼 바뀌는 식생대를 따라 이주를 함으로써 적응을 하거나 살코기로부터 식물 음식으로 식단의 비중을 바꿈으로써 새로운 환경에 적응하였다. 그리하여 그들은 마침내 열대지방에서 완전히 벗어나 인간이 이전에는 차지해 본 적이 없는 서식지로 이동할 수가 있었던 것이다.

사하라 사막에 아직 사람이 살 수 있었을 때 호미닌들 가운데 일부가 그곳을 거쳐 아프리카를 벗어나 방산하면서 앞서 말한 모든 방식으로 바뀐 환경들에 적응했을 가능성은 대단히 크다. 지질학자 닐 로버츠는 사하라를 펌프에 비유하면서 습윤한 사바나 기간 동안에는 인구 집단을 빨아들이고 건조기에는 그 채집민들을 북쪽 가장자리로 밀어내었다고 한 적이 있다. 호미닌들은 아프리카로부터 방산하면서 같은 생태 공동체를 이룬 다른 포유동물과 아주 똑같은 식으로 행동했던 것이다.

이 새로운 인간들은 식물과 동물을 모두 먹은 잡식동물이었으며, 그래서 다른 포식자들과 생태적으로 연계되어 있었다. 선신세(플라이오세)와 전기 홍적세 동안에는 포유동물들이 아프리카와 좀 더 온난한 위도대 사이를 광범위하게 오갔다. 예를 들어 유럽의 포유동물 집단에서 약 70만 년 전 커다란 변화가 한 차례 일어났다. 하마, 삼림 코끼리, 여타 초식동물과 사자, 표범, 점박이 하이에나 같은 육식동물은 이때 아프리카로부터 북쪽으로 이동했던 것으로 보인다. 사자, 표범, 하이에나—이 동물들은 호미닌들과 동일한 생태 특성들을 많이 갖고 있다—의 이주는 이전에 인간들이 취했던 방향과 같은 쪽으로 일어났다. 인간이 최초로 열대 아시아 및 온대 유럽으로 이주하는 데 성공한 것은 포유동물 군집들이 아프리카로부터 방산한 것과 동시였다는 설명은 타당성이 있는 것 같다.

4 유라시아와 유럽의 호미닌들

동남아시아에 호모 에렉투스가 나타났을 때와 거의 같은 시기에 유라시아에도 호미닌들이 등장했다. 다만, 유럽과 유라시아의 좀 더 북쪽 위도대에 정착하기란 특히 빙기 동안에는 훨씬 더 큰 난제였을 듯하지만 말이다. 그러면 이 최초의 유라시아 호미닌들은 어떤 이들이었는가? 180만 년 전으로 연대가 측정되는 가장 이른 골격 증거는 1991년부터 2005년 사이에 조사된 조지아 드마니시의 동굴 유적에서 나왔다.

드마니시는 아프리카 바깥의 어느 곳보다도 연대가 오래되면서 잘 측정된 호미닌 유적이며 다섯 개의 두개골(제3장 개시면의 사진 참조)을 비롯해 남성, 여성 그리고 청소년에 속하는 화석들이 출토되었다. 드마니시 호미닌들은 키가 대부분의 후대 호미닌들보다 작았으며(평균 1.5m) 뇌 용량도 수수해서(610~775cm³) 호모 하빌리스와 겹치면서 호모 에렉투스의 평균적 수치에 훨씬 못 미쳤다. 그들은 직립보행을 하였으며 아마도 아주 잘 걸었겠지만 그래도 걸음걸이는 현대인의 걸음걸이와 약간 달랐다. 그들은 문화적으로 보건대 다른 이를 도와주는 어떤 집단 속에서 살았던 것처럼 보이는데 드마니시에서 가장 잘 보존된 두개골 중 하나는 이빨이 전부 다 빠진 뒤로도 오랜 기간을 더 살았던 노인이어서 연민에 찬 돌봄이 필요했음에 틀림이 없기 때문이다. 애초에는 유럽 호모 에렉투스 주민을 대표한다고 여겨졌던 그 자료들에 대해 2002년에 '호모 게오르기쿠스'(조지아 사람)라는 종명이 부여되었다. 그들이 정말 새로운 종을 대표하는지에 대해서는 아직 반론이 있고 2006년에 재평가를 통해 그 자료들 대부분이 호모 에렉투스의 것으로 되돌려졌다.

5   호모 에렉투스의 생활양식

우리는 이 옛 인간이 180만 년 전부터 50만 년 전 사이에 열대 본향을 벗어나 아주 멀리 방산했다는 한 가지 확실한 사실 이외에는 아직도 호모 에렉투스의 세계에 대해 아는 바가 별로 없다(앞의 그림 3.1 참조). 인간은 어느 곳에서도 수가 많지 않았고 지구 전체의 옛 인간 인구도 의심할 바 없이 미미했다. 호모 에렉투스는 현재까지 알려진 바에 의하면 지금의 북유라시아 및 시베리아에 해당하는 극지방 위도대에는 살지 않았고, 또 아시아의 호모 에렉투스 집단들이 아메리카 대륙으로 건너가지도 않았다. 그리고 동남아시아 남쪽 섬들로부터 뉴기니와 오스트레일리아로 건너가는 데 필요한 배 만드는 기술도 개발하지 못했으며, 그래서 이 육괴들은 빙하시대 말기에 이르기까지 대양에 의해 고립된 무인도였다.

옛 인간들은 구대륙이라는 광활한 지역 전체에 걸쳐 아주 다양한 생활양식을 발달시켰고 여러 가지 서로 다른 필요 사항을 반영한 국지성 강한 도구복합체를 발전시켰다. 그들은 거대한 동물 군집의 한 부분이었으며, 빙하시대 환경이 온대로부터 훨씬 추운 조건으로, 다시 완전한 빙하기 조건으로, 그러고 나서 다시금 급속히 따뜻해지는 식으로 주기적 변화를 한 데에 잘 적응할수 있었던 까닭에 장기간에 걸쳐 생존할 수 있었다. 이런 초기 인간 집단 중 다수는 예측할 수 있는 식량자원이 풍부하게 밀집한 지방들에서 번성했는데, 그곳들은 조건이 비슷했던 다른 지방들로부터 상호 고립되어 있었다.

빙하시대의 기후 조건은 이처럼 격리된 인구 집단들을 한데 모았다가 다시 분산시키곤 함으로써 유전자 교류와 표이가 확실히 일어나고 오랜 기간에 걸쳐 생물학적, 문화적 진화가 일어날 수 있도록 해주었다. 온대 환경에 적응하는 열쇠는 초기 호모의 경우도 그랬지만 기동성이었다. 인간 유단(遊團)들은 새로운 지역으로 이동함으로써 자원분포의 변화에 재빨리 대응할 수 있었던 것이다. 그들의 적응방식은 훨씬 나중의 의도적 계획에 입각한 적응과는 달리 먹을거리를 어디서 찾을 수 있는지에 관한 지식을 기반으로 한 기회선용 위주의 적응이었다.

우리는 지금 이런 사람들과는 시간적으로 수십 만 년이나 떨어져 있는지라 단순하나 기회를 잘 이용한 그들의 생활양식이 대체로 어떤 것이었는지에 대해 막연한 느낌조차 갖기가 어렵다. 그들이 있었음을 나타내는 거의 언제나 유일한 표지는 가장 풍부한 식량이 발견되었을 호수나 강 유역 가까이에서 가장 흔하게 발견되는 석기 산포지이다. 우리는 이런 많은 발견물을 바탕으로 아직은 선을 긋는 데 불명확한 부분이 많으나 옛 인간의 세계를 두 개의 커다란 권역으로 구분할 수 있다. 하나는 아프리카와 유럽, 아시아 일부 지역인데 사냥이 중요한 몫을 하고 다목적의 주먹도끼가 흔하게 쓰인 훨씬 트인 지대이고, 다른 하나는 아시아의 광대한 삼림지대로서 나무 도구가 무엇보다도 중요하고 석기 제작기술은 훨씬 보수적인 경향이 있었던 지대였다. 이런 구분은 아주 복잡한 그림을 크게 단순화한 것임에 거의 틀림이 없지만 좀 더 현대적인 인간들의 생활양식과는 아주 동떨어진 옛 생활양식을 대체적으로 그려내 보여준다고 하겠다.

초기 호모의 단순한 올도완 석기기술(260만 년 전쯤에 등장)은 1백만 년이 넘도록 쓰인 끝에야 비로소 좀 더 다양한 석기 제작기술로 서서히 진화했고 이 또한 다시 1백만 년이 넘도록 쓰이게 된다. 하지만, 초기 호모건 그 후계자들이건 어느 쪽도 석기에만 전적으로 의존하지는 않았다. 아득히 오래된 시절의 우리 조상들은 인간에게 알려진 가장 쓸모 있는 소재 중 하나인 나무 또한 이용해 창과 던지는 막대기, 여타 인공물(테 글 '독일 쇠닝엔' 참조)을 만들었다. 그렇지만 나무와 여타 유기물질은 거의 보존되지 않기 때문에 초기 인간들의 기술에 관한 지견 대부분은 석기 및 그와 공반된 부산물들로부터 나온다.

대략 160만 년 전 이후의 아프리카와 유럽에서는 옛 인간들이 앞서 말한 특징적 아슐리안 도구상자와 공반된다. 아프리카에서 기원한 이것에는 다양한 격지 석기와 이따금 발견되는 찍개뿐만 아니라 전 세계 박물관의 가장 흔한 전시물 중 하나인 주먹도끼(그림 3.5) 또한 포함된다. 이 아슐리안(프랑스 북부 소도시 생타쉘에서 따온 이름) 주먹도끼는 올도완 문화의 조잡한 격지 및 찍개와 달리 한 점으로 수렴되는 날들을 가진 석기이다. 그 제작자는 단순한 돌덩

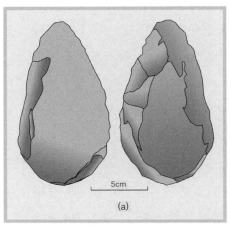

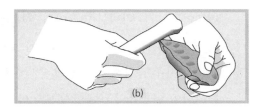

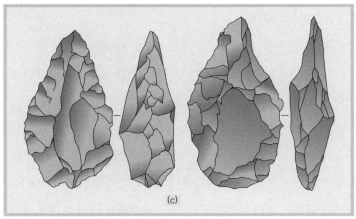

그림 3.5 아슐리안 기술. (a)주먹도끼는 긴 축을 중심으로 대칭 형태를 이룬 다목적 석기였다. (b)석기 제작자가 주먹도끼의 날을 뼈 망치로 얇게 다듬고 있다. (c)영국 **스완스콤** 유적 출토 아슐리안 주먹도끼와 잠비아 **칼람보 폴스** 유적 출토 자르개.

이로부터 만들어 낼 이 석기의 형태를 미리 머릿속에 그린 후 그저 되는 대로가 아니라 용의주도하게 돌망치로 방향을 잡아 때려서 다듬어야만 하였다.

아슐리안 주먹도끼는 몇 인치 길이의 우아한 계란 모양으로부터 30cm가 넘고 무게가 2.3kg 이상 나가는 대형에 이르기까지 크기가 다양하다. 이것들은 나무를 가공하고 껍질, 특히 동물의 가죽을 벗기고 해체하는 데 쓰인 다목적 도구였다. 주먹도끼와 그 가까운 친척인 가로 방향의 직선 날을 가진 자르개(가로날 도끼)는 동물을 해체하는 데 이상적이었으니 이 석기들은 몇 번이고 날을 세울 수 있었기 때문이다. 그러다가 쓸모없는 돌덩이가 되면 격지 석기로 재활용할 수도 있었다. 하지만, 단순한 격지만으로도 해체를 효율적으로 할 수 있었다. 그래서 몇몇 연구자는 주먹도끼가 사냥 동물을 겨냥해 던지거나 뿌리를 파내는 따위의 다른 용도로 쓰인 것은 아닌가 생각한 적이 있다.

주먹도끼 및 그와 관련된 석기들은 구대륙의 광대한 지역에 걸쳐 나타나며 1백만 년 이상 사용되는 동안 상당히 정제되게 된다. 그러나 그 제작자들의 행동에 관해 우리는 과연 무엇을 아는가? 호모 에렉투스가 초기 호모보다는 훨씬 효율적으로 사냥을 하고 먹을거리를 채집했으리라는 데는 의문의 여지가 없다. 그간 주먹도끼와 여타 해체용 석기들이 대형 사냥감 동물들의 뼈와 여러 차례 공반 발견된 바 있다. 그러나 그 사냥꾼들이 정말로 코끼리나 코뿔소 같은 거대 초식동물을 죽였던 것인가? 그렇게 하기 위해서는 그 이전 조상들의 수준을 훨씬 뛰어넘는 협동 및 의사소통 능력을 길러낼 사회적 메커니즘들이 필요했을 것이다.

대형동물을 해체한 증거와 아마도 사냥까지 했으리라 보이는 증거는 세 곳의 괄목할 만한 유적으로부터 나온다. 영국 남부 복스그로브에서는 약 50만 년 전 사냥꾼들이 코뿔소, 들소, 말, 여타 대형 동물을 작은 호수가 내려다보이는 절벽 아래로 내몰았다. 스페인 중부의 암브로나와 토랄바에서는 아마도 20만 년 전이나 아니면 40만 년 전에(연대에는 이견이 있음) 이 깊숙하고 습지 많은 계곡에 살았던 사람들이 진흙탕 물에 빠져 갇힌 코끼리들을 잡아 해체하였다. 그러나 옛 사냥 기술을 가장 생생하게 보여주는 그림은 독일 북부 쇠닝엔의 40만 년 된 도살 유적에서 나왔다(테 글 '독일 쇠닝엔' 참조).

유적 독일 쇠닝엔

하트무트 티에메는 1983년 이래로 북부 독일 쇠닝엔에 있는 노천 석탄 탄광 지역 내 6km² 구역을 조사하였는데, 그곳은 광부들이 채광 작업을 하느라 아주 두꺼운 홍적세 퇴적층을 깊이 파들어가 노출시켜 놓은 상태였다. 그는 '호모 하이델베르겐시스'가 한때 야영했던 곳들로 40만 년 전에서 38만 년 전으로 연대측정된 호안 유적들을 발견하였다. 한 지점은 호숫가 야영지였으며 그곳에서 옛 주민은 코끼리와 여타 동물들을 도살 해체하였고 또 새와 물고기도 잡았다. 티에메는 여기서 가공된 네 점의 은빛전나무 가지를 수습하였는데 각각 한쪽 끝에 비스듬하게 홈이 파여 있었으며 이는 아마도 날카로운 격지나 플린트 도구를 묶어 좀 더 효율적인 도구로 만든 흔적일 터이다. 나무는 세심하게 선택하였으며 썩은 전나무 둥치의 가지들 중 단단하고 손상되지 않은 뿌리 쪽이었다.

또 다른 지점은 현 지표면에서 10m 아래였는데 얕고 길쭉한 호수 가장자리에서 사냥이 벌어진 장소였다. 그 구역은 건조하고 나무가 없었기에 사냥꾼들이 자신들의 사냥감을 지켜볼 수 있는 곳이었다. 여기서 사냥 유단이 호안의 야생말 한 떼에 살그머니 접근해 가로막고 죽여 해체하였다. 티에메와 그 동료들은 유물들이 놓인 유기질 진흙탕을 3200m² 이상 발굴하였다. 진흙에서 나온 꽃가루는 서늘하고 온난한 기후 속에서 초원과 삼림 경관이 번성하였음을 드러내었다. 그 유적 주민들은 최소 스무 마리의 야생말을 사냥해 해체하였고 그 잔적은 유적에서 나온 2만 5천 점의 뼈 조각 중 90%를 넘었다. 이들은 돌 긁개와 찌르개들을 다른 곳에서 제작해 그

곳으로 갖고 왔으며 현장에서는 새로 다듬든지 재가공만 하였기에 그곳에
는 도구제작 쓰레기는 없고 단지 다시 다듬은 격지들만 있었다.

이 유적에서는 나무창이 최소 9점 출토되었는데 이것들은 현재 세계
에서 가장 오래된 나무 유물들이다. 대부분은 독일가문비나무로 길이가
1.82m에서 2.5m 사이이며 각각 서로 다른 나무를 베어 가지와 껍질은 벗
겨내고 나무뿌리 쪽의 가장 단단한 부위를 뾰족한 끝이 되도록 만들었다.
앞 끝은 세심하게 다듬어 대칭을 이루었고 뒤 끄트머리 역시 뾰족하되 그
뾰족한 끝 쪽으로 가면서 점점 가늘어지도록 만들었다. 사냥꾼들은 자신들
의 무기 표면을 아주 공들여 매끈하게 잘 다듬었으며 최대 두께와 무게는
앞 끝에서 3분의 1 되는 곳에 두었다. 티에메는 그것들이 현대의 사냥 창을
닮았다고 말한다. 복제한 창을 통제된 조건 아래에서 실험을 해보았더니
훌륭한 탄도 성능과 양호한 관통력을 지녀서 말을 사냥하기에 이상적이었
음을 보여주었다.

이 유적에서 첫 번째 나무 도구는 1994년 발견되었는데 끝을 공들여 날
카롭게 다듬은 독일가문비나무 막대기였다. 작은 나무의 둥치로 만들었으

그림 3.6 쇠닝엔 창들 가운데 하나의 발굴 당시 출토 모습.

며 길이는 0.78m이다. 티에메는 이것이 던지는 막대기였다고 믿고 있는데 모양 및 크기가 오스트레일리아 원주민이 나는 새를 사냥하는 데 쓰는 것과 닮았다는 것이다. 호수 주변의 갈대 속에 살았던 거위 종류에 대해 아주 효율적이었을 터이며 실제 그런 거위 뼈들이 이 유적에서 나왔다.

이외에 가공된 수많은 나무 조각이 이 대규모 사냥 야영지에서 출토되었으며 그 중에서 잘 다듬고 탄화된 막대기 하나는 아마도 살코기를 꿰어 불 위에서 굽는 데 쓰였을 것이다. 화덕은 발견물들이 주로 집중된 서쪽 가장자리에 몇 개 있었으며 서로 약 1m씩 떨어져 있었다. 근처에서 발견된 유물 중에는 대형 들소 뼈들이 있는데 그것들의 납작한 표면에는 반복해 자른 자국들이 남아 있어서 마치 옛 사람들이 해체한 살코기를 말리기 위해 저미고 있었던 듯하였다. 티에메는 그 화덕들이 마른 땅에 자리 잡고 있는 사실에 주목한다. 이는 그것들이 호수 수위가 낮고 강우가 드문 때인 늦은 여름이나 가을에 쓰였음을 의미할 것이다. 그러고 나서 늦은 가을에 내린 첫눈이 그 뼈들과 버려진 도구들을 썩어가는 두꺼운 갈대 층과 함께 덮고 봄에는 수위가 올라감으로써 이 유적을 후세 사람들을 위해 보존하였던 것이다.

옛 인간의 세계 동반부는 아시아에 있었는데, 이곳은 아주 다양한 환경으로 이루어진 광활한 삼림과 산림 지대였다. 동아시아의 열대 삼림은 동물 및 식물 먹을거리가 풍부했지만 그런 식량자원은 경관의 여기저기에 넓게 흩어져 있었다. 그래서 호모 에렉투스 유단들은 도구를 몸에 지니고 끊임없이 이동하였다. 다만, 저 유명한 아슐리안 도구 상자는 아니었다. 이런 부재 현상은 당혹스럽다. 학자들은 대개 아프리카 호모 에렉투스가 이 지구에 최초로 대량 서식하게 된 종이었다고 주장한다. 그렇기 때문에 우리는 아프리카에서 호모 에렉투스가 사용한 것들에 유사한 도구들이 세계 여기저기서 나타날 것을 기대할 수 있다.

앞에서 언급했듯이 아시아에서 아슐리안 도구 상자가 없는 현상의 배경으로는 이 석기공작이 창안(이 혁신은 165만 년 전쯤으로 연대가 측정됨)되기 전에 이미 호미닌들이 아프리카를 떠났음을 가리킬 수 있다. 이는 아시아 최초 호미닌들의 연대(180만 년 전)와 정말이지 유라시아 최초 호미니드들의 연대(조지아 드마니시의 180만 년 된 유적 역시 아슐리안 도구 상자가 없는 대신에 멋진 아슐리안 주먹도끼보다 훨씬 조잡한 형태의 찍개들을 가진 점을 주목하시오)와 상충하지 않는다. 다른 대안으로 아시아의 호모 에렉투스들이 가장 쉽게 입수할 수 있는 대나무, 나무, 기타 섬유질 소재들을 이용하는 편이 한층 순리에 맞았다고 주장할 수 있다. 서반부의 개활지에서 대형 동물에 대한 창끝용으로나 해체용으로 사용된 전문화되고 흔히 복잡한 도구들이 여기서는 아마도 필요가 없었을 것이다. 고고학자 제프리 포프가 지적한 바와 같이 동반부 주민들이 사용한 간단한 찍개와 격지들의 분포 범위는 인간에게 알려진 가장 쓸모 있는 소재 중 한 가지인 대나무의 자연 분포와 아주 가깝게 맞아떨어진다.

대나무는 유용하고 내구성이 강하며 운반이 편리하였다. 그래서 용기, 날카로운 칼, 창, 무기 끝, 줄, 집을 제작하는 데 쓰일 수 있었다. 대나무는 오늘날까지도 아시아에서 고층건물을 지을 때 비계로 널리 쓰이고 있다(그림 3.7). 이는 대형동물이 아닌 원숭이, 쥐, 다람쥐, 도마뱀, 뱀 같은 소형 숲 동물을 식물 식료와 함께 먹고 사는 사람들에게 이상적인 소재이다. 오랜 기간 줄곧 쓰였던 유일한 석기인 간단한 격지와 꾸불꾸불한 날을 가진 찍개들은 대나무를 가공하는 데 이상적이었을 것이고 호모 에렉투스가 더 진보된 인간 형태로 대체되고 오랜 시간이 지난 뒤에도 같은 용도로 수십 만 년 동안 실제 쓰였을 것이다.

이 옛 인간들의 생활양식을 해석하려는 데서 쓸 수 있는 증거로 보건대 그들은 사냥, 약취, 식물 식료에 의존하되 어느 한 가지에 매이지 않았던 융통성

그림 3.7 현대 고층 건물을 짓는 데 쓰이고 있는 대나무 비계. 이 유연하고 다양한 용도를 가진 소재는 인류 초기부터 아시아 사람들이 이용했을 것이다.

많은 수렵채집민이었다. 그들은 계절이 지나가는 분명한 표지, 구름 형성의 의미, 엽조수의 이주 시기, 자기 영역의 지리를 잘 이해하였을 것이다. 그들은 때로 비교적 큰 집단을 이루고 살았을 것인데 그 목적은 육식동물의 공격 위험을 줄이고 특히 대형동물로부터 식료를 발견할 기회를 늘리려는 데 있었다. 유단의 크기는 대개 훨씬 작았는데 특히 식물 식료가 더 풍부해서 개인별로 쉽게 얻을 수 있을 때 그러하였다. 이런 모든 점은 그들의 두뇌가 더 커진 데에 반영되어 있듯이 상당한 사회적 융통성과 지능의 존재를 말해준다. 그렇지만 옛 인간들은 자신들의 사회적 지능─먹을거리를 나누고 사냥에서 협동하는 능력─을 인간 지능의 다른 측면들과 통합해내지는 못하였을 것이다.

인간의 지능에 연관된 또 다른 주요 의문은 하기 힘든 얘기인데도 제2장에서 꺼내들었듯이 언제 사람들이 처음으로 언어(의사소통 뒤에 놓인 정신 작용)와 말(전자의 구체화)을 사용했느냐와 연관된다. 호모 에렉투스는 말하는 능력과 연관된 뇌 구역인 브로카 영역이 잘 발달한 큰 두뇌를 가지고 있었다. 그 성대는 좀 더 현대적이 되었고 그래서 분절 언어를 말할 수 있는 상당한 잠재력을 가졌음을 암시한다. 최근의 유전자 분석 결과는 우리의 네안데르탈 사촌들(아래 참조)이 우리와 똑같이 말과 관련된 FOXP2 유전자를 가졌음을 보여주며 그래서 그들이 거의 틀림없이 말을 했다는 것을 일러준다. 다만, 그들의 언어가 우리만큼 복합적이었는지는 아직 논란거리로 남아 있다. 그것은 어떻든 인류학자 레슬리 에일로와 로빈 던바는 언어와 말이 애초부터 점점 더 복잡해진 사회 정보를 다루는 한 방편으로 진화하였다고 믿는다. 집단의 크기가 커짐에 따라 주로 사회관계를 말하는 데 쓰인 언어 능력 또한 커졌다. 다만, 오늘날 우리가 어떤 행동 영역에서든 자유롭게 의사소통을 하기 위해 쓰는 일반 목적용 언어는 나중에야 비로소 발달하였다. 우리와 여러모로 정말 닮았던 호모 에렉투스가 현대인의 특징인 인지 융통성은 갖추지 못하였던 것이다.

그 뒤에 유럽의 옛 인간을 나타내는 두 번째 골격 증거가 스페인 북부 아타푸에르카 산지에 있는 시마 델 엘레판테 유적에서 약간의 조각 잔적들로 발견되었다. 120만 년 전으로 연대측정된 그 화석들은 아마도 호모 에렉투스에 속할 것이다. 흥미롭게도 이웃하는 그란 돌리나 유적은 이와 비슷할 가능성이 다분하지만 좀 더 연대가 어리며 그에서 나온 호미닌에 대해서는 '호모 안테케소르'(개척자라는 뜻)라는 이름이 붙여진 바 있다. 대략 85만 년 전으로 연대가 측정된 이것들은 현대인과 아주 닮아 보인다. 다만, 몸은 덜 건장하고 뇌도 작다. 이 '개척자'들은 그보다 15만 년도 더 뒤에 발달한 '호모 하이델베르겐시스'(아래 참조)와 많은 특징을 공유하고 있다. 호모 게오르기쿠스와 호모 안테케소르 둘 다에 대해서는 분류 명칭을 둘러싸고 논란이 있기는 하지만, 우리는 초기 호모들로 구성된 적어도 수 개의 유단이 100만 년 이전에 이미 유럽으로 이동해 들어온 상태였다는 데 대해서는 절대적으로 확신할 수 있다.

이런 이주 방정식에서 한 가지 변수는 아마도 불이었을 것이다. 우리는 인간이 정확히 언제부터 어디서 불을 부리기 시작했는지 알지 못한다. 증거가 분명한 최초의 화덕은 78만 년 된 이스라엘의 한 유적에서 나오지만, 아프리카에서는 아마도 그보다 일찍 불을 부리기 시작했을 터이다. 초기 인간들은 건기 동안 큰불이 일어나 사바나를 휩쓸며 풀밭이나 덤불을 태우는 현상에 익숙하였을 것이다. 불은 포식자에 대한 방호책이 되고 엽조수를 사냥한다거나 일렬로 다가오는 불길을 피해 달아나는 곤충류나 설치류들을 쉽게 잡을 수 있는 수단이기도 했다. 아마도 호모 에렉투스는 벼락이나 기타 자연적 요인 때문에 발화되어 오랫동안 연기를 내는 나무 그루터기를 이용함으로써 마른 덤불에 불을 일으키거나 포식동물을 겁주어 쫓아 버리기도 하면서 불씨를 보존하는 습관을 익혔을 것이다. 만약 그랬다면 호모 에렉투스가 불을 부리게 되고 나서 환경변화가 가속화된 시기 동안 열대 아프리카로부터 아시아와 유럽의 온대 환경으로 처음으로 대규모 이주를 하였다는 것은 결코 우연한 일이 아닐 것이다. 아마도 가장 중요한 점은 인간이 불 덕분에 음식을 조리한 일일 터인데 그로써 한층 소화하기 쉽고 열량 함량이 높은 훨씬 부드러운 음식을 먹을 수 있게 되었던 것이다. 어떤 이론에서는 이 덕분에 인간이 더 큰 에너지를 얻고 두뇌 크기가 커졌다고 한다.

정말이지 뇌가 더 커진 사실은 그 발견지 독일 하이델베르크에서 이름을 딴 '호모 하이델베르겐시스'(하이델베르크 사람이라는 뜻)에서 분명하니 그들은 대략 70만 년 전에서 30만 년 전에 살았는데 뇌 크기가 무려 $1100cm^3$에서 $1400cm^3$로 호모 에렉투스 뇌 크기 범위($750cm^3$~$1300cm^3$)의 큰 쪽 끝부분을 차지하고 있다. 그들은 아주 넓은 지역에 걸쳐 살았으니 동아프리카 대열곡, 북아프리카 및 남아프리카의 다양한 유적에서 발견되고 유럽을 가로지르는 몇 개소의 유적에서 알려진 바 있다. 그들은 뇌가 크며 튼튼하고 근육이 발달한 몸을 갖고 있어서 비교적 복합적인 자신들의 도구 상자로 대형동물들을 사냥할 수 있었을 것이다. 고고학자들은 2010년에 '엘비스'라는 별명을 붙인 화석을 발견함으로써 하이델베르크인이 자신들의 병자를 돌보았던 잠재적 증거를 찾아내었다. 그 화석인은 반백만 년 전에 스페인 북부 아타푸에르카 산지에 살았던 남자이다. 그는 등뼈 아래 부분의 상태로 보건대 요추 쇠약 통증을 앓고 있었고 걸을 때 지팡이가 필요하였을 곱사등이였기에 자기가 속한 집단의 보살핌에 의지해야 생존할 수 있었음에 틀림이 없다. 발굴자들은 1년 뒤에 같은 유적에서 두개골이 기형인 12살 어린이를 발견했다고 보고하였는데 이는 다시금 병자를 연민으로 돌보았음을 가리키는 사례이다.

대체로 이 호미닌 종은 다소 '인도적'이었던 것으로 보인다. 실제로 호모 하이델베르겐시스는 최근에 이르기까지 유럽의 네안데르탈인과 아프리카의 호모 사피엔스의 마지막 공통 조상이라고 생각되고 있었다. 하지만, 새로운 화석과 유전자 자료는 이런 관념에 대한 재고를 요하고 있다고 할 수 있다. 최신의 디옥시리보핵산(DNA) 분석 결과는 현대인, 네안데르탈인(그리고 좀 더 나중의 데니소바인)이 75만 년 전보다 이른 시기에 분기했음을 시사해서 호모 하이델베르겐시스가 우리의 공통 조상이 되기에는 너무 어릴 가능성이 크게 된 것이다. 그래서 현재로서는 그보다 다소 이른 개척자 호모 안테케소르(위 참조)가 우리의 공유 조상인 듯하다고 해야 하겠다.

6   네안데르탈인(40만 년 전쯤부터 아마도 3만 년 전까지)

'호모 네안데르탈렌시스'는 아마도 모든 옛 사람 가운데 가장 잘 알려진 사람일 것이다. 이들은 바로 유럽 전역을 가로지르면서 서남아시아에까지 들어가 살았으며 미성숙의 태아로부터 아주 노년의 어른에 이르는 수천 표본의 화석으로 알려져 있는데 늦어도 30만 년 전의 연대를 가진 스페인 아타푸에르카 발견 개체들 같은 증거도 이에 포함되기도 한다(그림 3.8).

네안데르탈인은 여전히 커다란 논란의 대상이다. 많은 사람이 일상 구어에서 아직도 '네안데르탈'이라는 단어를 유인원을 닮아 얼간이 같고 추한 사람들을 묘사하는 데 쓰는데 이는 자신들이 보기에 멍청이라고 생각하는 이들을 겨냥한 모욕적 언사이다. 이렇듯 판에 박은 듯한 묘사와 만화가들이 너무나 사랑하는 꾸물거리는 동굴인간의 이미지는 네안데르탈 골격들에 대한 20세기 초의 잘못된 연구들로부터 나온 것이다. 사실 네안데르탈인은 약간의 예스런 특성을 가졌을 뿐 강인하고 건장한 체격의 인간이었다. 그들의 두개

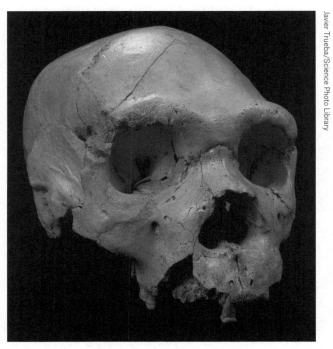

그림 3.8 스페인 아타푸에르카의 '뼈 구덩이'에서 출토된 호모 하이델베르겐시스 두개골.

골은 현대인과 비교해보면, 때로 눈썹 두덩을 갖고 경사진 이마, 튀어나온 안면을 가졌다. 그들이 능숙한 사냥꾼이었으며 상당한 지적 사고를 할 수 있었다고 믿지 못할 하등의 이유도 없다.

물론 네안데르탈인과 현대인 사이에는 해부학적으로 두드러진 차이가 있으니, 그것은 네안데르탈인의 목 아래 신체의 골격이 건장하다는 점과 더 둥근 두개골에 때로 눈썹 두덩이 심하게 솟았고 안면이 앞으로 튀어나왔다는 두 가지 측면에서 나타난다(그림 3.9 참조).

우리 현대인과 네안데르탈인의 관계에 관련해서는 현재 진행 중인 DNA 연구 작업이 많은 빛을 던져주고 있다. 근년에 들어 이루어진 기술 개선으로 DNA 분석의 비용이 줄어들었고 또 발견 비율도 가속화되었다. 그리하여 때때로 국면을 완전히 바꾸어놓거나 때로는 예기치 못했던 결과가 나오기도 하나 언제나 흥미롭다. 이 분야는 진화를 거듭하는 중이라서 우리는 다가오는

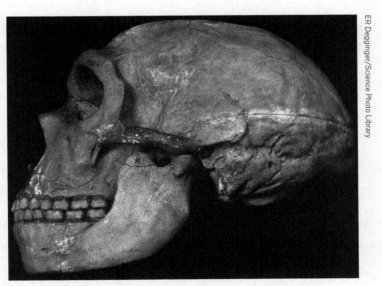

그림 3.9 전형적 네안데르탈 두개골로 두드러진 눈썹 두덩과 튀어나온 턱을 보여준다.

10년 동안에 한층 커다란 발견들이 이루어질 것으로 기대할 수 있다.

최초의 난관 돌파는 독일 뮌헨대학교와 미국 펜실베이니아주립대학교의 연구자들이 독일 뒤셀도르프 근처 네안더 계곡에서 1856년 처음으로 발견된 네안데르탈인의 팔뼈로부터 디옥시리보핵산(DNA)을 추출해내면서 이루어졌다. 이 과학자들은 소량의 뼈를 가루로 빻아 몇 조각의 아주 작은 **미토콘드리아 DNA**를 추출할 수 있었던 것이다(테 글 'DNA와 고고학'을 참조). 과학자들은 아주 작은 조각의 네안데르탈 DNA들을 겹쳐 놓고 중합효소(또는 복제) 연쇄 반응(PCR)이라는 증폭기법을 이용해 수많은 분자를 복사해냄으로써 네안데르탈 DNA의 특정 부위에 해당하는 378 염기쌍(유전 암호의 기초 단위를 이루는 화학물질)의 서열을 식별할 수 있었다. '고변이 부위 1'이라는 이 부위는 여러 세대에 걸친 변화를 보여준다고 알려져 있다. 전반적으로 말해 이 부위에서 두 종 사이의 상이성이 크면 클수록 그만큼 그 관계가 더 멀다고 생각된다.

이 연구자들은 이 네안데르탈 DNA 서열을 아프리카인, 아시아인, 오스트레일리아인, 유럽인, 아메리카 인디언, 태평양 제도인을 포함하는 994개 현대인 계보의 동일 부위 DNA 서열과 비교하였다. 네안데르탈 DNA 서열은 모든 현대인 DNA 서열과 27염기쌍 아니면 28염기쌍이 달랐다. 현대인의 서열들은 그와 대조적으로 이 부위에서 평균 8염기쌍이 서로 달랐다. 현대인 DNA와 침팬지 DNA 사이의 이 부위 차이는 훨씬 커서 대략 55염기쌍 정도였다. 유전학자들은 이런 결과를 바탕으로 네안데르탈인과 현대인의 관계가 멀며 서로 진화한 관계가 아니라고 결론지었다. 이와 같이 네안데르탈인은 구분되는 하나의 종으로서 해부학상 현대인의 아종이 아니었다.

그러다가 2010년에 스웨덴 유전학자 스바안테 페에보가 자신의 팀이 네안데르탈인의 게놈 서열을 완성해내었다고, 즉 네안데르탈인의 유전자 전부를 해독해내었다고 공표함으로써 우리의 지식은 기하급수적으로 진전을 보게 되었다. 이는 페에보 자신조차 10년 전에 '불가능하다'고 맹렬히 비난을 했던 터라 믿을 수 없는 쾌거였다. 그 결과는 이전에 예기치 못했던 모종의 사항을 간접적으로 내비쳤는데, 그것은 현생인류(호모 사피엔스) 중에 사하라이남 아프리카 이외의 지역에서 조상 집단이 발생한 모든 사람 속에 네안데르탈인을 약간씩—그 게놈의 1%에서 4%—가지고 있다는 것이었다.

다른 말로 하면 우리 조상들이 아프리카를 떠난 이후로 일부가 네안데르탈인과 성관계를 맺어 튀기 자식을 낳았다는 것인데, 서로 다른 종들 사이의 자식은 대개 불임이라 두 종 사이에 더 이상의 유전자 교류는 일어나지 못했다는 것이다. 그 결과로 오늘날 완전한 네안데르탈인은 존재하지 않고 또 네안데르탈인이 현생인류와 분리되어 진화상 구분되는 종으로 남은 반면 이 선사시대 종간 유전자 혼합 가운데 소량이 모든 '비(非)사하라이남 아프리카인'의 게놈 속에 잔존하게 되었다(지금까지 우리가 아는 한 아프리카에 살았던 네안데르탈인은 없었으니 그때문에 우리의 사하라이남 조상들 중 아무도 그들과 상호작용을 하지 않았다는 것이다).

유전학자들은 네안데르탈인과의 이 상호교배가 언제 일어났느냐에 대해서는 대략 5만 년 전으로 잡는다. 그런 추론은 모든 비아프리카인이, 그게 프랑스인이든, 중국인이든, 혹은 파푸아뉴기니인이든 같은 양의 네안데르탈인 DNA를 공유한다는 사실에 토대를 둔다. 다시금 우리가 지금까지 아는 한이지만 네안데르탈인이 중국이나 파푸아뉴기니에 결코 산 적이 없었기 때문에 이 상호교배는 그 주민들이 분기하기 전에 일어났음—가장 가능성이 큰 장소는 중동이다—에 틀림이 없다.

하지만, 네안데르탈인과의 유전자 교류 이야기는 지독히도 복잡해서 위에 서술한 설명은 아마도 표면만을 겨우 긁은 데 지나지 않을 것이다. 예를 들어 2017년에 과학자들은 네안데르탈인과 현생인류 사이에 더 일찍 일어났던 상호교배에 관한 증거를 발견하였다. 그들이 독일에서 출토된 12만 4천 년 된 네안데르탈 화석에서 호모 사피엔스의 DNA를 찾아낸 것이었다. 그간 호모 사피엔스가 6만 년 전이 되어서야 유럽에 도착했을 것이라고 보았기에 이는 인쇄 윤전기를 당장 멈추라고 할 정도로 흥미로운 일이다. 그 유전자 증거는 최소한 옛 인간 이동 및 활동의 이야기가 전통적으로 가정한 것보다 훨씬 더 복잡했음을 암시하고 있다.

또 2010년에 발표된 페에보의 유전자 연구 결과는 네안데르탈인 및 호모 사피엔스와 같은 시기에 살았으나 이전에는 알려지지 않은 새로운 호미닌 종에 관한 실로 놀라운 증거를 드러내었다. 이 존재는 그의 팀이 시베리아 알타이 지방의 데니소바 동굴에서 발굴된 손가락 뼈 한 부분에서 아주 특징적인 미토콘드리아 DNA를 추출한 뒤에 식별이 되었다. 그와 그의 팀은 이 사람에 대해 '데니소바인'이라는 이름을 붙였고 그들은 같은 해에 그의 게놈 전부를 복원해내었다. 그 결과는 데니소바인이 우리보다 네안데르탈인과 더 긴밀하게 연관되어 있으며 추산 분기 연대는 대략 40만 년 전이지만 우리 호모 사피엔스가 아마도 75만 년 전보다 더 이른 시점부터 데니소바인 및 네안데르탈인과 공통 조상을 공유했음을 시사하였다.

그 후 이 동굴에서 출토된 여러 점의 이빨로부터 더 찾아낸 유전자 서열들은 데니소바인이 아마도 그 유적에서 대략 22만 년 전에서 5만 년 전에 살았으리라는 것을 시사하였다. 이 연구 결과는 또한 과거에 이루어진 현생인류와 네안데르탈인의 상호교배 이외에도 우리가 지금까지 알지 못한 또 다른 더 오래된 존재들과의 상호교배를 나타내는 징표들도 드러내었다. 더욱이 우리 현생인류가 역시 그들과 상호교배를 했음이 분명하다는 것이다. 오늘날의 현대인 일부는 데니소바인의 유전자를 아직도 지니고 있으니 특히 파푸아 뉴기니와 여타 멜라네시아 출신의 사람들은 데니소바인 유전자를 평균 4.8% 간직하고 있다.

이런 이야기는 한 가지 난제로 이어지는데, 지금까지 유일하게 알려진 데니소바인 잔적이 시베리아의 이 한 개소 동굴에서 나온 점을 염두에 둔다면 도대체 그들이 어떻게 외양을 넘어 수천 킬로미터나 떨어진 멜라네시아로 건너갈 수 있었느냐는 의문이다. 간단히 말해 영리한 옛날의 우리가, 바다를 항해한 호모 사피엔스가 데니소바인과 상호교배를 한 후 그들의 유전자를 갖고 그리로 간 것인가? 아니면 엄청난 여행가였던 데니소바인이 그들 스스로 그리로 이주한 것인가? 데이비드 라이크에 의한 유전자 실험 결과는 지금 후자, 즉 데니소바인이 직접 그 섬들로 이동했음을 암시하고 있다. 그러려면 기술과 선견력이 필요했을 터이지만 DNA 분석 결과는 데니소바인이 그들의 행동과 관련해 정말로 그럴 만했다고 말해주지도 않을 뿐더러 그들의 지능에 관해서도 역시 그렇다. 이보다 더 알기 위해서는 누군가가 데니소바인의 두개골을 발견해야 할 것이다! 흥미롭게도 갖가지 두개골 잔적을 포함하는 중국 출토 화석 가운데 연대가 35만 년 전에서 6만 년 전인 몇 점이 데니소바인에 속할 가능성이 있다. 마치 탐정 스릴러물처럼 여기서 우리가 말할 수 있는 것이라고는 이 책의 다음 개정판에서 이 부분을 보는 길밖에 없다.

이상의 모든 것은 다음과 같은 질문, 즉 이런 서로 다른 호미닌 종들에게 무슨 일이 일어난 것이며 왜 호모 사피엔스가 지금껏 살아있는 유일한 호미닌인가이다. 많은 연구자는 우리가 자신의 우월한 지능을 이용해 그들을 "쓸어내어 버렸음"을 시사하곤 했다. 그러나 만약 네안데르탈인(우리가 이들에 대해서는 데니소바인보다 훨씬 많은 증거를 갖고 있다)으로 특정해서 본다면 유전자 자료는 무언가 다른 것을 가리킨다. 유전자 다양성과 개체 숫자의 관점에서 보면 네안데르탈인 집단, 특히 스페인과 러시아 사이 지대에 있었던 네안데르탈인은 대략 10만 년 전부터 이미 숫자와 다양성이 적고 낮아서 과거에 간간이 찾아왔던 기후 변동들에 특히 취약했을 것임을 시사한다. 유전자 자료는 그들이 3만 9천 년 전에 이르면 절멸의 길로 들어섰음을 가리킨다(다만, 일부 고고학자는 그보다 약 1만 년 이후 얼마 남지 않은 인구 상태였다고 보는 편을 선호한다).

네안데르탈인이 절멸한 때가 우리가 아프리카로부터 이동해 나온 때와 겹치는 것을 보면 우리가 그들의 종말에 관여한 것인가? 어쩌면 우리가 질문을 잘못 던지고 있는 것인지도 모른다. 앞에서 우리가 본 대로 DNA는 이 호미닌이 아프리카 바깥 지방의 모든 곳에서 완전한 대체를 겪은 것은 아님을 보여준다. 그들의 유전물질이 우리 다수에게서 살아있기 때문이다. 그러면 네안데르탈인(과 정말이지 데니소바인)과 호모 사피엔스를 한 가지 종으로 보아야 할 것인가? 그 대답은 부정이다. 다른 무엇보다도 중요한 의견 합치 사항은 호모 사피엔스, 네안데르탈인(그리고 데니소바인)이 수십만 년에 걸쳐 분명하게 상호 구분된다고 인정될 수 있는 진화 계보라는 사실이다. 그들 사이에 벌어진 상호 교잡의 양은 각기 특징적 종으로서의 분류를 뒤엎을 수준은 결코 아니며 또 사실 종간 상호 교잡은 지난 7백만 년에 걸친 인류 진화에서 대부분의 기간에 일어났던 하나의 특징 같은 것이라 할 수 있다.

과학 **DNA와 고고학**

유전자 분석은 근년에 들어서 혁명이나 다름없는 변화를 겪고 있다. 과학자들은 우리 조상들의 게놈 지도를 작성해낸 덕에 이제 우리 진화의 미스터리들 중 일부를 풀어내고 있다. 이는 아주 흥미로운 분야이며 그 연구 결과는 새로운 발견이 이루어짐에 따라 끊임없이 바뀌고 업데이트되고 있는 참이다.

　　DNA는 저 유명한 이중 나선 구조를 이룬 두 개의 사슬로 구성된 분자이다. DNA는 부모에게서 자식에게로 유전자 정보가 전달되는 데서 중심 역할을 한다. 유전자는 혈액형이나 눈 색깔 같은 신체 특성들의 뒤에 놓인 코드들의 집합이다. 또 DNA는 대단히 많은 비암호화 부위들로 이루어져 있으며 그 가운데 일부는 코딩(암호화) 조각들을 규율하는 데서 중요한 역할을 한다.

고고학에서 DNA 분석법을 적용한 흥미로운 사례 한 가지는 과거 사건들을 연대측정하는 분야이다. DNA는 번식 과정에서 한 세대에서 다음 세대로 복제가 이루어진다. DNA를 구성한 가장 큰 부분은 신체 세포의 핵 속에 있는 염색체에 들어 있으며 이를 대개 핵 DNA 또는 상염색체(常染色體) DNA라고 부른다. 우리는 상염색체 DNA를 부모로부터 물려받는데 50%는 어머니로부터(미토콘드리아 DNA로 알려진 것), 그리고 또 50%는 아버지로부터(Y-염색체 DNA) 받는다. 무작위 돌연변이는 언제나 일어난다. 이런 돌연변이 혹은 '오류'들은 치명적인 것이 아니어서 그것들은 다시 이어지는 세대들에 복제되어 전달될 수 있다. 그런데 유전자 코드의 일부 부위는 합리적으로 예측할 수 있는 비율로 돌연변이를 일으키므로 그런 변화들이 축적되는 데 걸린 시간을 추산해낼 수가 있다. 이것이 '분자 시계'의 개념이다. 그러나 문제는 그 돌연변이들이 얼마나 빠르게 일어나는지, 다시 말해 그 시계가 얼마나 빨리 가는지를 알아내는 데 있다. 그 수치들은 몇 가지 커다란 가정들에 토대를 두고 있다. 2012년에 정말이지 획기적인 연구로 살아있는 어린이 78명의 게놈들을 조사해서 돌연변이의 수치가 36이라는 것을 발견하였다. 이는 이전에 가정한 수치의 반이라서 분자시계가 이전에 생각했던 것보다 훨씬 빠르게 돌아갔음을 의미한다. 침팬지에 대해서도 비슷한 연구가 이루어졌다. 그 결과로 도달한 결론은 인간의 계보와 침팬지의 계보가 빨라도 700만 년 전은 되어야 분기했고 어쩌면 1300만 년 전으로 거슬러 올라간 시점에 분기했을 가능성이 크다는 것이었다. 다만, 대부분의 연구자가 대략 750만 년 전이라는 연대를 선호하고 있기는 하다. 이와 마찬가지로 우리는 현재 네안데르탈인, 데니소바인, 호모 사피엔스 사이에 공유된 최후의 공통 조상이 대략 75만 년 전에서 50만 년 전에 살았다고 생각하고 있다.

최초의 옛 DNA 서열은 스웨덴 과학자 스바안테 페에보가 보고하였는데 그는 1985년에 서기전 4000년경 선왕조시대 이집트인의 피부로부터

DNA를 추출해 그 특성을 기술하였다. 1997년에는 페에보와 그의 팀이 네안데르탈인 화석으로부터 DNA를 찾아내기 시작하였다. 애초의 결과들은 어머니의 미토콘드리아 DNA에만 초점을 맞추었는데 현대인들에게서 네안데르탈인 DNA에 관한 어떤 증거도 발견하지 못하였다. 그래서 우리 조상들과 네안데르탈인 사이에 상호교배가 없었다고 가정하였다. 이는 당시의 과학적 의견과 합치하였으며, 그 주장은 현대인들이 일단 아프리카를 떠난 이후로 오늘날 사람들에게서 나타나지 않을 정도로 사소한 어떤 혼합은 어쩌면 있었을지언정 다른 인간 집단들을 완전히 대체하였다는 것이었다. 그러나 2010년에 페에보와 그 동료는 자신들이 네안데르탈인의 게놈 전부와 또 이전에는 알려지지 않았던 시베리아 발견 호미닌의 게놈 전부도 해독했다고 선언하면서 후자를 데니소바인이라고 명명하였다.

이런 연구 결과들은 최근에 일어난 인류 진화의 그림을 훨씬 더 복잡하게 그려내고 있으며 사실상 완전한 현대인인 호모 사피엔스, 네안데르탈인 그리고 데니소바인 사이에 약간의 상호교배가 있었음을, 혹은 적어도 원주민이 사하라이남 아프리카의 바깥에서 기원한 모든 현대인의 경우 그랬다는 사실을 드러내었다(우리가 지금까지 아는 한 아프리카에는 네안데르탈인이나 데니소바인이 없었다). 그리하여 아프리카 바깥에서 기원한 모든 현대인은 이제는 절멸한 이 종들로부터 전해진 유전 물질을 약간씩 간직하고 있으며 사람들 대부분의 게놈은 네안데르탈인에서 유래한 DNA를 2%정도 포함하고 있다. 이런 상호교배는 우리가 아프리카를 떠난 뒤로 우리 가운데 일부가 중국과 그 너머로까지 계속 옮겨가기 전인 6만 년 전부터 4만 년 전 사이의 어느 때인가 일어났을 것이다.

그렇지만 복잡함은 거기서 멈추지 않는다. 오세아니아(특히 파푸아뉴기니와 오스트레일리아)의 주민 일부는 그 게놈 속에 데니소바인 같은 주민 집단과 옛날 이루어진 상호교배에서 나온 DNA를 훨씬 높은 수준으로 간직하고 있다. 더욱이 오늘날 사하라이남 아프리카 주민의 게놈은 그 조상들이 호모 하이델베르겐시스 혹은 어쩌면 최근에 발견된 또 다른 최근 호미닌인 '호모 날레디' 같은 옛 인간 종과 상호교배를 한 징표를 간직한 유전자 증거 또한 약간 갖고 있다. 우리 게놈 속의 이런 외부 기원(혹은 이입된) DNA 대부분은 기능을 하지 않는 것으로 보이는 한편 어떤 요소는 감염 질병에 대한 저항력 같은 건강상 이점을 제공했을 수 있고 또 한편으로 어떤 요소는 자가 면역 상태 같은 부정적 영향을 미쳤을 수도 있다.

또 이런 유전자 자료는 호모 사피엔스가 지구 전역으로 퍼져 나간 데 관련된 지견을 제공하기도 하며 특히 화석 기록 및 고고학적 증거와 결합되었을 때 그러하다. 그렇지만 세 연구 갈래가 언제나 합치되는 것은 아니다. 예를 들어 최근의 고고학적 연구 일부는 호모 사피엔스가 6만 5천 년 전이면 오스트레일리아에 도착했을 것으로 시사하는 반면 유전자 증거는 5만 5천 년 전 이후의 연대를 가리킨다. 이와 마찬가지로 고고학은 인간이 아메리카 대륙에 대략 1만 5천 년 전에 처음으로 이주했다고 하는 반면 유전자 자료는 이주가 일찍이 2만 3천 년 전에 시작되었음을 암시한다. 그 증거는 새로운 발견이 때로는 정신없을 정도의 속도로 이루어짐으로써 한층 더 복잡한 만큼 더욱 흥미로우며 현재 고고학 안에서 DNA 연구 이용은 가히 혁명적이라 할 정도에 이르고 있다.

네안데르탈인은 대략 40만 년 전부터 3만 년 전쯤까지 유럽, 유라시아, 서남아시아 일부 지역에서 번성했다. 네안데르탈 인간 집단은 커다란 변이를 보이지만, 어디서건 현대인과 똑같은 자세와 손놀림 능력을 가지고 있었다. 그래서 우리 조상들 가운데 일부는 그들과 성관계를 가질 만하다고 여길 정도로 흥미롭게 생각했음에 틀림이 없다. 하지만, 그들은 육중한 사지 뼈를 가진 점이 우리와 차이가 났는데, 넓적다리와 앞 팔 부분이 다소 휜 경우가 흔하니 이는 그들의 근육 힘이 한층 컸음을 반영하는 특징이다(그림 3.10 참조). 네안데르탈인은 키에 비해 근육이 두껍게 잘 발달했지만 두뇌 용적(1200cm³에

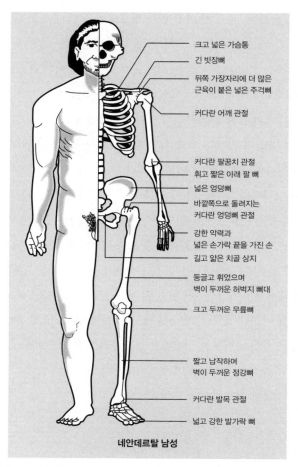

크고 넓은 가슴통

긴 빗장뼈

뒤쪽 가장자리에 더 많은
근육이 붙은 넓은 주걱뼈

커다란 어깨 관절

커다란 팔꿈치 관절

휘고 짧은 아래 팔 뼈

넓은 엉덩뼈

바깥쪽으로 돌려지는
커다란 엉덩뼈 관절

강한 악력과
넓은 손가락 끝을 가진 손

길고 얇은 치골 상지

둥글고 휘었으며
벽이 두꺼운 허벅지 뼈대

크고 두꺼운 무릎뼈

짧고 납작하며
벽이 두꺼운 정강뼈

커다란 발목 관절

넓고 강한 발가락 뼈

네안데르탈 남성

그림 3.10 네안데르탈 남자의 골격으로 주요 해부학적 특성들을 보여준다.

서 1750cm³)은 현대인(1000cm³에서 2000cm³)과 비슷했다. 그들의 건장한 체격
과 혹한을 견디는 능력은 환경 적응에 성공했음을 나타낸다.

네안데르탈인의 문화와 기술은 더 원시적인 그들의 조상들보다 훨씬 복
잡하고 정교했다. 그들의 석기 중 다수는 다목적용이 아니라 특정 목적을 위
한 것이었으니, 예컨대 나무창에 끼우는 석제 창끝이라든가 말뚝을 박아 펼
쳐 놓은 가죽을 가공 처리할 때 사용한 굽은 긁개 등이었다(그림 3.11). 그들은

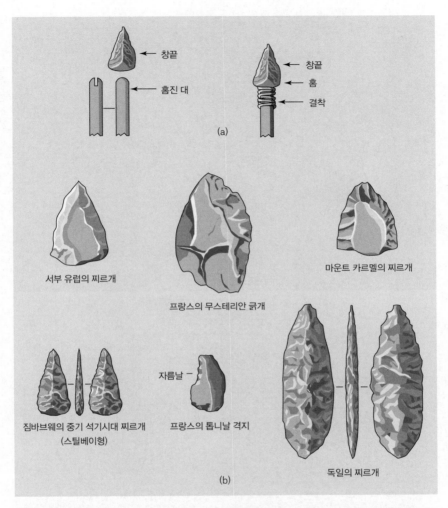

그림 3.11 복합도구용 창끝들. 네안데르탈인이 제작한 석기들에는 (a)나무 대 끝에 석제 첨두기(찌르개)를 부착한 복합도구와 (b)다양한 창끝 찌르개와 자르고 긁는 도구들이 있다.

선조들처럼 넓은 영역을 차지하고서 매년 사냥감이 이주할 때나 식물 식량이 익을 철에 맞춰 같은 장소로 되돌아오곤 하는 식으로 그 땅을 계절에 따라 적절히 이용했을 것이다.

　　네안데르탈인은 능숙한 사냥꾼이었는데, 특히 그들이 활과 화살이 아닌

그림 3.12 네안데르탈인 생활양식의 복원도. (위)마지막 빙하기 초의 사냥 모습. (아래)남녀들이 갖가지 일을 하는 중인 네안데르탈 취락의 모습.

창이나 몽둥이로 사냥감을 가까이서 공격해야만 했다는 것을 상기하면 그 점을 잘 알 수가 있다(그림 3.12의 위 참조). 그들은 매머드나 들소, 혹은 야생마 같은 가공할 동물을 공격하기를 두려워하지 않았다. 서유럽의 많은 유단은 극한의 추위를 견디기 위해 연중 많은 기간을 동굴이나 암벽 밑 은거지에서 살았던 것으로 보인다. 그들은 짧은 여름날 동안에는 트인 들판으로 퍼져 나와 임시 텐트를 친 야영지에 살면서 식물 식료를 이용하였을 것이다(그림 3.12 아래 참조). 네안데르탈인이 자신들의 국지 환경을 친숙하게 알았고 동물의 이주 계절, 그 떼의 크기와 예상되는 이동로 등의 요인에 맞춰 삶을 꾸려 나갔을 것이라는 데는 거의 의심의 여지가 없다. 또 인간들은 이때면 이미 계절에 따라 이동하는 순록이나 여타 동물 떼로부터 살코기를 최대한 얻어냄으로써 수확이 적은 달에 대비해 식량을 저장하는 법을 터득한 터였다.

그에서 비롯된 문화 변이성은 네안데르탈 집단의 다양한 무스테리안 도구 복합체(프랑스 서남부 르 무스티에 유적의 이름을 딴 것)에 반영되어 있다. 네안데르탈인은 주먹도끼 제작자들과는 달리 대부분의 도구를 격지로 만들었으며 가장 흔한 것은 긁개와 창끝이다. 그들의 무기 중 일부는 복합도구, 즉 한 가지 이상의 요소로 이루어진 도구였으며 예컨대 찌르개, 대, 그리고 그것들을 묶는 끈으로 이루어진 창 같은 것이다. 그들의 기술은 단순하고 아주 가변적이었으며 수십 만 년 동안 발전해 온 이전 기술들이 낳은 필연적 결과였다(그림 3.11 참조). 프랑스의 네안데르탈 유적들에서는 그간 대단히 다양한 도구복합체가 출토된 바 있다. 어떤 층에는 주먹도끼가 포함되고 또 어떤 층에서는 말릴 살코기를 벗겨내는 데나 섬유질 식물을 압착하는 데 쓰였을 홈 진 격지가 출토되었다. 이런 무스테리안 도구복합체의 폭넓은 변이는 프랑스뿐만 아니라 유럽 및 서남아시아 전역과 북아프리카에서도 발견되는데 이곳들에서는 다른 옛 호모 사피엔스도 비슷한 도구를 만들었다. 그 도구복합체의 이런 모든 변이가 무엇을 의미하는지는 아무도 정확히 알지 못하지만, 그것은 아마도 인간 집단의 수가 증가하고 사회 복합도가 약간 높아진 때에 네안데르탈인과 여타 옛 호모 사피엔스가 아주 특정한 여러 가지 활동에 필요한 도구를 개발할 수 있었음을 반영한다고 생각된다.

네안데르탈인과 다른 곳에 있던 그 동시대인들은 채집민이었고 세계의 인구는 아직도 적었지만 인간의 생활은 서서히 복잡해지고 있었다. 우리는 종교적 관념과 내세에 대한 깊은 관심을 나타내는 최초의 징표들을 발견한다. 그간 동굴, 암벽 밑 은거지, 들판 야영 유적지에서 네안데르탈 매장들이 발견된 바 있다. 프랑스의 레 제지 근처에 있는 라 페라시 암벽 밑 은거지 유적에서는 한 야영지 안에 네안데르탈 어른 둘과 아이 넷이 가까이 묻힌 유구가 드러났다. 이런 공동묘지는 다른 유적에서도 나타나는데, 이는 아마도 네안데르탈인이 후대 채집민 대부분과 마찬가지로 내세를 믿었다는 징표일 것이다.

우리는 네안데르탈인과 점점 복잡해진 그들의 문화에서 우리 자신이 지닌 복잡한 신념, 사회, 종교 관념의 맨 처음 뿌리를 발견한다. 또 그들은 협동적이고 상호 연민적인 집단을 이루고 살았던 듯한데 그것은 예를 들어 프랑스 라 샤펠-오-생 유적에서 나온 노인 두개골 하나에서 이빨이 거의 다 빠지고 그래서 아마도 생존하는 데 돌봄이 필요했을 사례가 시사한다. 그러나 네안데르탈인은 5만 년 전 이후로 아프리카에서 퍼져 나온 완전한 현생인류에게 밀려나는데, 이 현대인들은 대단한 지력과 체력으로 이전 선사 세계와는 상상도 할 수 없을 정도로 다른 빙하시대 말기 세계를 만들어내었다.

7   초기 호모 사피엔스(30만 년 전쯤부터 1만 5천 년 전까지)

현대인, 즉 호모 사피엔스인 우리는 자신을 '슬기로운 사람'이라고 부른다. 우리는 미묘한 차이를 구별하고 솜씨 좋게 처리할 줄 알며 자각을 하는 현

명하고 꾀바른 사람들이다. 과학자들은 우리를 이전 인간들과 구분해주는 것
이 무엇인지 궁금해 한다. 그 답들은 복잡하니 그 이유는 그것들이 언제나 고
고학적 기록 속에서 스스로를 명확하게 드러내지는 않기 때문이다. 무엇보다
도 첫째로 꼽을 수 있는 답은 말을 또박또박 유창하게 하는 능력임에 틀림없
다. 우리는 의사소통을 하고 이야기를 하며 지식과 생각을 남에게 전달하니,
이는 모두가 언어라는 매체를 통해서이다. 의식, 인지, 자각, 예지, 그리고 자
신의 생각과 감정을 표현하는 능력은 모두 유창한 말의 직접 결과물이다. 또
이것들은 완전히 성숙한 인간 정신의 또 다른 속성, 즉 상징적, 정신적 사고능
력과 연계될 수 있으며, 이는 생업활동과 기술뿐만 아니라 개인, 집단, 우주라
는 존재들의 영역 경계 및 그 상호 관계 또한 관심사로 한다.

유창한 말, 예술 및 종교로 표현된 인간 창조력의 완전한 개화, 능숙한 도구
제작, 이것들은 호모 사피엔스의 표징들 중 일부이다. 인류는 이런 능력들을 가
짐으로써 결국 지구의 온대 및 열대 환경뿐만 아니라 지구 전역에 살게 되었다.
우리는 현생인류가 등장하면서 비로소 해부학적으로 우리 자신과 똑같을 뿐만
아니라 지적 능력으로도 동일한 사람들에 대한 연구를 시작하게 되는 셈이다.
고고학 연구 작업과 결합된 DNA 분석은 우리가 어디서 왔으며 우리가 서로
어떻게 연관되는지에 대해 점점 더 밝은 빛을 던져주고 있는 참이지만, 그럼에
도 호모 사피엔스의 기원을 둘러싼 논란은 고고학에서 가장 격렬한 축에 든다.

8   연속인가, 대체인가 아니면 그 사이의 어떤 것인가?

금세기가 시작되기 전에는 현대인의 기원을 설명해내려는 데서 완전히 상
반되는 두 가지 주요 가설이 제시되어 있었다. 지역 연속 이론으로 알려진 한
모델은 구대륙 전역의 호모 에렉투스 집단들이 각기 먼저 옛 호모 사피엔스

로, 그리고 다시 완전한 현대인으로 순차 진화했다는 가설을 내세웠다. 이 연속성 모델은 호모 사피엔스의 다원적 기원을 주장하며 호모 에렉투스 이주 이후의 또 다른 이주는 인정하지 않는다. 이 시나리오에 따르면 세계 각지에 있는 현대인이 훨씬 깊은 뿌리를 지닌 셈이다. 다만, 각 집단 내의 끊임없는 유전자 교류로 고도의 적응력을 갖춘 새로운 해부학적 특성들이 급속히 퍼짐으로써 모든 인간 집단이 해부학상 현대인을 향해 동일한 기본 진화 노선을 유지하였다는 것이다. 그러면서도 완전한 현대인으로 진화한 시점은 집단 사이에 차이가 있을 수 있다고 본다.

이와 반대되는 캠프는 아프리카 기원 모델이었다. 이 접근법의 제안자들은 호모 사피엔스가 한 곳, 열대 아프리카에서 진화해 구대륙 도처로 퍼져 나갔다고 주장하였다. 이 모델은 단 한 곳의 기원지로부터 주민 이주가 일어났다고 전제하고 또 현대 각 지역 인간 집단이 지닌 뿌리가 그다지 깊지 않으며 비교적 최근에 한 곳으로부터 유래된 것이라 본다. 이제 비록 이 두 번째 가설이 거의 보편적으로 받아들여지고 있지만 최근에 들어 좀 수정이 되고 있는 참인데 그 이유는 새롭고도 한층 정교해진 유전자 연구가 호모 사피엔스와 그 동시대인들에 대한 우리의 지식을 근본적으로 바꾸어 놓고 있기 때문이다. 그러므로 이제 현대인이 (아프리카 기원 모델대로) 정말로 최근에 아프리카에서 기원한 반면 일단 그들이 본향 아프리카를 떠난 이후로 아프리카 이외의 지역에서 지금은 절멸한 호미닌들과 약간의 상호교배를 하였던 것으로 보며, 그에는 네안데르탈인과 데니소바인이 포함되되 반드시 그들로만 한정되지는 않는다(테 글 'DNA와 고고학' 참조). 이렇듯 진화 이야기는 이전에 예상했던 것보다 한층 더 복잡한 것이다.

9   분자생물학과 우리의 기원

분자생물학은 그간 우리 종의 진화에 관한 단서들을 내놓는 데서 중대한 역할을 하였으니 그 단서는 언제 우리 조상들이 진화했는가 하는 주제로부터 우리 가운데 일부가 언제 아프리카를 떠났느냐 하는 것까지를 포괄한다. 연구자들은 그간 미토콘드리아 DNA(mtDNA)에 영점 조준을 하였는데 이는 핵 DNA보다 훨씬 빠른 속도로 돌연변이를 축적하기 때문에 돌연변이율을 측정하는 데 유용한 도구가 된다. 미토콘드리아 DNA는 오로지 모계로만 유전되며 부계의 DNA와 섞여 희석되지 않는다. 그래서 아득한 선사시대의 인간 집단과 오늘날의 인간들을 유전적으로 연결시켜 줄 잠재력을 가진다. 유전자 연구자들은 아프리카·아시아·유럽·오스트레일리아·뉴기니 출신 여성 147명의 미토콘드리아 DNA를 분석해 보고 각 집단 사이의 차이가 아주 작다는 사실을 발견했다. 그래서 그들은 이 다섯 집단이 모두 비교적 최근에 생겨났다고 주장했다. 이제 우리는 미토콘드리아 DNA 나무의 가장 깊은 가지들 가운데 셋이 전적으로 아프리카인이고 그 다음 깊은 가지가 아프리카인과 비아프리카인의 혼합임을 안다. 모든 비아프리카인 가지들은 서로 아주 비슷한 깊이를 갖고 있다. 그래서 미토콘드리아 DNA 계보가 아프리카에서 어느 때인가 진화하고 그에 이어 소규모 인간 집단의 바깥 이주가 있었을 가능성이 크다. 나중의 유럽 및 아시아 호모 사피엔스 계보들은 모두 이 작은 아프리카 인구 집단으로부터 생겨났다. 공통 조상에 대해 가장 최근에 이루어진 최신 연대측정치는 약 17만 1천500년 전(오차는 ±5만 년)이다. 아프리카인과 비아프리카인을 둘 다 포함하는 가장 이른 가지의 연대는 5만 2천 년 전(오차는 ±27500년)이다. 생물학자들은 모든 현대인이 20만 년 전 아프리카인 주민으로부터 유래하였으며 그로부터 생겨난 인간 집단들이 구대륙 나머지 지역들로 이주하였다고 결론지었다.

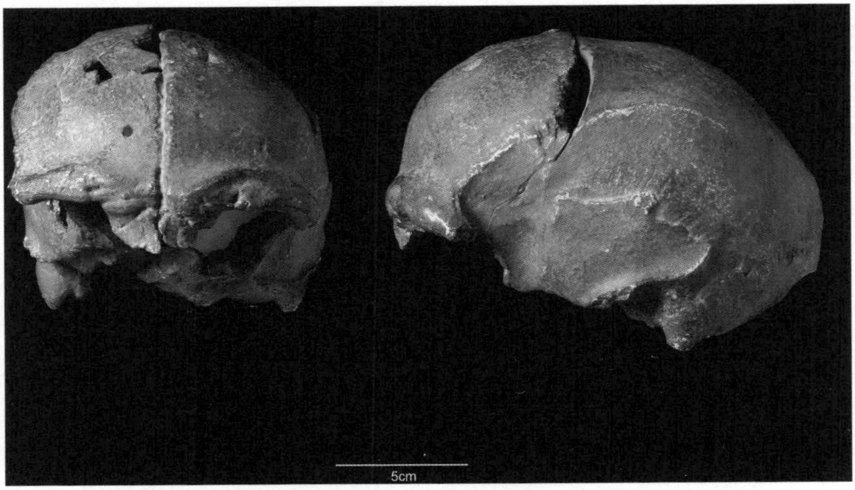

Age fotostock/Alamy.

그림 3.13 에티오피아 헤르토 유적에서 출토된 호모 사피엔스 이달투.

대략 20만 년 전에서 15만 년 전의 아프리카 기원설은 화석 증거로써 뒷받침되었다. 2003년에 연구자들은 에티오피아 헤르토에서 출토된 호모 사피엔스 화석 잔적의 연대를 대략 16만 년 전으로 측정하였다(그림 3.13). 그 두개골들은 분명히 해부학상 현대인의 것이었는데, 다만 사소한 차이가 있어서 그들을 좀 더 원시적인 존재로 특징짓는 한편 그들에게 '호모 사피엔스 이달투'(이달투는 아파르 지역 말로 '연로자'라는 뜻)라는 이름을 붙이기에 충분하였다. 이 어른 남성 두개골은 길고 억센데 심하게 닳은 윗니들을 갖고 있었으며 또한 현대인의 두개골보다 약간 컸다. 흥미롭게도 죽은 뒤에 석기로 이 두개골에서 살을 떼어낸 표지들이 있는 반면 어린이의 두개골은 되풀이해서 매만진 데서 생긴 광택을 나타내었다. 뉴기니와 여타 지역에서 보이는 현대의 관습으로 판단하건대 이 사람들이 조상 숭배 같은 것의 한 부분으로 머리들을 보관한 듯하며 만약 그렇다면 과거에 있었던 어떤 형태의 죽음 의식을 말하는 가장 이른 증거라 할 수 있다.

2005년에는 또 다른 팀이 에티오피아 오모 키비시에서 이 연대를 19만 5천 년 전으로까지 한층 더 밀어 올린 증거를 발견하였다. 하지만, 일부 연구자는 남아프리카에서 출토되었으며 연대가 26만 년 전이나 되었을 수 있는 호모 사피엔스 같은 화석들('플로리스바드 두개골'을 포함)의 존재를 보건대 우리의 기원이 더욱 더 올라갈 것으로 기대하고 있었다. 그런데 2017년에 제3의 팀이 모로코 제벨 이루드에서 나온 약간의 화석들에 대해 재평가를 해서 우리 종의 연대가 늦어도 30만 년 전으로까지 거슬러 올라감을 발견했을 때 사태는 근본적 전기를 맞이하였다.

이 폭탄과도 같은 발견을 좀 더 설명하기 위해 1960년대 초로 거슬러 올라가 보면 그때 발굴자들이 제벨 이루드에서 적어도 다섯 개체를 대표하는 화석을 찾아내었던 것이다. 그들은 원래 그 잔적이 4만 년 전쯤의 '아프리카 네안데르탈인'에 속하는 것으로 생각했다. 왜냐하면 그 사람들이 다소 예스럽게 보였을 뿐만 아니라 또한 '무스테리안'(네안데르탈인과 연관된 석기 제작 전통)이라고 묘사된 도구들과 나란히 발견되었기 때문이다. 2004년에 그 유적에서 새로운 발굴이 재개되어 더 많은 석기와 더불어 인간 화석들이 발견되었는데 그에는 두개골 일부 한 점과 두개골 하부 한 점이 포함되어 있었다. 2017년에 현재의 팀이 개선된 연대측정법, 특히 열형광연대측정법을 사용함으로써 그 모든 화석들이 대략 315000±34000년 전(이는 31만 5천 년 전에서 3만 4천 년을 더하든지 뺀 연대 사이에 든다는 뜻)으로 연대측정된 층에서 나온 사실을 발견했다고 공표하였다. 그러나 이 인간들은 어떤 종에 속하였던 것인가? 그간 아프리카에서는 그 어떤 네안데르탈인도 발견된 적이 없다는 사실을 상기해야 하지만 그럼에도 그것들이 호모 사피엔스이기에는 너무나 연대가 이른 것으로 여겨졌다.

그 팀은 이루드 화석들을 180만 전부터 15만 년 전 사이의 호미닌 화석들과 비교하기 위해 형태분석법이라는 것을 사용하였다(그림 3.14). 그들은 모

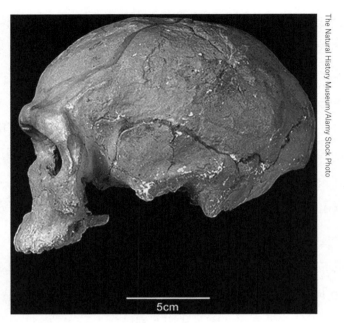

5cm

그림 3.14 모로코 제벨 이루드에서 나온 초기 호모 사피엔스의 두개골.

든 경우에 제벨 이루드 표본들이 호모 사피엔스와 가장 유사함을 발견하였다. 그럼에도 그 두개골들은 현대인의 특징들(예컨대 약간 길기는 해도 우리의 아래턱과 같은 형태)과 약간 예스러운 특징들(예컨대 우리 현대인의 둥그런 두개(頭蓋) 형태와 달리 세로로 약간 길쭉한 두개)을 모두 나타낸다. 연구자들은 그 연대와 형태에 근거해서 이들이 아주 이른 다소 고졸한 호모 사피엔스라고 결론지었다. 흥미롭게도 이 2017년 발견은 우리 종이 40만 년 전에서 30만 년 전에 이미 네안데르탈인과의 마지막 공통 조상으로부터 분기했음을 가리키는 유전자 분석 결과와 합치한다. 그러나 지금까지 알려진 가장 이른 우리 조상이 북아프리카에서 나왔다는 사실은 깜짝 놀랄 일이었다. 2017년까지는 기왕에 이르다고 알려진 다른 모든 증거가 열대 아프리카에서 나왔다. 아마도 이 연구 작업은 아프리카가 그간 얼마나 연구가 덜 이루어진 대륙인지와 탐사해야 할 지역과 관련해서 고고학적 편견이 작동하고 있었을 가능성이 큼을 바로 부각시키고 있다고 해야 할 터이다.

제벨 이루드 사람들이 아직 다소 예스런 외모를 띠고 있음을 고려할 때 호모 사피엔스는 언제 완전한 해부학상 현대인이, 다시 말해 신체적으로 바로 그대나 나처럼 되었는가? 이 질문에서는 10만 년 전 직전의 시기가 결정적으로 중요하다. 수단의 싱가(13만 3천 년 전), 탄자니아의 라에톨리(12만 년 전), 남아프리카의 보더 동굴 및 클라시스 강구(12만 년 전에서 9만 년 전)에서 발견된 화석들은 모두 분명히 현대적인 요소들을 갖고 있으나 그들의 형태는 눈썹 두덩의 억셈이나 뇌강의 길이 같은 데서 변이를 나타낸다. 그렇지만 우리는 이스라엘의 스쿨과 카프제(12만 년 전에서 8만 년 전)에서 20개체 이상의 매장 증거를 갖고 있으니 이것들은 모두 완전한 해부학상 현대인으로서 납작하고 짧은 안면과 높고 둥근 두개를 지녔다. 이와 같이 현재로서는 최초의 완전한 해부학상 현대인, 즉 지금까지 알려진 가장 오래된 우리 현대인 조상에게 대략 12만 년 전이라는 연대가 부여되고 있다.

생태학과 호모 사피엔스

생태인류학자 로버트 폴리는 10만 년 전의 아프리카 사바나 삼림이 현생인류라는 신종의 발달을 촉진하는 데 이상적 환경이었음을 지적한다. 그는 아프리카 원숭이의 진화를 연구한 결과로 널리 산재한 그 집단들이 다양하게 분기한 사실을 발견했다. 즉 그들은 계속해서 단 한 가지 노선을 따라 진화한 것이 아니었다. 아프리카의 서식지는 춥고 따뜻한 기간이 끊임없이 주기적으로 반복되던 빙하시대 동안 커다란 분열과 재편을 겪었는데, 그런 변동은 이 대륙의 동식물에서 신종이 발달할 가능성을 키워 주었다. 예컨대 폴리는 아프리카에서 현대인이 진화했다고 보이는 때와 대략 같은 시기에 한 가지 원숭이 속이 무려 16종으로 방산했다고 말한다. 폴리는 이 원숭이 연구로부터 현대인이 바로 그처럼 조각조각 모자이크를 이룬 열대 환경에서 옛 선조들로부터 자신들을 떼어놓는 뚜렷한 특성을 발달시키면서 진화했다고 확신한다. 그곳에는 질 좋은 먹을거리의 존재를 예측할 수 있는 지역들이 있었다. 일부 인간 집단은 그런 환경에 대한 반응으로 다양한 범주의 행동을 발전시켰고 상당한 규모의 하부 친족 구조를 가진 더 큰 사회집단을 이루고 살았으며 식단을 아주 선택적으로 구성했을 것이다.

일부 집단은 이런 반응의 한 부분으로 멀리서 창을 던져 사냥감을 잡을 수 있을 정도로 효율적인 기술을 이용하는 등 이례적 사냥 기술들을 개발했을 것이다. 우리 조상들은 한층 효율적인 무기를 가지고 더 미리부터 계획을 세우며 더 나은 채집 조직을 갖춤으로써 환경의 예측불가능성을 매우 효과적으로 감소시킬 수 있었을 것이다. 옛날의 기술들을 특정 화석 형태와 연관시킬 정도로 만용을 부릴 고고학자는 거의 없겠지만 우리는 수만 년 뒤의 호모 사피엔스가 그 선조보다 훨씬 정교한 도구 제작 기술에 의지했음은 잘 알고 있다. 이 새로운 도구복합체는 뿔 도구, 뼈 도구, 나무 도구, 두 변이 평행한 돌날 제작 기술에 바탕을 두고 있었다. 이 기술은 그 이전 선조들의 어떤 기술보다도 훨씬 진보된 것이었고 개발하는 데 수천 년이 걸렸다. 이 기술이 사냥의 효율 측면이나 사냥감 추적에 쏟는 에너지 소비의 측면에서 그 이용자들에게 아주 커다란 이득을 가져다주었을 것임은 의문의 여지가 없다(그림 3.15).

그런데 아주 흥미롭게도 동아프리카와 남아프리카 전역의 기술에서 20만 년 전부터 10만 년 전 사이에 변화가 있었음을 나타내는 표지들이 있으니, 오랫동안 써온 주먹도끼 기술이 날카로운 격지를 나무 창대에 결합하는 한층 가벼운 도구복합체와 나무 가공 및 동물 해체에 쓰이는 더 전문화된 여타 도구에 자리를 내주고 밀려난 것이다. 중간 크기의 격지로 만든 이런 간단한 도구들은 완전한 해부학상 현대인이 7만 5천 년 전 이후 개발한 훨씬 더 효율적인 도구와 무기들의 옛 원형일 수가 있다(그림 3.15 참조). 그러나 다시금 강조

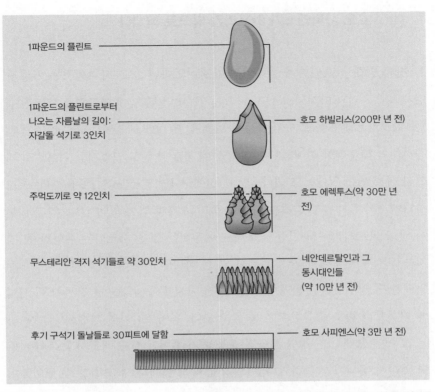

그림 3.15 옛 석기 제작자가 돌덩이 혹은 여타 질 좋은 암석으로부터 점점 더 많은 수의 자름 날을 생산할 수 있게 된 사실로써 석기 제작 기술의 효율성이 증가했음을 보여준다. 네안데르탈인은 그 선배들보다 훨씬 유능한 석공들이었다. 그와 마찬가지로 호모 사피엔스도 돌날 기술과 여타 기술을 이용해 석재 1kg당 총 길이 20m에 달하는 날들을 생산했다(앞의 그림 3.5 참조).

해 두지만, 현생인류가 아프리카에 분명히 처음으로 나타났을 때 그런 도구가 존재했다고 해서 반드시 그것들이 호모 사피엔스에 의해 개발되었음을 보증하는 것은 아니다. 그럼에도 이 모든 자료는 아프리카가 우리 종의 본향임을 가리키고 있다.

10 호모 사피엔스가 아프리카 밖으로 퍼지다

만약 열대 아프리카가 현대인의 요람이었다면 호모 사피엔스는 어떻게, 언제, 왜 유럽과 아시아로 퍼져 나갔는가? 10만 년 전에 이르면 앞에서 언급한 대로 카프제와 스쿨 유적에서 출토된 증거(12만 년 전에서 8만 년 전)가 입증하듯이 해부학상 현대인이 이미 근동에 확실히 살고 있었지만 아프리카 바깥의 다른 어느 곳에서도 대략 6만 년 전에서 4만 년 전에 이르기까지는 호모 사피엔스의 존재를 나타내는 강력한 증거는 거의 남아 있지 않다. 인간 집단이 열대 아프리카에서 지중해 분지로 이동하는 것을 가로막는 유일한 큰 장애는 오늘날 지구에서 가장 건조한 곳 중 하나인 사하라 사막이다. 북쪽에서 발달한 혹한의 빙하기 환경이 10만 년 전 이전부터 약 4만 년 전까지 이 사막에 이전보다 춥고 습윤한 기후를 몰고 왔다. 동아프리카와 지중해 사이의 땅은 그 이전 오랜 기간 동안 사냥감 동물 떼가 흩어져 살고 개활지 초목이 자라고 있어서 통과가 가능하였다. 나일강 유역은 언제나 사람이 살 수 있었으며 사막이 아주 메말랐던 시기조차 그러하였다. 그리하여 작은 집단을 이룬 현생인류가 일찍이 10만 년 전에 사냥과 채집을 하면서 사하라를 가로질러 나일강 유역과 서남아시아로 갈 수 있었을 터였다. 이 유단들 중 일부가 사막 심장부로부터 북쪽을 향해 지중해 지역으로 이어지는 오래전 말라버린 옛 물길을 따라 이동하였을 것이다. 또 어떤 집단은 동쪽을 향해 가서 홍해를 건너 지금의 예멘과 사우디아라비아로 들어가 거기서 다시 말라버린 강 유역을 이주로로 자주 이용하면서 남아시아로 나아갔을 것이다. 이주 연대와 루트를 둘러싼 논쟁은 지금도 벌어지고 있는 중이다. 예를 들어 남중국 푸얀 동굴[福岩洞 호남성]에서 연대가 12만 년 전에서 8만 년 전으로 측정된 현대인의 이빨 47점이 최근에 발견된 사실은 현대인이 오늘날의 남중국에 그처럼 이른 시점에 정착했음을 가리킬 수 있다.

그렇지만 우리가 말할 수 있는 바는 이 단계에서 현생인류는 그 수가 매우 적었다는 것이며 그래서 많은 사람은 그들이 네안데르탈인과 똑같은 식으로 살았다고 주장한다. 그러다가 약 7만 3천 500년 전에 먼 동남아시아 수마트라섬의 토바산이 지난 2천 300만 년 동안 일어난 화산 폭발들 가운데 최대 규모의 폭발을 일으켰다. 그 산의 2천 800km³가 공중으로 사라졌다. 폭발로 흘러내린 용암은 2만 km² 이상을 덮었다. 수백 km²의 바위덩이가 깨어져 거대한 화산재 구름이 되어 대기 중으로 32.5km 이상 솟구쳤다. 수백만 톤의 유황 가스가 성층권에 도달해 그곳에서 몇 년을 머물렀다. 그 폭발이 잦아들자 거대한 분화구 하나만이 남았는데 그것이 지금 세계에서 가장 큰 화산 분화구 호수로서 길이 100km, 너비 30km, 그리고 깊이 505m에 달한다.

이 재난이 특히 중대한 의미를 갖는 이유는 인류 선사에서 결정적으로 중요한 시기들 가운데 하나, 즉 네안데르탈인과 여타 호미닌들이 아시아와 유럽의 많은 부분을 휩쓸고 다닐 때와 호모 사피엔스 일부가 아프리카를 떠나기 시작할 즈음에 그것이 일어났기 때문이다. 하지만, 이 폭발의 진정한 영향에 관한 우리의 생각은 2000년 이후로 대단히 크게 바뀌었다.

이전의 컴퓨터 시뮬레이션 모델은 그 사건이 모든 호미닌에게 거의 최후의 심판과 같은 사건이었음을 시사하였다. 우리는 폭발로 나온 화산재가 열대 세계의 엄청나게 광범위한 지역을 덮었으며 동남아시아로부터 서북쪽을 향했음을 안다. 인도와 파키스탄의 많은 부분을 두께 3m에 달하는 재가 덮었다. 화산 폭발로 나온 유황 가스는 성층권 안개가 되어 태양빛을 반사시킴으로써 심각한 지구 한랭화를 촉발하였으며 그린란드에서는 기온이 자그마치 섭씨 6도나 떨어졌다. 그 효과는 특히 아프리카 열대에서 심각했을 것으로 여겨지는데 그 이유는 특히 이 재난이 일어난 때가 동아프리카 및 남아프리카에서 대단히 심대한 한발이 일어난 때와 일치하기 때문이다. 그 가뭄은 말라위의 말라위 호수에서 취한 천공 자료로부터 입증되었다. 인간이 치른 희생은 엄청났던 것으로 지적되었다. 수천 명이 굶어죽었으며 이미 레반트에 와 있었던 호모 사피엔스 집단은 거의 틀림없이 전부는 아닐지라도 대부분이 그에 포함되었다. 그들은 원래 아프리카에서 왔고 또 온난한 기온에 적응을 하였기 때문에 극적 기온 저하에 대처할 수 없었을 것이다.

유전학자들은 약 7만 년 전 넓은 지역에 걸쳐 심각한 인구 병목(장애) 현상이 뒤따랐을 것이라는 이론을 개진하였는데 그때문에 유전자 다양성의 많은 부분이 파괴되었다는 것이다. 그들은 아프리카 인구가 출산 연령의 여성을 대상으로 보면 총 4천 명에서 1만 명 사이로 줄었다고 추산하였다. 생존자 대부분은 동아프리카와 남아프리카의 대피 지역들에서 살았으며 그들은 바깥 세상으로부터 완전히 고립되었고 이웃 집단들로부터도 대개 그러하였다. 이 장애는 약 2만 년 동안 지속된 것으로 이해되었으며, 그것이 끝난 시점은 우리 조상이 완전한 인지 능력을 얻었다고 여러 연구자가 주장하곤 했던 바로 그때로서 다른 말로 하면 그 물리적 폭발의 이면에 분명한 지적 폭발이 있었다는 것이다. 이는 아마도 가뭄의 참화에 대처하는 데 필요한 지력의 증대와 연계되고 또 협력의 필요성 그리고 먹을거리 및 물에 관한 지식 공유의 필요성으로 연계되었을 것이다.

토바 화산 폭발은 특히 만약 그것이 자원이 풍족한 소수의 사람들만 살아남은 '유전자 병목 현상'을 일으켰다면 확실히 우리 조상의 진화 노선을 극적으로 바꾸어놓았을 것이다. 하지만, 이 이론은 근년에 들어 비판을 받아왔다. 이제 많은 학자가 그 화산 폭발에 이은 기후 변화라는 것이 극적으로 과장되었음을 주장한다. 새로운 추산치는 지구 한랭화가 섭씨 약 2.5도 하강이었으며 그것도 몇 년간만 지속되었다고 본다(특히 인도 같은 몇몇 지역에서는 더 적게 내려가 단지 섭씨 1도 정도였다고 한다).

그 폭발이 일어날 때 살고 있었던 호미닌들이 좀 엄중한 조건에 직면한 것은 사실이니 하강한 기온에 적응해야 했거나 재로 오염된 식수에 대처해야 하였다. 하지만, 많은 고고학자 및 지질 연구자들은 이제 그 대폭발이 지구 전역의 환경에 미친 영향은 이전에 생각했던 것보다 다소 적었다는 수정된 견해를 지지하는 듯하다. 예를 들어 인도의 미들 산강 유역 즈왈라푸람 북쪽에서 이루어진 발굴들은 화산재 퇴적층 아래와 바로 위의 지층들이 가리키듯이 그 지방에서 호미닌들이 어떻게 끊김이 없이 끈질기게 생존하였는지 잘 보여준 바 있다. 2013년 동아프리카에서 이루어진 조사는 말라위 호수 퇴적층에서 토바 화산 폭발과 확정적으로 연계 지을 수 있는 유리질 화산재 층 하나를 탐사하였다. 그 팀은 화산재 층에 가까운 화석 유형들에서 아무런 변화도 발견하지 못하였는데 이는 심각한 화산 겨울이 있었음을 가리키는 증거가 없다는 뜻이다. 이와 비슷하게 동아프리카의 기후에 대한 2015년 연구에서도 토바 화산과 연계된 중대한 한랭화를 찾아내지 못하였다. 토바 화산 폭발이 유전자 병목 현상을 일으켰다기보다 그런 병목 현상은 아프리카 밖으로의 이동에 연관시키면 훨씬 간명하게 설명이 될 수 있다. 사실 이제 최후로 중대한 유전자 병목 현상의 연대에 대한 현재의 추산치는 5만 년 전에서 2만 년 전이며 바로 그때에 사하라이남 아프리카 주민보다 훨씬 적은 유전자 다양성을 나타내는 현대의 모든 비아프리카 주민들에게서 병목현상이 한층 두드러진다. 이것을 아프리카 대륙으로부터 이동해온 소규모 인간 집단이 겪은 병목현상이라고 설명할 수 있을까? 그랬을 가능성이 크며, 장래의 유전자 및 고고학 연구 작업이 그 사정을 의심의 여지없이 더 분명히 밝혀낼 것이다.

아프리카를 벗어난 이후 우리의 이동 경로에 관련해서는 약 5만 년 전이면 이미 소수의 완전한 현대인들이 그로부터 근동으로 이동하였음이 분명하다. 그들은 자신들의 여정에서 거의 흔적을 남기지 않았는데 이는 그 숫자로 볼 때 하등 놀랄 일도 아니다. 그들은 먼 거리에 걸쳐 다른 이들과 연계를 유지하는 데 익숙했던 사람들로서 다른 이들과 호의를 베풀고 받으면서 정보를 교환한다는 생각을 늘 지녔다. 이들은 다른 이들과 협력을 하고 더 효율적인 무기를 갖추면서 대소의 동물들을 잡으려고 하였을 뿐만 아니라 온갖 먹을거리, 특히 식물 먹을거리 또한 소비할 수 있었다. 이들은 무엇보다도 기획을 하고 생각을 하였다.

5만 년 전 이후로 근동이 점점 건조해지고 먹을거리가 줄어들자 소수의 현대인이 인구압과 식량 부족에 대한 반응으로 북쪽과 서북쪽으로 유럽과 유라시아를 향해, 그리고 서쪽으로 지중해 해안을 따라 이동하였을 것이다. 우리가 제4장에서 보게 되듯이 지난 5만 년 동안에는 전대미문의 인류 대확산이 일어남으로써 우리 조상들은 동남아시아의 섬들, 뉴기니, 오스트레일리아, 시베리아 그리고 마지막으로 아메리카 대륙으로 들어갔다.

요약

- 약 250만 년 전부터 1만 5천 년 전 사이의 대빙하시대(플라이스토세)에는 기후가 빙하 극성기와 그보다 훨씬 짧은 간빙기 사이에서 복잡하게 요동을 쳤으며 이는 호모 에렉투스뿐만 아니라 현대인—호모 사피엔스가 진화하는 데도 배경이 되었다.
- 호모 에렉투스와 호모 에르가스테르(190만 년—150만 년 전)는 열대 아프리카에서 이전의 호모로부터 진화하였고 아슐리안 석기공작(165만 년 전)과 공반되는데 이는 그 다음 1백만 년 동안 아프리카와 유럽 전역에서 쓰였다.
- 호모 에렉투스는 180만 년 전이면 아시아에 등장하였는데 그곳에서 약 3만 년 전까지 살았을 것이다. 동남아시아에서는 아슐리안 도구복합체가 발견되지 않는데 이곳에서 호모 에렉투스들은 대나무와 여타 삼림 산물들에 크게 의존한 기술을 이용하였던 듯하다.
- 유라시아에서 호미닌에 관련된 최초의 증거는 조지아 드마니시 유적(유라시아)

에서 나왔으며 그 연대 또한 180만 년 전으로 측정되었다. 그들은 현재 호모 에렉투스로 분류된다.

- 이보다 나중의 인간들(호모 안테케소르로 알려졌지만 때로는 호모 하이델베르겐시스로 한데 묶기도 한다)은 서유럽에 120만 년 전이면 정착한다.
- 인간은 늦어도 78만 년 전부터 불을 부렸는데 이는 포식자를 막아주는 귀중한 무기였고 따뜻함과 조리 식료의 원천이었다.
- 대략 40만 년 전에서 30만 년 전이 되면 네안데르탈인이 유럽을 가로지르는 지역과 서남아시아에서 살았다. 그들은 호모 에렉투스보다 더 정교한 도구 제작 기술을 개발했고 한층 능숙한 사냥꾼이자 채집민이었으며 망자 중 일부를 땅에 묻은 최초의 인간이었다.
- 호모 안테케소르는 유럽 네안데르탈인과 아프리카 현생인류의 마지막 공통 조상일 가능성이 있다.
- 모로코 제벨 이루드에서 발견된 화석들에 대해 재평가를 해본 결과 호모 사피엔스의 출현 연대가 30만 년 전 이전으로까지 밀어 올려졌다(2017년 이전에는 기존의 화석 기록을 바탕으로 20만 년 전이라는 연대가 부여되고 있었다).
- 해부학상 현대인의 출현을 설명하는 데는 두 가지 이론이 경쟁하고 있다. 아프리카 최근 기원 가설은 우리가 아프리카에서 수천 년에 걸쳐 진화한 후 서남아시아에서 세계의 다른 지역들로 지난 5만여 년에 걸쳐 퍼져나갔다고 주장한다(제4장 참조). 다지역 기원 가설(지역 연속 가설)은 현대인이 연대적으로 훨씬 깊은 뿌리를 갖고 있으며(180만 년) 오늘날 세계 각 지역의 현대인이 그 이전에 구대륙 각지에 살았던 옛 주민들의 후예라고 주장한다.
- 대부분의 전문가는 이제 고고학과 유전자 자료에 근거하면서 아프리카 최근 기원설을 따르는데 다만 그에 약간의 수정을 가하기는 한다. 즉 우리의 선조들 가운데 일부가 일단 아프리카를 떠난 뒤로 동시대 호미닌들과의 사이에 약간의 상호교배가 있었음이 이제 분명하다는 것이다(그 교잡은 대략 잡아 5만 년 전에 일어났을 것이다).
- 5만 년 전에 이르면 일부 현생인류 인구 집단이 중동에 다시 자리를 잡았다. 그

중 일부가 그로부터 5천 년 안에 북쪽으로 이동해서 유럽과 유라시아로 갔다.

- 현대인의 등장과 더불어 기나긴 선사의 옛 세계는 끝이 난다. 호모 사피엔스는 호미닌이 7백만 년이 넘게 진화한 끝에 유일하게 살아남은 호미닌과의 일원이다.

참고문헌

옛 DNA에 관해서는 David Reich의 *Who We Are and How We Got Here* (Oxford: OUP, 2018)를 권한다. Richard W. Wrangham의 *Catching Fire: How Cooking Made Us Human* (New York: Basic Books, 2009)은 불 부리기와 음식 조리라는 중요한 진전에 관해 다루고 있다. 네안데르탈인에 관해서는 Dimitra Papaianni와 Michael A. Morse의 *The Neanderthals Rediscovered: How Modern Science Is Rewriting Their Story* (London: Thames and Hudson, 2013)를 권한다.

현대인의 기원에 관해서는 Chris Stringer의 *Lone Survivors: How We Came to Be the Only Humans on Earth* (New York: St. Martin's Griffin, 2013), Chris Stringer와 Robin McKie의 *African Exodus: The Origins of Modern Humanity* (New York: Henry Holt, 2015)를 권한다. 스무 종이 넘는 옛 호미닌에 대해 집성하면서 그림과 사진을 풍부하게 곁들인 책으로는 Alice Roberts의 *Evolution* (London: DK Books, 2018)이 있다.

제3부

현대 세계의 탄생

서설: 현대인, 이주, 농민

- 흔히 인류의 대방산이라고 불리는 현대인의 확산
- 농경과 동물 순화의 시작
- 식량생산의 결과들

다음 네 장에서는 인류의 선사에서 일어난 두 가지 중대 진전 사항, 즉 현대인이 구대륙 전역과 아메리카 대륙에 극적으로 확산된 일과 우리의 과거에서 가장 근본적인 변화 중 하나인 수렵채집으로부터 농경 및 목축으로의 전환을 서술하고 분석한다. 이 괄목할 만하고 실로 혁명적인 진전들은 현대 세계의 토대를 놓은 것이었다. 제3부는 약 5만 년 전 빙하시대 말기 세계로 시작되며 현대의 문턱에서 끝이 난다. 우리는 제2부에서 호모 사피엔스의 기원을 둘러싼 논쟁들에 대해 서술하였고 그 가운데 아프리카 기원설을 뒷받침하는 강력한 유전자 증거 및 고고학적 증거에 대해서도 이야기하였다. 현대인이 아프리카를 벗어나 동아시아와 동남아시아로, 그러고 나서 유럽과 유라시아로 처음 퍼져 나간 데 대해서는 알려진 바가 거의 없는데 왜냐하면 유럽처럼 탐사가 잘된 지방조차 고고학적 기록이 아주 드문드문하기 때문이다. 우리는 그저 일어난 과정의 윤곽만을 추적할 수 있을 뿐이지만 지금 고고학과 유전학으로부터 나타나고 있는 이야기는 도발적이면서도 또한 매력적이다.

우리는 지금부터 늦어도 6만 년 전이면 현대인이 중동에 이미 살고 있었음을 아는데 이 지역은 그 사촌인 네안데르탈인이 이전부터 차지하고 있었던 지역이다. 현대인은 그로부터 4만 5천 년 전이면 북쪽으로 유럽 대륙으로 퍼져 들어갔고 다시 거의 같은 때에 광활한 유라시아 평원으로 나아갔다. 우리는 멀리 남쪽으로는 현대인이 아마도 5만 년 전보다 훨씬 이전에 남아시아에 정착했으며 동남아시아에도 거의 같은 때에, 그리고 오스트레일리아와 뉴기니에는 4만 5천 년 전에 정착했음을 안다. 호모 사피엔스가 중국에 언제 정착했는지는 논란거리이지만 아마도 5만 년 전일 것이다.

아메리카 대륙으로의 최초 이주는 세계 선사에서 중대하고도 오래 지속되는 논쟁들 가운데 한 가지이다. 대부분의 고고학 및 유전자 전문가는 최초의 이주민들이 대략 1만 5천 년 전에 해수면이 낮아져 시베리아와 알래스카를 연결한 육교가 드러나자 그것을 건너 아메리카로 들어갔을 것이라는 데 동의한다. 그들의 후손은 대륙 심장부와 남쪽 중앙아메리카 및 남아메리카로 급속하게 퍼졌다. 이 초기의 이주민은 아메리카 대륙 전역에서 아주 다양한 환경에, 그것이 우림과 북극권의 초원이든 풍요로운 강가, 호수, 해안 환경이든 모두 아주 훌륭하게 적응을 하였다. 이 사회들은 구대륙의 조상들과는 완전히 동떨어져서 번성하였으며, 나중 시기에는 서북 해안지대와 플로리다 같은 선호된 지역뿐만 아니라 물고기, 사냥감 동물, 식물 식료 그리고 물새들이 넘쳐났던 풍요로운 미시시피강 유역 같은 데서도 놀라울 정도로 복잡한 수렵채집 사회를 이루었다. 페루 해안을 따라서는 수렵채집민이 얕은 곳에 사는 풍부한 물고기와 엄청난 수의 멸치를 떼로 수확하면서 수천 년 동안 번성하였다.

우리 인간은 지구 위에 산 세월 가운데 99%의 기간을 먹을거리를 사냥하고 채집하면서 생존하였다. 빙하시대 말 이후의 환경적 배경은 불규칙하게 온난해지는 세계였는데 그 이유는 부분적으로는 이전 시기를 특징지었던 장기간에 걸친 빙기와 간빙기의 주기가 반복된 때문이었다. 그러나 이번에는 상황이 달랐으니 특히 도토리와 여타 견과류를 풍부하게 수확했던 근동의 오크 삼림 지방같이 선호된 곳에서는 수렵채집 집단의 인구밀도가 이전보다 높았기 때문이다. 그런데 온난화는 많은 지역에 건조함을 몰고 왔으며 특히 지질학자들이 북극지방의 어떤 꽃 이름을 따서 붙인 신(新)드리아스기라는 시기 동안에 그러하였다. 이는 1만 1천 년 전부터 1만 년 전 사이의 1천년에 걸쳐 잠시 추웠던 기간이다. 근동과 그 밖의 지역 다수에 걸쳐 심각한 가뭄이 반복적으로 발생하고 자리를 잡음으로써 견과류 수확과 동물 사냥뿐만 아니라 믿을 만한 식수 공급마저 감소시켰다. 수렵채집민은 그에 적응할 수밖에 없었기에 물 공급을 비교적 예측할 수 있고 사냥감 동물과 식물 먹을거리를 여전히 모두 구할 수 있는 선호된 지역들로 옮겼다. 이 사람들은 동식물에 대해 친숙한 지식을 지니고 있었으므로 그들의 생존 전략은 엠머 밀, 에인콘 밀, 귀리 같은 야생초본류를 의도적으로 심고 또 양, 돼지, 염소뿐만 아니라 나중에는 소 같은 군집성 동물도 의도적으로 가두어 기르는 쪽으로 나아갔다. 그로부터 농경과 목축을 시작하는 것은 별일이 아니었는데 그 이유는 모두가 씨앗을 심으면 싹이 튼다는 것을 잘 알고 있었고 또 자신들의 사냥감에 대해 친숙한 지식을 지니고 있었기 때문이다. 그들의 전략은 성공적이었다. 재배는 매우 짧은 시간 안에 아주 흔한 일이 되었고 그래서 토지가 비옥하고 물 공급이 원활한 지역들로 급속하게 퍼져나갔다. 신드리아스기 같은 기후 변동이 식량생산의 '원인'이 되지는 않았다. 그것은 인간의 생업에서 극적 전환이 일어나도록 촉발한 많고 복잡한 상호작용 요인들 중 하나였을 뿐인데 그 결과는 막대하게 중요한 것이었다.

이렇게 근동에서 확립된 전환과 동일한 과정이 여타 지방에서도 역시 일어났다. 그 가운데 이집트와 남아시아에서는 식량생산이 서기전 8000년 이전에 시작되었을 가능성이 있다. 그 전환이 변화된 환경에 대한 지역적 적응에 기인한 것인지의 여부는 불확실하지만 예를 들어 소의 순화가 많은 지점에서 독립적으로 자리 잡았다고 믿는 데는 확실한 근거가 있다. 북중국 황허 유역에서는 알곡 농경의 연대가 늦어도 서기전 8000년까지 올라간다. 남쪽의 양쯔강을 따라서는 벼가 거의 같은 때에 순화되었다고 여겨지지만 그 증거는 불확실하다.

또 동일한 전환이 아메리카 대륙에서도 일어났다. 이곳 토착 아메리카인이 모든 종류의 식물 먹을거리에 대해 지닌 지식은 가히 백과사전적이었다. 광범위한 식물 먹을거리를 이용했던 수렵채집 사회들 사이에서 초본류든 뿌리식물이든 토착 식물의 의도적 재배가 일어난 것이다. 많은 실험이 소규모로, 지역적으로 실시되었지만 중앙아메리카 토착 초본인 테오신테의 순화로부터 커다란 변화가 초래되었는데 이는 후대 토착 아메리카인 사회의 주식인 옥수수의 조상 식물이다. 옥수수는 늦어도 서기전 3000년이면 남아메리카로 퍼져 들어갔으며 북미 서남부 지방에서는 그보다 수 세기 뒤에 재배되었다. 안데스의 산록에서는 농민들이 일찍이 서기전 7000년에 토착 감자를 길렀고 키노아와 우유쿠 또한 그러하였다. 소, 염소, 돼지, 양 같은 잠재적으로 순화할 수 있는 동물을 사냥했던 구대륙과 달리 아메리카 대륙에서는 야마와 칠면조를 빼고는 그런 짐승이 없어서 이 둘만이 길들여졌다.

식량생산은 구대륙과 아메리카 대륙 전역으로 급속하게 확산되었다. 그로부터 5천 년이 지나지 않아 농경 및 목축 사회들이 근동과 유럽의 다수 지역에 걸쳐 번성하였고 또한 나일강 유역과 남아시아 그리고 동남아시아 본토와 중국뿐만 아니라 아메리카 대륙에서도 그러하였다. 이런 전환이 낳은 결과들은 인류사에서 가장 중요한 근본적 변동들 가운데 든다. 수렵채집민 대부분은 자신의 영역이 넓든 좁든 그 전역에서 사냥과 채집을 했던(물론 북미 태평양 서북 해안 지방 같은 예외는 있다) 반면에 농민들은 자신들의 작물과 가축을 가지고 텃밭, 논밭 그리고 목초지에 단단히 묶였다. 농경 사회 대부분은 여러 세대에 걸쳐 점유된 취락에 살았으며 이 공동체에서는 한 가족이 다른 가족 및 가까운 친족들과 얼굴을 맞대듯이 바싹 붙어 살았다. 이처럼 한정된 공간에 산 결과로 새로운 사회 메커니즘들이 생겨났는데 그 가운데 일부는 갈등을 피하기 위한 것과 관련이 있었다. 또 어떤 메커니즘은 바로 자신의 마을이나 약간 떨어진 공동체에 사는 친족 집단의 다른 성원들과의 관계성에 관한 것이었다. 그런 친족 연계는 나눔과 호혜 책무 덕에 어려운 시기에 먹을거리와 여타 도움을 받는 사회에서 근간을 이루었다. 친족 관계는 가축과 농경 토지의 소유권 상속에서 강력한 요인이었다. 또 다른 곳에서 획득하는 원자재와 여타 상품을 공급한 교환망에서도 중요한 역할을 하였다.

세대들이 이어지면서 크고 작은 마을에서 인구밀도가 높아졌다. 새로운 사회 메커니즘들이 작동을 하였으며 대개 모든 종류의 사회적 관계를 관장하는 친족 토대 조직인 씨족과 종족(宗族)들을 중심으로 하였다. 나중의 제7장에서는 태평양에서 점점 더 정교해진 사회들에 대해 서술하는데 그곳에서는 전문 항해가들이 서기 1200년 이후로 가장 멀리 떨어진 폴리네시아 제도까지 이주를 하였다. 이 태평양 지역과 북미 서남부 및 동부 두 곳 모두에서는 강력한 군장과 종족 지도자들이 지극히 중요한 역할을 하였으며, 그것은 오늘날 세인트루이스의 동쪽 미시시피강 근처 '아메리칸 바텀'에 있는 카호키아에서 약 8백 년 전 장대한 의례중심지와 인구 밀집지로 절정을 이루었다.

대략 서기전 4000년 이후로 점증한 인간 사회의 복잡함은 여러 가지 형태를 띠었다. 세계 전역에서 아주 다양한 군장 사회와 흔히 세습을 한 군장들이 출현하였다. 그들의 권력은 개개인의 아량, 리더십 기술 그리고 추종자에게서 충성을 받아내는 능력에 좌우되었다. 이런 불안정한 휘발성 혼합물 같은 상태의 정치 사회적 현실은 많은 곳에서 현대에 이르기까지 그대로 이어졌다. 반면 다른 곳들에서는 변동의 궤적이 그보다 훨씬 더 복합적인 산업화 이전 국가들을 탄생시켰으니 그에 대해서는 제4부에서 서술한다.

제4장

●

인류의 대확산

Prisma Archivo/Alamy

프랑스 페슈 메를르 동굴의 크로마뇽인 손바닥 자국들.

프롤로그

스페인의 지주였던 마르셀리노 데 사우투올라는 고고학에 무턱대고 관심을 가진 사람이었다. 그는 프랑스 동굴들에서 출토된 훌륭한 석기를 약간 진열한 파리의 한 전시장을 방문한 적이 있었다. 그는 1875년 자기 땅에 있는 알타미라 동굴에서 자기 몫의 유물들을 좀 파내어보겠다고 결심하였다. 사우투올라의 다섯 살배기 딸 마리아는 그에게 같이 발굴하게 해달라고 애원을 하였고 맘씨 좋은 그는 그러라고 하였다. 진흙투성이 일에 금방 싫증이 난 마리아는 깜박거리는 등불을 들고 동굴의 낮은 옆방으로 빠져 들어갔다. 사우투올라는 갑자기 "소야, 소!"라는 외침을 들었다. 마리아는 흥분에 가득 차서 낮은 천장에 화려하게 그려진 들소 여러 마리와 달려드는 듯한 곰 한 마리의 그림을 가리켰다. 딸과 아버지는 암벽의 튀어나온 부위들에 역동적 그림들이 너무나 교묘하게 배열된 까닭에 깜박이는 불빛 속에 마치 살아 움직이는 듯 보이는 데에 놀라 입을 다물지 못하였다.

사우투올라는 동굴 속에 석기들을 떨어뜨려 놓은 바로 그 사람들이 이 그림들을 그린 것이라고 확신하였다. 그러나 전문가들은 그를 비웃었고 이 후작이 남몰래 화가를 알타미라 동굴 안으로 들여보내 들소를 그려놓았다고 비난하였다. 1904년이 되어서야 비로소 이미 오래전에 죽은 이 스페인 사람이 옳았음이 판명되었으니 이때 프랑스의 한 동굴에서 양식상 알타미라와 강한 연관관계가 있는 그림들이 선사시대 화가들이 작업을 한 이래 밀봉되어 있다가 세상에 드러났던 것이다. 알타미라의 동굴 벽에 그림을 그린 사람이 누구였든 그는 최초의 도구제작자라는 호모 하빌리스와는 전혀 딴판인 사람이었다는 사실은 분명하다.

1. 빙하시대 말기의 세계(5만 년 전부터 1만 5천 년 전까지) | 2. 동남아시아와 오스트레일리아의 인간 거주 개시(4만 5천 년 전쯤부터 1만 5천 년 전까지) | 3. 빙하시대 말기의 유럽: 크로마뇽인(4만 4천 년 전쯤부터 1만 5천 년 전까지) | 4. 유라시아의 수렵채집민(4만 5천 년 전부터 1만 5천 년 전까지) | 5. 동아시아(3만 5천 년 전부터 1만 5천 년 전까지) | 6. 동북 시베리아의 초기 인간 거주(2만 5천 년 전 이전부터 1만 5천 년 전까지) | 7. 최초의 아메리카인(1만 5천 년 전 이전부터 서기전 11000년까지) | 8. 클로비스인(서기전 11200년쯤부터 11000년까지) | 9. 요약

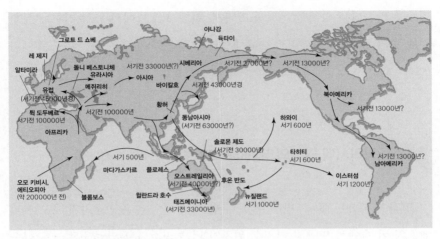

그림 4.1 현대인의 세계 이주를 보여주는 지도.

12만 년 전 이후로 신체가 우리와 똑같은 사람들(해부학상 현대인)이 출현하면서 인간 생활의 속도, 문화 진화의 속도는 가속화하기 시작했고 때로는 급가속도 하였다. 선사시대의 고고학적 기록은 어쩔 수 없이 불완전하기에 '스파크'가 거의 연속적으로 튀는 것처럼 보이지만 어떤 지역에서는 급속한 문화 변화가 일어났는가 하면 또 어떤 지역에서는 그렇지가 않았다. 그런 스파크 하나는 7만 5천 년 전 사하라이남 아프리카에서 새로운 석기 제작 기술이 개발된 일이고 또 하나는 약 4만 년 전 유럽에 처음으로 세련된 예술이 나타난 일이며 세 번째는 5만 년 전 오스트레일리아로 사람이 이주한 일이다. 급속한 문화 변화가 세계 도처에서 굳건히 자리를 잡은 것은 약 3만 년 전 이후 빙하시대 말기에 이르러서였다. 이 장에서는 급속한 변화를 겪었던 약 5만 년 전부터 1만 5천 년 전까지의 빙하시대 말기 세계에 대해 기술한다. 우리는 인간들이 어떻게 처음으로 극한 기후에 적응했고 또 어떻게 매머드와 스텝들소 등 추위를 좋아하는 동물들을 잡아먹고 사는 아주 전문화된 수렵채집 문화를 발전시켰는지 보여줄 것이다. 또 우리는 호모 사피엔스가 구대륙 전역으로 방산되는 과정을 논의하고 나서, 현대 고고학에서 가장 이론 분분한 주제 중의 하나, 즉 아메리카 대륙에서의 인간 거주 개시 문제를 다룰 것이다 (그림 4.1).

1 빙하시대 말기의 세계(5만 년 전부터 1만 5천 년 전까지)

인간의 문화는 대략 5만 년 전부터 한 세대 전의 많은 연구자가 호모 사피엔스의 뇌 속에서 일종의 인지 스위치가 탁 눌려졌다고 믿었을 정도로 급속하게 변화하기 시작하였다. 하지만, 5만 년 전에 뇌의 '빅뱅'이 있었음을 말하는 생물학적 증거는 아무것도 없다. 한 가지 분명한 사실은 호모 사피엔스가 인지 융통성과 적응력을 지닌 덕에 우리가 그간 이 세상을 지배할 수 있었다는 것이다. 앞의 장에서 똑똑히 보았듯이 우리의 DNA는 우리가 동시대의 다른 호미닌을 만나고 그들과 상호작용을 했다는 사실을 드러낸다. 그럼에도 이유야 무엇이었든 대략 3만 9천 년 전이 되면 혹은 그보다 약간 뒤에는 우리만이 살아남은 유일한 인간 종이 되었다. 호미닌이 7백만 년에 걸쳐 진화를 한 끝에 우리 호모 사피엔스가 유일한 결과로 남은 것이다. 이 책의 나머지는 우리가 그간 벌여온 갖가지 분투를 대상으로 한다.

세계는 지난 4만 5천 년 중 대부분의 기간 동안 오늘날과 아주 달랐다. 약 1만 8천 년 전 마지막 빙하 절정기에는 거대한 빙원이 스칸디나비아와 알프스를 덮었고 그 사이에 툰드라 개활지가 추운 복도처럼 남았을 뿐이었다. 해수면은 지금보다 90m 이상 낮았다. 영국은 유럽 대륙에 붙었고 북해는 얼음 밑에 있었으며 발트해는 존재하지도 않았다. 터키에서 불가리아까지 발에 물을 적시지 않고 걸어갈 수가 있었다(그림 4.2). 나무가 없는 광대한 초원이 중부 유럽에서부터 시베리아의 변경지대 및 그 너머까지 북쪽과 동쪽으로 펼쳐

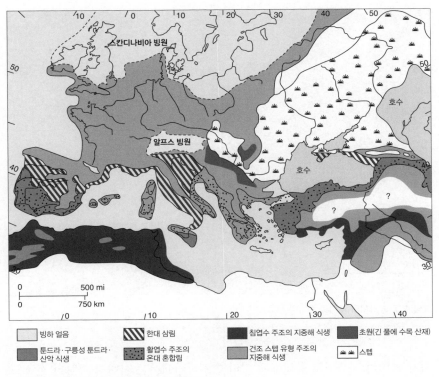

스칸디나비아 빙원

알프스 빙원

호수

호수

?

?

0   500 mi
0   750 km

| | 빙하 얼음 | | 한대 삼림 | | 침엽수 주조의 지중해 식생 | | 초원(긴 풀에 수목 산재) |
| | 툰드라·구릉성 툰드라·산악 식생 | | 활엽수 주조의 온대 혼합림 | | 건조 스텝 유형 주조의 지중해 식생 | | 스텝 |

그림 4.2 빙하시대 말기 유럽의 식생 개략도.

졌는데, 그 경관은 완만하게 기복하는 관목 대지를 넓은 계곡들이 이따금 가로지르는 모습이었다. 산 생명이 있다는 유일한 표지는 매머드와 들소, 순록 같은 대형 사냥감 동물의 큰 떼가 때때로 보이는 것이었으며 그것은 흔히 강 유역으로 국한되었다. 인간이 이처럼 노출된 경관에서 살아남기 위해서는 효율적 사냥 방법과 무기뿐만 아니라 방한이 잘 되는 겨울 집과 영하의 기온에서 체온을 유지할 수 있는 여러 겹으로 지은 옷이 또한 필요했다.

좀 더 온난한 지대나 열대 지방에서는 마지막 빙하의 영향을 지질층에서 탐지하기가 비교적 어렵다. 열대 지방은 흔히 더 건조했고 많은 우림은 축소되었으며, 그래서 탁 트인 초원과 삼림지가 이전보다 많았다. 추운 극지방 공

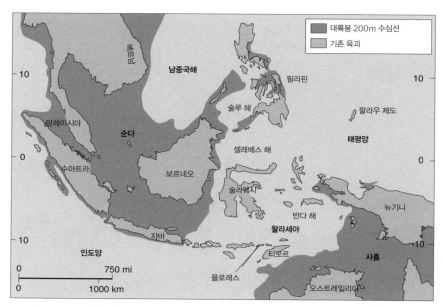

그림 4.3 빙하시대 말기의 순다와 사훌.

기가 남쪽의 지중해로 유입됨에 따라 아프리카에서는 사하라 사막의 건조도가 오늘날보다 더 하지는 않더라도 같은 수준은 되었다. 해수면은 쑥 내려가 동남아시아의 광대한 대륙붕지대가 노출되었다. 그리하여 연안의 많은 섬이 아시아 대륙 본토의 일부가 되었다. 지금은 가라앉았지만 학자들에게 순다라는 이름으로 알려진 또 하나의 빙하시대 대륙을 거대한 강들이 가로지르면서 당시 노출된 해안평야 위를 구불구불 흘러갔다. 연해에는 큰 육괴 두 개가 놓여 있었는데, 하나는 현재의 술라웨시섬과 티모르섬으로 이루어진 왈라세아였고 다른 하나는 뉴기니와 오스트레일리아, 지금은 물에 잠긴 그 사이의 낮은 대륙붕이 하나로 합쳐진 사훌이었다(그림 4.3). 이제 빙하시대 말기의 인간들이 이처럼 다양하고 때로 혹독하였던 세계 속에서 어떻게 살았는지 보기로 하자.

2   동남아시아와 오스트레일리아의 인간 거주 개시(4만 5천 년 전 쯤부터 1만 5천 년 전까지)

호모 사피엔스는 인도네시아와 필리핀을 포함하는 동남아시아에 늦어도 4만 5천 년 전에는 등장했다. 그때는 해수면이 지금보다 훨씬 낮았으므로 노출된 대륙붕 순다 위의 인간 거주는 강 유역과 호수 연안, 해안에 집중되었다. 만약 호모 사피엔스와 관련된 기술 변화가 정말 있었다면 그에는 본토와 연안 섬들의 풍요롭고 아주 다양한 환경을 한층 효율적으로 이용하는 방법들이 포함되어 있을 것이다. 연해를 마주하는 해안지대는 수역이 비교적 온화한 덕에 물고기와 연체동물이 풍부하였으므로 사냥감 동물과 야생식물 먹을거리를 보완해 주었을 것이다. 해안 주민들은 얕은 물에 사는 고기를 잡기 위해 간단한 뗏목을 짓거나 바다 밑바닥에 사는 물고기를 낚기 위해 통나무 속을 파내 원초적 카누를 만들었을 것이다. 그리고 이 사람들 중 일부가 어떤 시점에 이르러 외해 너머 왈라세아와 사훌로 건너갔을 것이다. 사훌은 아주 대조되는 환경들로 이루어진 경관이었는데 북쪽에는 바위투성이 산맥과 고원 계곡들이 있었고 지금의 오스트레일리아는 많은 부분이 반건조 저지대이고 완만하게 기복을 이룬 땅이었다. 이 사훌에 사람이 살게 되었다는 것은 적어도 98km 거리의 외해를 순풍으로 통과했음을 의미하는데, 따뜻한 열대 해수와 순한 바다 위라면 간단한 배로도 그것이 가능했을 것으로 보아 전혀 문제될 것은 없다.

유적 신종 섬사람들: 호모 플로레시엔시스

인도네시아의 아득히 멀리 떨어진 플로레스섬에 있는 '추운 동굴'이라는 뜻의 리앙 부아를 발굴하였더니 이전에는 알려지지 않았던 작은 호미닌의

존재를 가리키는 놀라운 증거가 나왔는데 이들은 절멸해버린 최후의 비현
대인 호미닌 종이다.

거의 온전하게 보존된 한 개체(2003년에 발견된 'LB1')의 부분 골격 한
개, 그리고 그와 다른 최소 11개체의 부분 뼈들로 이루어진 그 증거는 방사
성탄소연대측정법, 우라늄계열 연대측정법, 열형광연대측정법 등 다양한
방법으로 연대를 측정해서 대략 10만 년 전부터 5만 년 전 사이의 연대가
나왔다. 그들은 애초에는 단순히 신체 이상이 있는 현대인으로 여겨졌지만
이제는 신체 형태상 충분히 다르기에 독특한 한 종을 구성한다고 믿어져
마이클 모우드와 그 동료는 '호모 플로레시엔시스'라는 이름을 붙였다.

이 섬사람들은 키가 겨우 1m 정도였다(그림 4.4). 그들의 두뇌는 침팬지

Reuters/National Geographic Society

그림 4.4 화가가 상상으로 그린 호모 플로레시엔시스의 모습.

의 두뇌 크기(약 380cc)와 같아서 오스트랄로피테쿠스군 가운데 가장 작은 뇌의 크기와 비슷하다. 두개골은 툭 튀어나온 눈썹 두덩을 갖고 두개는 납작한 반면 얼굴은 작고 눈썹 두덩이 활처럼 둥그랬으며 송곳니가 작으면서 약간 튀어나온 윗니 치열에 턱끝은 뒤로 약간 줄어드는 형태였으나 아래턱은 강고하였다. 2009년에는 앞에 말한 LB1 두개골에 대해 디지털 연구를 해보았더니 현대인보다는 대략 150만 년 전에 살았던 호모 종에 더 가까움을 나타내었다. 한편으로 그들의 몸체는 원시적 특성과 현대적 특성이 뒤섞인 모습을 보여준다. 예를 들어 위팔은 현대적인 형태이지만 그 척골(팔꿈치 위쪽)은 넓어서 상체의 힘이 상당하였음을 시사하니 이는 호모 사피엔스보다는 초기 인간에 좀 더 가까운 형태이다.

하지만, 이것들의 인류 진화상 위치는 수수께끼이다. 플로레스의 다른 곳(마타 멩게와 보아 레사)에서 이루어진 발굴에서는 석기들이 드러났는데 대부분 자갈돌에서 떼어낸 작은 격지들로서 아프리카의 올도완 전통을 다소간 닮았으며 스테고돈 코끼리 같은 동물들의 뼈와 공반되어 있었다. 학자들은 그것들을 대략 80만 년 전으로 연대측정하였으며 어쩌면 1백 만 년 전까지 거슬러 올라갈 수도 있다. 이처럼 오래 전에도 플로레스를 연결하는 육교는 없었으므로 초기 호미닌들이 이 섬에 도달하기 위해서는 험한 바다를 건너지 않으면 안 되었음에 틀림이 없다. (아직 골격상으로 알지 못하는) 이 초기 호미닌들이 호모 플로레시엔시스를 생겨나게 한 것인가?

불운하게도 호모 플로레시엔시스의 형태가 믿을 수 없을 정도로 독특해서 그 가장 가까운 동족이 무엇인지도 판정하기 어려운 실정이다. 정말이지 그것이 지닌 독특한 해부학적 특징들과 작은 키는 무엇보다도 이 지역 특유의 난쟁이를 낳은 섬 고립의 결과로 여겨지고 있다. 지금까지 호모 에렉투스, 호모 하빌리스를 비롯한 여러 조상이 소환되었고 심지어는 오스트랄로피테쿠스조차 거론되었지만 아직 알려지지 않은 작은 뇌를 가진 모종의 호미닌이 따로 있는지도 모르겠다. 연구의 초기 단계에 있는 우리는 아직 모른다고 해야 하겠다. 하지만, 특별히 지적할 점은 그 잔적이 정교한 석기를 비롯한 고고학 자료와 공반된 사실로 이는 비교적 복잡한 행동을 시사한다는 것이다. 그래서 뇌 크기와 지능 사이의 관계에 관련된 우리의 가정 다수에 잘못된 점은 없는지 자문하게 된다.

과학 방사성탄소연대측정법

방사성탄소연대측정법은 약 4만 년 전부터 2천 년 전 사이의 유기물질을 연대측정하는 데 쓰이는 주된 연대측정법이다. 이 방법은 살아있는 유기체가 광합성으로 자신의 유기물질을 늘여가며 대기 중의 이산화탄소를 이용한다는 지식에 토대를 두고 있다. 그 유기체 속 방사성탄소의 비율은 대기 중과 동일하다. 그런데 그 유기체가 죽으면 그 속 탄소 14($14C$) 원자는 반감기 5730년이라는 알려진 비율로 자연 붕괴한다. 그래서 어떤 유기물 물체의 연대는 그 표본 속에 남은 $14C$의 양을 측정함으로써 계산해낼 수 있다. 표본 속의 양이 애초부터 적기 때문에 탐지 가능 한계에 금방 도달하는 탓에 신뢰할 수 있는 가장 오래된 연대는 약 4만 년 전 정도이다.

방사성탄소측정연대는 많은 유형의 유기물질로부터 얻을 수 있는데 숯, 조가비, 나무, 터럭 등이 있다. 베타 입자의 붕괴 비율은 종래에는 비율 계측기로 측정하였으나 이제 가속질량분석기를 이용함으로써 그 절차를 아주 크게 개선하였다. 모든 방사성탄소측정연대는 통계학적 오차인 표준편차를 동반한다. 예를 들어 2200±200년이라는 연대는 아래위로 200년이라는 확률적 범위를 가지며 연대가 그 표준 편차 1δ 안(2400년 전부터 2000년 전 사이)에 들 확률이 셋 중 둘이라는 뜻을 지닌다. 불운하게도 대기 중의 방사성탄소 농도는 그간 시간의 경과와 더불어 상당히 변화하였는데 이는 태양 활동에서 일어난 변이와 지구 자장 세기 변화 때문이다. 하지만, 방사성탄소측정연대를 나무나이테에서 얻은 정확한 연대에 대해 맞춤으로써 보정을 할 수 있다. 즉 그 나이테들을 방사성탄소연대측정해서 표준 보정 곡선을 그려내고 그에 비추어 보정하는 것이다. 거의 서기전 9000년까지 거슬러 올라가는 연대를 나무나이테로 보정할 수 있으며 그보다 이른 연대는 열대 바다에서 얻은 산호초 성장 테를 이용해 보정한다(제5장 테 글 '가속 질량분석 방사성탄소연대측정법'도 참조).

뉴기니의 인간 거주를 입증하는 가장 이른 증거는 이 섬의 동남 구석에 있는 후온 반도에서 나왔는데, 거기서는 약 4만 년 된 간돌 도끼[磨製石斧]가 발견되었다. 후온 반도는 뉴브리튼섬을 48km 떨어져 마주 본다. 늦어도 3만 2천 년 전이면 이미 이 섬의 동굴에서 어부들이 살고 있었다. 약 4천 년 뒤에는 사람들이 남쪽으로 130km에서 180km를 항해해 북솔로몬 제도의 부카섬에 살게 된다(그림 4.3 참조). 부카로부터 나머지 솔로몬 제도로 이주하기는 쉬웠을 터인데, 섬들이 다닥다닥 붙어 있기 때문이다. 이 모든 자료로 보면 늦어도 4만 년 전이면 빙하시대 말기 수렵채집민이 모종의 아주 효율적인 배를 이용해 사훌 곳곳에 급속히 퍼졌음을 알 수 있다.

지금의 오스트레일리아에서는 약 4만 5천 년 전 이후로 그리고 어쩌면 일찍이 6만 년 전 이후로 인간이 거주했던 사실이 잘 입증된다. 북준주 아넘 랜드의 말라쿠난자 암벽 밑 은거지에서는 석기 같은 인공물과 더불어 갈돌과 오커 황토를 비롯해 안료를 사용했음을 나타내는 증거가 나온 바 있다. 이 유물들 가운데 가장 오래된 것은 연대가 6만 년 전으로 나오고 또 근처에 있는 나우왈라빌라 바위 밑 은거지의 인간 점유에 대해서도 비슷한 연대들이 수집되었다. 이와 비슷하게 최근에는 마제드베베 암벽 밑 은거지에 대해 대략 6만 5천 년이라는 연대가 부여되었다. 이런 연대들에 대해 논란이 없는 것은 아니어서 일부 연구자는 유전자 자료가 제시하는 데 근거해 인간이 오스트레일리아와 뉴기니로 이동해 들어간 연대의 최고 추산치가 5만 년 전을 넘지 못함을 지적한다.

그 이후로 월란드라호 지방에서는 3만 7천 년 전에서 약 2만 6천 년 전이라는 이른 연대를 가진 조개더미와 야영 유적들이 드러난 바 있다. 이 유적들에서는 건장한 체격을 가진 해부학상 현대인의 두개골과 사지 뼈가 출토되었다. 이는 오스트레일리아에서 지금까지 발견된 가장 오래된 인골이다. 최근에는 키가 1m 98cm나 되는 몇 사람이 포함된 일단의 사냥꾼이 2만 2천 년 전에 남긴 450개가 넘는 발자국이 사구들로 덮인 건조된 진흙 층 안에서 모습을

Michael Amendolia/Photoshelter.com

그림 4.5 오스트레일리아 월란드라 호수 유적에서 2만 2천 년 된 원주민 발자국을 발굴하는 광경.

드러낸 바 있다(그림 4.5). 3만 3천 년 전이면 인간들이 먼 남쪽 태즈메이니아 섬과 오스트레일리아 본토를 잇는 얕은 해협을 건너가는데, 이곳은 빙하시대 사람들이 이주한 지구 위 여러 지방 중 가장 남쪽이었다. 사람들은 빙하가 극성기였을 때 태즈메이니아 내륙의 거친 경관에서 오랜 기간 동안 붉은 왈라비를 사냥하고 넓은 지역을 돌아다니면서 살았다.

옛 오스트레일리아 사람들은 북중국과 일본, 빙하시대의 차가운 바다에 연한 해안 지대에 살았던 사람들과 마찬가지로 놀라우리만치 다양한 빙하시대 말기의 환경에 적응했다. 여기서 빙하시대 말기의 모든 다양한 사회를 망라할 지면은 없다. 그래서 오래 전 사라진 이 세계의 주민들이 지녔던 놀라운 적응력과 기회선용 기술에 대해서는 아래에서 보듯 오스트레일리아 반대편 유럽 및 유라시아의 수렵채집 사회들이 우리에게 제공하는 지견을 살피기로 한다.

3   빙하시대 말기의 유럽 : 크로마뇽인(4만 4천 년 전쯤부터 1만 5천 년 전까지)

최초의 완전한 현대 유럽인은 흔히 **크로마뇽인**이라 부른다. 이는 프랑스 서남부 레 제지의 한 마을 근처에 있는 암벽 밑 은거지의 이름을 딴 것이다. 하지만, 이 이름 때문에 혼동해서는 안 될 것은 크로마뇽인이 또 하나의 다른 종이 아니라 우리와 구분이 안 되는 호모 사피엔스라는 사실이다. 이 해부학상 현대인은 늦어도 4만 4천 년 전이면 동남부 유럽 및 중부 유럽에 정착하였고 거기서 분명히 네안데르탈 집단과 이웃해 살고 있었다. 그들 중 일부는 4만 년 전이면 서남 프랑스의 깊은 강 계곡들에 있는 안락한 곳들로 들어갔다(앞의 그림 4.2 참조). (유전자 분석 연구 중 일부에 따르면) 3만 9천 년 전은 아니라 하더라도 늦어도 3만 년 전이 되면 네안데르탈인이 사라지고 크로마뇽인의 거주 밀도가 상당히 강화되게 된다. 마지막으로 잔존한 네안데르탈 유단들은 스페인 남단 지브롤터 지역처럼 생물학적 다양성이 상당한 곳에서 살았다.

생업

크로마뇽인은 기후가 좀 온난해진 짧은 기간 중에 유럽으로 들어갔다. 하지만, 그래도 기후 조건이 좋지 않고 계절 간 차이가 심하였기 때문에 새로운 도구와 훨씬 발달된 수렵채집 기술이 필요하였다. 이런 적응 양상은 이탈리아 나폴리 지방에서 대규모 화산 폭발이 일어나 동유럽의 넓은 지역을 화산재로 덮은 직후인 3만 9천 년 전 이후 급격하게, 정말 놀랍도록 발전했다. 호모 사피엔스가 겨울나기를 마침내 완전히 터득한 것은 바로 이 수천 년 동안이었는데, 인간의 영리함과 참을성이 이 북위도 지대에 와서야 비로소 철저하게 시험받았기 때문이다. 서부 및 중부 유럽의 크로마뇽인은 이 기간 동안에 정교하고 세련된 수렵 문화를 발전시켰다. 그들의 문화는 많은 기술 혁신이 두드러질 뿐 아니라 세계에서 가장 오래된 미술 전통 중의 하나에 반영되어 있듯 종교, 사회생활을 꽃피웠던 점 또한 특징이다.

이런 활동의 중심지는 탁 트인 평원들을 벗어난 서남프랑스 및 북스페인의 강 유역들과 다뉴브 분지 같은 중부 유럽 일부 지역이었다. 여기서는 깊숙한 계곡에 여름 풀밭이 무성하고 스텝 개활지와 삼림이 혼합 조성되어 매머드나 들소부터 야생마나 멧돼지에 이르기까지 추위에 강한 대소 동물이 번성했다. 높은 절벽 밑에는 겨울 햇볕이 따스하게 드는 동굴이나 암벽 밑 은거지가 흔했다. 이 지역은 봄과 가을의 순록 이동로를 끼고 있었으며 다른 한편으로는 연어들이 빠른 물살을 거슬러 올라왔다. 크로마뇽인은 아마도 짧은 여름 동안에는 개활지로 이동했을 것이고 가을부터 다음 봄까지는 좀 더 안락한 계곡에 모여 있었을 것이다. 그들은 큰 동물을 사냥했을 뿐 아니라 북극 여우, 비버, 토끼, 늑대 같은 작은 동물과 많은 새 또한 사냥했으며 식물 식료도 채집하였다. 약 1만 6천 년 전 이후로는 강과 시내에서 연어, 송어, 농어, 뱀장어도 잡았다.

크로마뇽인은 혹독하고 예측할 수 없는 환경에서 살아남았는데, 그들이 능숙한 수렵채집민이었기 때문만이 아니라 한겨울에도 야외에서 효율적으로 체온을 유지할 수 있는 방법과 수확이 적은 기간을 버틸 만큼 많은 살코기와 여타 식료를 저장하는 능력 또한 갖고 있었기 때문이었다. 빙하시대 말기에 유럽에 살았던 사람들은 무엇보다도 적응력이 강하고 다른 사람들과 협동하지 않으면 안 되었으며 식료를 얻을 수 있는 기회가 오면 놓치지 않아야만 했다. 생존은 다변화에 달려 있었으니, 결코 한두 가지 동물에만 매달려 다른 먹을거리를 배제해서는 안 되었다.

크로마뇽인은 연중 대부분을 아주 다양한 사냥감을 먹고 식료를 저장하면서 작은 집단을 이루고 살았다. 그들이 함께 모여 더 큰 집단을 이루는 때는 순록(나중 시기에는 연어)이 풍부해지는 시절인 봄, 여름, 초가을이었을 것이다. 이 회합은 중요한 연례행사였으며 그때에 사회활동이 가장 집중적으로 이루어졌다. 사람들은 혼례를 주선하고 입회 의식을 치르며 원자재, 도구, 기타 물건을 서로 교환했다. 그런 다음 겨울이 찾아들면 이 집단들은 자신들과 마찬가지로 모진 겨울바람을 피해 온 사냥감 동물의 작은 떼와 저장된 먹을거리가 있는 안락한 계곡으로 흩어져 돌아갔다.

그들의 생존에는 순록이 결정적으로 중요했다. 프랑스 도르도뉴 지방의 레 제지 근처에 있는 아브리 파토 암벽 밑 은거지에서는 순록이 1만 년 이상의 기간 동안 사냥감 전체의 30%가량을 차지했다(그림 4.6). 사냥꾼들은 이주 순록들이 통과할 것으로 예상되는 얕은 강 건널목에 야영지를 정했다. 이처럼 복잡하게 주기적으로 반복된 순록 사냥은 수천 년 동안 지속된 끊임없는 집

그림 4.6 프랑스 레 제지 아브리 파토 유적에서 출토된 유물로 석회암 돌덩이에 여성상을 조각해 놓았다.

단 이동의 양태들 중 단지 일부에 지나지 않았다. 이는 늦어도 3만 2천 년 전부터 시작되어 빙하시대의 종말까지 여러 수천 년 동안 이어졌으며 그 종말에는 마침내 빙하가 녹고 중부 및 서부 유럽의 탁 트인 평원과 깊은 계곡들에 숲이 빽빽이 들어섰다. 하지만, 인간의 생활이 이 여러 수천 년 내내 똑같았던 것은 아니니, 그 이유는 기후 조건이 끊임없이 바뀌었기 때문이다. 크로마뇽인은 효율적이면서 아주 다방면에 걸친 도구복합체와 다양한 식량자원을 가졌기에 변화무쌍했던 환경에도 바로바로 적응할 수 있었다.

크로마뇽인의 기술

크로마뇽인의 기술은 다방면에 걸쳤으나 기본적으로는 아주 단순했다. 이는 다음 네 가지 상호 관련된 사항을 바탕으로 했다.

- 각암, 플린트, 혹은 흑요석 같은 입자가 고운 암석을 돌날 제작용 몸돌[石核]로 용의주도하게 선택함.
- 이 몸돌로부터 이전보다 전문화된 자르기, 뚫기, 긁기용 도구를 만드는 데 쓰일 수 있는 비교적 표준화되고 두 변이 나란한 석재(돌날)들을 생산함.
- 뼈와 뿔을 효율적으로 가공할 수 있는 뷰랭(새기개)을 개량함.
- 뼈와 뿔을 가공하는 데 이른바 '홈 내어 쪼개기' 기법을 씀.

이런 기술혁신들은 인류 역사의 향후 진로에서 심대한 의의를 지녔으니, 그것들이 유라시아와 시베리아의 극한 기후지역에 적응하는 데 물질 수단이 되었기 때문이다. 빙하시대 말기의 석기 제작자들은 어디서나 플린트 혹은 여타의 입자 고운 석재를 아주 선택적으로 사용했다. 크로마뇽인의 일차 목표는 길쭉하고 두 변이 나란한 석재인 돌날[石刃]을 제작하는 것이었으며, 그것을 사냥, 도살 및 가죽 가공, 나무 가공, 옷 짓기 등을 위한 아주 다양한 범주의 전문화된 석기로 전환하거나 나무가 없는 환경에서 전문화된 뼈 도구나 뿔 도구를 만드는 데 필요한 소재로 만들 수 있었다. 좋은 석재에 대한 크로마뇽인의 관심은 너무나 컸기에 상당히 먼 거리에 있는 이웃들과도 그것을 교환했다. 이 귀중한 자재는 일단 구하면 공들여 돌날용 몸돌로 형태를 바꾼 후 야영지를 옮겨도 갖고 다녔다. 이 몸돌은 언제든 필요할 때 석기를 만드는 데 쓸 석재로서, 말하자면 언제든 필요하면 예금을 빼낼 수 있는 은행의 저축 계좌 같은 것에 해당했다. 그리하여 크로마뇽인은 동물을 해체하거나 신선한 순록 뿔로부터 길쭉한 조각을 떼어낼 기회가 생기면 그것을 즉시 실행에 옮길 수가 있었다.

우리 시대의 기술에서 가장 비슷한 물건을 들자면 '레더맨' 공구나 스위스 육군 주머니칼(혹은 기계공의 '스냅 방식' 공구)(그림 4.7)이 있겠다. 둘 다 튼튼한 밑판에 특수 용수철 시스템을 갖추어서 사용자가 가위에서 집게까지 없는 게 없을 정도로 다양한 공구를 언제든 골라 쓸 수 있는 다목적 인공물이다. 그와 똑같은 빙하시대 말의 도구가 바로 몸돌과 그로부터 나온 돌날들이다.

크로마뇽인에게 또 한 가지 중요한 도구가 있으니 그것은 뷰랭이다. 뷰랭은 가는 선을 새기는 섬세한 조각칼이다. 뷰랭은 나무를 가공하고 동물 가죽

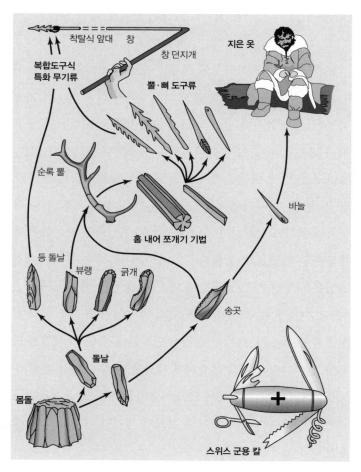

그림 4.7 돌날 제작 기술은 마치 스위스 군용 칼 같은 기능을 함으로써 뼈와 뿔을 가공하는 데 쓸 많은 특화된 도구용 석재들을 만들어낸다.

에 홈을 내고 뿔, 뼈, 동굴 벽에 그림을 새길 때, 또 뿔, 뼈, 상아로 된 도구를 만들기 위해 길쭉한 뿔 소재를 잘라 낼 때 쓰였다(그림 4.7 참조). 이들 중 다수가 미늘 달린 찌르개[尖頭器] 같은 전문화된 도구였으며, 그것을 창의 앞대에 부착해 던지면 사냥감에 박혔을 때 그 부분만 부러지도록 되어 있었다. 또 일부 도구는 중요한 기술혁신이었는데, 특히 겨울옷을 짓는 데 필수적인 귀 달린 바늘이라든가 사냥 무기의 비거리와 정확도를 높여 주는 도구로 갈고리가 달리고 때로는 추가 붙은 창 던지개를 들 수 있다. 이 창 던지개로 창을 던지면 그 목표물을 활과 화살보다 빠른 속도로 맞출 수 있다고 한다. 미세한 미늘을 가진 뿔 찌르개를 부착한 창이나 석제 미늘을 가진 무기류를 제작하는 데도 쓰인 이 기술은 대형동물을 사냥하는 데뿐만 아니라 얕은 물에서 연어를 잡거나 토끼를 잡고 심지어는 빙하시대 말기의 어느 때인가 등장한 활과 화살을 개발하는 데도 쓰였을 것이다.

고고학적 기록은 크로마뇽인의 기술이 1만 5천 년이 넘는 기간 동안 많이 개선되었음을 반영하고 있다. 20세기 초에 프랑스 고고학자 앙리 브뢰이유는 서남프랑스 빙하시대 말기 문화를 네 가지 기본 문화전통으로 분류했는데 그 가운데 마지막 것은 대략 1만 8천 년 전부터 1만 2천 년 전까지의 저 유명한 막달레니안 문화이다. 베제르강에 연한 라 마들렌느 암벽 밑 은거지의 이름을 딴 이 문화는 기술적으로 아주 발달한 문화였을 뿐만 아니라 미술 표현과 몸치장에 새로운 관심을 쏟은 문화였다.

크로마뇽 미술

크로마뇽인의 삶에서 상징과 의례에 관련된 영역이 남아프리카와 오스트레일리아에서 똑같은 시기에 그림을 그리고 있었다고 알려진 동시대인들보다 더 발달했다고는 하지 못할 듯하다. 하지만, 가장 잘 알려져 있고 또 제일 철저하게 탐구가 된 편이다. 다행스럽게도 그 흔적이 지금까지 많이 남아 있으며, 그에는 음악의 증거도 있다. 3만 5천 년에서 4만 년 된 뼈 및 상아 피리 네 점이 독일 남부 동굴들에서 출토된 것이다. 크로마뇽 미술가들은 미술 표현을 하는 데 캔버스로는 동굴 벽을 쓰고 팔레트로는 나무와 가죽이 아닌 내구성 강한 뿔과 상아를 썼다.

호모 사피엔스는 오랜 기간에 걸쳐 예술에 관심을 가졌다. 남아프리카의 블롬보스 동굴에서는 10만 년 전으로 연대측정된 선을 새긴 오커 황토 덩이의 증거가 나온 한편으로 아마도 몸을 치장하는 데 쓰였을 구멍 뚫은 조가비들도 출토되었으며 이것들의 연대는 대략 7만 5천 년 전으로 알려져 있다. 그런 몸치장 현상은 이런 장식품이 사회적 역할—젠더, 집단 성원권 등등—을 규정하고 표시할 수 있음을 인식함과 더불어 생겨났을 것이다. 빙하시대 말기 사람들은 특정 시각 영상들로 사고하는 능력을 의심의 여지없이 터득했으며, 이미지와 생각을 공유하고 전달하기 위해 그런 영상과 더불어 영창, 낭송, 노래를 이용했다. 그 결과로서 매우 아름다운 예가 흔한 크로마뇽인의 바위 미술을 포함한 복잡하고 다양한 예술 전통이 생겨난 것이다.

유럽과 유라시아에 잔존한 크로마뇽 미술은 그들의 미술 작품들 중 단지 일부분에 지나지 않는다. 왜냐하면 그들은 거의 틀림없이 진흙, 나무, 섬유질, 나무껍질, 짐승가죽, 새 깃털 등 쉽게 해체되어버리는 소재를 많이 사용했을 터이기 때문이다. 또 그들이 몸에 장식 칠을 하는 데 석간주나 여타 안료를 썼을 것임은 의문의 여지가 없다. 지금 남은 미술은 북아프리카로부터 시베리아에 이르기까지 광대한 지역에 걸쳐 있으며 북스페인, 서남프랑스, 중부 및 동부 유럽에 주로 집중된다. 이 미술가들은 동굴 벽에 동물들을 새기고 그렸으며 때로는 사람도 그렇게 표현했고 선과 정교한 구획, 복잡한 모양 등의 도형도 표현했다. 또 그들은 신기에 가까운 기술로 뿔·뼈·상아를 조각했다. 그들은 동물을 환조(丸彫)로 조각했고 들소의 눈, 사지, 터럭을 미묘한 새김 기법으로 아주 세밀한 부분까지 뚜렷하게 묘사했다. 또 동물과 사람을 상아, 연석(軟石), 구운 진흙으로 표현한 작은 상들이 있으니, 그 예로는 노소의 여성을 표현한 저 유명한 비너스상들이 있다(그림 4.8a). 대개 풍만한 신체 볼륨을 자랑하는 이런 여성 조각상들의 의미를 알아내기는 무척 어렵다. 다만, 크로마뇽 미술에서는 수많은 인물 작품들이 있으므로 그런 비너스상들이 그렇게 비상한 것은 아니라 할 수 있다.

크로마뇽 미술은 감탄을 금할 수 없는 상들로 가득한데, 그 중 다수는 서남프랑스의 그로트 드 쇼베, 라스코, 트루아 프레르, 북스페인의 알타미라 같은 주요 유적에 집중되어 있다(그림 4.8과 뒤의 유적 테 글 '프랑스 그로트 드 쇼베' 항 참조). 이 유적들은 종교나 상징 의례에서 특별히 중요한 장소였을 것이

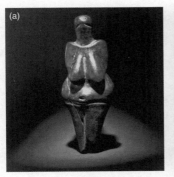

그림 4.8 크로마뇽 미술. (a)중부 유럽 모라비아 돌니 베스토니체 유적 출토 비너스상. (b)프랑스 라스코 동굴 야생 황소. (c)북부 스페인 알타미라 동굴 천장의 자연적으로 튀어나온 곳에 그려진 들소. 세 작품 모두 연대가 서기전 25000년에서 서기전 12000년으로 측정되었다.

다. 이것들은 그 지역 집단들뿐만 아니라 훨씬 멀리서 온 사람들에게도 신성한 의식 성소였다. 또 어떤 지점은 주요 의례에만 이따금 쓰인 신성한 장소였다. 이를 가장 극적으로 보여주는 예는 프랑스 아리에쥐의 르 툭 도두베르 동굴이다. 동굴 입구로부터 깊숙이 들어간 외딴 곳의 천장 낮은 방에 진흙으로 공들여 빚은 들소 두 마리가 바위 하나 위에 놓여 있었다(앞의 그림 1.1 참조). 이 들소는 대략 실물의 6분의 1 정도 크기이며 미술가가 능숙한 손가락과 주걱으로 빚고 뾰족한 물체를 이용해 눈과 콧구멍, 여타 부위를 표현해 놓았다. 이 컴컴하고 외딴 방의 그 상들 둘레에는 옛 인간의 발뒤꿈치 자국들을 볼 수가 있다. 다른 많은 동굴에서도 칠하거나 새긴 그림들이 햇빛이 닿는 데서 멀리 떨어진 곳에 있다. 축축한 진흙 바닥에 어른과 아이들의 발자국이 보존된 예가 몇 있으며, 이것들은 아마도 외진 지하 방에서 의식에 참례한 일단의 신입 성원이 남긴 것이리라 싶다. 또 어떤 동굴은 메아리나 여타 음향효과 때문에 특별히 골랐을 가능성이 있다.

후기 구석기 미술은 좀처럼 쉽게 해석이 되지를 않는데, 그것들이 우리에게 전하는 상징 메시지가 우리와는 아주 동떨어진 세계로부터 나온 것이기 때문이다. 하지만, 그리고 새긴 그림들은 아직도 살아있는 듯 생생하며 그 깜깜한 곳에서 가물거리는 오늘날의 촛불 빛으로 보았을 때 실물보다도 큰 것처럼 보인다. 그 미술가들은 일부 미술사학자와 고고학자들이 주장하듯 미술 그 자체를 위해 그림을 그렸는가? 아니면 사냥을 나서기 전에 사냥감을 상징적으로 죽이고 있었던 것인가? 다른 이들이 보기에 이런 설명은 너무 단순화된 것이다.

크로마뇽 미술은 고도로 영적인 성격을 지녔기에 샤먼의 관행들과 연계된 것이라고 흔히 주장된다. 어떤 연구자에 따르면 신관 혹은 영매인 샤먼('신관'을 의미하는 시베리아 퉁구스어 saman에서 유래)은 세계 모든 곳의 수렵채집 사회와 순수 농경 사회에서 중요 구성원이다. 그들은 신과 조상의 세계를 넘나

드는 특이한 영적 능력을 가졌다고 인식되는 사람들이다. 그들은 신들린 상태와 영창으로 이 세상과 조상들을 중개하고 세계의 질서와 천지 창조를 규정하며 환경 속의 여러 세력과 산 것들 사이의 관계를 규정한다. 일부 전문가는 동굴 미술 중 다수가 샤먼 의식과 관계가 있으며 그 동물 상들은 샤먼에게 영물이나 생명력을 나타내는 상들이었을 것이라고 주장한다. 동굴 벽에 찍힌 손자국들은 그 동굴 면 뒤에 숨은 초자연적 힘들로부터 초자연력을 얻어내는 공통된 관습을 나타내는 것일 수도 있다.

하지만, 또 어떤 이는 바위 미술을 샤먼과 연관 지어 해석하는 것은 근거가 결여되어 있다고, 다시 말해 아득히 먼 과거는 물론이고 근년에도 그런 관습의 증거가 거의 없다고 주장한다. 그런 연구자들은 그 대신에 현대 수렵채집 집단 중에 자신들의 미술을 이용해 이를테면 사회적 관계를 기록하는 것부터 마을 기획에 이르기까지 일상생활 가운데서 나날의 여러 측면을 전달하는 집단이 얼마나 많은지를 관찰하는 쪽을 선호한다. 이 시나리오에서는 예를 들어 선사시대 손자국들은 신들과의 소통이라기보다는 모종의 개인적 서명 같은 것들로 볼 수가 있다. 크로마뇽인의 바위 미술은 그에 대한 진정한 해석이 무엇이든지 간에 현대의 보는 이들을 감동시키고 그들의 경외심을 불러일으키는 힘을 지니고 있음에는 틀림이 없다.

유적 **프랑스 그로트 드 쇼베**

1994년 12월 18일 고고학에 관심을 가진 프랑스인 동굴 탐험가 세 사람이 프랑스 동남부 아르데슈 지방에 있는 시르크 드 에스트르 협곡의 한 좁은 구멍으로 기어들어갔다. 이들은 어떤 막힌 관으로부터 외풍이 흘러 들어옴을 느끼고는 표석들을 약간 치우고 몸을 낮추어 절미한 방해석 기둥들로 장식된 방들이 여러 개 연결된 곳으로 들어갔다. 그들의 불은 놀랍게도 인간 손자국들을 비추었고 그러고 나서 매머드, 동굴 사자, 여타 동물의 그림들이 드러났다. 이 세 사람의 탐험가는 "기묘한 느낌에 사로잡혔다. 모든 것의 아름다움과 생생하기가 거의 지나치다 싶을 정도였다. 시간은 없어져 버려 마치 이 그림들을 제작한 사람들로부터 우리를 떼어놓는 수만 년이라는 세월이 더 이상 존재하지 않는 것 같았다."(쇼베, 데샹, 일레르, 『미술의 여명: 쇼베 동굴』(1996), 42쪽)

그로트 드 쇼베는 빙하시대 말기 이래로 인간의 손을 타지 않은 일련의 그림이 그려지고 새겨진 방들이다. 바닥의 화덕들은 마치 그 전날 불을 끈 것처럼 보였다. 불붙인 횃불의 숯을 제거해 더 밝게 빛나도록 벽에 대고 문질렀던 흔적이 남아 있다. 300점이 넘는 그림이 그 벽을 장식하고 있다(그림 4.9). 그림에는 검은 말들, 꼬인 뿔을 가진 야생 소들, 서로 마주 본 두 마리 코뿔소로 이루어진 소벽이 있다. 그 말들은 입을 반쯤 벌렸고 눈은 상세

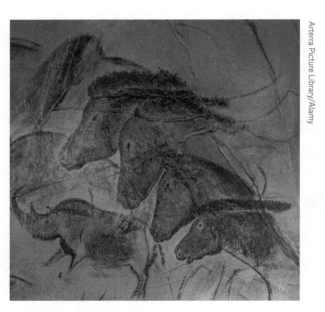

그림 4.9 프랑스 서남부 그로트 드 쇼베 동굴 벽면에 빙하시대 말 크로마뇽인이 3만 6천 년 전에서 2만 4천 년 전쯤에 그린 야생말, 수소, 코뿔소들.

하게 표현되었다. 사자와 수사슴이 있고 또 올빼미를 새긴 그림도 있는데 이는 그림 그려진 동굴에서 이전에 결코 볼 수 없었던 동물이다. 이 그림들은 길이 10m를 넘는 범위를 차지한다. 방 속으로 좀 더 들어가면 천장에서 떨어진 석판이 하나 놓여 있다. 그 위에 곰의 두개골 하나가 놓여 있었다. 그 뒤로 작은 불을 피운 잔적이 있다. 그 석판 둘레에는 30개가 넘는 곰 두개골이 의도적으로 배치되어 방해석 석판들로 덮여 있었다. 맨 안쪽 방에는 사자 혹은 (갈기가 없기에) 암사자, 코뿔소, 들소, 매머드들이 주를 이룬 10m짜리 검은색 그림 소벽이 있고 그 그림들 오른쪽에는 들소 머리를 든 사람 하나가 서 있다. 발견자들은 그 사람을 "우리들이 보기에 이 거대한 소벽을 감독하는 마법사 같았다"고 하였다(위 책, 110쪽). 그림을 그린 화가들은 원근법의 대가들이었으니 움직임과 여럿임을 나타내는 효과를 내도록 동물 머리들을 겹치게 그렸다. 이들은 그림이 더 돋보이도록 하기 위해 그림을 그리기 전에 벽 일부를 긁어내기까지 하였다. 이들은 암벽에 손으로 물감을 발랐을 것이며 그로써 입체감과 색조를 강조하는 명암 효과를 거두었을 것이다.

코뿔소 두 마리와 대형 들소 한 마리에 대해 측정한 가속질량분석 방사성탄소측정연대들은 서기전 34000년을 중심으로 한 1300년 시기 폭을 가리킨다. 이로써 이 그림들은 안정된 연대를 가진 세계에서 가장 오래된 미술이 되었다. 암벽에 횃불을 문지른 자국에서 더 얻어낸 연대 두 개는 서기전 24500년 즈음인 반면 바닥의 숯 표본 두 개는 대략 서기전 22500년의 값을 나타내어서 사람들이 이 쇼베 유적을 적어도 1만 년에 걸쳐 몇 차례 방문하였음을 암시한다. 그들이 그처럼 오랜 기간에 걸쳐 그림들을 그렸는지는 아직 알지 못하나 AMS 연대가 결국 약간의 답을 줄 것이다.

그로트 드 쇼베는 원래 곰 소굴로서 이 무시무시한 짐승이 동면한 장소였다. 흥미롭게도 동굴 벽의 동물들 다수는 빙하시대 말기 동물들 중 위험스런 구성원들을 나타내고 있으니, 곰과 사자, 매머드, 코뿔소, 들소로 때로는 민첩하고 사나운 유럽 들소까지 있다. 곰의 발톱 자국, 구멍, 발자국, 흩어진 뼈들이 있는 이 동굴을 방문한 인간들은 아마도 그 거대한 짐승의 힘을 얻기 위해 어둠 속에서 그 냄새가 채 가시지 않은 방들로 들어갔을 것이다.

또 그 중 일부는 성인식과 관련이 있었을 것인데 캄캄한 통로로 들어가는 것 자체가 방향 감각을 잃게 만듦으로써 또 한 가지 어른 되기 시련이 되었을 것이다. 이런 미술은 환경에 관한 지식이나 여타 지식을 한 세대에서 다음 세대로 전하는 한 가지 방법임에 거의 틀림이 없다. 예를 들어 오스트레일리아 원주민은 조상의 신화 및 상징 세계와 밀접하게 연계된 자신들의 영역에 관한 방대한 양의 정보를 모두 외우고 있으며, 이 자료의 많은 부분은 생존에 필수적인 내용으로서 의례나 의식 중에 젊은이들에게 끊임없이 나누어진다.

4   유라시아의 수렵채집민(4만 5천 년 전부터 1만 5천 년 전까지)

대서양으로부터 시베리아까지 펼쳐진 광활한 스텝-툰드라 평원은 서남 유럽의 안락한 계곡들보다 훨씬 모진 환경이었다. 빙하시대 말기 사람들이 그곳에서 항구적으로 살기 위해서는 안락한 겨울용 중심 야영지를 마련해야 했고 또 바늘과 가죽 끈으로 여러 겹의 옷을 짓는 기술과 나무 없는 환경에서 견고한 집을 짓는 능력을 가져야만 했다. 빙하 극성기인 1만 8천 년 전보다 앞 시기인 일찍이 4만 5천 년 전에는 단지 소수의 대형동물 사냥 집단이 이 평원을 가로지르는 얕은 강 유역들에 살았을 뿐이었다. 그 뒤로 인구가 비교적 급속하게 늘어났고 각 집단은 짧은 여름 동안에는 식물 식료와 물고기를 찾을 수 있고 사냥감이 가장 풍부한 강 계곡들을 중심으로 살았다. 가장 정교한 겨울용 중심 야영지가 위치한 곳도 바로 거기였다. 그런 중심 야영지 하나가 드네프르강 연안의 메쥐리히에 설치되었는데 이는 매머드 뼈들을 돔 모양으로 복잡하게 엮어 잘 지은 집들로 이루어진 주거 단지였다. 집의 바깥 옹벽은 문양을 새긴 매머드 두개골, 턱뼈, 사지뼈로 지어졌다. 계란 모양으로 완성된 집은 지름이 약 4.8m이고 지붕은 가죽과 떼로 덮었으며 입구는 반지하 터널 모양이었다. 집을 짓는 데 매머드 뼈를 쓴 것은 나무가 별로 없는 환경에서 당연한 생존 전략이었다. 메쥐리히의 집 하나를 짓는 데 약 15명이 열흘 정도 걸렸을 것으로 추산한 연구가 있다. 그렇다면 이는 좀 더 단순한 중심 야영지나 사냥 주거를 짓는 것보다는 훨씬 많은 노력이 든 셈이다.

그 연구자 올가 소퍼는 이런 중심 야영지에 연중 약 6개월 동안 약 30명에서 60명의 집단이 살았을 것으로 믿고 있다. 메쥐리히는 우크라이나에 있는 중요 중심 야영지 몇 군데 중 단지 하나로서 그런 중심 야영지에는 그보다 작으면서 좀 더 전문화된 취락들에 비해 훨씬 다양한 사냥감 동물 뼈가 들어 있었다(그림 4.10 참조). 또 매머드 뼈 집들에서는 비버 같은 털가죽 동물의 많은

그림 4.10 화가가 우크라이나 메쥐리히 유적의 매머드 뼈 집 두 채를 복원해 그린 모습.

뼈와 키에프 근처에서 산출된 반짝거리는 호박 같은 색다른 물건이나 장신구들과 더 먼 남쪽의 흑해에서 온 조가비 등도 나왔다. 이웃 공동체들과의 교환을 통해 멀리 떨어진 곳에서 온 이 물품들은 비실용적 사치품이 압도적으로 많은데 이것들은 사회적, 정치적 의미를 가진 것이다. 그 교역 가운데 많은 부분은 의례 활동이었을 것이며, 이는 빙하시대 말기의 세계 어느 곳에서도 그랬던 것처럼 사람들이 중요 이데올로기의 정당성을 확인하고 일상생활의 정보를 교환하며 상호 협력을 보장하는 수단이었을 것이다.

빙하시대 말기의 인간 집단들은 멀리 동쪽으로 시베리아의 바이칼 호에 이르기까지 스텝-툰드라의 많은 부분에 퍼져 살았다. 그런데 이는 의도적 이주의 결과가 아니라 수렵채집민 생활의 자연스런 역동성이 낳은 결과였다. 이 툰드라 사냥꾼들은 규모가 작고 아주 유동적인 무리로서 살았다. 세대가 지남에 따라 한 유단이 다른 유단과 연합했고 아들 세대의 가족들은 사람이 살지 않는 이웃 강 유역으로 이주하곤 했다. 그리하여 시간이 지나자 산재한 인간 집단들이 수천 km²에 걸친 스텝-툰드라를 차지하게 되었으며, 거의 대부분이 계곡을 중심지로 하면서 때로는 넓은 평원으로 과감히 나서기도 하는 식으로 언제나 이동하고 있었다. 사람들은 자연스런 역동성의 결과이자 극도의 사회적 유동성 및 임기응변성의 결과인 바로 이런 끊임없는 이동으로 시베리아의 가장자리에 처음으로 살게 되었고 또 아메리카 대륙으로까지 건너갔던 것이다.

스텝-툰드라는 바이칼호의 북쪽과 동쪽으로 태평양까지 줄곧 펼쳐져 있었는데, 이 지대는 빙하시대 최말기 사냥꾼 집단들의 본향으로서 그곳 호수 연안과 강 유역에 살았던 사람들의 주거지가 몇 예 알려져 있다. 그것들은 빙하시대 말기의 광범한 문화전통들 중 한 부분으로서 호모 사피엔스가 바이칼호보다 훨씬 서쪽으로부터 태평양 해안에 이르는 중부 아시아 및 남부 시베리아의 광활한 지역에 다양하게 적응했음을 반영한다. 그런데 이런 시베리아의 사냥꾼들은 어디서 온 것인가? 그들은 서쪽으로부터 왔는가? 아니면 남쪽의 중국에 뿌리를 둔 것인가? 이런 의문들은 세계선사학에서 가장 논란이 되고 있는 문제들 중 하나, 즉 최초 아메리카인의 연대 문제에 직접 관계가 된다.

5   동아시아(3만 5천 년 전부터 1만 5천 년 전까지)

우리는 선사시대의 아시아가 빙하시대 말기 세계에서 후진적이고 주변적인 지역이 아니었음을 인식할 만큼은 이 지역에 대해 충분히 알고 있다. 하지만, 우크라이나와 스텝-툰드라 서부 지방의 대형동물 사냥꾼들이 동북쪽으로 줄곧 시베리아까지 이주해 갔고, 거기서 아메리카 대륙으로 이주했다고 주장하지는 못한다. 그보다는 현대인이 늦어도 4만 년 전에는 이미 시작된 복합적 과정에 의해 중부 아시아, 북중국, 그리고 극단 동북 지방으로 확산되었다고 본다.

많은 생물인류학자는 원래 열대성 및 아열대성 동물인 호모 에렉투스가 우선 비교적 더운 중국 남부에 살다가 동북쪽의 좀 온난한 환경으로 방산되었다고 상정하고 있다. 그렇지만 북쪽으로 얼마나 멀리 간 것인가? 몽골 건조초원을 지나는 황허강의 양안을 따라 인간이 최초로 거주한 몇 가지 징후는 3만 5천 년 전이 되어서야 비로소 나타난다. 이 지역과 그 이웃 스텝-툰드라 같은 개활지의 경관은 수렵채집민이 단지 성글게만 살 수 있는 여건이며, 그들은 들고 다닐 수 있는 도구복합체와 기동성을 중히 여겼다. 그들은 미세한 세석기를 최초로 개발한 빙하시대 말기 사람들 중 일부였다.

세석기(그리스어로 '작다'는 뜻의 *micros*와 '돌'이라는 뜻의 *lithos*의 합성어)는 주도면밀하게 준비한 쐐기 모양이나 원뿔 또는 원통 모양의 몸돌로부터 제작해 낸 아주 특색 있는 석기이다(그림 4.11). 세석기는 그토록 작은 데서 알 수 있듯이 뿔, 뼈, 나무 대에 꽂아 창 미늘이나 화살촉 혹은 작은 칼이나 긁개 날로 쓰도록 고안된 것이다. 이런 미소한 도구는 후빙기에는 거의 어디서나 쓰이게 되는데, 가느다란 나무 화살대든 두툼한 나무 손잡이든 어느 것과도 조합해 사용할 수 있어 응용성이 강하기 때문이다. 그것들은 늦어도 3만 년 전이면 북중국에 조잡한 형태로 처음 나타나고 2만 5천 년 전에서 2만 년 전이면 널리 사용되며, 기동성과 들고 다닐 수 있는 도구복합체를 중히 여기는 스

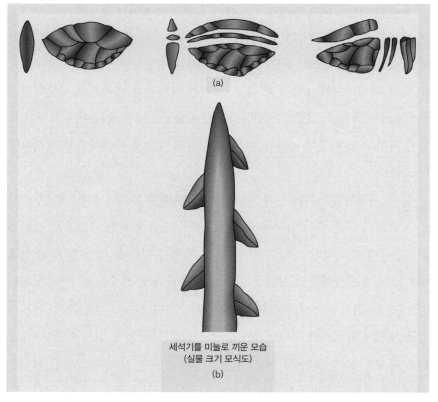

(a)

세석기를 미늘로 끼운 모습
(실물 크기 모식도)
(b)

그림 4.11 세석기 기술. (a)시베리아의 세석인 석기들은 쐐기 모양 몸돌로부터 작은 돌날들을 떼어내 만들었으며, 그것들은 창에 부착하거나 뼈끝에 끼울 수 있는 아주 작고 날카로운 석기들이었다. (b)빙하시대 이후에 쓰인 나중의 세석기들은 돌날을 부러뜨리거나 그에 홈을 내어 만들었다.

텝-툰드라 지역 같은 건조 개활지에서 금방 널리 쓰이게 되었다. 시베리아에서도 이와 다소간 유사한 세석인 기술이 빙하시대 말기에 개발되었다.

하지만, 우리는 동북아시아 최초의 주민이 그런 미소한 도구를 가진 사람들이었는지 아니면 날카로운 돌 찌르개를 부착한 창을 포함해 좀 더 무거운 무기류를 사용한 사람들이었는지 알지 못한다. 불운하게도 북중국, 동북 시베리아, 그리고 알래스카에 대해서는 고고학적으로 알려진 바가 거의 없으니, 혹독한 환경 탓에 야외조사를 연중 한두 달 정도밖에 할 수 없는 지역이 많기 때문이다. 그래서 이 광대한 지역에 사람들이 처음으로 살고 아메리카 대륙에도 살게 된 과정에 대해서는 단지 하나의 시나리오로 가능성을 추측할 수 있을 뿐이다.

시노돈티와 순다돈티

최초의 아메리카인이 시베리아에서 넘어갔다는 데는 의문의 여지가 없으나 그들의 궁극적 조상이 누구인지는 커다란 논쟁거리이다. 애리조나주립대학교의 크리스티 터너는 오랫동안 토착 아메리카 주민들의 이빨 특징을 조사해 구대륙의 다른 집단들과 비교하였다. 그는 인간 이빨의 치관과 치근이 선사시대 주민들 사이의 친연 정도에 대한 단서가 된다는 사실을 밝혀냈다. 이런 이빨의 특징들은 다른 대부분의 진화상 특성들보다 한층 안정적이라서 환경의 차이, 성의 차이, 나이에 따른 변이 등의 영향을 그다지 입지 않는다. 그는 특히 이빨 특성의 진화상 정형성 중 스스로 시노돈티라고 명명한 것에 주목했다.

시노돈트(즉 시노돈티를 가진 사람들)를 가려내는 표지로는 앞니의 안쪽 면을 오목하게 파낸 듯한 형태, 윗니 중 첫째 작은 어금니의 양면이 파내어진 듯하고 뿌리가 하나인 점, 아랫니 중 첫째 큰 어금니의 뿌리가 셋인 점을 들 수 있다. 시노돈티는 모든 토착 아메리카인의 특징이다. 그런데 이 특징은 북중국인을 포함한 북부 아시아인도 갖고 있다. 이 시노돈트와 그가 순다돈트라 이름붙인 여타 몽골로이드 주민들 사이의 이빨 형태 차이는 너무나 크기 때문에 그는 시베리아와 아메리카에는 북부 아시아 출신의 시노돈트 주민이 이주했던 것으로 믿고 있다. 그는 시노돈티가 늦어도 4만 년 전 진화한 지역은 바로 중국이었다고 믿고 있다. 문제는 그의 이론을 확증시켜 줄 고고학 유적을 찾아내는 일이라 하겠다.

6   동북 시베리아의 초기 인간 거주(2만 5천 년 전 이전부터 1만 5천 년 전까지)

최초 아메리카인의 조상들이 시베리아에 있었다면 극단 동북아시아에서 가장 오래된 인간 거주의 증거는 무엇인가? 지금까지 알려진 가장 이른 주거는 북극해에서 140km밖에 떨어지지 않은 야나강 강변에 있다. 여기서 사람들은 일찍이 2만 5천 년 전에서 2만 7천 년 전에 매머드, 야생마, 여타 동물을 사냥하였는데 그 시기는 멀리 동북아시아에 사람이 살지 않았던 때일 빙하시대 말 짧은 최후 빙하 극성기의 극도 추위보다는 약간 따뜻한 기후였던 기간이다. 기온은 오늘날보다 섭씨 5도 정도 낮았으나 건조함은 극심했으며 동식물의 생산성이 너무 낮아서 인간 집단이 계속 살아갈 수 있을 정도가 되지 못하였다. 그러다가 1만 8천 년 전 이후로 기후가 따뜻해졌을 때 소규모의 수렵채집민이 극단 동북아시아에 다시 살게 된 것으로 보인다. 그 후로 가장 이른 인간 거주 증거 가운데 일부는 알단강 중류역의 **듁타이 동굴**에서 나오고 있다. 그곳에서 러시아 고고학자 유리 모차노프는 격지를 떼어 낸 창끝, 뷰랭, 세석인, 여타 후기 구석기와 1만 4천 년에서 1만 2천 년 된 매머드와 사향소의 뼈가 공반된 사실을 발견해내었다. 듁타이와 비슷한 유적 중 연대가 가장 잘 측정된 곳은 베르흐네-트로이츠카야로서 역시 알단강 강안에 있으며 방사성탄소연대측정이 이루어져 약 1만 8천 년 전으로 나온 바 있다. 이후로는 동북아시아의 광대한 지역에 걸쳐 세석인과 특징적 쐐기 모양 몸돌들이 발견되며 이것들은 베링 해협을 건너 알래스카와 더 남쪽 캐나다의 브리티시 콜롬비아에서도 발견되었다.

둑타이 문화는 그 세석인과 쐐기 모양 몸돌로 보건대 그 남쪽의 중국에 널리 퍼져 있던 세석인 문화와 상당한 연계를 가지고 있는 듯하다. 만약 그렇다면 둑타이 문화전통을 시노돈트가 발견된 북중국과 더불어 알래스카와 브리티시 콜롬비아의 세석인 발견물과 연계할 수 있는 근거가 있는 셈이다. 그러면 둑타이인을 최초 아메리카인으로 보아도 좋을 것인가? 그에 대한 답은 거의 확실하게 부정적이다. 왜냐하면 최근 알래스카에서 발견된 자료로 볼 때 빙하시대가 끝난 바로 그 시점에 세석인 도구복합체를 가지지 않은 수렵채집민이 이 북미 최북단에서 번성하고 있었음을 알 수 있기 때문이다. 그러면 지질학자들이 베링지아라고 이름붙인 지방, 즉 시베리아에서 알래스카까지 두 대륙을 연결한 낮은 '베링 육교'를 가로질러 뻗은 거대한 육괴가 잔인할 정도로 추운 기후 조건을 가진 점을 고려할 때 그들은 어떻게 그곳에 도달했을까?

여러 세대에 걸친 과학자들은 베링 육교가 최후 빙하 극성기 동안 스텝-툰드라로 덮인 극도로 춥고 건조하며 바람이 드센 경관이었던 것으로 가정하였다. 그런데 베링 해협의 심해저 천공 자료와 도서 기반 천공 자료를 이용한 새로운 연구는 그와 다른 그림을 그려낸 바 있다. 북태평양 대양수의 순환 영향 덕에 그 육교의 심장부는 다소간 더 따뜻하고 습윤한 기후 조건이었다는 것이다. 우리는 이 피난처에 사람들이 살았음을 아는데 그 근거는 고고학 유적이 아니라 현대의 북쪽 인구 집단에서 수집한 유전자 자료에 있다. 우리는 토착 아메리카인이 최후 빙하 극성기 동안 시베리아 본토의 조상으로부터 고립되었던 집단의 후손임을 안다. 1만 7천 년에서 1만 6천 년 전 이후로 기후가 온난해지기 시작하자 베링지아 전역의 동식물 생산성은 급증하였고 그에 따라 사람들은 다시금 이제까지 적대적이었던 지역들로 거주지를 확대할 수 있었다. 그들은 관목 툰드라가 서와 동으로 뒤쪽 시베리아뿐만 아니라 지금의 알래스카로도 확대됨을 뒤따라 나아갔다. 베링 해협 양쪽에 있는 좀 높은 땅들에 위치한 몇몇 고고학 유적은 대략 1만 5천 년 전부터 1만 4천 년 사이에 그곳에 인간이 있었음을 입증하고 있다. 아메리카 대륙 측에서는 기왕에 대서양부터 태평양까지 북미 북부의 많은 부분을 뒤덮었던 최후 빙하 극성기의 거대 빙원들이 퇴각한 덕에 많은 주민 집단 이동이 이루어졌다. 어쩌면 많아야 1만 명 혹은 그보다 더 상당히 적은 숫자의 인간들이 한때 육교 피난처 안에 갇혀 있었던 듯한 상태의 그림을 상정하는 이 시나리오는 '베링지아 정체 가설'이라고 알려져 있다. 이는 대체로 이론적이지만 기존에 알려진 사실들을 아주 잘 짜 맞추어낸 듯이 보인다.

7 최초의 아메리카인(1만 5천 년 전 이전부터 서기전 11000년까지)

우리는 그야말로 최초의 아메리카인에 대해서는 거의 아는 바가 없지만 베링 해협의 양쪽에서 나온 드문드문한 고고학적 발견물로 판단하건대 그들은 흔히 말하는 광역 스펙트럼 사냥꾼들로서 대단히 넓은 범위의 동물과 바다 먹을거리, 식물 먹을거리를 먹고 살았으며 넓은 사냥 영역을 이용하였다. 그들은 분명히 넓은 지역에 걸쳐서 이동을 하였고 또한 가죽을 덧씌운 배로 물길 여행도 하였을 것이다. 이용할 수 있는 자료의 무게 추와 '정체 가설'은 둘 다 최초 이주의 연대를 대략 1만 5천 년 전으로 잡는 쪽을 지지하지만 어쩌면 그보다 약간 일러서 최후 빙하 극성기 바로 직후였을 수도 있다.

이 시나리오에서는 기온이 온난해지자 북미 심장부로 접근하는 것을 효과적으로 차단하던 거대한 빙원 덮개가 퇴각하기 시작한 바로 그때에 소규모 수렵채집 집단들이 얼음으로 에워싸인 알래스카로 이동해 들어갔다. 얼음의 퇴각은 가속화되었다. 1만 7천 년 전이면 북미 서부를 뒤덮었던 코딜레라 빙원이 태평양 연안으로부터 퇴각함으로써 남쪽으로 통하는 해안 길이 열렸다. 1만 4천 년 전에 이르면 코딜레라 빙원과 동쪽의 로렌타이드 빙원이 적어도 부분적으로라도 분리되면서 그 사이에 남쪽 대륙 중앙부로 통하는 회랑이 생겼고 이는 양옆의 얼음이 녹아 없어지면서 점점 넓어졌다. 그러면 최초의 이주자들은 어떤 길을 택하였나? 그들은 서쪽 태평양 연안을 따라 노출된 대륙붕을 타고 내려간 바다에 적응한 사람들이었나? 아니면 험하고 울퉁불퉁한 지형에서 생존하는 데 익숙한 지상 적응의 수렵채집민이었나? 현 단계의 연구에서는 한마디로 말해 알지 못하는데 그 부분적 이유는 높아진 해수면이 태평양 연안을 따른 초기 거주지들을 그 어떤 것도 다 덮어버렸기 때문이다. 그곳에서는 가장 이른 유적들이 하이다 그와이(브리티시 콜롬비아의 퀸 샬롯트 제도)의 좀 높은 지면에서 나왔는데 연대는 대략 1만 3천 년 전이다.

한 가지는 분명하다. 소규모 인간 집단이 두 빙원 남쪽에 있는 지역들로 놀랄 만한 속도로 폭발하듯 들어가서 그들에게 젖과 꿀이 흘러넘치는 땅이었던 곳을 이용하였다는 것이다. 대략 1만 5천 년 전 이후의 이 급속한 대확산을 여남은 유적이 입증하며 그 가운데 펜실베이니아주 메도우크로프트 암벽 밑 은거지 유적과 오리건주 포트 락 동굴 유적 그리고 캘리포니아주 남부 산타 로사섬에 있는 알링턴 스프링즈 유적이 있다. 워싱턴주 케스케이드 산맥 속 페이슬리 5마일 동굴에서 출토된 인간 대변 몇 점은 연대가 약 1만 2천 300년 전으로 나왔다. 중미와 남미에 산재한 유적들도 그러하며 그 중 멕시코의 발세키요 유적과 베네수엘라의 타이마 타이마 유적, 그리고 페루 해안의 와카 프리에타 유적이 있다. 더 남쪽으로 칠레 북부에서는 톰 딜러헤이가 한 시냇가에 위치한 괄목할 만한 취락을 드러낸 바 있다. 이 몬테 베르데 유적은 서기전

11800년부터 12000년 사이에 나무로 지은 간단한 주거에 산 채집민이 점유하였다(테 글 '칠레 몬테 베르데'를 참조).

　그러다가 이처럼 물방울 같던 고고학 유적들이 서기전 약 9200년 이후로는 홍수처럼 넘쳐나게 된다. 이제 고(古)인디언(paleo는 '옛'이라는 뜻의 그리스어)의 거주 흔적이 북쪽 빙원의 남쪽 가장자리와 멀리 남쪽 마젤란 해협에까지 나타난다(이 고인디언이라는 말은 통상적으로 아메리카 대륙에 선사시대 주민이 맨 처음 거주한 때부터 서기전 6000년경 고(古)기가 시작될 때까지를 가리키는 데 쓰인다).

유적　칠레 몬테 베르데

몬테 베르데 유적은 칠레 남부의 한 작은 강 유역에 위치하고 있으며 토탄늪으로 덮인 냇가 취락이어서 돌 및 뼈 인공물뿐만 아니라 나무 인공물까지 잔존하고 있다. 이 유적은 톰 딜러해이에 의해 아주 철저히 발굴되었으며 방사성탄소연대측정을 해서 서기전 12220년부터 11390년 사이라는 이른 연대가 나왔다. 지금까지는 이 유적의 오직 한 부분만이 발굴되었는데, 두 줄로 나란히 자리 잡은 장방형 주거지라는 것들이 그것들을 연결하는 벽과 함께 나왔다. 가죽을 덮은 집들은 크기가 3m×4m의 네모꼴이고 통나무와 조잡한 판재 기단 및 나무 뼈대를 가졌다. 집 안에서는 진흙을 덧바른 화덕, 나무절구, 다량의 야채 먹을거리가 발견되었다. 조금 떨어진 곳에서는 Y자형 구조물과 사람이 씹은 볼로나무 잎(오늘날 일종의 약차를 만드는 데 쓰임), 마스토돈 뼈, 여타 작업 쓰레기가 공반되어 나왔는데 이는 아마도 작업 공간이었을 것이다.

　몬테 베르데 사람들은 아주 다양한 야채 먹을거리를 이용하였으며 거기에 야생 감자도 포함된다. 또 작은 사냥감을 잡고 절멸 낙타와 마스토돈 같은 포유동물도 사냥하였을 것이다(다만 이런 동물은 약취했을 수도 있다).

그리고 그들은 분명히 서쪽으로 55km 떨어진 태평양 해안에서 해초를 채취해 먹었다. 몬테 베르데는 숲 속에 있었기에 연중 내내 식물 먹을거리가 풍부하였다. 이 유적은 거의 틀림없이 장기 거주 야영지였다. 우리를 매료시키는 점은 석기의 90%가 조잡한 강자갈이라는 사실이다. 나무가 가장 중요한 원자재였음은 명확하다. 나무는 창과 뒤지개를 만드는 데 쓰였음이 확실하며 돌 긁개에 부착한 자루를 만드는 데도 쓰였으니 실제로 그런 나무 자루가 부착된 유물이 3점 잔존하였다. 몬테 베르데에서 출토된 것들처럼 간단히 격지만 떼어낸 석기가 출토된 유적은 남아메리카에서 남쪽으로 먼 파타고니아 같은 다른 곳에서도 발견되었지만 이 몬테 베르데 유적은 누구라도 그런 곳보다 훨씬 완전한 발견들을 해낼 수 있는 조건을 갖춘 유적이다.

그러면 고인디언은 어떻게 극지방으로부터 북미 대륙의 중심부까지 남쪽을 향해 이동했는가(그림 4.12)? 그들은 대형동물 사냥꾼으로서 빙하가 녹으면서 로키산맥 동쪽 거대 북미 빙원 두 개 사이의 회랑이 점차 넓어짐에 따라 그곳을 통해 남으로 향하던 소규모 동물 떼를 뒤쫓아 갔던 것인가? 아니면 최초 아메리카인은 바다 포유동물 전문 사냥꾼이자 어부로서 시베리아로부터 얕은 해안을 따라 카누를 타고서 고기잡이를 한다든지 바다 포유동물을 사냥하면서 건너왔던 것인가? 그러고 나서 그 후손들이 태평양 해안을 따라 남으로 더 온난한 수역을 향해 이동했던가? 여기서 다시금 존재하지 않는 것이나 마찬가지인 고고학적 증거를 둘러싸고 격렬한 논쟁이 있다. 아마도 해안 주거와 육지 주거 둘 다 급속히 변화한 빙하시대 말기의 세계 속에 굳건히 뿌리를 내리고 있었을 것이다. 다만, 당시의 해안 유적들이 오늘날 해수면 아래 깊이 묻힌 탓도 있고 해서 간단히 말해 우리가 잘 알지 못할 뿐이다.

요컨대, 현 단계에서 고고학계의 통설은 아메리카 대륙에 빙하시대 최말

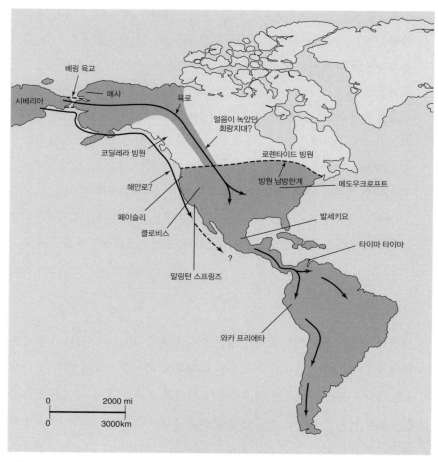

베링 육교

시베리아

메사

육로

얼음이 녹았던
회랑지대?

코딜레라 빙원

로렌타이드 빙원

해안로?

빙원 남방한계

메도우크로프트

페이슬리

발세키요

클로비스

타이마 타이마

?

알링턴 스프링즈

와카 프리에타

0   2000 mi

0   3000km

그림 4.12 아메리카 대륙으로의 최초 이주로들을 추정해 본 그림. 이 가운데 해안로는 현대의 해수면
이 그때보다 높아짐으로써 이제 바다 밑에 묻혔다.

기라는 비교적 늦은 시기에야 사람이 살기 시작했다는 쪽이지만 이런 시나리
오가 앞으로의 연구결과에 따라, 특히 현금의 DNA 증거가 최초 이주의 연대
를 2만 3천 년 전으로까지 이르게 제시하고 있으므로 극적으로 바뀔 가능성
은 아주 충분하다 하겠다. 그러나 왜 최초 이주가 일어났는가? 모든 가능성을
따져 볼 때 최초 아메리카인은 아마도 다른 포식동물과 똑같이 행동하고 있

었을 것이다. 이들은 자기들의 생업에서 중요한 부분을 차지했던 사냥감 떼인 바다 포유동물들을 뒤쫓으면서 나날을 보내고 있었는데, 마지막 빙하기의 가장 추웠던 시절 동안 시베리아의 사냥감 떼가 베링 육교 위를 지나 이동할 때 이 인간 포식자들도 그들을 뒤따랐을 터이다. 그 동쪽 알래스카의 높은 지면 또한 일단 기온이 올라가자 똑같은 사냥터의 한 부분이 되었고 그래서 그들은 베링 육교의 피난처로부터 빠져나올 수 있었을 것이다.

8   클로비스인(서기전 11200년쯤부터 11000년까지)

가장 이르면서 증거가 잘 확보된 고인디언 주거지에는 밑동에 홈이 진 특징을 가진 클로비스 찌르개가 공반된다(그림 4.13). 뉴멕시코주의 한 읍 이름을 딴 클로비스 전통은 대략 서기전 11200년경부터 11000년까지 한때 북미와 중미의 많은 지역에 걸쳐 여러 가지 형태로 번성했다. 클로비스는 북아메리카 토착 문화전통일 가능성이 있지만, 일찍이 서기전 11800년경에 알래스카 히든 매머드 유적이나 메사 유적 같은 곳에서 번성했던 북부 수렵채집민 문화에 그 뿌리를 두고 있으며, 거기서는 수렵채집민이 사냥을 하는 데 간단한 양면 떼기 창끝을 사용했다. 이 유적들에는 단지 소량의 뼈가 산재하고 화덕자리, 석기들이 남아 있을 뿐이지만 알래스카에서 가장 이른 인간 거주의 증거로서 그 직접적 원류를 예컨대 시베리아의 듁타이에 상응하는 그보다 이른 문화전통들 속에서는 찾을 수가 없다.

클로비스는 북아메리카 평원에서 이따금 발견되는 매머드 및 들소 사냥 유적으로부터 가장 잘 알려져 있지만 그로 인한 오해 또한 없지 않다. 이 평원은 빙하시대 말에는 확장이 되었기에 들소와 매머드, 여타 반추동물을 포함한 온갖 종류의 대형동물이 그곳의 짧은 풀을 충분히 먹고 살 수 있었다. 그

그림 4.13 현대의 창대에 부착한 클로비스 찌르개들.

초원의 클로비스 유단들은 이 동물들과 그 밖의 많은 대소 동물을 잡아먹고 살았다. 그들은 끊임없이 이동하였으며 흔히 강이나 시내의 가장자리와 마르지 않는 샘물 가까이 야영을 했다. 그들은 이런 곳에서 사냥감을 잡고서는 그 사체 가까이 야영을 했던 것이다.

그렇지만, 클로비스인을 순수 대형동물 사냥꾼이었다고 생각하면 그것은 잘못이다. 그들은 초원 개활지에 살았을 뿐만 아니라 삼림지대와 툰드라, 사막 그리고 해변에서도 살았다. 어떤 지역에서는 사냥감보다 야생 식물 식료가 더는 아니더라도 그만큼은 중요하였을 것이다. 지역에 따라 고기잡이와 바다 포유동물 사냥도 아주 중요했을 터이며, 특히 당시 융기하고 있었던 해안지대에서 그러했을 것이다. 하지만, 클로비스인이나 그 동시대인들이 어디서 살았든 대형동물은 상당히 중시되었으며, 그것들이 비교적 풍부한 살코기를 가진 점만으로도 충분히 그럴 만한 이유가 된다.

클로비스인은 어디서도 집단이 크지 않았다. 그들의 도구복합체는 가동성이 아주 강했으며 능숙한 격지떼기 기술을 바탕으로 밑동에 홈 진 정교한 찌르개들을 만들어냈다. 이 사냥꾼들은 그것을 긴 나무 대 끝에 끼웠으며 때로 돌쩌귀처럼 갈아 끼울 수 있는 앞대에 부착하기도 했다. 창이 짐승에 꽂히면 앞대가 부러지고 날카로워 치명적인 창끝은 살 속에 그대로 박혀 남는 것이다. 클로비스인은 나중의 다른 고인디언 집단 및 구대륙의 빙하시대 사냥꾼들과 마찬가지로 한 자리에 멈춰 서서 사냥을 했는데, 이는 사냥감에게 살금살금 다가가는 기술과 사냥감을 향해 날린 던지개(아틀라틀)의 정확도 덕택이었다.

클로비스인의 기원 문제는 여전히 완전한 미스터리이다. 하지만, 대부분의 전문가는 그 종국적 기원이 알래스카와 동북아시아의 빙하시대 말기 수렵채집 집단 속에 있었다고 믿고 있다. 만약 최초의 아메리카인이 약 1만 5천 년 전에 신대륙으로 건너갔다면 그때까지 사람이 살지 않은 그 대륙 안에서의 인간 이주는 놀랍도록 급속히 일어난 셈이 된다. 서기전 10000년이면 석기시대 수렵채집민이 아메리카 대륙의 도처를 차지했기 때문이다. 전체 인구는 아마도 수만 명에 지나지 않았을 터이지만 그들은 우리가 상상할 수 있는 모든 국지 환경에 적응했다.

그때는 마지막 빙하가 끝난 지 오래였고 북쪽의 거대한 빙원들은 급속히 퇴각하고 있었다. 기후 조건은 아주 빠르게 따뜻해지고 있었으며 빙하시대의 많은 대형동물 종은 사라졌다. 최초 아메리카인의 후손들은 이런 새로운 환경에 아주 다양한 방식으로 적응하면서 문화 변동의 궤적들을 그렸고, 그것들은 결국 15세기 말에 유럽인이 마주치게 되는 갖가지 찬란한 모습의 북미 사회들을 낳았다.

아메리카 대륙에 인간이 거주하게 됨으로써 슬기로운 사람인 호모 사피엔스의 대방산은 거의 완료되었다. 그것은 인류의 제2차 대방산이었고 세계 선사의 정점을 향한 발전이었다. 그로부터 현대 인류의 거대한 생물학적, 문화적 다양성이 생겨났을 뿐만 아니라 식량생산·정주생활·도시문명·태평양 제도로의 인간 이주 등 바로 우리 자신의 다양하고 복잡한 세계 또한 뿌리를 내렸던 것이다.

요약

- 이 제4장에서는 호모 사피엔스가 4만 5천 년 전 이후 빙하시대 말기 동안 아프리카와 서남아시아로부터 유럽과 유라시아로 퍼져 나간 데 대해 서술하였다.
- 이때에 이르면 해부학상 현대인이 네안데르탈인 집단을 대체하면서 인간의 사냥과 채집 활동에서 전문화와 융통성이 점차 증가하였다.
- 빙하시대 말기의 환경이 아주 다양하였기에 서부 유럽의 크로마뇽인은 대단한 융통성을 발휘하였다. 그들은 이전보다 복잡한 사회를 발전시켰고 정교한 뼈 및 뿔 도구 제작 기술을 개발하였으며 그들의 미술 전통들에 반영된 대로 복잡한 상징 생활 또한 영위하였다.
- 이런 전통들은 1만 8천 년 전 이후 약 6천 년간 번성한 막달레니안 문화에서 정점에 이르렀다.
- 또 빙하시대 말기의 수렵채집민은 4만 5천 년 전이면 온갖 종류의 사냥감에 크게 의존하면서 러시아 평원으로 퍼져 들어갔다.
- 늦어도 2만 5천 년 전이면 사람들이 시베리아의 동북 멀리까지 이주하였지만 동북 극단 지역은 아마도 빙하시대 말기의 마지막 추위 동안에는 사람이 살지 않는 상태로 버려졌다가 1만 8천 년 전쯤에 다시 살기 시작하였을 것이다.
- 사람들이 동북아시아로부터 아메리카 대륙으로 최초로 이주한 경로는 아마도 베링 육교(베링지아 중앙부)를 건너거나 아니면 그 해안을 따른 것이었겠지만

그들의 아메리카 도착 연대는 아직 불확실하다.

- 대부분의 전문가는 최초 이주가 훨씬 늦게 아마도 빙하시대의 종언 즈음인 1만 5천 년 전에야 일어났을 것이라고 믿는다. 칠레에서는 1만 3천 년 전이면 인간이 거주한 증거가 존재하는 반면 북미의 클로비스인은 서기전 11200년부터 11000년 사이에 번성하였다.

참고문헌

Chris Stringer의 *Lone Survivors: How We Came to Be the Only Humans on Earth* (New York: St. Martin's Griffin, 2013)는 유용하고 인기 있는 개요서이다. 오스트레일리아와 뉴기니에 관해서는 Derek Mulvaney와 John Kamminga의 *Prehistory of Australia* (Washington, DC: Smithsonian Institution Press, 1999)를 권한다. Brian Fagan의 *Cro-Magnon* (New York: Bloomsbury Press, 2010)은 유럽으로의 현대인 최초 이주를 요약한 책이다. Paul Bahn과 Jean Vertut의 *Images of the Ice Age* (New York: Viking, 1988)는 석기시대 미술에 대한 더없이 귀중한 분석서이다. 유라시아에 관해서는 John Hoffecker의 *Desolate Landscapes* (New Brunswick, NJ: Rutgers University Press, 2001)를 권한다. 최초의 아메리카인에 관해서는 David Meltzer의 *First Peoples in a New World: Colonizing Ice Age America* (Berkeley: University of California Press, 2009)를 권한다.

제5장

●

식량생산의 기원

The Print Collector/Alamy

서기전 2500년경의 제5왕조 제1장관이었던 프타호텝의 무덤 벽에 그려진 소 끄는 목동. 그는 지혜가 뛰어난 것으로 유명했다.

프롤로그

남자들은 나무 높이 올라가 돌도끼로 작은 가지들을 쳐내었다. 여자와 아이들은 이파리들을 주워 모아 휑뎅그렁한 나무 밑동 둘레에 쌓았다. 힘들어 등이 부러질 것 같은 일을 며칠이고 계속했던 농민들은 뇌운과 비올 조짐들이 없나 하고 놋쇠 빛 하늘을 쳐다보았다. 비가 몇 방울 후드득 떨어지고 구름이 몰려들면 반가운 소나기가 곧 올 것이라는 희망이 있는데 … 사람들이 바싹 마른 잡목림에 불을 놓자 맹렬하게 불길이 올랐다. 하늘은 멀리 보이는 데까지 온통 짙은 갈색 연기로 가득 찼고 여자들은 방금 생긴 재들을 개간한 땅에 뒤엎고는 소중한 씨앗들을 심었다. 그러고 나서 모두들 생명을 주는 비가 마법을 써 땅에서 밝은 녹색 싹들을 틔우기를 기다렸다.

1. 충적세(서기전 10000년 이후) | 2. 수렵채집 사회의 변화 | 3. 수렵채집 사회의 복합도 | 4. 농경의 기원에 관한 이론들 | 5. 자료 수집의 혁명 | 6. 다인(多因) 이론들 | 7. 식량생산의 결과들 | 8. 영양과 초기 식량생산 | 9. 요약

슈퍼마켓에서 먹을거리를 사는 우리로서는 인류가 지구상에 처음 나타난 이후 99% 이상 되는 기간을 수렵채집민으로서 식물 식료가 나는 계절, 사냥감의 이동, 해양 자원의 성쇠에 매여 있었음을 상상하기란 쉽지 않다. 식량생산, 즉 곡물 초본 및 식용 뿌리 식물의 의도적 경작은 인류사에서 지난 1만 2천 년간의 현상이다. 농경과 가축 사육('식량생산')은 인류사에서 커다란 전환점이었고 모든 초기 문명의 토대였으며 궁극적으로는 바로 현대 산업 세계의 토대이기도 하다. 농경의 발생과 확산을 서술하기 전에 이 진전을 설명하려는 주요 이론 몇 가지를 검토하고 농경이 가져온 결과들을 개관해 보아야겠다. 또 빙하시대 직후 나타난 수렵채집민 사회들의 집약화에 대해서도 서술해야겠다(그림 5.1 참조).

식량생산의 기원에 관한 진지한 논의는 1930년대에 시작되었다. 오스트레일리아 태생의 고고학자 비어 고든 차일드는 좀 기인이었던 천재로서 인공물과 고고학 유적들을 고대 세계라는 무대의 역사 문헌과 실제 인물들에 해당하는 것이라고 보았다. 차일드가 드날린 명성의 주된 바탕은 유럽과 서남아시아의 토기 및 금속기에 대한 해박한 지식과 선사시대 과거를 일반 사람이 알기 쉽게 서술하는 데서 더없이 출중했던 그의 능력에 있었다. 차일드가 보기에 터키에서 나일강 유역 및 메소포타미아에 이르는 서남아시아는 농경과 초기 문명 둘 다의 요람이었다. 그는 문명의 기원에 대한 저명한 종합서에서 초기 인류사에 두 가지 커다란 혁명이 있었다고 썼다. 농업(혹은 신석기)혁명은 마을 농경의 발전으로부터 비롯되었고, 그 수천 년 뒤에 도시혁명이 이어졌으며 도시, 문자, 야금술, 문자 문명이 발생하였다.

농업혁명과 도시혁명의 개념은 당대의 역사학자 조지 트레벨리언과 윌 듀란트·에리얼 듀란트 같은 이의 마음에 들었고, 이들은 고든 차일드의 혁명 개념들을 널리 읽힌 자신들의 세계사 책 앞 장들에서 도입하였다. 이 혁명이란 것은 오늘날 우리가 이야기하는 '산업혁명'이나 '정보혁명'과 똑같이 편리한

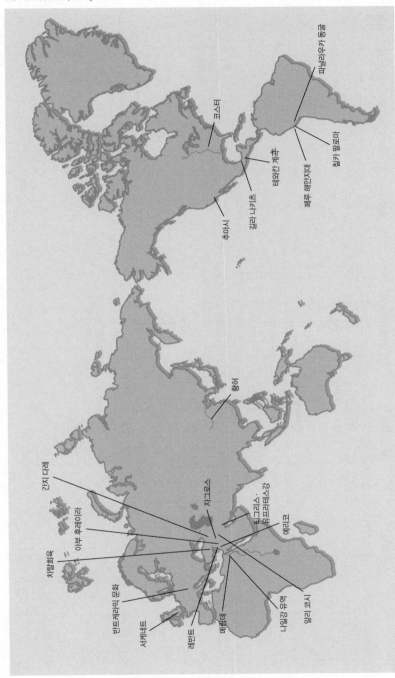

그림 5.1 제5장, 제6장, 제7장에 언급된 고고학 유적과 식량생산 주요 중심지들을 나타낸 지도.

편년표 B

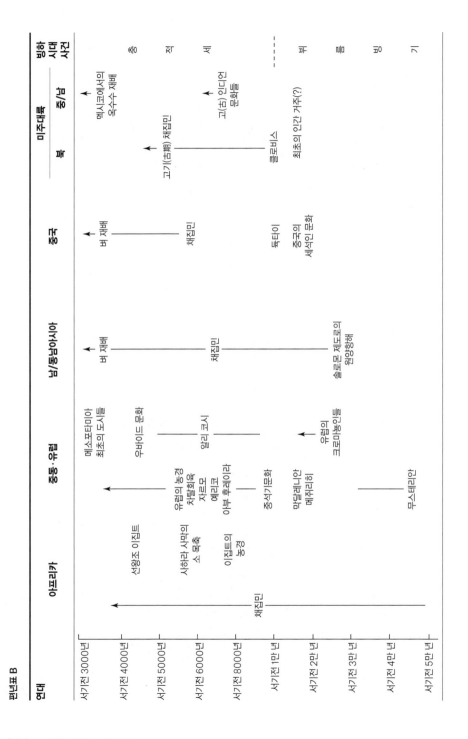

연대	아프리카	중동·유럽	남/동남아시아	중국	미주대륙		빙하시대사건
					북	중/남	
서기전 3000년		메소포타미아 최초의 도시들	벼 재배	벼 재배		멕시코에서의 옥수수 재배	종
서기전 4000년	선왕조 이집트	우바이드 문화					적
서기전 5000년		얄리 코시	채집민	채집민	고기(古期) 채집민		세
서기전 6000년	사하라 사막의 소 목축	유럽의 농경 차탈회위크 자르모 예리코 아부 후레이라				고(古) 인디언 문화들	- - - - -
서기전 8000년	이집트의 농경	중석기문화			클로비스	최초의 인간 거주(?)	부
서기전 1만 년		유럽의 크로마뇽인들		독터이 중국의 세석인 문화			름
서기전 2만 년		막달레니안 메쥐리리	솔로몬 제도로의 원양항해				빙
서기전 3만 년							
서기전 4만 년	채집민	무스테리안					기
서기전 5만 년							

명칭이다. 이제 '농업혁명'이라는 용어는 고고학자들에게 지나치게 단순한 명칭으로 인식되며, 차일드의 시절에는 접할 수 없었던 새로운 발굴 자료의 홍수 때문에 이미 오래 전에 낡은 것이 되어버렸다. 하지만, 이 용어는 인류의 과거에서 일어난 하나의 촉매 같은 발전에, 그리고 무엇보다도 그 발전의 결과에 주목하도록 해준다는 의미에서 큰 장점을 갖고 있다. 동물과 식물의 순화는 모든 인류에게 엄청난 영향을 끼쳤는데, 새로운 경제 방식의 등장과 상호의존의 증대, 정주 취락, 한층 복잡해진 사회조직, 인구 증가의 가속화, 사회불평등의 심화 등은 그 영향 중 단지 몇 가지에 지나지 않는다.

이론   옛 기후 변화의 연구

기후 변화는 최초 인간사회들에 대해서부터 영향을 미쳤다. 우리는 제2장에서(표 2.1도 참조) 빙하시대의 기후가 극한의 추위(빙기)와 따뜻한 시기(간빙기) 사이를 오갔음을 서술하였다. 우리가 말한 대로 최소한 아홉 차례의 빙기에 대한 증거가 있으며 그것은 심해저 천공 자료, 빙원 시추 자료 그리고 여타 접근법들로부터 식별된 것이다. 우리의 아득한 조상들은 수십만 년에 걸친 빙하시대의 장기적 기후 변화에 적응하는 데 성공하였으며 그때는 인구밀도가 훨씬 낮았고 또 사람들은 비교적 작은 군집을 이루고 살았다. 그들은 계절별 먹을거리를 중심으로 하는 생활양식의 일환으로 이동을 함으로써 적응을 했으며 그것은 넓은 영역에 걸쳐 끊임없이 돌아다니는 것이었다.

1만 5천 년 전에서 1만 2천 년 전 사이에 마지막 빙기가 끝나면서 전 세계의 인구는 서서히 증가하였고 이 세상은 점점 붐비게 되었으며 그래도 여전히 남은 한 가지 선택지였던 기동성은 특히 선호된 지역이라 인구밀도가 통상보다 높은 곳에서는 점점 더 발휘하기 어렵게 되었다. 빙원들이 퇴각하고 녹는 한편으로 해수면은 불규칙하게 높아져서 서기전 6000년이면 거의 현대 해수면 높이에 가까워졌다. 고고학자의 관점에서 보면 이제 시간 단위가 훨씬 짧아졌다. 복잡다단한 수가 많은 단기간 기후 변화 적응 양태를 연구하는 데서는 아주 세밀한 기후 자료가 제일 중요한데 이는 옛 기후 연구인 고기후학에서 일어난 혁명 덕에 근년에 들어서야 비로소 손에 넣을 수 있게 된 자료이다.

다양한 방법이 지난 1만 2천 년에 대한 상세한 기후 자료 대부분을 제공한다. 주된 접근방법으로는 다음과 같은 것들이 있다.

그린란드, 안데스 그리고 여타 지역에서 나온 '빙하 천공 자료'는 남극 지방의 경우 80만 년 전으로까지 거슬러 올라가는 옛 기온 기록들을 제공한다. 또 대기 중의 탄소 수준에 대한 정보도 내놓고 있다.

'동굴 석순'은 강우 변동과 가뭄에 대해 밝혀내는 데 도움이 된다. 이는 다른 어떤 장소보다도 미국 서남부와 북중국에서 쓰이고 있다.

또 '산호 고리'도 변화한 기온에 대한 정보원이 된다.

민물 호수 퇴적층을 뚫어 낸 '호수 바닥 시추 표본'은 심해저 시추 표본에 상응하는 민물 표본인 셈인데 가뭄 주기들에 대한 정보의 광산이 될 수 있다. 이는 저지대 메조아메리카의 고대 마야 문명 가운데 많은 부분이 서기 10세기에 몰락하는 데서 한몫을 한 일련의 50년 가뭄을 식별해 내는 데 쓰인 바 있다.

'화분 분석법(화분학)'은 아주 미세한 화석 식물 꽃가루를 이용해 빙하 시대 이후 유럽 전역에 삼림이 퍼진 현상 같은 전반적 식생 변화나 고고학 유적들에 보존된 미세 변동들도 연구해낸다. 이는 또한 경작 부수 잡초를 통해 작물 재배가 국지 환경에 미친 영향을 연구하는 데도 쓰인다.

'나무 나이테(수륜연대학)'는 특히 세코이아와 오크나무 같은 일부 나무 종의 매년 생장 테들에 기록된 강우에서의 변화를 연대순으로 기록해낸다. 유럽에서는 나무 나이테 자료가 8천 년 전까지 거슬러 올라가며 계절을 특정할 수 있을 정도로 정확한 수가 흔하다. 나무 나이테는 그간 미국 서남부에서 옛 가뭄이 미친 영향에 대해 더없이 귀중한 자료를 제공한 바 있다. 이는 어떤 스트라디바리우스 바이올린에 쓰인 나무의 연대를 측정하는 데까지 쓰이기도 하였다.

이상의 방법들은 옛 기후에 대한 아주 다양한 접근법 가운데 주요한 몇 가지이다. 우리는 이런 연구 작업들 덕분에 이제 단기 기후 변화가 인류사에서 일어난 사건들에서 커다란 역할을 했음을 안다. 어느 누구도 기후가 이를테면 수렵채집으로부터 농경으로의 전환이나 마야 혹은 여타 국가의 몰락을 '야기'했다고 주장하지는 않는다. 그러나 기후 변화가 인간들이 갖가지 환경에 적응한 방식들에 주된 영향을 미쳤음에는 의문의 여지가 없다. 우리는 나중 장들에서 이런 변화 가운데 일부에 대해 서술한다.

계절의 변화를 제외하고서 가장 중요한 기후 사건은 이른바 '크리스마스 아이(아기 예수)'라는 뜻인 엘니뇨인데 이는 태평양 중앙부에 따뜻한 바닷물이 축적되어 동쪽으로 이동함으로써 생겨난다. 그러면 날씨 정형들이 뒤집어져서 페루 사막과 중미 및 캘리포니아에 폭우가 쏟아지는 반면에 특히 브라질 동북부와 아프리카 같은 세계의 다른 지역들에는 가뭄이 만연한다. 엘니뇨에 대한 그간의 집중적 연구들 가운데 일례를 들어보면 페루 북부 해안의 모체 같은 안데스 연안 국가에 급격한 영향을 미쳤음을 밝혀낸 발굴들을 들 수 있다. 모체의 광범위한 관개 수로망이 홍수로 파괴되었으며 이는 그 국가와 지배자들에게 심각한 영향을 미쳤다. 다시 우리는 이런 사건들에 대해 아래에서 서술한다.

앞으로 우리가 점점 더 많은 자료를 이용할 수 있게 되면 기후 변화가 세계 도처에서 지역 수준으로 미친 영향들에 대해 훨씬 더 많이 알게 될 것이다. 이런 부문의 연구자들은 비록 기후 변동 가운데 다수가 광범위한 가뭄이나 엘니뇨처럼 범지구적으로 영향을 미친다고 하더라도 온난화와 여타 기후 변동은 지역 수준에서 영향을 미침을 보여준다. 고고학자들이 옛 기후가 미친 영향을 연구하는 데서는 학제 연구에 의존하는 바가 다대한데 옛 기후를 이해한다는 것이 작금의 지구 온난화를 연구하는 데 중요한 배경임을 그들이 보여주기 때문이다.

1 충적세(서기전 10000년 이후)

약 1만 5천 년 전 거대한 빙원들이 때로는 아주 급속하게 퇴각하기 시작
하고 흔히 충적세(홀로세: *Holos*는 '최근의'라는 뜻의 그리스어)라고 부르는 후빙
기가 도래한다.[1] 그와 동시에 아주 낮았던 전 세계의 해수면이 일정하지는 않
지만 현 해수면보다 90m 아래로까지 급상승하여 세계의 지리에 거대한 변화
를 낳았다. 베링해의 차가운 바닷물이 베링지아 한가운데까지 밀려들어와 서
기전 11000년이면 시베리아와 알래스카를 갈라놓는다. 동남아시아의 순다는
거대한 다도해로 변했다. 영국은 섬이 되었으며 북해와 발트해가 오늘날의
모습을 띠게 되었다. 기후 변화와 식생 변화는 북위도 지방, 이를테면 서부 및
중부 유럽, 대빙원들에 인접한 북미의 여러 지방에서 가장 두드러진다. 스칸
디나비아 빙원이 퇴각을 시작한 지 불과 9천 년 만에 유럽의 많은 부분을 삼
림이 뒤덮었다. 더 온난한 위도대에서도 역시 커다란 식생 변화가 있었다. 빙
하시대가 끝나자 강우 유형이 바뀌면서 사하라에 대규모의 얕은 호수들과 짧
은 풀이 자라는 초지가 생겨났다. 늦어도 서기전 6000년이면 지금은 건조한
황무지로 변한 이 사막의 곳곳에서 수렵채집민 집단들이 번성했다.

서남아시아에서는 기후가 더 따뜻해짐에 따라 이란의 자그로스 산맥 같은
고지대에 새로운 식물 종들이 유입되었으며, 그 중에는 야생의 곡류도 있었
다. 그 분포는 이제 극적으로 확대되었고 야생의 밀과 보리는 이곳 고지대와
유프라테스강 같은 비옥한 강 유역에 살았던 수렵채집민의 소중한 주식이 되
기에 이르렀다. 저 멀리 멕시코에서는 기온이 상승함에 따라 선인장과 콩과
의 식목들이 중부 고원의 산 계곡 지대에서 짙은 숲을 이루었다. 이 가시 달린

---

1   이제 전문가 몇 사람이 이 지질학 용어에 '인류세'라는 세(世) 이름을 더하는 문제를 거론하고 있다.
　　논란은 계속되고 있다. 그래서 우리는 논란이 최종적으로 정리될 때까지는 서술의 명확성을 기하
　　기 위해 이 부분에서 그것을 무시하기로 한다.

관목-선인장 숲에는 나중에 순화될 많은 식물의 야생 선조들이 들어 있었다. 그 중에는 용설란, 호박, 콩에다 테오신테가 있었는데 테오신테는 나중에 토착 아메리카인의 생활에서 주식 중 한 가지가 되는 작물인 옥수수의 야생 선조로 추정된다.

2   수렵채집 사회의 변화

위에 서술한 변화를 비롯해 충적세에 일어난 그 밖의 기후 변화는 전 세계 수렵채집 사회에 심대한 영향을 미쳤으며, 특히 그 사회들이 복잡해지고 식량 획득 노력을 집약화하도록 만들었다. 여기에는 인구의 자연적 증가도 일조를 했다. 전 세계 수렵채집민의 인구수는 1만 5천 년 전이면 아마도 1천만 명에 육박하고 있었을 것이다. 빙하시대 말기의 환경은 프랑스 서남부라든가 나일강 유역처럼 가장 살기 좋은 지역을 빼고는 아주 낮은 밀도—1km²당 1명보다 훨씬 적은 수—의 인구밖에 부양할 수가 없었다. 그런 까닭에 서기전 10000년 이후 충적세 초기에 인구가 계속 늘어나자 세계의 환경이 그들을 채집민으로 부양할 수 있는 능력은 한계점에 도달하기 시작했다. 이제 단순히 다른 곳으로 옮겨가는 것만으로는 더 이상 생업 문제를 해결할 수 없었다. 사람들은 더 다양한 식량자원을 한층 효율적으로 이용하기 시작했다. 이는 기아를 피하기 위한 것일 뿐 아니라 단기 가뭄이나 기타 예측할 수 없는 변화에서 비롯되는 식량부족으로부터 스스로를 보호하기 위한 것이기도 했다. 조만간에 수렵채집 사회는 심대한 변화를 겪게 되었고, 일부 지역에서는 훨씬 큰 복합성을 띠게 되었다.

이런 변화를 어디보다도 뚜렷하게 볼 수 있는 곳은 석기시대 수렵채집민이 빙하시대 동안이나 그 직후에 이주해 들어간 아메리카 대륙이다(제4장 참조). 서기전 11000년이면 그들의 식단에서 중심이었던 대형사냥감 동물들이 절멸하게 된다. 고인디언은 변화된 환경에 어느 때보다도 집약적이고 특화된 국지 환경 이용법을 개발함으로써 대응했다. 그런 변화는 북미 서부 해안, 페루 해안, 미국 동남부와 중서부 남부의 비옥한 하천 유역처럼 식량자원이 이례적으로 다양했던 곳에서 특히 두드러졌다. 이 지역 모두에서는 수렵채집 집단의 정주성이 증가하고 수렵·채집·어로에 전문화된 기술이 개발되었으며 그 과정에서 모종의 사회적 계서(階序)가 생겨났다.

일리노이강 유역에 있는 유명한 **코스터** 유적은 서기전 약 7500년부터 서기 1200년까지 수천 년에 걸쳐 일어났던 이런 집약화의 과정을 연대순으로 잘 보여준다(그림 5.2). 이 유적의 최초 방문자는 고인디언 사냥꾼들로 강 계곡 가장자리에서 야영을 하였다. 서기전 6500년경 약간의 새 주민들이 약 0.1 헥타르 범위에 중심 야영지를 설치했다. 약 25명의 확대 가족 집단이 같은 장

그림 5.2 미국 일리노이주 코스터 유적의 발굴 광경.

소로 반복해 돌아왔는데, 아마도 이 지역의 가을에 풍부한 히커리 호두를 수확할 목적이었을 것이다. 서기전 5600년부터 5000년 사이에는 진흙과 잔가지를 섞어 지은 상당한 규모의 정주용 주거에서 사람들이 연중 내내는 아니더라도 대부분의 기간을 살았다. 주민들은 봄과 여름에는 수천 마리의 물고기를 잡고 가을이면 뻘조개와 히커리 호두를 채집했으며 봄에는 철새를 사냥했다. 그들은 근처 산지에서 사슴을 사냥한 철에도 식량자원 대부분을 5km 거리 이내에서 구할 수 있었다.

서기전 2500년 이후 코스터의 주민들은 히커리 호두보다 조리에 한층 많은 준비가 필요한 도토리를 비롯해 훨씬 넓은 범주의 식량자원을 이용하는 단계에까지 이른다. 이윽고 그들은 명아주 같은 야생 토착 식물을 의도적으로 심는 실험을 했는데 그 목적은 그저 야생 식량의 공급을 늘리기 위해서였다. 코스터 유적을 발굴한 결과 많은 충적세 초기 수렵채집 사회에서 장기간에 걸쳐 일어난 몇 가지 추세, 즉 주거의 정주성 증가, 연어나 견과류처럼 국지적으로 풍부하고 예측 가능한 식량자원의 집약적 이용, 면밀하게 조직된 주식의 대량 가공 및 저장 등을 향한 추세를 입증해주었다.

이런 집약적 수확·가공·저장 활동은 연어의 회귀, 아메리카 순록의 이주, 혹은 히커리 호두의 채취 등 계절성이 강한 현상 때문에 단기간에 많은 양의 식료를 효율적으로 수확해야 할 뿐만 아니라 나중에 이용하기 위해 가공, 저장도 필요한 환경에서 적응성이 높은 활동이었다. 충적세의 수렵채집민은 식량을 저장하고 사냥 동물, 식물, 물고기나 물새 같은 수생 식료를 계절에 따라 잘 이용함으로써 단기 기후 변화와 계절적 변동 때문에 주기적으로 발생하는 식량부족을 보완하였다. 예를 들어 토착 아메리카 사회들은 야생 식물 식료에 대해 놀라운 전문 지식을 구사하였다. 또 씨앗류와 여타 야생 식료를 가공하는 데 쓸 간단한 갈판과 갈돌, 여타 도구를 다양하게 개발했다. 그래서 나중에 이런 도구들을 예컨대 농경 같은 새롭고 전문화된 일에 쉽사리 응용할 수 있었던 것이다.

이전보다 제한된 영역, 기동성의 저하, 인구밀도의 증가, 예측할 수 없는 기후 변화, 계절적 홍수는 전 세계의 충적세 수렵채집민이 공통으로 안은 문제들이었다. 이 사회들 중 일부, 특히 물고기와 바다 포유동물을 비롯해 풍부하고 다양한 식료가 있었던 지역의 몇몇 사회는 사회 계서화의 몇 가지 징후와 더불어 빙하시대의 다른 어떤 사회보다도 높은 복합성을 띠게 된다.

3 수렵채집 사회의 복합도

복합 수렵채집 사회는 모든 곳에서 나타나지는 않았지만 비옥한 강 유역에서 해안 사막지대에 이르기까지 놀랍도록 다양한 환경에서 발달했다. 하지만, 어디서건 몇 가지 일반 조건이 필요했다. 첫째, 지리나 이웃의 존재 때문에 주민의 이동에 제약이 있어야 했다. 둘째, 식량자원이 풍부하고 산출 계절이 예측될 수 있어야 했다. 그런 자원의 예로는 여간해서는 고갈되지 않을 정도로 풍부한 종인 물고기, 연체류, 견과류, 씨앗류 등이 있다. 셋째, 인구가 식량 부족을 일으킬 정도로 증가해 인간 집단과 식량 공급 사이에 불균형이 생겨나야 했다. 이번에도 한 가지 해결책은 식량 획득을 집약화하는 것이었으며, 이 집약화는 더 복합적인 사회를 낳거나 아니면 나중에 보게 되듯 식량생산을 가져오게 된다.

사회 복합화는 민물 또는 바닷물고기, 연체류, 혹은 바다 포유동물이 풍부한 지역에서 가장 흔히 일어났다. 바다 및 민물 먹을거리의 잠재력은 북유럽과 페루, 북미 서부 같은 비교적 소수의 지역에서만 최대한으로 발휘되었다. 이곳들에서는 통상보다 높은 밀도의 인구 집단이 지형이나 이웃들에 포위된 탓에 한정된 범위의 땅에 모여 살았다. 그 주민들은 한층 전문화된 도구복합체, 발달된 저장 체계와 보존 기술을 이용함으로써 더욱 다양한 식단을 확보했다. 이 집단들은 흔히 항구적인 대규모 중심 야영지에서 살았으며, 이웃 집단과의 교역을 독점한 주요 친족의 지도자들이 이끌었다. 예를 들어 캘리포니아 남부 해안의 추마시 인디언은 능숙한 항해사에다 어부요 바다 포유동물 사냥꾼이었다. 어떤 추마시 공동체는 인구가 1천 명을 헤아렸고, 세습 수장('워트') 아래 살았다. 의례 관리자, 샤먼, 카누 제작자 같은 전문가들로 이루어진 소규모 엘리트가 있었다. 추마시 문화는 판자를 댄 길이 7.6m 정도의 카누(그림 5.3)를 비롯한 전문화된 어로 기술 덕분에 가능했던 해양성 적응의 한

Courtesy of the Santa Barbara Museum of Natural History

그림 5.3 추마시 인디언이 쓴 '토몰'(카누)을 복원해 캘리포니아주 산타바바라 해협에서 항해하는 모습. 추마시는 지구상에서 가장 발달된 채집 사회 중 하나였다.

유형을 보여준다. 연안의 섬들과 본토의 주민은 강력한 추장과 카누 선장들의 통제 아래 카누를 타고 도토리 식료와 바다조가비 구슬을 아주 활발하게 교역하였다. 각 공동체는 해안가의 다른 공동체 및 내륙 깊숙이 살고 있던 사람들과도 교환 관계를 유지했다.

추마시 문화는 농경을 채택하지 않고 도달할 수 있는 최고 수준의 복합도를 보여주는 발달된 사회를 이룩했다. 왜 그런 사회 복합성이 발달하는가? 어떤 학자는 대양이 일종의 '에덴동산'이었다고 본다. 즉 때로는 생산성이 아주 높은 환경이었기 때문에 수렵채집민들이 항구적 정주 촌락과 높은 인구밀도를 유지할 수 있었다는 것이다. 사람들은 빙하시대 말처럼 급속한 환경 변화의 시기에는 아마도 물고기와 연체류, 바다 포유동물들에 눈을 돌렸을 것이다. 하지만, 불운하게도 우리는 그런 바다 또는 민물 자원이 사회 복합화에 필수적인 두 가지 선행 조건, 즉 인구 밀집화와 정주 생활이 생겨나도록 하는 데 얼마나 결정적이었는지는 알지 못한다.

해안, 강가, 호안에서 떨어진 곳에 살고, 또 특히 몇몇 생태지대의 가장자리에 살았던 집단들 중 풍요로운 내륙 환경에서 어느 정도 영구적 취락을 이루었던 사람들은 또 다른 전략에 눈을 돌렸다. 그들은 공급이 달리는 식량 자원을 보충하기 위해 야생 식물 주식을 재배하는 실험을 했던 것이다. 충적세의 기후 변화 때문에 어쩔 수 없이 일어난 이런 문화 변동은 그 후손들이 의도적으로 경작을 하고 가축을 길들이는 근본적으로 새로운 경제 전략, 즉 식량 생산을 한결 쉽사리 채택할 수 있도록 해주었다.

4 농경의 기원에 관한 이론들

빅토리아시대의 학자들은 농경을 어떤 보기 드문 천재가 촉진시켜 일어난 빛나는 발명이었다고 믿었다. 이 시나리오에 따르면, 어느 날 어떤 채집민 한 사람이 먹을 수 있는 풀을 한 짐 들고 집으로 가다가 도중에 넘어져 그 짐 중 일부를 축축한 땅바닥에다 흘린다. 며칠 뒤 그녀가 같은 길을 가다가 땅에서 작은 새싹이 돋아나고 있음을 본다. 그때 여인은 놀라운 통찰력으로 자신의 새로운 발명이 지닌 잠재력을 깨닫고는 더 많은 씨앗을 자기 오두막 근처에 심고 거기서 나온 풍부한 수확으로 가족을 먹여 살린다. 그러자 다른 가족도 곧 그녀를 따라하게 된다. 이리하여 농경이 탄생하였다는 것이다.

이런 매력적 시나리오는 명쾌한 설명을 제시하기는 하지만, 과학적 사실에 토대를 두고 있지 못하다. 첫째로, 어느 누구도 농경을 '발명'하지는 않았는데, 그 이유는 모든 수렵채집민이 초본류가 매년 싹을 틔운다는 사실을 알고 있었기 때문이다. 아프리카 얌 같은 뿌리 작물은 간단히 머리 부분을 베어 땅 속에 묻으면 번식이 될 수 있다. 일찍이 4만 년 전 아프리카 열대 우림의 가장자리에 살았던 채집민도 얌을 그런 식으로 심었을 가능성이 충분하지만, 그런 관습은 구대륙과 신대륙에서 빙하시대가 끝난 후 개시된 알곡 초본의 재배와는 천양지차가 있다. 실상은 단순한 발명보다 훨씬 복잡하였고, 그 실상에 대해 우리가 아는 바는 아직 거의 없다.

또 단 하나의 사회가 농경을 '발명'한 것도 아닌데, 그 이유는 농경이 세계 여러 곳에서 아주 큰 시차를 두고 등장하였기 때문이다. 터키 동남부 농민들과 더불어 서남아시아 유프라테스강 유역과 요르단강 유역의 농민들은 서기전 약 10000년이면 이미 밀과 보리를 재배하였다. 중앙아메리카의 경작자들도 거의 같은 시기에 순화된 호박을 기르고 있었다. 중국의 마을 사람들은 서기전 6500년이면(아마도 그 전부터) 양쯔강 하류역에서 벼를 수확하였다. 대부분의 과학자는 일단의 복잡한 문화, 환경 요인이 인구 증가와 결합함으로써 서로 멀리 떨어진 세계 여러 곳의 사회가 식량을 채집하던 단계에서 비교적 짧은 기간, 때로는 몇 세대 만에 식량을 생산하는 단계로 전환하는 결과를 낳왔다고 믿고 있다.

빙하시대 말에는 서남아시아와 메조아메리카 고지대처럼 가뭄이 쉽게 드는 아열대의 채집민이 순화 잠재력이 있는 야생 초본과 뿌리 식물들을 점점 집중적으로 이용하고 있었다. 채집할 수 있는 식물 먹을거리가 몇 가지에 지나지 않은 이런 지방에서는 이전부터 그런 먹을거리에 의존하고 있었을 터이다. 그런 의존은 장기적 생존에 필수불가결이었으며, 이는 거의 필연적으로 야생 곡류의 의도적 재배 실험으로, 그리고 결국은 재배로 이어졌다. 이와는 대조적으로 아프리카와 아마존의 우림처럼 좀 더 습윤하고 식물이 풍부한 열대 지방에서는 비교적 온난한 지방에서 농경이 등장하고 한참 지나서야 비로소 흉년에 맞을 기아의 위험을 최소화하기 위해 고작 몇 가지 야생종을 재배하는 정도였을 것이다. 사하라이남 아프리카에 곡류 농경이 도래한 것은 겨우 지난 3천 년 이내의 일이고, 널리 퍼진 것은 그로부터 수 세기 더 뒤에 철 기술이 도입되고 나서였다.

1920년대에 미국 시카고대학교의 이집트학자 헨리 브레스테드는 서남아시아의 농경과 문명의 요람을 가리키는 데 비옥한 초승달지대라는 용어를 써서 널리 보급시켰다. 이 초승달은 두 끝을 메소포타미아와 나일강 유역에 두며 본체는 그 사이 요르단강 유역과 이란의 자그로스 산맥을 활 모양으로 크게 가로지른다. 이 명칭은 근년에 와서는 쓰이지 않게 되었지만, 농경과 도시 문명이 처음으로 시작된 광대하고 상반된 환경들로 이루어진 활 모양 지대를 포괄한다는 의미에서는 적절한 용어이다. 그간 농경에 관한 대부분의 고찰은 이 비옥한 초승달지대를 둘러싸고 전개되었다.

초기의 이론들: 오아시스와 옆구리 구릉지대

고든 차일드의 농업혁명 개념이 좋은 출발점이 되니, 현대에서 농경 기원을 설명하려는 최초의 시도였기 때문이다. 그의 혁명 이론에서 핵심은 건조 환경이었다. 그는 서남아시아의 기후가 빙하시대 이후 점차 건조해졌기에 동물과 인간은 모두 요르단강 유역처럼 항시 물이 마르지 않고 식물 먹을거리가 연중 풍부한 곳으로 모여들 수밖에 없었다고 상정하였다. 그런 건조 환경 때문에 동물과 인간과 식물이 밀접한 공생(symbiosis: 더불어 산다는 뜻의 그리스어) 관계를 이루었고 그로써 채집민이 야생 초본과 야생 염소 및 양을 기르는 실험을 하는 데 적합한 조건이 조성되었다. 이런 실험은 인간의 생존 방식에 혁명을 일으켰고, 서남아시아 전역과 또 더 넓은 지역으로 급속하게 퍼졌다.

차일드가 이 농업혁명 가설을 내놓은 때는 기후 복원을 위한 화분 분석법과 심해저 침전물 천공 자료 분석법, 여타의 고도 기술 분석법이 아시아 유적들에 적용되기 훨씬 전이었다. 그 이론은 간명하지만 증명된 것은 아니었다. 1950년대 동안에 시카고대학교의 고고학자 로버트 브레이드우드는 식물학자, 지질학자, 동물학자들로 이루어진 학제 조사연구단을 조직해 자그로스 산록 지대에서 대대적 야외 탐사를 벌였다. 그는 그곳을 서남아시아의 '옆구리 구릉지대'라 불렀다. 그는 충적세에 대한 최초의 기후 자료들을 채집함으로써 빙하시대가 끝난 후 삼림대가 증가하고 강우가 많아졌음을 나타내는 증거를 찾아내었다. 또 비옥한 저지대보다 고도가 훨씬 높은 초기 농경 취락 유적들을 발굴해내었는데, 방사성탄소측정연대가 서기전 약 6000년으로 나와 당시로서는 이례적으로 이른 유적으로 여겨졌다.

브레이드우드는 차일드의 오아시스 이론을 배격하고, 농경과 가축 순화가 비옥한 지역의 주변부 산지에서 시작되었다고 주장하였다. 강우 증가는 저지대에서 야생 먹을거리 공급이 증대되고 사냥감 동물 집단이 더 밀집하였음을 뜻하였다. 고지대의 사람들은 그처럼 운이 좋지는 않았고, 그래서 늘어나는 인구 문제에 당면하여 식량공급을 늘이기 위해 농경을 채택하였다. 바꾸어 말하면 농경은 중심부가 아니라 옆구리들, 즉 주변부에서 시작되었다는 것이다.

5 자료 수집의 혁명

브레이드우드와 차일드는 학제적 공동 연구가 아직 걸음마 단계일 때 이론을 내놓았다. 고고학은 1950년대 이후로 가히 '자료 수집의 혁명'이라고 불릴 수 있는 변화를 겪었는데, 야외 조사법과 실험실 연구법들이 획기적으로 개선됨으로써 한정 없이 정밀한 자료들을 산출해낸 것이다. 자료 수집 혁명은 다음과 같은 몇 가지 분야의 발전에 따라 일어났다.

- 충적세 기후 변동의 학제 연구로 호수와 소택지에서 출토된 화분 표본들을 심해저 자료 및 나이테 자료와 결합함으로써 서기전 10000년 이래의 대소 규모 기후 변동을 연대순으로 기록해내었다. 고고학자들은 이런 자료들 덕택에 초기 농경 유적들을 이전보다 훨씬 정확한 환경 맥락 속에 위치지을 수 있었다.
- 부유선별법(플로테이션 기법: 테 글 '부유선별법과 식물 유체' 참조)을 체계적으로 이용해 새로운 식물 자료를 얻어내었으니 그로써 유적의 생활면에서 다량의 야생 및 순화 씨앗 표본을 채집할 수 있었던 것이다.
- 동물 뼈 연구인 동물고고학에서 커다란 진전이 이루어져 소, 염소, 돼지, 양, 여타 동물의 순화에 대한 새로운 정보를 대단히 많이 얻어내었다.

과학 **부유선별법과 식물 유체**

고고학자들은 1960년대에 이르기까지는 초기 순화 식물에 대해 거의 알지 못했다. 그들은 저장 구덩이나 화덕에 보존된 한 주먹 분량의 탄화된 씨앗을 넘어서는 자료를 찾아낼 수습 기술을 갖지 못했던 것이다. 부유선별법 (플로테이션)은 북미 중서부에서 처음 개발되었으며 옛 농경에 대한 우리의

지식에 혁명을 불러일으켰다. 오늘날의 발굴자들은 흙 표본을 물이나 화학 물질 속으로 통과시킴으로써 수천 개의 씨앗을 수습할 수 있는데 그것들은 표면으로 떠오르는 한편 무거운 흙 기질은 체 바닥으로 가라앉는다. 정교한 부유선별 장치는 한 시간에 표본 수십 개를 처리할 수 있다. 체를 받친 용기에 표본을 쏟아 붓고는 그 체에 물을 부어 휘젓는다(그림 5.4). 가벼운 식물 물질이 물 위로 뜨면 용기 밖으로 방수로를 통해 내보내어 가는 눈금 체로 걸러낸 후 나중의 분석을 위해 부드러운 천으로 싸둔다.

부유선별법은 채집과 농경 둘 다의 초기 역사를 새로 쓰고 있다. 식물학자 고든 힐만은 빙하시대 말기 동안 이집트 나일강변을 따라 살았던 1만 6천 년 전 수렵채집민의 채집 습속을 복원한 바 있다. 제6장에서 서술할 시리아 아부 후레이라 유적의 환경에 대한 그의 연구는 가뭄이 만연함에 따라 나무숲이 그 유적으로부터 어떻게 물러났는지 입증하였다. 그 주민들은 이에 대한 반응으로 야생 초본을 채집하였고, 그러다가 자신들의 식량 공급을 확충하기 위해 그것들을 재배하였다. 또 부유선별법은 북미 동부, 서남부, 안데스 지역에서도 광범위하게 이용된 바 있으며 비슷한 극적 성과를 거두었다.

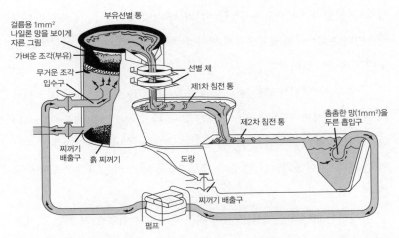

그림 5.4 시리아 아부 후레이라의 초기 농경 마을 유적 조사 현장에서 개발되어 다량의 토양 표본을 처리하는 데 쓰인 정교한 부유선별기.

과학 **가속질량분석 방사성탄소연대측정법**

약 30년 전까지만 해도 여러 방사성탄소연대측정용 표본으로부터 붕괴율 (베타 계수)을 이용해 연대측정을 하면 그 계산된 비율은 근사치밖에 안 되었다. 과학자들은 C14와 C12를 이용해 방사성탄소의 개개 붕괴 건을 탐지하고 측정할 수 있었다. 이들은 베타 입자의 방출을 관찰해 방사성 붕괴의 비율을 판정함으로써 표본 속에 남은 C14 원자의 수를 추산하였다. 표본 계수를 하는 여러 시간 동안에는 아주 소수의 C14 원자만이 붕괴를 하기 때문에 적절한 수의 베타 계수를 할 수 있도록 표본이 크지 않으면 안 되었다.

1960년대로 되돌아가보면 고고학자들이 플라스틱 상자에 화덕에서 나온 숯을 여러 줌 정도 채집해 담았는데 표본은 크면 클수록 좋다는 것이 규칙이었다. 과학자들은 옥수수 낟알이나 선사시대 청동 창끝의 자루 구멍 속에 박힌 미소한 나무 조각 같은 작은 물체로는 연대를 측정할 수 없었다. 더욱이 씨앗 같은 아주 작은 표본들은 인간이 밟는다거나 하는 인위적 요인으로나 굴 파는 동물에 의한 자연적 현상으로 위아래 토층으로 쉽게 이동할 수 있었다. 1983년 가속질량분석기(AMS)에 토대를 둔 새로운 방사성탄소연대측정법이 개발됨으로써 방사성탄소연대측정과 초기 식량생산 연구에서 혁명이 일어났다.

가속질량분석기는 표본 물질 속에 존재하는 C14 원자의 수를 잼으로써 그 나이를 측정할 수 있다. 연구자들은 붕괴 건(베타 계수)을 세는 대신 C14 원자를 직접 셈으로써 남은 C14의 숫자를 추산한다. 이들은 그렇게 함으로써 한 세대 전 이용되었던 한 줌의 숯보다 1천 배로 작은 표본을 연대측정할 수 있다.

이에서는 C14의 존재를 가리는 비슷한 질량의 이온 입자 혹은 분자들이 내는 배경 잡음이라는 커다란 문제를 소규모 고에너지 질량분석기를 개발함으로써 해결하였다(그림 5.5). 이 새로운 설비는 표본 원자들의 일정 부분을 가속기를 통과해 탐지기를 향해 추진시킴으로써 그런 배경 잡음을 걸러낸다. 표본으로부터 이온화된 탄소 원자들을 끄집어내 가속기를 향해 빔 형태로 쏘아 보낸다. 전자석이 그 빔을 굽힘으로써 가벼운 원자가 무거운 원자보다 훨씬 강하게 뒤틀리면서 발산 빔 안으로 이동한다. 그러면 필터가 원자 질량 14인 것들을 제외한 모든 하전 입자의 통과를 차단한다. 가속기가 잡음을 제거한 빔을 두 번째 빔 구부림 전자석을 통과하도록 밀어 넣으면 C14가 아닌 어떤 입자라도 여과된다. 전자기 렌즈가 그 빔에 초점을 맞추고 C14 탐지기가 남은 이온의 숫자를 잼으로써 표본의 연대를 계산해 낼 수 있다.

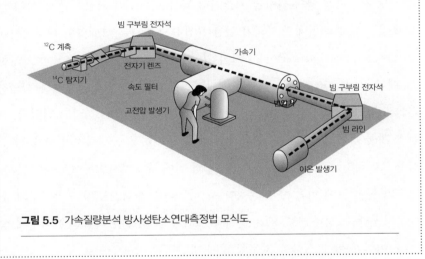

그림 5.5 가속질량분석 방사성탄소연대측정법 모식도.

• 가속질량분석법에 의한 방사성탄소연대측정(테 글 참조)에 의해 낱낱의 씨앗, 뿌리 조각 혹은 옥수수 속대를 연대측정할 수 있게 되었다. 우리는 처음으로 초기 농경을 아주 정확하게 연대측정할 수 있게 되었으니, 이는 과거에 매우 작은 씨앗 자체가 아니라 그것들이 든 층위(그리고 실은 그 씨앗들이 더 위의 층위들로부터 아래로 떨어져 내려왔을 가능성이 있는 층위)만을 연대측정할 수 있던 시절과는 크게 대조된다.

지난 30년 동안에는 식량생산의 기원에 관한 한층 발달된 생태학적 해석들이 생겨났으며, 이는 크게 보아 고고학 자료와 환경 자료의 기반이 훨씬 넓어진 데서 비롯된 것이었다.

6 다인(多因) 이론들

자료 수집의 혁명은 그간 복합 다변수 모델을 여럿 낳았다. 이 모델들은 어느 누군가 야생 알곡 씨앗을 기르거나 동물을 가두어 기르기 전에 이미 많은 초기 충적세 수렵채집 사회가 한층 복잡하게 발달된 상태였고 식량생산에 선(先)적응(preadaptation)이 잘 되어 있었다는 새로운 인식을 충분히 고려한다. 예를 들어 캘리포니아 남부 쿠메야아이 인디언은 최근 18세기까지도 자신들의 경관을 '순화함(길들임)'으로써 기아의 위험을 감소시키고 있었다. 반건조 계곡에 살았던 그들은 수확하고 난 풀 줄기들을 불태워 야생 초본의 생장을 촉진하고 또 그 씨앗 일부가 불 탄 땅 위에 흩뿌려지도록 하였다. 그들은 고도가 높은 곳에 먹을 수 있는 견과류 나무들을 심음으로써 오크나무와 소나무의 숲을 조성하였고, 또 용설란과 여타 사막 식물을 적합한 서식지에 심었다. 이렇게 야생 식물을 경우에 맞게 다양하게 활용함으로써 번영을 이루었던 것이다.

인구와 자원 관련 이론들

우리 모두는 삶 속에서 위험을 겪으며, 갑작스런 재앙의 위험으로부터 스스로를 보호하고자 애쓴다. 현명한 투자자가 자신의 보유 자산을 분산시키고 또 부모가 생명보험에 가입하는 것은 이 때문이다. 이를 가리켜 위험관리라고 한다. 선사시대 사람들의 경우 위험관리는 장기적 생존을 위협할 수 있는 일체의 요소를 최소화함을 의미했다. 모든 환경은 아무리 살기 좋다고 해도 수렵채집 사회들에 대해 일정 형태의 위험성을 내포하고 있다. 주기적 가뭄, 길고 추운 겨울, 예측할 수 없는 홍수 등이 단적인 예들이다. 사람들은 이런 위험에 대처하는 방안으로 흔히 다른 곳으로 이동하거나 새로운 저장 기술 및 식량 보존 기술을 개발하였다.

인구증가와 그에 따른 식량부족 혹은 위험요인들에 대해 논리적이고도 직접적인 해결책 한 가지는 그에서 한 걸음 더 나아가 먹을거리가 희소해지는 기간에 저장 식량을 이용할 수 있도록 친숙한 식물을 재배하고 흔한 사냥감들을 순화하는 것이다. 바꾸어 말해 식량생산은 식량공급을 증대시키기 위한 방편으로 위험관리를 한 결과 일어났다는 것이다.

생태 이론들

생태 모델을 주장하는 사람들은 이른바 식량생산 도입 기회 선용을 운위한다. 사람들은 기회만 닿으면 더 우수한 국지 자원을 이용하려 했다는 것이다. 이런 종류의 시나리오에서는 이를테면 야생 밀, 보리 혹은 야생 염소 같은 일부 자원이 매력적인 먹을거리로 간주된다. 사람들은 이것들을 점점 더 많이 이용하게 되고 이윽고 길들이기에 이르렀다는 것이다. 생태 이론들은 인간 사회가 훨씬 큰 환경체계 속에서 작동하는 하나의 문화체계라는 가정에 근거를 두고 있다.

이런 관점의 고전적 예로는 미시간대학교 고고학자 켄트 플래너리가 개진한 설명을 들 수 있다. 그는 멕시코 남부 고지대에서 조사 작업을 벌여 서기전 8000년부터 4000년 사이의 그 지역 주민이 생존을 위해 다섯 가지 기본 식료, 즉 사슴과 토끼, 용설란, 콩류, 선인장 속에 의존했음을 발견했다. 그들은 각 먹을거리를 얻을 수 있는 계절을 신중하게 예측함으로써 먹을거리가 풍부한 기간에, 그리고 익은 식물에 동물들이 미처 접근하기 전에 사냥과 채집을 하도록 일정을 짤 수 있었다. 플래너리는 남부 고지대와 그 주민이 상호작용한 많은 아체계―경제, 식물, 사회 등―로 이루어진 거대하고도 개방된 환경체계의 한 부분이었다고 상정했다. 그런데 그런 식량획득 체계를 야생 초본의 의도적 재배 쪽으로 몰고 간 어떤 일이 일어났다.

플래너리는 서기전 5000년부터 2000년 사이로 연대측정된 건조 동굴들을 발굴하여 옥수수 속대의 크기 증가와 여타 유전적 변화의 징후를 밝혀내었다. 그리하여 그는 옛 사람들이 옥수수와 여타 작물을 의도적으로 심는 실험을 시작했고 그 면적을 의도적으로 늘려갔다고 주장하였다. 오랜 시간이 지나자 이런 식량획득 체계에서의 의도적 일탈 때문에 야생 초본의 채집이 다른 채집 활동을 위축시키며 늘어났고 이윽고 지배적 활동이 될 만큼 중요하게 되었다. 결국 그 사람들은 무한히 스스로 굴러가는 식량획득 체계를 만들어냈고, 그 체계는 자체의 설계 요구에 따라 짜인 파종 및 수확 일정표를 가지고 이전 체계들과 겨루었으며, 항구성이 더 강했기 때문에 결국 이전 체계들을 따돌릴 수 있었다. 그리하여 서기전 2000년이 되자 아주 영양 많은 콩과 옥수수로 이루어진 고지대 사람들의 식단이 굳건히 자리 잡았다.

이런 모든 이론적 접근법의 요체는 사람들을 의도적 재배와 순화 쪽으로 옮겨가도록 만든 과정들을 규명하는 것이다. 가령, 농경을 선호하도록 만든 새로운 비용 편익적 실제 상황이 있었는가, 여러 가지 식료의 영양가와 계절별 가용성 같은 요인들은 어떠했는가, 식물과 동물에 일어난 유전자 변화는 어떤 역할을 했는가 하는 문제들이다. 그런데 불행하게도 그런 복잡한 이론적 모델들은 실제 야외 자료와 연계짓기가 어려우니, 그 주된 이유는 그처럼 심대한 문화 변화에 관련된 요인들(사람들이 방향 전환을 한 까닭들)이 고고학 자료로 쉽사리 입증되지 않기 때문이다.

우리가 농경이 어떤 조건에서 처음으로 이득 많은 활동으로 여겨졌는지 복원하려면 우선 그 전에 많은 변수가 어떤 것들이었는지 이해하지 않으면

안 된다. 우리는 이제 농경이 이루어지도록 하는 데 나름의 역할을 했던 일단의 조건, 즉 인구압, 식물의 분포, 환경이 변화한 속도 그리고 심지어 야생 초본 수확 방법까지 찾는 중이다. 그렇게 보면 순화 잠재력이 있는 동식물에도 여러 변이가 있으니 어떤 것은 수명이 길기 때문에 순화에 저항하였고 또 어떤 것은 삶의 여러 부분이 인간의 통제 지역 바깥에서 이루어지기 때문에 그렇게 하였다. 야생 식물 및 사냥감 먹을거리의 계절별 분포 또한 순화 실험을 가로막았을 수 있을 것이니 그런 야생 먹을거리가 이용되는 철이 마침 실험 주체 농민이 자신이 기르는 작물 가까이 머무는 것이 중요한 때와 겹칠 수도 있다. 사람들은 그런 상황에서는 자신들의 전통적 식료 획득 습관을 그대로 견지하려는 경향을 지니고 있다.

7　식량생산의 결과들

식량생산은 일단 성공을 거두자 급속하게 퍼졌다. 그 부분적 이유는 식량생산 이후 일어난 인구 증가가 수렵채집민으로 되돌아가는 것을 가로막았기 때문이다. 식량생산은 지구 구석구석까지 퍼졌으며 그 예외 지역은 극도로 건조하거나 덥거나 추운 환경 때문에 농경 또는 목축이 불가능한 곳이든지 사람들이 수렵채집민으로 남기를 선택한 곳들이다. 식량생산은 일부 지역에서는 도시화와 문자 문명의 경제적 토대가 되었다. 하지만, 대부분의 인간 사회는 19세기와 20세기에 유럽의 산업 열강이 그들을 기계 시대 속으로 이끌기 전에는 생계유지 수준의 식량생산을 넘어 더 이상 나아가지는 않았다.

세계 각지 식량생산 개시의 연대 차이와 그에 대한 설명
제6장에서 보듯 식량생산은 세계의 여러 곳에서 서로 아주 다른 시기에

개시되었다. 서남아시아에서는 서기전 10000년, 중국에서는 늦어도 서기전 6000년(아마도 그 이전), 메조아메리카에서는 서기전 5000년이면 이미 굳건하게 확립된 상태였으나 열대 아프리카에서는 그보다 훨씬 늦어서 서기전 1000 년경이었고 그것도 겨우 일부 지역에서였다. 이런 시차를 설명해줄 지역 변이란 어떤 것들인가? 우리는 서남아시아와 고지대 메조아메리카 같은 아열대 지역의 수렵채집민이 빙하시대 말, 혹은 어쩌면 그보다 일찍 야생 초본과 뿌리 종들 중 순화 잠재력이 있는 것들을 이리저리 시험해보기 시작했음을 안다. 빙하시대 말보다 일찍 그랬을 가능성에 대한 판단 근거는 약 2만 년 전으로 연대측정된 이스라엘 오할로II 유적에서 발견된 식물 유체이다. 이 지방들에서 그런 먹을거리에 대한 의존은 채집할 수 있는 종의 가지 수가 몇 안 되었기에 그 이전에 이미 시작되었을 터이다. 그런 의존은 장기 생존에 필수불가결이었다. 이와 대조적으로 아프리카와 아마존 열대 우림 같은 좀 더 습윤한 열대 지방의 주민은 흉년에 맞을 위험을 최소화하는 정도의 선에서 몇 가지 야생종을 어떻게 해보는 이상으로 나아가지 않았을 것이다. 아프리카의 많은 농경민은 오늘날까지도 흉년에는 여전히 수렵채집에 손을 댄다. 농경은 서남아시아, 중미 및 남미, 동남아시아 그리고 인도의 아열대 지역에서 습윤한 열대 지대보다 상당히 일찍 확립되었는데, 그 이유는 후자에 사냥감과 야생 식물 먹을거리가 풍부하기 때문임은 의심의 여지가 없다. 더욱이 순화된 작물과 가축은 규칙적이지 못한 강우, 메뚜기, 여타 곤충의 공격 그리고 가축 전염병의 영향을 더 쉽게 받는다. 해당 식료를 먹어야 한다는 강력하고도 지속력 있는 유인 동기는 수렵채집으로부터 농경으로 영원히 옮겨가버리는 데 없어서는 안 될 선행조건이었음에 틀림없다.

그래도 흥미로운 의문이 한 가지 남아 있다. 왜 식량생산이 훨씬 전에 자리를 잡지 못했을까 하는 의문이다. 물론 이전 빙하시대 동안에도 사람들이 작물 재배를 시작하기에 좋은 조건을 갖춘 기회가 많이 있었을 터이다. 이 대목에서 선사시대 인구 모델들이 약간의 단서를 준다. 우리는 석기시대 동안에 인구가 서서히 증가하였음을 안다. 과거 70만 년 동안 일어난 끊임없는 주기적 기후 변화는 일부 지역의 인간 사회들에게 끊임없는 환경 변화와 인구 변동이라는 난제를 제기한 조건이 되었음에 틀림없다. 하지만, 전 세계의 인구가 기동성에 제약을 받을 정도로 충분히 증가한 것은 빙하시대 말에 이르러서였기에 그 전에는 식량 부족에 직면한 사람들이 취할 수 있는 가장 쉬운 전략에 따라 다른 곳으로 옮겨가버린 것이었다. 수렵채집민의 생활양식에서 집약화는 빙하 극성기 동안과 그 이후, 특히 충적세 동안 처음에는 느리게 이루어졌으나 나중에는 급격하게 가속이 붙었다. 많은 사회는 이런 집약화 덕분에 사상 처음으로 식량생산에 선적응을 하였던 것이다.

인간 생활에서의 변화

식량생산은 종국적으로 많은 지역에서 이전보다 훨씬 높은 인구 밀집을 가져왔는데 그 이유는 동식물 순화가 가용 식량 공급을 증대시키고 안정화하는 경제 전략으로 이어질 수 있기 때문이다. 다만, 그것을 생산하는 데 더 많은 에너지가 들기는 한다(그림 5.6 참조). 농민들은 혼합 농경을 실시하는 경우 농경과 소 및 작은 가축을 사육하는 데 땅뙈기를 마치 응축을 하듯이 이용한다. 그래서 그들의 영역은 수렵채집민의 영역보다 훨씬 좁다(다만, 이목민은 계절별 목초 이용을 위해 광대한 방목지를 필요로 한다). 정주 마을들이 이전 시기의 임시 야영지를 대체하였고 한층 영속적인 본거들이 개발됨에 따라 새로운 사회 단위들이 생겨났다. 이런 사회적 연계 관계는 토지의 소유와 세습에 반영되었고 또 훨씬 큰 취락들을 낳아 지금까지 흩어져 있었던 주민들이 한층 가까이 살면서 더 정규적으로 접촉하게 되었다. 한층 좁은 농경지 안에서는 개인의 소유권 주장과 세습 문제들이 생겨남에 따라 사유지 경계선이 엄밀하게 그어진다. 토지 부족은 분쟁으로 이어질 수가 있고, 또 그때문에 전에는 경작

그림 5.6 작물 심을 밭을 괭이로 준비 중인 케냐 캄바족 여자들.

되지 않았던 땅에 새 마을이 들어설 수도 있다.

식량생산이 기술 측면에서 낳은 결과들도 그 나름대로 이 새로운 경제 못지않게 중요하였다. 정주 생활양식이 증대하고 수렵채집이 약간 감소하자 마을들이 오래 점유되었고, 영속적 농경 방식과 더 견고한 집들이 생겨났다. 사람들은 수천 년 동안 그랬듯이 자기 환경에 가장 풍부한 소재들로 자신의 집을 지었다. 서남아시아의 초기 농경민은 말린 진흙으로 평평한 지붕을 가진 작은 집을 지었는데 이는 여름에는 시원하고 겨울에는 따뜻하였다. 더운 계절 동안에는 밤에 이 평평한 지붕에서 잠을 잤을 것이다. 이보다 덜 견고한 집들은 갈대로 지붕을 얹은 것들이었다. 유럽 중에서 좀 더 습윤하고 온화한 기후 지대에서는 여러 가지 형태와 크기의 초가지붕 집을 짓기 위해 목재가 사용되었다. 아프리카의 초기 농민은 흔히 풀, 잔가지, 개미탑 진흙으로 오두막을 지었다(그림 5.7a). 북부 스텝지대의 이목민은 영구적이고 내구성이 강한 집을 짓는 데는 관심이 없었지만 그들 역시 자신들의 먹을거리 가축과 연관

Sergi Reboredo/Alamy

그림 5.7a 중앙아프리카 잠비아 남부의 무쿠니족 마을을 공중에서 본 모습. 이곳에서는 숲과 덤불을 제거하고 과도 방목을 한 탓에 토양 침식을 조장하는 환경 조건이 만들어졌다. 진흙으로 짓고 이엉을 얹은 이런 주거는 흔히 15년 동안 혹은 그보다 좀 더 오래 쓰며 수렵채집민의 바람막이 시설이나 여타 은신처보다는 수명이 한층 길다.

된 이점들을 활용하였으니 동물 가죽을 옷 짓는 데뿐만 아니라 몹시 차가운 겨울 동안 안락하게 지낼 텐트를 짓는 데도 이용했던 것이다.

농경은 계절에 따른 주기적 활동이니 그 주기는 농경지가 휴경으로 놀거나 작물이 자라는 연중의 긴 기간들로 되어 있다. 어떤 농부라도 수렵채집민은 결코 생각해볼 필요도 없는 방식으로 먹을거리를 유지해야 하는 문제를 안고 있다. 그래서 새로운 저장 기술이 생겨났다. 농업 경제에서는 알곡 창고, 항아리 혹은 진흙을 덧댄 구덩이가 수확이 없는 철과 기근 시기에 대비해 먹을거리를 저장하는 데 필수 부분이 되었다. 창고는 초벽, 진흙 혹은 목재로 지었을 것이다(그림 5.7b). 바구니와 진흙 덧댄 사일로는 귀중한 알곡을 설치류로부터 보호하였다.

수렵채집민은 식물 먹을거리를 본거지로 운반하는 데 가죽이나 나무 용

그림 5.7b 에티오피아 랑가노 호수 오로모 마을의 곡식 저장고. 먹을거리 저장은 많은 수렵채집민 및 농민들에게 결정적으로 중요한 활동이다.

기, 창자로 만든 주머니를 이용하였고 때로는 바구니를 쓰기도 하였다. 농경민은 이보다 훨씬 엄청난 수송 문제에 부딪친다. 이들은 자신의 수확물을 마을로 가져가야 하고 언제든 이용할 먹을거리는 창고와는 전혀 별개로 집 안에 보관해야 하며 물도 저장해야 한다. 초기 농경민은 물 운반용으로 표주박을 이용하기 시작하였고 일부 지역에서는 그보다 다소 늦게 토기 그릇을 만들었는데 이는 방수가 되는 동시에 음식을 조리하고 담을 수 있었다(그림 5.8 참조). 이들은 진흙 띠를 감아올리거나 진흙 덩이를 손으로 주물러 기벽을 만들어 올렸고 단순한 화덕에서 그릇을 구웠다. 토기 그릇은 가죽 용기보다 훨씬 내구성이 강하였다. 어떤 토기는 수십 년 동안 사용한 뒤에야 깨어져 버리기도 하였다.

사람들은 먹을 수 있는 야생 뿌리를 찾아 수만 년 동안 간단한 나무 작대기로 땅을 팠으며 때로 그런 작대기 뒤쪽에 돌 추를 달아 더 효율적으로 썼

그림 5.8 모키 푸에블로의 호피족 도공. 도공으로 추정되는 '무해한 뱀'이라는 뜻의 남페요는 기벽을 만드는 데 띠를 감아올리는 기법을 사용하였다. 1875년부터 1900년 사이에 촬영한 사진인데 그 시절에는 이 유능한 도공이 인근 고고학 유적에서 나온 조상의 양식들을 채택하고 있었다.

다. 최초의 농경민은 작물을 심는 데서도 계속해서 이런 뒤지개를 이용해 쉽게 경작할 수 있는 땅을 몇 인치 정도씩 팠다. 또 이들은 부드러운 흙을 파 일구는 데 나무 날 혹은 돌날을 끼운 괭이(훨씬 나중에는 쇠 날을 끼운 괭이)를 사용하였다. 괭이자루로는 문화적 선호에 따라 길거나 짧은 것을 썼다. 유럽과 서남아시아의 농경민은 수천 년 뒤 소가 끄는 쟁기를 이용하였는데 처음에는 나무 날을 썼다가 청동 날, 그리고 더 나중에는 쇠 날을 끝에 끼웠다. 쟁기는 중요한 혁신이었으니 그 덕분에 이전보다 땅을 훨씬 깊이 갈아엎을 수 있었기 때문이다. 모든 농경민은 경작지에서 야생 초목과 잡초들을 제거해야 했으며 그래서 그들이 도끼와 자귀를 새로이 중시했던 사실을 보고 놀랄 일은 거의 없다 하겠다. 서남아시아에서는 서기전 2500년이면 금속 도끼가 이전 농민들의 단순한 석기들을 대체하였다. 오늘날 덴마크와 뉴기니에서 마제 석부로 실험을 해보았더니 숲을 개간하고 나무를 베는 데 놀라우리만치 효율 적이라는 사실이 드러난 바 있다. 나중 시기에는 청동 날, 그리고 더 나중에는 쇠 날의 도끼들 덕분에 숲 개간이 한층 쉬워졌다.

새로운 도구의 등장이란 한층 강력한 작업용 날을 만들어내는 기술의 개 발을 의미한다. 농경민은 처음에는 마제 석기들을 썼으며 그래서 적합한 석 재에 아주 큰 가치를 두었기에 엄청나게 먼 채석장에서 캐낸 그런 석재들이 널리 교역되었다. 아마도 가장 유명한 도끼용 석재 채석장들은 서부 유럽에 있다고 해야 할 터인데 그곳의 도끼 소재들은 영국 정도까지 멀리 교역이 되 었으며 프랑스 그랑 프레시니에서 캐낸 플린트는 수천 평방 마일에 걸쳐 귀 한 물품으로 유통되었다. 서남아시아와 멕시코에서는 도끼만이 아니라 칼과 낫을 위한 용도로도 아주 귀하게 여긴 도구 제작 소재가 있으니 바로 흑요석 이다. 이는 화산 암석으로서 쉬이 가공할 수 있는 특성, 날카로운 날, 장식 효 과 때문에 값을 아주 높게 쳤다. 초기의 흑요석 교역로는 그 산지로부터 수백 마일이나 떨어진 곳까지 도구와 장식품들을 운반하였다. 과학자들은 여러 가 지 흑요석이 각기 특징적으로 지닌 미량 원소를 식별하는 암석 분광 분석법 을 써서 지중해 동부의 벽지 마을에서 나온 흑요석 조각의 산지를 이탈리아 해안 앞바다의 리파리섬이나 터키의 반 호수 같은 곳으로 동정할 수 있었다.

사람들은 이런 모든 기술 발전 덕에 점점 더 이색 소재에 의존하게 되었는 데 그 중 다수는 자기 영역 안에서 구할 수 없는 것들이었다. 여기서 우리는 광범위한 장거리 교역망의 시초를 보며 이는 장차 최초 도시 문명의 등장과 더불어 더욱 급속히 발전하게 된다.

식량생산은 인간의 환경에 대한 태도를 바꾸어 놓았다. 알곡 작물은 사람 들이 겨울에 대비한 먹을거리로 저장할 수 있는 작물이다(그림 5.7b 참조). 수 렵채집민은 사냥감 동물과 물고기와 야채 먹을거리를 그냥 이용하였지만 농민은 한 걸음 더 나아갔으니 바로 자신들의 자연 이용 방식이 본질적으로 지닌 성격대로 환경을 변질시킨 것이었다. 농경의 확대는 곧 파종을 위한 땅을 개간하기 위해 나무를 베고 식생을 불태움을 의미한다. 그리고 몇 년 뒤 바로 그 경작지는 휴경을 위해 버려지며, 다시 더 많은 삼림이 개간된다. 원래의 식생이 새로 생겨나기 시작하지만 그것은 애초의 상태에 도달하기 전에 다시 제거되었을 것이다. 이런 이동식의 농경은 화전 농경이라 불린다(그림 5.6 참조). 먹성 좋은 가축들은 풀밭을 싹 먹어치웠고 비가 억수같이 오자 언덕에서 귀중한 흙이 벗겨져 나갔으며 그에 따라 이제 목초지는 결코 예전 같지가 않았다. 농민의 기술은 아무리 초보적일지언정 그들이 밭에서 잡목을 제거하고 나무재로 땅을 기름지게 하려고 불을 놓는 것만으로도 환경을 변화시킬 수 있었다. 어떤 의미에서 이동식 화전 농경은 식생의 재생을 돕기 위해 불을 놓던 오래된 옛 관습을 그저 확대한 것이었다.

식량생산은 높은 인구 밀집을 가져왔지만 질병, 가용식량, 급수, 그리고 특히 기근이 인구 증가에 제약을 가하였다. 또 초기의 농법들은 흙을 세심하게 잘 고르는 데 크게 의존하였다. 초기 농경민의 기술은 좋은 흙이 많은 빽빽한 삼림을 광범하게 제거하는 데는 효과가 거의 없었으므로 경작 잠재력이 높은 땅이란 쉽게 접근할 수 있는 땅뿐이었다. 경작지들은 오늘날에 비해서는 훨씬 널리 여기저기 흩어져 있었을 것이다. 믿을 만한 한 연구에 따르면 발달된 이동식 농경을 하더라도 아프리카의 비교적 비옥한 토양 중 겨우 40% 정도만을 그런 식의 경작에 이용할 수 있을 것으로 추산된다. 더 단순한 석기를 가졌고 작물 수가 적었던 초기 농경 시절에는 그 수치가 더 낮았을 터이다.

서남아시아와 사하라이남 아프리카, 아시아의 일부 지역 같은 계절적 강우 지역에서는 장기간의 가뭄이 흔히 일어난다. 기근은 인구밀도가 증가함에 따라 언제든 실제로 일어날 일이었다. 그래서 많은 초기 농경민은 틀림없이 하늘을 근심스럽게 지켜보았을 터이고 가뭄이 들면 흉작이 흔하였을 것이다.

지난 계절에 저장해 둔 소량의 곡식으로는, 더욱이 잉여 식량을 부주의하게 관리했다면 한 해를 더 버티지 못하였을 것이다. 그런 때는 농민들이 경제 전략을 바꾸지 않으면 안 되었다.

우리는 최초 농경민들이 자신들의 농업을 보완하기 위해 오늘날 일부 농민이 흉년에 살아남기 위해 야생 식물 먹을거리와 사냥에 크게 의존하는 것과 똑같이 사냥감 동물과 식물 먹을거리를 이용했음을 알고 있다. 많은 수렵채집 유단은 자신들의 넓은 영역 안에 있는 먹을 수 있는 식물 중 단 몇 가지만을 집중적으로 채집한다. 먹을 수 있는 다른 많은 야채류는 알고만 있다가 곤란에 처했을 때 비로소 채집한다. 덜 좋아하는 그런 먹을거리로는 비교적 작은 인원만이 다음 우기까지 버텨나갈 수 있다. 상대적으로 규모가 큰 농업 인구는 그처럼 융통성이 크지 못해서 농경을 하고 목축을 하는 데 이용하는 훨씬 좁은 영역 안의 야생 야채류와 사냥감 동물을 금방 다 소비해버린다. 그래서 만약 가뭄이 몇 년간 계속되면 기근, 죽음, 그리고 인구 감소가 이어질 수 있다.

8   영양과 초기 식량생산

식량생산은 인간의 생활 방식을 정말 개선하였는가? 여러 세대에 걸쳐 고고학자들은 농경의 결과로 인간의 건강이 획기적으로 개선되었다고 생각하였다. 이유는 사람들이 일은 덜하고도 한층 믿을 만한 식량공급을 받으며 살게 되었기 때문이라는 것이다. 그러나 경제학자 에스터 보스럽과 그 밖의 학자들은 그동안 더 많은 사람을 먹여 살리기 위해 채택된 농경이라는 이 새로운 체계는 실은 투입된 노동에 비해 수확은 체감되는 결과를 낳았다고 주장하였다. 반세기 전에 칼라하리 사막의 쿵 산족에 대해 실시한 리처드 리의 고전적 연구는 보스럽의 주장을 뒷받침하는 듯 보인다. 그의 연구는 이 수렵채집민이 농민보다 풍부한 여가 시간을 즐기고 일은 덜하였으며 아마도 다른 수렵채집민도 그랬을 것임을 보여준다. 일부 영양학자는 뿌리 작물이나 알곡 작물에 크게 의존하는 많은 농민보다 채집민이 더 균형 잡힌 식단을 갖고 있음을 지적하고 있다. 더욱이 정주 취락에다 높은 인구밀도를 가진 농민은 그들보다 오래된 유형의 생계 방식에 의존하는 수렵채집민에 비해 훨씬 기근에 취약하였다. 그들은 마을에 꽉 들어차 모여 살기 때문에 위장병이나 전염병에도 더 쉽게 감염될 수 있었을 것이다.

초기 농경민의 뼈에 근거한 영양 연구는 영양 부족에서 비롯된 몇 가지 예의 빈혈증과 발육 부전을 시사하고 있다. 지방 단위의 선사 주민에 대한 연구는 농업 인구의 평균 여명이 감소하였음을 시사하였으며, 이는 통상의 인식과는 배치된다. 고병리학 연구의 성과를 전체적으로 볼 때 인간 삶의 질과 수명조차도 식량생산의 등장과 더불어 전반적으로 감소하였음을 알 수 있다. 하지만, 여기에는 특히 출산율 변화와 인구 증가율 같은 우리가 알지 못하는 변수들이 개재되어 있으며, 그래서 전반적 건강 수준과 평균 여명은 떨어졌을지라도 이런 변화들 때문에 세계 인구는 증가하였다.

이런 연구들이 농경 기원에 관한 인구압 이론들에 장차 어떤 영향을 미칠 것인지는 아직 확실하지 않다. 인구압 증가가 일으킨 식량생산으로의 어떤 변환이라도 선사 시대 인골들이 보여주는 건강과 영양 상태의 전반적 퇴조에 반영될 수 있다는 점은 분명하다.

요컨대, 일부 인간 집단은 다른 대안이 더 이상 통할 수 없을 때 비로소 식량생산에 의지하였을 것이다. 전형적 예는 오스트레일리아 북단의 원주민이다. 그들은 자신들의 뉴기니 이웃들이 집약 농경에 종사하고 있음을 잘 알고 있었다. 또 야생 얌의 꼭대기 부분을 심어 재생시키는 법도 알고 있었다. 하지만, 그들은 결코 식량생산을 채택하지 않았다. 이유는 단순하니, 자신들의 여가 시간을 줄이고 필요로 하는 것보다 더 많은 식량을 산출하는 생활 방식에 의존할 이유가 없었기 때문이다. 이런 점에서 우리는 인간들이 언제나 기회를 선용하였으며 최초의 먹을거리 작물 재배와 가축 사육이 순전한 기회 선용의 단순한 결과였을 것이라는 점을 결코 잊어서는 안 된다. 이런 일반적 언급에 이어 제6장에서는 세계 전역의 식량생산 개시에 대해 서술하기로 한다.

요약

- 빙하시대 말기와 홀로세 초기의 수많은 수렵채집 사회는 식량생산에 미리 적응을 하였으니 이미 일부 먹을거리를 집약적으로 이용하고 또 이전보다 더 정주적인 생활양식을 영위하고 있었던 것이다. 이런 사회들 대부분은 먹을거리가 다양하고 계절적으로 예측할 수 있는 지방들에 있었다.
- 현대의 식량생산 기원 가설들은 식량생산이 혁명적 발전이라는 초기의 이론들과는 대조적으로 사회관계, 인구 증가, 생태 요인 등 여러 요인을 함께 관련짓는다. 식량생산의 발전은 점진적 과정이었으며 특히 예측할 수 없는 환경 변화를 끊임없이 겪은 지역들에서 먹을거리 작물에 대한 의존성이 점점 커진 과정이었다.
- 식량생산의 결과로 인간 취락의 정주성이 이전보다 증가하였고 집은 더 견고해졌으며 저장 기술이 정교해졌고 농사일을 위한 특수 도구들이 생겨났다.
- 이 모든 기술 발전 때문에 인간 사회들의 상호의존성은 커지고 원자재의 장거리 교역은 더 많아졌으며 인간 사회의 복합성 또한 더욱 증가하였다.

참고문헌

Steven Mithen의 *After the Ice* (Cambridge, MA: Harvard University Press, 2006)는

말기 수렵채집 사회와 초기 식량생산이라는 주제에 관해 아주 훌륭하게 종합한 책이다. 농경의 기원을 둘러싼 고전적 이론들은 Stuart Struever의 선집 *Prehistoric Agriculture* (Garden City, NY: Natural History Press, 1971)에 모아 놓았다. Bruce D. Smith의 *The Emergence of Agriculture* (New York: W. H. Freeman, 1999)는 전 세계의 초기 농경 및 가축 순화뿐만 아니라 알곡들에 대한 AMS 방사성탄소연대측정에서 얻은 주목할 만한 성과들에 대해서도 우리가 현 시점에서 아는 바를 요약해준다. Graeme Barker, *The Agricultural Revolution in Prehistory* (Oxford, England: Oxford University Press, 2006)는 전 세계의 양상을 아주 뛰어난 이론적 통찰력을 지니고 종합한 권위서이다. Kent Flannery의 *Guilá Naquitz* (Orlando, FL: Academic Press, 1986)는 무엇보다도 고고학과 고고학자를 위한 수많은 지혜를 담은 가상 대화록만으로도 반드시 읽어야 할 모범적 논저이다. 유용한 최신 요약 논문으로는 O. Bar-Yosef의 "Multiple Origins of Agriculture in Eurasia and Africa." In Michel Tibayrenc와 Francisco Ayala 편 *On Human Nature*, pp. 297-331 (Boston, MA: Springer, 2017)을 권한다.

제6장

●

최초의 농민들

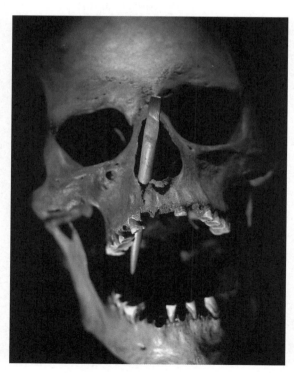

Prisma Archivo/Alamy

서기전 5000년경 덴마크 포르스 모세에서 출토된 35세 남성의 두 개골인데 이렇게 뼈 화살촉에 맞은 상처로 죽었다.

프롤로그

예리코 유적 1953년도 발굴의 마지막 날이었다. 가장 이른 농경 공동체들 중 하나로 깊이 파 들어간 트렌치 벽면에는 사람 두개골 하나의 꼭대기 부분이 삐죽이 튀어나온 채 여러 주를 지난 터였다. 발굴자 캐설린 케년은 트렌치 벽면의 층위 도면을 작성하고 사진을 촬영하기 전까지는 그에 손을 대서는 안 된다고 일찍부터 엄한 지시를 내려놓았다. 그러다가 발굴자들은 온전한 두개골 하나를 수습하였는데 그 얼굴은 진흙으로 세심하게 복원이 되고 눈에는 조가비들을 박아 놓은 것이었다(앞의 그림 1.12 참조). 케년은 벽에 난 작은 구멍을 자세히 들여다보았다. 그녀는 그 안에 회반죽 칠한 그런 두개골이 두 개 더 있음을 볼 수 있었다. 그것들을 꺼냈다. 이제 그 뒤에는 세 개가 더 있었으며 또 마지막 일곱 번째 머리도 있었다. 트렌치 벽면에서 둥지를 이룬 두개골들을 꺼내는 데는 꼬박 닷새가 걸렸는데 으깨어진 뼈들이 돌 및 단단한 흙과 한 덩어리가 되다시피 뭉쳐 있었기 때문이다. 그것들은 세계에서 가장 오래된 인물 전시장 같은 것을 이루고 있었으니 각 머리는 코, 입, 귀, 눈썹을 개인의 특징대로 섬세하게 빚어 놓았던 것이다. 케년은 옛적에 숭배되었던 조상들의 머리를 자신이 발견한 것이라고 믿었다. 그들은 산 자와 영계 사이의 핵심 중개자들로서 수확을 가져다주는 땅에 사람들을 긴밀하게 연결한 존재들이었다.

1. 동물의 순화 | 2. 밀과 보리의 순화 | 3. 서남아시아의 농민(서기전 10000년쯤부터 서기전 5000년까지) | 4. 이집트와 아프리카의 초기 농민(서기전 7000년 이전부터 서기전 1000년까지) | 5. 유럽의 농민(서기전 6500년쯤부터 서기전 3000년까지) | 6. 아시아의 초기 농경(서기전 7000년 이전부터 서기전 3000년까지) | 7. 아메리카의 초기 농경(서기전 8000년 이후) | 8. 요약

농경과 동물 순화를 탄생시킨 복합적 요인들이 무엇이었든 이 새로운 식량생산 경제는 너무나도 성공적이라는 사실이 드러났다. 서기전 10000년에는 세계의 거의 모든 사람이 수렵채집을 하고 살았다. 서기 1년이면 대부분의 사람이 농민이거나 목축민이었고 아주 소수만이 여전히 수렵채집민이었는데, 그 대부분은 극심하게 춥거나 건조해 재배 작물이 자랄 수 없는 환경에서 살았다. 식량생산이 전 세계로 퍼져나가는 데 대략 8천 년밖에 걸리지 않은 것이다.

제5장에서 이미 보았듯이 어느 곳의 수렵채집민이든 자기 환경의 먹을거리에 대해 아주 깊은 지식을 갖고 있었다. 그렇지만 그들이 수천 년에 걸쳐 수렵하고 채집한 것보다는 훨씬 적은 수의 동물과 야생 식물만이 길들여졌다. 구대륙에서는 초기 농민들이 아시아와 유럽의 많은 지역에 야생으로 자라는 밀과 보리, 여타 곡류를 작물로 길들였다. 신대륙에서는 토착 아메리카인이 토착 알곡 초본과 뿌리 식물 종, 온갖 종류의 견과류 등 모든 종류의 식물에 대해 놀랄 만한 전문적 지식을 습득하였다. 이런 숙지로부터 아메리카 농경의 주요 먹을거리들이 나왔으니, 예를 들면 순화된 유일한 중요 초본인 옥수수(*Zea mays*)와 콩, 호박 이외에 많은 부차 작물이 있다. 마니옥(카사바)과 고구마 그리고 수많은 변종의 감자 같은 뿌리작물이 칠레 고추 및 담배와 더불어 인디언의 생활에 필수 요소가 되었다.

빙하시대 말기의 구대륙에는 야생 황소, 염소, 돼지, 양 같은 길들일 수 있는 동물 종이 널리 분포하고 있었다. 토착 아메리카 농민들은 단지 야마, 기니피그, 칠면조 같은 동물만을 길들였으며, 그것도 특별한 환경 조건에서 지리적으로 좁게 한정된 지역에서만 길렀다.

이 장에서는 구대륙 및 신대륙의 농경 탄생과 그 초기 확산에 관한 고고학적 증거들을 검토하기로 하는데, 그런 탄생과 확산은 후속하는 한층 복합적인 인간 사회와 초기 문명들의 토대를 이루었다.

1   동물의 순화

길들인 자신만의 포유동물 떼를 가지게 되면 정기적 살코기 공급이 보장된다. 주요 살코기 자원을 자신의 관리 하에 둘 때 그 이점은 명백하다. 나중 시기에는 가축이 살코기 이외의 부산물로서 우유, 치즈, 버터와 더불어 의복, 텐트 덮개, 가죽 방패, 갑옷 재료용의 가죽을 제공하였다. 더 나중 시기에는 사람들이 쟁기질, 운송, 견인 같은 특화된 업무에 쓸 가축들을 사육하는 법을 배웠다.

순화란 사육자의 소용에 계속해서 닿을 특질들에 역점을 둔 유전자 선택을 의미한다. 야생 양은 털이 없고 야생 소는 새끼를 기를 만큼만 우유를 만들어내며 길들이지 않은 닭은 여분의 알을 낳지 않는다. 털 생산, 젖 분비, 혹은 알 생산의 변화는 인간 관리 하의 선택적 교배를 위해 야생 동물 집단을 격리해야 비로소 이루어낼 수 있었다. 한층 큰 유전자 풀로부터 종들을 격리함으로써 두터운 털가죽을 가진 가축 양, 수많은 인간 집단의 주식이 되는 우유를 정기적으로 공급하는 가축 염소가 생겨난 것이다.

동물 순화가 정확히 어떻게 시작되었는지는 아무도 모른다. 다만, 세 가지 요소가 사육에 결정적으로 중요하니, 곧 순화시키려는 집단의 이동을 억제하고 그들의 교배를 규제하며 의도대로 나중 세대의 형태를 갖추도록 급식을 관리하는 일이다. 서남아시아의 사냥꾼들은 빙하시대가 끝날 즈음에 가젤 영양과 여타 스텝 동물을 집중적으로 이용하고 있었다. 야생 양과 염소는 카스피해 남안에서 집중적으로 사냥되었다. 염소와 양같이 군집성이고 사회성이 아주 큰 동물이 가장 쉽게 길들여졌다. 이것들은 무리 중 우세한 놈의 선도를 따르거나 모두가 같이 움직이기 때문이다. 또 제한된 환경에서 먹이고 교배시키는 것도 잘 참는다.

사냥꾼들은 흔히 같은 떼를 오랜 기간 잡아먹고 살았으며, 때로는 그 중

그림 6.1 유럽 들소(오록스) *Bos primigenius*의 현대 역배종 형으로 원래의 형태와 상당히 유사하다.

어린 암컷과 아직 제대로 자라지 못한 놈들이 계속 살아있는 먹을거리 자원이 되게끔 의도적으로 아껴두었다. 사냥하다가 생포한 어린놈이 있으면 야영지로 데려가 가두어 먹이는 데 의존하도록 만들었을 것이며, 이로써 그것은 부분적으로 길들여지게 된다. 또 어떤 사냥꾼이 한 떼의 핵심 구성원 몇 마리의 이동을 관리할 수 있음을 알아냈을 수도 있는데, 다른 놈들은 그 놈들 뒤를 따를 터였다. 사람들이 일단 동물 돌보기나 사냥감 이동 억제를 경험함으로써 새로운 생활양식의 가능성이 제시되자, 여러 종을 대상으로 그런 실험을 해보았을 것이다. 이처럼 동물과 사람들은 길들이기의 한 부분으로 상호간의 의존성을 증대시켰다.

동물 순화의 과정은 틀림없이 시간을 오래 끌었으며, 서남아시아의 몇 개 지역에서 거의 동시에 진행되었다. 이제 권위 있는 연구자 대부분은 염소와 돼지, 양이 서남아시아에서 서기전 9500년경이면 사육된 최초의 종들이라는 데 의견을 같이한다. 다만, 초기 순화의 증거가 되는 동물 뼈가 아주 드물고 흔히 만족스럽지 못하기는 하다. 염소와 양은 떼를 짓고 사는 작은 동물로서 그 몸집에 비해서는 살코기를 많이 낸다. 또 쉽사리 가두고 격리할 수 있어서 사람들과 공생 관계를 잘 이루어낸다.

소는 길들이기가 훨씬 버거운데, 그 원형이 석기시대 사람들이 즐겨 사냥한 야생 황소인 *Bos primigenius*였기 때문이다(그림 6.1). 가축 사육에 관한 전문가인 남아프리카 고고학자 앤드류 스미스는 최초 순화 동물들이 건조 환경에 잘 길들여진 야생 떼에서 나왔다고 믿고 있다. 그런 곳에서는 동물의 이동을 통제하기가 한결 쉬웠기 때문이다. 그런 조건들은 서기전 7000년 이후 기후가 건조해짐에 따라 서남아시아와 사하라 사막의 많은 지역에서 지속되었을 것이다. 이제 DNA가 동물 순화를 연구하는 데서 중요한 역할을 하고 있다. 예컨대 소뼈에서 추출한 미토콘드리아 DNA는 소들이 대략 서기전 8000년에 근동과 아나톨리아 동남부에서 소규모의 지역적 무리를 이룬 암놈들로부터 길들여졌음을 보여주며 그로부터 대략 1천 년 뒤가 되면 거기에서 아나톨리아의 나머지 지역과 에게해 지역으로 퍼지게 된다. 다시 그것들은 거기서 유럽 전역에 퍼지는데 그 경로는 다뉴브강을 따른 육로나 지중해 연안을 거치는 남쪽 길이었다.

그런데 돼지, 말과 단봉낙타, 유라시아 쌍봉낙타 같은 다른 동물에 대해서는 상황이 한층 복잡하다. 먼저 근동에서 순화된 돼지는 멧돼지들과의 상호교배 때문에 유전자 구성이 복잡해졌다. 이 순화된 놈들이 유럽 전역으로 퍼졌으며 또 각 지역의 멧돼지들과 상호교배를 하였다. 말과 단봉낙타(그리고 쌍봉낙타)는 여러 세기에 걸쳐 널리 돌아다님으로써 그 유전자 구성이 균질화가 되어 버렸다.

바다 포유류 같은 일부 동물은 길들여지지가 않았으니 그것들은 삶의 많은 시간을 인간의 영향권 밖에서 보내기 때문이다. 길들이기에 처음으로 성공한 동물은 대부분이 군서 동물이었다. 그것들은 '살아 움직이는 알곡'으로서 일종의 비축 식량이라 생각할 수 있다.

2   밀과 보리의 순화

야생의 밀과 보리, 그리고 그와 유사한 곡물의 특성은 그 순화 대응물의 특성과는 아주 다르다. 이런 곡류들은 야생에서는 밀생한다. 그것들은 손으로 줄기를 가볍게 쳐 알곡이 떨어지는 것을 바구니에 담거나 아니면 뿌리째 뽑는 식으로 수확할 수 있다. 쳐서 수확하는 법은 이 야생 알곡이 부러지기 쉬운 마디, 즉 꽃자루[花軸]로 줄기에 붙어 있기 때문에 효과를 거둘 수가 있다. 그 초본을 가볍게 치기만 하면 약한 화축이 부러지고 알곡은 바구니에 떨어지는 것이다.

처음 재배된 밀과 보리는 부러지기 쉬운 화축을 가진 야생 유형이었고, 그로부터 수확된 양은 아마 첫 두 해에서 다섯 해 안에 순화 유형의 변종들을 만들어낼 정도였을 것이다. 반쯤 단단한 화축을 가진 형태들을 향한 선택 작용은 순화의 초기 단계에서는 무의식적으로 일어난 과정이었으며, 그를 가속화한 것은 단순히 바구니를 받쳐대고 줄기를 가볍게 쳐 알곡을 떨어뜨리기보다는 개개 포기를 낫으로 베거나 뿌리째 뽑아 익은 알곡을 수확하는 작업이었을 것이다(그림 6.2). 컴퓨터 모의실험 결과를 보면 처음에는 반쯤 단단해진 화축을 가진 길들여진 형태들이 드물었지만 곡류로서는 20~30년인 20세대에서 30세대 안에 그것들이 완전히 순화되었을 것임을 알 수 있다. 터키 동남부의 에인콘 밀에 대한 DNA 지문 감식 연구는 이런 짧은 시간 틀을 확증시켜 주었다. 이 연구에 따르면 단지 한두 유전자에서 일어난 변화가 야생 밀을 단단한 화축을 가진 유용 작물로 변형시켰다. 런던대학교의 고고식물학자 고(故)고든 힐만은 순화 종들이 수확의 1~5% 정도로 충분히 알아볼 수 있을 만

익은 화축이 구성부분으로
분리됨에 따라 분절되는
(그리고 땅에 떨어지는)
익은 소수상화서들

이삭에 아직 붙어 있는
거의 익은 소수상화서들

대개 분절이 안 되는
기부의 소수상화서들

1cm

분해되어 소수상화서들이 흩어지는 도중인
어느 정도 익은 이삭.
이삭은 위로부터 아래로 가면서 익는다.

(a)

이삭에 붙어 있는
익은 소수상화서들

이삭은 쳐서 떨
때만 낱알이
흩어진다

짧은 화축 말단부
덕에 밀집한 이삭

1cm

완전히 익은 이삭으로,
쳐서 떨 때만 낱알이 흩어진다.

(b)

그림 6.2 부러지기 쉬운 화축과 튼튼한 화축을 보여주는 야생 에인콘 밀과 순화 에인콘 밀. (a) 야생 에인콘 밀은 이삭이 부러지기 쉬운 화축을 가졌고, 소수상화서(小穗狀花序)가 화살 모양이어서 지표 잡동사니와 땅의 갈라진 틈새에 쉽게 침투하도록 적응된 모습이다. (b)순화 에인콘 밀은 그리 쉽사리 부러지지 않는 화축을 가진데다 소수상화서가 좀 통통해져 자가 파종에 필요한 몇 가지 핵심 요소를 잃었다.

큼 흔해지자마자 곧 농민들이 의식적 선택 작업을 개시했을 것으로 믿고 있다. 그때부터는 서너 해 안에 길들이기가 완료되었을 것이다.

순화 과정의 대체적 윤곽은 통제 실험 연구와 컴퓨터 모의실험으로 복원할 수 있지만, 어느 누구도 서남아시아 유적에서 실제 진행된 과정을 입증할 '과도적' 알곡들을 발견해낼 가능성은 거의 없다. 야생종으로부터 순화 종으로의 전환이 너무나 빨라 어느 한 토층에서 야생종 알곡이 발견되었다면 바로 그 위층에서 순화된 알곡들이 발견될 가능성이 아주 크기 때문이다. DNA 연구는 알곡 순화가 가장 일찍 이루어졌을 가능성이 제일 큰 핵심 지역으로 터키 동남부의 카라자다그 산지를 찍고 있다. 현재로서는 가장 양호한 고고학적 증거가 서기전 약 10000년에 농경이 등장하는 시리아의 아부 후레이라 같은 유적에서 나온다(아래의 논의 참조). 하지만, 우리는 요르단 계곡에서 일찍이 서기전 9400년에 무화과를 재배한 사실을 알고 있다.

3 서남아시아의 농민(서기전 10000년쯤부터 서기전 5000년까지)

빙하시대 말에 일어난 지구의 전반적 온난화는 아시아, 유럽, 북미의 온대 지방에 획기적 영향을 끼쳤다. 빙원은 퇴각하고 해수면은 높아졌다. 서남아시아의 기후 변동은 산의 설선(雪線)과 강우 유형과 식생대의 변환 등을 포함하였다는 점에서 그보다 한층 미묘하였다. 하지만, 바로 이런 주기적 변화는 그 지방에 드문드문 살았던 인간 집단들에게 중대한 영향을 끼쳤다. 빙하시대 말에는 동지중해 연안과 요르단강 유역, 유프라테스강 유역에 기껏해야 수천 명의 채집민이 살았다. 이 지방의 인구는 그로부터 2천 년 안에 수만 명이 되었는데, 이는 모두 마을 생활과 농경의 결과였다. 이제 우리는 새로 발견된 환경 자료와 고고학 자료 덕택에 그 지역민의 삶에서 일어난 이 놀라운 변화에 대해 얼마간 알고 있다.

시리아와 더불어 다른 곳의 민물 호수에서 채취한 화분 표본들은 빙하시대 말에 삼림이 급속히 확장되었음을 우리에게 말해주는데, 서남아시아의 기후는 여전히 오늘날보다 춥고 상당히 습윤하였기 때문이다. 많은 지역에는 지금보다 동식물 종이 풍부해 인간이 살기에 아주 적합하였다. 서기전 10000년경에는 대부분의 인간 거주지가 레반트(지중해 연안을 따라 자리 잡은 지역)와 이란의 자그로스 산지 및 그 산록에 있었다(앞의 그림 5.1 참조). 요르단강유역과 유프라테스강 중류역, 자그로스강 일부 유역 같은 지역에는 다른 어떤 지역보다도 인구가 밀집해 있었다. 여기서 이전보다 한층 정주적이고 한층 복합적인 사회들이 번성했다. 이곳 사람들은 경관을 집약적으로 이용했다. 야생 곡류와 견과류를 찾아 언덕 사면을 뒤지고 풀이 많은 저지대와 강 유역에서는 가젤 영양과 여타 동물을 사냥했다. 그들의 취락에서는 바다 조가비와 돌 그릇, 흑요석(화산 유리)으로 만든 이색 도구들이 출토되는데, 이것들은 모두 멀리서 교역되어 온 것이다. 이런 상당 규모의 공동체 간 교환은 결과적으로 일정 수준의 사회적 복합성을 가져 왔다. 최근 발견된 45살 여성 샤먼의 묘는 1만 2천 년 전에 만들어진 것인데 덩치가 훨씬 큰 남자의 발 하나와 동물 몇 마리의 뼈가 같이 들어 있어서 의례 활동이 늘어났음을 입증한다.

시리아의 유프라테스강 유역 아부 후레이라 유적에서 극도로 정밀한 발굴을 실시하고 부유선별법(플로테이션)을 광범하게 활용한 덕택에 우리는 그곳 주민들의 채집 활동에 대해 많은 것을 알아낼 수 있었다(그림 6.3). 아부 후레이라에서 취락은 서기전 약 11500년에 처음으로 세워졌으며, 나무 기둥을 세우고 갈대 지붕을 덮은 수혈주거(움집)들로 이루어진 소규모 마을이었다. 그 뒤로 1천 500년간 주민들은 오늘날보다 다소 따뜻하고 습윤한 기후를 누리면서 야생 곡류가 풍부하고 나무가 많이 우거진 스텝 지역에 살았다. 그들은 봄에 남쪽으로부터 이주하는 페르시아 가젤들을 잡아먹었다. 그런 유리한 입지

그림 6.3 시리아 아부 후레이라 유적. 이른 시기 취락의 발굴 광경인데, 아래 둥근 구덩이들에 나무 기둥을 세우고 잔가지, 갈대로 지붕을 얹어 작은 오두막을 지었다. 윗 층(오른쪽 위)에 그보다 늦은 시기의 장방형 주거지 일부분이 보인다.

에 있었기에 약 300~400명에 이르는 사람들이 꽤 크고 영구적인 취락에서 살았다. 그들은 더 이상 소규모 유단이 아니었으며 한층 발달된 사회조직을 가진 대규모 공동체를 이루고 살았으니, 아마도 출계(혈통)가 같은 사람들끼리 씨족 집단들을 구성했을 것이다. 고고식물학자 고든 힐만은 발굴에서 채집된 플로테이션 표본들 덕에 식물 채집 습관을 마치 망원경을 통해 변화하는 경관을 보듯 연구할 수 있었다. 수백 개의 아주 작은 식물 유체는 사람들이 인근의 피스타치오와 오크 삼림에서 수확한 견과류를 어떻게 이용했는지 보여준다. 그러다가 유럽의 많은 부분을 거의 북극지방 기후로 되돌린 추운 신드리아스기 사건이 일으킨 무지막지한 가뭄이 근동을 덮쳤다. 기후가 건조해지자 삼림은 취락 부근으로부터 퇴각하였다. 그래서 주민들은 야생 알곡 초본으로 눈을 돌려 그것들을 수천 개씩 채집한 반면 견과류의 비율은 떨어졌다. 서기전 10200년이 되면 환경 조건이 극도로 건조해져서 사람들이 오랫동안 살았던 취락을 버리는데, 아마도 더 작은 야영지들로 흩어졌을 것이다. 그들이 호밀을 기르는 실험을 한 징표들이 있지만 항구적으로 기르지는 않았다. 다른 공동체들은 무화과를 이미 기르고 있었다.

다섯 세기가 지난 후 서기전 약 9700년에 그전 사람들이 살았던 주거 흔적이 언덕이 되어 버린 곳에 새로운 마을이 들어섰다. 처음에는 주민들이 이전처럼 가젤을 집중적으로 사냥했다. 그러다가 서기전 9000년쯤에서 몇 세대가 지나지 않아 그들은 갑작스레 순화된 염소와 양을 기르고 에인콘 밀과 콩류, 여타 곡류를 재배하는 쪽으로 전환했다. 이후 아부 후레이라 마을은 급속하게 성장하여 거의 12헥타르를 차지하기에 이르렀다. 진흙 벽돌로 지은 장방형 단층집들로 이루어진 이 공동체는 좁은 골목과 마당을 사이에 두고 집들이 다닥다닥 붙어 있는데, 서기전 6000년쯤에 최종적으로 폐기되었다(테 글 '시리아 아부 후레이라에서의 남자 일과 여자 일' 참조).

많은 복합적 요인이 이 새로운 경제를 채택하도록 만들었으며, 그것은 아부 후레이라뿐만 아니라 역시 시리아에 있는 아인 가잘 같은 다른 많은 지점에서도 마찬가지였다. 아인 가잘에서는 밧줄로 염소의 발을 묶어 생긴 마모 흔적을 여실히 보여주는 발가락뼈들이 초기의 가축 사육을 증명하고 있다. 대부분의 취락은 급수가 잘 되고 쉽게 경작할 수 있는 땅에 가까운 저지대에 자리 잡고 있다. 일부는 건조한 강 계곡들에 위치하는데 당시에는 지금보다 물 공급이 나았을 터이다. 그 주민들은 대개 원형 혹은 타원형의 단칸집들이 빼곡히 밀집된 소규모 마을에서 살았다. 또 일부 취락은 동물과 기하학 도안을 새긴 그림들로 장식한 공공 구조물을 갖고 있었다. 이런 많은 공동체들 가운데 가장 유명한 것은 여호수아가 트럼펫을 불어 포위한 성벽을 무너뜨렸다고 구약성경에 기록된 도시 예리코의 기저부에 있다.

〔유적〕 **시리아 아부 후레이라에서의 남자 일과 여자 일**

옛날에는 많은 사람이 자기 삶의 대부분을 특정한 일을 하면서 살았는데 그런 노동은 뼈에 명확한 표징을 남긴다. 예를 들어 습관적으로 쪼그리고 앉아 있었던 사람은 엉덩이, 무릎, 발목에 특정 해부학적 증상들이 발생한다.

런던 자연사박물관의 생물인류학자 테야 몰레슨은 시리아 아부 후레이라 초기 농경 마을 유적에서 출토된 사람 유골 약 162개체의 조각들을 검사하였다. 그녀는 반복 업무의 충분한 증거를 얻었다. 어떤 사람의 목뼈는 위쪽 경추가 확대되어 있었는데 이는 머리에 무거운 짐을 이고 다닌 결과이다. 또 어떤 이는 발목 앞쪽 면들이 특색 있게 판판했는데 이는 어릴 때부터 습관적으로 다리를 구부리고 앉은 사람들에게서 발견된다. 이런 양태는 남자, 여자, 어린이에게서 나타났다.

아부 후레이라 사람들의 많은 유골은 척추 아래 부위가 내려앉거나 엄지발가락이 심한 염증을 앓았거나 팔다리 근육이 아주 발달(이는 근육 부착흔이 아주 현저한 데서 알 수 있음)했는데 만약 그렇지 않았다면 그들의 건강은 양호하였을 터이다.

발가락뼈는 아주 많은 사실을 이야기해준다. 나이가 든 개체들은 척골(蹠骨)이 퇴행성 병증을 보였으며 젊은 사람들조차도 엄지발가락과 두 번째 발가락 관절에서 발가락을 접어 넣은 채 무릎을 꿇고 앉은 결과 생기는 변형 증상을 나타내었다. 이런 자세는 오랜 기간 동안 알곡 갈기 같은 가사 일을 하면서 산 사람들이 취하는 자세이다. 몰레슨은 옛 이집트와 아시리아 무덤에서 나온 그림들을 조사해보고는 그런 자세가 바로 알곡 가는 이들, 금속제조공, 여타 장인이 잡은 자세임을 찾아내었다.

아부 후레이라는 아직 금속을 가지지 않은 공동체였으므로 그 주민들이 낮은 갈판에서 알곡을 갈았음에 틀림이 없다. 몸의 무게는 알곡을 가는 데 이용되었고 또 발가락은 가는 자세에 힘을 주는 토대로 쓰였다. 이는 정

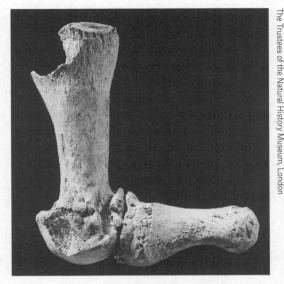

그림 6.4 시리아의 서기전 9000년경 아부 후레이라 유적에서 출토된 여자 발가락뼈가 변형된 모습.

말로 아주 고통스럽고 피로한 활동이며 팔뿐만 아니라 발가락에도 많은 무리가 간다(그림 6.4). 아부 후레이라 유골들은 위팔의 삼각근 부착흔이 아주 뚜렷하니 이는 아마도 알곡을 가는 동안 힘껏 미는 끝 동작의 결과일 것이다.

테야 몰레슨은 자신의 표본들 가운데 발 뼈의 첫 번째 척골들을 계측해 보았다. 그러자 큰 것들은 남자 것이고 작은 것들은 여자 것임이 드러났다. 그런데 후자에서는 알곡 갈기와 연관된 염증들이 발견되었다. 아부 후레이라의 많은 여자는 말안장 모양 갈판을 끊임없이 매일 사용하였기에 그들의 무릎과 등 아래쪽에서도 이런 염증증상이 발생하였다. 그런 갈판으로 알곡을 가는 작업은 힘이 아주 많이 든다. 약간 경사진 갈판을 무릎에 되도록 바짝 붙여 놓고 갈돌을 밀어야 한다. 빵으로 구을 밀가루를 내기 위해서는 아주 많이 밀어대야 하니 이는 무릎, 팔목, 허리 아래 부위에 심한 압박을 주는 갈기 방식이며 그것은 이런 일을 끊임없이 매일 한 사람들—공동체의 여자들—의 뼈에 반영되어 있다.

아부 후레이라 사람들은 이빨이 심하게 닳았는데 이는 거친 알곡을 먹은 데서 온 결과이다. 그러나 그들이 알곡을 섬유질 바구니로 체질했을 수도 있으니, 이빨 일부가 바구니 섬유질 조각을 알곡과 함께 무르도록 씹어 먹은 데서 생긴 특징적 홈들을 나타내었기 때문이다.

물이 솟아나오는 예리코 샘 근처에 늦어도 서기전 10500년이면 소규모 야영지 하나가 번성했으나 금방 한층 항구적인 농경 마을이 그 뒤를 이었다. 얼마 지나지 않아 주민들은 마을 둘레에 암반을 깊이 2.7m, 너비 3m 이상 파낸 도랑을 두르고 망루를 갖춘 거대한 석축 벽을 세웠다. 이 벽 안에는 벌집 모양의 오두막들이 뭉쳐 있었다. 벽과 도랑을 건설하기 위한 공동 노동력에는 지난 수천 년간 들어보지 못한 규모의 정치, 경제적 자원이 필요하였다. 왜 그런 벽이 필요했는지는 미스터리로 남아 있지만, 아마도 홍수에 대비했거나 아니면 희소한 식량자원을 두고 이웃 집단과 경쟁한 데서 비롯된 방어시설이었을 가능성이 있다. 또 예리코 유적에서는 조상숭배의 움직일 수 없는 증거로 얼굴을 회반죽으로 빚은 인간 두개골들이 출토되었다. 이는 죽은 자들이 전통적으로 지켜주던 대지와 초자연적 존재 사이의 밀접한 관계를 당시 사람들이 기꺼워하였다는 분명한 징표이다(앞의 그림 1.12 참조).

레반트의 인구는 서기전 8000년부터 6000년 사이에 눈에 띄게 증가하며, 사람들은 멀리 동쪽으로 한층 건조한 시리아 고원에 이르기까지 흩어져 자리 잡은 정착 마을들에 살았다. 엠머 밀과 보리, 렌즈 콩, 완두콩을 소규모 밭에서 길렀으며, 지력을 유지하기 위해 작물을 주기적으로 윤작하였다. 예리코 같은 일부 공동체는 교역의 중요 중심지가 되었다. 농민들은 터키에서 온 흑요석, 시나이 반도에서 온 터키옥, 지중해와 홍해에서 온 바다조가비들을 쓰고 있었다. 교역의 규모는 상당해서 많은 마을은 거래한 상품을 기억하기 위해 진흙으로 만든 조그만 공, 원뿔, 원반 등을 표시로 사용했다. 이런 표시들은 훗날 문자체(제8장 참조)로 진화할 간단한 기록체계를 나타내는 것으로 생각된다.

지금의 터키 동남부는 충적세 초기 이래로 인간이 거주하기에 적합하고 다양했던 고지대와 저지대 환경이었다. 이 지방의 식량생산은 아마도 유프라테스강 유역과 대략 같은 때에 개시되었을 것이다.

유프라테스강과 티그리스강의 상류역에는 터키 동남부 우르파 지방의 고원으로부터 물이 흘러내려온다. 이 지방은 건조한 석회암 언덕지대로 여름은 덥고 건조하며 겨울은 습윤한데 다양한 토양들 덕에 야생 곡류가 밀집해 자라기에 종국적으로는 농경에 이상적인 곳이 되었다. DNA연구는 이 지역의 카라자다그 산지를 순화 에인콘 밀의 원산지로 찍고 있다. 그러면 우르파는 남쪽 유프라테스강 유역과 요르단강 유역에 대비되는 농경 개시 지역이었는가? 그 답은 우리가 아직 잘 모른다는 것이 될 터이나 수렵채집으로부터 식량생산으로의 전환과 전반적으로 때를 같이하는 발달된 의식들이 거행되었음을 연대기적으로 말해주는 매혹적 고고학 유적이 몇 있다. 우리는 이곳들에서 사상 처음으로 이전보다 정교한 구조물들로 취락의 중심 역할을 한 공공지구, 공동 건축 구조물에 관한 증거를 발견한다(테 글 '터키 동남부의 의례 건축물' 참조).

유적 **터키 동남부의 의례 건축물**

공동 건축물, 넓은 공지, 일주석(一柱石) 그리고 때로는 인골들. 이런 확실한 의례의 증거들이 터키 동남부의 몇몇 초기 마을에서 나오고 있다. 터키 동남부 차요뇌 테페시 유적은 서기전 8600년부터 7000년 사이에 사람들이 살았는데 이 취락은 작은 강 위 대지에 자리 잡았으며 장방형 집들이 강에 직각 방향으로 서 있었다. 그 집들은 가운데 넓은 공지를 두고 둥근 활 모양으로 배치되었다. 이 광장에는 한때 상당히 특징적인 건축물들이 서 있었다. 그 가운데 하나는 계속해서 재건축되었고 돌로 지은 작은 방 세 개를 가졌는데 그 구조물 한쪽 끝 밑에 인골들이 밀어 넣어져 있었다. 하나에는 사람 두개골이 40개 넘게 쌓여 있었다. 이 '망자의 집'에서는 또한 동물 및 인간 피 흔적이 남은 납작한 석판 하나가 출토되어 마치 그 망자들 중 일부가 희생 제물이었던 듯도 하다. 그 망자들은 조상 의례의 한 부분이었을까 아니면 포로로 잡힌 다음 희생 제물로 죽은 전쟁 포로들인가? 우리는 알지 못한다. 적어도 400명의 잔적이 그 방들에 남아 있었다. 공공건물 중 다른 것 하나는 사실상 네모졌고 바닥은 작은 돌들을 회반죽에 섞어 굳혔으며 그에는 긴 일주석들이 박혀 있었다.

근처 괴베킬리 테페는 언덕 꼭대기에 자리 잡아 주변 경관이 아주 잘 보인다. 서기전 9600년경에 석회암 암반을 부분적으로 파고 들어가 거의 납골소 같은 반지하식 둥근 구조물들이 적어도 네 개 지어졌다. 각 납골소의 중앙에는 거대한 석주 둘이 서 있었으며 각각의 가장자리로 많게는 8개나 되는 다른 석주들이 있었다(그림 6.5a). 이 석주들은 장방형으로 단면이 납작한데 길이가 2.4m에 달하고 무게는 7톤까지 나갔다. 이 기둥들 사이에는 돌을 깎아 만든 벤치들이 있었다. 석주들에는 사냥감 동물들이 조각되어 있었으며 멧돼지, 가젤 영양, 유럽 들소가 있고 또 뱀, 새들도 있었다(그림 6.5b). 한 석주는 인간의 팔을 조각해 놓아서 마치 그 기둥을 부분적으로 의인화한 듯하였다. 이 석주들은 91m 떨어진 채석장에서 가져온 것인데 그 채석장에 아직도 남아 있는 최소 한 개의 석주는 길이 6m에 무게가 50톤은 나갔을 것이다.

괴베킬리 테페와 동시대인 근처 네왈리 초리에서는 석회암과 진흙으로 지은 집이 29채 나왔으며 그 일부는 경사면에 비스듬히 설치한 배례 건물

그림 6.5a 터키 괴베킬리 테페 유적의 대규모 반지하 건축. T자 모양 중심 일주석 두 개의 윗부분과 건물 가장자리를 돌아가는 돌로만 쌓은 벽에 박힌 다른 일주석들의 윗부분이 보이는데 발굴로 돌 벤치 하나가 모습을 나타내고 있다.

그림 6.5b 이 유적에서 나온 T자 모양 일주석으로 낮은 부조가 되어 있다.

들이라서 방문자는 돌로 만든 벤치로 둘러싸인 내부로 걸어 내려가게 되어 있다. 그런데 일주석들이 그 벤치를 가로막고 서 있어서 그곳은 마치 감실처럼 되어 입구 쪽이 보이지 않았다. 석주 일부는 조각되어 있으며 그로 보건대 동일한 종교 신앙이 여러 차례 재건축을 하는 동안에도 지속되었음을 알 수 있다. 조각들은 나중 시기의 배례 건물 속에 묻었는데 그 중에는 인간 머리를 하고 새의 몸을 한 기묘한 상이 있다. 다른 것들에서는 새 한 마리가 인간의 머리에 앉아 있다. 또 대칭 형태의 인물 둘이 등을 맞대고 있기도 하였다. 이런 새와 인간 머리의 연계는 아마도 사람의 영혼을 나타내거나 아니면 저승과의 연계를 나타낼 것이다.

분명히 수렵채집으로부터 식량생산으로의 전환 시기에 걸터앉은 이 이례적 유적들의 진가는 무엇인가? 이것들은 그 지방에서 정교한 의식과 한층 복합적인 사회조직이 농경 출현에 앞서 등장하였음을 암시한다. 인간 인지에 관한 전문가인 스티븐 미슨은 이런 초기의 조각들 뒤에 있는 종교 신앙은 농경보다 연대가 앞설 뿐만 아니라 또한 농경을 유발했을 것이라고 믿고 있다. 이런 유적들에서 벌어진 정교한 건축 및 의식 활동들에는 수백 명은 아닐지라도 수십 명의 사람이 관련되었을 것이다. 그들에게 식량을 공급하는 데는 다량의 야생 알곡이 필요했을 터인데 그 중 일부는 땅에 떨어져 발아가 되고 그래서 다시 수확을 하였을 것이며 이는 순화의 한 형태라고 할 수 있다. 이질 좋은 카라자다그 알곡 중 일부는 집으로 가져갔고 결국에는 흑요석과 바다조가비들처럼 아주 멀리 떨어진 공동체에, 아마도 멀리 예리코까지도 교역이 되었을 것이다. 이런 이론은 지속된 가뭄이 그 전환에 주요 요인이었다는 아직도 풀리지 않은 채 논란이 거듭되는 일반적 견해에 순이론 대안이 될 수 있다. 그러나 우리는 이 지방에서 초기 식량생산의 요인이 무엇이었든 그 결과로 사회뿐만 아니라 그 사회와 우주 및 환경 사이의 복잡한 관계에서도 커다란 조정 작업들이 일어났음을 확신할 수 있다.

　이란의 자그로스 고지대에서는 염소와 양의 유목이 저지대보다 약간 더 빨리 시작되었던 듯하다. 이곳의 광활한 초원은 야생 염소와 양을 집중적으로 사냥하기에, 그리고 서기전 약 10000년 이후로는 그들을 유목하기에도 아주 이상적인 땅이었다. 서기전 약 10500년 수렵채집민이 이란의 케르만샤 근처 간지 다레 마을에 주기적 사냥 야영지를 설치했다. 약 1천 500년 뒤 같은 장소에 장방형 진흙벽돌집들로 이루어진 소규모 농경 마을이 들어섰다. 이는 염소 및 양의 사육과 곡물 원예재배를 토대로 한 취락이었다. 자그로스에서 가장 잘 알려진 선사 농경 마을 중 하나는 이라크 북부의 자르모로서, 불과 25채의 진흙집이 좁은 골목과 마당을 사이사이에 두고 이리저리 뒤엉켜 있다. 자르모는 서기전 약 6000년에 전성기를 누렸으며, 이때면 마을 사람의 식량 중 80% 이상이 밭이나 가축 떼로부터 나왔다.

　아래쪽 저지대에서는 평평한 메소포타미아 평원의 동쪽 가장자리를 따라 레반트에서만큼이나 일찍부터 농경이 시작되었다. 티그리스와 유프라테스가 합쳐져 하나의 강이 되는 지점 북쪽의 쿠지스탄 평원에 있는 알리 코시 마을은 일찍이 서기전 9000년에 장방형 진흙벽돌집들로 이루어진 소규모 마을로서 삶을 시작했다. 시간이 흐르면서 집들은 커졌고 집과 집 사이에는 골목과 마당이 있었다. 사람들은 뜨거운 여름날 동안에는 염소와 양떼를 고원으로 몰고 갔다가 가을이 되면 저지대의 무성한 풀밭으로 데리고 내려왔다. 이처럼 계절에 따라 사육하는 이목 관습은 지금까지도 그대로 이어지고 있다. 알리 코시는 2천년이 넘는 기간에 걸쳐 실시된 저지대 농경 및 목축에 대해 이야기해주는데, 이 기간에는 농업생산을 증대시키기 위한 한 수단으로 곡물 품종 개량과 관개가 발달하였다. 메소포타미아와 레반트의 사람들은 식량생산이 처음으로 등장한 지 불과 5천 년 만에 수천 명의 주민을 가진 도시에서 살게 된다.

4 이집트와 아프리카의 초기 농민(서기전 7000년 이전부터 서기전 1000년까지)

나일강 유역에서도 충적세 기후 변화의 결과로 증가한 인구가 한정된 영역에 몰리는 동일한 역동적 변화가 전개되었다. 나일강 유역은 빙하시대 말기 동안 사냥감, 물고기, 야생 식료가 넘치는 풍요롭고 다양한 서식지였다. 늦어도 1만 5천 년 전 이후로는 인간의 식단에서 야생 곡류가 중요한 몫을 차지했다.

나일강 유역은 물 공급이 그 지역의 강우가 아니라 에티오피아의 최상류에 모인 빗물이 일으키는 홍수에 달려 있다는 점에서 특이하다. 그런데 해마다 일어난 이 변덕스런 홍수는 하류의 인간 거주 유형에 심대한 영향을 미쳤다. 비가 많이 오고 적게 오는 주기가 불규칙하게 반복됨으로써 사람들은 야생 식량자원을 아주 신중하게 다룰 수밖에 없었을 것이다. 그들은 서기전 7000년보다 훨씬 전부터 서남아시아 사람들과 마찬가지로 야생 보리와 밀의 의도적 경작으로 눈을 돌렸다.

나일강 유역에는 서기전 5000년이면 농경 마을 10여 개가 번성했는데, 지금 그 취락들은 강의 홍수가 수천 년에 걸쳐 쌓아 올린 두꺼운 모래 및 자갈 퇴적층 아래 묻혀 있다. 유역 주민은 그로부터 겨우 1천 500년이 지나면 나일강 유역 가까이 메림데 베니 살라마 같은 작은 마을에서 거의 전적으로 농경에 의지하면서 살게 된다. 메림데에는 계란형 집과 은거지들이 군집했는데, 반움집으로 지었으며 지붕은 진흙과 작대기로 덮었다. 이 농경민은 해마다 홍수가 끝나면 보리와 밀을 심는 한편 평평한 강가 풀밭에서 가축들을 먹였다. 이 초기 이집트 농민의 인구밀도는 아직 낮은 편이어서 보통의 나일 홍수 아래서는 범람원의 대략 3분의 2 정도에서만 곡식을 거두어도 되었다(그림 6.6). 그러므로 관개 공사는 할 필요가 없었으며, 관개는 이집트가 통일 국가를 이

그림 6.6 고대 이집트 장인 센네젬과 그 아내가 밭에서 쟁기질을 하는 모습이 그의 무덤에 그려져 있다. 그는 서기전 1220년경 람세스 2세의 시기에 자신의 무덤을 이렇게 치장했다. 고대 이집트 농경은 그 뿌리가 늦어도 서기전 7000년으로 거슬러 올라간다.

룰 때인 서기전 3000년경에야 처음으로 나타난다(제10장 참조).

소 유목민들은 서기전 6000년 이후로 지금은 사하라 사막으로 바뀐 반건조 초지를 널리 쏘다녔다. 이 유목민은 이 사막의 남쪽 가장자리에 지금보다 훨씬 크게 자리 잡았던 차드호 같은 얕은 호수의 호안을 따라 가축 떼를 먹이면서 사하라 고지대의 동굴과 암벽 밑 은거지에 자신들의 가축을 아주 훌륭한 벽화로 남겼다. 사하라는 서기전 6000년 이후로 급속하게 말라붙으면서 소 사육 주민을 물이 마르지 않는 오아시스나 사막 가장자리로 몰아붙였다. 하지만, 유목민들이 사하라이남 동아프리카로 이동하고 서아프리카인이 수수와 기장 같은 열대 곡류를 순화하기 시작한 것은 훨씬 나중인 서기전 1000년쯤이 되어서였다(기장은 늦어도 서기전 5000년이면 이미 아프리카와 정말이지 아시아에서 순화가 된 상태였던 반면 수수는 에티오피아와 그 주변 지방에서 대략 서기전 4000년에서 서기전 3000년에 순화되었다).

5　유럽의 농민(서기전 6500년쯤부터 서기전 3000년까지)

이 새로운 경제 방식은 정말로 성공적이어서 서남아시아로부터 인접 지역으로 급속하게 퍼져나갔다. 특히 수렵채집 집단의 인구가 늘어나고 정주성이 점점 증가해 자연적 식량공급으로는 수렵채집 집단을 먹여 살리기에 충분치 않게 됨에 따라 농경 확산은 더욱 가속화되었다. 그들 중 다수는 사냥감 동물, 식물, 물고기 등으로 이루어진 전통 식단을 보완하기 위해 식량생산으로 눈을 돌렸다. 우리는 주요 유적과 방사성탄소연대들을 짜깁기함으로써 농경이 유럽과 남아시아의 드넓은 지역으로 확산되는 과정을 추적해볼 수 있다.

농경과 동물 순화는 서기전 10000년 이후 북쪽으로는 터키에 급속하게 확산되었고, 거기서 다시 그리스와 발칸 반도, 온대 유럽으로 퍼졌다. 서기전 9500년부터 6000년 사이에는 장거리 교역이, 특히 장신구와 도구를 제작하기 위한 흑요석의 교역이 일상생활에서 주된 한 가지 요소가 되었다. 흑요석의 교역은 터키의 반 호수로부터 레반트로, 그리고 멀리 페르시아만까지 이어졌다. 차탈회육 같은 몇몇 취락은 이 교역을 통제함으로써 번영을 누렸다. 차탈회육은 서기전 7000년경에 13헥타르의 면적을 차지했으며, 서로 등을 맞댄 수많은 소규모 진흙벽돌집들로 이루어져서 그 외곽의 벽들이 편리하게 방호벽 역할을 했다. 하지만, 이 큰 마을은 제대로 된 도시로는 성장하지 못했다. 거기에는 교역과 생산을 독점한 강력한 지도자가 없었다. 도시처럼 정교하고 집중화된 조직은 없이 개별 가구와 가족들로만 이루어진 공동체였으며(그림 6.7), 한 차례의 기후 변동이 그 지속가능성을 위협할 때까지 번영을 구가했다(테 글 '지속가능성: 차탈회육에서의 기후 변화 적응하기' 참조).

그림 6.7 터키 차탈회육 유적 VI층의 평평한 지붕 얹은 진흙벽돌 집들의 군집 모습을 도식적으로 복원한 그림. 주민들은 지붕으로 출입하였고, 바깥벽들은 침입자에 대한 자연 방호벽이 되었다.

과학 **지속가능성: 차탈회육에서의 기후 변화 적응**

농사를 생업으로 하는 사람들은 그간 언제나 지속가능성 여부의 도전을 받았으며 특히 그에 기후가 연관이 되어 있을 때 그러했다. 차탈회육은 근동에서 엄청나게 넓은 지역에 걸쳐 교환된 도구 제작용 소재인 반짝반짝 빛나는 흑요석(화산 유리)의 교역 덕에 번영을 구가하였다. 이 공동체는 알곡 농사를 짓고 소, 염소, 양을 상당히 많이 쳐서 자활을 하였다. 모든 것은 유럽과 근동의 넓은 지역에 160년간 춥고 건조한 기후 주기가 덮칠 때까지는 잘 되어 나갔는데 그 주기는 빙하의 민물이 북대서양으로 갑작스럽게 빠져나감으로써 발생하였다. 이 갑작스런 기후 위기의 기록은 터키의 호수 몇 개소에서 채취한 천공 자료가 보여준다. 이전보다 춥고 건조한 기후 조건은 이 지방의 초기 농경 목축 사회들에 큰 영향을 미쳤으며 그때문에 농경민들이 터키로부터 그리스 북부와 불가리아의 새로운 초지들로 이동할 수밖에 없었을 정도였다. 기후 관련 증거는 주로 호수 퇴적층 천공 자료로부터 나온다. 차탈회육에서는 기온이 다소간 내려갔을 터이지만 주된 영향 요소는 여름 강우의 감소로서 이는 작물과 가축 둘 다에 해를 끼쳤음에 틀림이 없다. 멜라니 로페-살크가 이끈 10명으로 구성된 조사단은 지방산의 수소 동위원소 구성을 검사해서 극적인 결과를 얻어내었다. 그들은 토기 그릇들에 보존된 음식 찌꺼기의 지방산으로부터 자신들이 '강우 표지'라고 부른 것을 식별해내었다. 그래서 마치 우리가 대략 서기전 6325년부터 5815년 사이에 일어난 갑작스런 기후 변화에 대응하던 그 사람들과 함께 있는 것처럼 느낄 수 있다. 그들은 추운 기간이 닥쳤을 때 자신들의 소 떼 규모를 줄이고 염소와 양으로 바꾸는 한편으로 도살의 효율성을 증대시켰다. 그것은 뼈들을 작은 조각들로 깨뜨린 명확한 증거로부터 알 수 있으니 이는 기름과 골수를 빼내기 위해 뼈들을 더 많이 활용하는 방안이며 한편으로 먹을거리가 부족하고 식단에 제약을 받았다는 증거이기도 하다. 기후 변동의 영향은 상당히 심각했음에 틀림이 없다. 소뼈들에 영양 부족을 말해주는 명확한 표지들이 남아 있는데 이는 아마도 추운 겨울 달들에 먹일 건초를 마련하기가 어려웠기 때문일 것이다.

또 취락에서도 변화들이 일어났다. 차탈회육의 각 가정은 여러 세기 동안 내부 구조들을 갖춘 다실 주거에 살면서 망자들을 집 안에 매장했다. 그러나 서기전 6300년 이후로 추워지고 건조해진 기후 조건 때문에 심대한 사회 경제적 변화가 일어났다. 이제 사람들은 이전보다 작고 한층 독립적이며 자급자족적인 가구를 이루고 살게 되었다. 그와 거의 동시에 마을 사람들은 저장 공간 및 작업 구역으로 둘러싸인 중앙 '거실'을 가진 전보다 덜 견고한 주거를 지었다. 그러나 그래도 소용이 없었다. 결국 서기전 5800년에 이르면 차탈회육은 더 이상 버텨낼 수 없음이 드러났고, 그래서 버려졌다.

차탈회육이 활기찬 마을이었을 시기에 에게해 제도와 그리스, 동남부 유럽 곳곳에서도 농경이 이미 개시된 터였다. 유럽은 빙하시대 말 이래 수많은 수렵채집 집단의 본향으로서 그들은 숲속 동물과 식물 식료, 바다 및 민물고기와 조개들을 먹으면서 흩어져 살았다. 이 집단들은 아시아에서와 마찬가지로 작물재배와 가축 순화에 선(先)적응을 한 상태였으며, 특히 단기적 인구 변동과 국지적 환경 변화 때문에 새로운 생업 전략이 필요했으리라고 추정되는 지역들에서 그러했다.

길들인 가축과 곡물은 아마도 지역 사이의 물물교환을 거쳐 아시아로부터 동남부 유럽으로 도입되었을 것이다. 작물은 엠머 밀과 빵 밀 같은 곡류였다. 이것들은 땅에서 많은 양의 자양분을 빨아들이는 소모성 작물이다. 농민들은 질소 고정 콩류와 곡류를 번갈아 심고 가축 분뇨로 밭의 지력을 되살리는 등 세심하게 땅을 보살펴야 했다. 이렇게 해서 개별 가구의 식량자급에 기초한 꽉 짜인 생업 전략에다 작물재배와 가축사육을 신중하게 통합시킨 유럽형 농경체계가 탄생했다. 온대 유럽은 연중 비가 오고 여름과 겨울 사이의 기후차가 현저하다. 나무가 많고 기온이 서남아시아보다 낮았으므로 목재 골조와 초가지붕이 서남아시아의 진흙벽돌집을 대신했다.

중부와 서부 유럽으로의 농경 사회 확산은 서기전 5500년경에 비가 더 많이 오고 겨울이 더 따뜻해진 주기와 때를 같이하는데 이때는 지중해 해수면이 높아져 바닷물이 육사인(에욱시네) 호수의 자연 흙 물매 턱을 터뜨리고 이 거대한 호수로 넘쳐 들어가 몇 주 안에 흑해로 바꾸어놓았다. 이 자연 재난 때문에 아마도 그 호숫가에 살던 많은 농경 공동체는 강 유역을 따라 내륙으로 거슬러 올라가 다뉴브 분지로 이동하였을 터이다.

그로부터 1천 년 이내에 봄 파종 작물과 소 기르기를 함께 하는 데 바탕을 둔 농경이 유럽 대륙의 광범한 지역에 걸쳐 발달했다. 농경 집단이 부드러운 흙으로 된 땅들을 가로질러 퍼져 숲을 경작지로 개간하고 한때 숲이었던 땅에서 가축을 먹임에 따라 많은 토착 수렵채집 집단이 이 새로운 경제를 받아들였다. 유럽에서 가장 유명한 초기 농경문화는 반트케라믹 문화복합인데, 이는 그 특징적 선문(線文) 토기에서 이름을 딴 것이다. 이는 서기전 5300년경 다뉴브강 중류역에 처음 나타나 안락한 계곡을 따라 서쪽으로는 멀리 네덜란드 남부로, 동쪽으로는 우크라이나 곳곳으로 급속히 퍼져나갔다. 반트케라믹(다뉴브) 공동체들은 서로 먼 거리를 두고 자리 잡았으며 각기 202헥타르 정도의 영역을 가졌다. 사람들은 길이 5.4m에서 14m인 긴 장방형 통나무 초가에서 살았으며, 그 속에서 가족과 곡식, 동물들이 비바람과 추위를 피했을 것이다(그림 6.8). 반트케라믹 마을에는 40명에서 60명의 사람이 살았다.

　여러 세기가 흐르면서 인구가 급속히 늘어나고 취락과 취락 사이의 간격은 좁아졌다. 조만간 각 마을의 영역은 한층 더 골이 박혔고 그 취락들은 흙담을 둘러 방호를 했다. 바로 이때가 공동묘가 유행하는 시기인데 저 유명한 서부 유럽의 거석묘(megalith: '큰 돌'이라는 뜻의 그리스어 *mega-lithos*에서 유래)도 그 중의 하나이다. 이것들은 커다란 표석들로 지은 묘로서 그 위는 봉토로 덮었다(그림 6.9). 그러한 공동묘는 존경받은 친족 지도자들이 매장된 장소였을

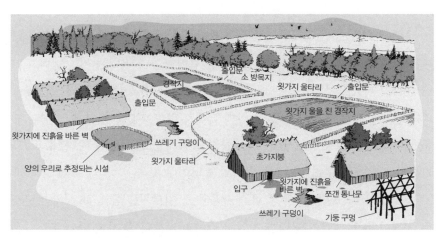

그림 6.8 유럽 반트케라믹 농경 취락의 복원도.

Skycam Photo Library/Alamy

그림 6.9 영국 윌트셔 거석 분묘 서(西)케네트 장분(長墳). 거대한 돌들로 구축한 매장용 석실을 흙으로 덮어 봉분을 이루었고 측실들은 매장들로 차 있었다.

것이다. 자신들의 비옥한 땅에 강한 애착을 가졌던 일단의 농경 공동체에게 조상과 혈통적 연계를 가진 사람들은 무엇보다 중요했다. 현대의 유추로부터 판단하건대, 조상들은 흔히 땅의 수호신으로서 인간의 운명을 관장하는 영계 세력들과 산 자 사이의 중개자로 간주되었다.

이보다 다소 뒤인 서기전 2800년부터 2300년 사이에는 이런 공동묘와 더불어 개인묘가 나타난다. 이것들은 아마도 개별 지도자의 매장지였을 것인데, 그들은 계서를 나타내는 정교한 복식을 갖추고 안장되었다. 이들은 아마도 각 집단의 유일한 남성 조상으로서 토지소유권에 관한 권위의 원천이었을 것이다. 이제는 수장 지위와 더불어 토지 및 부의 상속이 정당화되며, 이는 부분적으로는 서기전 2800년경 쟁기가 도입된 까닭에 유럽 농경의 성격이 급속하게 바뀜에 따라 일어난 현상이다.

유적 **영국 이스튼 다운과 에이브베리의 경관**

서부 유럽의 거대한 옛 토목 시설이나 거석 기념물들은 홀로 서 있지 않았다. 예를 들어 영국 남부 에이브베리와 스톤헨지의 유명한 성스러운 원형 석렬들(그림 6.10)은 오래 전 사라진 광대한 경관의 한가운데 서 있으며 그 경관에서는 봉토분, 원형 봉지, 납골당, 조상들을 기리기 위한 여타 유적이 두드러졌다. 스톤헨지 북쪽에 있으며 그보다 덜 알려진 에이브베리는 대규모 원형 석렬을 짓기에 이상적인 천연 원형 분지에 서기전 2550년경 지어졌다. 토루와 그 둘레의 백악을 파들어 간 도랑은 최종 형태를 기준으로 보면 그 면적이 11.5헥타르를 차지하며 지름이 약 350m이다. 입구 네 개가 방죽길 붙은 이 기념물을 균등하지 않은 원호 네 개로 나누고 있다. 도랑 안쪽에 입석 98개가 세워져 내부를 장식하였으며 그 일부는 높이가 14m에 달하였다. 이 바깥 원 안에 두 개의 안쪽 원들이 있었다. 그런데 이처럼 어마어마한 구조물을 지은 사회는 바퀴 달린 수레를 가지지 않고 아주 단순한 지렛대와 굴대, 돌·뿔·나무 도구들만 가졌을 뿐인 농경 공동체들이었다. 표토 밑 백악이 노출된 흰 토루들은 처음 지어졌을 때는 틀림없이 몇 km 밖에서도 두드러졌을 것이다.

이 에이브베리를 고고학자들이 여러 세대에 걸쳐 발굴하였지만 최근에 와서야 오늘날의 기복 있는 농장 풍광과는 아주 다른, 이제는 보이지 않는 옛 경관에 주의를 기울이게 되었다. 옛 경관에 관한 증거를 얻어내기 위해서는 용의주도한 발굴과 표본 채집을 해야 하며 흔히 봉토분 및 토루 밑의 옛 지표면에서 그런 채집 작업을 해야 한다. 고고학자 알라스데어 휘틀은 영국 남부 이스튼 다운에 있는 긴 봉토분에 시굴 트렌치를 몇 개 팜으로써 원 지표면을 노출시켰고 또 봉분으로 쌓아올린 뗏장, 백악, 표토로 이루어진 속흙도 노출시켰는데 이로부터 서기전 3200년 즈음의 이 지역 식생 그림을 그려 볼 수 있는 진귀한 기회를 얻었다.

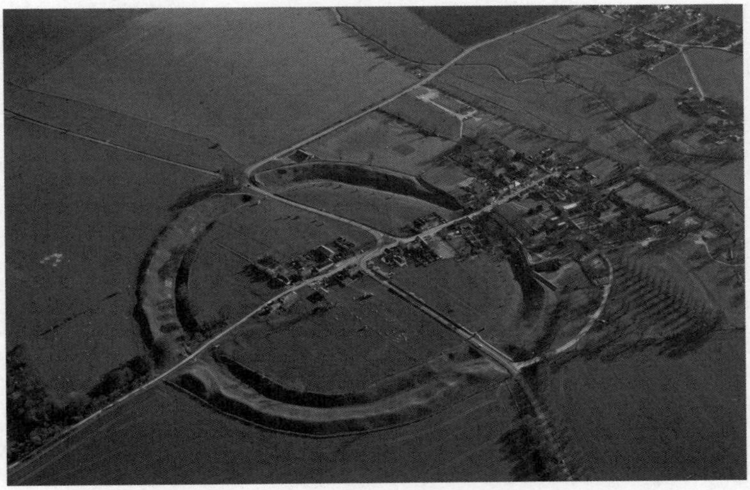
Robert Harding Picture Library/Alamy

그림 6.10 영국 윌트셔 에이브베리로 서기전 2500년경 지어진 유명한 석기시대 성소이다.

우선 그는 화분 분석에 착수하였다. 옛 지표면에서 나온 소량의 화분 알갱이들은 초본이 압도적이어서 그 봉토분을 축조할 당시 가까이에는 나무가 자라지 않았음을 알 수 있었다. 잘 밀봉된 봉토분 이전 토양의 단면에서는 연체동물 표본 11개가 나왔는데 이것들은 숲으로부터 트인 초지로 짧은 시간 동안 극적 변화가 있었음을 입증하였다. 휘틀은 봉분 아래에서 옛 나무가 썩은 구멍 한 곳을 찾아내었으며 하등 놀랄 일도 아니지만 그 속에는 숲 연체동물 잔적이 들어 있었다. 개활지 연체동물의 갑작스런 증가가 이어졌는데 이 변화는 너무나 급속해서 인간이 땅을 개간한 탓이라고만 보아야 합리적으로 설명된다. 토양과학자들은 흥미롭게도 봉분 아래에서 토양들이 옆으로 이동한 표징들을 발견하였는데 이는 봉분을 축조하기 전에 경작을 한 데서만 생겨날 수 있는 현상이다.

이스튼 다운 같은 유적의 발굴은 우리에게 농업 경관에서 개간된 땅과 그렇지 않은 땅의 복잡한 모자이크를 스냅사진처럼 보여줄 수 있을 뿐이다. 예를 들어 에이브베리 근처 땅 속의 연체동물과 토양 표본들은 우리에게 이 서기전 2550년의 거대한 신전이 선 땅이 경작을 위해 개간된 후 다시 나무가 자란 어떤 숲 가까운 곳으로서 오래 전부터 자연 초지였지만 가축에게 풀은 거의 먹이지 않은 땅이었음을 말해준다.

이런 종류의 환경고고학 연구는 이제 정말로 정치해져서 기념물이 지어지거나 건축물이 선 계절까지 정확하게 집어 낼 수 있다. 예를 들어 서기전 2200년경 지어지고 역시 이스튼 다운 가까이 있는 40m 규모의 실베리 힐 유적에서 원 지표면 아래 뗏장을 주도면밀하게 잘라낸 토양 표본들을 채취해서 보고 그 건축자들이 늦은 여름에 작업을 시작하였음을 알 수 있었는데 그때는 아마도 추수 뒤 사람들이 건설 공사를 할 여가가 있던 때였을 가능성이 가장 크다. 우리가 이를 아는 이유는 잘 보존된 뗏장 속에 개미와 개밋둑이 있었기 때문이다. 그 개미들은 막 날개가 나서 개밋둑에서 날기 시작한 참이었는데 바로 늦은 여름에 그렇게 한다.

환경 연구와 경관 연구가 앞으로 계속되면 우리는 에이브베리와 스톤헨지 같은 주요 종교 유적의 배경과 아마 그 의미에 대해서까지도 놀랍도록 많은 부분을 알게 될 것이다.

6 아시아의 초기 농경(서기전 7000년 이전부터 서기전 3000년까지)

식물 순화의 두 번째 주요 중심지는 동아시아에서 발생하였는데 이곳에서는 식량생산이 거의 서남아시아만큼 일찍 개시되었다.

중국 남부의 벼 재배

쌀은 남아시아 및 동남아시아와 남중국의 광대한 지역에 걸친 고대 농경에서 주식이었다. 오늘날 쌀은 30억 인구가 먹는 먹을거리의 반을 차지하고,

인류가 소비하는 전체 열량의 21%를 감당한다. 그간 남중국의 양쯔강을 낀 광대한 저지대에서 집중적 연구를 실시한 결과로 이제 동아시아와 동남아시아의 여러 문명을 추동했던 이 결정적으로 중요한 식물 종의 점차적 순화 과정을 추적해내고 그 연대를 측정할 수 있게 되었다. 고고학 퇴적층들에 대해 플로테이션을 해보았더니 벼가 완전히 순화되기까지에는 수천 년이 걸렸으니 그 이유는 사람들이 오랜 기간 재배를 한 끝에야 비로소 이를 순화 작물로 바꾸어 놓는 형태 변화가 일어났기 때문이었다. 순화 변종이 양쯔 공동체들의 생업에서 주류를 이루는 데는 수천 년이 걸렸으며 그것은 티앤루어샨[田螺山, 절강성]이라는 괄목할 만한 유적에서 정말로 명확하게 나타난다. 어떻든 벼는 서기전 3000년이 되면 조숙한 량주[良渚]국의 주된 작물이 되었고 벼 농민들은 이미 동남아시아로 퍼져 들어가기 시작해 그곳 토착 수렵채집민과 상호작용을 해나갔다.

벼는 동남아시아 북부의 여러 지역과 중국 남부 지역에서 가장 일찍 순화된 작물들 중 한 가지였다. 식물학자들은 오늘날 순화종의 선조가 되는 벼와 아시아 기장이 빙하시대 말에 히말라야 산맥 동쪽 가장자리 근처의 다년생 조상 풀들로부터 방산하였다고 믿고 있다. 야생 벼의 최초 재배는 알곡 성장을 촉진하는 물이 풍부한 충적 저습지에서 이루어졌다고 생각된다. 최초로 순화된 형태들은 얕은 물에서 번성하였을 것인데 그곳은 계절에 따라 발생하는 홍수가 항구적으로 건조한 땅과 항구적으로 침수되는 땅 사이의 경계 지대에다 볍씨들을 흩어 놓는 곳이었다. 이런 식의 경작은 계절적 홍수 덕택에 아무런 부담 없이 논을 마련할 수 있는 환경 조건에서 이루어졌을 터이며, 그런 환경 조건은 인도의 갠지스강 유역과 동남아시아의 풍요로운 해안 서식지, 맹그로브가 밀생하는 남중국의 저습지들에서 찾을 수 있었을 것이다.

벼를 재배하려는 최초의 시도는 아마도 땅 위를 흐르는 빗물을 가두는 둑을 축조함으로써 계절에 따라 침수 피해를 입는 서식지를 의도적으로 확장하려는 노력에서 비롯되었을 것이다. 그러고 나서 그 둑 한 곳을 터서 벼를 심는 데 이용할 수 있는 마른 땅을 적셨을 터이고, 그로써 야생 벼 포기들도 더 많이 자랐을 것이다. 거기부터 물 있는 경작지(논)에서 의도적으로 씨를 뿌리고 거두는 일까지는 불과 한두 걸음이었다. 충적세 초에 지대가 낮아 계절에 따라 홍수가 지는 지역들에서 야생 벼 채집에 바탕을 둔 정주 생활이 발달하였을 가능성은 아주 크다. 체계적 재배는 인구 증가, 기후 변동 혹은 여타의 어떤 압박에 대응하는 데서 비롯되었다.

대략 서기전 8000년 이후로 기후조건이 온난해지자 중국 전역의 수렵채집 사회가 아주 다양한 범주의 동식물 자원을 이용하고 있었던 때에 야생 벼들은 남중국의 양쯔강 중류역과 하류역의 호수와 소택지들로 퍼져나갔을 것이다. 두 개의 동굴 유적이 그 이후로 증가된 벼 이용과 한층 정주성이 높아진 생활양식을 입증하고 있다. 디아오퉁환[吊桶環, 강서성] 동굴에서는 일찍이 2만 3천 년 전에 수렵채집민이 들어와 산 후 서기전 8000년부터 6000년 사이의 긴 기간 동안 날씨가 따뜻해지자 야생 벼와 순화 형태 벼가 둘 다 이용되었음이 식물규산체(식물 세포에서 나온 아주 미소한 규소 알갱이)로 입증이 되었다. 비슷한 전환은 인근 시앤런둥[仙人洞] 동굴 유적에서도 일어났다. 두 유적에서는 토기가 등장하고 재배 벼를 더욱 더 많이 이용하면서 정주생활을 점점 더 강화한 증거가 나왔다.

서기전 3000년이면 이미 훨씬 발달된 농경 사회들이 양쯔강 강변과 그로부터 더 떨어진 곳에서 번성하고 있었다. 이 문화 전통들에 대한 고고학적 연구는 주로 공동묘지 발굴로 알려져 있는데 이 무덤들은 부장품에서 느린 변화를 보여준다. 최초의 묘들은 사회 분화를 거의 나타내지 않지만, 나중의 무덤들은 토기, 골기 및 석기, 옥 제품, 여타 장신구 등 인공물의 종류가 훨씬 다양해질 뿐만 아니라 정교하게 치장한 묘장의 수도 증가함을 보여준다. 몇 개소의 공동묘지를 분석한 중국 전문가 리처드 피어슨은 그것들이 부의 집중화

증대, 계서 사회로의 추세, 여성을 제치고 일어난 남성의 상대적 중요성 증대를 예증한다고 주장한다. 그런데 마지막 추세는 남성이 경작에서 맡는 큰 역할 때문에 높이 평가를 받는 활동인 한층 집약적인 농경의 발달과 관련이 있을 수 있다고 한다.

중국 북부의 최초 농경민

중국 초기 농경의 두 번째 대중심지는 황허[黃河]가 산 많은 지형으로부터 나와 중국 북부의 낮은 평원으로 흘러가는 곳으로 이곳은 양쯔강에서 북쪽으로 거의 650km나 떨어져 있다. 남중국의 주산물이 벼인 데 반해 북중국 농경은 기장에 기반을 두고 있다. 최초의 북부 농경 공동체들은 황허 유역의 하류 지방에 자리 잡고 있는데 이곳에서는 야생 기장을 채집하는 일이 오랜 기간 동안 아주 흔한 활동이었다. 이 지역은 삼림이 우거진 서쪽 고지대와 동쪽 저습지 사이의 경계를 이루는 작은 분지이다. 이곳에서도 남쪽과 마찬가지로 충적세 초기 동안 기후가 따뜻해지다가 좀 추운 시기가 이어지고 나서 그보다 더 긴 기후 호전기가 왔다. 기장의 순화는 서기전 9000년부터 7500년 사이에 이루어졌다. 황허 하류역에 최초의 정착 농경 마을들이 등장한 것은 서기전 6500년으로 연대측정되는 상대적으로 추운 기간 동안이었다. 서기전 7000년부터 5500년 사이에 이 대하 남쪽의 큰 호수 가장자리에 있는 지아후[賈湖, 하남성] 마을의 주민들은 온난화 시기에는 사냥, 고기잡이, 식물채집에 크게 의존했으나 약간의 기장도 재배하였다. 그 마을에는 대략 260명 정도가 살았다고 여겨지며 홍수로 파괴되기 전까지 100km나 떨어진 다른 공동체들과 광범위한 교류관계를 가졌다. 강 북쪽의 츠샨[磁山] 유적은 서기전 6000년경 의례 중심지로서 깊은 구덩이들 안에 기장이 저장되어 있었다. 기장 농경은 황허 유역에서 바깥으로 퍼졌으며 남쪽으로는 벼가 또한 재배되던 지역들로 퍼졌다.

황허 유역의 미세하고 부드러운 토양은 균질적이고 물이 잘 침투하였기에 간단한 뒤지개로도 경작이 될 수 있었다. 이 지방 농경의 핵심을 이루는 곡물들은 여름에 강우가 집중되기 때문에 잘 자랄 수 있었다. 순화를 할 수 있는 토착 식물로는 조, 기장, 수수, 대마, 뽕의 야생 선조들이 있었다. 많은 마을은 작은 시내에 가까운 낮은 강안 단구 위에 자리 잡고 있었다. 옛 중국의 농민들은 고유의 경작 기술을 개발하였으며, 이는 수천 년 동안 존속하였다. 지금까지 가장 잘 알려진 중국 초기의 농경문화는 양샤오[仰韶] 문화이다. 이는 서기전 4800년 이전부터 서기전 3200경년까지 황허 분지의 많은 부분에서 번성하였으며, 그 지역은 이집트나 메소포타미아의 초기 농경 중심지들만큼이나

Rebbeca Rose Flores/Alamy Stock Photo

그림 6.11 중국 반포[半坡] 농경 마을의 발굴 모습.

넓은 지역이다.

각 양샤오 마을은 자족 공동체로서 대개 비옥한 강 유역을 내려다보는 구릉 위에 지어졌는데 이곳은 홍수를 피하거나 범람원의 땅을 최대한 이용할 수 있는 곳이다(그림 6.11). 농민들은 괭이와 뒤지개를 이용해 주로 매년 봄 범람하는 강안의 밭에다 조를 주산물로 재배하였다. 양샤오는 서기전 3000년이면 순전한 중국적 문화로서의 특징을 갖추었으며 그에는 고유한 자연주의적 미술양식과 오늘날까지도 많은 중국요리의 바탕인 찌는 음식을 위한 조리그릇들을 만드는 전문 도공들이 있었다. 중국어 또한 그 뿌리를 양샤오에 두고 있을 가능성이 있다. 중국 전역에서는 지역별로 농경문화의 수많은 변종이 발달하였다. 농경은 넓은 지역들에 걸쳐 거의 동시에 발달하였고, 사람들은 각기 지역 사정에 맞추어 자신들의 작물과 농경 기법을 적용하였다. 시간이 지나면서 이 새로운 경제가 성공을 거둠으로써 지역 인구의 증가와 문화의 복잡화, 특권 개인으로의 부의 집중 등을 낳았다.

7 아메리카의 초기 농경(서기전 8000년 이후)

식량생산은 아메리카 대륙에서도 독자적으로 발전했다. 토착 아메리카인은 첫 이주 후 수천 년 동안 수렵과 채집으로 생업을 꾸려 나가면서 온갖 종류의 야생 식물 먹을거리에 대한 전문지식을 쌓았다. 그들은 일부 지방에서는 그런 자원을 집중적으로 이용했는데, 특히 북미 중서부와 동남부에서 그러했다. 그래서 이곳의 몇몇 집단은 수세대에 걸쳐 다소 항구적인 취락을 이루고 살 수가 있었다. 시간이 흐르자 그들도 야생 식물 먹을거리를 보완하기 위한 한 수단으로 야생 초본들을 재배하기 시작했다. 또 시간이 지나면서 이는 농경으로 이어졌는데 특히 야생 초본들이 풍부한 곳에서 그러했다.

콜럼버스가 아메리카에 도착했을 때에는 옛 아메리카인이 이미 모든 종류의 토착 식물에 대해 정말로 놀라운 전문지식을 갖추고 그것들을 먹을거리로서뿐만 아니라 의학적 용도 및 여타 많은 용도로도 활용하고 있었다. 가장 중요한 주식 작물은 옥수수였으며 이는 신대륙에서 완전 순화된 유일한 중요 야생 초본이다. 옥수수는 지금도 아메리카에서 가장 중요한 먹을거리 작물이며 150종이 넘는 변종이 식량과 소 사료로 이용되고 있다. 뿌리작물도 또 다른 주요 식량 자원이 되었는데, 특히 남아메리카에서 그러했다. 마니옥과 고구마, 수많은 변종 감자가 여기에 포함된다. 고추도 매운 양념용으로 길렀다. 아마란스(비름 종류)와 해바라기, 카카오, 땅콩, 몇 가지 콩도 중요한 작물이었다. 안데스의 인디언들은 구대륙의 농민들과는 대조적으로 동물은 몇 가지밖에 순화하지 않았다. 그 중 안데스의 야마와 알파카가 있었으며 후자는 털을 제공했다. 개와 기니피그, 칠면조, 남미 오리도 길렀다.

이제 고고학자 대부분은 아메리카 대륙에 토착식물 순화의 주요 중심지가 적어도 세 군데 있었다는 데 의견의 일치를 보고 있다. 중앙아메리카의 고지대와 저지대는 옥수수·콩·호박·고구마, 안데스 중부의 고원지대는 감자나 마니옥 같은 뿌리작물, 미국 동남부는 페포 호박·해바라기·기타 지역 작물이다. 또 훗날 경작 활동이 벌어진 네 지역은 열대(북부) 남아메리카, 안데스 지역, 메조아메리카, 북아메리카 서남부 및 동부이다.

메조아메리카: 길라 나키츠와 초기 재배

식물의 순화 과정은 여전히 거의 밝혀지지 않았다. 고고학자 켄트 플래너리는 생태학적 고찰(제5장 참조)을 토대로 자신의 주장을 편다. 그는 작물 재배가 연이은 단기 기후 변동과 끊임없는 인구 변동에 대처하기 위한 여러 가지 전략의 결과로 시작되었다고 믿고 있다. 플래너리는 자신이 발굴한 와하카 계곡의 길라 나키츠 암벽 밑 은거지 유적을 근거로 논의를 전개한다. 길라 나키츠는 서기전 8750년부터 6670년까지 2천 년이 넘는 기간 동안 여섯 번 정도 점유되었다. 그 동굴을 방문했던 아주 작은 수렵채집 집단들은 평방마일당 겨우 몇 명밖에 살 수 없는 지역에서 간헐적 가뭄이 빚어내는 예측할 수 없는 기후 변동에 맞서 살았다.

길라 나키츠 사람들은 연중 11종의 식용 식물을 채집했다. 그들은 비가 많은 해에는 콩을 의도적으로 심는 실험을 했다. 사람들이 동굴 근처에 콩을 재배한 덕분에 식량을 더 얻는 한편 덜 돌아다녀도 되었다. 처음에는 그런 실험이 비가 많은 해로만 한정되었으나 시간이 흐르면서 자신감을 얻게 되자 수확량은 많아졌고 그들은 채집보다도 재배에 더 많이 의존하게 되었다. 시간이 흐르자 길라 나키츠 사람들은 훨씬 이전의 채집 적응 생활에다 간단히 조롱박과 콩, 단순 형태의 옥수수를 더하였다. 최근의 AMS 방사성탄소연대측정법은 이 동굴에서의 조롱박 재배를 서기전 약 8000년으로 측정했는데, 이는 서남아시아의 곡물 농경만큼이나 이른 것이다. 플래너리는 이런 종류의 전환이 메조아메리카의 많은 지역에서 일어났다고 믿고 있다.

옥수수

옥수수(*Zea mays*)의 야생 조상은 테오신테(즉 *Zea may* ssp. *parviglumis*)라는 이름의 다년생 초본으로 지금도 중미에서 자란다. 그 순화 과정은 야생 테오신테 채집의 뜻하지 않은 부산물로서 시작되었을 것이다. 아마도 다음과 같은 일이 일어났을 것이다. 수렵채집민은 가장 수확하기 쉬운 테오신테, 즉 익었을 때 알이 쉽게 떨어지지 않는 것을 선호한다. 시간이 흐르자 이 선호된 유형의 테오신테는 야영지 근처, 폐기된 쓰레기 더미에 터를 잡는다. 또 시간이 흐르자 사람들은 이 테오신테 밭에서 잡초를 뽑고, 그 다음에는 좀 더 나은 종자를 의도적으로 심기 시작한다. 이윽고 이 풀은 인간의 손길에 좌우되게 된다. 그 뒤를 이어 유전자 혁명이 일어나고 옥수수가 탄생한다(그림 6.12).

전문가 대부분은 옥수수가 메조아메리카에서 순화되었다고 믿고 있다. 지금까지 알려진 가장 오래된 예는 멕시코 서남부 리오 발사스 지방에서 출토되었으며 그 연대는 서기전 6700년까지 올라갈 수 있고 확립된 연대는 늦어도 서기전 4000년이다. 와하카 계곡의 길라 나키츠에서 나온 옥수수는 대략 서기전 3400년으로 연대측정된다. *Zea Mays*가 파나마에서 일찍이 서기전 5000년에 순화되었을 가능성이 있지만 그 증거에는 실물 옥수수 속대가 들어있지 않다.

초기 옥수수 재배에 관한 가장 좋은 고고학적 증거는 남부 멕시코의 건조한 고지대 테와칸 계곡의 건조 동굴과 야외 유적들에서 나오고 있다. 고고학자 리처드 맥니시는 최초의 테와칸 사람들이 주로 사슴과 여타 포유동물

REANA LUXURIANS (TEOSINTE).

그림 6.12 테오신테.

을 사냥하고 야생의 식물 먹을거리를 채집함으로써 삶을 꾸려나갔다는 사실을 발견하였다. 맥니시는 서기전 10000년에는 그 사람들의 먹을거리 중 50~60%가 사냥감 동물에서 나왔던 것으로 추산한다. 서기전 8000년 이후가 되면 사냥감 동물 집단이 감소해서 사람들은 야생 식물 먹을거리에 점점 더 의존하게 된다. 늦어도 서기전 4500년에 이르면 테와칸 사람들의 식단에서 열대 초본과 선인장, 용설란 같은 식물류가 약 90%를 차지한다. 이때에 이르러서는 알곡이 너무나 많이 필요했으므로 토착 식물을 일정 형태로 경작하거나 길들이는 것이 필수적이었을 것이다. 산 마르코스 동굴에서 출토된 초기 옥수수에 대한 AMS 방사성탄소측정연대는 이 주식의 연대를 늦어도 서기전 3600년으로 정하고 있다.

테와칸 계곡의 동굴들에서는 2만 4천 점 이상의 옥수수 표본이 출토되었다. 이것들은 산 마르코스 동굴 최하층과 코슈카틀란 동굴 깊은 층에서 출토된 작은 속대 71점으로부터 시작되는 옥수수 진화의 긴 연속적 과정을 입증하고 있다. 이 속대는 길이가 50mm 이하인데 자기 낟알을 자연적으로 퍼뜨리는 능력을 갖지 못해 사람에게 번식을 의존하고 있다. 이는 완전한 순화의 분명한 증좌이다. 우리는 테오신테가 그보다 몇 세기나 전에 옥수수로 변형되었는지 알지 못한다. 그러나 고고학자 브루스 스미스는 그 과정이 테와칸에서 서쪽으로 250km 이상 떨어진 곳으로 고지대로부터 태평양으로 흘러가는 강 유역들과 더불어 옥수수하고 생화학적으로 가장 유사한 야생 테오신테가 오늘날도 자라는 지역들에서 벌어진 것으로 믿고 있다.

옥수수는 기자의 피라미드가 나일강을 따라 축조(제10장 참조)되기 훨씬 전에 메조아메리카에서 순화되었다. 또 옥수수는 열대 저지대에서도 고지대보다 더 일찍 순화되었을 터이지만 그 증거는 아직 불충분하다.

테와칸에서 드러난 순화된 여덟 줄 옥수수(*Maiz de ocho*)의 원시적 형태는 그 원래의 고향으로부터 수천 마일이나 퍼져나간 공통 조상 옥수수였다.

이 기본형 옥수수의 뒤를 이은 여러 파생 종이 아메리카 대륙 전역의 도처에서 발생했다. 만약 플래너리의 가설이 옳다면 메조아메리카의 작물 순화는 조그만 한 지역의 발명이라기보다는 경제 전략상 식물 식료를 집약적으로 이용할 수밖에 없었던 곳에 산 사람들이 의도적으로 선택한 생태 적응상의 변환이었다. 테와칸과 길라 나키츠의 증거는 둘 다 이 가설을 뒷받침한다.

안데스의 농민들

멕시코의 작물 순화 이야기는 그것이 생태 적응상의 의도적 변환이었음을 보여준다. 같은 변환이 안데스 지방 두 곳에서 일어났으니, 한 곳은 산맥 고지대요 다른 한 곳은 태평양 연안의 건조 저지대였다.

안데스 고지대를 탐사한 최초의 유럽 학자는 18세기 독일의 저명한 박물학자 알렉산더 폰 훔볼트였다. 그는 이 거칠고 다채로운 산 정상과 산 계곡의 경관에서 번성하고 있는 야생 동식물이 너무나도 다양한 데 깜짝 놀랐다. 이 거대한 산맥의 산록에 살고 있었던 농민들은 그 많은 종 가운데 겨우 한 손으로 꼽을 수만큼만 길들인 상태였다. 호박은 고지대에서 거의 서기전 8000년에 순화되었다. 야마, 알파카, 기니피그와 감자, 알곡 작물 키노아라는 다섯 가지 안데스 종이 고지대의 경제에 결정적으로 중요하였다. 야마는 키노아와 더불어 일찍이 서기전 2500년쯤에 길들여졌을 것이다(그림 6.13). 야마 목축은 서기전 900년이면 고지대 전역과 페루 북부 해안을 따라 널리 퍼져 있었다. 수천 년 동안 중요한 야생 먹을거리였던 기니피그도 대략 비슷한 때에는 이미 고산 계곡에서 길들여진 상태였을 것이다.

안데스 농민들이 서기 15세기에 유럽인과 접촉할 때에 이르러서는 수백 가지의 감자 변종이 이용되고 있었다. 고지대에서는 네 가지 주요 종이 순화되었는데, 그 가운데 한 가지인 *Solanum tuberosum*은 오늘날 전 세계에서 재배되고 있다. 야생 감자는 고지대 안데스 채집민이 처음 살기 시작한 때부

그림 6.13 페루 후닌 호수 근처의 파날라우카 동굴 유적. 이 유적을 발굴하였더니 서기전 2500년이면 이미 초기 키노아 재배와 야마 순화가 이루어졌음을 말하는 증거가 나왔다.

터 중요한 먹을거리였다. 증거가 확실한 감자 뿌리들은 페루 카스마강 계곡의 페루 해안 어귀에 있는 서기전 약 2000년으로 연대측정된 쓰레기 유적들에서 출토되고 있다. 하지만, 서기전 3000년부터 2000년 사이에 리마 콩을 비롯한 다른 동식물 종을 길들인 남중부 고지대에서 앞으로 더 이른 표본들이 틀림없이 나타날 것이다.

페루 해안은 안데스 산록에 좁은 대지를 형성하고 있다. 이 대지는 띠 모양의 건조한 사막인데, 토심이 깊고 비옥한 토양과 연중 얼마 동안 풍부한 물을 가진 강 계곡들이 자르고 지나간다. 해안 공동체들은 수천 년간 믿을 수 없을 정도로 풍부한 태평양 수산물을 먹고 살았으며 여름에는 야생 식물들을 채집했다. 서기전 5000년 이후로는 고기잡이가 더욱 중요해졌을 것인데, 그때는 기후가 오늘날보다 따뜻하고 건조했다. 사람들은 이때에 이르러 목화,

호박, 고추, 괴경 베고니아 같은 일부 식물 종도 재배하고 있었다. 옥수수는 늦어도 서기전 3000년이면 남쪽으로 남아메리카에 퍼져 들어가고 있었다.

칠카나 팔로마 같이 다소간 정주적이고 규모가 큰 해안 취락에서는 물고기와 조개가 주식이었지만 그 주민들은 야생 초본 낟알들을 빻아 조리하고 호박도 길렀다. 칠카 사람들은 서기전 3800년이면 어느 곳에나 있는 리마 콩을 포함한 몇 가지 종류의 콩과 호박을 기르고 있었다. 그들은 줄기나무나 때로는 고래 뼈로 틀을 짜고 갈대 등으로 엮은 원형 오두막에서 살았다. 그에 이어진 수천 년 사이에 태평양 연안에는 많은 정주 취락이 자리 잡았고, 사람들은 농경과 함께 고기잡이 및 조개 채집을 하고 살았다. 하지만, 물고기와 바다 포유동물이 너무도 풍부해서 농경은 메조아메리카에 비해 훨씬 늦게까지 부차적 활동에 머물렀다.

한층 복합적인 농경 사회들이 놀라울 정도로 짧은 시간 안에 이전 세기의 단순한 마을 공동체들로부터 발달해 나왔다. 어떤 지방에서는 이런 발전이 국가조직 사회, 세계 최초 문명의 출현으로 급속하게 이어졌다. 또 어떤 지방에서는 평등한 농민 문화들이 도전적 환경에 놀랍도록 효율적으로 적응한 결과로서 정교한 군장 사회들로 바뀌었다. 다음 제7장에서는 이런 괄목할 사회 일부와 농경 사회에서 나타나는 문화 복합도 증대라는 주제에 대해 검토하기로 한다.

요약

- 서남아시아는 빙하시대 직후 쌀쌀하고 건조하였으며 내륙의 많은 부분에는 건조 스텝이 발달하였다. 농경은 터키 동남부와 유프라테스강 강안 아부 후레이라

에서 서기전 10000년경에 개시되었으며 가축 양과 염소가 바로 이 유적과 여타 취락에서 서기전 9000년 이후 갑작스레 가젤 영양 사냥을 대체하였다.

- 목축은 자그로스 고지대에서 다소 더 일찍 군건히 확립된 반면 아나톨리아에는 늦어도 서기전 9500년이면 장거리 교환로들로 연결된 농경 공동체들이 살고 있었다.

- 동남유럽에서 농경과 동물 사육은 알곡과 야생 양을 좀 더 집중적으로 이용하는 쪽으로의 지역적 변화와 더불어 서남아시아로부터 일어난 순화 동물 및 알곡의 '표이' 때문에 발달하였다. 육사인 호수의 범람 또한 그 확산에 기여하였을 터이다.

- 아주 널리 분포한 반트케라믹 문화복합은 서기전 5500년경 동남유럽의 농민들이 다뉴브강 중류역과 중부 유럽의 부드러운 뢰스 토양 위에 처음으로 정착했음을 생생히 보여준다.

- 식량생산은 그에 이어지는 천년기 동안 유럽 전역으로 대체로 각 지역 토착 채집민의 손에 의해 확산되었는데 이들은 자신들에게 즉각 이득이 된다고 여긴 양, 토기, 알곡을 채택하였다.

- 이집트의 나일강 유역에서는 식량생산이 아마도 서기전 7000년이면 가뭄 시기에 도입되었을 터이다. 서기전 3000년 이후로 사하라 사막이 말라붙자 알곡 작물을 가진 이목민이 사막 남쪽으로 이동하였으며 그로써 동아프리카 고지대같이 먼 남쪽까지 소 목축이 도입되었다.

- 남부 중국에서는 벼가 일찍이 서기전 9500년이면 분명히 재배되었다. 널리 퍼진 쌀농사는 서기전 6500년이면 군건히 확립되었다.

- 중국 북부의 황허 유역에서는 주식이 기장이었는데 이는 늦어도 서기전 6500년이면 재배되었으며 어쩌면 그보다 훨씬 이를 것이다.

- 아메리카 대륙에는 적어도 세 곳의 초기 재배 중심지가 있으니 안데스, 중앙아메리카, 북아메리카 동남부이다.

- 옥수수는 가장 중요한 알곡이었으며 일찍이 서기전 4000년에 테오신테라는 중미 토착 초본으로부터 순화되었다. 옥수수 농경은 멕시코 남부와 과테말라에서

남북으로 수천 마일 멀리까지 퍼져나갔다.

- 안데스 고지대와 페루 해안에는 서기전 3000년이면 농경민들이 살고 있었지만 옥수수는 그로부터 약 1천 년이 지날 때까지 가장 중요한 재배 주식이 되지 못하였다.

참고문헌

Andrew Moore의 *Village on the Euphrates* (New York: Oxford University Press, 2000)는 아부 후레이라 유적 발굴을 서술하고 있으며 지금까지 나온 옛 농경 취락에 관한 글 가운데 가장 뛰어나고 포괄적인 논술서이다. Ian Hodder의 *The Leopard's Tale* (London and New York: Thames and Hudson, 2006)은 터키 차탈회육의 초기 농경 취락 뒤에 숨은 옛 신앙을 황홀할 정도로 잘 분석해낸 책이다. 유럽의 초기 농경에 관해서는 I. J. Thorpe의 *The Origins of Agriculture in Europe* (London: Routledge, 1996)과 Barry Cunliffe 편 *The Oxford Illustrated Prehistory of Europe* (Oxford, England: Oxford University Press, 1996)을 권한다. 아시아의 초기 농경에 관해서는 Li Liu의 *The Chinese Neolithic* (Cambridge, England: Cambridge University Press, 2004)을 권하며 Li Liu와 X. Chen의 *The Archaeology of China: From the Late Palaeolithic to the Early Bronze Age* (Cambridge: Cambridge University Press, 2012)도 꼭 읽어볼 만한 책이다. Charles Higham의 *The Archaeology of Mainland Southeast Asia* (Cambridge, England: Cambridge University Press, 1989)는 개괄적이면서 권위 있는 내용의 책이다. 한편 그가 Tracey L. D. Lu와 같이 쓴 논문 "The Origins and Dispersal of Rice Cultivation," *Antiquity* 72(1998): 867-877은 초기 벼농사에 관한 좋은 정보원이 된다. 아메리카 대륙에 대해서는 이미 인용한 Bruce Smith의 *The Emergence of Agriculture*를 참고하시기 바란다.

제7장

●

군장과 군장 사회

서기전 9000년경 요르단 아인 가잘에서 출토된 인간(아마도 조상)의 작은 상들 가운데 하나.

프롤로그

1879년 스미소니언 연구소에서 온 프랭크 쿠싱이라는 젊은 인류학자가 주니 푸에블로에 노새를 타고 도착하였다. 해는 뉘엿뉘엿 취락 너머로 지고 있었고 나무 때는 연기가 이 작은 읍 위를 연막처럼 덮고 있었다. 흙벽 돌 벽들은 경관 속으로 녹아 들어갔다. 그는 나중에 "이곳은 모래의 바다로부터 솟아올라 층층이 겹쳐 선 메사(암석대지)들의 작은 섬처럼 보였고 이는 대자연이 그 주위를 둘러싸듯 지은 웅장한 메사들을 마치 경쟁하듯 흉내 내는 것 같았다."고 썼다. 참여관찰이라는 인류학 연구 방법을 개척한 쿠싱은 주니족 사이에서 4년 반을 살면서 그들의 언어를 배우고 그들의 전통 생활을 아주 상세히 기록하였다.

3년이 되자 주니족은 쿠싱을 비밀 결사인 '활의 신관단'에 가입시켰다. 이제 쿠싱은 인디언 복장을 입고 다녔다. 그는 키바에 몇 시간이고 앉아 "돌 제단 위에서 타오르는 장작불의 화염이 출입구이자 굴뚝이자 창문인 천장 구멍을 향해 날아오르면서 때로는 바로 사닥다리 기둥을 핥는 것"을 바라보았다. 그는 "춤추는 사람들이 급하게 한데 모여들었다 흩어지면서 내는 시끄러운 소리, 그들의 격정적 노래 그리고 커다란 북이 연기에 그을린 오래된 서까래들을 눈에 띌 정도로 진동시키며 내는 쿵쾅거리는 소리에" 귀를 기울였다(쿠싱, 『주니』(1979), 48쪽과 112쪽에서 인용).

1. 호혜성과 '대인(大人)' | 2. 태평양의 군장과 항해가들(서기전 2000년부터 현대까지) | 3. 미국 서남부(서기전 300년부터 현대까지) | 4. 북미 동부의 토루축조족(서기전 2000년부터 서기 1650년까지) | 5. 요약

프랭크 쿠싱은 주니족의 신임을 누렸지만 불행하게도 그들의 문화에 대한 자신의 저술을 출간하기 전에 죽었다. 쿠싱의 관찰 결과는 그간 고고학자들이 아메리카 서남부의 현재로부터 아득히 오래된 과거로 거슬러 올라가는 연구 작업을 하는 데 더 없이 귀중한 역할을 하였다. 식량생산은 세계 최초 문명들의 토대였지만, 농경이 언제나 국가조직 사회나 도시를 낳은 것은 아니다. 제1장에서 살펴본 대로 한 세기 전의 고고학자들은 단순 수렵채집으로부터 문명에 이르는 인류의 진보를 필연적으로 거쳐 올라가는 사닥다리 같은 단선적 진화의 관점에서 흔히 생각하였다. 문화적 우월감과 인종주의를 함축한 이런 단선적 접근법은 1910년이면 지적으로는 이미 붕괴한다. 그로부터 반세기 뒤에 생겨나 과거를 연구하는 데 흔히 쓰이는 모델인 다선 진화론은 인간 문화 진화를 가지 많은 나무에 빗대는데 각 가지는 서로 다른 수많은 환경 속에서 갈피를 못 잡을 만치 다양한 길로 나아가는 문화들에 해당한다. 이런 다지(多枝) 모델은 어떤 사회가 단순하건 복잡하건 다른 사회에 비해 우월한지 여부는 따질 수 없다고 주장한다. 다른 말로 하면 문명이 그토록 다양하고 사회, 기술적으로 복잡하기는 해도 그것은 세계의 많은 환경에 적응한 한 가지 방식에 지나지 않는다는 것이다.

두 세대 전에 인류학자 엘만 서비스는 국가 이전 사회와 국가조직 사회를 근본적으로 구분하고 전자를 다시 유단, 부족, 군장 사회로 나누었다(제1장의 테 글 '옛 사회조직' 참조). 근년에 들어 부족과 군장 사회의 성격에 관한 격렬한 학술 논쟁이 벌어진 적이 있는데, 많은 부분은 고대 및 현대 세계의 군장 사회가 지닌 상대적 복합도를 둘러싼 것이었다. 여기서 문제가 되는 것은 사회 복합도의 단계들이라기보다 복합성이라는 주제 그 자체이다. 이 장에서는 옛 세계에서 사회 복합도가 새로이 증가하였지만 문자사용 문명으로 이어지지는 않은 몇 예를 서술하기로 한다. 여기서 개관하는 태평양 제도와 미국 서남부 및 동남부의 군장 사회는 다양한 환경과 문화적 상황으로부터 비롯된 아주 다양한 수준의 복합도를 대표하고 있다.

다선 문화 진화론은 그간 어쩔 수 없이 다소간은 단계 비슷한 것을 연상시키게 되었다. 어떤 학자는 '진화'를 서구 과학이 만들어낸 인종주의적이고 경멸적인 뜻을 담은 개념으로 치부해버리려고 한다. 하지만, 그렇게 하면 그 과정에서 똑같이 성공적인 많은 형태의 인간 사회를 자민족 중심주의나 인종주의 가정에 의지하지 않고서도 인정할 수 있도록 해주는 다지(多枝) 모델을 간과하게 된다.

1   호혜성과 '대인(大人)'

우리가 제1장에서 살펴본 대로 군장 사회나 문화 복합도를 정확히 정의하기란 사실상 거의 불가능하다. 그렇지만 상대적으로 복합적인 모든 인간 사회가 각자의 장기 생존을 위해 친족 유대와 호혜성에 크게 의존한다는 사실은 의문의 여지가 없다. 그리고 채집민이든 농민이든 상대적으로 복잡한 모든 옛 사회는 정주 취락이나 최소한 반정주 취락들을 토대로 하였다.

수렵채집 사회 일부에서도 상당한 정도의 문화 복합성은 발달하였다. 미국 남부 캘리포니아의 추마시 인디언이나 태평양 서북 해안지대의 수렵채집민이 그 예이다. 하지만, 인간 사회의 가장 심대한 변화들은 농경 등장 이후 일어났다. 새로운 농경 사회에서 일어난 제일 큰 변화들은 경제적이 아니라 사회, 정치적인 것이라 여겨진다. 그런 변화는 대체로 농민들이 밀집한 항구적 취락 속에서 살면서 정주 생활양식을 채택하고 또 자신들의 땅과 긴밀한 유대를 유지할 필요에서 비롯되었다.

서아시아의 아부 후레이라나 메림데 같은 초기 농경 마을들 혹은 멕시코 테와칸 계곡의 항구 농경 취락들은 이전 어느 때보다도 각 가구를 가까이 모아놓았다. 소규모 수렵채집 유단의 구성원들이라면 파당적 불화 때문에 유단이 분열될 우려가 있을 때는 언제든 다른 곳으로 옮겨가 버릴 수가 있다. 반면 땅에 뿌리를 내린 농민들은 그런 호사를 누릴 수가 없다. 그런 까닭에 직계 가족의 유대뿐만 아니라 먼 친척과의 친족 유대는 일상생활에서 훨씬 큰 중요성을 띤다. 농경을 생업으로 하는 각 가구는 각기 먹을 식량을 생산하지만, 그들의 생존은 얼마나 다양한 유형의 땅을 경작하는가와 친척들과의 호혜적 책무를 얼마나 다하는가의 둘 다에 달려 있다. 호혜성(또는 호혜교환 reciprocity) 은 생존에 결정적으로 중요하였으니, 가깝고 먼 친척 사이에 책무의 망상조직을 만들어내기 때문이다. 사람들은 농사를 망쳤을 때 이런 조직 덕분에 도움을 청할 수 있었으며, 그의 친척도 언젠가는 거꾸로 도움이 필요할 것임을 알기 때문에 틀림없이 도와준다.

친족 유대와 함께 세습 씨족 및 종족(宗族=동족) 성원 간의 유대는, 그들 사이의 모든 호혜적 책무와 더불어 내부 불화를 해결할 수 있는 제도뿐만 아니라 경작지와 목축지의 소유 및 세습을 위한 메커니즘도 마련해 주었다. 토지 소유권은 개개인이 아니라 유력 조상이 일으킨 한 씨족이나 종족에 있었다. 따라서 사람들과 그 토지 사이의 관계는 그 땅의 수호자인 조상들과의 연계 관계와 밀접한 관련이 있었다. 레반트와 터키의 초기 농경민이 조상의 상이나 회반죽 칠한 두개골(이 장 개시면의 사진과 앞의 그림 1.12 참조)을 보존한 이유는 바로 이 때문일 터이다.

교역과 교환은 한층 복잡한 사회로의 발전에 중요한 역할을 하였다. 새로운 농업 경제가 발달한 곳이면 어디서든 농민들은 점점 더 이웃에 의존하게 되었다. 빙하시대 말기 수렵채집민은 입자가 고와 질이 좋은 석재나 이색 물건 정도를 장거리로 교역한 반면 좀 더 정주적인 농민들은 그보다 더 많은 물품을 다른 곳에서 구할 수밖에 없었다. 먼 곳에서 나는 장신구나 여타 희귀품은 말할 것도 없거니와 여러 가지 식료, 사냥감 동물의 살코기와 가죽, 오두막의 기둥, 흑요석, 기타 생필품도 여기에 포함되었다. 복잡한 교환망이 마을과 마을, 가구와 가구를 연결했고, 한 공동체에서 다음 공동체로 방문객을 인도하는 좁은 길을 통해 손에서 손으로 교환된 물건들이 광활한 지역으로 전해졌다. 멕시코만의 조가비들을 북미 중서부 깊숙한 곳까지, 터키산 흑요석을 머나먼 요르단강 유역으로 가져다 준 것이 바로 그런 망상조직이었다. 이런 교환망을 통제한 인물, 즉 핵심 상품과 이색 사치품의 공급을 통제한 사람은 자연히 새로 등장한 복합 마을 사회의 지도자가 되었다.

최초의 농경 마을은 평등한 공동체들이었으니 식량생산이 자리 잡고 오랜 시간이 흐른 뒤에도 무덤에서 사회 계서의 징표들은 나타나지 않기 때문이다. 하지만, 시간이 점차 흐르자 이 평등한 형태의 촌락 생활은 흔히 강력한 친족 지도자가 이끄는 새롭고 더 복잡한 농경 사회에 자리를 내어준다. 그 지도자는 추종자들과 긴밀한 친족 유대로 연계되고, 또 충성의 대가로 식량과 멀리서 구한 이색 상품 및 재화를 그들에게 베풀 수 있는 능력으로 상호 연계된 인물로서 흔히 샤먼이거나 초자연적 권능을 이례적으로 지닌 인물들이었다. 오늘날의 태평양 제도 사회들을 연구한 인류학자 마샬 살린스는 그런 사람들을 가리켜 '대인(Big Man)'이라 부르고 있다. 그들은 꾀바른 수완가였으며, 그들의 권력은 순전히 자신의 범상치 않은 능력과 추종자들로부터 자아낸 충성심을 바탕으로 한 것이었다. 이 충성심은 일시적일 뿐이며 다음 세대로 세습되지 않는다. 이는 불안정해 끊임없이 변화하는 정치·경제·사회 질서를 조장한다. 시간이 흐르자 일부 대인은 강력한 권력을 획득하여 세습 왕조를 만들어낼 수 있게 되었으며 그런 왕조에서는 수장권(首長權)을 대대로 전하였다.

이처럼 복합도가 커진 국가 이전 사회는 선사시대 후기의 유럽, 사하라이남 아프리카, 폴리네시아, 북미의 여러 곳 등 선사시대 세계의 거의 모든 곳에서 발달했다. 이런 수장제도는 그 유형이 진화한 곳이면 어디서나 이례적으로 불안정하였기에 정치, 경제적 권력의 고삐가 한 수장 가족으로부터 다른 가족으로, 한 중심지에서 다른 중심지로 옮겨 다녔다. 이처럼 정교한 국가 이전 사회 가운데 그 어느 것도 한정된 지역 수준을 넘어 탄탄한 정치, 경제, 사회 통제력을 유지하지는 못했다. 지역 생태지대를 넘어 흔히 훨씬 광범한 지방의 통합을 달성한 것은 바로 국가조직 사회들이었다. 일부 복합적인 국가 이전 사회, 특히 서유럽의 국가 이전 사회들은 결국 로마 같은 팽창일로 문명의 휘하에 들어가고 말았다. 아프리카, 폴리네시아, 북미 등지의 여타 국가 이전 사회는 서기 15세기에 시작된 '대발견의 시대'에 유럽 탐험가들이 도착하기까지의 역사시대에도 살아남았다. 여기서 전 세계에 걸쳐 발달했던 국가 단계 이전의 모든 복합 농경 사회를 기술할 수는 없으므로, 우리의 논의를 태평양 제도로의 인간 이주와 북미의 군장 사회 등장에 한정시키기로 하겠다.

2 태평양의 군장과 항해가들(서기전 2000년부터 현대까지)

빙하시대가 끝나는 약 1만 5천 년 전이면 이미 호모 사피엔스가 구대륙과 신대륙 대부분 지역에 자리를 잡은 터였다. 단 두 지역만이 인간에 의해 정복되지 않은 채 남아 있었다. 한 곳은 남극 지방으로 18세기까지 방문객조차 없었다. 다른 한 곳은 태평양의 외딴 곳에 있는 멜라네시아 및 폴리네시아 제도였다(그림 7.1). 우리는 제4장에서 빙하시대 말기의 수렵채집민이 어떻게 망망한 해협을 건너 사홀과 솔로몬 제도에 살게 되었는지 살펴보았다. 그들 중 몇몇 소규모 집단이 늦어도 3만 2천 년 전까지는 서남 태평양 비스마르크 제도에 있는 뉴기니의 인근 섬들로 이주했다. 여기서 이주는 일단 여러 수천 년간 멈춘다. 더 멀리 떨어진 섬들로 이주하는 데 성공하려면 대형 원양 항해선을 개발하고 육지가 보이지 않는 곳에서 항해하는 기술을 익혀야 했다. 또 타

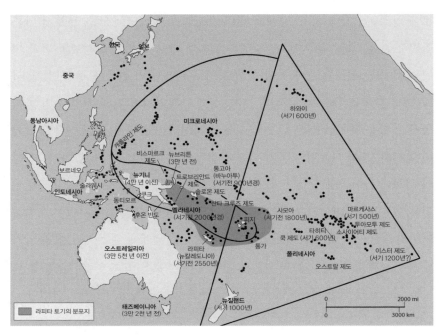

그림 7.1 태평양 제도로의 인간 이주.

로나 얌 같은 뿌리작물을 경작할 수 있고 닭이나 돼지같이 운반 가능한 작은 가축을 카누에 가두어 잘 옮길 수 있어야만 했다. 이런 조건은 서기전 2000년이 되어서야 비로소 충족되었다.

멜라네시아와 폴리네시아 제도로 인간이 처음 이주한 것은 얌 및 타로의 재배와 밀접한 관련이 있으니, 그 덕에 본토에서 멀리 떨어진 섬들, 동식물이 스스로 옮겨가 살 수 없을 정도로 고립된 땅에서 인간이 살 수 있었기 때문이다. 더 먼 멜라네시아 제도로의 확산은 서기전 2000년 이후였으며 5천 km에 걸쳐 고리를 이룬 섬들과 대양에 두루 이르는 데는 여섯 세기가 걸렸다. 그 여행에는 무거운 짐을 실을 수 있는 이중 선체의 원양 항해용 카누(그림 7.2)를 이용했다. 이는 서남 태평양 뉴칼레도니아섬의 한 유적에서 이름을 딴 이른바 라피타 문화와 관련이 있다. 라피타 사람들은 서멜라네시아의 비스마르크

그림 7.2 1773년 타히티섬 앞바다에서 쿡선장이 지켜보는 가운데 타히티인 전쟁 카누들이 열병식을 벌이는 모습. 화가 미상.

제도에서 수천 년 전 이주해온 사람들이다. 그들의 카누는 흑요석과 식량, 여타 상품을 먼 거리에 걸쳐 섬에서 섬으로 운반했다. 라피타의 교역망은 동쪽의 멜라네시아로부터 뉴기니 해안과 그 연안을 잇는 교섭 연결고리들의 일부분이었다.

아득히 멀리 떨어진 섬들로의 급속한 확산은, 섬 사이의 단거리 왕래가 일상에서 떼어낼 수 없는 한 부분이었던 섬 환경에 산 사람들 사이에서 일어났다. 하지만, 피지나 통가처럼 외따로 더 멀리 떨어진 섬들로 여행하기 위해서는 때로 약 1천 km에 달하는 훨씬 더 긴 거리를 항해해야 했다. 여기서 편도 항해는 매우 드물었을 터이고, 교역도 기껏해야 간헐적이었다. 시야에 들어오지 않는 땅으로 항해하는 데는 숙련된 기술이 필요했다. 카누 항해사들은 존경받고 긴밀하게 짜인 집단이 되었고, 그들은 자신들의 지식을 구두로 한 세대에서 다음 세대로 전했다. 젊은 견습생은 전문가의 감독 아래 여러 해에 걸쳐 항해술을 익혔다. 그들은 뜨고 지는 별들의 각도, 대양의 조류, 섬들의 개

제7장 군장과 군장 사회 • **351**

략적 방향과 거리를 가리키는 뚜렷하지 않되 어김없이 일어나는 현상들을 배웠다.

멜라네시아를 떠난 카누는 고향의 식물과 가축을 싣고 서폴리네시아를 관통하며 섬에서 섬으로 항해했다. 멜라네시아인은 지금부터 약 2천 년 전에 미크로네시아와 폴리네시아로 항해했다. 서폴리네시아에서 오랜 기간의 적응을 거친 후 소규모 집단이 더 먼 섬으로 이주하기 시작했다. 마르케사스섬은 서기 500년에, 소사이어티 제도와 타히티는 서기 600년에 사람이 이주했다. 하와이섬에 최초의 카누가 도착한 것은 지금부터 약 1350년 전이었고, 라파누이(이스터섬)에는 서기 1200년에 닿았다. 태평양의 모든 섬 중에서 가장 크고 먼 곳에 있는 뉴질랜드는 폴리네시아 같은 열대의 뜨거움이 아니라 온대성 기후를 갖고 있다. 뉴질랜드는 이런 생태의 차이가 있음에도 마오리족의 폴리네시아 조상들이 처음으로 이주했는데, 그들이 이 남쪽 섬을 향해 항해한 것도 일러야 서기 1000년 무렵이었고 아마도 그보다 약간 늦었을 것이다. 뉴질랜드의 온난한 북도는 얌과 여타 열대성 작물을 재배하기가 어려웠으며, 그래서 초기 이주자들은 사냥, 고기잡이, 채집에 크게 의존했다.

미크로네시아와 폴리네시아는 기술상으로 아직 금속기를 가지지 않았으며 돌도끼와 정교한 골각기, 조가비 낚싯바늘에 크게 의존하였다. 사람들이 심은 작물은 섬에 따라 달랐지만, 빵나무 열매, 타로, 코코넛, 얌, 바나나가 주식이었다. 섬사람들은 고기잡이와 간단한 농경을 결합함으로써 상당한 정도의 잉여식량을 축적할 수 있었고, 이는 강력한 군장 사회의 토대가 되었다. 폴리네시아에서는 세계 다른 곳과 마찬가지로 상대적으로 큰 섬들에서 생겨난 잉여농산물이 부(富)의 한 형태로 이용되었다. 이 재부는 다시 정치 권력을 비교적 소수 사람의 손으로 집중시켰다. 18세기 중반 유럽의 탐험가들이 타히티를 방문했을 때 그들은 활기찬 동폴리네시아 사회의 한 중심지와 맞닥뜨렸다(그림 7.3). 그 섬들은 제도에 처음으로 정착한 카누 선원들의 후예인 호전

그림 7.3 폴리네시아 소사이어티 제도 라이아테아 타푸타푸아테아의 신전 '마라에'.

적 군장과 귀족들의 강력한 위계조직에 의해 통치되고 있었다. 군장들은 유럽과 북미, 선사시대 세계의 다른 곳에서 그랬듯 부와 식량의 공급을 통제하고 재분배함으로써 위세를 얻었다. 그들의 엄청난 종교, 사회 권력은 필연적으로 격심한 경쟁과 전쟁, 끝없이 야심찬 농경 사업을 일으켰다.

타히티 사회는 멀리 북쪽 하와이 제도에서 발달한 군장제가 대략 같은 때에 그랬듯 파벌 싸움과 지독한 내분에 휩싸여 있었다. 폴리네시아의 군장제는 아주 가변적이었고 정치적으로 불안정했다. 이런 가변성은 뉴질랜드에서 잘 입증되는데, 이곳에서는 서기 1400년쯤 고구마가 도입되면서 지역민의 생활에 극적 변화가 생겨났다. 잉여농산물이 새로운 부를 창출하고 사회 복잡성을 증대시킴에 따라 북도의 인구가 급속하게 증가했다. 얼마 안 있어 가장 좋은 고구마 재배지에 인구가 과밀하게 되자 이웃하는 군장 사회들 사이에서 치열한 경쟁이 일어났다. 1769년 그곳에 도착한 유럽인들은 마오리인이 요새

그림 7.4 요새화된 마오리 마을 '파'로 뉴질랜드 오클랜드 에덴산 화산 분화구 둘레에 지어졌다.

화된 마을에 살면서 다른 마을과 끊임없는 전쟁에 몰두하고 있는 것을 목격하였다(그림 7.4). 육상과 해상에서 벌인 그들의 군사행동은 짧고 격렬했으며, 길이 24.3m에 달하는 정교하게 조각된 전쟁용 카누로부터 흔히 시작되었다. 이 시기에 전쟁은 마오리 사회에서 핵심 요소였으며, 이는 하나의 제도처럼 됨으로써 단결과 리더십을 유지하는 데 중요한 요소가 될 정도였다.

폴리네시아의 군장제는 선사시대 세계의 다른 어느 곳에도 뒤지지 않을 만큼 충분히 발달되고 위계적이었다. 그러나 그 군장제는 여전히 친족 유대와 토지 공동소유에 기초한 것이었다. 이런 사회들에서 리더십은 세습될 때조차도 지도자의 개인적 자질과 추종자의 충성심을 유지하는 그의 능력에 심하게 의존했다. 군장들은 정치, 종교, 경제적 권위를 절대적으로 행사하는 전제군주가 아니라 스스로 타고난 능력과 주민들과의 긴밀한 유대를 바탕으로 통치하는 사람들이었다. 북미의 사례에서도 보겠지만 몇몇 국가 이전 사회들이 놀랄 만큼 정교한 수준에는 도달했지만, 이 책의 나중 제9장부터 제14장에서 기술하게 될 서아시아, 중국, 혹은 아메리카 대륙의 엄격하게 통제되고 사회적으로 계층화된 국가들과는 아주 달랐다.

고구마의 도입으로 비롯된 마오리 사회의 변환은 북미의 경우 옥수수의 역사에 비추어 생각해 볼 수가 있다. 옥수수의 도래는 북미 서남부와 남부 및 동남부 모두에서 토착 사회에 커다란 변화를 일으켰다. 그러나 그런 변화는 지방에 따라 아주 달랐다. 각 지방에서는 서로 아주 다른 생태 요인과 사회 현실이 복합 농경 사회들을 발생시켰다.

3   미국 서남부(서기전 300년부터 현대까지)

제6장은 서기전 6000년 이전에 남부 멕시코에서 테오신테라는 토착 식물이 옥수수로 순화되고 그로부터 1천 년 뒤 널리 이용되는 과정을 서술하였다. 하지만, 이 새로운 주식 작물이 북쪽으로 리오그란데강을 건너 북미 서남부로 확산되어 들어간 것은 여러 세기가 더 지나서였다.

서남부에 인간이 거주하기 시작한 때는 서기전 9000년 이전으로 거슬러 올라간다. 이 서남부인의 후예들은 수천 년간 유카 씨앗, 선인장, 해바라기 씨앗 등을 비롯해 다양한 식물 식료를 채집하면서 거친 사막 생활에 능숙하게 적응하였다. 그들은 갖가지 식물 식료에 대한 전문 지식을 습득했으며, 그 지식 덕분에 그들은 옥수수 농경에 선(先)적응하였다. 사막 채집민과 정주 농민 사이의 여러 세대에 걸친 간헐적 접촉 이후 옥수수, 콩, 호박 농사가 북부 멕시코로부터 미국 서남부로 들어왔다. 남에서 북으로는 순화 작물에 대한 지식, 심지어는 씨앗이나 묘목까지도 선물로 전해졌다.

나무 나이테로부터 얻은 기후 자료는 서기전 2500년부터 서기전 100년까지의 서남부 기후가 비교적 안정되어 있었으며 오늘날보다 약간 습윤했음을 말해준다(테 글 '나무나이테연대측정법' 참조). 하지만, 그래도 여전히 반건조 환경으로서 강우를 예측할 수 없었기 때문에 수렵채집은 위험부담이 아주 컸다.

이런 건조 환경에서 옥수수나 콩 같은 재배 작물은 비록 수확량은 적었겠지만 한 가지 커다란 이점을 갖고 있었으니 예측할 수 있는 식량 자원이라는 사실이었다. 이 새로운 작물을 재배한 사람들은 그것들을 잘 저장함으로써 여러 계절에 걸쳐 어느 곳에서든 쓸 수 있도록 조절할 수 있었다. 서남부의 남부 사막에서 살았던 사람들은 옥수수와 콩을 아마도 보조식량으로서 채택했을 것이다. 그들은 굳이 농경민이 되고 싶어서가 아니라 더 능률적인 수렵채집민이 되기 위해서, 또 환경의 잠재력을 최대화하기 위해서 그랬던 것으로 보인다.

옥수수는 서기전 2000년부터 서기전 1500년 사이의 강우량이 비교적 많았던 시기에 서남부로 처음 들어갔다. 이 새로운 작물은 그 지방에 급속하게 퍼졌으며, 특히 서기전 500년 이후 콩과 결합하면서 더욱 빨리 퍼져나갔다. 콩은 토지에 아주 중요한 질소를 환원시켜 줌으로써 지력을 더 오랜 기간 유지시켜 준다. 건조한 서남부에서 옥수수 농사는 결코 쉽지가 않았다. 농경민들이 옥수수 재배 한계지 바로 코앞에서 농사를 짓는 셈이었기 때문이다. 그들은 습기를 머금은 땅을 아주 세심하게 골랐고, 직사광선을 거의 받지 않는 북쪽 또는 동쪽 사면을 이용하였으며, 협곡 입구 근처에 씨앗을 뿌리고 시내와 샘에서 물을 댔다. 이들은 국지적 한발이나 홍수로부터 피해를 줄일 수 있도록 밭을 분산시키는 등 위험을 최소화하기 위해 할 수 있는 모든 조치를 다 했다. 옥수수의 등장이 서남부인의 생활에 극적 혁명을 촉발하지는 않았다. 초기의 옥수수는 그다지 생산성이 높지 못했으나 얼마 지나지 않아 한층 수확이 좋은 지역 종자들이 이제 이전보다 훨씬 좁은 영역을 갖고 항구적 부락에서 살게 된 많은 서남부인 집단에게 필수 주식이 되었다. 또 이는 변화하는 기후 조건에 놀라우리만치 융통성 있게 잘 적응한 한층 복합적인 서남부 사회를 낳았다.

연륜연대측정법(나무나이테연대측정법)

누구든 잘린 나무 둥치 단면에서 나이테, 즉 동심원의 매년 생장 테들을 볼 수 있음을 익히 안다. 이 테들은 모든 나무가 형성하지만 특히 날씨가 계절에 따라 현저하게 변하면서 우기와 건기를 갖거나 여름과 겨울의 기온이 확실하게 바뀌는 곳에서 그렇다. 나무는 원칙적으로 해마다 생장 테를 만들어내는데 이는 목질부와 나무껍질 사이에 있는 형성층, 즉 성장층에 의해 생겨난다. 생장 계절이 시작되면 나무에는 큰 세포들이 더해진다. 이 세포들이 두꺼운 벽을 발생시키며 그 세포들은 생장 계절이 진행됨에 따라 작아진다. 생장 계절 끝에는 세포 생산이 완전히 중지된다. 이 과정은 매년 생장 계절에 일어나며 그래서 이전 생장 계절 목질부와의 사이에 특징적 선이 형성되는데 작은 세포들, 그 다음 목질 그리고 새로운 큰 세포들의 순이다. 각 테의 두께는 그 나무의 나이와 매년 기후 변이에 따라 달라질 수 있다. 두꺼운 테는 그해에 생장이 좋았음을 나타내는 특징이다.

어떤 한정된 지역 안의 날씨 변이는 주기를 이루는 경향이 있다. 10년간에 걸친 습윤한 날씨에 50년간의 건조한 해들이 이어질 수 있다. 한 계절이 40년 강우기록을 깰 수도 있다. 이런 기후의 주기는 굵고 얇은 나이테들의 정형으로 나타나며 일정한 지역 안의 모든 나무에서 반복된다. 연륜연대 학자들은 그간 여러 나무로부터 취한 나이테들을 상호 연관 짓는 정교한 방법들을 창안해내었으므로 여러 세기에 걸친 다수의 나무 둥치로부터 장기 표준 나이테 시퀀스를 수립할 수 있었다.

표본의 채취는 더 이상 어떤 구조물로 쓰이지 않는 옛 들보로부터 완전한 단면을 잘라 내거나 아직 건축물에 쓰이고 있는 들보로부터 특수 천공

기를 이용해 뽑아내거나 예외적으로 큰 통나무를 V자로 자르든지 한다. 일단 실험실로 갖고 온 표본의 표면을 정밀한 평면으로 고른다. 나이테를 분석하는 작업에서는 개개 나이테 일련을 기록하고 나서 그것을 다른 일련들과 대조한다. 대조작업은 눈으로 할 수도 있고 한 일련을 다른 일련과 맞추어볼 수 있도록 나이테들을 동일 척도로 작성해서 할 수도 있다. 그러면 이렇게 작성된 일련들을 그 지방의 표준 나이테 편년에 컴퓨터로 대조할 수 있다(그림 7.5).

미국 서남부 유적들의 극도로 정확한 편년은 자른 나무들로부터 작성한 표준 나이테 시퀀스에 인디언 푸에블로에서 나온 들보로 연대가 측정된 구조물들을 대조함으로써 얻어내었다. 그런 많은 구조물의 들보는 여러 차례 재사용되었기 때문에 어떤 것은 가장 최근에 지지대로 사용된 집보다 아주 훨씬 오래되었기도 한다. 그런 취락에서 얻은 나무나이테 중 가장 이른 것은 서기전 1세기로 연대측정되지만 대부분의 목재는 서기 1000년부터 미국 역사시대 사이에 쓰였다.

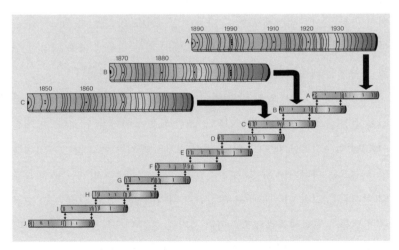

그림 7.5 연륜연대측정법. 나무나이테연대측정으로 (A)는 1939년 생장 계절 이후 살아있는 나무로부터 취한 천공 자료이고 (B-J)는 옛 집들과 점점 더 오래된 폐허에서 취한 표본들이다. 테의 정형들이 선사시대로 거슬러 올라가면서 맞아들고 겹침을 보여준다.

이전에는 연륜연대측정법의 적용 범위가 미국 서남부로 국한되었지만 이제는 세계의 다른 많은 곳에서도 쓰이는데 예를 들면 알래스카, 캐나다, 미국 동부 일부, 영국, 아일랜드, 유럽 대륙 이외에 에게해 지역 섬들과 동지중해가 있다. 유럽 학자들은 수령 150년 이상 된 오크나무들을 이용해 최근 시기에 대한 표준 편년을 작성하였다. 이들은 육안 및 통계학을 이용해 대조를 함으로써 살아 있는 나무들을 교회와 농장의 들보 이외에 소택지나 침수 토탄 늪 혹은 선사시대 유적에서 잘 보존된 상태로 발견된 나무들에 연계해 내었다. 그 결과로 나온 시퀀스는 적어도 독일에서 10021년 전, 아일랜드에서 7289년 전까지 거슬러 올라간다. 에게해 지역 연륜연대학 연구 사업에서는 지난 8500년 중 6000년을 망라하는 나무나이테 시퀀스를 작성하였으며 이는 미노아 문명과 미케네 문명에 대해 교차 연대측정법이나 방사성탄소연대측정법이 제시한 연대보다 훨씬 정밀한 연대들을 내고 있는 참이다. 많은 지역의 표준 시퀀스는 정말로 정밀해서 전문가라면 짧은 나이테 주기들이라도 수년 안의 범위로 연대를 측정해낼 수 있다.

나무나이테 편년은 미국 서남부 같은 지역에서 단기 기후 변동의 기록을 제공하는데 이곳에서는 습윤한 날씨와 건조한 날씨의 주기들이 인간의 취락 분포 정형에서 급격한 변화를 일으킬 수 있다. 이 서남부의 편년은 1년 오차의 정확도를 자랑하며 그런 수준은 어느 곳의 고고학 편년에서도 달성한 사례가 아주 드물다. 근년에 애리조나대학교 나무나이테 연구 실험실에서는 대대적 연륜 기후 연구를 실시하였으며 그로써 서기 680년부터 1970년까지의 서남부 지방 상대 기후 변이성을 복원해내었다. 이들은 그 덕에 서기 1276년부터 1299년 사이의 '대가뭄' 같은 현상을 연구할 수 있었는데 그 가뭄 때문에 많은 원조 푸에블로인이 자신들의 대규모 푸에블로를 버리고 떠났다. 1276년에는 서북부의 나무나이테에서 가뭄 개시가 나타났다. 그 다음 10년 동안 아주 건조한 기후 조건이 서남부 전역으로 확대되었고 1299년 이후에야 강우가 좀 늘어났다.

호호캄·모골론·원조 푸에블로

서기전 300년에 이르면 여러 세기에 걸친 실험의 결과로 훨씬 생산적인 순화 작물들이 생겨났고 농경에 대한 의존도도 더욱 커졌다. 이 여러 세기에 걸친 문화 변화는 호호캄, 모골론, 원조 푸에블로라는 훌륭한 서남부 옛 문화 전통에서 그 정점에 도달했다.

호호캄 사람들은 지금의 애리조나주 남부의 많은 부분을 차지했다. 그들은 사막 농민으로서 옥수수와 콩뿐만 아니라 더운 환경에서 잘 자라는 목화도 길렀다. 그들은 흐르는 냇물을 이용해 관개를 할 수 있는 곳이면 어디서든 했다. 그렇지 않으면 범람원을 경작하고 국지성 호우로 흐르는 물을 댐, 단구, 여타 설비로 가두었다. 호호캄 사람들의 생활과 교역 활동 중 많은 부분은 수 세기 동안 길라강 근처의 대규모 취락이자 의례중심지인 스네이크타운 부근에 집중되었다(그림 7.6). 주민들은 서남부의 다른 지역과 서쪽의 태평양 연안은 물론이고 멕시코와도 교역 관계를 유지했다. 호호캄 사람들은 남쪽 지방으로부터 열대 조류의 깃털과 구리제품, 여타 이색 물품을 구했는데, 멕시코 문화가 호호캄 문화 및 종교 신앙에 끼친 영향의 정도를 둘러싸고는 학자들 사이에 의견이 크게 엇갈리고 있다. 호호캄은 서기 1500년 이후 사라졌으며, 오늘날의 오오담 인디언이 그들의 문화적 상속자이다.

모골론은 좀 더 고지대의 문화전통으로서 주로 지금의 뉴멕시코에서 서기전 약 300년부터 서기 850~1150년까지 번성했다. 모골론 농민들은 직접 강우에 의존하면서 관개는 거의 하지 않았고, 통나무로 뼈대를 짜고 거적이나 덤불로 지붕을 올린 수혈주거들로 이루어진 자그만 취락에서 살았다. 단지 몇 지역에서만 좀 더 발달된 취락들이 생겨났지만, 그때는 이미 모골론 사람들이 서쪽 푸에블로인 원조 푸에블로 전통의 일부가 되던 중이었다. 원조 푸에블로(이전에는 아나사지라 불림)는 토착 수렵채집민에 뿌리를 두고 발전했으며 유타, 애리조나, 콜로라도, 뉴멕시코주가 만나는 '사우(四隅)지역'에 중심

그림 7.6 미국 애리조나주 스네이크타운 호호캄 취락 유적의 1965년 발굴 광경으로 평면 원형 주거들이 보인다.

을 두었다. 원조 푸에블로 사람들은 서기 400년 이후 옥수수 농경을 본격적으로 시작한 뒤에도 야생 식물 식료를 아주 많이 이용했다. 그들의 농경 대부분은 계절적 강우에 의존했으며, 다만 관개가 가능한 곳에서는 관개를 했다.

원조 푸에블로 사람들은 처음에는 작은 수혈주거들로 이루어진 마을에 살았지만 서기 900년 이후로는 방들이 연접한 지상 취락에 많은 주민이 모여 살았다. 그것이 저 유명한 푸에블로들이 되었는데, 이것들은 취락 한가운데 위치한 반지하 의례소인 키바(그림 7.7)로부터 등거리에 방들이 반원을 이루면서 밀집되었다. 가장 크고 장려한 푸에블로는 뉴멕시코의 차코 캐니언이나 애리조나의 메사 베르데 같은 인구 밀집지에 자리 잡았다. 원조 푸에블로 사회가

그림 7.7 차코 캐니언의 카사 린코나다로 지금까지 알려진 가장 큰 키바 가운데 하나이다. 지붕은 물론 없어졌다.

대규모 교환망을 관장하는 상대적으로 크고 인구밀도가 높은 읍을 갖고서 이따금 높은 수준의 복합도를 달성한 것은 바로 이와 같은 지역에서였다.

아주 인상적인 절벽들이 서 있는 차코 캐니언은 원조 푸에블로 문화가 서기 900년 이후 두 세기 동안 놀랍도록 화려하게 꽃핀 중심지였다. 이 동안에 그 본향인 협곡으로부터 소위 차코 현상이라는 것이 확산되어 산후안 분지와 인접 고지대의 64750km²에 걸친 지역을 뒤덮었다. 그들은 대규모의 잘 계획된 읍들, 멀리 뻗은 도로 및 수자원 관리체계, 의례 도로와 시각 통신체계로써 최소한 상징적으로라도 협곡과 연결되는 외곽 유적들을 건설했다. 차코 캐니언의 대규모 푸에블로인 푸에블로 보니토 같은 '대궐'들에서는 산타페 근처에서 온 터키옥, 바다조가비, 구리요령을 비롯한 많은 사치품이 출토되었으며, 심지어 밝은 색 깃털 때문에 귀하게 여기는 중미 저지대 우림의 화려한 사랑앵무새의 골격도 있었다(그림 7.8).

그림 7.8 서기 850년부터 1130년 사이로 연대측정된 차코 캐니언의 '대궐'인 푸에블로 보니토. 둥근 구조물들이 키바이다.

차코가 1075년부터 1115년까지 전성기에 있었을 때는 그 협곡이 주변 수십 개 취락의 중요 의례중심지였다. 차코는 강우가 일정치 않은 시기 동안 번성했으며 그 지역만의 농경지로는 인구 약 2천 명 이상을 결코 부양할 수 없었을 것이다. 그러나 푸에블로들로 본 인구 추산치는 5천 600명에 이른다. 그래서 고고학자들은 차코에는 상주인구가 비교적 적었고 많은 식량이 저장되어 있었으며 주요 의례 행사가 있을 때만 원조 푸에블로 군중이 대규모로 모이는 장소였을 것이라고 주장한다.

그러면 차코는 무엇이었는가? 교역을 독점하고 대단한 영력을 지닌 수장과 귀족들로 이루어진, 숫자는 적지만 수장과 귀족으로 구성된 강력한 엘리트가 지배하는 고도로 중앙집중화된 수장 사회였던가? 아니면 혹독하고 예측할 수 없는 환경에서 살았던 공동체 수십 개가 발전시킨 하나의 협동 메커니즘으로서, 고고학자 그윈 비비안이 '평등 상사(商社)'라 부른 것 같은 사회였는가? 우리는 그에 대해 잘 알지 못하지만, 초기 고고학자들은 푸에블로 보니토에서 정교하게 치장된 묘장들을 발견하였다. 원조 푸에블로 사람들은 친족 유대를 매우 중시하는 사회 속에 살았는데, 모든 구성원은 자신의 공동체와 씨족에 대해 동시에 수행해야 될 복합적 책무를 지고 있었다. 만약 그런 의무가 없었다면 차코의 창고에 엄청난 양의 식량을 갖다 놓는다거나 대규모 푸에블로와 키바를 짓는 데 필요한 20만 개 이상의 목재를 수송하는 일은 불가능했을 것이다. 아마도 차코 현상은 지역의 친족 지도자들이 환경의 통상 부양력보다 훨씬 많은 수의 사람을 먹여 살리는 한 방법으로서, 장거리 교환망을 통제하고 유지하던 하나의 적응 메커니즘이었던 것 같다. 그들은 흩어져 산 농촌 주민들 사이의 경제, 사회, 의식 유대를 이용함으로써 고립된 공동체들 사이에 도움이 필요할 때 협동을 이끌어냈다.

차코 현상은 서기 1100년부터 1130년 사이에 정점에 도달하였으나, 이후 오랫동안 이어진 가뭄과 환경 악화 때문에 그 체계는 붕괴하게 된다. 원조 푸에블로 사람들은 더욱 산재하게 된 취락들로 옮겨가 혹은 서로 협력관계를 유지하기도 하고 혹은 흩어지고 독립된 푸에블로로서 번영하기도 했다. 발달한 원조 푸에블로 문화 가운데 아마도 가장 유명한 것은 산후안 분지 북부의 메사 베르데 협곡계에 중심을 둔 것이리라 싶다. 그 근처 몬테수마강 유역에는 서기 1100년이면 3만 명이나 되는 인구가 주민 수 약 1천 명씩인 여러 마을에 주로 모여 살았다. 메사 베르데에는 그 중 겨우 2천500명 정도만이 살았다. 사람들은 서기 1200년부터 1300년 사이에 개활지로부터 번잡한 푸에블로들로 모여들었다. 그 중 가장 큰 취락인 **절벽궁전**은 방이 220개에다 키바는 23개였다(그림 7.9).

메사 베르데 자체와 그 주변에서 읍이라 할 정도로 큰 규모의 마을에서는 1천 명에서 2천500명에 이르는 사람이 키바 및 여타 의례용 건물을 동반한 방 군집들에서 살았다. 메사 베르데 지역에서는 어느 곳이든 개별 공동체가

그림 7.9 절벽궁전으로 불리는 미국 콜로라도주 메사 베르데.

중시되었다. 수많은 키바로 판단하건대 상당한 협동 활동 및 의식 활동이 있었고 여러 공동체의 주민들이 복잡한 수자원 관리사업과 여타 공동사업을 수행하기 위해 대규모 노동단을 조직한 경우가 수없이 많았던 것 같다. 이런 원조 푸에블로 전통은 산재한 공동체들을 통합하는 복잡다단한 메커니즘을 가졌던 차코 캐니언과 아주 유사하며, 혹은 대규모 중심지와 그 위성 마을들로 구성된 북미 남부와 동남부의 군장 사회들과도 아주 비슷하다.

　12세기와 13세기에는 메사 베르데 지역에서 4세기 동안 전개되어 온 급속한 사회 정치적 발전이 절정에 이르렀다. 하지만, 1300년경에는 푸에블로 사람들이 메사 베르데를 포함한 산후안강 유역 일대에서 완전히 떠나버렸다. 그들은 남쪽과 동남쪽을 향해 여러 집단으로 나뉘어 역사시대의 호피, 주니, 리오그란데 푸에블로의 땅에 해당하는 곳들로 옮겨갔으며, 그곳들에는 지금도 그 최후의 자손들이 살고 있다. 사람들이 13세기 말에서 14세기 초에 서남부의 넓은 지역을 버리고 간 뒤 이전에는 사람들이 듬성듬성 살았던 그 지역에 대규모 취락들이 형성되었다. 이 푸에블로들 중 일부는 현대 인디언 공동체들의 직계 조상의 것으로 인식되고 있다.

서남부 푸에블로 사회는 북미 동부나 하와이 혹은 타히티에서 보는 것 같은 높은 문화 복합도를 결코 달성하지 못했다. 그러나 강우가 불규칙하고 기후가 혹독한 지방에서 달성할 수 있는 최대한도의 지역 통합을 이루어냈다. 아마도 많은 서남부 조직들을 묘사하는 데 가장 적합한 용어는 신정제(神政制)일 것이다. 이는 수장 같은 개인들과 함께 친족계선을 가로지르는 결사(사회)나 친족 집단을 통해 종교 및 세속 사항들을 규율했던 통치체이다. 기본 사회경제적 단위는 확대가족이었지만, 이 서남부 사람들은 수백 년 동안 공동체 의식을 공고히 함으로써 공동선을 위해 작동하는 폭넓은 사회제도들을 이용해 관개공사 같은 공동 작업을 실시했다.

4 　북미 동부의 토루축조족(서기전 2000년부터 서기 1650년까지)

옥수수가 정확히 언제 남부 평원을 건너 북미의 동부 삼림지대로 확산되었는지는 아무도 모른다. 그러나 서기 첫 천년기의 초기에는 적어도 간헐적으로 실시되는 옥수수 경작이 미시시피강과 그 너머까지 전파되었을 것이다. 동부의 집단들은 모든 옛 토착 아메리카인과 마찬가지로 서기전 3000년 이전에 처음 정착한 이후로 갖가지 토착식물에 대한 전문 지식을 쌓았다. 중서부와 동남부의 호수와 강어귀, 비옥한 강 유역에 가장 많은 인구가 몰려들었다. 서기전 2000년이 되자 강 유역의 일부 지역에서 인구가 늘어나 집단의 기동성을 제약하고 주기적 식량부족 사태를 일으킬 지경까지 되었다. 이런 상황에서 일부 집단이 야생 곡류의 수확량을 보완하기 위해 명아주와 늪지 딱

총나무 같은 토착 식료 식물의 의도적 재배에 눈을 돌리는 것은 거의 필연적이었다. 그와 동시에 이런 지역의 묘장에서는 사회 계서의 징후들이 처음으로 나타난다. 또 우리는 그들이 묘장과 내세에 점점 더 집착함을 발견한다. 개개 공동체와 집단들이 처음으로 각자의 영역 가장자리에 공동묘지를 조성하는데, 이는 아마도 영역의 경계를 명확히 하는 역할을 했을 것이다. 수 세기가 지나자 죽음과 관련된 장례의식과 산 자의 세계로부터 조상세계로 가는 통과의례는 한층 더 정교해지고 중요해졌다. 이런 정교화는 사회 복잡화의 진전과 장거리 교환의 폭발적 증가뿐만 아니라 의례용 토루의 축조와도 관련이 깊다.

아데나와 호프웰

북미 동부 사회에서 이웃한 공동체들 사이에 수천 년에 걸쳐 장거리 교역이 이루어짐으로써 특정 원자재와 이색 인공물들이 높은 위세 가치(prestige value)를 띠게 되었다. 그런 수입품은 희귀하고 구하기 어려웠으므로 친족 지도자와 군장들 사이에 중요 선물로 교환되었다. 이것들은 위세를 대단히 중시하는 사회에서 커다란 사회적 가치와 의미를 가졌다. 두드려 만든 구리제품, 대서양과 멕시코만에서 온 소라 고동 껍데기, 특정 형태의 돌도끼 등은 지위의 상징이 되었으며 강력한 권력을 지닌 소유자가 죽으면 함께 묻혔다. 서기전 500년에 이르면 이런 교환망을 통제한 인물들은 살아서뿐만 아니라 죽어서까지도 막강한 영향력을 행사했으니, 이는 그들이 거대한 분구 아래 묻힌 사실로 알 수가 있다.

아데나 문화는 서기전 500년부터 서기 약 400년까지 오하이오강 유역에서 번성했으며, 최초로 토루를 광범하게 축조한 문화들 중 하나였다. 아데나의 토루는 위를 평평하게 깎은 언덕 같은 등고선을 띠고 축조되는데, 평면상 원형, 사각형, 여타 형태를 띠며 큰 것은 지름이 107m나 되는 범위를 아우르기도 한다. 이것들은 방호 시설이라기보다는 의례 구역 울타리였으며, 때로는 봉토분을 둘러싸고 축조되고 때로는 단독으로 세워지기도 했다. 가장 중요한 인물은 봉토분 내 묘광 안에 통나무를 덧댄 무덤에 묻혔으며 시신에는 석간주나 흑연을 칠했다. 곁에는 곡선 문양이나 맹금을 새긴 활석 파이프와 판들이 부장되었다. 일부 위세 있는 친족 지도자는 토루 울타리 안이나 빈소 안에 묻혔으며 그 빈소는 장례의식의 한 부분으로 불태워졌다. 때때로 묘실은 열린 상태 그대로 두었는데, 이는 나중에 다른 시신을 추가로 매장하기 위한 것이었다.

이런 토루는 언제나 공동노동에 의해 축조되었으며, 여러 취락에서 온 동족들이 통에 흙을 담아 옮겨 쌓았다. 시신들이 여러 세대에 걸쳐 새로이 추가 매장됨에 따라 토루는 서서히 커졌다. 확실한 사실 한 가지는 가장 중요한 인물들만이 봉토분 안에 매장되었다는 것이다. 아데나의 보통 사람 대부분은 화장되었고 뼛가루는 공동매장소에 안치되었다.

서기전 200년부터 서기 400년 사이에 아데나의 발전형으로 독특한 종교 이념을 가진 **호프웰 전통**이 오하이오에 나타났다. 호프웰의 매장 관습은 그 본향으로부터 멀리 위스콘신 상부와 루이지애나, 일리노이와 뉴욕주 깊숙한 곳까지 급속하게 퍼질 정도로 대성공이었다. 중서부에서는 미술 전통을 아주 활짝 꽃피웠고, 장거리 교역으로 오대호 지방에서는 구리를, 엘로스톤에서는 흑요석을, 애팔래치아 남부에서는 운모를 들여오는 등 눈부시게 발전했다. 호프웰 사람들은 비교적 작은 취락에 살았고 일상생활에서는 아주 단순한 도구들밖에 사용하지 않았다. 그들은 가죽옷과 나긋나긋한 섬유로 짠 옷을 입었다. 사회의 모든 부와 창조적 기술은 비교적 소수의 개인과 그들의 사후 삶에 허비되었다.

호프웰의 이색 물품들과 의례 전통은 얼핏 보면 그 지역의 소박한 토착 문화와는 완전히 동떨어진 것 같지만 실은 지역의 삶에 깊이 뿌리를 박고 있다.

죽은 자와 함께 묻힌 제식 물품들은 우리에게 공동체 및 친족 집단들의 사회적 상호작용에 관해 말해준다. 파이프 통이나 의례용 도끼 등 몇몇 이색 부장품은 씨족 성원들이 죽은 지도자에게 바친 선물이었다. 그밖에 개인 소지품, 소중히 간직했던 무기류, 때로는 지위나 부의 상징물도 있었다. 호프웰 사람의 무덤에서는 활석으로 만든 비버, 개구리, 새, 곰, 심지어는 사람 모양의 파이프 통들도 출토된다. 능숙한 장인들은 얇은 구리판과 운모판을 이용해 동물이나 인간 형태의 정교한 문양이 든 머리장식이나 가슴장식을 만들어냈다(그림 7.10). 그리고 제련 구리가 아닌 천연 구리덩어리로 만든 구리 도끼와 화살촉, 작은 장식과 구슬도 있다.

이런 인공물 대부분은 소수의 장인이 제작하였으며, 아마도 소재 주산지에서 가까운 대규모 토루 단지 안의 공방에서 생산했을 것이다. 갖가지 의례

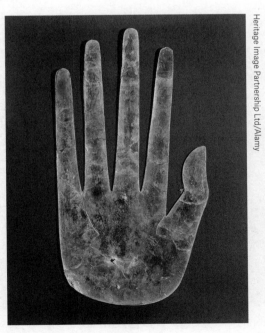

그림 7.10 사람 손 모양을 한 호프웰 운모판 장식품.

용품은 식료와 일상품을 이 부락에서 저 부락으로 나른 바로 그 교역로를 따라 호프웰 전역에서 이 사람에게서 저 사람으로 교역되었다.

그렇지만 아주 귀하게 여긴 물품은 여러 집단의 친족 지도자들을 영속적이고도 중요한 책무관계 속에 한데 묶은 방대한 증여 교환망 속에서 이 사람에게서 저 사람으로 전해졌을 것이다. 이런 전달 방식에 가장 가까우나 훨씬 규모가 큰 현대의 유사 사례는 서남 태평양 트로브리안드 제도의 저 유명한 '쿨라(kula)' 환상 교환망이다. 이곳에서는 특징적 형태의 조가비 장식품들이 개인들 사이를 끊임없이 돌고 돌면서 그들을 의식 및 교역에서의 영속 협력 관계와 호혜 책무관계라는 끈으로 연결한다. 이런 종류의 환경은 개인 사이의 주도권 다툼과 경쟁을 조장하며, 그에 따라 친족 지도자와 그 추종자들은 위세와 사회 지위를 두고 경합하지만 그런 위세와 지위는 삶 그 자체와 똑같이 일시적인 것이다. 호프웰 시대에도 이와 다소간 비슷한 관습들이 흔했을

그림 7.11 미국 오하이오주 마운드 시티 국가 기념물인 호프웰 원분들. 각기 속에 화장 인골이 안치된 납골당이 들어 있다.

것이다. 일단 죽어서 자신의 귀중품들과 함께 묻히게 되면 죽은 자는 더 이상 정치적 역할을 하지 못했는데, 왜냐하면 권위의 상징인 그들의 망토가 반드시 그 자손이나 친척들에게 전해지지는 않았기 때문이다.

호프웰 봉토분들은 앞선 아데나의 봉토분들보다 훨씬 많은 공을 들였다 (그림 7.11). 일부 호프웰 봉토분은 높이가 12m나 되고 지름이 30m를 넘는다. 그 축조자들은 흔히 여러 해에 걸쳐 수많은 시신을 토단 위에 안치하고 매장해나가 이윽고는 그 망자들 위에 거대한 봉분을 조성하였다. 그리하여 호프웰 묘장 단지는 어마어마한 크기에 이르렀다. 오하이오주 마운드 시티의 봉토분 24기는 5.26헥타르의 면적을 두른 토담 속에 자리 잡고 있다.

미시시피 전통

서기 400년 이후 호프웰 전통이 쇠퇴함에 따라 종교 및 정치의 중심지가 남쪽으로 이동했다. 바로 그때 비옥한 미시시피 범람원에 밀집해 살았던 사람들은 옥수수가 수확 많은 주식 작물로서 엄청난 잠재력을 지녔음을 인식하였다. 지역민의 식단은 주로 사냥한 동물, 물고기, 호두, 야생 혹은 재배 토착 식물로 이루어져 있었다. 옥수수는 새롭고도 귀중한 보조 식량이 되었다. 옥수수는 기르는 데 많은 공이 들었지만 특히 서기 첫 천년기의 후반에 콩과 결합하면서 마침내 가장 중요한 주식으로 자리 잡게 되었다. 콩은 높은 단백질 값을 지녔다는 이점이 있을 뿐 아니라 옥수수에는 없는 영양소를 보충하는 유용한 성질을 가졌다. 이 새로운 작물들은 인구 증가와 더불어 더욱 커다란 중요성을 띠게 되며 또 소수이나 강력했던 엘리트들의 만족할 줄 모르는 탐욕이 상당한 경제, 사회적 긴장을 유발하고 있었을 터이다.

옥수수와 콩은 애초에는 보조 식료로서 재배되었을 것이다. 그러나 이것들은 개간을 위한 준비노동력이 더 들어간다는 점에서 명아주 같은 토착식물과는 다르다. 얼마 지나지 않아 강 유역 경관은 수렵과 채집의 수확물이 투입 에너지에 비해 농경보다 떨어지는 상태로 변모했다. 그에 이어 커다란 사회정치적 변화가 일어나고 완전히 새로운 경제 유형이 생겨나면서 북미 동부 사회는 알아볼 수 없을 정도로 바뀌었다. 이리하여 북미에서 번성한 선사 문화전통 가운데 가장 발달한 미시시피 전통이 탄생했다.

미시시피 지방의 사회들은 중서부와 동남부의 많은 지역에 걸쳐 강 유역에서 발달했으며, 여러 세기 동안 상호작용했다. 많은 미시시피 주민은 호수와 소택지가 있는 비옥한 강 유역에서 살았다. 그들은 수렵, 어로를 하고 이동하는 물새류를 잡아먹고 살았다. 각 가족은 견과류를 수확하고 옥수수와 콩, 호박, 여타 작물을 길렀다. 명아주나 소택지 딱총나무와 함께 해바라기 같은 토착식물―몇 가지만 예를 들어 본다면―의 재배는 지극히 중요했다. 그들의 삶은 아주 다양한 국지 환경에 대한 복잡한 적응이었다. 어떤 집단은 산재한 소규모 집과 대지에서 번영했고 또 어떤 집단은 집이 꽉 들어찬 취락에 살았는데, 후자 중 어떤 것은 규모가 아주 커서 읍이라 부를 만한 것도 있었다. 예를 들어 현대 세인트루이스시의 미시시피강 대안에 있었던 카호키아 같은 곳에서는 수천 명이 살았다.

카호키아는 '아메리칸 바텀(미국의 바닥)'이라고 불리는, 엄청나게 다양한 식량자원과 비옥한 토양을 가진 풍요롭기 그지없는 범람원에서 번성했다. 모든 미시시피 문화 중심지 가운데서도 가장 컸던 카호키아는 서기 1000년 이후의 전성기에는 수천 명의 인구를 거느렸다. 이 의례중심지의 거대한 토루와 광장은 수 마일에 걸친 주변지역에서도 보였다. 카호키아의 한가운데 있는 몽크스 마운드는 미시시피 범람원 위로 31m나 높이 솟고 6.5헥타르를 차지했다(그림 7.12). 거대한 광장 동쪽 끝의 이 마운드 꼭대기에는 초가지붕 사원이 서 있었다. 광장 둘레에는 다른 토루와 신전, 창고, 행정 건물, 엘리트의 집들이 높이 솟아 있었다. 토루와 광장으로 이루어진 의례 단지는 전체 넓이가 약 80헥타르를 넘었으며, 동서남북을 향해 대칭되는 네 개의 구역으로 나

그림 7.12 서기 1100년경 전성기 카호키아의 중심 구역 복원도로 로이드 K. 타운센드가 그렸다.

뉘어 동부 숲의 고대 우주를 나타내었다.

카호키아가 왜 그처럼 정치적으로나 종교적으로 중요하게 되었을까? 이 대중심지는 북과 남의 교역로가 만나는 지방에서 미시시피강에 가까운 전략 지점이자 이 강과 미주리강의 합류점 근처에 위치한다. 카호키아의 지배 가문들은 수 세대 안에 엄청난 정치, 종교 권력을 보유하게 되었는데, 그것은 아마도 영계와 이승 세계, 산 자와 조상 사이의 중개자로서 지닌 초능력 덕분이었을 것이다. 이와 동시에 그들은 광범한 지역에 걸쳐 정치·경제적 연계 관계를 가진 능수능란한 교역상이었음에 틀림없다. 그들의 정치적 권력은 '미국의 바닥' 전역의 종교 중심지와 위성 취락들의 충성과 노동력을 좌지우지하기에 충분할 정도로 컸으며, 그에 따라 엘리트 가문들은 부차 중심지들에서 살면서 첫 수확을 기리는 연례 '푸른 옥수수' 축제 같은 가장 중요한 의식을 주재하였을 것이다. 작은 신상과 개성적 토기 그릇들은 후대의 토착 아메리카 종교 신앙에서 익히 보는 의장들을 담고 있으며, 그 연원은 더 오래된 옛 문화들에 있었다.

카호키아는 모든 미시시피 군장 사회 가운데 가장 발달한 것이었지만, 그 핵심 영역은 이를테면 고대 이집트를 기준으로 볼 때 아주 작았다. 정치적으로 가변적이었고 당시의 종교 신앙에 토대를 두었던 카호키아의 권세와 번영은 몇 안 되는 지배자의 권위, 카리스마, 능력에 크게 좌우되었다. 이 대중심지는 넓은 지역에 퍼져 산 이민자들을 끌어당긴 자석과 같은 역할을 했는데 그 사람들의 출신지가 그처럼 아주 다양한 공동체라는 사실은 묘장에서 나온 이빨들에 대해 탄소동위원소 분석을 해서 밝혀졌다. 그런데 이 다양성이라는 것이 현지 출신 카호키아인과 이민자들 사이에 심각한 정치 사회적 긴장관계를 유발했을 가능성이 다분하다. 카호키아는 서기 1300년경에 몰락했으며 그 원인은 홍수와 반복된 파멸적 가뭄들뿐만 아니라 이민자들이 개재되었을 사회적 난동과 전쟁에도 있었다. 그때는 남쪽과 동쪽의 다른 정치체들이 이 미시시피 최대 군장 사회가 달성했던 수준과는 결코 겨룰 수 없었기는 해도 이미 두각을 나타낸 터였다.

카호키아는 미시시피 전통 지역의 북쪽에 있었다. 이제 주요 중심지 하나가 남쪽 앨라배마주의 마운드빌에서 발달하였다(테 글 '미국 앨라배마주 마운드빌' 참조). 둘 사이에는 수십 개의 소규모 중심지와 읍들이 생겨났다. 미시시피 전통의 모든 중심지는 그저 연례의 파종 및 수확 의례를 위한 성스러운 장소에 그치지 않고, 시장이자 강력한 군장 사회의 핵이기도 하였다. 예를 들면 카호키아가 중요했던 이유 중 일부는 지역산 소금과 더불어 괭이와 여타 도구를 만드는 데 쓰이는 질 좋은 암석인 각암의 생산과 교역 덕분이기도 했다.

우리는 미시시피 문화 전통 사회들이 어떻게 작동했는지에 대해서는 거의 알지 못한다. 그렇지만 신관과 지배자들로 이루어진 엘리트 집단이 각각의 주요 인구 중심지를 일련의 강력한 군장 사회로서 통치하였을 것이고 그들은 다른 주민과는 다소 격리되어 살았다. 이런 인물들은 그들의 바로 앞 전임자들과는 달리 정치·경제력을 세습했을 터이고 엘리트의 직이 한 세대에서 다음 세대로 전해지면서 사회적 지위 또한 세습되었을 것이다. 군장들은 장거리 교역을 관장했고, 산 자와 조상, 신들 사이의 중개자였다.

높은 계서의 인물들은 호프웰 문화에서와 마찬가지로 호화롭게 장식된 무덤 안에 자기 씨족과 부족을 상징하는 여러 가지 양식의 의례물을 가득 담고 저 세상으로 갔다. 카호키아의 제72호 봉토분을 발굴해본 결과, 적어도 여섯 차례의 매장에 261명의 사람이 묻혔고 그 중에는 군장을 내세에서 모시기 위해 희생된 가신일 것으로 짐작되는 몸이 절단된 남자 4명과 더불어 118명의 여자가 들어 있는 것을 발견할 수 있었다. 군장 한 사람은 수천 개의 조가비 구슬 층 위에 안치되었는데 그에는 저 멀리 위스콘신과 테네시에서 온 무덤 헌물들도 공반되었다. 카호키아와 여타 대규모 미시시피 공동체 대부분은 다소간 표준화된 평면배치를 하고 있다. 주민들은 기단 모양의 토루를 만들고 그 위에 신전과 중요 인물의 집을 지었다. 이 토루들은 광장 둘레에 무리를 지어 모인 반면 대부분의 사람은 근처에 군집한 초가지붕 집에 살았다. 제12장에서 보게 되듯 이와 다소 유사한 건물군 편성은 메조아메리카의 의례중심지와 도시들에 특유한 것이라서 많은 학자가 그에 마음이 끌려 미시시피의 군장들이 멕시코로부터 강력한 문화적 영향을 받았다는 주장을 하였으나 이제 그런 주장은 신뢰를 얻지 못하고 있다.

미시시피 전통의 묘장과 토루 중심지들에서는 정교한 문양과 특징적 미술 의장을 담은 잘 만든 토기와 여타 인공물이 출토된다. 이 인공물 중에는 자루와 머리를 하나로 깎아낸 돌도끼, 여러 개의 원과 눈물 흘리는 눈 모양을 장식한 구리 드리개[垂飾], 딱따구리와 방울뱀을 조각한 조가비 원반, 정교하게 장식된 토기 그릇, 의례용 옷을 입은 남자상을 새긴 조가비 컵 등이 있다(그림 7.13). 이런 물품들에서 보이는 주제와 의장은 남부 및 동남부 전역과 멀리 오하이오강 계곡 주변부에 걸쳐서까지 많은 공통점을 나타내는 특징들이다. 전문가들은 처음에는 이런 의례용 인공물들이 남방계 제식을 나타낸다고 생각했다. 말하자면 눈물 흘리는 눈 같은 의장과 그 관념이 멕시코의 장인 및 신관

그림 7.13 미시시피 샤먼이 날뛰는 조각이 된 조가비 목장식. 한 손으로는 죽은 자의 머리를 쥐고 다른 손으로는 의례용 권표를 쥐고 있다. 지름 10cm.

들의 손에 의해 북미에 도착했다는 것이다. 그러나 토착 미술전통을 면밀하게 살펴본 결과 그런 의장들은 많은 북미 집단이 흔히 사용했던 것으로 드러났다. 미시시피 전통의 많은 의례용 인공물은 계서 및 지위의 식별 표지로서, 또 씨족의 표징으로서 기능했다. 그것들은 서로 멀리 떨어져 있음에도 종교 신앙에서 공통점이 많았던 군장들 사이에 상징 증여품으로서 장거리에 걸쳐 이 사람에게서 저 사람으로 교역된 것이었다.

유적 미국 앨라배마주 마운드빌

마운드빌은 앨라배마주 서중부 블랙 워리어강 강안에 자리 잡고 있으며 서기 1250년부터 1500년 사이에 번성하였다. 29기가 넘는 토루를 가진 이 유적은 75헥타르 이상을 차지한다. 대형 토루들이 면적 약 32헥타르의 사변형 광장을 둘러싸고 있으며 일부에는 그 위에 공공건물이나 중요 인물들의 거관이 서 있다. 두개골 은닉처와 연관된 것은 적은 수인 한편 발한용 집 한 채와 망자를 내어놓기 위한 시신 안치소는 네 방위 방향으로 자리 잡은 광장의 남측 바로 바깥에 위치한다. 강으로부터 떨어진 유적의 세 측면은 마운드빌의 역사 중 어느 시기에 재건축이 많이 되었고 또 능보를 갖춘 목책으로 방호를 하였다. 카호키아에서와 마찬가지로 일반 유적 구역 안에 살았던 사람은 수백 명, 어쩌면 많게는 1천 명이나 되었을 것이다. 마운드빌에서는 3천 기가 넘는 묘가 발굴되었으며 가장 높은 지위의 매장들은 토루 안에 들어 있다.

서기 900년에는 비교적 소수의 '우드랜드 문화' 사람들이 마운드빌 지역에 살았는데 그때는 정치, 경제적으로 상당히 불안한 때였고 영역도 점점 더 좁아들고 있었다. 이 지역민은 견과 수확과 여타 야생 먹을거리에 의존해 살았으며 서기 950년부터 1000년 사이에는 옥수수 생산을 집약화하였다. 그들은 원래 비교적 작은 취락들에 살았는데 농업생산이 늘어나고 민물 조가비 구슬 제작이 증대되며 전쟁이 늘어남에 따라 그 취락들의 크기가 점차 커진 것 같다.

서기 1050년부터 1250년 사이에는 최초의 기단 토루가 마운드빌에 등장하였다. 이때는 옥수수와 콩 농사가 점점 중요해진 시기로서 그것들은 식단의 40%나 되는 먹을거리를 공급하였다. 블랙 워리어강 유역은 주민들이 더 작은 농업 공동체들—어떤 것은 농장 정도에 지나지 않고 어떤 것은 아마도 그보다 훨씬 큰 마을—로 이산함에 따라 중요한 옥수수 농업 구역이 되었다. 마운드빌 유적은 중요 의례중심지가 되었으며 더욱이 그 강 유역에서는 유일한 중심지였다.

서기 1250년경 이 유적은 애초의 분산된 취락들로부터 밀집되고 아주 정형적이며 요새화된 읍으로 성격이 완전히 바뀌었다(그림 7.14). 주민들은 사변형 광장을 설치하였고 그에 동반하는 토루들은 제 순서대로 자리를 잡았다. 그들은 자연 경관에다 상징적 경관을 밀어 넣었다. 이제 마운드

그림 7.14 미국 앨라배마주 마운드빌.

빌은 동서 대칭인 한 쌍의 거주 토루와 장례 신전 토루, 유적 안에 사회 계 서에 따라 잘 규정된 공간들을 가졌다. 그로써 마운드빌은 밀집되고 요새 화된 읍을 닮게 되었으며 그에서 약 1천 명의 사람은 기둥과 진흙으로 지은 네모난 집들의 소규모 군집들로 나뉘어 살았다. 마운드빌은 이미 중요 의례 중심지의 수준을 넘어 공물로 부양되고 장거리 교역에 종사한 대수장이 지 배하는 단일 왕국의 수도로 확대된 터였다. 이 유적 핵심부의 공공건물들이 정형적으로 배치된 점은 신성 경관이라는 맥락 속에 살았던 서로 다른 여러 친족 집단의 지위 관계를 반영할 것이다. 그리고 대수장의 권력은 자신의 초자연적 권능과 더불어 신성 경관이 그에게 부여한 힘으로부터 나왔다.

서기 1300년 이후 한 세기 반 동안 마운드빌은 확고하게 자리 잡은 수 장 왕조가 통치를 하였으며 그 점은 그 봉토분들에 묻힌 화려하게 치장한 일련의 묘가 반영한다. 이 왕조의 권력이 증대되자 수장들은 그 신하로부 터 상징적으로나 실제적으로 고립되었으니 주민들이 지금까지 밀집되었 던 읍으로부터 주변 전원으로 빠져나갔던 것이다. 이제 방호가 되지 않는 유적에 엘리트와 그 가신들만 남게 된 듯하다. 사람들이 왜 흩어졌는지는 아무도 모른다. 지력 고갈에 따른 조정이라는 행정 결정의 결과였을 수도 있다. 혹은 단순히 공격의 위험이 줄었기 때문일 수도 있다. 이제 마운드빌은 사람이 드문드문 사는 의례중심지이자 공동묘지들이 이전 거주 구역을 차지한 망자의 도시가 되었다. 그 안의 매장 다수는 주변 공동체들로부터 온 것이었다. 이와 동시에 토기 문양에서 특징적 배례 의장이 널리 퍼진 현상은 이전보다 많은 사람이 수장권의 종교 상징에 접근할 수 있었음을 암시하는 듯하다.

마운드빌은 스페인 사람들과 접촉하기 1세기 전인 서기 1450년 이후 몰락하기 시작하였다. 엘리트 묘가 더 이상 쓰이지 않았고 다만 명목뿐인 수장이 이 유적을 관할하였을 수 있다. 아마도 파당 싸움과 권위에 대한 하위 지도자들의 저항 때문에 한때 엄격했던 미시시피 사회다운 위계 체계가 몰락하였을 터이다. 그 결과로 지역 군장 사회들이 조각보 같은 집합체를 이루었으나 그 지도자들은 여전히 선대 조상의 토루 가운데서 살던 세습 수장에 대해 충성심을 보이기도 하였을 것이다. 스페인 정복자 에르난도 데 소토가 1540년 이 지역을 지날 때 약간의 사람들이 여전히 마운드빌에 살고 있었지만 그때까지 희미한 그림자만 남은 군장 사회가 아직도 존재하였는지는 알지 못한다.

미시시피 문화는 완전히 토착적인 문화전통으로, 부분적으로는 메조아메리카로부터 약간의 중요한 영향도 받으면서 북미 동부에서 수천 년에 걸쳐 꾸준하게 일어난 문화 진화의 정점이었다. 카호키아, 마운드빌, 여타 미시시피 전통의 대중심지들은 유럽인 탐험가들이 16세기에 미시시피강 유역에 도착했을 때에는 이미 세력의 정점을 지난 뒤였다. 그러나 아직도 많은 군장 사회가 중남부와 동남부에서 유럽인들과 접촉할 당시와 그 뒤까지도 번성했다. 만약 유럽인들이 오지 않았더라면 미시시피 사회의 계승자들이 과연 어떤 궤적을 그렸을지 상상해보는 것은 흥미로운 일이다. 그들은 남쪽 마야와 아스텍의 국가들에 비견할 만한 완전히 발달한 국가조직 사회로 진화했을까? 전문가들은 그러지 못했을 것으로 믿는다. 왜냐하면 북미에서는 옥수수와 콩의 생육기가 너무 짧고 기후도 혹독했기에 그런 산업화 이전 사회 조건에 부합하는 집약 농경을 하거나 고밀도 도시인구를 부양할 수가 없었기 때문이다. 어떤 군장 사회도 비교적 한정된 지역보다 넓은 범위에 걸쳐 권위를 유지하는 데 필요한 잉여식량을 축적하기가 어려웠을 것이다. 요컨대, 이곳에서 일어난 식량생산의 가장 중요한 문화적 결과는 장기적으로 정치제도가 더욱 크게 발전하고 일정 수준의 사회 계서화가 생겨나며 넓은 범위에 있는 마을 농경 사회들 사이의 상호의존도가 한층 더 증가하는 방향으로 변화한 데 있었다.

북미 동부와 태평양에서 일어난 복잡화를 향한 추세는 온대 유럽과 사하라이남 아프리카에서도 전개되었다(제10장 참조). 유럽에서는 가장 유능한 마을 친족 지도자가 결국에는 무사 군장이 되고, 나아가 소규모 읍을 기반으로 통치를 하는 세습 지도자가 되었다. 그런 발전의 촉매 한 가지는 장거리 교역의 폭발적 발전이었으며 이는 고립된 공동체들까지도 대규모 경제(나중에는 정치) 단위들로 연결한 청동(나중에는 철) 야금술의 광범한 이용과 때를 같이한다. 로마 장군 줄리어스 시저의 군단들은 서부 유럽의 철기시대 사람들이 정복하기에 아주 힘든 상대라는 사실을 발견했다. 수세기 뒤 이들의 후예는 무적불패라는 로마의 명성을 분쇄하게 된다. 그러나 식량생산의 가장 중대한 결과는 제4부에서 기술하듯이 서기전 3000년 이후 세계 도처에서 발달한 국가조직 사회, 즉 도시 문명의 등장이었다.

- 군장 사회는 정의하기 쉽지 않지만 친족 유대와 호혜 책무에 토대를 두고 있었다. 사람과 그 토지 사이의 관계는 친족 집단과 친족 조상들에 긴밀하게 연계되어 있었다.

- 시간이 지나면서 평등한 형태의 마을 생활은 새롭고 좀 더 복잡한 농경 사회들에 자리를 내주었는데 이 사회는 카리스마나 이례적 영력을 지닌 유력한 친족 지도자들이 이끌었다. 이런 '대인'들 가운데 어떤 이는 자신의 군장 직을 세습시키는 수준의 권력을 획득할 수 있었다. 또 어떤 군장 직은 개인의 능력과 추종자의 충성심에 토대를 두었기에 그 군장의 죽음과 더불어 사라졌다. 옛 세계의 수많은 지역에서 복합도가 아주 다양한 군장 사회가 발달하였다.

- 태평양 제도에서는 단순 군장 사회와 복합 군장 사회가 둘 다 발달하였다. 뉴기니 고지대에서는 서기전 6000년이면 단순한 뿌리 작물 원예농업이 확립된 상태였다. 라피타 문화복합의 주민은 서기전 1600년 이후로 서남 태평양 전역에서 널리 교역을 하였지만 근해용 현외(舷外) 노걸이 장착 카누들이 미크로네시아와 폴리네시아에 닿은 것은 겨우 서력기원 전후한 시점이 되어서였고 뉴질랜드에는 서기 1000년부터 1200년 사이에 사람들이 이주하였다. 그 이후로 하와이와 폴리네시아의 소사이어티 제도 같은 군도에 시간이 갈수록 복합도가 점증한 군장 사회들이 발달하였다.

- 또 북미 서남부와 우드랜즈 동부에서도 한층 복잡한 사회들이 발달하였다. 옥수수 농경은 미국 서남부에 서기전 2000년에서 1500년쯤이면 도입되었다. 서남부는 서기전 300년이면 정주 촌락 생활과 더불어 이전보다 농경에 훨씬 많이 의존하는 것이 특징이 되었고 이는 호호캄, 모골론, 원조 푸에블로 문화 전통의 출현으로 이어졌으며 이들에게로 현대 푸에블로 사람들의 궁극적 계보가 닿는다.

- 북미 동부의 많은 집단은 서기전 2000년 이후로 토착식물들을 식료 보완용으로 의도적으로 심는 쪽으로 눈을 돌렸지만 옥수수와 콩 농경이 서남부로부터 이곳에 들어온 것은 서기전 1천년기가 되어서였다. 서기전 1000년 이후로 일련의 강

력한 군장 사회가 동남부와 중서부에서 일어났는데 이 사람들 사이에서는 정교한 매장 습속과 봉토분 및 토루 축조가 아주 흔하였다.

- 아데나 전통은 서기전 700년쯤에 등장하였으며 대략 서기 100년부터는 호프웰 전통과 중첩된다. 서기 800년쯤에는 미시시피 전통의 흥기와 더불어 경제, 종교, 정치 권력의 중심이 미시시피강 유역과 동남부로 옮겨갔다. 강력한 종교·세속 지도자들을 가진 이 전통은 16세기에 유럽인들을 만날 때까지도 많이 변형된 형태로 존속하였다.

참고문헌

Patrick Kirch의 *On the Road of the Winds: An Archaeological History of the Pacific Islands before European Contact* (Berkeley: University of California Press, 2002)는 태평양 제도로의 최초 인간 이주를 잘 요약하고 있다. Kirch의 *The Evolution of the Polynesian Chiefdoms* (New York: Cambridge University Press, 1989)는 태평양 제도의 복합 사회들을 서술하고 있다. 뉴질랜드 고고학에 대해서는 Janet Davidson의 *The Prehistory of New Zealand* (Auckland: Longman Paul, 1984)를 권한다. 미국 서남부 고고학에 대해서는 Linda Cordell과 Maxine McBrinn의 *The Prehistory of the Southwest* (제3판, Orlando, FL: Academic Press, 2012)에서 잘 분석하고 있다. 미국 동부 우드랜즈 문화에 대해서는 George R. Milner의 *The Moundbuilders* (London: Thames and Hudson, 2004)와 더불어 Timothy R. Pauketat와 Susan M. Alt 편 *Medieval Mississippians: The Cahokian World* (Santa Fe, NM: School for Advanced Research, 2015)를 참고하시기 바란다. Susan Keech McIntosh 편 *Beyond Chiefdoms: Pathways to Complexity in Africa* (New York: Cambridge University Press, 1999)는 군장 사회의 고고학에 관심을 가진 이면 누구든 필수적으로 읽어야 할 논문들을 모아 놓았다.

WORLD PREHISTORY

제4부

초기 문명들의 세계

서설: 구대륙 문명들

- 산업화 이전 문명이라고도 알려진 국가조직 사회의 기원
- 초기 국가들의 기본 특성과 정치 사회적 복합성
- 신성 통치자, 파라오, 전사 군주: 초기 문명 지배자의 성격

우리는 여기서 4개의 장을 국가의 기원과 구대륙에서 가장 이른 문명들에 할당한다. 하지만, 우리가 다루는 내용은 어쩔 수 없이 짤막하고 간결할 수밖에 없다. 더 자세히 알고자 하는 독자는 산업화 이전 국가에 관한 책과 논문만으로도 도서관 몇 개는 채울 정도가 되니 참고하시기 바란다. 제8장 국가조직 사회의 장은 구대륙과 아메리카 대륙 둘 다에 적용이 된다. 우리는 대서양 양쪽의 여러 초기 국가에 대한 서술로 들어가기 전에 이 장을 읽어주시길 강력히 권고한다. 이 장을 읽고 지나가면 제4부의 나머지 개개 장은 메소포타미아와 동지중해 세계, 이집트와 아프리카 그리고 남아시아·동아시아·동남아시아에 할당하였다. 특정 문명에 대해 더 자세히 공부하고 싶으시면 각 장의 맨 뒤에 추천한 책들을 읽으시기 바란다.

국가의 기원은 그간 한 세기가 넘도록 커다란 논쟁이 벌어진 주제이다. 산업화 이전 문명들은 어떻게 탄생하였나? 어떤 커다란 요인들 때문에 이전보다 정치 사회적으로 훨씬 복잡한 사회들이 급속하게 발달하였는가? 최초의 이론들은 최초 문명이 나일강을 따라 발달했다고 전제하였지만 금방 그 대상지가 확대되어 근동의 많은 부분을 포함하였다. 가장 오래도록 견지되는 이론들 가운데 하나는 선사학자 비어 고든 차일드가 1930년대에 '도시혁명'을 주장했을 때 나왔다. 그 혁명에는 야금술의 발달, 전문 장인의 등장, 장거리 교역의 급속한 확장이 들어 있었다. 관개가 농업생산성을 제고하였고 정치 사회적 통제의 중앙집중화와 새로운 계급·계층 사회들이 탄생하였으며 그에

서 문자가 중요한 역할을 하였다는 내용이다.

오늘날의 학자들은 차일드의 '혁명'에서 세 가지 요소가 핵심적 중요성을 지녔다는 데 동의하는데 대규모의 식량 잉여, 다양화된 농업 경제, 관개 농경이 그것들이다. 그 외는 이제 누구나 혁명 가설이란 것이 지나치게 단순화되었다고 여기니 지난 5천 년간 번성했던 산업화 이전 국가들이 지닌 엄청난 다양성을 고려한다면 당연하다. 고고학자 대부분은 '문명'이라는 용어를 도시화된 국가 수준 사회의 약칭으로 쓰고 있다. 그 모두는 밀집하거나 그보다 산재한 도시들을 초점에 두었고 자본 축적을 중앙집중화하였으며 많은 비농민을 부양한 잉여 식량과 더불어 장거리 교역을 통할하였다. 사회는 피라미드 같은 구조였고 모든 것을 포괄하는 국가 종교와 복잡한 사회 계층을 갖고 있었다.

어디서든 국가의 발달은 복합적 과정이었다. 그에는 커다란 사회 경제적 변화가 개재되었고 또 모종의 생태적 요인들도 틀림없이 그러했으며 나아가 이 모든 것이 복잡한 문화 체계들을 탄생시켰다. 또 산업화 이전 국가의 탄생을 낳은 여러 경로에서 개인과 집단들도 중요한 역할을 하였다. 그리고 종교 이념, 권력과 충성스런 신하들을 획득하는 방법들, 정복전쟁은 물론이고 이례적 능력과 리더십 기술을 가진 개인들 또한 중요한 역할을 하였다. 인간의 노동력에 의존했던 산업화 이전 문명들은 아주 가변적인 독립체로서 흔히 종잡을 수 없을 정도로 급속하게 흥기하고 몰락했으니 그것을 입증하는 사례들이 바로 메소포타미아 수메르인들, 고대 마야 왕국들, 페루 모체 국가의 흥망성쇠였다.

제9장은 메소포타미아와 동지중해 세계에 초점을 맞춘다. 메소포타미아의 수메르인(서기전 3100년부터 2334년까지)은 사람이 붐비는 도시국가 속에서 세속 수장이자 전쟁 수장인 '루갈'의 지배를 받으며 변전 많은 정치 세계 속에서 번성했다. 그에서는 장거리 교역과 문자가 결정적으로 중요한 역할을 하

였다. 그들의 도시국가는 아카드인과 바빌로니아인(서기전 2334년부터 1650년까지)에 의해 몰락하였는데 이들은 정복과 장거리 교역을 토대로 이전보다 훨씬 넓고 불안스러운 영역을 대충 한데 짜 맞추었다. 더 넓어진 동지중해 세계는 서기전 2000년 이후로 해상 교역과 상호 경쟁 문명들의 중심지가 되었으니 그 문명들로는 크레타의 미노아(서기전 1900년부터 1200년까지)와 그리스 본토의 미케네(서기전 1600년부터 1200년까지) 등이 있다. 이때에 이르면 동지중해 문명들이 이전보다 더욱 긴밀하게 서로 연계되었으며 다시 히타이트인과 페니키아인(서기전 1650년부터 800년까지)이 군림했다. 그런데 그때는 부분적으로는 극심한 가뭄이 촉발한 극도의 정치적 불안정 속에 있었던 시기였다.

제10장의 초점인 이집트의 파라오들은 서기전 3100년경에 이전의 왕국들을 통일해 나일강을 따라 발달한 한 직선형 문명을 주재하였다. 그들은 신성 통치자로 여겨졌는데 그들의 권력은 태양신 아문을 중심으로 오랜 기간 지속된 종교 이념에서 나왔다. 고왕국시대 이집트는 서기전 3000년부터 2575년 사이에 강력한 국가가 되었다. 이는 전제 파라오가 다스렸으며 그들은 죽어서 피라미드 속에 묻혔다. 대략 서기전 2100년에 국가가 파멸적 가뭄 때문에 분열 상태가 되었지만 서기전 2040년에 상이집트 와세트(지금의 룩소르) 출신의 통치자들이 재통일을 하였다. 이 중왕국시대 파라오들은 성공적인 행정가요 장군이었지만 그들의 신왕국시대 후계자들(서기전 1530년부터 1070년)은 이집트를 강력한 제국주의 문명으로 바꾸어 놓아 서기전 1070년까지 동지중해의 많은 부분을 지배하였다. 이집트의 성공 요인 가운데 상당 부분은 예측 가능하나 불규칙했던 나일강 홍수와 비옥한 범람원 토양에 있었으며 이 요소들 덕에 이집트는 서기전 30년 로마에 정복되어 그 제국의 속주가 될 때까지 효율적 행정을 펴면서 번성을 하였다. 나일강의 상류 쪽으로 올라가면 현대의 수단과 에티오피아 고지대 악숨에 있었던 아프리카 쿠시 왕국과 메로에 왕국이 파라오들의 엄청난 경쟁자가 되었으며 그들은 파라오를 위해 코끼리

상아 같은 중요 물품들을 공급하기도 하였다.

제11장에서 먼저 다룰 인더스 문명은 서기전 2700년 이후로 남아시아의 토착적 뿌리들로부터 발달하였으며 약 1천 년 동안 번성하였다. 누구인지 정체를 모르는 그 사람들은 하라파와 모헨조다로 같은 대도시에 진을 치고 살았으며 수메르인과 교역을 하였다. 이 문명은 분산된 도시 독립체와 그 주변 마을들로 이루어져 있었는데 그 어느 것도 이집트 및 메소포타미아 문명같이 거창하고 휘황찬란한 티를 전혀 내지 않았다. 아직 아무도 인더스강 유역의 문자 코드를 해독해내지 못했기에 그 사람들이 어떤 식의 사고를 가졌는지나 어떤 지배자든 그 이름이 무엇이었는지에 관해 그들이 직접 쓴 정보가 없는 셈이다. 그리고 오늘날의 캄보디아에서 서기 1천년기 후반에 흥기한 괄목할 만한 동남아시아 크메르 국가에 대해서도 기록이 없는 것은 마찬가지이다. 크메르 국가의 발생에 대한 자극은 남아시아와 북쪽 둘 다로부터 나왔으며 그 국가의 정점은 앙코르 톰 및 앙코르 와트 같은 거대하고도 정교한 의례 중심지가 보여주고 있다. 탁월한 물 관리 능력이 벼농사와 고기잡이를 뒷받침했지만 서기 12세기 동안 일어난 심한 가뭄들이 크메르 문명의 토대를 잠식한 듯이 보이며 이는 이웃들로부터 압박을 받은 끝에 몰락하였다.

중국 문명은 서기전 2700년 이전에 황허를 중심으로 한 북부와 양쯔강을 중심으로 하며 훨씬 따뜻한 남부 둘 다에서 병합 과정을 거친 끝에 출현하였다. 서기전 3000년에 이르면 북부와 남부에서 조각보의 각 부분 같은 왕국들이 번성하였으며 그들은 기장이나 벼 경작을 토대로 하였다. 성벽을 두른 읍에 살았던 지역 통치자의 왕조들은 자신들의 경쟁국에 이리저리 복잡하게 얽힌 동맹과 친족 관계로 느슨하게 연계되어 있었다. 각 지역 왕조가 차례로 권력을 차지했으나 느슨하게 통합된 소왕국들의 연합체는 상 문명으로 발전하였다. 상의 통치자들은 이전 세기보다 훨씬 더 복합적인 사회를 통할하였다. 그들은 적어도 일곱 군데의 수도에서 거주했고 서기전 1766년부터 1122년까지 북부를 통치하였다. 상 문명은 숙련된 기술을 자랑하는 청동제품으로 유명한데 그것들은 권력과 위세의 중요한 상징이 되었다. 한층 복합적인 사회로의 유사한 추세는 남쪽과 동쪽에서도, 특히 양쯔강의 중류와 하류역에서 일어났으나 그 왕국들에 관해 알려진 바는 거의 없다.

중국 문명은 격심한 경쟁과 끊임없는 소규모 전쟁이라는 정형이 특징이며 그 문명의 많은 부분은 이윽고 주나라의 손아귀에 들어갔다. 전쟁을 일삼은 그 통치자들은 문명의 무게 중심을 남쪽과 서쪽으로 옮겼다. 그들은 자신들의 영역을 일련의 후국으로 나누었으며 그것들은 여러 세기를 두고 서로 싸웠다. 그러다가 진 왕국의 한 통치자인 '진나라의 호랑이' 정(政)이 서기전 221년에 무력으로 중국을 통일하고 최초의 중국황제, 즉 시황제가 되었다. 그의 막대한 무덤에 대한 공사는 일찍이 서기전 246년에 시작되었다. 그는 죽어서 주변 경관보다 46m가 높은 거대한 봉분 아래 묻혔다. 안에 있는 묘실(아직 발굴되지 않음)은 중국을 모형으로 표현했다고 하며 그 강들은 수은을 채워 묘사했다고 한다. 근처에는 기병과 군관들을 완비한 실물 크기의 도용 병사들로 이루어진 완전한 한 부대가 이 왕의 무덤을 호위하듯이 배치되어 있다. 그 인물상들은 각 개인의 머리 스타일과 기장을 그대로 묘사해 빚었으며 완전 군장을 하였다. 실물 3분의 1 크기의 마차와 말도 가까이 묻혀 있었다. 이 진시황제의 지하 병마용 갱은 중국에서 가장 인기 많은 주요 관광 명소 가운데 하나가 되었다. 발굴과 보존 작업이 병행되고 있으며 그 갱들의 많은 부분이 아직 발굴되지 않은 상태이다. 조각난 도용병사들을 복원하는 작업만 해도 수십 년은 걸릴 것이다.

구대륙의 산업화 이전 문명들은 그처럼 다양하지만 그럼에도 한 가지 공통 틀을 갖고 있으니 소수의 이익을 위해 기능한 계층화된 사회로서 거의 언제나 종교 이념, 잉여 식량의 주도면밀한 관리, 무력으로 통치되었다는 것이다. 그리고 그들의 문화유산이 남긴 유산은 막대하다.

제8장

국가조직 사회

Heritage Image Partnership Ltd/Alamy

이라크 님루드에서 출토된 아시리아 상아 조각으로 창을 통해 바깥을 엿보는 여인의 모습이다.

프롤로그

폴 에밀 보타는 1840년 북부 이라크 모술 주재 프랑스 영사로 임명되면서 한 가지 공식 임무를 부여받았으니 그것은 성경 도시 니네베 근처의 인공 언덕들을 발굴하는 일이었다. 보타는 서아시아 언어 몇 가지를 말할 줄 아는 경험 많은 여행가라는 점을 빼면 도대체 고고학적 능력이라고는 아무것도 없었다. 그는 처음에는 니네베를 팠지만 글자가 새겨진 벽돌들 이외에는 아무것도 찾아내지 못해 성과가 없었다. 그러던 중 작업 일꾼 한 사람이 그에게 23km 떨어진 코르사바드라는 마을에 있는 자신의 집 굴뚝을 비슷한 벽돌들로 지었다고 이야기해주었다. 그 사람을 일꾼에서 빼버릴 심산이었던 보타는 사실을 알아보라고 작업 일꾼 두 사람을 보냈다. 그들은 일주일 뒤 이상한 동물들로 장식되고 조각이 아주 많은 벽 이야기를 갖고 돌아왔다. 보타는 즉시 말에 올라타 코르사바드로 몰고 갔으며 그곳 작은 발굴 구덩이 벽들에서 기묘한 낮은 부조들을 보고 숨이 턱 막혔다. 그 부조란 긴 가운을 걸친 수염 기른 남자와 날개달린 짐승, 야수들의 부조였던 것이다. 그는 자신의 발굴지를 코르사바드로 옮겼다. 그는 몇 주 안에 조각된 석회암 석판들로 이루어진 방들을 잇달아 발견했으며 장려하고 이색적인 왕궁의 벽장식들을 찾아내었다. 그는 나중에 그 궁전에 관해 흥분에 차 "나는 약간의 근거로 니네베가 번영하던 시기로 비정할 수 있는 조각품들을 최초로 발견한 인물이 바로 나라고 믿는다."고 썼다(페이건, 『바빌론으로의 귀환』(2007), 102쪽).

1. 국가조직 사회란 어떤 사회인가? | 2. 도시 | 3. 국가의 기원에 관한 이론들 | 4. 사회 접근법: 세 부문의 권력 | 5. 분파성과 이데올로기 | 6. 변화의 주역으로서의 인간들 | 7. 문명의 몰락 | 8. 요약

이제 우리는 보타가 니네베가 아니라 아시리아 왕 사르곤이 서기전 8세기에 막대한 비용을 들여 건축한 궁전을 발굴하였음을 알고 있다. 그렇다 하더라도 보타의 놀라운 발견은 19세기 고고학의 고전시대를 열었다. 이 고전시대는 세상에 아시리아 문명뿐만 아니라 그 외에 수메르 문명과 마야 문명, 미노아 문명, 미케네 문명, 그리고 그밖에 지금껏 알려지지 않았던 문명들 또한 드러내었던 시기였다.

오늘날에는 더 이상 발굴해낼 알려지지 않은 문명은 없건만 고고학자들은 여전히 세계 최초 국가들의 기원과 작동을 이해하려고 무진 애를 쓰고 있다. 우리는 서기전 3100년쯤에 이집트와 메소포타미아에서 최초의 국가조직 사회들이 출현함으로써 인류사에 새로운 장을 열었음을 알고 있다(그림 8.1). 이 세계 최초 국가들의 출현은 여러 세기가 걸린 복합적 과정이었다. 이 장에서는 국가조직 사회를 규정하고 초기 문명의 발생에 기여한 요소들 중 몇 가지를 논의하며 또 그 기원을 둘러싼 몇 가지 이론을 검토하기로 한다.

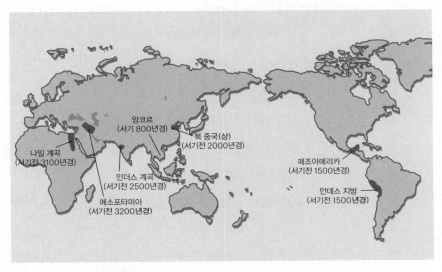

그림 8.1 초기 국가 형성 지역들.

1 국가조직 사회란 어떤 사회인가?

인류의 선사시대 사회를 연구한 사람이면 누구나 세계 여러 곳의 문명 출현이 인류의 환경 적응 역사에서 대단히 중요한 사건이었다는 데 동의한다. '문명'이라는 말은 즉각적이고도 일상적인 의미를 갖고 있다. 이는 '교양', 즉 어떤 문명 속의 한 개인이 행동에서 보이는 일정한 품위를 함축한다. 그런데 이런 정의는 필연적으로 자민족 중심주의 혹은 가치판단을 반영한다. 왜냐하면 한 문명에서 '교양 있는' 행동이 다른 문명에서는 반사회적이거나 이해할 수 없는 행동이 될 수 있기 때문이다. 그래서 이처럼 지나치게 단순한 이해는 학문의 기본 정의와 문화 과정을 탐구하는 초기 문명 연구 학도들에게는 아무런 소용이 없다.

오늘날 고고학자들은 '문명'이라는 용어를 도시화된 국가 수준 사회에 대한 약호처럼 쓴다. 이 책에 서술된 문명들은 때로 '산업화 이전 문명'이라고 불리는데, 석탄 같은 화석 연료가 아닌 인력에 의존했기 때문이다. 산업화 이전 문명들은 많은 변이를 보이지만 다음 요소들은 모두에 공통되는 특징이다.

- 도시를 근거로 하고 아주 복합적인 대규모 사회조직을 가진 사회. 산업화 이전 문명은 나일강 유역처럼 언제나 아주 넓은 영역을 바탕으로 했으며 이는 개별 친족 집단들이 좁은 지역을 관할한 것과는 대조된다.
- 공납과 징세를 통한 자본과 사회적 지위의 중앙집중적 축적에 바탕을 둔 경제체제. 예를 들어 메소포타미아 수메르의 왕들은 국가의 이름으로 교역 활동을 독점하였다. 이런 유형의 경제는 수백 명에서 흔히 수천 명에 달하는 장인과 신관 같은 식량 비생산층을 부양할 수 있도록 해주었다. 장거리 교역과 분업은 물품생산 전문화와 더불어 초기 문명의 특징인 경우가 많다.

- 공식 기록 유지, 과학·수학 부문의 발달과 특정 형태 문자 개발에서의 진전. 문자는 이집트의 상형문자에서 안데스의 잉카인이 쓴 결승(結繩)에 이르기까지 여러 가지 형태를 띠었다.
- 이집트의 신전과 마야의 의례중심지 같은 위압적인 공공건물과 기념 건축물들.
- 통치자가 주도적 역할을 하는 일정 형태의 포괄적 국가 종교. 예를 들어 이집트의 파라오는 지상의 살아있는 신으로 여겨졌다.

그렇지만 우리가 산업화 이전 국가들의 발생을 마치 문화 진화의 사닥다리에서 한 계단 올라선 것처럼 생각해서는 오도된 것이며 과거를 지나치게 단순하게 바라보는 것임을 강조해두고자 한다. 그런 관점은 국가조직 사회의 출현에 대해 사닥다리 모델류의 인류 진화론을 적용하는 것과 똑같이 억지이다. 그것은 너무나 지나치게 단순화되었다. 우선 이를테면 고대 이집트가 메소포타미아와는 독립적으로 아무런 접촉 없이 출현했다고 하는 생각은 그들 사이에 교역과 여타 접촉을 통해 많은 연계 관계가 있었다는 점으로 보면 완전히 난센스이다. 예를 들면 저스틴 제닝스는 "취락들이 급속하게 결집한 데 따른 간헐적이고 흔히 의도되지 않은 부산물"로서 문명들이 생겨났다고 주장한다(제닝스, 2016, 『문명 죽이기』, 273쪽). 이 시나리오에 따르면 사람들이 끝없이 커져 가는 취락들로 몰려든 것이 그들의 삶에서 근본적 변화를 일으킨 유일한 길이었다. 오늘날의 도시보다 훨씬 작았던 최초의 도시들은 그 이전의 경험이라는 혜택이 없는 상태에서 많은 요인이 작용해 사람들을 서로서로 연결한 관계망들이 점점 더 강력해진 결과로 탄생한 것이다. 최초 도시와 국가조직 사회의 생성은 대단히 복잡한 과정으로서 우리가 이해하는 부분이 아직 조금밖에 없는 상태이다.

편년표 C

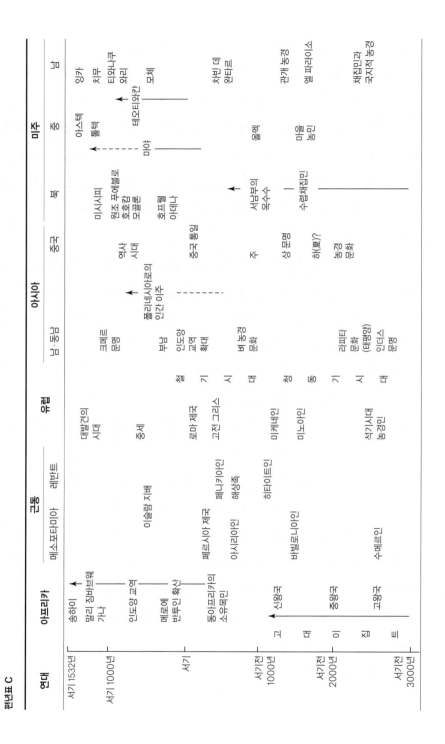

2   도시

초기 문명에 대한 고고학적 연구는 도시의 탄생과 발전을 중심으로 한다. 오늘날 도시는 세계 전역에서 주된 인간 취락 유형인데, 이는 산업혁명이 지구의 경제 형세를 바꾸어 놓은 이래로 그러하였다. 최초의 도시는 여러 가지 형태를 띠었으며, 메소포타미아처럼 밀집되고 성벽을 두른 취락에서부터 메조아메리카의 의례중심지처럼 중심 거주지에 핵심 주민이 살고 주위 경관에 농촌 주민이 산재한 마을들을 이룬 경우에 이르기까지 다양하다. 그리스 본토 및 크레타의 미케네 및 미노아에서는 궁전들이 세속 경제 및 교역의 중심지였고 마을 주민은 그 둘레에 흩어져 살았다. 동남아시아 캄보디아의 앙코르 와트와 크메르의 여타 대중심지들은 광범위한 배후지를 가진 산재된 도시들이었다.

도시는 그 인구로써 정의할 수가 있으며 일반적으로 읍이나 마을보다 인구수가 많고 밀도가 높다. 일반적으로 쓰이는 어림 수치는 대략 5천 명을 하한으로 한다. 하지만, 수치만으로는 정의가 충분치 않다. 인구 규모 및 밀도와 더불어 경제 복합성 및 구조 복합성이 도시를 다른 취락 유형과 구분 짓는다.

- 도시는 규모가 크고 비교적 밀집한 취락이며 인구는 최소한 수천 명을 헤아린다. 고대 세계의 작은 도시들은 주민이 2천이나 3천 명 정도였다. 로마나 중국의 장안 같은 최대 도시는 100만 명이 넘었을 것이다.
- 도시는 자신과 배후 농촌 사이, 그 안의 전문 장인과 다른 집단들 사이의 상호의존과 전문화가 특징이다. 도시는 그 지방의 중심지로서 주변 지역 마을들에 각종 용역을 제공하는 동시에 먹을거리를 그 마을들에게 의존한다. 예를 들어 도시 대부분은 농산물을 교환할 수 있는 시장을 가졌다.

- 도시들의 구조 복합성은 작은 농경 공동체의 그것을 훨씬 넘어서는 수준이다. 도시에는 내부 문제들을 규율하고 안전을 보장할 중앙집중적 기구들이 있다. 이것들은 보통 신전이나 궁전 같은 기념 건축물, 때로는 도시 성벽 같은 형태로 나타난다. 여기서 우리는 도시 개념과 국가 개념 사이의 중첩을 반드시 인식해야 한다. 국가 역시 중앙집중화된 기구들의 존재가 특징이다. 도시를 가지지 않은 국가는 있을 수 있지만 국가 속에 박혀 있지 않은 도시를 상상하기는 아주 어렵다.

고고학자들에게 고대의 도시 유적은 보통 그 크기나 잔적의 규모 둘 다에서 명백하게 드러난다. 하지만, 국가는 정의하기가 한층 어렵다. 국가는 친족의 유대 관계들을 가로지르는 권력을 가진 중앙 권위체가 통치하는 정치적 단위이다. 물론 친족 집단들은 사라지지 않지만 그 권력은 축소되고 지배 엘리트에 대한 충성을 바탕으로 하는 새로운 통제의 중심축이 출현한다.

3   국가의 기원에 관한 이론들

세계 선사의 발전 가운데 그간 국가의 기원만큼 많은 이론적 논쟁을 야기한 것은 거의 없다. 이론에 바탕을 둔 현대적 가설들은 일찍이 1930년대부터 개진되었다.

'도시혁명'

빅토리아 시대 사람들은 이전의 그리스인 및 로마인처럼 문명이 나일강 하안 '파라오들의 땅'에서 처음 생겨났다고 가정하였다. 이윽고 초기의 이론들은 좀 더 넓은 캔버스를 써서 '비옥한 초승달지대' 모두를 포괄하기에 이르렀다.

문명의 기원에 관한 비교적 정교한 최초의 이론은 '신석기혁명'으로 유명한 비어 고든 차일드에 의해 공식 제기되었다. 차일드는 신석기혁명보다 나중의 '도시혁명'이라는 것을 설정하였다. 이에서는 야금술의 발달과 이전보다 훨씬 큰 취락인 도시에 사는 전업 장인이라는 새로운 사회 계급의 출현을 보게 된다. 그런데 장인들의 생산품은 분배되어야 했고, 또 원자재는 대개 멀리 떨어진 곳에서 구해야 했다. 차일드는 이 두 가지 요건이 농민 공동체들의 자족성을 감소시켰다고 주장하였다. 농법은 더욱 발달하였는데, 이는 점증하는 비농업 인구를 부양하기 위해 일인당 식량생산량을 늘려야 했기 때문이다. 관개는 생산성을 향상시켰고, 식량 공급, 생산, 분배의 중앙집중화를 낳았다. 징세와 공납은 자본의 축적으로 이어졌다. 결국 전통 친족이 아닌 경제 계급에 바탕을 둔 계급-계층화된 사회가 새로이 탄생했다고 차일드는 말했다. 문자는 기록을 유지하는 데나 정밀하고 예측 가능한 과학이 발전하는 데 필수적이었다. 육운 및 수운은 이 새로운 질서의 한 부분이었다. 신관 왕과 전제 군주들이 권좌에 오르면서 통합 종교가 도시 생활을 지배했다. 기념 건축물은 그들이 활동한 증거이다. 고든 차일드는 기술과 더불어 전업 장인들이 도맡은 물품생산 전문화를 도시혁명의 주춧돌이라 여겼다.

초기의 생태학적 모델들

이전보다 훨씬 많은 자료를 가지고 연구하는 현대의 학자들은 이제 고든 차일드의 '도시혁명' 중 세 가지 요소가 세계의 모든 초기 문명이 발생하는 데서 대단히 중요했다는 데 동의하니 그 세 가지란 대규모 식량 잉여, 다양화된 농업 경제, 관개 농경이다.

비옥한 초승달지대 모델에서는 메소포타미아 범람원과 나일강 유역이 이례적으로 비옥하였던 점이 그 지역에서 도시와 국가들이 출현한 주된 요인이라고 가정하였다. 농업 효율성의 증대로 더 많은 잉여 곡물이 생겨나고 그와 더불어 사회, 문화적 변화가 일어났다는 것이다. 그런데 경제학자 에스터 보스럽을 위시한 일부 학자는 이와는 정반대되는 입장을 취하였다. 그들은 식량 잉여가 아닌 인구 증가가 집약 농경을, 종국적으로는 한층 복합적인 사회를 탄생시킨 동기였다고 믿고 있다. 하지만, 인구 밀집이 중요하기는 해도 미케네 문명이나 잉카 문명이 보여주듯 모든 국가조직 사회의 특징은 아니다.

이 이론가들은 국지 환경의 생태적 다양성 정도가 지역에 따라 너무나 큰 차이가 있음을 지적하였다. 다양화된 농업 경제라도 한층 적은 수의 생산성 높은 작물들에 비중을 두는 경향이 있었지만 생업 경제의 궁극적 토대는 여전히 넓은 상태였다. 예를 들어 이집트인은 밀과 보리를 대대적으로 경작하였지만 또한 대규모의 소떼와 염소떼를 길렀다. 안데스 고지대의 국가들은 그 저지대 이웃들에게서 물고기와 면화, 여타 자원을 제공받았다. 그 결과로 생겨난 식량 자원의 다양성은 사람들을 기근으로부터 보호하였고, 또 먹을거리와 여타 산물의 교역 및 교환과 더불어 분배 조직의 성장을 촉진함으로써 중앙집중화된 권위체의 등장을 조장하였다.

관개 농경의 채택 또한 문명 발생의 주된 요인으로 여겨졌는데, 그것이 이전보다 훨씬 높은 밀도의 인구를 부양하였기 때문이다. 초기의 생태학적 이론들은, 초기 국가들이 농업 생산성을 높이기 위해 관개 농경을 널리 이용한 듯 보인 점에 밀접하게 연계되어 있었다. 1950년대에 인류학자 줄리언 스튜어드와 역사학자 칼 비트포겔은 이집트와 메소포타미아, 여타 지역에서 계층화된 사회들이 발달한 이면에 관개가 있다고 주장하였다. 비트포겔이 그것을 가리켜 '수리(水利) 문명들'이라 부른 점은 유명하다. 두 학자는 관개가 실시된 지역들에서는 환경, 식량생산, 사회 제도 사이의 관계가 똑같다고 주장하였다. 비트포겔은 중국 전문가로서 초기 아시아 문명들이 '막강한 수리 관료제 사회'가 되었다고 주장했는데, 중국·이집트·인도 같은 인구 밀집 지역에 대한 그런 관료 조직의 전제 통치는 강우가 희소한 지역의 대규모 수자원 관리 사업에 관련된 기술, 환경적 필요 사항들 덕택이라는 것이다. 그리하여 관개의 사회적 요구 사항들이 구대륙 몇 곳에서 국가와 도시 사회를 탄생시켰고 바로 그 요구 사항들은 그들의 사회, 경제 구조에서 놀라울 정도의 유사성을 낳았다는 것이다.

이제 초기 관개에 대한 우리의 이해는 대규모 경관 탐사의 성과들을 비롯한 막대한 양의 새로운 자료 덕택에 한층 날카로워졌다. 예를 들어 고고학자 로버트 애덤스는 1960년대에 메소포타미아에서 고대의 관개 시설에 대한 야외 탐사를 대대적으로 실시하였다. 그 결과 그는 메소포타미아의 초기 관개가 강의 자연 유로들을 청소하고 비교적 작은 급수 운하를 겨우 몇 개 건설하는 정도였음을 알아내었다. 대부분의 취락은 주요 강 가까이 위치해서 그 유로의 자연 수력을 최대한 이용하였다. 공동체들은 각자 소규모 관개 시설들을 관할하고 있었다. 고도로 중앙집권화한 국가 정부가 대규모 관개 사업을 벌인 것은 그로부터 여러 세기가 지나서였다. 이는 이집트의 경우도 마찬가지였는데, 신왕국시대에 가서야 국가에 대한 의무 노역을 한 수천 노동 인력을 이용해 최대 규모의 관개 공사를 벌였던 것이다. 이집트 초기의 농경은 그와 대조적으로 나일강의 물을 자연 저수지에 가두는 데 치중하였다. 즉 관리의 감독이 필요 없는 마을 단위의 소규모 작업이었다.

세계 최초의 도시들이 출현한 메소포타미아 남부 평원의 취락들에서 일정 형태의 관개는 필요조건이었지만, 대규모 관개가 어느 곳에서든 초기 문명의 등장에 주된 요인이었던 것으로는 보이지 않는다. 게다가 현대의 연구자들은 국가조직 사회들을 낳은 많은 변화의 모자이크 속에서 생태적 조건이 한 가지 구성 요소에 불과했음을 그간 밝혀낸 바 있다.

기술과 교역

학자들은 오랫동안 복합 사회의 탄생과 진화를 기술 혁신과 흑요석, 구리,

각종 사치품 같은 원자재의 교역 증대에 결부지어 생각하였다. 고든 차일드는 야금술이 도시혁명에서 중요한 구성 요소라고 보았다. 하지만, 사실 서남아시아에서는 구리와 여타 외래 자재가 처음에는 소형 예배 조형물과 장신구류를 만드는 데 쓰였다. 실제 이루어진 기술 혁신들은 메소포타미아의 수레나 이집트의 항해용 배처럼 많은 사례에서 생산보다는 운송에 더 큰 도움이 되었다. 문명이 등장하고 수 세기가 지나서 운송과 군사상의 필요가 급격히 커지면서 비로소 구리와 청동이 한층 흔해진다. 기술의 진화는 오로지 시장이 발달하고 새로운 수요가 생겨나며 전체 인구 중 극소수인 엘리트의 요구가 팽창한 데 대한 반응으로 일어났던 것이다.

어떤 형태의 교역이든 교환되는 재화 및 상품과 그 교환을 하는 사람들이라는 두 가지 요소를 포함한다. 사람들은 자기 지역 안에서 구할 수 없는 재화와 용역이 필요할 때 교역 관계를 가진다. 이 교역(좀 더 통상적으로는 '교환'이라 불리는 것)은 개인 사이나 집단 전체 사이 둘 다의 사회적 관계를 강화하는 선물 교환, 즉 증여의 형태로 이루어질 수가 있다. 그 선물은 쌍방에 의무를 지우는 의사 표시의 역할을 하며 대개 갖가지 상품을 교환하기 전 예비 조치이다. 이런 예비적 선물 교환은 뉴기니와 태평양 제도에서 쉽게 볼 수 있으며, 지난 2천 년 동안 아프리카에 널리 퍼져 있었다. 교환 거래, 즉 상품 또는 재화의 교환은 또 하나의 기본 교역 메커니즘으로서 수천 년간 흔히 간헐적으로 이루어졌고, 통상 개인이나 집단 사이의 호혜 정신에 바탕을 둔 상품 또는 물품의 상호 교환이었다. 이런 재화의 사회 전체에 대한 재분배는 수장, 종교 지도자 혹은 친족 집단들이 장악하고 있었다. 우리가 이미 본 대로 그런 재분배는 군장 사회의 기본 요소였다. 재분배로부터 통상 고정 가격 혹은 통화까지 포함하면서 통제되는 상업에 바탕을 둔 비개인적 시장경제 교역으로의 변화는 정치, 사회 복합성의 증가 및 그에 따른 국가의 발달과 밀접하게 연계되어 있었다.

흑요석 산지 추정

과학자들은 분광분석법이 등장하기 훨씬 전부터 도구제작용 돌의 산지를
연구하였는데 암석학과 특징적 암석 둘 다에 의지하였으니 그런 암석의 예
로는 그랑 프레시니 플린트가 있다. 이는 프랑스 석기시대 농민들이 널리
사용한 것으로 버터 색깔이라 쉽사리 알아 볼 수 있다. 1960년대 이래로 하
이테크 분석법들이 산지 추정에 혁명을 일으켰으며 이때 콜린 렌프루와 다
른 이들은 분광분석법을 이용해 터키 중부 지프틀릭에서 흑요석을 얻었던
초기 농경 마을 12개 이상을 식별해내었다(그림 8.2).

　　이 선구적 연구는 지프틀릭에서 300km 안에 있는 마을들에서는 타제
석기 중 80%가 흑요석제였음을 보여주었다. 이 '공급지대' 밖에서는 흑요
석의 비율이 거리에 따라 급격히 감소하였는데 한 시리아 마을에서는 5%,

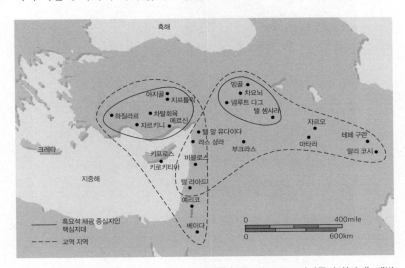

그림 8.2 지중해 지방의 흑요석 교역. 산지 추정 연구는 키프로스, 아나톨리아(터키), 레반
트의 초기 농경 공동체들이 흑요석을 아나톨리아 중부의 두 산지로부터 얻었음을 드러내었
다. 반면 자그로스 산록의 자르모와 멀리 동남쪽의 알리 코시 같은 마을은 아르메니아의 산
지들에 의존하였다. 아나톨리아의 차탈회육 같은 취락은 흑요석 산지에 너무 가까워서 아
마도 직접 구하였을 것이다. 이들은 석기 중 80% 이상이 이 소재로 된 반면 산지에서 멀어
지면 멀어질수록 그만큼 점점 더 드물어진다.

요르단강 유역에서는 0.1%였다(그림 8.2). 만약 이런 계산이 정확하다면 각 마을은 자기가 입수한 흑요석의 대략 반을 노선하향식으로 다음 마을에 넘기고 있었던 셈이 된다. 렌프루와 그 동료는 사르디니아와 메소포타미아 사이에서 9개 이상의 흑요석 '상호작용 지대'들을 식별하였는데 그 각각은 서로 아주 잘 구분되는 공급산지에 연계되어 있었고 각 산지는 분광계로 식별할 수 있는 고유의 독특한 미량 원소들을 가진 흑요석을 산출하였다.

흑요석 산지 추정은 이제 옛 교환을 추적하는 통상의 방법이 되었으며 세계의 많은 지역에 적용하여 성공을 거두었는데 예를 들면 캘리포니아와 메조아메리카가 있다(그림 8.3).

그림 8.3 메조아메리카에서 출토된 흑요석 거울.

1970년대에 일단의 고고학자는 국가의 흥기에서 교역이 제일차적 역할을 하였다고 보았다. 에게해 지역에서는 영국 고고학자 콜린 렌프루가 미노아 문명이 크레타섬과 에게해 전역에서 극적으로 개화한 것은 심화된 교역 관계와 더불어 올리브 및 포도 재배가 지역 공동체들에 미친 영향에 기인한다고 보았다. 농업 경제가 더욱 다양화되고 각 지역 식량을 해당 지역과 먼 지역에서 모두 살 수 있게 됨에 따라 방대한 규모의 경제적 상호의존 관계가 생겨났다. 이는 결국 사치품과 생활필수품의 재분배 체계를 낳았다. 그 체계는 미노아 궁정들 이외에 올리브 생산 주요 중심지가 있는 에게해의 여타 장소에 의해 조직되고 통제되는 체계였다.

이제 우리는 고대의 교환과 상업에 대해 이전보다 훨씬 많이 알고 있으며, 교역이 결코 고대 문명의 통합 인자 또는 제일차적 요인으로 간주될 수 없다는 점을 안다. 그 이유는 간단하니, 교역의 어느 측면도 문화 변동이나 교역 관습 진화의 지배적 요인은 아니었기 때문이다. 광범위한 장거리 교역은 대규모 관개와 마찬가지로 문명 발생의 요인이라기보다는 그 결과이다.

전쟁

1970년대에 인류학자 로버트 카네이로는 페루 해안 계곡들에 대한 고고학 연구 성과를 이용해 전쟁이 국가 형성에서 주된 역할을 했다고 주장하였다. 그의 국가 기원에 관한 '강압 이론'에서는 이 계곡들의 농경지가 양이 한정되고 사막으로 둘러싸여 있었던 까닭에 그런 조건 속에서 일어난 일련의 예측 가능한 사건들이 국가를 발생시켰다는 것이다. 처음에는 자족적 농경 마을들이 계곡 경관에서 번성하였다. 하지만, 인구가 증가해 점점 더 많은 토지를 차지함에 따라 공동체들은 제한된 땅을 두고 경쟁함으로써 토지를 둘러싼 싸움을 시작하였고 상대방의 경작지를 침략하였다. 마을 지도자들 중 일부는 성공한 전사로 부상하여 군장이 되었으며, 대규모 부족 정치체들을 통할하였다. 계곡의 인구는 계속 증가하고 전쟁은 심화되어 마침내 지역 전체가 승승장구한 전사 단 한 사람의 수중에 떨어졌으며, 그는 그 계곡에 중심을 둔 단일 국가를 통할하였다. 다음으로 이 야심찬 지배자와 그 후계자들은 이웃 계곡들을 침략하기 시작하였다. 마침내 여러 계곡에 걸친 국가가 발달하고 전보다 훨씬 큰 문명이 이루어졌다.

카네이로의 이론은 유적 현장에서 검정하기가 어렵다. 하지만, 페루의 산타 계곡에서 검정을 시도해 본 결과 자족적 마을들의 존재를 가리키는 아무런 징표도 찾을 수 없었다. 그보다는 훨씬 복잡하게 여러 세기에 걸쳐 진화한 취락 분포 정형을 나타내었다. 고고학자 데이비드 윌슨은 서기 400년쯤에야 비로소 '강압' 작용이라는 것이 생겨났음을 지적하였는데 그때에 이르러 모체인은 이웃 계곡들을 군대로 정복함으로써 여러 계곡에 걸친 국가를 이룩하였다(제14장). 산타 계곡에서는 관개에 바탕을 둔 복합 사회들이 번성하고 오랜 기간이 지난 뒤에야 비로소 정복이 일어났던 것이다. 관개 가설의 경우와 마찬가지로 실상은 카네이로의 직설적 시나리오보다는 훨씬 복잡하였다.

전쟁을 문명의 제일차적 요인으로 받아들일 수 없는 또 다른 근거가 있다. 이른 시기에는 마을 공동체들의 사회조직이 산만하였기 때문에 부와 권력이 소수의 손에 집중된 데서 비롯되는 제도로서의 전쟁은 아직 탄생하지 못하였다. 왕국들은 국가 형성 이전에 거의 모든 곳에서 급습을 벌이고 격렬한 충돌을 일으키는 데 골몰하였는데, 이는 사람들의 삶에 심대한 영향을 끼쳤을 수 있지만 다른 강력한 요인들도 그와 동시에 작용을 하고 있었다. 전쟁은 절대 전제 군주들이 권좌에 오른 이후에야 비로소 만연하는데, 그들은 상비군을 가지고서 중요 자원을 통제하고 정치 문제들을 해결하며 사회불평등을 공고히 하였던 것이다. 이런 유형의 전쟁은 권위를 전제로 하는 것이며, 또 그것은 문명의 한 결과물이다.

문화 체계와 문명

대부분의 고고학자는 도시 생활과 산업화 이전 문명이 커다란 사회, 경제적 변화의 시기에 서서히 탄생하였다는 데 동의한다. 또 관개, 교역, 혹은 전쟁을 들먹이는 단선적 설명들이 부적절하다는 데도 모두 동의한다. 국가의 흥기에 관한 최근 이론들은 흔히 복잡하게 얽힌 여러 요인을 끌어넣고, 또 체계론 모델에 바탕을 두는 경우가 많다.

고대 메소포타미아 전문가인 로버트 애덤스는 1960년대에 관개 농경, 전쟁 증가, 국지 자원 변이성이 신흥 도시 문명에서 결정적으로 중요한 세 가지 요인이었다고 주장하면서 새로운 복합 이론의 세대를 선도하였다. 각 요인은 사회와 여타 요인에 대해 서로를 강화시키는 정(正)의 피드백[環流]으로 영향을 미쳤다. 잉여 식량의 창출과 계층화된 사회의 출현은 결정적 진전들이었다. 관개 농경은 더 많은 인구를 먹여 살릴 수 있었다. 인구의 증가, 정주 취락의 증가, 재화 재분배의 중심지를 가진 교역은 모두가 생산 증대와 잉여 증가를 향한 압력 요소들이었으며, 사회 내의 주도적 집단들은 그것들을 활발하게 조장하였다. 엄청나게 확대된 잉여 덕택에 그것들을 관리한 자들은 직접 작물을 기르지 않는 더 많은 장인과 여타 기술자를 고용할 수 있었다.

애덤스는 주장하기를 어떤 사회들은 자신들이 유리하게 이용할 수 있는 자원의 적절한 다양성 덕택에 국가로 더 잘 변신할 수 있었다고 하였다. 인구 증가는 전략 자원에 대한 독점을 낳았다. 이 공동체들은 군사 행동으로 영토를 넓히고 다른 인간 집단에 대비한 자신들의 강점을 잘 이용함으로써 결국 그 이웃들보다 강력해졌다. 그런 도시들은 주요 종교 활동, 기술 및 예술 혁신, 문자사용의 초기 중심지가 되었다. 문자 해독력은 일부 사람에 국한되었던 하나의 기술로서 권력의 중요 원천이었다.

메조아메리카를 연구 대상으로 하는 켄트 플래너리 같은 고고학자는 이제 국가를 '살아있는' 아주 복잡한 체계로 본다. 그 체계의 복합도는 내부 분화의 정도와 더불어 농경, 기술, 혹은 종교 신앙 같은 아체계들의 복잡성을 기준으로 잴 수가 있다. 가장 중요한 점은 이런 아체계들이 상호 연계된 방식과 사회가 그 체계에 대해 부과하는 통제이다. 이 모델은 메조아메리카의 국가들에 잘 적용되는 것으로 보이는데, 그곳에서는 널리 퍼진 종교 신앙이 공공 건축과 경제, 그리고 문명의 여타 아체계들 사이에서 밀접한 연결 고리를 이루고 있었다.

한 국가의 경영은 작은 군장 사회의 그것보다는 훨씬 정교하고 핵심적인 사업이다. 사실 국가와 그보다 덜 복합적인 사회 사이의 가장 두드러진 차이점은 반드시 그 생업 활동방식에 있다기보다 문명들의 의사 결정 방식 및 위계 조직에서의 복합도에 있다. 초기 국가에 관한 체계론 모델들은 복잡하게 마련이니, 그 이유는 문화 변동의 메커니즘 및 과정과 우리가 문명의 기원을 설명하는 데 근거로 삼고자 하는 사회환경적 압력들을 구분해야 하기 때문이다. 이제는 종교와 정보 통제가 초기 문명에서, 그리고 어떤 인간 사회에서도 환경, 경제 변수들을 규율하는 핵심 요소들이었던 것으로 보인다.

환경 변화

체계론 접근법에 또한 크게 의존하는 생태학적 이론들은 그간 다른 많은 가설에 비해 상대적으로 긴 수명을 누렸다. 예를 들어 윌리엄 샌더스와 일단의 고고학자는 멕시코 계곡에 대한 한 고전적 연구에서 아스텍 국가가 한때 그 계곡을 메웠던 호수의 얕은 물 위에다 어떻게 거대한 농경 체계를 창출하고 조직하였는지 보여주었다. 아스텍인은 지역 환경의 변이성 때문에 환경이 자신들에게 제공하는 어떤 기회라도 이용해야 했다. 그리하여 샌더스는 주장하기를 이 국가가 아스텍 수도 테노치티틀란의 안과 그 가까운 곳에 산 25만 명에 달하는 인구를 부양하기 위해 대규모 농경을 조직했다고 하였다. 그는 문명이 시작된 각 지역에서 환경 요인들이 결정적으로 중요하였다고 믿고 있다. 또 하나의 중요 요인은 중앙집중화된 리더십이었다.

그런데 생태학적 접근법은 심각한 문제점을 안고 있다. 예컨대 어떤 환경이 국가 형성을 조장하였는지 어떻게 말할 수 있는가? 메소포타미아나 이집트 같은 곳의 비옥한 범람원인가? 페루 해안의 강 계곡들 같은 곳인가? 메조아메리카의 고원지대 같은 곳인가? 아니면 (페루 해안지대도 그러하지만) 농경지의 공급이 부족한 곳인가? 국가들은 메조아메리카의 마야 저지대처럼 지리적 제약이 거의 없는 지방에서 출현한 바 있다. 더욱이 이란과 여타 서남아시아 지역에서는 급속한 인구증가를 나타내는 아무런 징후 없이도 산업화 이전 문명이 등장했다. 하지만, 환경 요인들이 아주 복잡한 문화 변동과 적응의 과정에서 주된 역할을 하였다는 데는 의심의 여지가 있을 수 없다.

4   사회 접근법: 세 부문의 권력

고고학은 근년에 들어 체계-환경론 접근법으로부터 개인과 집단에 더 큰 관심을 기울이는 쪽으로 무게중심을 바꾸었다. 앞의 이론들은 흔히 국가를 문화 변동의 복잡한 과정에 따라 작동되는 다소 개성 없고 기계적인 단위체처럼 취급함으로써 어느 정도 몰개성적이었다. 새 세대의 연구자들은 새로운 방향으로 사회 접근법과 권력 연구를 수행하면서 모든 인간 사회가 궁극적으로 상호작용하는 개인과 집단들로 이루어져 있으며 각기 고유한 어젠다(의제)들을 추구한다고 주장한다.

고고학의 견지에서는 권력을 세 가지 부문에서 검토할 수 있으니, 경제 권력, 사회 이념 권력, 그리고 정치 권력이 그것이다. 경제적 생산력을 자원과 식량 및 부의 분배에 대한 통제와 결합하고, 계층화된 사회체계 및 그 이데올로기를 개발하고 유지하며, 무력에 의한 통제를 견지하는 능력은 초기 국가들에서 가장 중요한 구성 성분들이었다. 이 부문들은 각기 상호 밀접하게 연계되어 있었지만 고고학적 기록에서는 그것들을 분리해 연구할 수가 있다.

경제 권력은 한층 전문화된 생산과 식량 저장 및 분배의 다양한 업무를 조직할 수 있는 능력에 바탕을 둔다. 식량과 재화의 형태로 축적된 부는 시간이 흐르면서 그 부를 생산하거나 획득하는 자들과 그것을 관리하고 분배하는 자들 사이의 상호의존 관계로 발전해간다. 국가는 엘리트(귀족층), 관료(관리자들), 속민(평민들)으로 이루어져 있다. 지주계급과 토지는 그 소유 주체가 신전이든 지배자든 혹은 개인이든 그 토지의 예속민에게 안전을 제공하였다. 모든 초기 국가는 농업 생산이 한층 집약화되고 다양화된 토대 위에서 발생하였다. 그와 동시에 초기 국가들은 순수하게 친족에 기초한 조직을 벗어나 친족 유대를 가로지르거나 뛰어넘는 중앙집권화된 조직으로 바뀌었다.

경제 권력은 또한 교역과 장거리 교환망에 기인하였으며 그 덕에 지역에서 구할 수 없는 상품들을 이용할 수 있었다. 수메르는 아나톨리아, 이란, 페르시아만에서 금속을 얻었다. 이집트는 금과 상아를 누비아(현대의 수단)로부터 획득하였다. 고지대 안데스 문명들은 태평양 해안지대로부터 물고기 식량을 수입하였다. 이색 상품이나 재화들을 어떤 규모로든 획득하는 데는 조직, 기록 유지, 감독이 필요하였다. 고고학적 기록은 교역과 교역자들에 대한 국가의 감독 범위가 문명에 따라 상당히 달랐음을 보여준다.

사회 권력은 이데올로기적 권력을 의미하며, 문화적, 정치적 공통성의 특정 상징들을 만들어 내거나 개변하는 데서 생겨난다. 공적, 사적 의례들과 예술 및 건축과 문학으로 표현된 그런 공통 이데올로기는 친족 유대를 뛰어넘는 공통 유대로써 개인과 공동체들을 잇는 역할을 하였다. 이런 이데올로기들을 만들어내고 영속화시킨 이들은 높이 숭앙되고 위세를 누렸다. 그들은 영계 및 신들과의 사이를 중개하는 것으로 흔히 인식되었고 때로는 신 자체가 육화한 것으로까지 믿어지기도 했기 때문이다. 이데올로기의 수호자들은 특권을 누린 인물들이었으니, 그들은 자신들의 영적 능력 덕분에 특별한 사회적 지위를 가지고 사회불평등을 영속화할 수 있었기 때문이다.

이데올로기는 너무나 중요하였기에 우리는 '메소포타미아 지역'이나 '마야 지역'을 정치적 의미로는 말할 수가 없고 이데올로기적 의미로 운위할 수밖에 없다. 왜냐하면 그것들이 도시국가들의 집합체로 이루어져 있었기 때문이다. 과거의 수많은 대도시는 과테말라의 마야 도시 티칼처럼 종교적인 것과 세속적인 것의 조합체였다. 대도시들은 모두가 강력한 신관단과 종교 조직들을 자랑하였는데, 그들은 국가의 종교 업무를 처리하고 지배자를 우주 질서의 수호자로 합법화하는 능력 덕택에 부를 축적하였다. 그들이 건립한 신전과 공공건물은 인간의 생명과 우주의 영속을 보장하는 정교한 공공 의례의 위압적 무대였다(그림 8.4).

정치 권력의 원천은 지배자가 행정 수단과 군사 수단 둘 다를 동원해 사회 전체에 자신의 권위를 강제하는 능력에 있었다. 관료 조직이나 군대 중 어느 한쪽에 권좌를 지닌 자들은 친족 체계 안이 아니라 그 바깥에서 선발되었다. 이 정치 권력은 대외 관계와 국방과 전쟁 수행에서 행사되었다. 또 전국 수준

ImageBROKER/Alamy

그림 8.4 멕시코 우슈말. 이전에는 마야 영계를 상징적으로 표상한 건축물이었다.

에서 기능하면서 여러 파당 간의 주요 분쟁들을 해결하였다. 하지만, 권력의 아주 많은 부분은 정치권 바깥에 있는 공동체와 친족 지도자들의 수중에 들어 있었으니 이들은 토지 소유권 및 가족법과 같은 부문을 둘러싼 수많은 법적 문제를 처리하였다.

고고학자 노르만 요피는 이런 세 가지 권력 원천 사이의 상호작용이 사회 전반에 영향을 미치는 새로운 기구의 발생, 즉 최고 통치자와 국가의 발생을 가져왔다고 믿고 있다. 그는 문명의 탄생 순간이라는 것은 없다고 말하는데, 국가의 등장과 더불어 사회 진화가 끝난 것이 아니기 때문이다. 산업화 이전 국가들은 지속적 변화와 끊임없는 분쟁의 분위기 속에서 기능하였다. 어떤 것은 몰락하고 어떤 것은 여러 세기 동안 존속하였다.

국가의 기원에 관한 이 접근법은 신진화론의 단계들을 주장하지 않고 사회 복합도의 발달에 수많은 궤적이 있음을 논한다. 많은 사회는 그간 중대한 제약 속에서 기능하였으니, 이를테면 의지할 만한 작물이나 가축이 없었을 수도 있고 대규모 식량을 저장할 능력이 없었을 수도 있다. 인간 사회들은 이런 제약들 때문에 국가로의 길과는 아주 다른 진화 도정들을 따라 나아갔다. 어떤 사회가 문명을 이루지 않았다는 것은 그것들이 '뒤처진 단계'에 머물렀음을 의미하는 것이 아니라 단순히 성장을 막는 제약들 때문에 다른 곳에서 국가 형성을 낳은 주요 요인들의 상호작용이 일어나지 못했음을 의미한다. 이렇게 볼 때 군장 사회는 국가에 대한 하나의 대안적 궤적이다. 군장 사회에서는 사회불평등이 친족 체계 안에서 유래하는 데 반해 국가에서는 불평등의 토대가 자원에 대한 접근가능 여부와 그런 통제가 제공하는 권력에 있었던 것이다.

5   분파성과 이데올로기

모든 초기 문명은 사회 구석구석까지 두루 영향을 미친 종교 신앙과 철학을 갖고 있었다. 그런 이데올로기들은 사회의 형체를 만들어내고 그 성원들의 순종을 담보하였다. 그러나 이런 무형의 것을 연구하기란 엄청나게 어려운 일이다. 이데올로기는 독특한 미술 양식으로서 우리에게 전해지기도 하니, 이집트의 미술 양식들이나 안데스의 모체 미술 양식이 그 예이다(그림 8.5). 그런 양식들은 한 국가의 이데올로기를 시각적으로 상기시키며, 그로써 최고 통치자의 권력과 신 및 영계와 그 사이의 특별한 관계를 강화시키는 역할을 한다. 권력을 지닌 극소수만이 문자를 아는(혹은 서기를 거느린) 사회에서는 미

Agefotostock/Alamy

그림 8.5 이데올로기 표상으로서의 인공물. 페루 해안에서 출토된 서기 400년경 모체 의례 토기로 한 남자가 물고기 위에서 노를 젓고 있다.

술과 공공 건축이 사회를 모양짓고 이데올로기를 강화하는 데 강력한 역할을 한다.

마야 엘리트들은 코판과 티칼 같은 도시에 살았는데, 이런 도시들은 돌과 나무와 치장 벽토를 가지고 성스러운 구릉과 동굴과 숲을 상징적 경관의 형태로 표현해 놓았다. 그곳의 대군주들은 정교한 공공 의례를 거행할 때 높은 피라미드 꼭대기에서 사람들 앞에 모습을 나타내었다(그림 8.4 참조). 그들은 피 내기 의식을 거행하고 샤먼의 황홀경 상태에 빠져 '저승'계, 즉 신과 조상들의 세계로 들어갔다. 이 신성한 의식은 마야인의 세계를 정당화하고, 귀족과 평민, 지배자와 비천한 마을 농민들을 복잡한 사회 계약 관계로 묶어주었다. 지도자들은 중개자로서 풍성한 수확을 보장해주고 인간의 삶이 확실하게 지속되도록 신들에게 탄원하는 사람이었다. 피라미드와 광장과 신전을 가진 의례중심지는 끊임없이 변화하는 계절을 배경으로 삶과 죽음의 드라마, 파종과 수확의 드라마가 연출되는 믿음직한 무대였다. 이런 의례들은 사회불평등, 지배자와 피지배자 사이의 근본적 차별을 정당화하였다.

고대의 이데올로기는 우리의 그것만큼이나 복잡하였으며, 그래서 그것이 지닌 바로 그 복합성과 비물질적 성격이 고고학의 즉각적 분석을 가로막는다. 최근 마야 문자가 해독됨으로써 고대 문명에서 이데올로기가 얼마나 중요하고 광범한 영향을 미쳤는지 잘 보여준 바 있다. 대부분의 권위자는 마야 문자가 해독되기 전까지는 마야 지배자가 작은 도시국가를 관할하는 데 권력을 천문학자처럼 행사한 평화로운 신관-왕이었다고 상정하였다. 그러나 마야 상형문자는 난해하고도 복잡한 만신의 세계를 드러내고 또 현대적 분석을 흔히 거부하는 종교 신앙을 드러내었다. 마야 달력의 매일은 여러 가지 특질이 결합된 것이고, 모든 방위는 각기 다양한 색깔과 특성을 지녔으며, 각 신은 여러 가지 역할과 기질을 갖고 있었다. 마야 사회에서 상징적 의미, 흔히 이데올로기적 의미를 지니지 않고 일어나는 일이란 아무것도 없었다. 이집트에서도 파라오 통치의 옛 선례와 신들의 가르침은 모든 사회에 침투하였고, 심지어는 세금 징수와 식량 배급까지 규율하였다.

그런데 이데올로기에는 으레 파당 분쟁이 수반된다. 우리가 이미 본 대로 고대의 사회는 현대 사회 못지않게 다양하였고, 그것은 지배자가 멀고 가까운 이웃과 교역을 한 경우 특히 그러하였다. 국가는 극소수, 즉 모든 부와 권력이 흘러들어간 특권 지배자와 귀족의 이익을 위해 기능하였다. 통치자는 자신의 영역을 지배하는 데 친척과 가신을 지방 총독으로 삼아 대신 통치하는 방식을 취하였다. 하지만, 어떤 인물은 어쩔 수 없이 다른 사람보다 한층 야심적이어서 권위에 반기를 들었으며 최고 통치권을 뺏기 위한 음모를 꾸몄다. 한 지역 집단 안과 지방들 사이의 경쟁 파당들은 사회불평등의 심화와 지도체제의 변화, 전문화의 증대, 국가의 발생을 촉발하였다. 그리고 일단 문명이 탄생하자 그들은 왕위 계승에 도전하고, 통치자가 약하다거나 결단성이 없다고 여겨질 때는 내란을 일으키기까지 하였다. 경쟁과 새로 부상한 분파성은 수많은 초기 국가의 발생에서 강력한 촉매로 작용하였다. 우리는 어떤 이집트 파라오의 궁정에서 그의 기대 수명이 짧고 급사가 언제든 일어날 수 있을 때 얼마나 많은 책략과 음모가 빚어졌을지 충분히 상상할 수 있다. 누구나가 어떤 후계자가 왕위에 오를 때 유리한 위치에 있기를 바랐기 때문이다.

고고학 연구가 점점 더 전문화되어 가는 이 시대에 모든 문명에 적용될 수 있는 국가 형성 이론을 구한다는 것은 아마도 부질없는 일일 터이다. 하지만, 곧 국가가 되려는 시점의 사회에서 생태학적 변수들이 지녔던 의미를 둘러싸고는 몇 가지 공통된 의문들이 있다. 생태적 기회나 필요가 어떻게 정치적 변화로 전환되었는가? 국가가 탄생하는 동안 개인적 목적을 추구하였던 당시 정치 주역들의 목표는 무엇이었는가? 어떤 생태적 변수가 장애물이었는가? 어떤 것이 기회였는가? 이런 의문들에 대한 답은, 과거 물질 기록 뒤에 있는 포착 곤란한 무형의 것들에 대한 연구로서 영국 고고학자 콜린 렌프루가 '마음의 고고학'이라 불렸던 분야의 신중한 연구와 체계론-생태학적 접근법들을 한데 결합한 정치한 연구로부터 장차 나올 것이다.

6 변화의 주역으로서의 인간들

우리가 아무리 '문화 과정'을 이야기한다 해도 정치적 변화와 여타 문화적 변화의 주역은 바로 사람들, 즉 개인과 집단들이었다는 점을 결코 잊어서는 안 된다. 역사는 예외적 능력과 지도자의 자질을 갖춘 인물을 포함한 인간들이 만든다. 물론 이런 인간들 또한 초기 문명들에서 막강한 권력의 지위에 올랐음은 의문의 여지가 없지만 그 다수는 여전히 익명인 상태이니 문헌기록이 아주 불완전하기 때문이다. 예를 들어 이집트 같은 일부 사례에서는 초기 파라오 나르메르 같은 중요 통치자의 이름을 알지만 그들은 역사의 무대에서 마치 환영 같은 극중 인물에 불과하다. 좀 더 현대적인 예로는 19세기 초 남아프리카에 줄루 국가를 세웠던 줄루 왕 샤카와 하와이의 왕 카메하메하, 여타 인물을 들 수 있다. 이들 모두는 옛날 인물이든 좀 더 최근 인물이든 그 시대의 산물이었고 개인적 능력으로 이례적 상황과 우연한 정황, 여타 순간을 최대한 활용해 자신들의 정치, 군사 목표를 한층 높여 잡을 수 있었던 인물들이다(그림 8.6). 그 결과는 언제나 역사에 변화를 일으켰다.

샤카와 여타 현대 변화의 주역들에게서는 독특한 자질들이 두드러졌으며 초기 문명을 탄생시킨 이례적 능력을 가진 수장들 역시 그런 특성을 공유하였다. 그들은 엘리트의 성원이었고 적극적이고 권위적인 성격의 사람들이었으며 탁월한 군사적 능력을 가졌기 때문에 더 높은 사회적 지위로 올라갔다. 그들은 정당한 방법으로나 속임수를 써서 수장의 지위를 빼앗았으며 그러고 나서 바로 이웃들을 정복한 한편으로 더 멀리 있는 경쟁자들에 대해 우위(이는 기술, 군사 전략 혹은 여타 측면에서의 우위)를 확보하고자 애를 썼다. 그들은 이 우위를 이용해 더 먼 땅으로 세력을 확대하는 한편 자신의 가신을 계속 만족시키고 군대를 유지하는 수단으로 강제 노동력을 동원해 농업생산을 강화하였다. 만약 농업생산을 집약화할 수 없는 경우에는 급습을 하여 부가 자원을 확보하였다. 마지막으로 그들은 명목뿐인 제스처일지라도 권력을 분점함으로써 자신들의 지위를 공고히 하였다. 이는 확실히 민주주의는 아니었으니 힘 있고 유능한 지배자들이 초기 국가를 통치하되 명목상의 자문 위원들을 두었을 뿐 독재 통치를 하였기 때문이다.

Heritage Image Partnership Ltd/Getty Images

그림 8.6 줄루족 통치자 샤카의 전사들 가운데 한 사람.

역시 많은 부분을 이데올로기에 의지하였는데 산업화 이전 국가들이 언제나 강력하고 독특한 이데올로기로써 통합되었기 때문이다. 유명한 『길가메시 서사시』는 우리에게 메소포타미아의 이데올로기를 약간 맛보여준다. 파라오는 태양신의 살아있는 화신으로서 통치를 하였다. 마야 군주는 샤먼이자 사람들과 조상들 사이의 중개자였다. 이런 이데올로기는 신성한 장소들에 반영되었으니 그곳에서는 통치자가 연속성과 안정성의 중요 상징으로서 호사스런 의례를 베풀고 그에 모습을 나타내었으며 그 신하들은 국가의 정점에 있는 이 핵심 인물에게 충성을 다하였다. 이데올로기는 결코 국가를 탄생시키지는 않았지만 일단 국가가 확립된 이후로는 그 구조에서 변함없이 중요한 한 부분이었다.

문화 과정과 개별 작주는 둘 다 국가 형성에서 결정적으로 중요한 역할을 하였다. 거대한 야심을 가진 적극적 인물은 인류 사회가 생겨난 이래로 있었지만 약 6천 년 전까지는 메소포타미아와 나일강 유역(혹은 그보다 나중의 메조아메리카와 안데스) 같은 지역에서 사회불평등과 수장 간 경쟁이라는 사회 조건이 널리 갖추어진 때를 결코 살아보지 못하였다. 약 6천 년 전 우월한 경쟁력과 군사적 기민성, 여타 조건이 그들 중 극히 일부를 유력 수장으로부터 전제 왕으로 바꾸어 놓았으며 이들은 이전의 덜 복잡했던 세계관으로부터 발달한 거역할 수 없는 새 이데올로기의 뒷받침을 곧바로 받았다.

앞에서 인용한 바 있는 저스틴 제닝스는 국가조직 사회들이 탄생한 시점은 원근의 사람들을 상대하기 위해 발달한 중앙집중화된 친족 토대의 관계 속에 살았던 가족들과 그 이웃들이 자신들을 더 넓은 외부 세계에 연결한 그 관계망들이 끝없이 복잡해지는 것을 단순화시키려고 애쓸 때였다고 믿고 있다. 그런 노력들이 국가와 여타 형태의 지방 사회를 낳았다는 것이다. 그는 국가와 여타 지방을 단위로 조직된 정치적 단위체들의 등장은 최초 도시들이 형성되는 동안 여러 세대에 걸쳐 임시적이고 흔히 사리를 도모하는 의사 결정들을 내린 결과라고 믿고 있다. 다른 말로 하면 순전히 지역 수준에서 벌어진 사회적 상호작용들이 적절한 상황 아래에서 스스로를 도시로 변모시킬 수 있었다는 것이다. 도시가 발생하는 데는 어떤 청사진도 없었다. 그보다는 계속 바뀐 현실들의 결과로 각각의 초기 도시가 발생했다. 초기 국가와 문명들은 완전한 형태를 갖추고 바뀌지 않는 상태로 탄생한 것이 아니었다. 그것들은 많은 세대에 걸쳐 일어난 흔히 복잡하고 때로는 변덕스러운 사건들의 결과로 출현하였다.

7   문명의 몰락

많은 역사가가 역사의 반복 주기, 즉 문명의 흥기, 그것의 찬연한 절정 그리고 갑작스런 몰락에 대해 쓴 바 있다. 한 문명은 종국적으로 몰락하고 다른 문명이 일어나 그 자리를 대신하며, 그것은 다시 같은 흥망의 주기를 거친다. 초기 문명들의 이력은 반복되는 것이라고 쉽게 말할 수가 있으니, 지난 5천 년 동안 세계 도처에서 여러 국가가 갈피를 잡지 못할 정도로 급속하게 흥기했다가는 몰락하였기 때문이다. 예를 들어 멕시코 고지대에서는 대도시 테오티와칸이 서기전 200년부터 서기 700년 사이에 번성하였는데 서기 600년에는 인구가 12만 5천 명 이상이었다. 멕시코 계곡의 인구 중 85% 이상이 600년간 이 테오티와칸 안과 그 인접 지역에서 살았다(그림 8.7). 그러다가 이 도시는 8세기에 몰락하였으며, 그로부터 반세기 안에 주민 수는 이전의 4분의 1로 줄어들었다.

어떤 복합 사회가 몰락하면 갑작스럽게 규모가 작아지고 단순해지며 훨씬 더 평등해진다. 인구밀도는 떨어지고 교역과 경제 활동은 말라붙어버리며 정보의 흐름은 쇠퇴하고 그 생존자들에게 기지(既知)의 세계는 좁아든다. 이

그림 8.7 멕시코 테오티와칸에 있는 해의 피라미드. 뒤의 산꼭대기를 반영하는 성산(聖山)으로 축조된 거대한 건조물이며, 서기 750년경 이 도시가 몰락하고 나서 800년 뒤까지도 여전히 성스럽게 여겨진 곳이었다.

런 몰락들을 비교 연구한 몇 안 되는 고고학자 중 한 사람인 조셉 테인터는 지적하기를 어떤 사회가 애초에 복합도가 증가되는 쪽에 투자한 것은 그 시점의 필요 사항을 해결하고자 한 합리적 방책이었다고 한다. 처음에는 그 전략이 잘 들어먹힌다. 농업 생산은 한층 집약적인 농법을 통해 증가하고 신생 관료제도는 효율적으로 작동하며 팽창하는 교역망은 새 엘리트 집단에게 부를 가져다준다. 엘리트는 자신들의 권위와 경제력을 이용해 피라미드나 신전 같은 거대한 공공건물 공사를 벌인다. 이것들은 그들의 영적 권위와 신과의 연계성을 정당화해준다.

그런데 이제 그 사회의 필요 사항에 대한 가장 값싼 해결책을 다 써먹어 버렸으므로 새로운 조직, 경제 관련 해답들을 찾는 것이 더없이 중요하게 되었다. 그것들은 소득은 훨씬 적은 반면 비용은 한층 많이 들었을 가능성이 크다. 테인터는 이런 압박들이 생겨남으로써 마야 같은 복합 사회는 점점 더 몰락하기 쉽게 되었다고 주장한다. 사회가 가뭄, 기근, 홍수, 혹은 여타 자연 재해를 극복하고 나아갈 대비책은 거의 남지 않았다. 결국 몰락이 일어난다. 이는 사회의 중요 부문들이 중앙집중화와 사회적 복합성이 더 이상 전혀 기능을 하지 못한다고 인식하고, 그래서 각자 자기 방식대로 살아가는 편이 더 낫다고 판단했을 때 특히 그러하였다. 탈중앙집중화, 몰락을 향한 추세는 더 이상 피할 수 없게 된다. 몰락은 압력 증가로 조직에 모종의 변화가 필요할 때 일어나는 일종의 정상적 과정이다. 파국이 아닌 것이다. 문명 몰락에 바로 앞서, 동반하여, 혹은 뒤따라 일어나는 인구 감소와 여타 파국적 결과는 당시에는 깊은 상처를 남긴다. 그러나 그것은 규모 축소 작용이라 할 만한 과정의 일부로 생각될 수 있다.

물론 몰락에는 단순한 규모 축소 이상의 것이 있다. 완전한 몰락은 힘의 진공 상태가 생긴 상황에서만 일어날 수 있다. 많은 사례에서 그렇듯 강력한 이웃들이 좌우에서 기다리고 있을 것이다. 옛날에는 수많은 도시국가가 좁은 지역 안에서 교역을 하고 상호 경쟁하였다. 수메르의 도시들, 그리스와 에게해 지역의 미노아 및 미케네 궁정 왕국들, 메조아메리카의 마야 등은 모두가 자신들의 문화 구역 안에서 끊임없는 '대등 정치체 상호작용'을 하면서 긴밀한 의존 관계를 이루고 살았다. 그것들은 교역하고 싸우고 끊임없는 외교전을 벌였다. 이런 상황에서 몰락이란 곧 자신의 경쟁자들에게 지배를 해달라는 자청이었다. 상호작용하는 결집체 속의 모든 정치체가 동시에 몰락할 때에는 단지 복합성의 소실만이 있을 뿐이다. 그러므로 초기 문명의 몰락은 사회 복합성이 주는 이익이 체감한 것과 밀접한 관련이 있으며, 또 분파성과 사회 불안, 계승 분쟁, 내란까지를 포함한 정상 정치 과정에 긴밀하게 연관되어 있다.

요약

- 제8장에서는 국가 기원에 관한 역사학 접근법과 인류학 접근법들을 대비시켜 보았으며 고고학자들이 개진한 주요 이론들을 요약하였다.
- 고든 차일드의 '도시혁명' 이론은 도시의 발달을 중심에 두고 있다.
- 또 다른 일단의 이론은 농경의 집약화와 관개를 연관시킨다. 교환망과 전쟁 또한 그간 문명 발생의 잠재적 요인으로서 제시되었다.
- 현대의 많은 이론은 환경 변화를 개재시킨 체계론-진화론 가설과 설명들을 중심으로 한다.
- 한편으로 새로운 세대의 사회 접근법은 중앙집중화된 권위로 요약될 수 있는 종교 및 정보라는 요인이 초기 문명에서 환경 및 경제 변수를 규율하는 핵심 요소였다고 주장한다.
- 또 이런 이론들은 한 사회의 사회 구조가 궁극적으로 그 변환을 결정하였음을 강조하고 그래서 문명의 요인들을 탐구하는 데서 환경 변수들과 더불어 그 변수들이 여러 사회에서 각자 정치적 목표를 추구하였던 개인들, 즉 변화의 개별 주역들에게 제시한 기회들에 초점을 맞춘다. 다른 말로 하면 생태적 기회나 필요가 어떻게 정치적 변화로 전환되었는가 하는 것이다.
- 최근 연구들은 이제 분파성, 이데올로기, 젠더가 유망한 탐구 영역이라고 보고 그에 초점을 맞추고 있다.

참고문헌

Charles Redman의 *The Rise of Civilization: From Early Farmers to Urban Society in the Ancient Near East* (San Francisco: W. H. Freeman, 1978)는 1970년대 말까지의 이론들을 비평하고 있다. Christopher Scarre와 Brian Pagan의 *Ancient Civilizations* (제4판, Abingdon: Routledge, 2016)는 세계 최초 문명들을 초보 독자

들을 위해 요약해주며 국가 기원에 관한 이론들을 약간 논의하고 있다. 최근의 전체적 조망으로는 Jeremy A. Sabloff와 S. Paula W. Sabloff 편 *The Emergence of Pre-Modern States: New Perspectives on the Development of Complex Societies* (Santa Fe, NM: Santa Fe Institute, 2018)를 참고하시기 바란다. Bruce Trigger의 *Understanding Early Civilizations: A Comparative Study* (Cambridge: Cambridge University Press, 2003)는 학자들을 위한 결정판이다. 국가 기원에 관한 좀 더 최근의 중요한 논의는 Richard Blanton과 Lane F. Fargher의 *How Humans Cooperate: Confronting the Challenges of Collective Action* (Boulder: University Press of Colorado, 2016), Justin Jennings의 *Killing Civilization: A Reassessment of Early Urbanism and Its Consequences* (Albuquerque: University of New Mexico Press, 2016), Norman Yoffee의 *Myths of the Archaic State: Evolution of the Earliest Cities, States, and Civilizations* (Cambridge: Cambridge University Press, 2005)를 참고하시기 바란다. 고대 문자사용에 관해서는 Andrew Robinson의 *The Story of Writing* (개정판, London: Thames and Hudson, 2009)이 그림을 아주 풍부하게 곁들인 초보자를 위한 시론이다. 문명의 몰락에 관해서는 가장 좋은 출발서인 Joseph Tainter의 *The Collapse of Complex Societies* (개정판, Cambridge: Cambridge University Press, 1990)이 다소 오래되었지만 최근의 좀 더 전문적인 문헌들을 참고하기 전에 읽어 둘 훌륭한 입문서이다. 또 Ronald K. Faulseit 편 *Beyond Collapse* (Carbondale, IL: Center for Archaeological Investigations, Southern Illinois University Press, 2016)에 실린 훌륭한 논문들도 참고하시기 바란다.

제9장

메소포타미아와 동지중해 세계

서기전 7세기 아시리아 왕 아수르바니팔이 사자 사냥에 나선 모습이다.

Heritage Image Partnership/Alamy

프롤로그

지폐 조판공이었다가 열렬한 점토판 문자 전문가로 변신한 조지 스미스는 1872년 대영박물관에서 아시리아 왕 아수르바니팔의 먼지 묻은 점토판 왕가 문서 조각들을 정리하던 중이었다. 그는 갑자기 어떤 산에 큰 배가 상륙했다는 언급을 담은 점토판 하나를 우연히 찾아내었다. 그는 즉각 자신이 성경 창세기의 노아 홍수 이야기와 놀라우리만치 닮은 홍수 이야기를 발견하였음을 깨달았다. 예언자 하시사드라는 신들로부터 죄 많은 모든 인간을 멸하려 한다는 경고를 받았다. 그는 커다란 배를 짓고 거기에다 자기 가족과 "들의 짐승들과 밭의 가축들을" 태웠다. 홍수는 "땅 위의 모든 [다른] 생명을" 멸하였다. 그 배는 어떤 산에 좌초하였다. 하시사드라는 비둘기 한 마리를 내보냈고 그것은 되돌아왔다. 결국 갈까마귀 한 마리를 내보냈지만 돌아오지 않았다. 하시사드라는 동물들을 풀어주었고 신이 되었으며 영원히 행복하게 살았다.

조지 스미스의 발견은 사람들이 성경의 역사적 진실을 글자 그대로 믿었던 당시에 모르는 사람이 없을 정도로 일대 센세이션을 불러 일으켰다. 하지만, 그 이야기의 열일곱 줄이 떨어져 나가고 없었기에 런던의 <데일리텔레그래프> 지는 스미스에게 비용을 주어 니네베로 가서 잃어버린 조각을 찾아 달라고 하였다. 믿기지 않을지 모르지만 스미스는 닷새 만에 그것을 발견하였다. 그 점토판들은 지금 대영박물관에 <데일리텔레그래프>를 나타내는 DT라는 이니셜을 당연히 표시해 전시되고 있다.

1. 기원(서기전 5500년부터 서기전 3000년까지) | 2. 수메르 문명(서기전 3100년부터 서기전 2334년까지) | 3. 아카드인과 바빌로니아인(서기전 2334년부터 서기전 1650년까지) | 4. 히타이트인과 해상 교역자들(서기전 1650년부터 서기전 1200년까지) | 5. 미노아인과 미케네인(서기전 1900년부터 서기전 1200년까지) | 6. 해상족과 페니키아인(서기전 1200년부터 서기전 800년까지) | 7. 아시리아인과 바빌로니아인(서기전 1200년부터 서기전 539년까지) | 8. 요약

빅토리아시대 사람들은 지금의 이라크에 해당하는 메소포타미아('강들 사이 땅'을 뜻하는 그리스어)를 성경에 나오는 에덴동산의 소재지로 생각하였다. 오늘날 볼 때 그곳은 낙원과는 거리가 아주 멀다. 티그리스강과 유프라테스강 사이의 삼각주 지역과 범람원은 더운 저지대 환경이며 그 많은 부분이 불모의 모래땅, 저습지, 건조한 진흙 평지이기 때문이다. 하지만, 지금은 불모지가 된 이 지방이 세계 최초 도시 문명의 요람이었다. 메소포타미아는 북쪽에서 남쪽까지의 길이가 대략 965km이고 너비는 400km로서 동쪽으로는 이란의 고원지대까지, 서쪽으로는 아라비아 및 시리아 사막까지 펼쳐져 있다. 이 평원은 길고 아주 뜨거운 여름과 혹독하게 추운 겨울을 면할 수 없으며 티그리스강과 유프라테스강이 없었다면 사막이었을 것이다. 이 대하들과 그 지류를 벗어나서는 항구적 급수가 거의 안 된다. 강우는 아주 적어 의지할 수가 없으며 작물을 기르는 데 불충분하다. 하지만, 관개를 하면 저지 평원의 충적토를 경작할 수 있으며 자연 비옥도는 무한정이다. 농민들이 비교적 한정된 토지로부터도 아주 많은 수확을 거둘 수 있기에 비교적 밀집된 인구를 먹여 살리기에 충분하다. 서기전 6000년이나 아마도 그 이전이면 이미 마을 농민들이 여러 강의 물을 경지에 대고 있었을 것이다. 그로부터 3천 년 이내에 메소포타미아에는 수메르인의 도시 문명이 번성하고 있었다. 제9장에서는 이 세계 최초의 문명과 최초의 메소포타미아 국가들로부터 생겨난 서아시아 복합 사회들에 대해 기술하기로 한다(그림 9.1).

1 　기원(서기전 5500년부터 서기전 3000년까지)

이 강들 사이 땅으로의 최초 이주를 둘러싸고는 논쟁들이 있다. 그 평원은 여름에는 타는 듯이 덥고 겨울에는 지독하게 추워서 마을 농민들을 쾌히 받

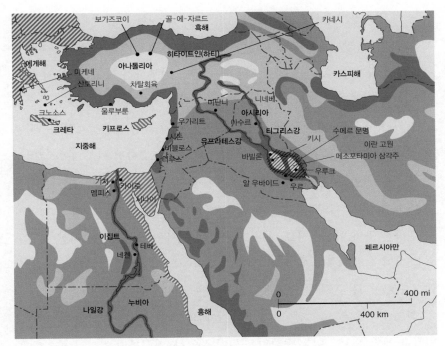

그림 9.1 제9장과 제10장의 고고학 유적 위치도.

아들이는 환경과는 거리가 너무도 멀다. 우리는 서기전 6500년이면 소규모 농경 마을 수백 개가 북부 메소포타미아 상류의 기복 이룬 평원에 점점이 존재했음을 알고 있다. 그 취락들은 터키에서 멀리 남부 이라크까지 수백 km에 걸쳐 흑요석, 화려한 채도, 여타 재화를 운반한 장거리 교역로들로 연결되어 있었다. 이때면 토기 교역을 위시한 교역의 많은 부분이 수로를 따른 핵심 중심지들에 살았던 소수 엘리트의 손에 집중되어 있었다. 그렇지만 우리는 많은 학자가 믿듯이 사람이 살지 않았던 그 평원에 서기전 6000년쯤 북쪽에서 마을 농민들이 이주해와 거주하기 시작했는지, 아니면 그보다 훨씬 전부터 그곳에 살았던 채집민이 그때나 그 이전에 페르시아만 연안을 따라 농경을 채택하였는지는 알지 못한다.

빙하시대 말기 동안에는 커다란 하구였던 페르시아만 연안에 채집민이 언제부터 거주하였는지 아무도 모른다. 일파의 학자는 서기전 15000년 이후 해수면이 올라가자 페르시아만이 지금의 이라크 남부까지 확대됨으로써 물고기와 식물 식료가 풍부한 풍요로운 해안과 강변 저습지를 이루었을 것으로 믿고 있다. 초기 및 중기 충적세의 옛 해안선은 지금 강가 충적토 및 모래 아래 깊이 묻혀 있으며 초기의 인간 거주에 관련될 고고학적 기록 또한 그러하다. 더 나아가 이 주장은 충적세 동안 기후가 건조해지자 채집민 집단이 자원이 더 풍부한 지역들로 몰리는 경향이 있었을 것이라 한다. 사람들은 서아시아의 다른 곳과 마찬가지로 바로 그런 곳에서 처음으로 곡류를 시험 재배하였을 것이다. 그로부터 수천 년 안에 농경 마을들은 강안과 더불어 급수가 상대적으로 잘되는 사막 지역들에 군집하였다.

최초 농민들은 그 기원이야 어떻든 운하와 자연 수로를 이용하는 경작 방법들을 개발하였고, 이는 수확량을 높여 주었다. 지금까지 알려진 최초의 농경 공동체는 서기전 6000년쯤으로 연대측정되는데, 유프라테스강 유로를 따라 군집을 이루며 자리 잡은 소규모 공동체들이었다. 일찍이 서기전 5500년에는 농경 공동체 몇 개가 티그리스강과 유프라테스강으로부터 자신들의 경지에 범람수를 끌어대었으며, 그런 다음 토양에 염분이 축적되는 것을 막기 위해 배수를 시켰다. 이런 군집 공동체 중 가장 큰 것은 약 11.3헥타르 넓이에 2천5백 명에서 4천 명 사이의 인구가 살았던 대규모 읍 하나와 그 둘레에 자리 잡은 소규모 농촌 공동체들로 이루어져 있었다. 그들의 소규모 관개수로 중 일부는 강으로부터 약 5km까지 뻗어 있었다. 이 우바이드 문화 취락(고대 우르 근처 한 마을의 이름을 땀) 중 일부는 맨 처음부터 상당한 규모의 건물, 소로, 마당 등 시설을 갖추고 있었다. 여타 취락은 겨우 진흙벽돌과 갈대로 지은 소박한 오두막들로 이루어졌다. 각 군집은 친족 유대로 연계된 일단의 마을로서 씨족 지도자는 마을 사무와 더불어 마을들을 연결했을 관개체계를 관장하면서 상대적으로 큰 취락에 살았다.

우리는 메소포타미아 범람원 최초의 주민들이 혹독한 환경에서 살아남는 데 필요한 기술들을 어떻게 얻고 발전시켰는지에 대해 아무것도 아는 바가 없다. 공동체 성원들 사이의 상호의존은 필수적이었으니, 집을 짓는 데 적합한 자재를 풍부한 모래, 진흙, 야자수, 강 사이의 갈대들로 임시변통해야 했기 때문이다. 아주 작은 규모의 수로를 파는 데도 최소한 약간의 정치, 사회적 지도력이 필요하였다. 그리고 막힌 강 유로와 운하에서 매년 침전된 흙을 제거하는 아주 고된 일은 공동 작업을 해야만 비로소 이루어낼 수 있었을 것이다. 뚜렷한 사회 변화는 삼각주에서 식량을 생산하는 데 필수인 한층 효율적인 체계들로부터 생겨났다. 식량 잉여가 늘어나고 우바이드 마을들의 전문화된 농업 경제가 성공을 거둠에 따라 정주 취락과 인구 밀집을 향한 추세는 증대되었다. 확대된 교역망과 잉여 및 교역품의 재분배 또한 사회에 영향을 미쳤다. 유력한 우바이드인 집단이 잉여 창출에 점점 더 적극적이 되었고, 그것은 종국적으로 농민 아닌 사람들을 더욱 더 많이 부양하였던 것이다. 시리아에 있는 텔 제이단 유적은 작은 우바이드 문화 읍이었고 교역로들의 중요 교차점이었는데 이는 당시 넓은 지역에 걸쳐 사회, 경제적 변화가 일어났음을 입증한다.

유적 이라크 에리두 신전

수메르 전설에서는 에리두를 모든 도시 중에서 가장 오래된 도시라고 불렀으며 또 '창조 전 혼돈의 신'이고 인간 지혜의 원천인 엔키의 거소라고 불렀다. 훨씬 뒤의 메소포타미아 창조 전설에서는 "모든 땅이 바다였을 때 에리두가 만들어졌다."고 선언한다. 수메르인은 엔키가 말로써 원초의 바다라는 혼돈으로부터 질서를 창조해내었다고 여겼다. 에리두 자체는 이전에 비옥한 강변 경관의 중심부에 자리 잡고 있었다. 오늘날은 메마른 사막이 이 옛 도시를 둘러싸고 있다. 폐허가 된 신전 기단이 이 대도시 인공 언덕의 한쪽 끝에 서 있는데 이는 무너지는 언덕의 바람 불어가는 쪽에 사구 하나를 형성한 낮고 평평한 진흙, 모래 더미이다. 이 황량한 유적은 여러 세대를 두고 세계에서 가장 훌륭한 고고학자 몇몇의 접근을 허용하지 않았는데 그들이 햇볕에 말린 진흙벽돌과 그 주변 흙을 구분할 전문적 기술을 갖추지 못했기 때문이었다. 영국 고고학자 리처드 캠벨-톰슨은 1918년에 에리두를 발굴해 들어가면서 푸석푸석한 모래밖에 찾아내지 못하겠다고 투덜투덜하였다. 그로부터 30년 뒤 이라크 고고학자 푸아드 사파르와 영국인 동료 시튼 로이드는 이 도시로 대규모 노동력, 작은 채광용 철도를 갖고 돌아왔으며 이들은 그 철도 덕분에 어마어마한 양의 흙을 치울 수 있었다. 또 그들은 제1차 세계대전 직전 독일 고고학자들이 대도시 바빌론에서 개발한 방법들, 즉 곡괭이를 써서 토양 질의 차이를 '느끼는' 방법을 활용하는 식의 진흙벽돌 구조물에 대한 전문 지식을 갖고 있었다. 그들은 이 간단한 기법에다 붓과 압축 공기 분무기를 더했는데 이것들은 진흙벽돌을 노출시키는 데 아주 훌륭한 방법이라는 게 입증되었다. 이 두 발굴자는 아주 많은 양의 모래를 제거하고 아직 약 2.4m 높이로 선 진흙벽돌 공공건물들로 이루어진 자그마한 건축 단지를 노출시켰다. 그러고 나서 이 도시의 중핵에 한때 서 있었던 대 성소의 역사를 해독할 장기 조사 사업을 개시하였다.

사파르와 로이드는 곧 단단한 벽돌들로 된 기단 하나를 찾아내었는데 이는 훨씬 나중의 '지구라트'(신전이라는 뜻) 폐허의 기저부로부터 펼쳐져 있었다. 그들은 흩어진 벽돌들을 한데 맞추어보느라 두 주일을 보낸 끝에 삼각형 벽돌들이 동심원으로 둘러싼 작은 장방형 건물 하나의 기초를 복원해내었다. 그들은 그것이 무엇인지 몰라 여러 날을 고민하다가 이윽고 자신들이 어떤 신전의 기단을 바라보고 있다는 사실을 깨달았다. 그 기단은 앞 시기 성소 둘레에 간단히 또 하나의 벽돌 층을 건설하는 방식으로 자꾸자꾸 확대되었으며 그럼으로써 점점 더 크고 화려하게 치장된 성소들을 지어 나가 결국에는 그 도시가 버려지기 전 이를 꾸몄던 거대한 지구라트에 이르러 정점에 도달한 것이었다(그림 9.2). 사파르와 로이드가 노출시킨 그 신전 기단 위에는 최소 다섯 개의 신전이 겹쳐 서 있었다. 그들은 그 장방형 구조물을 해체하고 기반암을 향해 깊이 파고 들어가 10개 이상의 성소를 발견하였는데 각각 이전 성소 위에 지어진 것들이었다. 서기전 4500년경 으로 연대측정된 신전 XVI은 깨끗한 모래 위에 선 자그마한 진흙벽돌 성소로 14m×14m 정방형이었으며 입구 하나, 제단 하나, 봉헌 탁자 하나를 갖고 있었다. 바다 농어 한 마리의 완전한 뼈를 비롯한 물고기 뼈 수백 점이 아직도 그 봉헌 신전에 놓여 있었다. 바다 농어는 이전에 에리두 가까이 있었던 얕은 강어귀 같은 담해수에서 산다.

이로부터 5백 년 뒤 에리두의 신전 기단은 적어도 180m×180m 정방형 범위의 신성 구역 안에 놓여 있었다. 이제 장려한 계단식 지구라트가 도시 한가운데 솟아올랐으며 그 정면은 화려하게 칠을 한 구운 벽돌들로 치장되어 있었다. 사람이 북적대는 거주 구역과 시장들이 이 신성 구역에 많이 모여 있었던 한편으로 지구라트는 둘레 수 km 거리에서도 보였다. 우리

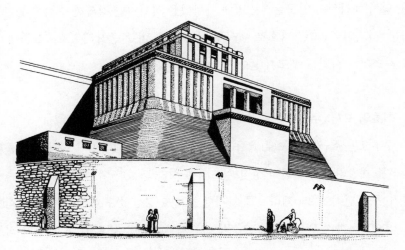

그림 9.2 에리두 지구라트의 최종 단계를 화가가 복원한 그림인데 이는 이라크 지방에서 가장 이른 신전들 가운데 하나이다.

는 이제 여러 달에 걸친 세심하고 고된 진흙벽돌 발굴 덕분에 이 위압적 성소가 동일한 성스러운 장소를 기렸던 그보다 훨씬 수수한 여러 신전의 후신이라는 사실을 안다.

메소포타미아 사회의 복합성이 그에 이어지는 세기들 동안 급속하게 증가함에 따라 어떤 형태의 중앙집중화된 권위를 제공할 사회, 정치, 종교 제도의 필요성도 증대되었다. 시간이 흐르면서 소규모 마을의례중심지들이 성장하였다. 급속하게 성장하던 읍인 에리두는 진흙벽돌 신전과 그것을 둘러싸고 배치된 꽤 상당한 규모에 평면이 흔히 장방형인 진흙벽돌 집들로 이루어져 있었다(테 글 '이라크 에리두 신전' 참조). 신전 둘레에 모여 산 엘리트와 가까운 거리에 장인들이 살았으며, 그보다 더 떨어져서는 모든 이를 부양한 작물을 길렀던 농민들의 거주지가 있었다. 서기전 4500년이면 에리두 신전은 이미 커져 제단, 봉헌소, 좀 작은 칸막이 방 여러 줄에 접한 중앙 실방을 하나 갖추었다. 당시 에리두의 인구는 5천 명에 가까웠을 것이지만 정확한 추산은 불가능하다. 서기전 4500년 이후로 에리두 같은 곳은 아주 중요해졌고, 그 중에 세계 최초의 도시인 우루크가 들어 있었다.

최초의 도시: 우루크

우루크는 소규모 읍으로 삶을 시작한 지 얼마 지나지 않아 근처 마을들의 인구를 재빨리 흡수하면서 성장 일로의 도시가 되었다. 우루크는 서기전 4천 년기 동안 면적이 250헥타르를 차지할 정도로 성장했다. 위성 마을들은 적어도 약 10km까지 뻗쳐 있었으며, 각기 관개체계를 갖고 있었다. 모두가 점증하는 도시 주민에게 곡식, 생선, 혹은 살코기를 공급했다. 도시는 집, 좁은 소로, 마당이 빽빽하게 들어찬 군거였으며 아마도 친족 단위별로나 도공, 조각

공, 화공 같은 장인별로 구역이 구분되어 있었을 것이다. 이 모든 것을 계단식 피라미드인 지구라트가 내려다보고 있었으며, 그것은 수 마일에 걸친 주변 저지대 위로 우뚝 솟아 있었다. 지구라트 단지와 그 위성 신전들은 우루크인의 삶의 중심지로 경배의 장소였을 뿐 아니라 창고, 공방이었고 통치의 중심지이기도 했다(그림 9.2 참조).

신전 관리자를 겸한 우루크의 통치자는 세속 지배자이자 종교 지배자였다. 그가 원하는 바는 신관과 복잡한 위계조직의 하급관리, 부유한 토지소유자, 상인들이 수행했다. 사회의 좀 더 낮은 부문은 무역업자와 장인들이 차지했다. 그 밑에는 수천 명의 어부, 농민, 선원, 우루크인의 다수를 점한 노예, 그리고 급격히 늘어나던 다른 도시 주민들이 있었다. 이 메소포타미아의 도시는 서기전 3500년이면 이미 정교한 운영체계를 발전시킨 상태였다. 이 체계는 사회를 조직하고 규제했으며 상벌을 내리고 그 밑에 사는 수천 명의 사람을 위한 정책 결정을 하였다.

문자와 야금술

우루크와 여타 수메르 도시들이 급속하게 성장하자 두 가지 기술 혁신이 나타났다. 첫째는 문자사용이요, 둘째는 야금술이었다. 문헌기록의 기원은 수메르인보다 수천 년을 더 거슬러 올라간다. 식량생산이 채택되고 얼마 지나지 않아 마을 간 교환 물량이 커져 출하를 확인하는 모종의 수단이 필요했던 때이다. 그 시초의 양상에 대해서는 아직 거의 알지 못한다. 한 가지 인기 있는 이론은 일찍이 서기전 8000년에 마을 사람들이 진흙 표시물들을 공들여 만들어 기록물로 쓰면서 줄로 묶어 가지고 다녔다는 것이다. 서기전 5000년이 되면 모든 종류의 상거래가 너무나 복잡해져 도둑질과 계산 착오가 일어날 가능성이 무수했다. 어떤 꾀바른 관리가 작은 점토판을 만들고 거기에다 토기나 동물처럼 익히 아는 물체를 나타내는 부호들을 새겨 놓았다. 그로

그림 9.3 이집트 엘–아마르나 외교 문서고에서 출토된 서기전 1350년경의 설형문자 점토판. 이 점토판은 당시 이집트로 수출한 유리 소재를 기록하고 있다.

부터 단순화되고 한층 관례화된 설형문자 부호들(그림 9.3)이 출현하기까지는 불과 한두 걸음밖에 안 되었다.

처음에는 특별히 훈련받은 서기들이 물품 목록을 작성한다든지 하는 행정 업무를 거의 전적으로 처리했다. 이윽고는 그 가운데 독창력 있는 이들이 자기 생각을 문자로 표현하는 능력이 주는 무한한 기회를 모색했다. 왕은 자신의 승리를 포고하는 데 문자판을 이용했다. 아버지는 자신의 일꾼인 아들을 훈계하고, 법률가는 복잡한 거래 관계를 기록했다. 수메르 문학으로는 대서사시, 사랑 이야기, 신들에 대한 찬송, 비극적 영탄 등이 있다.

수메르인은 자기 땅에서 금속 원료가 나지 않았으므로 일찍이 서기전 3500년부터 구리, 금, 여타 광석을 이란 고원지대와 그 밖의 곳에서 수입했다. 처음에는 이 빛나는 금속들이 높은 위세 가치를 지녔지만 서기전 2000년 이후로 구리와 납 또는 주석의 합금법이 등장하자 청동이 농기구와 전쟁 무기에 널리 쓰이게 되었다. 청동 기술은 한층 힘든 나날의 과업들을 수행하는 데 쓸 수 있는 훨씬 단단한 날을 가진 내구성 강한 인공물들을 만들어내었다. 그로부터 생겨난 혁신 한 가지는 끝에 금속 날과 나무 날을 끼운 쟁기였다. 이는 소가 끌어 이전 시기의 간단한 괭이와 뒤지개보다 땅을 훨씬 깊이 파 엎을 수 있는 도구였다. 쟁기는 우연히도 아메리카 대륙에서는 끝내 개발이 되지 않았다. 이는 수메르에서 관개농법이 이전보다 아주 크게 중요해지자 개발된 것으로 그와 연관된 혁신들은 농업 생산성을 극적으로 증대시켰다. 이처럼 증대된 수확은 더 많은 도시 및 농촌 인구를 부양하였을 뿐만 아니라 수메르와 그 바깥 먼 곳에 있었던 도시국가의 통치자들이 식량 잉여를 더욱 더 통제하고 장거리 교역으로 얻은 부를 더 강력히 통제하는 수단이 또한 되었다.

청동 날을 가진 무기의 채택은 수메르인의 삶에 중대한 영향을 끼쳤다. 그런 무기가 지역 군대에 등장한 직접 여파로 정치적 목적을 달성하는 데 전쟁을 이용하는 경향이 대두될 수 있었기 때문이다. 에리두와 우루크와 같은 도시는 다른 중심지들로부터 격리되어 있지를 않았다. 기실 그들은 이웃을 너무도 의식하고 있었다. 예를 들어 도시국가 라가시와 움마는 서로 편치 못한 이웃으로서 의도적으로 국경 분쟁을 벌였고, 이는 서너 세기 동안 계속되었다. 도시들은 곧 성벽을 갖추었는데, 이는 침략자들로부터 방호가 필요했다는 확실한 표징이다. 수메르의 인장들도 전쟁 포로 그림을 담고 있다. 또 이때면 이미 지금의 이라크 북부, 티그리스강을 건넌 수사, 자그로스, 여타 저지대 북부 및 동북부 변두리에 남부 메소포타미아의 '식민지들'이 있었다. 이 식민지 중 어떤 것은 완전한 사민(徙民) 공동체였고, 어떤 것은 그 본국에서 아주 멀리 떨어져 있었음에도 특징적 우루크 양식 인공물들로 그 모습을 나타낸다. 우루크 특유의 인공물 및 미술 양식들은 장거리 대상(隊商) 교역이 이집트와 더불어 시나이 반도를 가로질러 급속히 확장되고 있던 여러 세기 동안의 나일강 유역에서 나온 바가 있다. 여기서 깨달아야 할 한 가지 중요 사항은 한층 복잡한 사회와 국가, 도시들로의 추세가 단지 메소포타미아 남부만이 아니라 엄청나게 넓은 지역에 걸쳐서도 굳건히 자리 잡았다는 점이다. 도시화는 한 곳에서만 일어나지 않았으며 서로 접촉을 한 여러 집단이 자연적 발전을 이룬 결과였던 것이다.

2 수메르 문명(서기전 3100년부터 서기전 2334년까지)

서기전 3100년쯤에 수메르 문명이 출현함으로써 인류의 경험 범위에 신기원이 이룩된다. 인간이 만든 경제, 정치, 사회 메커니즘들이 서로 수천 마일은 아니더라도 수백 마일은 족히 떨어진 도시, 읍, 마을들의 삶에 영향을 미치기 시작한 것이었다(테 글 '문자가 말해주는 수메르 사람들' 참조). 지금까지 어떤 인간 사회도 완전 고립하여 번성한 적은 없다. 그러나 장거리 교환과 조직적 교역의 진정한 발진 시점은 서기전 4천년기 동안이었으며 이 시기는 개개 사회를 훨씬 넓은 지역 발전의 배경 속에서 보아야만 비로소 이해할 수 있는 최초 천년기였다. 급속하게 진화한 진정한 의미의 경제 체계가 동부 이란과 파키스탄의 인더스강 유역에서 메소포타미아, 동지중해, 아나톨리아, 나일강 유역에 이르기까지의 서남아시아 전역에 걸친 사회 수백 개를 끊임없이 변화한 문화의 촉수들로 연계하였다. 이 체계는 서기전 3천년기에 이르면 서남아시아뿐만 아니라 키프로스, 에게해, 그리스 본토까지도 포괄한다.

이런 발생기 경제 체계가 생겨난 이유는 여러 사회가 서로 다른 생태 지역에서 더 큰 복합성을 향해 아주 비슷한 일반 진화의 궤적을 따라 발전하고 있었던 상황에서 자기 지역에서 나지 않는 원자재를 구하려는 끝없는 수요가 있었기 때문이다. 지금 막 서술한 남부 메소포타미아의 대세적이고 확실히 선형적인 문화 발전 과정과 동등한 양상은 북부 메소포타미아와 티그리스 강 동쪽에서도 볼 수가 있다. 각 지역의 이런 발전과 수많은 기술 혁신은 기본 경제 욕구뿐만 아니라 새로이 도시 생활에 들어간 엘리트들의 경쟁 본능이 촉발한 것이었다. 그 엘리트들은 자신들의 사회적 위세와 권위를 재확인하기 위해 호사스런 과시 물품과 이색 사치품을 이용하였다. 수메르 문명은 이렇게 발달한 아주 넓은 지방의 상호의존성을 반영하는 거울 같은 것이다.

고대인의 음성 **문자가 말해주는 수메르 사람들**

"엔릴은 큰 황소처럼 대지에 발을 디뎠다.
좋은 낮이 풍요 속에 더욱 번영하도록
아름다운 밤이 다산 속에 더욱 무성하도록
식물들이 크게 자라도록 하고, 알곡들이 널리 퍼지도록 하며…"

수메르 문학은 세계에서 가장 오래되었으며 운문과 산문이 풍부하고 또한 많은 산문체 문헌을 갖고 있다. "왜 빈둥거리느냐? 학교로 가서 너의 '학교-아버지' 앞에 서서 숙제를 외우고 책가방을 열어 판에다 글자를 써라…" 옛 수메르인의 음성은 수천 년을 넘어 우리에게 이야기한다. 농땡이를 부리는 학생, 사랑 노래, 농사 지침, 마음을 뒤흔드는 서사시. 수메르 문학은 에너지와 감성으로 감동을 준다. 한 신부는 자신의 왕자 같은 신랑 슈-신에게 이렇게 노래하였다.

"신랑이여, 내 사랑이여,
당신은 정말 멋져요, 달콤한 이여,
사자여, 내 사랑이여,

당신은 정말 멋져요, 꿀 같은 이여."

어떤 아버지가 아들에게 주는 실제적 조언을 담은 농사 지침서는 설형 문자 180줄을 **빽빽**하게 새겨 채웠다. 이 저자는 자신의 후계자에게 연중 농사 주기를 따라 안내를 하는데 5월과 6월에 밭이 큰 강물로 침수된다는 데서 시작한다. "폭 6m 정도 되는 매 땅뙈기를 8줄씩 쟁기로 갈아라." "보리 씨앗을 뿌리는 남자가 두 손가락에서 씨앗을 똑같은 식으로 떨어뜨리는지 잘 지켜 보거라." "씨앗이 땅을 뚫고 나오는 날에는" 밭의 쥐와 해충을 관장하는 여신인 닌킬림에게 반드시 기도드려 쥐나 해충들이 자라는 작물에 해를 끼치지 않도록 해야 하였다. 이 지침서는 물을 대는 데 관한 정확한 가르침들을 담고 있으며 또 그 젊은 농사꾼에게 간곡하게 "너의 연모들이 활기차게 움직이도록" 하라는 가르침도 담고 있다.

오늘날도 무대에서 공연되는 『길가메시 서사시』는 수메르 문학 작품 중에서 가장 유명한데 사랑하고 미워하고, 슬피 울고 기뻐 날뛰고, 바라고 실망한 한 남자의 이야기이다. 길가메시는 우루크의 왕이었는데 폭군처럼 거만하기로 유명한 가만히 있지 못하는 영웅이었다. 그의 신하들은 신들에게 불평을 하였으며 신들은 짐승들 틈에 산 엔키두를 보내 길가메시를 길들이라고 하였다. 이 두 영웅은 싸움을 벌였으나 곧 친구가 되어 무시무시한 '천상의 소'를 죽인다. 엔키두는 신들의 판결을 받아 일찍 죽는다. 비탄에 빠진 길가메시는 이제 불멸을 구하러 떠난다. 결국 그는 자신이 추구한 바를 이루지 못하며 지치고 실망한 채로 우루크로 돌아와 남은 삶을 살았다. 우리가 지금 아는 이 '서사시'는 여러 글에서 빌려온 내용을 섞어놓은 것이지만 그래도 걸작이다. 다음 문장을 보라.

"길가메시가 엔키두에게 말했다.

만약 이제 자네가 지하세계로 내려가게 되면,

내가 자네에게 한 마디 할 테니 말한 대로 믿게나,

내가 한 가지 가르쳐 줄 테니 가르친 대로 하게나,

깨끗한 옷을 입지 말게나,

적 같은 [지하 세계] 청지기들이 앞으로 나서지 않도록.

규석 병에 담은 좋은 향유를 자네 몸에 바르지 말게나,

그 냄새를 맡고 그들이 자네에게 떼거리로 몰려들지 않도록…"

그러나 가장 생생한 수메르인의 음성은 당시 격언으로 표현된 보통 사람들의 음성이다. "우리는 죽도록 운명 지어졌으니 마음껏 써라. 우리는 오래 살 테니 아껴 모아두라." "우정은 하루를 가지만 혈연은 영원히 간다." 혹은 "군주가 있어도 좋고, 왕이 있어도 좋다. 하지만, 무서워해야 할 자는 세금쟁이다."(크레이머, 『역사는 수메르에서 시작된다』(1981)의 여러 곳에서 인용)

수메르 문명은 환경 요인과 사회 요인들이 결합된 결과로 탄생했다. 수메르인은 비옥한 흙을 지녔지만 나무가 없는 저지대 환경에서 살았다. 거기에는 금속이 없었고 목재도 거의 없었으며 준보석도 없었다. 그래서 그런 품목이 풍부한 지역들과 교역을 함으로써 이 상품들을 구했다. 수메르 통치자들은 강을 통해 배로 운반할 수 있는 다량의 잉여 식량뿐만 아니라 직물 및 여타 사치품 산업도 관할했다. 교역품은 대하들, 특히 잔잔한 유프라테스강을 오르내렸다. 옛 육상 교역로는 티그리스강과 유프라테스강 지역을 멀리 레반트의 도시와 항구들에 연결했다. 수메르 시대처럼 이른 시기에 이미 짐 나르는 동물의 대상(隊商)들이 아나톨리아를 유프라테스에, 레반트를 메소포타미아에, 메소포타미아를 동쪽 멀리 이란 고원지대의 고립된 읍들에 연결했다.

서기전 3250년이 되면 팽창일로의 교역망이 지중해에서 페르시아만까지, 터키에서 나일강 유역까지 수십 개의 도시와 읍을 연결했다. 그때면 이미 대소 국가들이 이집트와 메소포타미아뿐만 아니라 레반트 해안지대와 이란 고

원에서도 번영하고 있었다. 각 국가는 광석 같은 중요 원자재와 활석 그릇, 목재, 심지어 곡식까지 서로에게 의존하고 있었다. 또 메소포타미아 북부, 티그리스강 동부, 레반트에서는 기본 경제적 필요뿐만 아니라 새 엘리트들의 경쟁 본성 때문에 교역이 팽창하고 다수의 중요 기술 혁신이 생겨났다. 모두가 서로 아무리 심하게 반목하였어도 그 이웃들과 더불어 더 멀리 떨어진 교역 상대에게 의존했다.

복잡하고도 끊임없이 변화한 정치 동맹과 개인적 교분의 책무가 공동체와 공동체, 도시국가와 도시국가를 연결하였다. 시간이 흐르자 신전에 바탕을 둔 행정 조직이 재정 및 병참의 대차대조 장부를 작성 유지함으로써 비공식적 물물교환으로 시작된 거래에 질서를 부여하였다. 전문 상인들이 구리와 청금석 같은 상품들을 취급하기 시작하였다. 도매와 계약이 생겨나고 어음이 유통되었는데, 개인의 이득이 주된 동기였다. 모든 도시국가가, 실은 문명 전체가 우리가 앞에서 발생기 경제 체계라 부른 것에 점점 더 의존하였으니, 그 이유는 정치적 안정보다는 생존 때문이었다. 서남아시아 국가의 역사에서 신뢰할 수 있는 장기적 상호의존 관계는 서기전 3000년이면 이미 결정적으로 중요한 요소가 되어 있었다.

서기전 2800년이면 메소포타미아가 중요 도시국가 몇 개의 본거지가 되었으며, 이 국가들은 레반트 및 이란 고원지대와 교섭을 벌였고 이집트의 파라오와도 간헐적으로 접촉했다. 메소포타미아 삼각주가 점점 더 인간 활동으로 통제되는 환경이 되고 장거리 교역량이 극적으로 증가하자 자원을 둘러싼 경쟁도 심화되었다. 점토판 문서와 고고학적 발견물은 둘 다 이웃 사이의 전쟁과 끊임없는 다툼을 말해주고 있다. 각 국가는 수자원 관할권, 교역로, 도시 성벽을 지키기 위해 군대를 키웠다. 방위와 군 통수의 막중한 업무는 신에게 임명되었다고 여겨진 전제군주에게로 넘어갔다. 우루크, 키시, 우르 같은 도시국가는 이웃을 압도하는 동안은 정치적 힘을 발휘하고 번영을 누렸다(그림

그림 9.4 이라크 우르의 복원된 수메르 지구라트로 원래 서기전 2300년경 지어졌다.

9.4). 그러다가 그들의 운세는 금방 바뀌어 무명의 처지로 떨어지고 말았다. 주변 산지와 사막의 유목민들로부터 끊임없는 위협이 있었고, 그들은 수메르인이 사는 땅을 야금야금 잠식해 들어왔다. 때로는 그들이 도시 생활을 완전히 파탄에 빠뜨려 여행이란 것이 근본적으로 불가능하게 되기도 하였다. 정말로 도시국가는 초기 메소포타미아에서 경제, 사회적 경쟁의 무대였다.

　일부 수메르 도시들은 강력하고 부유한 지도자를 키워냈다. 영국의 고고학자 레너드 울리 경이 우르에서 한 왕족 묘지를 발굴했을 때, 거대한 무덤들에 묻힌 여러 대에 걸친 왕과 왕비의 인골이 발견되었는데, 각자 모든 가신을 거느리고 매장된 것이었다. 한 무덤에는 59명의 유골이 있었다. 각 남녀는 공복을 입고 기장을 단 채 정확하게 서열 순으로 자리 잡아 극약을 마시고 죽어 있었다(그림 9.5). 단, 좀 더 최근에 이루어진 연구는 그들이 극약에 의해서가

그림 9.5 수메르 우르 왕묘에서의 왕의 장례 복원 그림으로 레너드 울리 경이 기록한 대로이다. 그의 상상에 찬 장례 설명은 부정확할 수 있다. 불행하게도 그의 발굴 야장은 분실되었다.

아니라 머리를 가격당해 죽었음을 시사하고 있다.

이런 위풍당당한 수메르의 통치자 중 일부가 저지대 도시국가 몇 개를 관할하는 데 만족하지 않고 더 담대한 꿈을 실현하려는 야망을 품는 것은 필연적이다. 그들은 이익이 많은 원자재 산지 및 교역로를 장악하는 것이 막강한 정치권력의 비결임을 잘 알고 있었다. 서기전 약 2400년쯤 루갈자게시라는 군주는 페르시아만에서 지중해에 이르는 전 지역을 지배하고 있노라 자랑하였다. 이 자랑은 아마도 믿기 어려울 듯하다. 수메르의 도시들이 메소포타미아, 터키, 레반트를 연결하는 육상 교통로를 장악했을 가능성은 크지만, 그들의 영향력은 결코 영속적이지 못했고 그들의 지배라는 것은 환상이었을 것이다. 루갈자게시와 여타 통치자는 메소포타미아 문명의 한 가지 전통적 특징을 잘 나타내고 있었다. 즉 교역과 정복과 무자비한 통치와 공납을 결합해 거대한 제국을 이루어내기는 하였지만, 그것은 통합이 잘 안 되고 아주 가변적이었던 것이다. 그들은 각기 지중해와 페르시아만 사이의 거대한 영토를 통제하고자 무진 애를 썼다.

메소포타미아가 아나톨리아와 동지중해 연안의 도시국가 수십 개와 면면하게, 때로는 한층 정규적으로 유지한 접촉 관계는 서기전 2천년기에 서남아시아 역사를 풍미하게 될 끊임없는 정치, 경제적 경쟁 관계, 즉 지중해 항구들의 관할을 둘러싼 경쟁 관계를 예고하는 것이었다. 여기서는 두 개의 대양과 세 개의 대륙이 만난다. 동지중해 연안에는 천연 양항이 없으므로 기지의 세계인 광대한 지역, 즉 자원이 풍부한 아나톨리아와 곡물이 풍부한 이집트에 대해 우위를 차지하는 관건은 그 내륙로의 통제에 있었다. 이 지방의 역사는 그것을 둘러싼 열강들의 흥망성쇠에 아주 복잡하게 얽혀 있었다.

3   아카드인과 바빌로니아인(서기전 2334년부터 서기전 1650년까지)

수메르 문명이 번영하고 있는 동안 이웃 지역들에서는 도회 중심지의 성쇠가 거듭되었다. 이 지방들에서도 좀 더 큰 역할을 꿈꾸며 드넓은 야망을 품은 지배자들이 살았다. 서기전 2500년이면 수메르 북쪽 아카드인의 도시들이 저지대 도시들과 교역과 위세를 두고 경쟁하고 있었다. 대략 서기전 2334년에 셈어를 말하는 지도자 사르곤이 바빌론 남쪽 아가데 읍에서 한 지배 왕조를 개창하였다. 얼마 안 있어 그의 북부 왕조는 교묘한 상업적 모험과 현명한 군사 활동으로 수메르와 북부 메소포타미아를 모두 포괄하는 훨씬 큰 왕국에 대한 지배권을 확립하였다. 그런데 이 제국은 아카드인이 북쪽의 비옥한 땅에서 산출된 곡식에 심하게 의존한 짧은 기간 동안만 경제적 번영을 누린 후 갑자기 파멸적 가뭄을 맞아 스스로 붕괴하였다.

우리는 이것을 북부 이란에 있는 골-에-자르드 동굴의 석순으로부터 아는데 이에서는 대략 서기전 3200년부터 1700년 사이의 먼지 활성 기록이 나왔다. 골-에-자르드는 이전 아카드 제국에서 동쪽으로 수백 km 떨어진 곳에 있지만 그 동굴 속으로 불려 들어온 먼지는 시리아와 이라크의 사막들에서 온 것이다. 이 먼지는 그 지역의 석회암과는 달리 마그네슘 함량이 높다. 이는 동굴 속의 석순이 자라는 동안 마그네슘의 양이 시간의 흐름에 따라 변화했음을 의미한다. 마그네슘의 농도가 높으면 높을수록 그만큼 먼지 활동 수준이 높고 또 건조한 기후 조건이었다는 것이다. 연구자들은 우라늄-토륨을 이용해 두 차례의 커다란 가뭄을 식별해낼 수 있었으니 하나는 서기전 2510년쯤에 시작되어 100년 동안 지속되었고 또 하나는 2260년에 시작되어 290년 동안 지속되었다. 이 가운데 뒤의 연대는 아카드 제국의 붕괴 시점과 거의 정확하게 일치한다. 굶주린 농민들은 풍요로운 남부 도시들로 몰려갔다. 티그리스강과 유프라테스강 사이에는 이주민을 통제하기 위해 180km 길이의 '아모리인 격퇴막'이라는 이름의 벽이 설치되었다. 하지만, 그런 벽 설치 전략은 오늘날에도 그런 것처럼 실패했다. 격렬한 충돌이 일어났고 아카드인은 몰락했다.

50년간의 정치적 불안정기가 있은 후 우르의 우르-남무 왕이 서기전 2112년에 수메르와 아카드를 장악하였으며, 북쪽으로 멀리까지 뻗은 제국을 일구어내었다. 사르곤은 군사 정복으로 제국을 만들어냈지만 그 승리의 여세를 몰아 적절한 행정 통치를 하지는 못하였다. 우르-남무와 그의 우르 제3왕조 계승자들은 왕의 문서고에서 출토된 문자 점토판들에 의하면 새로운 종류의 통치자들로서 자신의 새 제국을 강력하고 잘 조직된 관료 체제로 통합하는 데 역점을 두었다.

다시 우르는 서기전 1990년에 바빌론과 그 셈족 지배자들에게 자리를 내주었다. 바빌론 초기의 위명은 법전으로 유명한 함무라비 대왕의 치세 중인 서기전 1792년에 절정에 이르렀다. 그는 메소포타미아의 비교적 작은 왕국들을 짧은 기간 동안 통합하였다. 그러나 그의 사후 바빌로니아인의 페르시아만 쪽 교역이 붕괴하면서 이 제국은 쇠퇴하였고 그 대신 북쪽 아수르와 서쪽 지중해 구리 자원을 연결하는 교역 연계가 강화되었다.

4   히타이트인과 해상 교역자들(서기전 1650년부터 서기전 1200년까지)

이런 모든 사태 발전은 서남아시아의 여러 지방 사이에 경제적 유대가 점점 더 긴밀해진 데서 비롯되었다. 그런 유대는 정치적 변화나 전쟁과는 무관하게 지속된 경제 상호의존성의 징표이다. 사막의 흑당나귀 대상과 지중해 정기 왕복선들은 지역 사회의 경계와 문명 전체까지도 뛰어넘는 한층 공고한 세계 체계의 산물이었다. 이 세계 체계의 중앙에는 전략적으로 중요한 동지중해 연안이 자리 잡고 있었다.

서기전 2천년기 동안의 동지중해 해안지대는 번영을 누리던 소국들의 네트워크가 관할하고 있었다. 그들은 내륙에 있었던 대왕국들, 즉 남쪽의 이집트(제10장 참조), 유프라테스강 동쪽의 미탄니, 아나톨리아의 하티(히타이트인의 왕국)의 그늘 아래 살았다. 이 세 왕국은 각기 넓은 영역을 관할하면서 이 배후지를 얼마간씩 자신의 영향 하에 두었다(앞의 그림 9.1 참조). 세 국가는 해안 지대에서 직접 경쟁하였으며, 국경의 모든 방면으로 복잡한 교섭 관계를 가졌다. 예컨대 미탄니는 북부 메소포타미아의 도시국가 아수르가 마음대로 하는 것을 가로막고자 하였다. 이집트의 공식 외교 문서인 유명한 아마르나 문자판은 해안 지대 도시국가들 사이의 동맹 관계가 이리 저리 바뀐 사실을 말하고 있다. 이때에 이르러 동지중해 연안은 많은 도시들의 땅이었으며 그 이웃 열강에게는 군사전과 외교전의 단골 각축장이 되어 있었다.

히타이트인

히타이트인은 가장 나중에 등장했으면서 외교에서는 아마도 가장 유능했다 할 수 있는 선수였다. 원래 카네시의 지배자였던 이들은 자신들의 영역을 넓혀나가 서기전 1650년 직전에 아나톨리아의 나머지 지역을 장악하였다. 히타이트의 왕들은 둘레 6.4km의 성벽을 가진 수도 **보가즈코이**(그림 9.6)로부터 서남아시아에 대해 엄청난 정치적 영향력을 행사하였다. 서기전 15세기에는 시리아가 이집트 제국의 한 지방이었다. 하지만, 히타이트인은 외교 및 군사 양면으로 이집트인에게 크게 압박을 가하였고, 이윽고 하티의 대왕 수필룰리우마스 1세(서기전 1375~1335년)는 레바논을 자신의 영역으로 주장할 수 있게 되었다. 아카드의 설형(쐐기)문자로 된 외교문서들은 서기전 1269년경 히타이트 왕과 이집트 왕 사이에 맺은 평화 조약을 기록하고 있는데, 이것들은 이집트의 관할 지역을 팔레스타인 남부로 한정하고 있다. 당대의 장엄한

그림 9.6 히타이트 왕도 보가즈코이(하투사스)에 있는 '왕의 문'으로 사자가 양 옆을 지키고 있다.

공공 건축물은 최신 무기를 가지고 전쟁을 벌인 이집트인과 히타이트인을 흔하게 묘사하고 있다. 그 무기 중에는 궁사들이 탄 두 바퀴의 경전차와 더불어 분쟁 지역의 수많은 성채 도시에 대해 사용한 새로운 포위 공격 장치들이 들어 있다.

서기전 1200년에 이르면 하티가 곤경에 빠진다. 히타이트인은 그때까지 잘 조직된 직업 군인들을 통해 동지중해에 오랫동안 안정적 영향력을 행사하면서 번영하였다. 그들은 능란한 외교관이었으며, 유프라테스강가의 카르케미시와 그 서쪽 무키시의 알랄라크라는 두 대도시에 대한 지배를 통해 지금의 시리아 북부를 관할하였다. 또 그들은 레반트 북부 해안의 **우가리트**(즉 라스 샴라)를 비롯한 다른 강력한 이웃들과 우호 조약을 맺고 있었다. 우가리트는 거의 상인-대공이라 해야 할 한 군주가 통치한 국제 도시였다. 그는 막대한 금의 공급을 관할하고 또 상당한 크기의 배 몇을 포함한 150척 이상의 선단도 관할하였다. 그 배들은 멀리 키프로스와 나일까지 과감히 항해하였다. 전자는 에게해 지역과의 교환에서 중심지였다. 히타이트인에게 우가리트는 결정적으로 중요하였으니, 결코 해양 세력이 되어본 적이 없는 터라 그 나라의 배에 의지하였기 때문이다.

그런데 이런 제해권 결여와 엄격한 봉건제도 둘 다가 하티의 몰락에 기여하였다. 서기전 1200년경 아나톨리아에 서북쪽으로부터 외래인이 반복해서 쏟아져 들어왔다. 그때는 극심한 가뭄이 하티를 포함해 에게해부터 나일강 유역까지 동지중해 세계의 많은 부분에 영향을 미치고 있었던 참이었다. 그로써 히타이트인 중앙 정부는 무너졌다. 그 이유는 부분적으로는 외부로부터의 침략 때문이었지만, 그와 더불어 강력한 영주들이 왕에 대한 충성을 저버렸기 때문이기도 하였다. 아나톨리아는 해체되어 작은 도시국가 수십 개의 본거지가 되었고, 각국은 자신의 독립을 유지하기 위해 분투하였다.

울루부룬과 해양 교역

대왕국들 쪽에서 볼 때 이 모든 외교, 군사 활동의 목적은 동지중해의 이익 많은 금, 구리, 토기 교역을 통할하는 데 있었다. 동지중해인과 미케네인 무역상들이 장악한 이 교역은 터키 남부 연안 앞바다의 청동기시대 난파선들에 대한 조사에서 생생하게 예증되었다.

난파선이 고고학의 견지로 볼 때 지닌 이점은 어느 한순간 멈춰버린 해양 교역의 밀봉 캡슐을 제공한다는 것이다. 터키 남부 연안 카스 근처의 수역에서 체말 풀락이 발굴한 저 유명한 울루부룬 배는 서기전 1310년경 난파하였다. 이 배는 개당 27kg 정도 나가는 구리 덩이쇠를 350개 이상 싣고 있었다. 이는 10톤의 화물로서 소규모 군대를 무기와 갑옷으로 충분히 무장시킬 수 있는 양의 금속이었다(그림 9.7). 시리아 지방에 사는 사람들이 만든 손잡이 두 개 달린 항아리들 속에는 1톤의 송진이 들어 있었는데, 이는 이집트인의

그림 9.7 터키 울루부룬 난파선 재현물 위로 잠수사가 보인다.

기록들이 말해주듯 이집트인의 의식용 향이었다. 이집트에서 티루스로 보내는 청유리 원반 및 덩이도 수십 개 있었다. 또 화물 중에는 경목, 발트해의 호박, 코끼리 엄니, 하마 이빨, 타조 알, 올리브유, 가나안과 미케네의 많은 토기를 꽉꽉 채워 넣은 커다란 항아리들까지 있었다.

울루부룬 배의 화물은 아프리카, 이집트, 동지중해 연안, 그리스 본토, 에게해 제도, 키프로스에서 온 품목들을 포함했고, 사르디니아에서 온 구리까지 있었다. 이는 히타이트가 전성기에 있을 때인 서기전 2천년기의 동지중해 무역이 지녔던 실로 국제적인 성격을 극적으로 반영하고 있다. 당대의 열강이 동지중해 연안의 제패를 위해 무지막지하게 경쟁하였던 것은 조금도 놀랄 일이 아니니, 바로 그곳이 문명 세계 전체에 미로처럼 얽힌 교역로들의 한가운데에 해당했기 때문이다.

철 기술

해양 교역은 철제 도구와 무기가 동지중해에 널리 확산되는 데 중요한 역할을 했다. 철은 서기전 2천년기 중반에 흑해 바로 남쪽의 고원지대에서 처음으로 제련되었을 것으로 생각된다. 이 새로운 금속은 많은 이점을 갖고 있었으니, 단단하고 날카로운 날이 무기와 농공구용으로 더없이 유용했던 것이다. 또 철광석은 청동을 합금하는 데 쓰는 주석과 달리 흔했다. 얼마 지나지 않아 철기는 유럽의 광대한 지역과 서남아시아에 널리 퍼졌다. 다만, 이 새로운 기술로 도끼와 괭이 같은 가내 인공물을 항상적으로 만들기까지는 시간이 좀 지나야 했다.

5   미노아인과 미케네인(서기전 1900년부터 서기전 1200년까지)

동지중해 교역은 그리스 서쪽으로 더 멀리 사르디니아와 북아프리카, 스페인까지 확대되었다. 그러나 서쪽의 주된 경계는 에게해 제도와 그리스의 섬들에 있었으며, 바로 그곳에서 서기전 2천년기 동안 미노아 문명과 미케네 문명이 번성했다.

에게해에는 방풍이 잘 되는 항만이 풍부하고 해협들이 많아서 짐을 가득 실은 원시 외항선조차도 피항을 하고 섬에서 섬으로 항해할 수 있었다. 섬 사이의 교역은 급속히 팽창했으며, 그 교역품에는 금속 제품뿐만 아니라 훌륭한 토기에 담은 올리브유와 포도주, 대리석 그릇과 소상도 포함되었다. 새로운 제품과 아이디어들이 끊임없이 이 지방 전역으로 유통되었다. 서기전 2500년이면 그리스 본토와 섬들의 수많은 소규모 읍에는 농민과 무역업자, 숙련된 장인들이 살았다. 읍 생활의 시작은 에게해 지역에 상당한 문화적 다양성을 조장했다. 그 다양성을 촉진한 것은 끊임없는 교역 관계와 점점 더 복잡해진 정치, 사회조직들이었다.

미노아 문명(서기전 1900년부터 서기전 1400년까지)

서기전 1900년이면 이미 미노아 문명이 이전 토착 농경문화들로부터 발생한 터였다. 이 문명은 크레타섬 북쪽 해안 헤라클리온 근처 크노소스의 유명한 미노스 궁전이 가장 잘 입증한다. 이 유적에는 일찍이 아나톨리아에서 차탈회육이 번영하고 있던 때와 거의 같은 시기인 서기전 6000년에 처음으로 사람들이 정착했다. 그리스 본토와 에게해 제도 곳곳에는 일찍이 서기전 6500년이면 농경민이 정착해 살고 있었지만, 이 지방 전역에서 마을 공동체가 생겨난 것은 그보다 상당히 나중이었다. 그런 사태 진전은 곡류가 아닌 올리브 및 포도의 재배와 때를 같이하였다. 서기전 3500년이면 에게해 지역과 그리스의 주민들은 지역산 광석을 이용해 훌륭한 금속 도구와 귀한 장신구들을 제작하고 있었다. 크노소스의 농민들은 햇볕에 말린 진흙벽돌로 지은 장방형 평면의 오두막에서 살았으며, 그 집은 저장고와 침상을 갖추고 있었다. 서기전 3730년에 이르면 돌 그릇 같은 외래 수입품의 형태를 띤 장거리 교역의 징표들이 증가한다. 최초의 크노소스 궁전은 서기전 1930년경에 지어졌으며, 장방형의 중앙 궁정 둘레에 수많은 방이 있는 대규모 건물이었다.

서기전 1700년쯤에는 이 유적 최초의 왕족 거주지가 지진에 의해 파괴되었는데, 그때는 미노아 문명의 세력이 막 절정에 도달한 때였다. 그 자리에 대신 세워진 궁전은 중앙의 궁정을 둘러싸고 무질서하게 자리 잡았으나 위풍당당한 구조물이었다(그림 9.8). 건물들 일부는 이층짜리였으며, 회를 바른 벽과 바닥에는 화려한 색깔의 기하학적 문양과 풍경, 돌고래, 여타 바다 동식물이 그려져 있었다(그림 9.9). 가장 주목되는 그림은 춤과 종교의례를 묘사한 것이

그림 9.8 크레타 크노소스의 미노스 궁전 북문으로 황소 그림 소벽이 복원되어 있다.

그림 9.9 크노소스 궁전 옥좌 방의 석조 옥좌와 신화 속 새들을 나타낸 소벽. 이 방은 신의 모습으로 차려입은 남자 혹은 여자 신관들이 공식 등장하는 데 이용되었다.

며, 그 중에는 껑충거리는 황소의 등을 따라 힘차게 도약하는 곡예사의 그림도 있다. 성소이기도 하고 왕의 거관이기도 하며 창고이기도 하고 또한 공방이기도 한 크노소스의 미노스 궁전은 대형 농촌 가옥과 수장의 거관들을 위주로 한 전원적 색채가 아주 강한 문명의 중추였다.

미노아 문명은 에게해 전역과 멀리 이집트와 레반트에 이르는 교역 접촉이 증가하면서 극적으로 개화하였다. 미노아인은 전문 항해가에다 국제무역 중개인들이었다. 그들의 배는 온갖 종류의 화물을 다루었다. 그러나 이때 올리브와 포도 재배는 지역의 마을 농업 경제에서 바라 마지않는 다양성을 더해 주었을 뿐 아니라 귀중한 수출 상품들도 제공하였다. 이는 주요 지도자가 조직하고 통제하는 분배체계를 발달시켰다. 그들은 크고 작은 궁전에 살면서 배, 항로, 시장을 관할했다. 미노아 사회는 완전한 지역 뿌리들로부터 발달했는데, 이는 산이 많아 인구밀도가 결코 높지 못하고 많은 부를 수출로 얻는 환경에 대한 적응의 결과였다.

서기전 1650년경에 크레타 북쪽 113km 거리의 미노아 전초기지인 산토리니섬에서 대대적인 화산 폭발이 일어나 이 섬을 유린하였다(이 연대에 대해서는 논란이 아주 많으며 이보다 최대 한 세기 및 3/4분기 뒤일 수도 있다). 이 대격변의 화산 분출은 엄청난 해일을 일으키고 미노아의 많은 밭을 화산재로 덮었으나, 크노소스는 그 뒤로도 오랫동안 번영을 계속하였다. 그 대궁전은 서기전 1400년경에 지진과 화재로 파괴되었다. 그때에는 에게해 세계의 중심이 서쪽 그리스 본토로 옮겨갔으며, 그곳에서는 미케네가 세력의 정점에 도달해 있었다.

미케네 문명(서기전 1600년부터 서기전 1200년까지)

그리스 남부 아르고스의 비옥한 평원에 중심을 둔 미케네 문명은 서기전

그림 9.10 그리스 미케네 유적의 수혈 묘실 구역으로 이곳에는 화려하게 차려입은 지도자들의 시신이 매장되었다.

1600년경에 발생했다. 벽으로 둘러싸인 미케네의 성채(그림 9.10)를 지배했던 수장들은 자신들의 전투 기술뿐만 아니라 에게해 및 더 먼 지역과의 광범위한 교역으로부터 부와 경제력을 얻었다. 미케네 왕들은 능숙한 전차몰이꾼이었고 승마의 명수였다. 그들의 물질문화와 생활양식은 호머의 서사시『일리아드』와『오디세이』에 영원히 살아남아 있다. 이 서사시들은 미케네인 자체가 민간전승이 되어버린 후 여러 세기가 지나 쓰인 것이었다. 그럼에도 청동기시대 그리스인의 생활이 풍요롭고 화려했음을 탄복할 만큼 잘 느끼게 해준다. 미케네인의 무덤 또한 그렇다. 미케네의 통치자와 그 친척들은 자신들의 부를 지니고 내세로 갔다. 그들은 장려한 수혈묘에 자신의 얼굴 모습을 본뜬 훌륭한 금제 가면을 쓰고 구리, 금, 은으로 장식한 무기와 함께 묻혔다(그림 9.11).

미케네인의 상업은 미노아인이 남기고 떠난 자리를 물려받았다. 통치자의

MARKA/Alamy

그림 9.11 그리스 미케네 수혈 묘실에서 출토된 미케네 군주의 장의용 금제 가면.

위세는 많은 부분을 그들이 금속 교역에서 지녔던 교섭력에 바탕을 두었다. 광물, 특히 청동을 합금하는 데 쓰인 주석은 동지중해 시장에서 끊임없는 수요가 있었다. 구리와 주석은 터키와 키프로스 중부에 풍부했다. 그래서 미케네 무역업자들은 이 두 지역과 정기 공급을 받고자 하는 에게해 지역의 중개인이 되어 필요한 교섭 관계를 발달시켰다. 미케네인의 교역 관계는 너무나 복잡해졌기 때문에 나름의 문자 체계를 세우는 일이 필요함을 깨닫게 되었다. 그들은 이전에 미노아인이 썼고 고고학자들에게는 선문자 A로 알려진 간단한 상형문자를 개량했고, 그것을 그리스어로 써서 학자들이 선문자 B라고 부르는 문자를 만들어냈다. 그리스 서부 필로스의 한 미케네 궁전에서 출토된 다량의 점토판 문서는 이 문자가 상거래, 배급표 발행 등등에서 목록을 작성하고 기록을 하는 데나 부동산 관리 행정의 일상 업무에 쓰였음을 보여주고 있다.

미케네 사회는 미노아 문명과 마찬가지로 소규모 읍들과 궁전에 바탕을 두었으며, 궁전은 엘리트들의 거주지이자 교역, 중앙집중적 식량 저장, 주요 종교의례가 벌어지는 장소이기도 했다. 미케네 자체는 방호용의 거석 성벽을 두른 어마어마한 성채였다. 주된 출입로는 앉은 자세의 사자 두 마리가 조각된 주랑 현관을 지나 언덕을 올라가 아르고스 평원을 내려다보는 전망이 장려한 석조 궁전에 이르는 길이었다. 모든 것이 저장과 방어를 겨냥하여 설비가 되었다. 방호 성벽 안에는 천수조(天水槽)가 있고, 다량의 올리브유를 담은 토제 저장항아리가 열을 지어 놓여 있었으며, 궁전의 재보와 많은 식료를 저장한 창고들이 있었다. 지배자와 그 가까운 친척은 출입문 남쪽의 둥근 담장 안에 매장(그림 9.10 참조)되었지만, 성채 바깥의 벌집 같은 공동묘실에도 많은 수의 망자가 묻혔다.

미케네는 서기전 약 1200년까지 동지중해의 해상 교역로를 장악했지만, 그즈음에 아마도 극심한 가뭄들이 발생하고 북쪽으로부터 외부인들이 침입

해옴으로써 그 세력이 붕괴되었을 것이다. 또 같은 세기에는 다른 북쪽 야만인들의 습격이 터키의 히타이트 왕국에 영향을 주기도 했다. 이런 침입들은 유럽의 불안정한 정치 상황과 인구과잉 때문에 일어났으며, 반복된 가뭄으로 인한 흉작과 더불어 동지중해 세계를 혼란으로 몰아넣었다.

6 해상족과 페니키아인(서기전 1200년부터 서기전 800년까지)

히타이트 문명은 정치적 변란, 지속된 가뭄 그리고 분명히 지진이 빈발했던 시기 동안에 몰락했지만, 크고 작은 국가들을 이어주던 수많은 교역로는 계속해서 지중해 세계의 구석구석을 연결했다. 서기전 1200년에 경제 세계의 많은 부분을 구성하고 있던 제국 열강과 작은 왕국들은 고도로 중앙집권적인 궁정 관료제도의 지배하에 있었다. 이 관료제도는 유리 덩이와 상아 장식품의 교역 같은 아주 특화된 활동들을 관할했으며, 그 덕에 운영비용을 상당히 절감하고 또 인구 밀집도 가능하였다.

히타이트 문명과 미케네 문명이 거의 도미노 효과처럼 붕괴되고 이집트도 같은 때에 쇠퇴하자 중앙집권적 관료제도는 경제 활동에 대한 통제권을 상실했다. 통제되고 전문화된 교역의 하부 토대가 붕괴되니 도시 엘리트들의 권력도 쇠퇴했다. 그 후 300년간은 정치적 공백기로 고난과 해적질이 만연한 시기였으며, 그 많은 부분은 고고학자들에게 해상족이라 알려진 호전적 무리들의 손에 의해 저질러졌다. 레반트에서는 많은 전원 집단이 고원지대로 옮겨감으로써 우가리트 같은 교역 도시들에 대한 의존성은 느슨하게 되었으며, 그들은 그곳에서 유목민과 농민이 되었다. 그 중 일부는 북부 메소포타미아의 아시리아인 같은 새로운 호전적 외부 열강에 대항해 자신들의 주권을 계속 지키기 위해 읍과 마을과 유목단들로 이루어진 느슨한 연맹체를 형성했다. 그런 연맹체들 중 하나가 이스라엘 국가가 되어 서기전 1000년 이후로 나름의 군주국을 이루었으며, 성벽을 갖춘 도시들의 망상조직으로 스스로를 방어했다. 이때에 이르러 동지중해의 교역은 회복되고 있었으며 구릉지대의 연맹체들은 저지대로 세력을 확장하였는데, 그곳은 바다와 사막으로 둘러싸인데다 아직은 강력했던 이집트 문명과 메소포타미아 문명에 의해 양쪽에서 포위된 형국에 놓여 있었다.

서기전 1천년기 동안의 느린 경제 회복은 페니키아인의 손에 의해 이루어졌다. 그들은 처음에는 키프로스와 에게해의 교역에서 중개인으로 활약했다. 얼마 안 있어 그들의 배는 레바논 삼나무를 키프로스와 나일강 유역에, 구리와 철을 에게해 지역에 나르고 있었다. 비블로스, 시돈, 티루스 같은 유력 도시는 교역 범위를 멀리 스페인의 구리 및 주석 광산에까지 뻗쳤다. 페니키아 상인들은 바다 조가비에서 추출해 비싼 직물에 많이 사용한 자색 염료로부터 엄청난 이익을 얻었다. 서기전 800년에 이르면 아시리아가 레반트에서 지배세력이 되면서 페니키아 상인들은 지중해 어느 곳이든 닿게 되었다. 그들이 고도로 정확한 기록 유지 체계를 필요로 했던 것이 결과적으로 서구의 알파벳이 발달하는 데 중대한 역할을 했다.

7 아시리아인과 바빌로니아인(서기전 1200년부터 서기전 539년까지)

메소포타미아 북부 티그리스강 연안의 아수르시는 수메르시대 이래로 동지중해 세계의 주요 세력 가운데 하나였다. 아수르의 상인들은 전략적으로 중요한 사막 및 강 교역로들 그리고 하류 바빌론 및 그 아래 지역으로의 상업을 통제했다. 아시리아 제국은 서기전 9세기에 비약적으로 팽창했는데, 전제적이고 위풍당당한 여러 대의 왕이 해마다 무자비하게 정복 활동을 벌여 영역을 넓혔던 것이다. 이들은 절대군주로서 궁전 벽에다 자신들의 정복을 자랑했고 엄청난 호사를 누리며 살았다. 그들은 사치성 과시의 유용성을 잘 알고 있었다(제9장 개시면 그림 참조). 아수르나시르팔 왕이 티그리스강변에 님루드 궁전을 완공했을 때 그는 1만 6천 명의 도시주민, 1천5백 명의 신료, "짐의 나라 곳곳에서 온 남녀 4만 7천74명"과 5천 명의 주재 외교관들을 위해 연회를 베풀었다. 이 왕은 6만 9천 명이 넘는 군중을 열흘 동안 먹였으며, 그때 그의 손님은 양 1만 4천 마리를 먹었고 1만 부대가 넘는 포도주를 마셨다.

위대한 아시리아 왕 중 마지막은 대략 서기전 630년에 죽은 아수르바니팔이었다. 아시리아의 수도 니네베는 결국 페르시아와 바빌로니아 전사들의 수중에 떨어졌다. 바빌론의 막강한 왕 네부차드네짜르는 43년간 메소포타미아를 지배했으며, 자신의 수도를 고대 세계의 명소 중 한 곳으로 바꾸었다. 이중 성벽을 두른 도시는 정교한 공중 정원을 가진 거대한 진흙벽돌 궁전들, 넓은 행차로, 거대한 지구라트로 꾸며졌다. 네부차드네짜르의 군대가 예루살렘을 함락시킨 후 대규모의 유대인 분견대를 포로로 잡아간 곳이 바로 바빌론이었다. 그 사건은 구약성경 시편 137장 1절에 "바빌론 기슭, 거기에 앉아 시온을 생각하며 눈물을 흘렸다"고 기록됨으로써 길이 남게 되었다.

바빌론 제국은 네부차드네짜르가 서기전 556년 죽자 얼마 가지 못했다. 페르시아 대왕 키로스 2세의 군대가 서기전 539년 바빌론을 점령했던 것이다. 그리하여 동지중해 세계는 이전 어느 때보다도 훨씬 큰 제국들의 지배하에 들어갔다. 그때가 바로 고전 그리스의 세기들이었고 로마가 강국으로 부상하기 시작한 때로서 서구 문명의 기초가 놓이던 때였다. 그 기초는 수천 년간 정치, 경제, 사회적으로 진화를 거듭했던 지중해 세계로부터 나왔다. 건조하지만 비옥한 범람원 환경 속 생활의 현실에 대한 적응으로 시작했던 것이 이전 세계가 목도한 그 어떤 네트워크보다도 정치, 경제적으로 훨씬 넓은 지역에 걸쳐 상호 의존하는 망상조직으로 발전했고, 그것이 오늘날의 거대한 지구 경제 체계의 아득한 선구가 된 것이었다. 제10장에서 보게 되듯이 로마 제국이 지금부터 2천 년 전 지중해를 지배할 때가 되면 동쪽 멀리 인도와 중국에까지 이르는 새로운 교역로와 시장들이 서아시아 세계에 연결되어 있었다.

요약

- 메소포타미아의 저지대는 서기전 6500년 이전부터 농민들을 부양하였을 터이지만 그들의 최초 흔적은 서기전 6천년기의 우바이드 문화에서 나타난다. 그들은 소규모 관개를 하였고 교역망으로 연계된 공동체들의 집단에서 살았다.

- 시간이 지나자 에리두 같은 일부 공동체가 의례중심지이자 읍이 되었다. 그에 이어 도시 생활로의 급속한 진화가 일어났는데 그 특징은 급속한 인구 증가, 소도시들로의 인구 집중, 장거리 교역의 발달이었다. 이 새로운 도시 사회는 분명하게 계층화된 사회 계급들로 조직되었다. 고지대에서는 구리 야금술이 거의 같은 때에 발달해서 곧 널리 쓰이게 되었다.

- 서기전 2900년이면 수메르 문명이 완전히 날개를 펴고 우리가 신흥 경제 체계라고 부르는 것의 한 부분을 이루었으며 그것은 동쪽 멀리 이란 고원지대와 인더스강 유역, 서쪽의 지중해와 나일강 유역의 왕국들을 연결하였다.

- 수메르인은 메소포타미아를 결코 정치적으로 통일하지 못했다. 그보다는 십 수 개 도시국가가 정치, 경제적 패권을 두고 경합을 벌이고 메소포타미아 북부 및 자그로스 산맥 가까이 있던 다른 사회들과도 경쟁하였다.

- 수메르 문명은 서기전 2000년경까지 번성하였으며 그때 이는 아카드인에게 밀려났고, 그 다음으로는 바빌로니아인이 그 자리를 차지하였다.

- 서쪽과 북쪽으로는 미노아인, 그리고 나서 미케네인이 에게해와 이득 많은 포도

주 및 올리브유 교역을 장악한 반면 지금의 터키에서는 히타이트인이 득세하였다. 그 후 여러 세기에 걸쳐 유지된 정치 질서는 서기전 1200년 이후 해상족에 의해 와해되었다.

- 서기전 2천년기 말에는 북쪽의 아수르시가 아시리아 제국을 키웠고 그에 이어지는 천년기의 전반에는 강력한 전제 왕들이 이를 확대시켰다. 아시리아 제국은 한때 지중해에서 페르시아만까지 세력을 떨쳤다.

- 아시리아 제국은 서기전 612년 멸망하였고 그 권력의 공백은 네부차드네짜르 치하의 바빌로니아인이 채웠다. 바빌론은 서기전 539년 페르시아 키로스 2세 대왕에게 함락되었고 그로써 메소포타미아는 페르시아 제국의 일부가 되었다.

참고문헌

두 권의 책이 수메르인의 세계를 탄복할 정도로 잘 요약해주고 있다. Samuel Kramer의 *The Sumerians* (Chicago: University of Chicago Press, 1963)는 아주 충분하게 인기를 끌 만한 고전이라 해야 마땅하다. Harriett Crawford의 *Sumer and the Sumerians* (제2판, Cambridge, England: Cambridge University Press, 2004)와 같은 저자의 *The Sumerian World* (Abingdon: Routledge, 2016)는 최신 설명서이다. Nicholas Postgate의 *Early Mesopotamia: Economy and Society at the Dawn of History* (London: Kegan Paul, 1992) 또한 결정판이다. 히타이트인에 대해서는 J. G. MacQueen의 *The Hittites* (제3판, New York: Thames and Hudson, 1996)과 Trevor Bryce의 *The Kingdom of the Hittites* (Oxford: Oxford University Press, 1998)를 참고하기 바란다. 이보다 나중 시기 사건들에 대해서는 Manuel Robbins의 *Collapse of the Bronze Age: The Story of Greece, Troy, Israel, Egypt, and the Peoples of the Sea* (New York: Author's Choice Press, 2001)와 Robert Drew의 *The End of the Bronze Age* (Princeton: Princeton University Press, 1995)를 권한다. 미노아인과 미케네인에 대해서는 Oliver Dickinson의 *The Aegean Bronze Age* (Cambridge, England: Cambridge University Press, 1994)와 J. Lesley Fitton의 *Minoans* (*Peoples of the Past*) (London: British Museum Press, 2002), 그리고 Robert Castleden의 *Mycenae-ans: Life in Bronze Age Greece* (London: Other, 2005)가 있다.

제10장

●

이집트와 아프리카

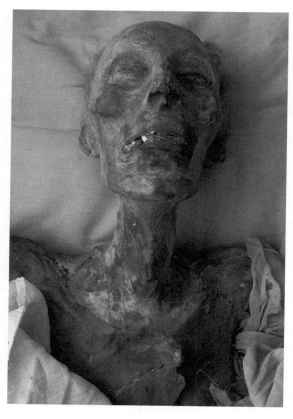

한 파라오의 얼굴 모습으로 람세스 2세의 미라이다(서기전 1224년).

프롤로그

"거의 쓰러질 지경이었던 나는… 어찌어찌 앉아보려고 했다. 그러나 내 몸무게가 고대 이집트인의 한 시신 위에 얹히자 그것은 종이상자처럼 폭삭 내려앉았다… 나는 미라의 뼈, 붕대, 나무 관들이 와르르 소리 내며 내려앉는 가운데 완전히 파묻히고 말았다. 그 바람에 먼지가 자욱하게 피어올랐고 나는 그 먼지가 가라앉을 때까지 약 15분 정도는 꼼짝도 할 수 없었다." 이탈리아 출신의 서커스 단원이었다가 무덤 도굴꾼으로 변신한 악명 높은 지오반니 벨쪼니는 1817년 고대 이집트를 이와 같이 헤집고 들어갔다. 벨쪼니는 이집트의 농업을 기계화하려던 모종의 계획이 무산되면서 우연히 무덤 도굴꾼이 되었다. 그는 파라오 람세스 2세의 거상을 테베에서 알렉산드리아까지 옮기기로 계약을 하였다. 이 키 큰 이탈리아인은 자신이 철면피한 발견에 재능이 있음을 알아차렸다. 그는 3년 동안 눈코 뜰 새 없이 바쁘게 누비아의 아부심벨 신전을 열어젖히고 기자 케프렌 피라미드의 내실에 침입하였으며 왕들의 계곡에서 파라오 세티 1세의 무덤을 찾아내었다. 벨쪼니와 그 같은 도당은 폭약을 쓰거나 심지어 총을 들고 경쟁자들을 뒤쫓는 일을 아무렇지 않게 생각하였으니 모든 사람이 놀라운 발견을 하러 나섰고 약탈품은 무엇이든 할 수 있는 데까지 모으려 하였기 때문이다. 결국 벨쪼니는 목숨을 잃을 위험에 빠져 이집트에서 도망쳤고 자신의 발견물을 런던에서 전시한 후 서아프리카에서 니제르강의 수원을 찾아내려고 하다가 죽었다.

1. 선왕조시대 이집트: 고대의 독점 게임?(서기전 5000년부터 서기전 3100년까지) | 2. 왕조 이집트 문명(서기전 3000년쯤부터 서기전 30년까지) | 3. 이집트와 아프리카 중심주의 | 4. 누비아: 쿠시의 땅(서기전 3000년부터 서기전 633년까지) | 5. 메로에와 악숨 | 6. 사하라이남 아프리카(서기전 500년쯤부터 서기 1500년쯤까지) | 7. 서아프리카 고대 왕국들(서기 800년쯤부터 1550년까지) | 8. 동아프리카 해안지대: 돌 읍들과 이슬람(서기 1세기부터 1498년까지) | 9. 황금과 상아: 마풍구브웨와 대짐바브웨(서기 1천년기 말부터 15세기까지) | 10. 요약

고대 이집트는 벨쪼니와 그 같은 도당의 모험과 투탕카멘 무덤 같은 발견을 빌려 많은 사람에게 마법을 걸어놓았다. 황금 파라오의 무덤, 높은 피라미드, 장려한 신전 등 모험과 낭만의 모든 요소가 나일강을 따라 놓여 있다. 이집트는 모든 고대 문명 중에서 가장 잘 알려져 있고 그러면서도 가장 많이 오해되는 문명일 것이다. 많은 사람은 이집트 문명이 고대 세계의 나머지 지역으로부터 단절되어 나일강 유역에서 고고하게 혼자서 발전하고 번성한 듯이 가정하고 있다. 그러나 이집트 문명은 실은 아시아와 열대 아프리카 둘 다의 덕을 많이 보았으며 서기전 2천년기에는 동지중해 세계에서 중요한 정치 배역이었다. 이 장에서는 고대 문명 가운데서 가장 놀라운 이 문명의 기원 및 발전 과정과 더 넓은 고대 세계와의 관계에 대해 서술하기로 한다.

1 선왕조시대 이집트: 고대의 독점 게임?(서기전 5000년부터 서기전 3100년까지)

서기전 5000년이면 단순 농경 공동체들이 나일강 양안을 따라 하(下)이집트의 삼각주에서부터 아스완의 '제1폭포'까지, 그리고 더 상류까지도 군데군데 자리 잡고 있었다. 강 자체가 원근 취락들 사이의 천연 고속도로였으며, 배들은 잦은 북풍을 타고 느릿느릿 흐르는 강물을 거슬러 항해할 수도 있었다. 얼마 지나지 않아 마을들은 산재한 여러 소왕국의 구성 부분들이 되었고, 각기 지역 지도자의 통치 아래 군집되어 있었다. 이 작은 정치체들은 그로부터 2천 년 안에 하나로 통일된 국가가 되었고, 그때 세계 최대의 문자 문명이 이룩된 것이었다.

국가의 기원에 관한 대부분의 설명은 인구 증가와 토지 및 천연 자원에 대한 경쟁에 초점을 맞추고 있다. 하지만, 이집트의 경우에는 인구밀도가 비교적 낮고 빈 땅이 많이 남아 있을 때 국가 형성이 일어났기 때문에, 이 두 가지 요인 모두가 중요한 역할을 하지 못하였다.

이집트학자 베리 켐프는 서기전 4000년의 마을 농민들이 그 조상들의 땅에 강하게 매여 있었으며 그것은 아주 상징적인 관계로 표현되었다고 믿고 있다. 처음에는 각기 농경지를 가진 수십 개의 작은 공동체가 이웃들과 경쟁을 하고 교역을 하였다. 켐프는 그 행태 및 장기 효과를 '독점' 게임에서의 그것에 비유하고 있다. 독점 게임에서는 각 경기자가 주사위를 던져 얻은 기회를 최대한 활용한다. 이집트에서는 각 개인과 마을이 모두 유리한 입지, 토기용 점토 같은 탐나는 자원의 사용권, 우연히 찾아온 행운들을 최대한으로 활용하였다. 공동체들은 출발 시점에서는 독점 게임 경기자들과 마찬가지로 기본적으로 동등하였다. 그러나 이윽고는 누군가가 혹은 어떤 작은 마을이 교역 기술이 뛰어나거나 이례적으로 많은 수확을 하는 등으로 예측치 못하게 유리해진다. 처음의 균형 상태는 이제 거역할 수 없어 보이는 힘에 자리를 내주게 되며, 거기서는 어떤 공동체가 이웃들보다 많은 부, 큰 권력을 갖게 된다. 이는 마치 독점 게임에서 '유원지'에 '독점' 호텔을 짓는 데 상응하는 선사 시대의 변화이다. 그들이 지역의 교역, 잉여 식량 등등에 대한 독점권을 확립함으로써 다른 정치, 경제적 경기자들이 제기하는 어떤 위협도 물리침에 따라 그들의 승리는 필연적이 된다.

선왕조시대에는 아마도 이런 '게임'들이 수십 차례 치러졌을 것이다. 시간이 흐르면서 경기자 수는 점점 줄어든 반면 많은 군장 사회가 경제력과 정치적 패권을 두고 점점 더 치열한 경쟁을 벌임으로써 내기에 건 돈은 커졌다. 경기자들은 독점 경기와 똑같이 시간이 흐름에 따라 바뀌었으니, 어떤 경기자가 큰 세력을 얻었다가 카리스마적 인물이 죽는다거나 교역의 운이 바뀜에 따라 그것을 잃곤 하였다. 켐프는 이집트에 비옥한 토지와 자원이 넘치도록 많았기에 그런 경기가 수많은 세대에 걸쳐 벌어질 수 있었음을 지적한다. 곡물과 도구제작용 석재 같은 자원의 잉여는 권력의 토대였다. 그러나 켐프는 이집트인이 또한 개성적 이데올로기를 엮어내는 데 천재성을 지니고 있었고 그 이데올로기는 정교한 상징과 의식으로써 지도력과 권위를 고취하였다고 믿는다. 이런 이데올로기는 통일을 촉진하는 강력한 요인이 되었다.

과학 **이집트 아비도스의 옛 포도주**

독일 이집트학자 귄터 드라이어는 1988년 나일강 중류의 아비도스에서 이집트의 초기 지도자들 가운데 한 사람의 무덤을 발굴하였다. 스코르피온 1세는 서기전 3150년경에 살았던 인물이다. 그의 정교한 무덤에는 적어도 700개의 항아리가 채워진 방이 네 개 있었으며 그 항아리들은 원래 모두 합쳐 4550리터의 포도주를 담고 있었다. 항아리 47개에 포도 씨가 들어 있었고 그와 함께 저민 무화과의 잔존물이 있었는데 이것들은 당시 포도주를 달게 만들려는 의도에서 그랬을 것이지만 줄에 매달아 포도주 속에 담가 놓았던 것이다. 토기 내면에 눌러 붙은 찌꺼기를 적외선 분광계와 액체 색층 분석술로 검사하였더니 타르타르산(포도에서 자연적으로 발견되는 산)과 테레브산의 잔존물이 드러났다. 후자는 옛 포도주 양조자들이 포도주가 식초로 변질되는 것을 막기 위해 쓴 것이다. 항아리 점토에 대한 중성자 방사화 분석으로 검출된 미량원소 군집을 이집트와 지중해 동부 지역의 표본에서 나온 대규모 데이터베이스에 대조하였다. 이 데이터베이스는 그 그릇들의 산지가 이스라엘과 트랜스요르단의 남부 언덕지대임을 나타내었다. 이곳은 이미 서기전 3100년이면 포도 재배가 잘 확립된 곳이었다. 그 포도주는 아마도 이스라엘 남부에서 시나이 반도를 거쳐 이집트로 연결되는 옛 교역로인 '호루스의 길'을 따라 나일강 유역으로 들어왔을 것이다. 이집트에서는 서기전 3000년이면 북부 나일 델타에서 포도 재배가 잘 확립되었으며 이곳은 그로부터 1500년 뒤 파라오 투탕카멘의 포도주 산지이기도 하였다.

신왕국시대 무덤 벽화들은 일꾼들이 갈래진 작대기나 격자 구조물로 받친 포도나무들로부터 포도송이를 따는 모습을 보여준다. 이들은 무거운 포도 바구니를 진흙 으깨는 큰 통에 쏟아 붓는다. 다섯 명에서 여섯 명의 남자가 한 조를 이루어 발로 포도송이들을 짓밟는데 균형을 잡기 위해 위에 매달아 늘어뜨린 줄을 잡고 일을 한다. 투탕카멘은 하류 쪽 삼각주 서부에 있는 포도밭에서 주로 나오고 짧은 손잡이 붙은 붉은 진흙 암포라에 담은 포도주를 즐겼다. 적어도 10개소의 양조장이 이 파라오가 즐긴 드라이 와인을 주로 생산하였다. 카이라는 이름의 한 시리아 포도주 제조자는 이 왕을 위해 상품(上品) 포도주를 최소 여섯 항아리 만들었다. 어떤 파라오는 빈티지 와인 중 최상품을 즐겼다. 엘-아마르나에 있는 이단 왕 아케나텐의 궁전에서는 적어도 160개의 포도주 라벨이 나왔는데, 어떤 것은 '양호' 혹은 '아주 양호'라고 표기되어 있었고 또 어떤 것은 아마도 품질이 좋지 못한 것들이었는지 그냥 '즐기기용' 혹은 '세금용'이라고 되어 있었다.

고고학적 발굴과 지표조사의 성과를 보면 정치 권력이 급속하나 복잡한 과정을 거쳐 점점 더 소수의 수중으로 통합되었음을 짐작할 수 있다. 서기전 3500년이면 세 개의 선왕조 왕국, 즉 상(上)이집트 아비도스 근처의 나가다, 네켄, 티스가 나일을 지배하였다. 아직 실상을 거의 모르는 이 왕국들은 이집트 통일의 중핵들이었다(그림 10.1).[1]

고고학과 신화를 합쳐 설정해 본 통일의 가설적 시나리오는 다음과 같다. 서기전 3500년이면 상이집트의 왕국들이 하이집트를 우회해 아라비아 남부

---

1   하이집트는 지중해와 연한 나일 삼각주와 현대 도시 카이로 바로 남쪽 상류역까지를 포함한다. 상이집트는 카이로 남쪽에서 상류로 아스완 제1폭포까지이다. 고대 이집트인 스스로 이런 구분을 하였다.

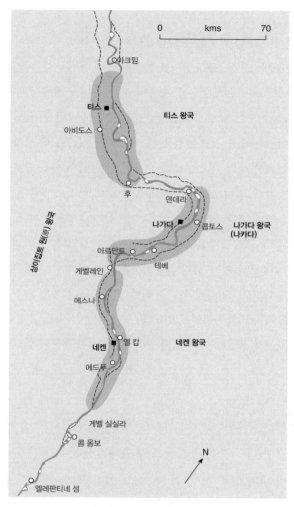

그림 10.1 서기전 3300년쯤 상이집트의 선왕조시대 왕국들을 나타낸 지도. 이는 아주 복잡하고 끊임없이 변화한 정치 상황을 크게 단순화한 그림이다.

및 서남아시아와 직접 접촉을 벌이고 있었을 것이다. 메소포타미아의 원통형 인장들이 상이집트의 유적들에서 출토된 바 있고, 동부 사막의 광산에서는 금을 얻었다. 충돌이 연이어 일어나고 정치적으로 가장 발달한 중심지인 네켄이 승자로 부상하였다. 네켄, 그 뒤로 티스의 지배자들은 마침내 군사 정복에 나섰고, 결국 지중해와 아스완 사이의 이집트 땅 전부를 집어삼켰다.

서기전 3100년이면 정치적 단일체 비슷한 것이 상하 이집트를 하나로 묶었으며 이는 후대의 이집트 미술에서 호루스신과 세트신의 상징적 결합으로 표현되었다. 이런 사건들이 전개되면서 새로운 국가가 탄생하였는데, 이는 그 바탕을 물리적 지세와 더불어 상징적 지세에 또한 두면서 균형 이룬 대항 세력들이 조화를 이룬 상태로 앞의 호루스와 세트는 그 한 가지 발로에 지나지 않는다. 이집트인은 그로부터 수천 년간 자신들의 세계가 혼란과 질서 사이를 오락가락할지도 모른다는 걱정을 하였다. 그들은 혼란과 불균형을 왕들의 통치와 태양의 자비로운 힘으로 억제할 수 있다고 믿었다. 이와 같이 이집트인의 우주관은 정치권력의 구조와 일치하였다. 통일은 지역들의 사회, 정치적 발전이 그 정점에 도달한 것이었으며 그런 발전은 수세기에 걸친 경제, 사회 생활의 점진적 변화가 낳은 결과였다.

선왕조시대 마을들은 자치적 단위로서 각기 지역 신을 갖고 있었다. 서기전 4천년기 동안에는 상대적으로 큰 마을들이 상호 구분되는 여러 영역의 중심지가 되었다. 이것들이 왕조시대에는 노모스, 즉 주가 되었으며, 파라오들은 이를 통해 이집트를 통치하였다. 주의 지사(혹은 태수)들은 이집트를 한층 큰 정치, 사회 단위로 서서히 연합해낸 주역들이었다. 그들의 치적은 눈 화장용 가루를 축축하게 만드는 데 쓴 의례용 팔레트들에 기록되어 있다. 그 중 어떤 팔레트는 지역 지도자들이 연맹을 맺어 피정복 마을들을 해체하는 모습을 보여준다. 또 어떤 팔레트는 마을 지도자들이 가뭄 든 해를 능란하게 극복하도록 이끈 행정 능력을 기리고 있다. 이집트의 통일은 자발적 합방과 그렇지 못한 병합의 두 가지가 함께 서서히 일어난 과정이었다. 자발적 합방은 공통된 필요와 경제적 이득에서 비롯되었다. 정치 단위들이 날이 갈수록 커져 한 지배자의 치하로 들어가는 과정에서 군사력이 역할을 한 시점은 아마도 통일의 마지막 단계였을 것이다.

통일은 그 과정이야 어떻게 전개되었든 고대 이집트 문명의 각종 제도가 근거한 근본 주축 개념이었다는 데는 의문의 여지가 없다. 통일은 정치적 혼란 상태에 질서를, 혼란스런 세계에 평안과 정의를 가져다주었다. 왕이 뭇사람을 이끄는 목자로서 지닌 과업은 통일에서 그 상당 부분이 유래된 '마아트', 즉 '정의'를 지키고 혼란스런 외부 세계에 맞서 질서를 유지하는 것이었다.

이집트인 자신들은 나르메르(혹은 메네스)를 최초의 왕('대궐'이라는 뜻의 par-aa에서 유래되어 보편적으로 쓰이는 파라오는 서기전 2천년기에 들어 쓰이기 시작함)으로 인식하였다. 사실 아직 누군지 알지 못하는 일련의 통치자(나르메르

그림 10.2 나르메르의 팔레트로, 상하 이집트를 통일하였다고 하는 전설의 왕 나르메르(메네스)를 기리는 장면들을 양면에 조각한 점판암 석판이다. 그는 이 팔레트에서 삼각주 정복을 주재하면서 이 두 지방의 백색 관과 적색 관을 각각 쓴 모습이다.

도 그 가운데 하나이지만)가 통일의 과정을 완료하였을 것이다. 유명한 나르메르의 팔레트(그림 10.2 참조)는 이 왕과 그 후계자들이 달성한 정치적 단일성 같은 것을 묘사하고 있으니 이에서는 새로운 국가가 선과 악, 통일과 분열의 힘들에 대해 상징적으로 균형을 잡는 데 바탕을 두고서 탄생한다. 이집트인은 오로지 왕의 통치와 태양의 자애로운 힘만이 무질서를 막을 수 있다고 믿었다. 실제로 통일이 교묘한 정치적 동맹과 연이은 전쟁의 과정을 거쳐 달성되는 데는 여러 세기가 걸렸다.

2 왕조 이집트 문명(서기전 3000년쯤부터 서기전 30년까지)

이집트학자들은 고대 이집트 문명을 통상 네 개의 큰 시기, 즉 상고기(上古期) 이집트 및 고왕국시대, 중왕국시대, 신왕국시대, 말기 왕조시대로 나눈다. 그리고 앞의 세 시대 사이사이에는 정치적으로 변화가 많고 불안정했던 두 개의 중간기가 끼어 있다(표 10.1 참조).

상고기(上古期) 이집트 및 '대문화'(서기전 3000년부터 서기전 2575년까지)

진정한 통일 이집트의 최초 통치자는 서기전 3100년경 재위한 호루스 아하 왕이었다. 그 다음 4세기 반은 오랜 토대 공고화의 시기였으며 '상고기'라고 불리는데, 파라오들이 신성 왕의 역할을 떠맡았다. 왕과 고위 관리들은 이집트 왕가의 전통을 만들어냈고, 또 그것을 위풍당당한 건축 표현과 미술 양식으로 변환시켰으며 이는 아주 오랜 기간 생명을 유지하였다. 파라오는 메조아메리카의 군주들(제12장 및 13장)과 똑같이 주요 의식과 축제를 위한 장엄한 무대 장치를 개발함으로써 자신의 모습을 대중 앞에 드물게 드러내는 계기를 대단히 잘 활용하였다. 또 그들은 중앙집권적 관료제를 창출함으로써

표 10.1 고대 이집트 문명

표 10.1 고대 이집트 문명

연대	시기	특징
서기전 30년	로마제국 치하	이집트, 로마제국의 지방화
서기전 332~30년	프톨레마이오스왕조기	서기전 332년 알렉산더 대왕의 이집트 정복과 더불어 프톨레마이오스왕조가 이집트에 그리스의 영향을 들여놓다.
서기전 1070~332년	말기 왕조시대	파라오의 권위가 서서히 추락하여 페르시아 치하(서기전 525~404년과 서기전 343~332년)에서 최저점에 이르다.
서기전 1530~1070년	신왕국시대	이집트 역사에서 대제국 시기로 파라오들이 왕들의 계곡에 묻히다. 파라오들로는 람세스 2세, 세티 1세, 투탕카멘과 더불어 이단 통치자 아케나텐이 있다.
서기전 1640~1530년	제2중간기	힉소스인 통치자들이 삼각주 지배
서기전 2040~1640년	중왕국시대	테베가 두각을 나타내고 아문신 신관단도 그러하다.
서기전 2134~2040년	제1중간기	정치적 혼란과 분열
서기전 2575~2134년	고왕국시대	전제 파라오들이 피라미드를 축조하고 과시적 장례 기념물들을 많이 건립하다. 고대 이집트의 제도, 경제 전략, 예술 전통이 확립되다.
서기전 2920~2575년	상고기	국가의 토대 강화
서기전 3100년	나르메르–메네스와 스코르피온, 이집트 통일	

노동력을 동원하고 식량 저장을 관리하며 세금을 징수하였다. 국가의 핵심에는 혼란에 대한 질서의 승리를 상징하는 지상의 대통치자라는 개념이 자리를 잡고 있었다. 이집트에서는 '아버지', '왕', 그리고 '신'이라는 말들이 상호간에 은유 관계를 형성하였으며, 또 그것들은 사회불평등에 토대를 둔 정치 권력의 한 형태에 대한 은유이기도 하였다. 그 불평등은 천지창조 때 신들이 세운 자연 질서의 일부로 여겨졌다.

이 상고기 동안에는 이집트의 '대문화', 즉 각 지역의 종교 제식을 불식시키면서 광범위에 걸쳐 이집트 문명을 체계화한 독특한 이데올로기가 탄생하였다. 그런 이데올로기는 단지 극소수만이 문자를 읽고 쓸 수 있는 사회에서 없으면 안 되는 것이었다. 서기들은 모든 문명에서 막강한 권력을 가졌으며 이집트에서도 예외는 아니었다. 어떤 젊은이에게 "서기가 되어라… 네가 흰옷을 입고 나아가면 조신들은 절로써 경의를 표할 것이다."라고 권한 글이 남아 있다. 문자 해독력은 곧 권력이요, 수천 사람의 노동력을 통제하는 관건이었다.

고왕국시대(서기전 2575년쯤부터 서기전 2134년까지)

고왕국시대에는 뭇사람의 행복이 자기가 노동력을 바쳐 섬기는 통치자에 달려 있다는 심상이 지배하는 쪽으로 사회의 모양이 잡혔다. 이와 같은 새로운 왕권 통치 관념은 건축가 임호테프에게 왕의 매장소로서 최초의 피라미드, 저 유명한 사카라의 계단 피라미드를 짓게 한 파라오 조세르가 서기전 2649년 죽은 이후로 생겨났다. 이제 왕은 태양이라는 신화의 상징 속으로 흡수되었다. 태양신은 천상의 군주가 되었고, 파라오는 신의 지상 대리인이 되었다. 고왕국의 파라오가 죽으면 그는 '또 하나의 그에게로 가' 천상의 태양신과 하나가 되었다. 이리하여 조세르와 그 후계자들은 자신의 무덤에 막대한 비용을 소비하였다. 그 무덤은 처음에는 흙으로 된 분구였다가 나중에는 하늘로 올라가는 사닥다리를 상징한 피라미드가 되었다. 이 피라미드의 경사면들은 구름 속의 트인 부분을 뚫고 나와 퍼지는 햇빛을 상징하였다(테 글 '이집트 사카라의 계단 피라미드' 참조).

고왕국 파라오들의 궁정 공동묘지와 피라미드 단지들은 서부 사막 가장자리를 향해 35km를 넘는 곳까지 펼쳐져 있으며, 대부분이 멤피스보다 약간 북쪽에 있다.

파라오들은 자신들의 피라미드에 엄청난 자원을 쏟아 부었다. 이는 쿠푸와 카프레의 치세 동안 절정에 달하였고 바로 그들이 기자의 피라미드 무덤들(앞의 그림 1.2를 참조)을 지었다. 쿠푸는 서기전 2528년경 '기자의 대 피라미드'를 건설하였는데, 이는 고대 아프리카의 장려한 불가사의 중 하나이자

이집트 사카라의 계단 피라미드

제3왕조 파라오 조세르(서기전 2668-2649년)는 고왕국시대의 다른 초기 왕들과 마찬가지로 국내 정치 문제들을 해결하려고 고심하고 있었다. 그는 자신의 통치 영역을 상류 멀리 아스완까지 넓혔고 왕이자 영토 최고 주권자로서의 자기 역할을 아주 대단히 중시하였는데 그 역할을 담장 두른 대규모 의례 구역을 압도한 유례없는 구조물로써 세상에 알렸으니 곧 왕도 멤피스 맞은편 사카라의 계단 피라미드였다.

　조세르의 재상 임호테프가 이 계단 피라미드(그림 10.3)의 건축을 설계하였다. 이 위대한 건축가는 아비도스에 소재한 이전 왕들의 무덤이자 죽은 군주의 영원한 대저택인 장방형 구조물 같은 것('마스타바')들로부터 영감을 얻어내었다. 그런 고총(토루)은 이집트 창조 전설의 중요 부분을 이루는 태초의 흙 둔덕과 연관이 있었다. 임호테프는 자기 왕의 영을 위한 구역으로 토루 대신 계단 피라미드를 세웠다. 이는 위로 가면서 점점 좁아지는

Medioimages/Photodisc/Thinkstock

그림 10.3 이집트 사카라의 계단 피라미드.

여섯 계단이 사막 위로 60m 솟아 오른 형태였으며 각 면은 네 방위를 가리켰다. 각 계단은 일종의 단구, 즉 이전 왕묘 마스터바를 닮은 형태를 띠었는데 여기서는 그 왕묘를 겹쳐 쌓은 듯한 계단 피라미드로 지은 것이었다. 그 결과 천상 세계를 향해 올라가는 거대한 다중 계단 같은 것이 생겨났다.

둘레 1.6km가 넘는 장례 단지를 궁전 같은 정면을 가진 두꺼운 석벽이 둘러쌌고 그 안에 주 출입구가 동남 구석에 붙은 108m×187m 크기의 거대한 안뜰이 만들어졌다. 석주들로 장식된 현관 홀 앞으로 현관이 붙었다. 왕의 장기들은 담장 남측에서 피라미드를 마주 대하는 이른바 '남쪽 무덤' 속에 매장되었다. 그리하여 두 개의 무덤, 즉 '두 땅 상이집트와 하이집트'를 위한 무덤들이 만들어진 것이다.

계단 피라미드의 내부에는 수직 및 수평 갱도들이 벌집처럼 얽혔는데 그 중 다수는 무덤 도굴꾼들이 만든 것이고 나머지에는 아주 훌륭한 돌 병들이 대단히 많이 든 경우가 허다하였다. 그 중 일부에는 이전 왕들의 이름이 새겨져 있어서 마치 조세르가 자신의 피라미드 속에 자기 전임자들에 대한 충성의 행위로 그들을 합체한 듯하였다. 왕 자신의 유체로는 미라의 왼쪽 다리 잔적만이 남아 있었다. 왕가의 다른 구성원들은 수직, 수평 갱도들 어딘가에 묻혔다. 피라미드가 점차 커짐에 따라 이런 묘실들은 봉해졌다. 마지막으로 건축자들은 북측에 조세르를 위한 묘실로 들어가는 새로운 입구를 팠다. 그들은 그것을 3톤짜리 화강암 마개로 막았다.

계단 피라미드는 왕권통치를 과시하고 왕 자신을 그 조신이나 일반 인민에게 과시하기 위한 정교한 공식 무대였다. 피라미드 앞의 안뜰은 왕의 등장을 위한 무대였으며 의례적 영역 표시, 옥좌 기단, 상징 궁전을 완비하였다. 파라오는 때때로 안뜰의 경계와 그 표지 사이를 활보함으로써 왕국이 자기 것임을 널리 알렸다. 단지 전체가 땅 위의 왕권통치를 영원히 연출하는 무대였다. '왕의 등장'은 이집트 역사 내내 중요한 행사였다.

'고대 세계 7대 불가사의' 가운데 하나이다. 이는 바닥 넓이가 5.3헥타르이고 높이는 146m이다. 이를 짓는 데는 한 개 무게가 때로 15톤이나 되는 석회암 덩어리들이 200만 개가 훨씬 넘게 들어갔다. 기자 단지 안의 각 피라미드는 긴 방죽길 참배로로 왕가의 장례 신전에 연결되었다. 이 신전은 왕의 조상(彫像)들이 들어 있는 장중한 건물이었다. 근처에 있는 묘들은 이 신전에 엄청난 권위를 부여하였으니, 그것들이 통치자를 그 전임자와 신들에게 연결시킴으로써 사실상 강력한 조상 숭배에 관련지어 주었기 때문이다(그림 10.4 참조).

우리는 피라미드 건설이 신생 국가에 지울 그 모든 부담을 알면서도 파라오들이 왜 갑자기 그것들을 건축하는 데 탐닉하기 시작했는지 그 이유를 알지 못한다. 피라미드 축조는 이집트의 다른 주요 공공 공사와 마찬가지로 관료 조직의 개가인 동시에 식량 및 건축 자재의 동원 및 운반에서의 개가였다. 당시 관리들은 숙련된 석공과 마을 일꾼들을 시켜 돌을 캐고 파서 근처에 있

그림 10.4 서기전 2500년경에 고왕국 파라오 카프레가 축조한 기자의 스핑크스. 인간 머리를 한 사자(스핑크스)는 왕권의 중요 상징이었다.

는 특수한 피라미드 마을로 끌고 가 쌓도록 지휘하였으며 배급은 그곳에서 이루어졌다. 그런데 정말로 놀라운 일은 컴퓨터가 없이도 수천 명의 마을 사람이 짧은 기간 동안 국가에 대한 연례의 부역을 다하도록 배치하고 부양하는 등 효율적 관리 감독을 해내었다는 사실이다.

피라미드는 아마도 쿠르트 멘델스존이 주장한 대로 사람들을 수호자인 왕과 인간 생명 및 풍성한 수확의 원천인 태양신에게 연결하는 수단으로 지어졌을 것이다. 왕과 그 신하들 사이의 관계는 호혜적이고 또한 영적이었다. 파라오는 신성왕이었으며, 사람들은 그의 위격을 연례 부역으로 섬겼다. 요컨대 피라미드 축조는 통치자의 권위를 명확히 하고 신민이 그에게 의지하도록 하는 데 도움을 주는 공공사업이었다. 파라오는 농한기인 홍수 철마다 수천 농민을 건설단으로 조직하였으며 그들을 부양한 것은 부근에 있는 피라미드 노동자 공동체였다. 상비(연중) 노동단은 비교적 소수 사람들, 주로 숙련된 석공들로 이루어졌으며, 그들이 벌인 작업에 대한 보수는 일 년에 한 번 주 구조물 위에 차려졌다. 지금까지 알려진 바에 의하면 농민들은 이 노동으로 부역 의무를 다하였다. 이 일에 동기를 부여한 것은 신성한 파라오에 대한 그들의 충성심이었다.

피라미드 축조는 재분배 식량을 노동과 맞바꿈으로써 국가를 제도화하는 데 도움이 되었다. 건축 공사가 대대로 진행됨에 따라 마을 사람들은 연중 석 달의 식량을 중앙 행정에 의존하게 되었으며, 그 식량은 기실 자신들이 세금으로 낸 잉여로부터 나온 것이었다. 잠시 후 피라미드들은 그 목적을 완수하였고, 그래서 국가 동원 노동력은 이제 덜 가시적인 다른 국가사업으로 전환될 수 있었다. 이리하여 새로운 형태의 국가 조직이 창출되었고 이는 이집트 마을들의 상호의존성을 조장하고 또한 이용하였다.

고왕국 이집트는 그 규모의 국가로는 역사상 최초였다. 파라오들은 메소포타미아 도시국가의 입법자들과는 달리 아무런 성문법도 따르지 않고 자신의 말로써 통치하였다. 파라오는 나일강의 홍수, 비, 그리고 외국인을 포함한 모든 사람에 대해 권력을 갖고 있었다. 그는 직접 느낄 수 있는 신성체로서 모든 사람이 존경하는 신이었으며, 그의 존재는 '마아트', 즉 '정의'가 인격화된 것이었다(그림 10.4). 앞에서 언급한 대로 마아트는 단순한 정의를 훨씬 뛰어넘는 것이었다. 그것은 '올바른 질서'였고, 질서와 정의를 대변하였다. 마아트는 파라오의 지위와 영원성 그 자체로서 바로 이집트 국가의 화신이었다. 파라오는 마아트의 화신으로서 법을 발포하였는데, 이는 이전 파라오들이 정한 선례라는 엄청난 배경으로 규율되는 것이었다. 세습 관료제는 실질적으로 왕조를 형성했던 여러 반열의 관리들을 가지고 왕국을 효율적으로 통치했다. 관공서의 기록들은 공적 에너지의 많은 부분이 세금징수, 수확물 감독, 관개 운용에 투입되었음을 우리에게 말해준다.

과학 미라와 미라 만들기

고대 이집트인은 내세와 영원한 삶을 믿었다. 사람의 시신은 그와 대지의 연결고리였다. 무덤 안의 봉헌물과 무덤 벽의 주문들은 저승, 즉 '아메니티'로 가는 통로였다. 그래서 죽은 사람의 시신을 썩지 않게 보존하는 것은 필수적이었으므로 시신을 방부 처리하고 미라로 만든 것이었다. 파라오와 그보다 낮은 지위의 사람들 둘 다의 미라는 고대 이집트의 상징이 된 바 있다. 고대 이집트인의 장례 절차는 정교하였으며 전업 곡쟁이들이 따라가는 행렬로 막이 내렸고 '입 열기' 의식이 절정이었다. 신관들이 거행한 입 열기는 미라를 되살리는 것이어서 이로써 그것은 먹고 마실 수 있었기에 자체를 유지한다는 것이었다. 장례식은 잔치로 끝이 났으며 미라는 최종적으로 묻히기 전에 그 잔치에 참가하였다.

미라는 오래 전부터 이집트를 방문한 이들을 매료시켰는데 나중에는 그 정도가 심해져 가루로 완전히 빻은 미라는 널리 추천된 약이었으며 그 가운데 역겨운 냄새가 안 나는 것이 선호되었다. 카이로 인근 사카라에서 파낸 수백 구의 매장들을 보존해야 한다고 주장했던 몇 안 되는 사람 중 한 명인 17세기 토마스 브라운 경은 "파라오는 향유용으로 쓰이고 있다."고 말하였다. 그러니 현대의 시신들로 만든 가짜 가루가 시장에 나온 것은 하등 놀랄 일도 아니다. 미라는 만병통치약처럼 처방이 되었고 18세기 동안에야 비로소 더 이상 쓰이지 않게 되었다.

시신을 미라로 만드는 생각의 발단은 선왕조시대까지 거슬러 올라가니 그때 망자를 얕은 모래 구덩이에 매장함으로써 그 시신들이 건조 환경 속에서 말라 보존이 되었던 것이다. 망자 일부는 서기전 3000년 이전에 이미 린넨 붕대로 감싸기 시작했다. 처음에는 시신들을 햇볕에 말리고 나서 붕대로 감쌌으며 시신과 붕대에다 송진을 발랐다. 서기전 2500년이 되면 내부 장기들을 대개 적출해서 따로 보관했는데 아마도 부패를 늦추기 위해서였을 것이다. 시신은 천연 탄산소다로 처리를 했다. 이는 소금의 한 형태로서 건조 작용을 하는 성질을 가졌으며 이집트에서 자연 상태로 산출이 된다. 그 이후로 미라 만들기는 점점 더 정교해졌다. 그간 광범위한 연구를 했어도 많은 세부는 알 길이 없다. 서기전 5세기에 그리스 지리학자 헤로도토스는 시체 방부처리사들이 쇠갈고리로 코를 통해 뇌를 긁어낸다고 썼다. 그들은 시신의 옆구리를 플린트제 칼로 절개해서 배속 내용물들을 제거하고는 그 빈 곳을 야자주와 빻은 향신료로 세척했다. 그리고 그 속을 몰약 같은 향이 좋은 물질들로 채우고는 절개한 곳을 꿰맨 후 천연 탄산소다 속에 70일간 담가서 완전히 건조를 시켰다. 그 시신을 다시 씻어 밑면에 수지를 바른 린넨 붕대로 감싸고는 사람 형상 같은 모양의 관 속에 놓았다. 물론 이 절차에는 예산 사정에 따라 수많은 변이가 있었다.

발굴된 미라의 붕대를 풀어내는 초기의 시도들은 아무리 잘 해도 조악할 수밖에 없었으며, 거의 지난 세기에 들어서야 비로소 우리가 망자에 관해, 특히 그들의 만성적 질환에 관해 많은 것을 알게 되었다. 예를 들어 치아 농양은 극심한 고통을 야기한 커다란 건강 문제였다. 람세스 2세는 만성 관절염을 앓았고 파라오 투트모시스 4세(서기전 1399년경)는 상당히 젊었을 때 죽었는데 머리가 벗겨지기 시작했고 귀에 구멍을 뚫었으며 아마도 원인을 알지 못한 소모성 질환 때문이었겠지만 아주 수척했다.

후대의 파라오와 여타 저명한 인물들은 상이집트의 나일강 서안에 묻혔으며 파라오들은 그곳 왕들의 계곡에 매장되었다. 카이로 근처 사카라의 거대한 공동묘지에서는 많은 미라가 나오는 엄청나게 많은 수의 무덤이 확인되었는데 그 주인공 다수는 고관들이었다. 그들은 화려하게 치장된 무덤에서 영원 세계로 갔으며 세심하게 처리된 미라가 된 그들의 시신은 풍부한 부장품들로 둘러싸였다. 기자의 피라미드들도 이 공동묘지의 한 부분이다. 2018년에는 원래 1900년에 조사가 된 미라 만드는 작업실 한 곳과 공동 매장소로 쓰인 수혈 한 곳이 재조사되었다. 그 작업실은 서기전 664년부터 404년 사이로 연대가 측정된 곳으로 고대 이집트 문명의 고전기보다는 늦은 시기의 소산이었다. 세심한 발굴로 아주 많은 수의 토기, 통들 그리고 계량컵을 포함한 시체 방부처리사의 도구들이 출토되었다. 이 그릇들에는 찌꺼기들이 남아 있어서 장차 방부처리를 하는 데 쓰인 기름들의 종류에 관해 더없이 귀중한 정보를 내어줄 것이다. 미라 관의 잔편들, 의식용 원통형 항아리들 그리고 의식용 그릇들이 공동 매장소인 그 수혈과 인근 통로들에서 나왔다. 또 발굴자들은 무덤의 주된 통로 좌우측으로 파들어 가서 설치한 많은 묘실 중 하나의 복도에서 도금한 미라 마스크 한 점도 발견하였다. 이 도금한 은제 마스크는 태양신 아문의 배우자이자 어머니 여신이며 파라오의 권력과 밀접하게 연관된 무트 신의 어떤 신관 미라를 장식한 것이었다.

새로운 미라와 무덤들은 계속해서 세상에 드러나고 있지만 투탕카멘 왕묘 같은 교란되지 않은 또 하나의 묘를 발견해낼 기회는 요원한 듯하다.

고왕국시대 이집트는 강력하고 자신만만한 통치자들의 시대이자 특권층 왕족과 고위 관리들이 다스린 생기 넘치는 국가의 시대였다. 그들의 재능은 극소수의 이익을 위한 문명을 창출하였다. 신성왕이 이끄는 바로 이 특권 엘리트를 위해 이집트의 상인들은 유명한 레바논 삼나무를 수입하였고, 시나이 반도에서는 터키석과 구리를 채굴하였으며, 오늘날 수단인 누비아로부터 상아와 준보석과 이집트 군대의 용병을 구했다.

서기전 2180년 이후로 인도양에서의 장마 주기가 허물어지면서 야기된 가뭄이 오랜 기간 반복됨으로써 고왕국 통치자의 절대 권력을 잠식하였다. 300년간 반복된 기근은 무정부 상태를 낳았고, 파라오의 권위는 축소되었다 (표 10.1 참조). 이집트는 여러 지방으로 쪼개어졌고 그 각각을 야심 찬 군주들이 다스리면서 상호 경쟁을 하였다.

중왕국시대(서기전 2040년부터 서기전 1640년까지)

서기전 2134년쯤에 상이집트의 도시 테베가 패권을 장악하고 일련의 정력적 파라오 치하에서 이집트를 재통일하였다. 중왕국 통치자들은 이전보다 덜 전제적이었고 가까이 다가가기가 한층 쉬웠으며 자신들을 신으로 여기는 경향이 덜하였다. 그들은 과거로부터 교훈을 얻어 효율적인 관료 제도에 크게 의지함으로써 식량을 비축하고 농업 생산을 증대시켰다(그림 10.5a, b). 이집트는 일련의 능력 있는 파라오 아래서 3세기가 넘게 대단한 번영과 안정을 누렸다. 그들의 단호한 지도력은 해외 교역을 확장하는 한편으로 활발한 군사 원정으로 이집트의 국경을 확보하였다. 가장 유능한 왕들은 자신들의 뛰어난 지도력과 관료들의 감독 둘 다로 나라를 고도로 중앙집권적이고 통제 잘 되는 국가로 만들기에 여념이 없었다. 이와 동시에 그들은 가뭄에 대한 대비책으로 특히 나일강 서쪽의 비옥한 파윰 분지 기슭에서 이전보다 대규모의 농업을 발달시킴으로써 농업 생산량을 증대시키려고 무진 애를 썼다.

모든 것이 카리스마를 토대로 한 지도력과 강력한 왕에 좌우되었다. 서기 전 17세기 동안 테베 궁정이 왕위 계승 분쟁에 휘말린 사이에 수천 명의 아시아인이 삼각주 지방으로 들어왔다. 이집트는 얼마 안 있어 하이집트와 상이집트에 각기 중심을 둔 두 왕국으로 분열되었다. 하이집트는 아시아의 유목민 통치자인 힉소스 왕들의 지배하에 들어갔다. 이 '제2중간기'는 이집트 역사에서 하나의 전환점이었다. 왜냐하면 고립된 본향에서 서서히 정체를 하고

그림 10.5 중왕국 조신(朝臣) 메케트레 소유의 배와 농장 창고의 모형. (a) 그는 자신의 배 천개(天蓋) 아래에 앉아 있다. (b) 농장 모형에서는 일꾼들이 밀을 저장하고 서기들은 옆 사무실에서 그 양을 기록하고 있다.

있었던 문명에게 힉소스인이 새로운 아이디어들을 가져다주었기 때문이다. 그들은 한층 발달된 청동 기술, 말이 끄는 전차, 새로운 전쟁 무기들을 들여 놓았다. 이 모든 기술 혁신들은 이집트를 최신 수준으로 끌어올려 유지시켰고, 그 덕에 이후의 파라오들은 더 넓은 동지중해 세계에서 확실한 선도적 역할을 할 수 있었다.

신왕국시대(서기전 1530년부터 서기전 1070년까지)

신왕국은 일련의 테베 통치자가 힉소스인과 싸워 마침내 그들을 정복하고 왕국을 재통일하면서 시작되었다(테 글 '아바나의 아들, 전사 아모세' 참조). '해방자 아모세'라는 한 유능한 파라오가 이집트를 효율적으로 굴러가는 군사 국가로 바꾸어 놓았다. 그는 경쟁자를 허용하지 않았으며 경제력과 부를 자신의 손아귀에 굳게 쥐고 병사들에게 포상으로 토지를 하사하였다. 아모세는 이집트 역사에서 위대한 시대의 서막을 열었다. 이제 왕은 국민의 영웅이자 북쪽 아시아 세계와 남쪽 흑인 누비아 왕국들 사이의 가운데에 버티고 옥좌에 앉은 군사 지도자가 되었다. 아모세는 제국의 통치자요 노련한 장군이며 거대 권력의 지도자였다. 제9장에서 살펴본 대로 이집트는 이제 히타이트인 및 미탄니인과 이득 많은 교역로 및 항만을 두고 경쟁하면서 동지중해 정치 세계의 유사(流沙) 속에서 하나의 주역이 되었다. 신왕국 파라오들은 누비아의 금으로 자신들의 왕국 재정을 마련하였으며, '제1폭포' 너머의 땅을 이득 많은 식민지로 바꾸어 놓았다.

이제 테베(이집트인은 와세트라 불렀음)는 이집트의 수도로서 태양신 '아문의 소유지'였다. 서기전 16세기부터 14세기 사이에 대부분이 지어진 카르나크의 아문 신전은 성도의 심장이었다(그림 10.6). 아문은 '신들의 왕'이었으며 파라오들을 배태하고 그들을 생전에나 사후에나 보호한 태양의 신이었다. '아문의 소유지'는 테베의 나일강 건너편 서안까지 뻗어 나갔으며, 파라오들은 그곳에다 정교한 망자의 도시를 세웠다. 자신들은 그 건조한 '왕들의 계곡'에 암벽을 파내 만든 비밀 무덤 속에 묻혔다. 그들의 묘는 밤의 태양이 가로지르는 하계(下界) 동굴의 모형이 되었다.

신왕국시대는 서기전 1353년에 짧은 기간의 종교적 이단 상태를 경험하였다. 그때 이단 파라오 아케나텐은 아문으로부터 태양 원반 아텐에 바탕을 둔 한층 순수한 형태의 태양신 숭배 쪽으로 전향하였다. 아케나텐은 테베의 하류 쪽인 엘-아마르나에다 새로운 왕도를 건설하기까지 했는데, 그곳은 기존 신들과는 아무런 연관이 없는 땅이었다. 이 수도는 그가 죽은 뒤 버려졌으며, 그로써 무한한 가치를 지닌 유산, 고고학자들이 한 세기가 넘게 이따금 발굴해온 유례없는 신왕국 사회 기록실이 되었다. 서기전 1333년에 여덟 살 된 투탕카멘이 왕위에 올랐다. 그는 불안스러운 왕국을 맡았고, 그래서 그의 왕실 고문들은 자신들에게 열린 유일한 길을 택하였으니 옛 영적 질서를 회복

그림 10.6 카르나크의 태양신 아문 신전.

하고 초기 파라오들의 왕조 전통으로 되돌아간 것이었다. 투탕카멘 자신은 단지 10년만 재위하였지만 죽어서는 다른 모든 파라오를 능가하는 불멸성을 얻었다. 그 이유는 오로지 하워드 카터와 카르나본 경이 그의 무덤을 왕들의 계곡에서 온전한 상태로 발견하였기 때문이다(그림 10.7 참조).

David Cole/Alamy

그림 10.7 투탕카멘 왕묘 전실(前室)의 유물 부장 모습으로, 왕의 마차(왼쪽 앞)와 장례용 침대들(오른쪽)이 보인다.

서기전 1307년부터 1196년까지 람세스 성을 가진 여러 파라오는 이집트를 이전의 영광스런 제국의 자리로 올려놓고자 무척 노력하였다. 람세스 2세(서기전 1290년부터 1224년까지 재위)는 멀리 시리아까지 원정을 나갔고, 누비아의 금으로 군사 정복활동과 과도한 신전 축조에 비용을 대었다(제10장 개시면 사진 참조). 그는 시리아의 '카데시 전투'에서 호적수를 만났으며, 그곳에서 고대 이집트인은 자신의 무덤 벽에 지나치게 자기 자랑을 많이 해놓아서 도대체 무엇을 믿어야 할지 모를 지경이다. 그들의 가차 없는 성공담은 믿기에는 너무 과하다. 그러나 우리는 이따금 정말로 탁월했던 인물을 만나기도 한다. 아바나의 아들 아모세라는 굳세고 용맹스러웠던 전사가 바로 그런 경우이다. 아모세는 한 병사의 아들이었으며 아버지의 예를 본받아 처음에는 보병으로 "왕이 마차를 타고 가는 대로" 그 뒤를 따랐다. 그의 용맹성은 주목을 받았고 그래서 그에게 "용맹의 황금이 수여되었다." 이는 모범적 군 경력의 시초일 뿐이었다. 아모세는 다섯 파라오를 섬겼고 힉소스의 왕들이 이집트에서 쫓겨나는 것을 목격하였으며 그들의 삼각주 수도 아바리스를 박살내는 현장, 아시아 샤루헨 함락 현장에 있었고 피비린내 나는 누비아 원정에 몇 차례 참가해 싸웠다. 파라오 아모세(그와 아무런 관계 없음)가 아바리스를 포위하고 전투를 세 차례 벌였을 때 군인 아모세는 "그곳에서 한 남자와 세 여자, 모두 네 명을 포로로 잡았으며 폐하께서는 나에게 그들을 노예로 주셨다."고 하였다. 아모세의 군대는 격렬한 전투를 치르고 아바리스를 완전히 파괴한 뒤 힉소스를 팔레스타인까지 뒤쫓아가 그들의 남쪽 교두보인 샤루헨 읍을 포위 공격하였다.

이 승승장구한 테베의 왕은 샤루헨을 도륙한 뒤 곧바로 누비아로 주의를 돌렸고 그 옆에는 아바나의 아들인 아모세가 있었다. "이제 폐하께서 아시아의 유목민들을 도륙하였으므로 남쪽을 향해 항해해…누비아의 '활 족'을 치러 가셨다. 폐하께서는 그들을 완전히 도륙하셨으며 나는 그곳에서 전리품, 즉 산 남자 둘과 손 세 개를 갖고 왔다. 그래서 나는 다시 한 번 황금을 하사받았으며 또 여자 노예 둘을 받았다. 폐하께서는 북쪽으로 항해하셨는데 당신의 심장은 용맹과 승리로 환희에 찼다. 당신이 남쪽 놈들과 북쪽 놈들을 정복하셨기 때문이다." 아모세는 나중의 누비아 원정에 몇 차례 참가하였으며 결국에는 자기 배를 몹시 거친 폭포를 통과해 잘 끈 기술로 승진해서 전함 승무원 지휘관이 되었다. "나는 마차 한 대, 그 말, 그리고 그에 탄 남자를 산 채 포로로 잡아 가져왔다. 그것들을 폐하게 보여드렸더니 황금을 내려 주셨다."

이 역전의 용사는 누비아 원정 이후 명예로운 은퇴를 하였으며 영예와 땅을 한껏 받았다. "아바나의 아들, 인정받은 승무원 지휘관 아모세, 나는 내게 주어진 은총이 무엇이었는지 그대에게 알려주고 싶다. 나는 온 나라 사람들이 지켜보는 가운데 몇 차례 황금을 상으로 하사받았으며 또 많은 남녀 노예도 함께…"

만약 노년에 든 아바나의 아들 아모세와 같이 앉아 오랫동안 그와 더불어 이야기를 할 수 있다면 얼마나 멋진 일일까 상상해보라. 그는 영예롭게 존경을 받으면서 죽었고 그의 위업은 자기 무덤 벽에서 기억되었다. "용감한 남자의 이름은 그가 행한 바에 있다. 그것은 이 땅에서 영원히 사라지지 않을 것이다."(리히트하임, 『고대 이집트 문학: 제2 독본 제2권 신왕국 편』(1976), 12-14쪽에서 인용)

히타이트인은 잘 싸워 람세스의 군대를 더 이상 전진하지 못하도록 만들었다. 그 이후로 이집트는 서남아시아에 대한 정치적 영향력을 잃었으며, 처음에는 거의 감지되지 않았지만 서서히 쇠퇴하기 시작하였다.

말기 왕조시대(서기전 1070년부터 서기전 30년까지)

서기전 1070년 람세스 3세의 죽음과 함께 이집트는 정치적 취약기로 들어갔으며, 이 동안에는 각 지역의 지배자가 나일강 유역에 갖가지 통제권을 행사하였다. 파라오들은 남쪽 누비아의 통치자들로부터 위협을 받았으며, 이 통치자들은 서기전 8세기에 한때 이집트를 잠시 지배하기도 하였다. 또 이 세상에서 가장 오래 지속되었던 문명을 로마가 서기전 30년에 자신의 제국으로 편입할 때까지 아시리아인, 페르시아인, 그리스인이 길고 짧은 기간에 걸쳐 나일강 유역을 지배하였다. 그리스인은 이집트의 지식과 학문 가운데 많은 부분을 신생 그리스 문명의 주류 속으로 합체하였고, 그로써 고대 이집트는 서구 문명의 뿌리에 확실히 기여하게 되었다.

3   이집트와 아프리카 중심주의

고대 그리스인과 로마인은 이집트가 모든 문명의 원천이라고 믿었다. 고고학적 발견들에 의하면 이집트와 메소포타미아 모두에서 도시 문명이 동시에 발생하였음을 보여주는 반면, 대부분의 학자는 나일강 연안의 문명이 홍수 등을 예측할 수 없기는 해도 비옥한 강 유역에서 자신만의 세계를 이루면서 별개로 발생했다고 믿고 있다.

이른바 아프리카 중심주의 학파의 일부 아프리카–아메리카인 역사학자들은 그에 찬성하지 않는다. 그 이유는 서구 문명의 각종 제도가 열대 아프리카에서 태어났고 고대 이집트는 흑인 아프리카 문명이라고 믿기 때문이다. 1950년대에 처음 부상한 이런 주장들은 언어학자 마틴 베르날의 저 유명한 '흑인 아테나 여신' 이론에서 극도로 정치한 수준에 이르렀다(1987년 첫 출간). 베르날은 고대 이집트를 서구 문명의 핵심에 놓기 위한 고고학, 역사학, 언어학 증거들을 제시한다. 이집트학자들은 거의 만장일치로 그의 주장을 분쇄하려 하니, 그것이 과학적 자료의 시험을 견디지 못한다는 논거에서다. 예를 들어 아프리카 중심주의자들은 고대 이집트인이 검은 피부의 열대 아프리카인이라는 주장을 편다. 그러나 실상 고대 이집트인은 고분 벽화와 생물학적 자료 둘 다에 따르면 전반적으로 지중해적 인구 구성이었다가 후대에 이집트가 열대 아프리카를 포함한 다른 지역들과 한층 밀접하게 접촉을 함에 따라 점차 국제적이 되었음을 나타낸다. 또 고대 이집트의 사회계는 피부 색깔과 인종을 우리와는 아주 달리 독특한 식으로 생각하였음을 지적해둘 만하며 이는 모든 인간 사회에 대해서도 강조해둘 만하다.

4 누비아: 쿠시의 땅(서기전 3000년부터 서기전 633년까지)

고대 이집트가 정말로 자신만의 특유한 문명이었다면 아스완 '제1폭포' 남쪽에 살았던 나일강 유역 주민들과는 어떤 관계를 가졌던 것인가? 상류에 있는 그 건조한 지방은 '쿠시의 땅'인 누비아로서 고대 이집트인에게 금과 상아와 노예로 유명한 곳이었다. 누비아는 나일강 중류에 걸터앉은 좁은 띠 모양의 비옥한 땅으로서, 상류 쪽으로는 멀리 오늘날의 수단을 거쳐 에티오피아 고원지대의 가장자리까지 뻗어 있었다. 가장 비옥한 유역 토지는 '제3폭포'와 '제4폭포' 사이의 동골라 유역을 따라 위치한다. 바로 여기서 누비아의 최초 복합 사회들 중 일부가 서기전 4000년 이전부터 유목민이자 농경민이었던 집단들로부터 발달하였다.

고왕국 파라오들은 누비아를 복속시키기 위해 군대를 파견하였으며, 이득 많은 소 떼 습격을 자랑하였다. 이집트인 탐사가들은 좋은 암석과 준보석을 찾아 사막 깊숙이 여행해 들어갔다. 중왕국 왕들은 한층 더 야심적이었으니 누비아의 금을 발견했기 때문이다. 서기전 1900년 파라오 아메넴헤트는 10개의 교두보를 가진 전략 요충들을 요새화하였는데, 그 대부분은 교역로들이 강을 가로지르는 전략 지점이었다. 그 교역은 동골라 유역 심장부 케르마의 누비아인 수장들 손아귀에 들어 있었다. 이곳은 궁전과 신전들을 가진 작은 읍으로 정교한 방호벽들과 네 개의 문으로 요새화되어 있었다. 케르마의 지

그림 10.8 누비아 케르마 유적의 왕묘로, 매장을 한 후 분구를 완성하기 위해 일꾼들이 몰려가고 있다.

배자들은 엄청난 부를 누렸고, 죽으면 많게는 400명이나 되는 순장자로 둘러싸여 커다란 봉토분 아래 묻혔다(그림 10.8). 이 모든 부는 사막 및 좀 더 상류쪽 사람들과 하류 멀리 사는 이집트인과의 교역에서 나온 것이었다. 그러나 이 재부를 차지하고자 했던 신왕국 파라오들은 서기전 1500년에 쿠시로 진군해 들어가 그곳을 식민지로 만들었다. 이제 누비아는 마을 농민과 수장들의 땅으로부터 광대한 플랜테이션 국가 비슷한 곳으로 바뀌었다. 그곳은 부재지주들의 이익을 위해 일을 해서 가장 저렴한 비용으로 온갖 유형의 상품을 공급하는 곳이었다.

서기전 1200년 이후로 동지중해 전역을 휩쓴 정치, 경제의 충격파들은 히타이트인을 타도하고 이집트를 약화시켰을 뿐만 아니라(제9장) 누비아에 대한 파라오의 장악력 또한 느슨하게 만들었다. 4세기에 걸친 혼란 끝에 누비아 문명은 새로운 전성기에 이르렀다. 새 쿠시의 지배자들은 고대 이집트의 종교를 채택하고, 파라오의 권력과 이데올로기를 받아들였다. 그들의 부는 이집트로 수출을 한 금, 상아, 여타 많은 상품에서 나왔다.

서기전 730년부터 663년 사이에 누비아 군주들은 쿠시를 지배하였을 뿐만 아니라 이집트 자체도 관할하였다. 왕 피예는 730년 북쪽으로 진군하여, 테베에서 태양신 아문을 찬양하고는 순종을 거부하는 먼 하류 삼각주의 지배자들을 복속시켰다. 피예는 쿠시에서 이집트를 통치하는 데 만족하였으나, 그의 후계자들은 노예가 주인이 되고 피정복자가 정복자가 된 터라 자신들의 궁정을 아예 테베로 옮겼다. 누비아인 파라오들은 예술과 종교를 회복하려고 많은 애를 썼지만 외교에는 익숙하지 못했고, 이 취약점은 그들을 몰락으로 이끌었다. 서기전 663년 아시리아의 아수르바니팔 왕이 테베를 함락시켰으나, 당시 통치자는 쿠시로 안전하게 도망하였다. 서기전 591년 이집트 군대가 상류로 진군해왔고 "쿠시를 피로 물들였다." 쿠시 왕 아스펠타는 멀리 상류로 약 500km 떨어진 메로에로 도망쳤고, 이후 누비아 군주들은 그곳을 800년 이상 평화롭게 통치하였다.

5   메로에와 악숨

메로에로의 이동은 누비아 교역의 초점이 동지중해로부터 홍해와 인도양으로 옮겨가고 있을 때 일어났다. 이 새로운 상업 세계는 홍해, 페르시아만 국가들, 인도, 그리고 종국적으로는 동남아시아와 중국을 거대한 망으로 연결하였다.

동북아프리카 예멘 남해 연안의 소코트라섬과 아마도 오늘날의 에티오피아나 아니면 에리트레아에 위치했을 신비한 '푼트의 땅'은 향신료가 풍부한 지역으로서 아프리카인이 아라비아인과, 인도인이 이집트인과 만나 사귀던 곳이었다. 소통이 많은 교역로들이 홍해 연안을 나일강 유역, 그리고 동지중해 연안에 연결하였다. 그 길로는 짐을 실은 나귀들과 일찍이 서기전 2500년 처음 길들인 아라비아인이 '사막의 배'라고 적절히 이름 붙인 낙타들이 점점 더 많이 지나다녔다. 서기전 3세기가 되면 낙타 사육자들이 육로 대상로를 지배하게 되었고, 메로에에 번영을 가져다주었다.

메로에(서기전 593년부터 서기 330년까지)

메로에는 현대 도시 하르툼에서 북쪽으로 약 200km 떨어진 나일강 동안에 위치하고 있다. 그 지배자들은 하(下)누비아에서 청나일의 센나르까지 강을 따라 연쇄적으로 자리 잡은 마을과 읍들을 통치하면서 이집트와의 금, 상아, 노예 교역을 관할하였다. 또 이 도시는 그 강을 홍해에 연결하고 사하라 사막 남쪽 가장자리를 따라 서쪽 멀리까지 뻗은 부산한 대상로에 걸터앉아 있었다(그림 10.9 참조).

서기전 593년부터 서기전 220년까지 대략 24명의 왕과 여왕이 메로에를 통치하였다. 이 검은 피부의 통치자들은 위대한 파라오 피예와 그 계승자들의 후예였다. 그들은 고대 이집트 문명의 보수적 표준들 중 많은 것을 간직하였으면서도 독특한 아프리카적 문화 특성들을 표출하였다. 또 단속이 아주 잘 되는 교역 네트워크와 무력으로 여러 세기에 걸쳐 교역을 통제하면서 자익을 위해 복합적이고 착취적인 경제 사업들을 운영하였다.

메로에에서는 철 가공이 커다란 사업이었으니, 근처에 철광석이 풍부하였기 때문이다. 거대한 쇠똥 더미들이 도시의 신전과 궁전들을 내려다보고 있었는데, 이는 일찍이 서기전 7세기부터 여러 세기에 걸쳐 철을 생산함으로써 쌓인 것이었다. 메로에의 군대는 끝에 철기를 끼운 도구와 무기들 덕택에 그 사막 이웃들에 대해 전략적으로 우위를 차지할 수가 있었다.

그림 10.9 피라미드와 쇠똥[鐵滓] 더미들을 보여주는 메로에 전경. 2천 년 전에는 메로에가 비옥한 초원 한가운데 자리 잡고 있었으나 지금은 그곳이 사막이다. 그 도시 주민들이 가축을 과도하게 먹이고 나무를 숯감으로 지나치게 베어낸 것이 그렇게 된 이유 중 한 부분이다.

메로에는 서기 1세기에 번영의 정점에 도달하였으며, 그때는 로마 제국과 정기적 교역 관계를 유지하였다. 이 도시는 그로부터 한 세기 뒤에 쇠퇴하였고, 이윽고 서기 325년부터 350년 사이에 근처 에티오피아 고원지대의 악숨 왕국 에자나 왕의 군대에 의해 멸망하였다.

악숨(서기 100년부터 1000년까지)

악숨은 홍해 교역으로 번영을 하였으며, 최초의 지배자들이 서기전의 여덟 세기 동안 남부 아라비아로부터 다양한 아이디어를 채택한 것으로 보이는 아프리카 왕국이었다(그림 10.10). 이 고원지대의 본향은 예측 불가능한 환경이기는 해도 비옥하였다. 관개를 해서 기른 작물들, 특히 테프라 불린 토착 초본이 잘 자라 작황이 좋은 해에는 대규모 식량 잉여를 낳았다. 악숨은 서기 1

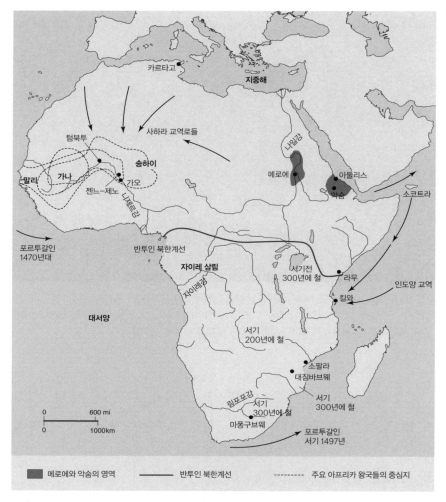

그림 10.10 제10장에서 언급된 아프리카의 국가와 왕국들.

세기에 이르면 이미 강력한 왕국으로 부상하며, 홍해 연안 아둘리스의 항구를 통해 온갖 사치품과 상품을 취급하면서 로마와 정기 교섭을 맺고 있었다. 나일 교역이 쇠퇴함에 따라 아둘리스가 너무나 중요해졌기에 악숨이 곧 메로에를 압도하게 되었다.

악숨의 고고학에 대해서는 아직 알려진 바가 비교적 아주 적은 편이다. 그러나 서기 3세기에 페르시아 철학자 마니는 악숨을 로마, 중국 그리고 페르시아와 더불어 세상에서 가장 위대한 4개의 왕국 가운데 하나로 서술하였다. 악숨은 엘리트가 통치한 번영일로의 부유한 사회였다. 우리는 그 통치자들이 위압적 다층 궁전에 살았으며, 죽었을 때는 그런 건조물을 상징하는 형태로 조각된 33m에 달하는 높은 석주들 아래 매장되었음을 안다(그림 10.11). 왕에자나는 메로에를 멸망시킴과 거의 동시에 그 선조들의 종교를 버리고 그리스도교를 채택하였다. 그리스도교는 그 전에 이미 악숨의 광범한 교역 관계를 통해 그 영역에 들어와 있었던 터였다. 그리하여 악숨은 세계에서 가장 오

그림 10.11 에티오피아 악숨에 있는 왕의 석주.

래된 그리스도교 왕국 중 하나가 되었다.

그리스도교는 에티오피아에서 오늘날까지도 번성하고 있지만, 악숨은 서기 7세기에 이슬람이 홍해 교역에 대해 영향력을 점차 증대해가자 흔들리기도 하였다. 악숨이 세력의 정점에 있었을 때는 로마 제국의 폐허로부터 우뚝 솟아올라 아시아와 아프리카를 튼튼한 끈으로 연결한 새롭고도 훨씬 국제적인 세계의 유력한 상징이었다.

6 사하라이남 아프리카(서기전 500년쯤부터 서기 1500년쯤까지)

사하라이남 아프리카 사회들은 빙하시대가 끝난 뒤 수천 년 동안 다른 대륙, 다른 문화들로부터 대체로 고립되어 있었다. 이런 고립은 서서히 깨어졌으니 부분적으로는 고대 이집트와 누비아가 벌인 교역의 결과였다. 일찍이 서기전 5세기에 철 야금술이 처음으로 사하라 남쪽으로 확산되었는데 아마도 메로에와 더불어 북쪽에서 전해졌을 것이다. 이 신기술은 장식적 금속 용도가 아닌 실용이었으며 열대 삼림을 개간하고 농경을 하는 데 이상적이었다. 농경과 목축이 얼마나 빨리 남쪽 열대지방으로 처음 확산되었는지는 논란거리이니 그 이유는 대체로 고고학적 단서가 아주 드물기 때문이다. 우리는 농민과 유목민이 서기전의 마지막 몇 세기 동안이면 동아프리카 호수 지방에 이미 정착을 하였고 또 남아프리카의 잠베지강과 림포포강의 강안에는 서기 직후 그랬음을 안다. 이 신래자들은 토착 수렵채집민을 흡수하거나 절멸시키거나 밀어내었다. 오늘날은 수렵채집민이 남아프리카 칼라하리 사막처럼 농경을 하기에는 너무나 건조한 지역들에서만 생존하고 있다.

서기전 5세기에 이르면 사하라이남 아프리카에 아주 다양한 종류의 생업을 하는 농민이 살았지만 그 주민들의 밀도는 낮았으며 그들 대부분은 오늘날 방언으로는 반투어의 조상격인 언어를 썼다. 그로부터 몇 세기가 지나지 않아 그토록 다양했던 이 대륙은 날로 번영해 나간 강력한 국가들의 본향이 되었고 그것들은 일반적 믿음과는 반대로 유럽인이 도래하기 훨씬 전에 이미 아주 드넓은 바깥 세계에 연결되어 있었다. 변화는 약 2천 년 전 서력기원 초기에 느리게 시작되었다. 그때 아프리카인들은 바깥 세계에서 광범위하고 급속하게 확장되던 교역 체계들과 접촉을 하게 되었다. 그 계기는 사하라이북 지중해 세계와 먼 인도양 해안의 사회들이 구리, 황금, 상아 그리고 노예들에 대해 만족할 줄 모르는 욕구를 지녔던 데 있었다.

최초의 사하라이남 아프리카 왕국이 서기 9세기에 등장하고 나서 최초의 유럽인 탐험가들이 도래할 때까지의 일곱 세기에 대해서는 우리가 거의 고고학으로만 사정을 아니 그 이유는 역사 기록과 구비전승이 둘 다 극도로 드물기 때문이다. 프랑스 고고학자이자 역사가인 프랑수아 자비에 포벨은 이 세기들을 가리켜 아프리카 역사의 '황금시대'라고 부르는데 그의 말이 아마도 맞을 것이다. 아프리카는 강력하고 번영을 거듭한 국가들의 본향이었고 그곳들에는 유능한 지배자가 통치를 하고 외국 교역인이 거주를 한 도시들이 발달하였다. 이 대단히 세련되고 변전이 많은 왕국들은 점점 더 강력해진 범지구적 교환의 조류에서 한 부분을 차지하였으며 그 교환은 상품뿐만이 아니라 사람과 종교적 이념까지도 대상으로 하였다.

변화는 사하라이남 아프리카와 장거리 교역을 벌이도록 자극한 두 가지 진전으로부터 왔다. 낙타가 사막 여행에서 혁명을 일으켰고 그 덕에 여행자와 상인들은 사하라 깊숙한 곳과 그 사막 바로 남쪽의 건조한 사헬 지방으로 들어가는 모험을 감행할 수 있었다. 낙타 대상은 거대한 사업이 되었다. 대략 2천 년 전 이후로 낙타는 동지중해를 가로지르는 대상 여행에서 바퀴 수레를 대체해 주된 이동 수단이 되었다.

이 다름 아닌 여행 혁명은 인도양의 계절풍을 점점 더 흔하게 이용한 것과 때를 같이해서 일어났다. 바다 사람들이 언제 인도양 계절풍의 주기를 알아냈는지는 아무도 모른다. 겨울에는 동북 계절풍이 선원들을 아프리카로 데려다 준다. 그리고 여름에는 서북 계절풍이 그들을 목적지로 되돌려 보내준다. 이런 주기는 너무나 규칙적이어서 항해하는 선박은 인도에서 아라비아나 동아프리카로 항해를 한 지 12개월 이내에 되돌아갈 수가 있었다. 서기전 120년경에 에우독소스라는 이름의 항해가가 이집트에서 항해를 시작해 나일강을 내려가 홍해를 거쳐 인도로 항하였다. 또 그리스 항해사 히팔로스는 원양항로를 많은 사람에게 알렸다. 계절풍 교역은 계절풍이 불기 전 그것 없이 항해를 했던 가로돛을 단 배들로 급속하게 확대되었다. 인도양 교역의 상품들은 거의 바뀌지를 않았다. 아프리카로부터는 구리, 금, 철, 상아, 그리고 나무막대(나무 없는 아라비아에)와 노예가 왔다. 사하라와 계절풍지대 둘 다에서 아프리카 해안에 가까운 곳의 왕국들과 내륙 깊숙한 곳의 왕국들 사이의 상호관계를 조장한 것은 이런 원자재들이었던 것이다.

7 서아프리카 고대 왕국들(서기 800년쯤부터 1550년까지)

북아프리카와 사하라 남쪽 변경지대 사헬 사이의 교역로가 언제부터 정기적으로 쓰이게 되었는지는 아무도 모른다. 사막 베르베르 유목민은 이슬람을 받아들였고 이들은 그 교역로에서 낙타와 마찬가지로 핵심 역할을 했다. 여행자가 두 달을 여행하면 '흑인의 땅' 수단에 도착해서 노예들을 구할 수 있었다. 이 새로운 교역은 야심찬 서아프리카 수장들에게 엄청난 기회의 세계를 열어주었다. 말리의 내륙 니제르강 삼각주에 있는 **젠느-제노**라는 이름의 유적은 서기전 3세기에는 작은 농경 마을에 지나지 않았다. 그러나 사하라에서 온 구리와 남쪽에서 온 금이 번영을 가져왔다. 10세기 뒤에는 젠느-제노가 둘레 2km

길이의 진흙벽돌 담을 둘러 방호한 주요 교역 중심지가 되어 있었다. 그 지배자들은 읍에서 하류로 적어도 1백 km까지 뻗은 영역을 관할하였다. 이곳은 북쪽 지방과 금, 철, 그리고 농산물을 교역하기에 안정된 기지였다(그림 10.12).

금에 대한 수요는 만족을 시킬 수 없음이 드러났고 남쪽 농민들의 갈망 대상이었던 사하라 소금에 대한 수요 역시 그러하였다. 젠느-제노와 여타 서아프리카 왕국은 교역자와 더불어 사하라 교역 읍들로 날이 갈수록 복잡해진 교역망을 형성했으며 이는 서아프리카에 대단한 권력과 부를 가져다주었다. 서기 1천년기의 끝에는 이슬람 정복자들이 사하라 교역을 장악했으며 그런 사태 진전 덕에 문자를 알고 여행을 많이 한 아랍 지리학자들이 사하라 남쪽 땅으로 왔다. 그곳에서 지리학자 알-바크리는 가나 왕국을 묘사하기를 금이 너무나 풍부해서 "왕은 바위만큼이나 큰 황금덩이를 갖고 있다고 한다."고 기록하였다.

Paul Kingsley/Alamy

그림 10.12 말리의 사하라 사막 남쪽 가장자리 현대 읍 젠느에 있는 이슬람 사원. 이슬람교는 서아프리카 왕국들에 강한 영향을 미쳤다.

가나(서기 700년?부터 1230년쯤까지)

가나는 물론 현대의 서아프리카 국가이며 현재의 이 이름은 영국으로부터 독립할 때 칭한 것이다. 그 이름은 한때 니제르강 상류의 금 산출 유역 북쪽 경계지대와 현대의 세네갈에 걸터앉은 느슨하게 조직된 권역을 가리키는 이름이었다. 이 왕국이 언제 처음 탄생했는지는 아무도 모르지만, 서기 8세기에는 이미 아랍 저술가들이 그에 대해 묘사하고 있다. 이슬람 지리학자 알-이드리시(1099-1165)는 1154년경에 아랍 상인들의 이야기를 빌려 가나를 묘사한 글을 썼다. 그는 가나의 지배자가 유리창으로 장식된 요새화된 궁전에 산다고 하였다. 그 왕은 비단옷을 입고 코끼리, 기린 그리고 여타 야생동물을 앞세우고 행진을 하였다. 그 왕조는 이미 그 앞 세기에 개종을 한 상태였기에 그는 무슬림이었다. 수도는 두 개의 도시를 포괄했다고 하는데 하나는 왕족의 구역이었고 다른 하나는 상업도시로서 어떤 강의 강안에 위치하였다. 이 위풍당당한 수도가 위치했던 곳이 어딘지는 아직도 미스터리이니 고고학적으로 확실한 증거라고는 아무것도 잔존한 것이 없기 때문이다.

사헬을 따라 자리 잡은 왕국들의 지도자는 진실한 신앙심에서 이슬람으로 개종하기도 했지만 또 한편으로 그 쪽이 정치적으로 크게 유리했기 때문이기도 했다. 이슬람은 금, 상아 그리고 소금, 또 흥분제용 콜라 나무 열매를 수출한 외국 상인들에게 연대 의식을 느끼게 해주었다. 그들은 옷감, 가죽 제품, 유리구슬 그리고 무기를 그 대가로 제공했다. 가나가 어느 정도로 중앙집권화되고 강력했는지는 알려져 있지 않다. 그 지배자는 아마도 하급 수장과 소규모 읍들로 느슨하게 짜인 연합체를 관할했을 뿐 자신의 부를 제외하고는 거의 권력을 갖지 못했을 가능성이 아주 크다. 결국 가나는 11세기 중에 그 구성 군장 사회들로 해체되었다. 그리고 가나는 야심찬 말리 왕국의 한 지방이 되고 말았다.

말리(서기 1230년쯤부터 1440년까지)

2세기에 걸친 끊임없는 다툼 끝에 순디아타라는 이름의 이례적으로 유능한 지배자가 서기 1230년경 권좌에 올랐으며, 그는 새 수도를 니제르강 강변에 있는 말리에 세웠다. 1세기 뒤 말리 왕국은 사하라이남 서아프리카의 많은 부분에 걸쳐 영역을 확대했다. 유럽 중세시대의 장려한 지도 저작물인『카탈루냐 지도책』은 1375년경에 지어졌는데 서아프리카 항목에서 헐렁한 황금 옷을 입고 금제 공과 권장을 쥔 흑인 왕이 관할하는 것으로 그렸다(그림 10.13). 그가 황금 군주로 묘사된 것은 하등 놀랄 일은 아니니 서유럽의 금 대부분이 이제 서아프리카에서 왔으며 1492년 이후 아메리카의 금속이 수입될 때까지 여전히 주된 산지였기 때문이다. 아랍 원전들에 따르면 말리 왕 '무사'는 진흙벽돌로 정교하게 지은 궁전에서 다스렸으며 궁전에는 그 한가운데에

Niday Picture Library/Alamy Stock Photo

그림 10.13 '카탈루냐 지도책'에 묘사된 무사 만사라고 말해지는 말리의 통치자. 그는 말리의 엄청난 부를 상징하는 금제 공과 권장을 양손에 쥐고 있다.

돔 천장을 가진 방이 있어서 거기서 이 지배자가 알현을 받았다. 그가 모스크에서 예배를 드리기 위해 대중에게 모습을 나타낼 때는 강력한 경호 아래 정교한 행렬을 펼치는 것이 특징이었다. 또 말리의 지배자들은 마치 연민, 지혜, 그리고 부로써 통치를 하는 듯한 인상을 주었다. 그런데 불운하게도 어느 누구도 아직 궁전 잔적을 찾아내지 못했기 때문에 우리는 아랍 원전 이야기의 사실 여부를 입증할 도리가 없는 형편이다.

말리의 이슬람 지배자들은 알라신이 하사한 최고 권력으로 통치를 했고 정복지역은 용의주도하게 선발한 종교대리인을 통해 지배했으며, 심지어 그 자리에 충성심과 정치적 재능을 기준으로 뽑은 총명한 노예를 임명하기까지 했다. 이슬람은 철저하게 훈련을 받고 문자를 아는 행정가 후보군을 공급하였으며, 그들은 정치적 안정이 효율적 정부와 건전한 교역 관습에서 비롯되는 것이라고 믿었다. 말리의 유명한 왕 무사 만사는 그 점을 너무나 확신했기 때문에 1324년 왕국을 떠나 사하라를 가로질러 메카로 가는 긴 순례여행에 올랐으며 그가 동반한 부는 일대 센세이션을 일으켰다. 카이로에서 금이 너무나 많이 유통되어 금값이 몇 년 동안 10% 넘게 떨어졌던 것이다.

말리 왕들의 명성은 이슬람 세계 전역에 퍼졌다(그림 10.12). 서사하라 가장자리의 도시 팀북투는 유명한 대상 중심지가 되었을 뿐 아니라 저명한 이슬람 학문 연구지가 되었다. 이 모든 번영은 금과 상아의 교역에 바탕을 둔 것이었다. 말리의 금은 이슬람 세계의 많은 지역뿐 아니라 유럽 왕들의 보물에서도 근간을 이루었다. 콜럼버스가 신대륙으로 항해하기 전에는 말리와 그보다 약소한 이웃들이 유럽 금의 3분의 2 이상을 공급했다.

말리는 무사 만사의 재위 동안에 그 명성과 번영의 정점에 도달했다. 제10대 군주인 만사는 1337년에 죽었다. 그의 계승자들은 덜 유능했다. 그 가운데 한 사람이 마리 쟈타 2세인데 그는 왕실의 재보를 '허랑한 생활'에 낭비하였다. 그가 1373년에 죽은 뒤 니제르강 강안에 위치한 또 하나의 주요 교역 중심지로 무사 만사에 의해 정복되었던 가오의 지배자들이 그 굴레를 벗어던지고 경쟁 왕국인 송하이를 세웠다.

송하이(서기 1464년쯤부터 1550년까지)

이 새로운 국가는 일련의 유능한 통치자가 영토를 확장함에 따라 번영을 구가하였다. 그 가운데 가장 유명한 이가 손니 알리이며, 1464년부터 1494년 사이에 송하이의 국경을 멀리 사하라와 말리 깊숙이까지 확대했다. 1460년이면 말리의 세력은 이미 완전히 쇠약해진 상태였다. 손니 알리는 그와 동시에 금과 상아 교역의 많은 부분을 독점했으며 법과 질서를 유지하고 자신의 영역 안을 지나는 교역의 규모를 통제하기 위해 대규모 군대의 힘을 빌렸다. 그의 유능한 계승자들은 왕국을 더욱 확대시켰다. 송하이는 1492년 콜럼버스가 바하마 제도에 발을 디뎠을 때 그 세력의 전성기에 있었다. 유럽은 아메리카 대륙을 탐사함으로써 새로운 귀금속 산지들을 얻었고, 유럽에 유통된 금은의 양을 반세기 안에 세 배로 끌어올렸다. 아메리카에서 연간 생산된 금의 양은 세계의 나머지 지역에서 산출된 양의 열 배였다. 그러자 사하라의 금 교역은 급격하게 쇠퇴했다. 송하이 왕국뿐만 아니라 가오나 팀북투 같은 도시가 상대적으로 무명의 위치로 굴러 떨어졌다. 1550년이 되면 송하이는 몰락하였고, 정치 권력의 중심이 지금의 가나, 나이지리아, 아이보리코스트에 해당하는 남쪽 열대우림과 해안 지방으로 옮겨가면서 유럽인들의 배도 그곳으로 이동해 금, 상아, 노예를 교역하게 된다.

8 동아프리카 해안지대: 돌 읍들과 이슬람(서기 1세기부터 1498년 까지)

메소포타미아와 나일강 유역뿐만 아니라 인더스강 유역(제11장 참조)은 계절풍이 부는 세계 가까이나 그 속에 위치했다. 인도양의 그 계절풍이 지닌 비밀은 서력기원이 개시되기 훨씬 전에 해독이 되었다. 지금부터 3천 년 전에 홍해를 항해해 내려가서 페르시아만의 연안을 따라 항해하는 것은 흔한 일이 었다. 그러나 홍해로부터 난바다로 직행하는 항로는 더 빨라서 배가 7월에 홍해를 떠나면 9월에 인도에 도착하였다. 이 직항로는 분명히 그리스인들의 창안인 듯하니 그 부분적 이유는 그들의 대양 항해 범선들은 선체가 아주 견고해서 판자들을 이은 선체의 아랍 배들보다 훨씬 내해성이 강했을 가능성이 크기 때문이다.

일단 직항로가 알려지자 원양항해가 개시되었다. 로마의 주화가 인도에 흔하게 되었다. 예멘 남해안이자 아프리카 동북부 연안 앞바다에 있는 소코트라섬이 향신료 교역의 주요 중심지가 되었으며 그곳에서 아프리카인은 아랍인과, 인도인은 이집트인과 만나 어울렸다. 서기 1세기 동안에 어떤 이름 모르는 한 뱃사람, 아마도 이집트 태생이었을 그리스인이 『에리트레아해 주항기(周航記)』라는 선원을 위한 인도양 연안 안내서를 지었다. 저자는 분명히 직접 경험해서 얻은 지식을 바탕으로 자신이 아자니아라고 부른 동아프리카 연안을 따라 소재한 정박지와 기항지들을 서술하면서 "그곳에는 상아가 대단히 많고 또 거북 껍질도 있다"고 하였다.

동아프리카 해안지대는 부드러운 동북풍이 연중 많은 기간 그곳을 어루만져 배들이 느리게 이동하는 장소이다. 최초의 외부인이 동아프리카 해안지대로 항해하기 훨씬 전부터 소말리아와 멀리 남쪽 탄자니아의 잔지바르 그리고 그 너머 지방의 사이에 있는 산호초 안쪽에는 고기잡이 마을과 사냥꾼이 흩어져 살았다. 북쪽에서 최초의 선원이 도래한 때가 정확히 언제인지는 알려져 있지 않으나 아마도 일찍이 서기전 1천년기의 초였을 것이다. 서기전 1세기라는 이른 시기에 이미 계절풍을 이용한 교역이 간헐적으로 벌어졌지만, 그 뒤로 이슬람이 서기 8세기 말에 동아프리카 연안에 도래하기 훨씬 전부터 코끼리 엄니 같은 원자재의 내륙 산지와 해안지대 사이에는 그보다 한층 더 집중적인 접촉들이 있었다. 지금의 케냐 해안을 따라서는 일찍이 서기 750년에 작은 이슬람 공동체 취락들이 자리 잡았으니 그것은 지중해 세계 및 여타 지역에서 금과 상아를 향한 요구가 급등했기 때문이었다. 아프리카 해안 교역은 급속하게 확대되었으며 외국 상인들은 각 지역 지배자 및 저명 교역 가문들과 지속적 관계를 형성하였다.

1100년에 이르면 북쪽 소말리아부터 남쪽 탄자니아 남부 킬와에 이르는 해안지대를 따라 마치 한 줄로 엮어 놓은 듯한 작은 이슬람 읍들이 번성하였다. 그것들은 전적으로 인도양 교역에 바탕을 둔 독특한 해안 문명을 형성하였다. 소규모 대상들은 킬와섬과 잔지바르섬 같은 곳에서 내륙을 향해 목화 묶음과 유리구슬, 인도양 해변에서 나온 수천 개의 조가비를 싣고 출발했으며 그 내륙의 한 지점을 다음 내륙의 더 깊숙한 곳으로 가는 전략적 중개지로 삼았다. 멀리 깊숙한 내륙에서는 이 중 조가비를 장신구로 귀히 여겼다. 이 교역은 엄밀한 화폐가치의 관점에서 보면 아주 일방적이었으니, 아프리카 내륙에서 위세를 발하는 물품으로 인식된 유리구슬, 값싼 옷감, 여타 사치품의 가치란 인도양 전체의 해양 교역에 추진력이었던 금가루, 구리덩이, 상아, 노예의 가치에 비하면 아주 미미할 정도였기 때문이다.

해안지대의 스와힐리인은 아주 먼 내륙에 대해 오랜 기간의 경험을 가진 아프리카인들이었으며 내륙 아주 깊숙이까지 이어진 장거리 교역망과의 연계를 매우 주도면밀하게 유지하였다. 그들은 내륙에서 아주 귀하게 여긴 개오지 조가비와 여타 바다 조가비의 산지들을 장악하였고 또 생업 농민들이 대단히 소중하게 여긴 덩이 소금을 바닷물로부터 만들었다. 스와힐리 철공들은 완제품을 만들어 손에서 손으로 내륙에 전달했다. 해안지대의 상인들은 인도산 옷감과 유리구슬을 금과 상아로 교환하였다. 여기서 상아는 쉽게 구할 수 있었으나 먼 인도에서는 아주 귀하게 여겼는데 부스러지기 쉬운 인도산 엄니보다 장식품으로 만들기가 훨씬 쉬웠기 때문이었다. 금은 그보다 한층 구하기가 어려웠으니 멀리 남쪽의 림포포강과 잠베지강 사이 내륙에서 가루와 덩이 형태로 산출되었기 때문이다. 오늘날의 짐바브웨에 해당하는 곳에서 금을 가공하는 작업이 이루어져 여덟 세기 동안 매년 약 710kg의 금이 생산된 것으로 추산된다. 유럽에서 중세 문화가 처음으로 꽃을 피운 데는 서아프리카와 동아프리카 해안에서 북쪽으로 흘러온 금과 상아의 덕을 아주 많이 보았다.

해안을 따른 생활은 '돌 읍들'을 중심으로 이루어졌으며, 이것들은 각기 자기 모스크를 가지고 거의 모두가 해안선 가까이 자리 잡아 해안에 크게 의존하였음을 반영하는 밀집 교역 취락들이다. 그 읍들은 집들이 빽빽이 들어서 있었으며 건물은 산호 돌들로 지었고 각각 저명한 도시 상인들이 군림했다. 이슬람의 안정성과 바람의 예측 가능성은 이 해안 읍들에 기본적인 영속성을 부여했다. 그러나 이것들은 무엇보다도 계절풍에 의존하면서 지구의 상당 부분을 포괄하는 거대한 범지구적 교역망들이 크게 교차하는 지점들에 운좋게도 자리 잡은 아프리카 사회였다. 그 문화는 이 읍과 저 읍이 공유하였지만 각각은 독립적이어서 해안을 따라 선형적으로 자리를 잡았으며 다만 끊임없이 물 부족에 시달리고 있었다. 이런 독특한 아프리카 해안 읍들은 아주 다양한 색깔을 띠고서 포르투갈 탐험가 바스코 다 가마가 1498년 이곳에 도착할 때까지 그리고 그 이후까지 번영을 구가하였다.

9 황금과 상아: 마풍구브웨와 대짐바브웨(서기 1천년기 말부터 15세기까지)

금과 상아 그리고 여타 원자재, 또 그것들을 운반하는 데 필요한 노예의 가장 소중한 산지들은 거의 알려지지 않은 잠베지강과 림포포강 사이 남아프리카 중부 내륙에 있었다. 더운 저지대 강 유역들과 수백 개의 좁은 덤불 숲 통로들이 내륙 깊숙한 곳 상아와 금이 풍부한 고원에 있는 마을과 마을 그리고 수장과 수장을 연결하였다. 고지대 환경은 사바나 숲으로서 보통 정도로 비옥한 흙과 큰 가축 떼를 먹일 만한 초지를 가지고 있었다. 농민들은 서력기원 개시 즈음에 처음으로 고지대에 정착을 하였다. 소 목축이 살아 움직이는 부와 정치 권력 둘 다를 재는 척도가 되었다. 강우가 예측할 수 없고 계절에 따라 달라지는 환경에서는 농업과 목축은 아주 위험성이 큰 활동이었다. 고지대를 본향이라 부른 쇼나인은 먼 인도양 해안에서 온 교역자들과의 장거리 교역이 큰 잠재력을 지녔음을 재빨리 알아차렸다. 서기 1200년에 이르면 쇼나 사회가 어느 정도 높은 복합도를 달성하였으니 지역 수장들이 금과 상아를 옷감과 유리구슬 같은 이국 상품들과 교역을 해서는 자신들의 정치 권력을 공고히 하는 데와 곡식과 소를 더 획득하는 데도 이용했기 때문이었다. 그리하여 크고 작은 군장 사회가 마치 모자이크처럼 발달했으며 각각은 우기와 건기 동안에 자신들의 소를 먹일 수 있을 만큼 충분한 영역을 갖추고 있었다.

처음에는 해안 교역이 기껏해야 간헐적이었다. 그러나 10세기 이후로는 금과 상아에 대한 수요가 치솟으면서 교역과 교환이 극적으로 확대되었고 그에 따라 해안 읍들은 대단한 번영을 누렸다. 그러자 필연적이다시피 어떤 군장 사회가 교역로를 통제하게 되고 둘레의 수장들로부터 공납을 받아내면서 우위를 점하게 되었다. 이 교역을 바탕으로 두 개의 강력한 왕국이 번성하였으니 하나는 지금의 남아프리카공화국과 짐바브웨의 국경을 이룬 림포포강 유역에 있었던 마풍구브웨였고 다른 하나는 그 북쪽의 대짐바브웨였다.

마풍구브웨(서기 1230년부터 1600년까지)

마풍구브웨는 샤셰강과 림포포강이 합수하는 광대한 강 계곡 체계에 위치하고 있다. 이곳은 저지대 환경으로서 오늘날은 강우의 양이 수수와 기장을 재배하기에 부적합한 곳이다. 하지만, 서기 1000년부터 1300년 사이는 '중세 온난기'로서 오늘날보다 강우량이 많아 정기적으로 홍수가 났으며 생업 농경을 할 수 있었다. 또 경관에는 코끼리가 넘쳐 났는데 소와 마찬가지로 좋은 초지에서 번성을 하였다. 이런 환경 덕에 사회 복합도가 증대되고 계서를 토대로 한 사회가 발달했으며, 이에서는 소가 재부, 신부값 그리고 사회 계서의 원천으로서 중요하였다. 마풍구브웨를 세운 수장들의 조상은 때때로 큰 마을에 살았는데 그 가운데 하나는 수장권의 중심지인 강 유역을 내려다보는 구릉 그늘에 있었다. 이 사회에서는 각 사람의 정치적 지위가 재위중인 수장과 얼마나 가까운 친척 관계인지에 달려 있었다. 우리는 당시 발달한 사회적 복합도가 어떤 수준이었으며 그로부터 생겨난 변화가 어떠했는지에 대해 거의 알지 못하지만 1220년에 이르면 소규모 집단이 강 계곡을 굽어다보는 '마풍구브웨 구릉' 꼭대기로 옮겨 갔다. 오랫동안 기우제 같은 것을 지내는 장소였던 그곳은 이제 장거리 교역이 주된 지평을 넓히고 있었던 변화무쌍한 세상 속에서 신성한 지도자들이 고립되어 사는 격리된 공간이 되었다. 당시에 비가 더 풍부하게 내린 점은 마풍구브웨 지도자들에게 정당성을 부여한 듯이 보인다.

이때에 이르면 마풍구브웨 사회는 평민, 구역 수장, 엘리트의 위계 구조로 나뉘어 있었다. 그 구릉에서 적어도 24기의 묘가 발굴되었는데 그 가운데 11기만이 분석을 할 수 있을 정도로 잔존하였다. 중요 수장의 묘로 보이는 한 곳에서는 금제품이 가득했으며 금박을 덧씌운 나무 그릇, 금제 표장 그리고 코

그림 10.14 마풍구브웨에서 출토된 금판 덮은 코뿔소상.

뿔소가 나왔다(그림 10.14). 엘리트의 부와 그 영역의 부는 소에 기반을 두었지만 무엇보다도 금과 상아의 교역이 그 토대였다. 그러나 마풍구브웨는 혹독하고 예측할 수 없는 환경에 자리 잡고 있었다. 1220년 이후로 강우가 불안정해지자 이 왕국은 북쪽의 대짐바브웨와 경쟁을 벌였다. 수입된 유리구슬은 우리에게 마풍구브웨가 일러도 15세기까지는 잔존했음을 말해준다.

대(大)짐바브웨(서기 1250년 이전부터 1450년쯤까지)

대짐바브웨는 사하라이남 아프리카의 아이콘 유적들 가운데 하나로서, 별도로 떠받치는 것 없이 혼자 선 거대 석축벽인 '대옹벽'이 압도하는 가운데 돌로 지은 담과 여타 구조물들이 모여 있는 계곡이다. '아크로폴리스' 혹은 '구릉 폐허'로 알려진 커다란 언덕이 낮은 지대의 폐허를 내려다보고 있다. 이 언덕은 먼 인도양으로부터 안개와 이슬이 바람에 불려오는 계곡의 머리 부분에 위치하며, 그래서 오랫동안 기우제를 지내는 장소로 정해진 곳으로 아마도 일찍이 서기 6세기부터는 그랬을 가능성이 크다. 그런 역할은 13세기까지도 이어졌을 것인데 그때는 마풍구브웨에도 가뭄이 찾아온 시기였다.

아크로폴리스에서 나온 방사성탄소측정연대들은 대짐바브웨와 마풍구브웨가 동시에 번성했으며 서로 경쟁을 했음에 틀림이 없음을 보여준다. 대략 1250년의 짐바브웨 토기에서는 마풍구브웨의 강한 영향이 나타난다. 고고학자 토마스 후프만은 마풍구브웨 지배자의 한 친척이 북쪽으로 옮겨가서 결혼을 통해 짐바브웨의 전통적 리더십을 획득한 것으로 믿고 있지만 이것은 논란이 많은 이론이다. 다만, 만약 그런 동맹 관계가 맺어졌다면 마침 해안 교역이 새로운 정점에 도달했기에 두 왕국 사이의 연대를 강화했을 가능성이 있기는 하다. 해안지대의 스와힐리 교역자들은 남쪽으로 지금의 탄자니아 남부에 있는 주요 중심지 킬와까지 세력을 확장했으며 그곳에서 그들은 이제 멀리 중국에서까지 수요가 증대되고 있었던 금과 상아에 접근할 수 있었다. 대짐바브웨는 그 해안에 더 가까웠으며, 그래서 특히 코끼리 상아 교역에서 마풍구브웨와 경쟁을 하면서 150년간 큰 왕국의 수도로서 역할을 하였다. 그 지도자들은 존숭하는 조상들을 자신의 통치 기반으로서 찬양하였으며, 그들의 부는 금과 상아 그리고 대규모 소 떼라는 부의 전통적 기준으로부터 나왔다. 그들의 세습왕조는 또한 비를 내리게 하는 훌륭한 솜씨로 권력을 획득하였다.

지배자는 평민과 떨어져 아크로폴리스에서 살았을 가능성이 다분하지만 '대옹벽'의 높은 벽은 림포포강 유역의 왕국보다도 몇 배나 큰 규모로 성장한 왕국을 관할한 엘리트와 여타 사람들 사이의 큰 간극을 더욱 강화하였다. 교역이 생성한 부는 막대해서 소로부터 나오는 것보다 훨씬 컸다. 중국 자기, 인도산 옷감 그리고 유리구슬은 '대옹벽' 내부의 퇴적층에서 발견된 수입품들이다. 쇠 징은 아프리카 수장권의 전통적 상징으로 잔존했지만 20세기 초에 금과 여타 보물을 찾느라 미친 듯이 발굴한 결과로 그들의 이야기를 말해주었을 증거 가운데 많은 부분은 비통하게도 파괴되고 말았다. 하지만, 짐바브웨 수장들이 이슬람을 수용했다는 증거는 없다. 그들의 강력한 왕국은 진정한 토착 아프리카 왕국의 중심이었다.

짐바브웨의 전성기는 유럽인들이 그 해안에 도착하기 직전인 1350년부터 1450년까지였다. 이 유적은 1450년 이후 어느 때인가 폐기되었으며, 이때는 그 지역의 목초지와 농경지가 이미 고갈된 상태였고 지속적 가뭄 때문에 그 주민은 자신들을 한때 많게는 2만 명(이 추산은 기껏해야 근사치이다)이나 끌어당겼을 장소로부터 작은 마을들로 흩어져 버렸다.

이상의 모든 토착 아프리카 왕국들은 외부로부터 제공된 정치, 경제적 기회에 대한 반응으로서 발달했다. 그러나 그들의 정치, 사회, 경제 제도들은 언제나 지역의 조건에 적응한 것이었고, 그 이전 농경문화의 논리적 발전이었다.

아프리카는 서기 15세기 이후로 그 원자재뿐만 아니라 또한 노예 때문에 유럽인과 여타 사람들에게 착취를 당했다. 국제 노예무역의 촉수는 아프리카 해안은 물론이고 내륙 깊숙한 곳의 최후 근거지로까지 뻗쳤다. 이런 노예무역의 완전한 실상과 그것이 아프리카 사회에 끼친 파멸적 영향은 그로부터 한참 지난 19세기 빅토리아시대가 되어서야 비로소 전 세계를 경악시키는 가운데 드러나게 되는데, 그 계기는 이때 탐험가들이 나일강 발원지의 발견 같은 붙잡기 어려운 지리학적 목표를 추구한 데 있었다.

요약

- 고대 이집트 문명은 나일강 유역을 따라 일어난 강제와 자발 양면의 복잡한 통합 과정을 거쳐 생겨났다. 이 과정은 서남아시아와의 교역 접촉이 증대됨에 따

라 가속되었으며 서기전 3100년 즈음의 어느 시점에 고대 이집트 국가가 출현함으로써 절정에 달하였다.

- 이집트학자들은 고대 이집트 문명을 통상 네 개의 큰 시기, 즉 상고기 및 고왕국시대, 중왕국시대, 신왕국시대, 말기 왕조시대로 나누며 앞의 세 시대 사이사이에는 정치적 혼란기인 중간기가 개재되어 있다.

- 고왕국은 전제 파라오와 광적 피라미드 건설로 유명한데 그 건설은 국가의 단일성을 떠받치는 실제 관념들과 깊은 연관이 있는 활동이라 할 수 있다.

- 중왕국시대에는 정치, 종교 권력의 중심이 테베와 상이집트로 옮겨갔다.

- 신왕국시대 파라오들은 이집트를 아시아와 누비아에 강력한 이해관계를 가진 제국 세력으로 만들었다. 고대 이집트 문명은 서기전 1000년 이후로 몰락의 길을 걸었으며 서기전 30년에 로마의 통치하에 들어갔다.

- 나일강 제1폭포보다 상류에 있는 누비아는 여러 세기 동안 이집트의 착취를 받았으나 이집트 파라오들의 권력이 쇠퇴함에 따라 본래의 특성을 발휘하였다. 쿠시 출신 누비아 왕들은 서기전 8세기에 이집트를 실제로 지배하기도 하였지만 그로부터 두 세기 뒤에는 멀리 상류에 있는 메로에로 밀려날 수밖에 없었다.

- 메로에는 홍해와 인도양 교역에서 하나의 중심지가 되었으며 이집트의 풍습을 간직한 왕과 여왕들이 통치하였다. 이는 서기 4세기까지 교역과 그 철광산으로 번성을 하였는데, 그때 에티오피아 고원지대의 악숨 왕국에 의해 정복되었고 이윽고는 빛을 잃고 말았다.

- 금 및 소금을 갖고 사하라를 가로지르는 정기 교역로는 낙타가 열어 주었고 그로써 가나, 말리, 송하이 같은 강력한 서아프리카 국가가 대략 서기 800년부터 1500년 사이에 발달하였다.

- 그와 동시에 금, 상아, 여타 상품을 대상으로 확장일로에 있었던 인도양 교역은 동아프리카 연안을 따라 서기 10세기 이후로 자리 잡은 아프리카 읍들의 교역망에 자양분을 공급하였다.

- 금과 상아의 주된 산지는 멀리 남쪽 림포포강과 잠베지강 사이의 지방이었다. 림포포강 유역의 마풍구브웨는 대략 서기 1220년부터 1380년까지 상아 교역으

로 번영을 구가했다. 그 뒤로 서기 14세기와 15세기에는 금과 상아 교역의 중심지가 북쪽으로 대짐바브웨에 토대를 둔 소의 왕국으로 옮겨갔다. 그리고 해안 교역의 통제권은 16세기 동안에 유럽인의 손으로 넘어갔다.

참고문헌

두 권의 책이 전반적으로 잘 요약을 해놓았으니 Alan B. Lloyd의 *Ancient Egypt: State and Society* (Oxford: Oxford University Press, 2014)와 Barry Kemp의 *Ancient Egypt: The Anatomy of a Civilization* (제2판, London: Routledge, 2006)인데 후자는 심층적으로 다루고 있다. Nicholas Reeves의 *The Complete Tutankhamun* (New York: Thames and Hudson, 1990)은 이 황금 파라오 무덤으로의 멋진 여행기이다. 누비아는 전문가를 빼고는 어느 누구에게도 거의 알려져 있지 않지만 David O'Connor의 *Ancient Nubia: Egypt's Rival in Africa* (Philadelphia: University of Pennsylvania Museum, 1993)가 최신 정보를 제공한다. 메로에와 쿠시에 대해서는 Derek Aelsby의 *The Kingdom of Kush: The Napatan and Meroitic Empires* (London: Marcus Weiner, 1999)가 있다. 악숨에 대해서는 David Phillipson의 *Ancient Ethiopia: Aksum, Its Antecedents and Successors* (London: British Museum Press, 1998)가 있다. Graham Connah의 *African Civilizations* (제3판, Cambridge, England: Cambridge University Press, 2015)는 누비아, 메로에, 악숨을 포함한 초기 아프리카 왕국들에 대한 아주 뛰어난 설명서이다. Nehemiah Levetzion의 *Ancient Ghana and Mali* (London: Methuen, 1971), Peter Garlake의 *Great Zimbabwe* (New York: Thames and Hudson, 1973), Innocent Pirirayi의 *The Zimbabwe Culture: Origins and Decline of Southern Zambezian States* (Walnut Creek, CA: Altamira Press, 2001)는 입문 개설서들이다. François-Xavier Fauvelle(Troy Tice 역)의 *The Golden Rhinoceros* (Princeton, NJ: Princeton University Press, 2018)는 저자가 '아프리카의 황금시대'라고 이름붙인 시기의 사회들에 대한 멋진 설명서이다.

제11장

●

남·동·동남아시아

전사 도용. 서기전 221년경 중국 진시황제 무덤을 호위한 병마용 부대의 일원.

프롤로그

영국의 저명한 발굴가 모티머 휠러 경은 1950년 젊은 고고학자와 학생과 지역 일꾼으로 발굴단을 조직해 파키스탄의 인더스강 기슭에 있는 모헨조다로 유적의 어떤 풍화된 요새 언덕으로부터 삐죽 튀어나온 진흙벽돌 더미에서 작업을 벌이고 있었다. 인부들은 모래를 조금씩 제거하였고 그러자 얼마 안 되던 벽돌은 점차 많아졌으며 이윽고 "구릉 측면으로부터 거대한 기단의 견고한 벽면이 모습을 드러내기 시작하였다. 그 외관은 평원 위로 범접할 수 없도록 장엄하게 솟은 성채의 모습이었다."(휠러,『인더스 문명』(1968), 317쪽)

휠러는 이 벽돌 더미의 정체가 무엇인지 골똘히 생각하였다. 격자로 난 좁은 통로, 윗부분을 나무로 지은 흔적, 접근로가 하나뿐인 주도면밀하게 설계된 기단을 자세히 기록하였다. 이 거대한 구조물은 성채와는 점점 거리가 멀어졌다. 그러면 무엇이었는가? 갑자기 그의 머릿속으로 한 줄기 빛이 지나갔다. 그 좁은 통로는 나무로 지은 창고의 마루를 말리기 위한 통풍로였다. 그 창고는 한때 이 도시의 곡물을 저장하였고 사람들이 바글거리는 거리에서 멀리 떨어진 이곳에서만 접근할 수 있었다. '성채'는 도시의 공공 창고였던 것이다.

1. 남아시아: 인더스 문명(서기전 2700년쯤부터 서기전 1700년까지) | 2. 인더스 문명 이후의 남아시아(서기전 1700년부터 서기전 180년까지) | 3. 중국 문명의 기원(서기전 2600년부터 서기전 1100년까지) | 4. 전사 군주들(서기전 1100년부터 서기전 221년까지) | 5. 동남아시아 문명(서기 1년부터 1500년까지) | 6. 요약

더 최근에 이루어진 발굴들로 휠러의 이런 대담한 해석에 대해서는 의문
이 들게 되었지만 그래도 반세기도 더 전에 이루어진 그의 모범적 조사 덕에
세계에서 가장 덜 알려진 문명 중 하나인 남아시아 인더스 문명의 많은 부분
을 세세하게 알 수 있었다. 세계에서 가장 이른 문명들은 나일강 유역과 서남
아시아에서 발생하였다. 그로부터 15세기 안에 이집트, 동지중해, 메소포타
미아, 이란 고원지대는 하나의 경제 체계로 연결되었으며 그 체계는 느슨하
게 짜인 가운데 끊임없이 변화하였다. 국가들은 흥망을 거듭하였고, 지배자들
은 최고 권력을 얻었다가는 자신의 영역이 마치 카드로 지은 집처럼 무너지
는 것을 보았으며, 군대들은 전략 항구와 결정적으로 중요한 자원의 관할을
둘러싸고 전투를 벌였다. 그러나 상호 연계된 망상 조직은 적응을 하였고 손

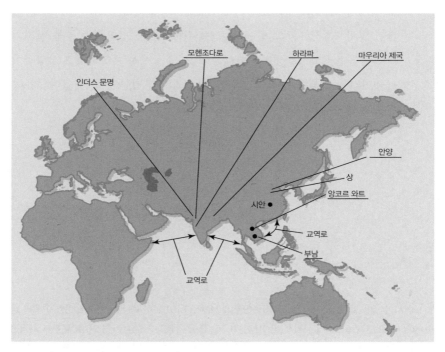

그림 11.1 제11장에 언급된 아시아 유적과 사회들의 위치도.

상을 입지 않은 채로 유지되었다. 이 경제적 교섭 관계의 촉수는 곧 멀리 동쪽으로 남아시아와 그 너머 멀리까지 뻗치게 된다.

우리는 제10장에서 서기전 1000년쯤 고대 이집트가 쇠퇴한 이후로 장거리 교역의 중심이 어떻게 북쪽으로 홍해와 인도양 지방까지 이동하는지 보았다. 이 장에서는 다시금 편년 단계들을 따라 남아시아, 중국, 동남아시아에서 국가조직 사회가 어떻게 발달하였는지 서술하기로 한다(그림 11.1).

1   남아시아: 인더스 문명(서기전 2700년쯤부터 서기전 1700년까지)

인더스강은 남티베트의 눈 덮인 히말라야 산맥에서 발원해 카시미르로 내려와 1천600km를 지난 후 파키스탄 평원으로 흘러든다. 바로 이 평원의 양안에서 남아시아 문명이 시작되었다. 여기서는 메소포타미아와 나일강 유역처럼 비옥한 범람원 토양이 국가조직 사회의 발생에 중요한 역할을 했다. 매년 6월부터 9월 사이에 먼 산맥으로부터 샘솟은 물이 흘러 평원에 도달하면서 수천 에이커에 이르는 양호한 경작지를 범람시키고, 금속 농기구 없이도 충분히 경작될 수 있을 정도로 부드러운 토양 위에다 홍수가 품고 온 비옥한 침니를 천연 비료로 쌓아 놓는다.

서기전 3000년이면 마을 취락 수백 개가 인더스강 유역 평원에 산재해 있었다. 그 중 다수는 치밀하게 계획된 가로를 가진 소규모 읍으로서 방호벽을 둘렀으며 가장 높은 홍수 수위보다 높은 곳에 자리 잡되도록 강 가까이 지어졌다. 그 다음 500년 동안에는 인더스강 유역의 환경이 관개수로와 홍수제방들 때문에 인공적 경관으로 바뀌었다. 이 새로운 공동체들의 지도자임이 분명한 이들은 수장, 무역업자, 신관, 친족 지도자들로서, 이들은 사람들과 그 신들 사이의 중개자 역할을 했다. 그들은 나름의 철학을 갖고 있었으니 그 철 인더스 문명과 그 뒤 남아시아 사회의 기원은 여러 세대에 걸친 논쟁에도 여전히 미스터리로 남아 있다. 최근에 고대와 현대의 인도인들에 대해 대규모로 실시한 유전자 연구는 지난 1만 년 동안에 두 차례의 커다란 이민이 있었음을 보여준다. 첫 번째는 초기 식량생산의 주요 중심지인 서남 이란 자그로스 지방으로부터의 주민 이동이었는데 남아시아에 농경과 목축을 가져온 이 이동은 서기전 7000년부터 3000년 사이에 있었을 것으로 추정하고 있다. 이 신래자들은 약 6만 5천 년 전에 현대인 대확산의 일환으로 이곳에 도착했던 이전 주민들과 섞였다. 그리하여 이민자와 토착민들은 잘 확립된 농경 목축의 전통으로부터 인더스 문명을 창조하였다.

서기전 2000년 이후 몇 세기 동안에는 아리아인으로 알려진 이민의 두 번째 파도가 유라시아 초원으로부터 도래했는데 아마도 오늘날의 카자흐스탄 지방에서 왔을 것이다. 기마인이자 소 목축인 그리고 유명한 전사들인 그들은 옛 인도 아리안 언어인 산스크리트어의 초기 버전을 함께 가져왔다. 이 이른바 베다 산스크리트어는 고대 인도의 고전 산스크리트어가 되었으며 이는 오늘날 힌두교의 의식 언어이자 불교 및 자이나교에서도 중요한 언어이다. 혼합은 계속되었다. 유전자학은 남아시아 주민 대부분의 유전적 계통 중 50~60%가 이 원래 주민들로부터 유래하였음을 보여준다.

이런 발견 사항들은 힌두 민족주의자들에게 아주 큰 논란거리인데 이들은 아리아인과 그 문화가 인더스 문명의 창설자가 아니라는 이론이나 오늘날의 인도가 초기 주민들의 혼합으로 생겨났다는 이론은 어떤 것이든 배척한다. 그들은 학교 교과서를 새로 쓰려고 노력중인데 그 와중에 이 새로운 연구 결과가 오래 지속되고 다양했던 남아시아 문명이 여러 유전적 특징과 역사의 변종들로부터 발달했음을 보여준 것이다. 이 문명의 진수는 배타적이 아니라 포용적이었다는 데 있다.

학에서는 인간이 질서정연한 우주의 한 부분이며 그래서 쉴 새 없이 노동을 하고 개인의 야망을 공동선에 종속시켜야 그 우주가 유지된다고 보았다. 이 시원적 철학이 언제 생겨났는지는 아무도 모르지만, 아열대 땅에서는 언제나 위험부담이 큰 사업인 농경 자체만큼이나 오래되었을 것이다. 서기전 2700년 에 이르면 상대적으로 큰 취락의 가장 출세한 지도자들이 도시와 읍과 마을 들로 이루어진 위계 조직들을 관할하고 있었다.

인더스 문명의 초기 단계는 서기전 3200년에서 2600년 사이로 연대측정 된다. 그때 사람들은 면적이 겨우 몇 에이커밖에 안 되는 소규모 마을에 살 았으며 고고학자들은 그에서 아직 사회 계서의 징표를 찾을 수가 없다. 그들 의 환경은 메소포타미아처럼 저지대로서 덥고 비옥하나 광물이 없었다. 그래 서 그 주민들은 단독적으로 번성할 수가 없었다. 인더스 문명이 이 강 유역에 서 흥기하기 훨씬 전부터 이 저지대의 사람들은 북쪽과 서쪽의 이웃들, 특히 파키스탄 서부의 발루치스탄 남부 고지대와 끊임없이 교류를 하였다. 사람들 이 밭농사와 양 사육에 생업을 의지했던 고지대로부터는 금속, 준보석, 목재 가 왔다. 고지대와 저지대 사이의 관계는 수천 년간 식량과 여타 상품의 정기 적 교환과 더불어 계절에 따른 주민 이동으로 또한 촉진되었으며, 이 주민 이 동은 여름을 발루치스탄의 산악 초원에서 보낸 엄청난 규모의 염소 및 양 떼 를 서부의 혹독한 겨울 동안 저지대로 데려왔다. 발루치스탄과 인더스 사이 의 이런 상호작용은 두 지역 모두에서 복합 사회가 흥기하는 데 커다란 촉매 역할을 하였다. 그 상호작용은 인더스강 유역뿐만 아니라 멀리 메소포타미아 에도 결정적으로 중요하였다.

이 초기 인더스 사회는 서기전 약 2600년 이후로 저지대에서 발달한 복합 적이고 때로 도회적이었던 사회와는 날카롭게 대비된다. 평등 사회로부터 계 서 사회로의 전이는 토착적이었으며, 한두 세기에 걸친 짧은 기간의 폭발적 성장을 거쳐 서기전 2500년쯤에 끝이 난다. 이는 이집트와 메소포타미아에서 오랜 기간에 걸쳐 정치, 경제, 사회적 복합도가 증대한 것과는 극적 대조를 이룬다.

이 성장은 수메르의 교역 유형에서 커다란 변화가 일어난 것과 때를 같이 하였을 가능성이 크다. 메소포타미아의 도시국가들은 서기전 2600년 이후로 사치품 및 원자재 교역을 재조직하였고, 필요한 것들을 세 개의 외국, 즉 페르시아만 바레인섬의 딜문, 그보다 더 동쪽의 항구 마간, 그리고 더 먼 항구인 멜루하로부터 해로를 통해 얻었다. 특히 멜루하로부터는 무엇보다도 상아, 기름류, 가구, 금, 은, 홍옥수를 구하였다. 수메르인은 이런 상품들을 양털, 옷감, 가죽, 기름, 곡식, 삼나무와 교환했다. 멜루하는 아마도 인더스강 유역에 있었을 것이다. 서기전 2350년경 메소포타미아 아가데의 사르곤 왕은 이 모든 곳에서 온 배가 자신의 도시에 정박한 것을 자랑하였다. 메소포타미아의 라가시와 다른 곳들에 멜루하인의 마을이 있었던 기록까지 있다. 이는 전문 상인들이 벌인 고도로 조직화된 상업 무역이었으며, 내륙 깊숙한 고지대에서의 교환망과는 성격이 아주 다른 교역이었다.

해상 교역은 수메르인의 수출입 물량을 획기적으로 증대시켰다. 한번에 5천900kg의 구리를 선적한 기록도 나타난다. 그 사업 전체가 기본적으로 비상업적이었던 이란 고원에서의 교환 체계와는 아주 달랐다. 그 교역은 메소포타미아인의 관할 하에 많은 부분이 딜문을 통해 이루어졌으며, 이는 인더스 문명의 성장에 커다란 영향을 주었다. 그런데 그것의 시작 시점이 흥미롭게도 메소포타미아와 인더스강 유역 둘 다에서 도시 중심지들이 성장한 때와 같다. 하지만, 많은 학자는 해외 교역이 때로 주장되는 만큼 중요한 것은 아니었으며 인더스 문명이 완전히 토착적으로 발생했다고 믿고 있다.

성숙 단계의 인더스 문명

성숙한 인더스 문명은 130만 km²에 약간 못 미치는 광대한 지역에 걸쳐 발달하고 번성하였는데, 이는 오늘날의 파키스탄보다 상당히 넓은 범위이다. 인더스 문명의 문화 핵심지는 인더스강 유역과 사라스와티강 유역이었지만, 이들은 훨씬 더 넓고 아주 다양한 문명의 겨우 한 부분에 불과하였다. 그 문명의 영향력과 연계 관계는 펀잡과 신드의 저지대에도 널리 미쳤고, 발루치스탄의 고지대에서 라자스탄의 사막까지, 그리고 히말라야의 산록에서 봄베이 근처까지 퍼져 있었다. 고지대 발루치스탄과 인더스 평원 사이의 오랜 관계는 이들과 페르시아만 지역의 해상 연계와 마찬가지로 인더스 문명을 한층 더 큰 문화 체계 속에 자리 잡도록 해주었다.

인더스 문명은 현저하게 도회적인 수메르인의 문명과는 달리 핵심 지역이 77만 7천 km² 이상을 차지하였다. 이집트를 예로 유추를 해볼 수 있다. 이집트에서는 상나일과 하나일이 같은 문명의 구성 부분이었지만 두 지방 사이에는 언제나 행정, 문화, 사회에서 차이가 있었다. 그런 것들에 해당하는 것이 인더스 문명의 여러 주요 지방 단위들이다. 그것들은 공통된 상징체계와 종교 신앙으로 연계되어 있었으며, 이 둘은 동일한 문화 전통의 토대로서 그 형태는 다소 바뀌더라도 여러 세기 동안 견지되었다. 인더스인은 수메르인과 마찬가지로 자신들의 문명을 조직하고 관리하는 하나의 수단으로 도시를 채택하였다. 우리는 적어도 다섯 개의 인더스 도시를 알고 있다. 그 중 가장 유명한 것이 하라파와 모헨조다로이다. 하라파와 모헨조다로는 홍수 수위 위로 쌓은 인공 언덕에 엄청난 노력을 기울여 건설되었다. 모헨조다로는 지금까지 알려진 인더스 문명 도시 가운데 가장 커서 하라파의 여섯 배 넓이이며 적어도 아홉 번은 재건되었는데, 몇 차례는 파멸적 홍수 때문이었다(그림 11.2). 이들과 어느 정도 비슷한 현대 취락의 인구밀도를 근거로 추산해 널리 인정되고 있는 인구수는 모헨조다로가 약 3만 5천 명에서 4만 명이고 하라파는 2만 3천5백 명이다. 이 두 도시는 너무나 비슷해서 동일 건축가에 의해 설계되었을 가능성도 있다. 각 도시의 서쪽 끝에는 높은 성채가 서서 가로를 내려다보

그림 11.2 모헨조다로의 성채로 전면에 거주 구역들이 보인다.

그림 11.3 파키스탄 하라파의 대성채.

고 있었다. 거대한 성벽과 홍수 제방의 보호를 받는 이곳에는 통치자가 살았다(그림 11.3). 모헨조다로의 높은 성채는 평지보다 12m나 우뚝 솟았고, 육중한 홍수 제방과 망루 있는 거대옹벽으로 보호되었다. 정상부에 있는 공공건물 중에는 기둥으로 받치고 한 변이 거의 27m나 되는 방형 회당이 있는데, 아마도 통치자가 청원인과 관리들을 접견하는 구역이었을 것이다. 하지만, 장려한 신전이나 화려하게 장식한 성소는 없었다.

각 도시의 통치자는 최소한 부분적으로라도 계획된 가로들이 복잡하게 그물처럼 얽힌 구역을 내려다보는 곳에 살았다(그림 11.4). 귀족과 상인의 집이었을 상대적으로 넓은 주거들은 중앙 마당 둘레로 배치되었으며, 그 마당에서 손님을 영접하였을 것이고 음식을 준비하였으며 하인들이 일을 하였을 터

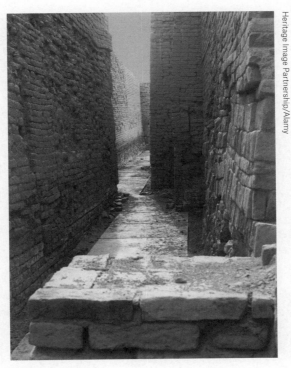

그림 11.4 파키스탄 모헨조다로의 거리.

이다. 어떤 집은 계단과 두꺼운 바닥 벽들로 보건대 2층 또는 3층까지도 갖고 있었다. 또 하라파와 모헨조다로 둘 다에는 일렬로 늘어선 공동주택 혹은 공방이 있었는데, 그곳에는 가장 가난한 사람들이 살았고 그 다수는 노동자였을 것으로 짐작된다. 하라파와 모헨조다로의 일부 구역은 각종 상점을 완비한 잡화 시장의 역할을 하였다.

우리는 하라파나 모헨조다로 같은 주요 도시를 지배한 통치자들의 이름을 모른다. 인더스인 지도자들의 익명성은 그들의 외모에서도 나타난다(그림 11.5). 이들은 장려한 궁전 벽에다 자신의 치적을 자랑하는 젠체하는 지도자들이 아니었다. 지금까지의 고고학적 증거는 지배자, 추정 상인, 의례 전문가, 혹은 핵심 자원이나 대규모 토지를 관할한 사람들로 구성된 지도체제를 나타

그림 11.5 모헨조다로에서 출토된 수염 기른 남자상.

내고 있다. 그들은 여봐란 듯이 뻐기는 삶을 누리지 않은 것으로 보이며, 신관다운 허식이나 지나치게 공공연한 과시가 도무지 없었다. 또 아시리아 왕들의 격렬한 호전성이나 파라오들이 과시했던 압제 미화 요소도 전혀 없었다.

우리가 인더스의 지도자들에 대해 아는 바가 거의 없는 이유 한 가지는 그들의 문자가 아직 해독되지 않았기 때문이다. 그들의 인장들로부터는 지금까지 거의 4백 가지 상형 부호가 식별된 바 있다. 언어학자들은 이 글자의 언어에 대해서조차 의견의 일치를 못보고 있지만, 그것이 이집트의 상형문자와 똑같이 소리와 개념을 혼합한 것임은 안다. 인더스의 인장들은 신들을 나타내고 있는데, 예컨대 요가 자세로 앉아 뿔 달린 관식을 두른 머리 세 개 달린 형상이 있다. 그 주변은 호랑이, 사자, 코뿔소, 물소, 사슴이 둘러싸고 있다. 일부 인더스 전문가는 그 신이 위대한 신 시바의 원조로서 '백수의 군주' 역을 하였다고 본다. 많은 인더스 인장이 소를 묘사하고 있는데, 이는 몇 가지 형태로 숭배되었던 시바의 상징일 것이다. 시바는 나중의 신앙으로부터 판단하건대 다산의 신이자 야생 짐승 조련자 혹은 박멸자로서의 이중적 역할을 하였던 것으로 생각된다. 이는 한 마을이나 도시를 위협할 수 있었던 예측 불가능한 홍수와 기근의 위험을 상징하고 있을 가능성도 어느 정도 있다. 만약 작은 인물상과 인장들이 나타내는 증거를 믿을 수 있다고 하면 초기 인더스 종교의 상징적 표현은 현대 힌두교의 그것과 놀라우리만치 유사하다 하겠다.

2 인더스 문명 이후의 남아시아(서기전 1700년부터 서기전 180년까지)

인더스 문명은 서기전 2000년경에 그 정점에 도달했다. 그로부터 3세기 후에 하라파와 모헨조다로는 쇠퇴하고 곧 폐기되었다. 그 주민은 아주 광범한 지역에 소재한 작은 취락들로 흩어졌다. 우리는 이런 변동의 이유를 거의 알지 못하지만 여러 가지 요소에 기인하였을 것이다. 그 중에서도 인더스강 연안을 따라 일어난 홍수, 메소포타미아의 교역 유형에서 일어난 변화, 생업 농경의 변화 등을 들 수 있다. 근본 원인 한 가지는 너무도 중요한 사라스와티강의 발원지 근처에서 일어난 커다란 지질 교란이었을 터인데 이 때문에 그 강이 말라붙고 지류 일부가 유로를 새롭게 바꿈으로써 그 강 연안의 농경 생활을 파멸적으로 붕괴시켰을 것이다. 그리고 만성적 삼림 개간과 토양 침식 또한 인더스 도시들의 종언에 기여했을 가능성이 있다.

다른 변화들도 뒤이어 일어났다. 서기전 1500년에 이르면 동쪽의 갠지스강 유역에서 쌀농사가 확립되는데, 이로써 밀과 보리 농사에는 적합하지 않은 조건이었던 곳에 새로운 농업 환경이 개척되었다. 서기전 800년에 이르면 이 아대륙의 전역에 걸쳐 자생 철 기술이 널리 이용된다. 철제 도구는 갠지스 평원의 쌀농사를 촉진하였다. 2세기 뒤에는 갠지스 평원의 도회 중심지들 둘레로 16개의 주요 왕국이 자리 잡았다.

갠지스강 유역의 도시 생활은 남아시아 문명에서 고전기의 개시를 알리는 것이었다. 이 새 도시들은 경제의 발전소이자 거대한 지적, 종교적 발효의 중심지가 되었다. 브라만교는 서기전 1천년기 초에 주도적 종교였으며, 의식과 희생을 대단히 중시한 힌두교의 한 형태였다. 그러나 붓다나 마칼리 고살라 같은 서기전 6세기의 철학자는 종교 제물로의 희생을 반대하는 혁명적 노선을 취하면서 브라만교에 도전하였다. 개인의 영적 발전이라는 가르침을 가진 불교는 급속하게 퍼졌고, 다섯 세기 안에 북쪽에서 주도적 종교가 되었다.

한편 외부의 세력들이 이 아대륙의 전설적 풍요에 눈독을 들였다. 페르시아 왕 다리우스는 서기전 516년 서북부를 침략해서 인더스강 유역을 페르시아 제국 속으로 편입시켰다. 두 세기 뒤에는 알렉산더 대왕이 인더스강 유역으로 쳐들어왔고, 그 지역에 그리스 문화를 들여놓았다. 마가다의 위대한 통치자 찬드라굽타 마우리아는 알렉산더 대왕의 정복에 이은 세력 진공 상태를 활용해 마우리아 제국을 이룩하였는데, 이는 네팔과 서북부 데칸 고원 깊숙이까지 뻗쳐 있었다(앞의 그림 11.1 참조). 그의 손자 아소카는 서기전 269년부터 232년 사이에 전성기를 이룬 제국을 통할하면서 불교 교리에 입각해 명확히 규정한 도덕과 윤리 법전으로 다양한 국민을 통합하고자 하였다. 마우리아 제국이 서기전 185년 멸망하자, 남아시아는 지중해 세계를 인도양 구석구석에, 그리고 간접적으로는 그 동쪽으로 바다 멀리 떨어진 새로운 원자재 산지들에 연결했던 광대한 교역망의 한 부분이 되었다.

3   중국 문명의 기원(서기전 2600년부터 서기전 1100년까지)

우리는 제6장에서 중국의 농경 기원과 곡물 및 벼 순화에서 비롯된 지역 사회의 점진적 발전에 대해 서술하였다. 중국 문명의 시초에 대해서는 아직 아는 바가 거의 없다. 일찍이 서기전 4000년부터 시작해서 수많은 소왕국이 패권을 차지하려고 경쟁을 했던 듯하다. 서기전 3000년에 이르면 중국은 대소 왕국이 조각보 같은 집합체를 이루었으며, 그 왕국들을 통치한 수장은 죽으면 상당히 호화롭게 매장되었다. 전통적으로 북부에 본향을 둔 중국 문명의 기원은 전설로만 알려져 있을 뿐이다. 그런 전설에 따르면 유명한 통치자 후앙디[黃帝]가 서기전 2698년쯤에 북쪽에 문명을 세웠다고 한다. 이 전설의 전사 군주는 향후 여러 세기에 걸쳐 지속될 압제적이고 가혹한 통치의 기본 노선을 마련하였으며, 그것은 초기 중국 문명의 검증각인 같은 특질이었다. 서기전 2200년쯤에 위[禹]왕이라는 시아[夏]의 지배자가 전사다운 용맹성과 홍수 통제의 지혜로 권력을 얻었으며, 그로써 그는 유역 주민들을 파멸적 홍수로부터 보호할 수 있었다고 한다. 우왕은 그의 후계자들과 마찬가지로 의사 결정을 하는 데서 소의 견갑골로 점을 쳤던 것으로 보인다(그림 11.6).

그림 11.6 중국 상(商)의 복골로 초기 통치자들이 점을 칠 때 썼다. 황소 견갑골에 끝이 뾰족한 가열된 물체를 갖다 댐으로써 금이 가면 신관이 그 균열들을 '읽고' 알아낸 것들을 이렇게 문자로 기록하였다.

이런 전설들이 정확하게 의미하는 바는 무엇인가? 시아[夏]나라와 그 후계자 샹[商]나라 사람들은 어떤 사람들인가? 십중팔구는 여러 대에 걸친 치열한 상쟁 끝에 이웃에 대해 영속적 우위를 확보한 지역 지배자의 왕조들이었을 것이다. 각 수장은 성벽을 두른 읍에 살면서 대략 똑같은 물질적 풍요를 누렸지만, 각기 출신 종족(宗族)은 달랐고 복잡하게 짜인 긴밀한 동맹관계와 친족 유대로 그 경쟁자들과 연계되어 있었다. 왕조들은 북부에서 각기 차례로 정치적 우위를 확보하였지만, 상 문명 자체는 그 모든 정치적 변전에 별로 영향을 받지 않고 끊임없이 반목 상쟁하는 소규모 경쟁 왕국들이 느슨하게 통합된 연합체로서 지속되었다.

왕도들

상 취락들은 북중국 여러 곳에서 그보다 덜 복합적인 시기의 취락들 위에

덧쌓여 있으며, 이는 물질문화와 사회조직의 복합성에서 획기적 증가가 있었음을 나타낸다. 복합성 증가를 향한 이 같은 추세는 중국의 다른 곳에서도 대략 동시에 일어났던 것으로 생각된다. 문자를 가진 국가들이 남쪽과 동쪽에서도 출현한 것으로 여겨지기 때문이다. 그것들은 형태상 상나라를 아주 닮았을 것이나 다른 국가들의 세부 사항에 관해서는 거의 알려진 바가 없다. 상 왕조는 대략 서기전 1766년부터 서기전 1122년 사이에 득세하였던 것으로 보이지만, 다른 국가들도 그와 동시에 성장을 계속하였다. 중국 문명의 태반은 종국적으로 북부에서 황허 및 양쯔강의 중류와 하류 쪽으로 뻗어 나갔다. 여기서는 북중국 문명에 한정하기로 한다. 그 이유는 단지 상 고고학이 중국의 다른 어떤 초기 국가에 비해서도 많이 알려져 있기 때문이다.

상 지배자들은 적어도 일곱 군데의 수도에서 살았으며, 그것들은 오늘날의 하남성, 산동성, 안휘성의 황허 중류역 근처에 위치하고 있다(앞의 그림 11.1 참조). 이 모든 읍들의 소재지는 아직 불확실하지만, 대략 서기전 1557년에는 상왕들이 수도를 아오[隞]라는 곳으로 옮겼다. 고고학자들은 그곳을 안양[安陽] 남쪽으로 약 150km 되는 황허 가까운 현대 공업 도시 정조우[鄭州]의 지하에서 발견하였다. 발굴자들은 높이 9.9m 이상의 토성 성벽으로 둘러싸인 5km² 면적의 거대한 구역을 찾아내었다. 그 성채 하나를 축조하는 데만 해도 1만 명이 일 년에 330일간 일해서 18년 이상 걸렸을 것이다. 이 성벽을 두른 단지에는 지배자의 거소, 신전, 귀족의 집이 들어 있었다. 일반 주거 구역과 공방들은 이 상 성벽의 바깥에 위치하였다. 그 중에 청동기 제작 공방 두 개소가 있는데, 한 개는 면적이 거의 1헥타르에 달한다.

서기전 1400년경에는 수도가 안양 지역으로 옮겨갔으며, 그곳은 상 왕조가 250년도 더 뒤에 멸망할 때까지 줄곧 수도였다. 이 새로운 왕도는 인[殷]으로 알려져 있으며, 황허 북안의 310km²가 넘는 범위에 저택, 궁전, 마을, 묘지가 망상으로 배치되어 있었던 것으로 추정된다. 이 '수도'의 핵은 현대의 안양

시 서북쪽 2.4km 되는 곳에 있는 샤오툰[小屯]촌 근처였다. 여러 해에 걸쳐 발굴한 결과 그곳에서는 높이 1.5m 이상, 너비 19.5m, 길이 36m에 이르는 규모로 흙을 판축해 쌓은 장방형 기단 53개가 드러났으며, 그 다수는 동물과 사람의 희생 매장지를 수반하였다. 발굴 구역 북측에 집단을 이룬 기단 15개에는 진흙과 나뭇가지를 섞어 만든 벽을 가진 목조 건물들이 서 있었으며, 희생 제물은 없었다. 이것들은 왕족 거주구역으로 그 안의 대형 거실과 그보다 작은 문 달린 방들에는 귀족의 확대가족들이 살았던 것으로 믿어진다.

왕묘

상 통치자들은 처음에는 안양 동북쪽 1.6km여 되는 공동묘지에 주검을 매장하였다. 1930년대에 이 묘지에서 11기의 왕묘가 발굴되었다. 이것들은 아주 큰 규모를 갖추고 있었고 연대는 서기전 1500년에서 1200년 사이로 비정되었다. 가장 유명한 묘는 평면 십자형의 수혈묘인데, 깊이가 대략 9.9m에다 묘광 벽은 약간 경사져 있었다. 지표로부터는 네 개의 경사로가 이 무덤구덩이의 네 벽면에 이른다. 통치자의 관은 묘광에 설치된 목실 안에 안치되어 있었고, 거기에는 웅대한 청동기들과 조가비, 뼈, 돌로 만든 장식품들이 부장되었다. 의례용 청동 과(戈) 한 개는 용문으로 장식되고 공작석을 상감한 자루에다 옥제 날을 끼운 것이었다. 노예와 순장자들이 통치자를 내세까지 수행했는데, 묘실 안과 경사 접근로에 묻혀 있었다. 다수가 목이 잘려 머리와 몸이 각기 다른 장소에서 나왔다.

상 왕묘 둘레에는 그보다 작은 묘 수백 기가 자리 잡고 있었다. 근처에서 1,221기 이상 되는 작은 묘가 발굴되었으며, 그 다수는 한 무덤 안에 2~11명까지 묻힌 것이었다. 1976년 고고학자들은 이런 무덤을 200기 가까이 노출시켰다. 그 대부분에 목이 잘리거나 사지가 잘려나간 인골이 들어 있었다. 희생물 일부는 죽기 전에 묶여 있었다. 그들은 왕과 그 친인척들이 죽었을 때 봉헌된 희생 제물이었음에 틀림이 없다.

청동기 제작

상 사람들은 청동 가공 기술로 유명한데 그것은 정당한 평가이다. 그 기술은 왕묘에서 발견된 의기들로 가장 잘 알려져 있다. 위세 가치를 지닌 금속은 공급이 달렸던 금이 아니라 청동이었다. 상 청동기는 대부분이 식음용 그릇이고 일부는 무기이며 소수가 악기이고 전차와 마구도 많다. 청동기 제작은 통치자가 보호한 전매 사업이었고, 고대 중국인들이 서기전 2000년 이전에 서양과는 아주 별개로 개발한 복합적 기술이었다. 그 장인들이 생산한 청동기 일부는 인간이 여태까지 제작한 청동기 중에서 가장 정교하고 우아한 것들이다(그림 11.7). 이 정교한 과시용 작품들은 진흙 심형을 환조로 세밀하게 조각해 불로 구운 후 청동으로 뜬 것이었다. 심형 바깥에 다시 진흙을 입혀 구운 다음 그것을 여러 조각으로 나누어 바깥 틀로 만든 후 안 틀을 속에 넣고

그림 11.7 상(商)의 청동 의기.

청동을 부어 주조하였다. 이 복잡한 기법은 적어도 다섯 세기 동안 계속해서 사용되었다.

상 전사들

초기 중국의 모든 지배자는 강력한 군대를 이용해 권력을 유지했다. 상 사회는 군 지휘 계통이라 부를 수 있는 것을 바탕으로 조직되어 있었으므로, 왕의 상비군은 아주 단시간에 징집병 수천 명을 보충할 수 있었다. 왕들은 전선에 자주 나갔다. 그들은 반란을 일으킨 경쟁자들을 진압하였고 국경을 수호했으며 희생 제물로 삼을 전쟁포로를 얻기 위해 급습을 하기도 했다. 중국의 모든 초기 국가는 어떤 의미에서 1만 명 이상의 군인을 징집할 수 있는 무장 수비대였다. 그 비결은 정교하고 항구적인 군사 조직과 친족 제도였으며, 사람들은 왕이 하명만 하면 언제든 그에 따라 복무할 의무를 지고 있었다. 동일한 기본 조직은 서기전 1100년 상 왕조가 멸망한 이후에도 오랫동안 존속하였다.

상의 잔존 무기 대부분은 1973년 안양 근처에서 발굴된 희생 전차 묘들 같은 데서 출토되고 있다. 고고학자들은 목제 전차 자체가 아니라 흙 속에 녹아든 상태로 보존된 목재들을 드러내었다(그림 11.8). 그들은 고운 모래 알갱이들이 묻힌 전차의 목질 구조를 대체해 군은 부분에 도달할 때까지 아주 조심해서 주변 흙을 솔질해 털어내었다. 그리하여 그들은 전차의 '유령'뿐만 아니라 말 두 마리의 유골도 사진으로 보여줄 수 있었다. 전차수는 장례 때 살해되어 이 탈것의 뒤에 놓였다. 나뭇가지와 가죽으로 가로 0.9m에서 1.2m 크기로 짠 수레는 튼튼한 축을 가진 두 개의 살 바퀴 위에 얹혔는데 커다란 바퀴통은 청동 덮개로 장식하였다. 못을 쓰지 않은 전차는 십중팔구 힘줄 끈으로 묶었을 것이고 청동 및 터키옥 장식을 달았으며 화려하게 색칠을 하였을 것이다.

Dorling Kindersley/Alamy

그림 11.8 안양 근처 상 왕묘에서 드러난 마차 매납 모습. 나무로 된 마차 본체는 썩어버렸으나 그 과정에서 일어난 흙의 변색 부위를 따라 형해를 발굴해내었다.

4   전사 군주들(서기전 1100년부터 서기전 221년까지)

상 왕조는 서기전 1100년쯤에 이웃 조우[周]나라에 의해 멸망되었다. 이 정복자들은 새로운 문명을 만들어내지 않았다. 그 대신 읍과 관리들의 기존 조직망을 접수해 자신의 국가 조직에 편입시키면서 정치, 경제의 중심지를 안양에서 서남쪽의 비옥한 웨이[渭]수 유역 현대 시안[西安]시 근처에다 옮겼다. 그때쯤이면 대략 상 문명이라고 부를 수 있는 것의 영향은 멀리 남쪽 벼농사 지역과 동부 해안지대까지 확대된 상태였다. 주는 자신의 영역을 거의 독립적인 다수의 후국으로 나누었는데, 그것들은 여러 세기를 두고 서로 싸웠다. 그런 상황은 서기전 221년 시후앙디[秦始皇帝]가 중국을 하나의 제국으로 통일할 때까지 계속되었다(그림 11.9 또 제11장 개시면 그림과 테 글 '중국 진시황

그림 11.9 실물 1/3 크기의 은상감 청동제 말과 마차. 중국 최초의 황제 진시황의 병마용갱에서 출토되었다.

제 무덤'도 참조). 그를 이은 한[漢] 왕조는 유명한 '대(大)비단길'을 통해 육로로 중앙아시아를 넘어 서방 세계와, 그리고 동남아시아의 신생 강국들과 교역을 벌였다.

유적 **중국 진시황제 무덤**

왕 정(政), '진(秦)나라의 호랑이'는 중국 최초의 최고 황제였다. 그는 서기전 246년 13세의 나이에 진의 통치자가 되었고 서기전 221년 일련의 무자비한 군사 원정 끝에 중국을 통일하였다. 이 황제의 무덤 건설 작업은 일찍이 서기전 246년에 개시되었을 가능성이 있지만 어떻든 통일과 함께 가속되었다. 황제는 자신을 유례가 없다고 생각하여 그 무덤이 여태껏 지어진 가장 큰 무덤이 되어야 한다고 하였다. 나중의 궁정 역사에서는, 70만 명 이상이 징발되었고 그 중 다수는 죄수였으며 그들은 무덤, 수도, 궁전을 짓는 일을 하였다고 적고 있다.

시엔양[咸陽]으로부터 동쪽으로 40km 떨어져 웨이슈[渭水] 강안에 있는 거대한 무덤의 봉분은 각 변이 335m 이상이고 주변 전원으로부터 43m 높이 솟아 있다. 내부에는 왕국을 그대로 재현하였다고 말해지는 것이 들어 있는데 이를테면 중국의 대하들은 모종의 기계장치로 수은을 바다로 흘러들어가도록 하는 식으로 재창조하였다고 한다. 하늘의 천체들은 묘실 천장에 나타나며 땅의 지형은 그 밑에 표현하였다. 축소 모형 궁전과 정자들이 이 황제의 개인 소유물들을 담은 반면 조신들의 모형은 그를 죽어서도 모시고 있다. 무덤 공사에 역시 참여하였던 많은 후궁은 희생되어 이 고총 안에 매장되었다. 한나라 왕조의 역사가들은 이 고분이 진의 멸망 이후에 약탈되었다고 하였지만 중국 고고학자들은 봉분의 토양 화학 성분에서 수은 함량이 이례적으로 높은 점을 탐지해낸 바 있으며 그래서 진시황제의 무덤 부장품이 고스란히 그대로 있지 않은가 생각하고 있다. 중국 고고학자들은 이 무덤 발굴을 스스로 자제하는데 그 이유는 이를 제대로 파고 또 그 내용물을 보존할 자원과 기술이 없기 때문이라는 것이다. 봉분은 이전에는 6.4km 길이의 담장으로 둘러싸인 대규모 장례 단지 한가운데 있었다.

중국 고고학자들은 1970년대에 이 무덤 옆에서 테라코타 군단을 발굴하였는데 무장한 기병, 무릎을 구부린 궁수, 그들의 군관들로 이루어진 이 도용들은 아마도 그 무덤의 동측을 방호하기 위한 의례 경호단일 것이다 (이 장 개시면의 그림 참조). 진흙으로 빚은 인물들은 개개인의 헤어스타일, 콧수염, 여타 특징을 완벽하게 표현하고 무장을 완전히 갖추었다. 무덤 근처에서 나온 다른 발견물로는 실물 1/3 크기의 청동 마차 및 그 말 두 조와 더불어 지하 마구간들이 있는데 그 중 일부에는 말을 산 채로 여물통에 매장해 놓았다(그림 11.9 참조).

5 　동남아시아 문명(서기 1년부터 1500년까지)

　서기전 500년 이후로 동남아시아 전역에서는 커다란 문화, 사회적 변화의 조짐들이 감지되며, 그것은 대략 서기전 600년부터 400년 사이에 철 기술이 도입된 것과 때를 같이한다. 이 새 야금술은 기존의 청동 기술에 접목이 되었다. 철 가공 지식은 거의 틀림없이 '해양 비단길'로 알려진 해상 교역망을 통해 들어왔을 것인데 이 망은 동남아시아를 인도, 중국 그리고 지중해 세계와 연계하고 있었다. 그리하여 이전보다 큰 공동체들이 발달하였으며 이들은 대개 수공업 생산의 중심지였다. 대형 취락의 등장은 여름 장마의 힘이 급격히 쇠락한 것과 때를 같이하며 이는 쌀 생산을 위협하는 훨씬 건조한 기후 조건을 몰고 왔다. 철기시대 공동체들은 그에 대한 대응으로 취락 둘레에 저수지를 건설했으며 관개와 쟁기질로 식량생산을 대폭 증대시켰고 훨씬 많은 잉여 작물을 생산해내었다. 한편으로 해안을 따라서는 새로운 도회 중심지들이 발생하였으며 거기서는 신생 지도자들이 교역을 관할함으로써 번영을 구가했다. 또 그들은 인도의 수공예품 제작자, 상인 그리고 교역대리인들이 정착하도록 권장하였다.

　동남아시아 일부 사회는 서기전의 마지막 천년기 말에 이르면 고도로 계서화되고 중앙집중화된 왕국들로 발달하려는 조짐을 보이기 시작하였다. 그런 왕국은 귀족 계급이 다스렸고 이들은 격식 과시, 향연, 의례를 가장 중시하였다. 이들은 자기 조상과의 긴밀한 관계를 내세워 나라를 다스렸다. 그런 사회들은 시간이 흐를수록 점점 더 복잡해졌다. 그 이유의 한 부분은 대군주가 충성스런 추종자들을 끌어 모으고 교역을 통제하며 생산을 늘리고 노동을 조직하는 능력을 지녔던 데 있다. 시간이 지나면서 많은 그런 지배자는 더욱 높은 지위를 갈망하고 무력, 카리스마로 훨씬 넓은 왕국을 빚어내길 바란다거나 정교한 공공 의례를 벌이고 위세에 찬 과시를 하는 데 중심 무대 역할을 할 장려한 궁전과 신전들을 만들어내기를 열망하였다.

이런 동남아시아 왕국들은 정치적으로 끊임없는 유동의 상태에 있었으며 고정된 국경도 없었다. 이웃 통치자 사이에는 동맹 관계가 발달하였다. 모든 것이 주된 대군주를 중심으로 돌아갔으며 그 대군주는 동맹을 공고히 하고 잠재적 적대 세력들과 협상하는 능력으로써 자기 경쟁자들과의 관계를 좌지우지하였다. 일부 전문가는 이런 현상을 묘사하는 데 산스크리트어인 만달라라는 말을 쓰는데, 이는 각자의 영역을 둥근 원 모양으로 생각한 통치자들 사이의 관계를 나타내는 인도의 정치 교의이다. 이들은 마치 육각형 아코디언 같아서 여러 정치체가 상호작용함에 따라 늘어났다 줄어들었다 하였다. 각 사회는 자기 중심지와 자기 종교 지배자와 그 시종들에 중심을 두고 있었으며, 그래서 복잡하고도 끊임없이 변화한 정치 방정식에서 각 지도자의 개인적, 영적 자질이 중요한 변수로 작용하였다.

신성 왕권 통치는 동남아시아의 사회, 정치적 조직을 변혁시켰다. 여러 왕국이 메콩강 하류의 연안 지역과 저지대에서, 그리고 크메르어를 말하는 사람들의 본향인 저 유명한 톤레 삽 평원을 위시한 메콩강 하류역과 중류역에서 번성하였다.

중국인들은 메콩강 하류 지방을 푸난[扶南]이라 불렀는데, 이는 '천 개 강의 항구'라는 뜻이었다. 하지만, 이 용어는 실제 역사적 의미는 거의 갖고 있지 않다. 중국 기록들에 의하면 그 삼각주의 항구들은 청동, 금, 은, 향신료, 그리고 중앙아시아로부터 해로로 가져온 말까지도 취급하였다 한다. 부남인에 대한 중국의 기록은 그들의 왕성한 교역을 극찬하고 있다. 또 부남인이 거대한 배수 및 관개 체계를 건설해서 삼각주의 많은 부분을 불모의 습지로부터 풍요로운 농경지로 급속히 바꾸었음도 말하고 있다. 이런 농경지의 개발에는 삼각주 강어귀에 풍부한 물고기를 잡아먹고 살았던 수백 사람의 공동 노동이 들어갔다. 부남인 대부분은 거대한 토축 성벽을 두르고 악어가 우글대는 해자를 파놓은 대규모 호반 도시들에서 살았다. 그것들 중 하나인 옥 에오는 주요 항구 도시로서 앙고르 보레이라는 그 수도와 대양에 복잡한 수로망으로 연결되어 있었다.

이 해안 지방은 오랜 전통의 토착 야금 기술과 여타 물품 그리고 교역 수완 덕에 서기 3세기부터 6세기까지 크게 번영하였다. 그러나 6세기에 이르면 경제, 정치의 무게 중심이 내륙의 메콩강 중류역과 중국인들이 쩐라[眞臘]라고 부른 지역인 비옥한 톤레 삽으로 옮겨갔다. 서로 경쟁한 쩐라의 통치자들은 충분한 잉여 식량을 끌어 모아 야심 찬 정복 활동을 벌였고 결국에는 새로운 정치 개념인 신성 왕권 통치를 발전시켰다. 이는 아주 넓은 그들의 영역을 하나의 공통된 목적, 즉 지상의 신-왕을 기린다는 목적으로 통합하였다. 힌두의 창조신인 '시바'에 대한 헌신은 왕권 통치에 신성한 정당성을 부여하는 메커니즘인 동시에 한 통치자의 가신들이 충성과 헌신을 다하는 초점 역할을 하였고 그러면 통치자는 그들에게 보답으로 신전들을 하사할 터였다. 야심 찬 사람들은 자신을 다른 이 위로 끌어올리고 자신의 왕국이 최고의 통수권을 얻도록 노력하고 또 노력할 것이었다. 여러 세기에 걸쳐 존속한 이런 정치 세력들은 서양 단어의 의미대로라면 결코 국가가 아니었다. 그보다는 왕국 정치의 '육각형 아코디언' 효과가 끊임없이 작동을 함으로써 경쟁 정치체가 때로는 독립을 주장하였다가 때로는 다른 정치체에 공납을 바치는 처지가 되었고 또 후국이 되기도 하였다.

앙코르 국가(서기 802년부터 1430년까지)

쩐라의 많은 대군주는 한결 같은 야망 한 가지를 갖고 있었으니, 되도록 넓은 땅에 대해 권위를 확립하려는 것이었다. 하지만, 8세기까지의 여러 왕은 쩐라를 하나의 왕국으로 통일한다거나 왕국을 그렇게 통합하고 유지하지 못하였다. 그러다 802년 자야바르만 2세라는 정력적 크메르 군주가 왕위에 오르자 모든 것이 달라졌다. 이 군주는 메콩강 근처를 본거지로 삼아 경쟁자들을 정복하였고 그래서 생긴 새로운 영토를 공납 왕국으로 삼아 자신의 충성스런 장군들에게 나누어주었다.

자야바르만 2세는 자신의 새로운 왕국을 공고히 하기 위해 조상 숭배와 시바에 대한 숭배를 링가의 형태로 융합하였다고 한다. 그는 신민들이 자신을 신으로 섬기도록 가르쳤다. 중앙집권화를 점점 더 강화한 정부의 모든 자원은 이 신-왕 숭배의 유지에 바쳐졌다. 귀족이든 고위 신관이든 아니면 평민이든 누구나 왕의 현세 삶을 영속시키고 왕이 현세와 내세에서 신과 영원히 하나가 되도록 하는 데 자신의 야망을 종속시켜야만 했다. 이 놀라운 지도자는 45년간 재위하였으며, 최소 세 개 왕조를 개창한 크메르 통치자들 중 최초였다. 이 크메르 통치자들은 흔히 격렬한 투쟁 끝에 권좌에 올랐고 끊임없이 변화한 국가를 통치하였다. 그 국가들은 서기 900년부터 1200년 사이에 전성기를 누렸다.

이전 군주들은 남성 성기 상 형태로 된 시바 신을 숭배하도록 장려하였으나 자야바르만 2세는 스스로를 시바 신이 지상에 육화한 것이라고 하였다. 그는 '바르만', 즉 보호자였으며 그의 신관들은 실제 정치 권력의 도구였다. 고위 신관들은 언제나 정력적이고 당당한 귀족으로서 아주 규율이 잘 잡힌 종교 직능자들의 위계를 통할하였다. 통치자 자신은 고위 가문들로 이루어진 관료제의 우두머리 역할을 하였으며 그 가문들은 토지 분쟁을 해결하는 장군과 행정가들을 포함하였다. 이 관료제는 농경에서 전쟁, 징세, 국가 종교 예찬 의식에 이르는 크메르인 생활의 모든 부문을 감독했다. 산업화 이전 문명들이 언제나 그렇듯 신전, 저수지, 여타 공공시설을 건설하는 데 필요한 잉여 식량은 거대 노동력의 통제와 긴밀하게 연계되어 있었다.

각 왕이 자신의 링가를 모셔놓고 또 자기가 신들의 영역에 들어갈 때 영묘가 되게끔 정해놓은 장중하고 신성한 새 신전을 짓는 관습은 모든 종교 의식

중에서도 가장 중요한 의식이었다. 그리하여 자야바르만 2세를 이은 30명의 군주 가운데 다수는 자신의 치세를 기리는 웅장한 종교 건축물들을 남겼다. 그들은 그 종교 건축물들을 오늘날 '앙코르'로 알려진 지역이자 크메르 세계의 중추인 수도의 중심부에 마련한 인공 토루들 위에다 지었다. 이 크메르의 유례없는 왕권 통치 형태는 인더스 문명 같은 엄격한 문명 대신 부, 호사, 신성 군주에 대한 숭배를 놀라울 정도로 끝없이 몰고 간 사회를 만들어내었다. 그런 숭배는 12세기에 앙코르 와트 신전(테 글 '캄보디아 앙코르 와트' 참조)을 지은 수리야바르만 2세의 치세 동안 절정에 이르렀다.

유적 **캄보디아 앙코르 와트**

수리야바르만 2세 왕은 서기 1113년 보위에 오른 지 4년이 지나자 자신의 걸작인 아주 특별한 성소를 짓기 시작하였으며 이는 현재 세계에서 가장 큰 종교 건축으로 미와 경이와 장대함이 장관을 이루는 성소이다. 앙코르 와트(그림 11.10)는 넓이가 1500m×1200m이다. 중앙 구역은 215m×186m이며 숲 위로 60m 이상 높이 솟아 있다. 이에 비하면 최대 규모의 수메르 지구라트조차 왜소하게 보이며 모헨조다로 성채는 마을 성소처럼 보인다.

이 이례적 건축물의 모든 세부는 천상 세계의 일부를 지상의 양식으로 재현한 것이다. 크메르인은 이 세상이 잠부드비파라는 중심 대륙과 그 중앙으로부터 솟은 메루라는 우주의 산으로 이루어져 있다고 믿었다. 신들은 메루의 꼭대기에 살았으며 메루는 앙코르 와트에서 가장 높은 탑으로 재현되었다. 나머지 네 탑은 메루의 낮은 봉우리들을 묘사한 것이며 담장은 세상 가장자리에 있는 산맥을 나타낸 것이고 그것을 둘러싼 해자는 그 너머 대양을 묘사한 것이다. 앙코르 와트는 크메르인이 우주 보존 유지의 신 비슈누에게 바치는 기념물을 재현하고자 한 한없는 노력의 산물이다.

앙코르 와트의 저부조들은 수리야바르만이 나무 왕좌에 앉아 정교한

그림 11.10 캄보디아의 앙코르 와트.

관을 쓰고 가슴 장식을 찬 모습을 보여준다. 그는 고위 관리들의 충성 표시를 받아들이고 있다. 다음으로 왕은 언덕 아래로 코끼리를 타고 나가며 그에는 고위 신관과 장군들이 수행한다. 조정 신하들도 코끼리를 타고 숲을 통과하고 귀족 여인들은 들것에 실려 가는데 이들은 모두 중무장 병사들의 경호를 받는다. 앙코르 와트 전역에는 전투 장면과 천상 시녀들을 표현한 부조가 흩어져 있다. 상반신이 나체이고 호리호리한 뇌쇄적 댄서들은 화려한 직물로 된 치마를 입고 있다. 그 배경의 꽃핀 화원, 몸짓의 미묘한 리듬, 보석 목걸이와 관들은 왕이 죽으면 약속된 낙원의 환희를 드러낸다. 명문들은 또한 행실 나쁜 자들을 기다리는 무시무시한 처벌을 명확하게 설명하고 있다.

앙코르 와트는 0.435m를 단위로 하는 '하트'라는 크메르 자를 이용해 건설되었다. 신전 중앙 구조물의 길이와 너비는 365.37 하트에 해당하는 한편 대방죽길의 축 거리는 힌두 시간의 위대한 네 시기에 상응한다. 춘분에 서쪽 입구 앞에 서 있으면 태양이 중앙 연꽃 탑 바로 위로 올라오는 것을 볼 수 있다. 수리야바르만은 생전에 앙코르 와트를 자신이 신성 군주로서 신들과 교감하는 장소로 이용하였다. 그가 죽자 그 시신은 중앙 탑에 안치되었으며 이로써 그 영혼은 자신의 신성한 상 속으로 들어가 왕가의 조상들과 만났다. 여기서 이 불멸의 통치자는 비슈누와 하나가 되고 우주의 주관자가 되었다.

앙코르 와트는 왕국과 이웃 세력의 항쟁이 증가하던 시기에 그 자원을 혹독하게 징발하였다. 1181년 불교신자였던 또 다른 통치자 자야바르만 7세는 근처 앙코르 톰에 거대한 새 수도를 짓기 시작하였다. 이 수도는 길이가 12.8km인 비밀스럽고 범접할 수 없는 성벽을 둘렀다. 만약 방문객이 그 안을 걷는다고 하면 한가운데에 왕의 장례 신전이 있는 상징적 힌두 세계로 들어간 셈이었다. 앙코르 톰의 '대광장'은 의례와 시합, 거대한 군대 사열과 집단 악대의 무대였다.

앙코르 톰 안이나 근처에는 한때 1백만 명의 사람이 살았다고 한다. 이 왕의 아버지에게 헌당된 신전 하나에는 적어도 430개의 상이 있었고 그를 포함한 더 넓은 구역 안에는 금, 은, 청동, 돌로 된 상이 2만 개 이상 있었다. 부처 어머니 형상으로 만들어 왕모에게 바친 인근 타 프롬 신전에 있는 한 상의 명문은 그 성소를 짓기 위해 13500개 마을에서 온 306372명의 사람이 일 년에 38000톤의 쌀을 소비하면서 일을 하였다고 기록하였다. 또 타 프롬 근처 신전의 한 명문은 18명의 고위 신관, 2740명의 하급 직능자, 615명의 여자 춤꾼, 도합 66625명의 "남녀가 신에 대한 봉사를 하였다"고 밝히고 있다. 이 모든 왕의 건축 사업은 왕과 그 추종자들의 공덕을 위한 것이었다. 또 왕은 인력을 완전히 갖춘 병원과 순례자들의 숙소를 지었으니 이 또한 공덕을 더 쌓기 위한 것이었다. 자야바르만의 건축 사업은 결과적으로 완전히 중앙집권적인 종교 이상향의 건설이었으며 그에서 모든 생산물, 모든 사람의 노동, 모든 생

그림 11.11 타 프롬의 현재 폐허 모습으로 나무뿌리들이 벽과 절미한 조각들을 파괴하고 있다.

각의 지향점은 우주의 중심축과 우주를 누린 왕들을 장엄하는 데 있었다(그림 11.11).

통치자의 권력이 시혜를 베푸는 데 의존하고 주요 귀족 가문들을 잘 후원하는 데 달려 있었던 사회에서 번영과 안정의 느낌은 환상이었다. 왕은 중재자로서 신들에게 비를 내려 달라고 빌었고 분쟁을 해결하였으며 대지의 풍부한 자원을 자기 신하들에게 부로서 재분배하는 데 썼다. 그는 '만달라'로 대변되는 원 안의 한가운데 앉아 있었으며 그 만달라의 경계는 그 주변 지방을 다스린 귀족들의 충성심으로만 정해졌다. 크메르 왕이 쥔 권력의 고삐는 그 중심인 앙코르를 통제하는 데 달려 있었고 또한 자신의 추종자를 먹여 살릴 쌀의 필수적 잉여에 달려 있었다. 그리하여 중앙의 지배가 허약할 때는 그 왕국이 여러 지방 단위로 분열되는 경향을 띠었다. 15세기에 접어들면 앙코르는 극심한 가뭄과 때때로 찾아온 파멸적 장마 폭우라는 기후 조건 때문에 허약해진 상태였다. 그러다가 대략 1430년에서 31년에 걸쳐 이웃 타일랜드의 위협에 직면하자 이 위대한 국가는 결국 붕괴되고 말았다(테 글 '기후 변동과 앙코르의 종말' 참조).

과학 **기후 변동과 앙코르의 종말**

앙코르에 기반을 둔 크메르 문명은 '수리(水利)' 문명이라고 부를 수 있다. 대도시들과 정교한 국가의 존재 자체가 물 관리에 의존하였으며 그 관리는 너무나 정교해서 고대 세계에서는 그에 견줄 상대가 없다. 물은 농경을 위해 통제하고 관리해야 하는 수준을 훨씬 넘어섰으며 지배자의 권력에서 핵심의 자리를 차지하였다.

크메르의 물 관리 체계는 12세기 동안에 앙코르 와트가 건설됨과 바로 때를 같이해서 탄생하였다. 수로, 운하, 저수조들로 이루어진 정교한 연계망이 물을 모으고 저장해 주변 고지에서 앙코르의 저지대로 흘려보냈다. 남는 물은 범람 배수 장치와 우회 관을 통해 남쪽의 톤레 삽 호수로 보냈다. 이 국가가 그 세력의 정점에 이르렀을 때는 대부분의 물 관리가 이 호수로 물을 보내는 수로들을 중심으로 이루어졌다. 이웃 타일랜드와 베트남에서 얻은 나무 나이테 자료가 그 이야기를 해준다. 앙코르는 1300년대의 중반에서 후반 동안에 지속적 가뭄을 겪었으며 그 뒤로 몇 년간 이례적인 장마 폭우가 계속되었다. 그 결과 일어난 홍수는 너무나 격심해서 그 공공 기반 시설을 완전히 뒤덮어버렸다. 컴퓨터 모델 실험 결과는 그 홍수가 대부분의 물 흐름을 급속하게 침식이 일어난 큰 수로들로 바꾸어놓았음을 보여준다. 그와 동시에 이 정교한 체계의 다른 부위들은 범람이 덜 되어 퇴적물로 메워졌다. 이 광범위한 침식과 퇴적은 물 관리 체계에 심대한 타격을 입혔다. 결정적으로 중요한 도시 남쪽 운하들이 쓰레기로 막혀버린 것이다. 홍수는 더 악화되었다. 결국 홍수를 통제하려는 노력들이 성공을 거두지 못했고 앙코르는 몰락하였다. 크메르의 기술자들은 기존 강 체계로부터 물을 돌려 새로운 용수로 만들려고 했으나 예견하지 못한 환경적 결과를 낳았다. 그들은 여러 대에 걸쳐 노력한 끝에 예측할 수 있는 체계를 만들어내기는 하였다. 그러나 서남 태평양에서 생겨난 엘니뇨 사건들이 가져온 예상 밖의 변전이 과도하게 커진 국가를 동요시켰고 앙코르는 기후 압박과 외부 침입자들을 맞아 몰락하였다.

13세기 말에 이르러 말레이 해협을 지나는 전략 교역로가 이슬람의 통제 하에 들어감으로써 국제 교역에 새로운 장이 열렸다. 멜라카가 이 해협의 북안에 자리 잡은 중요 항구이자 교두보가 되었다. 나머지 왕국과 여러 섬의 항구들이 얼마 지나지 않아 이 새로운 종교를 받아들였다. 이 종교는 신성 왕권 통치 관념에 토대를 두었던 여러 세기에 걸친 인도식 치국책에 정면으로 맞서 종교 평등주의의 메시지를 전도하였다. 그로부터 3세기가 지나기 전에 자바 내륙의 통치자들이 이슬람을 받아들였는데, 아마도 이 새로운 신앙을 쌍수를 들어 환영하고 있었던 신민에 대한 통제를 유지할 목적이었을 것이다. 이슬람과 교역은 1519년 포르투갈 포함이 멜라카에 도착할 때까지 손에 손을 맞잡고 동남아시아 섬들로 들어갔다.

크메르 국가는 문화 과정과 유능한 개인들이 어떻게 결합해서 강력하기는 하지만 가변성이 큰 국가들을 출현시킬 수 있는지 보여주는 전형적 예이다. 그럼에도 바로 이 국가들은 특히 내부 통치가 허약해지고 외부로부터도 위협적 경쟁이 발생하는 시절에는 중심뿐만 아니라 주변까지도 통제해야 하는 어려운 문제에 끊임없이 직면하였다.

- 인도 아대륙의 국가조직 사회는 서기전 2700년 이전에 토착의 뿌리로부터 발생하였다.

- 인더스강 유역 저지대의 인더스 문명은 수메르 문명의 장거리 교역 유형에서 일어난 커다란 변화와 더불어 저지대 인더스 문화와 발루치스탄 고원지대 사이의 상호작용의 결과로 발달하였다.

- 인더스 문명은 인더스강 유역을 따라 약 1천년 동안 번성하였다. 이는 많은 소형 위성 취락을 가진 도회화된 사회로서 용의주도하게 설계되었으며 종교생활과 경제생활 둘 다를 통할한 신관-왕의 지배를 받았다.

- 주요 도시는 서기전 1700년 이후로 쇠퇴하기 시작하였지만 인더스 문명은 전원 배경 속에서 상당 기간을 더 번영하였다. 경제, 정치의 무게 중심은 동쪽 갠지스강 유역으로 옮겨갔으며 그곳은 서기전 마지막 천년기의 마우리아 제국에서 절정을 이루었다.

- 초기 중국 문명은 서방의 국가조직 사회들과는 관련 없이 독립적으로 출현하였다. 황허 유역의 상 문명은 가장 잘 알려진 초기 중국 국가로서 서기전 1766년부터 1122년까지 번성하였다. 이는 아마도 북중국 전역에 걸쳐 존재했던 국가 몇 개 가운데 주도적 국가였을 것이다.

- 상 사회는 계급 계선을 따라 조직된 사회였으며 통치자와 귀족은 격리된 별도 구역에서 살았던 반면 일반 국민은 주변 시골의 읍과 마을에 흩어져 살았다.

- 상 문명은 주의 지배자가 상 왕조를 전복시킴과 더불어 끝이 났다. 주의 통치자들은 북중국의 넓은 지역을 서기전 1122년부터 서기전 221년까지 지배하였다. 서기전 221년에는 진시황제가 중국을 통일하였다.

- 동남아시아 국가들의 형성 과정은 대략 같은 때에 시작되었으나 복합 국가에 대한 최초의 역사 기록은 서기 3세기로 연대측정된다.

- 그런 많은 국가가 메콩강 중류역 안과 주변에서, 그리고 나중에는 캄보디아 분지 중앙부에서 발달하였다. 후자에서는 서기 802년 이후 화려한 크메르 문명이

번성하였는데 이 사회의 토대는 신성 왕권 통치와 강력한 복종의 관념이었다.

- 이 크메르 문명은 6세기에 걸쳐 대단한 발전을 한 끝에 극심한 가뭄과 정치적 불안정을 맞이한 시기에 팽창해온 이슬람 교역망 및 새 종교 교의와 접촉을 하게 되었다.

참고문헌

Andrew Robinson의 *The Indus: Lost Civilizations* (London: Reaktion Books, 2015)는 인더스 문명과 그 신비에 찬 문자에 대해 찬탄할 만하게 요약을 잘 해준다. Rita Wright의 *The Ancient Indus* (Cambridge: Cambridge University Press, 2009) 도 참고하시기 바란다. Raymond Allchin의 *The Archaeology of Historic South Asia* (Cambridge, England: Cambridge University Press, 1995)는 마우리아 사회와 그 이후 사회들을 다루고 있다. Li Liu와 Xingcan Chen의 *The Archaeology of China* (Cambridge: Cambridge University Press, 2012)는 최신 종합서이다. Li Liu의 *State Formation in Early China* (London: Duckworth, 2003)도 참고하시기 바란다. 동남 아시아 전반에 대해서는 Charles Higham의 *Early Cultures of Mainland Southeast Asia* (London and New York: Thames and Hudson, 2002)를 참조하고 또 같은 저자와 Rachanie Thosarat의 *Prehistoric Thailand* (Bangkok: River Books, 1998)도 참고할 수 있는데 이는 최근 발굴 성과를 담고 있다. Charles Higham의 *The Civilization of Angkor* (Berkeley: University of California Press, 2000)는 이 중요한 국가에 대한 아주 뛰어난 개요서이다.

제5부

아메리카 대륙의 산업화 이전 국가들

서설: 메조아메리카 국가와 안데스 국가들

- 아메리카 대륙 산업화 이전 국가들의 발달 과정
- 고대 메조아메리카 문명들
- 안데스의 복합 사회들

이 책의 마지막 세 장은 메조아메리카(중앙아메리카에서 문명들이 발달했던 부위를 가리키는 말)와 남아메리카 안데스 지방에서 발달한 복잡하고도 변전이 많았던 문명들에 배당한다. 우리는 메조아메리카로 시작하는데 그에서도 멕시코만 연안과 유카탄을 포괄하는 덥고 습윤한 저지대로 시작한다. 모든 공동체는 식량과 원자재를 얻는 데 서로서로에 의존하였다. 여기서는 대략 서기전 2000년부터 1000년 사이에 넓은 지역에 걸쳐 크고 작은 군장 사회가 발달하였다. 올멕은 그런 문화 전통 중 멕시코만 연안을 따른 지대와 그 내륙 쪽의 비옥한 열대 환경들에 자리 잡은 것이었다. 엘리트 가계들이 라 벤타와 산 로렌소 같은 중심지에 토대를 두고 권력을 장악했다. 샤먼 같은 지배자를 포함하는 새로운 왕권 통치 제도의 개념이 탄생하였다. 이 수장들에 의한 왕조들 중 일부가 1천 년 이상 잔존하였다.

고대 마야 문명은 서기전 1000년 이전부터 번성하고 있었던 이전 농경 사회들에 깊이 뿌리를 박고 있다. 그 다음 700년 동안에는 과테말라의 엘 미라도르 같은 일부 초기(선고전기) 마야 중심지가 두각을 나타내었는데 이것들은 살아있는 신으로서의 역할을 실연해낸 군주가 통치를 하였다. 서로 경쟁하는 도시국가들이 복잡한 조각그림처럼 얽힌 상황에서 이 군주를 저 군주와 맞붙어 겨루게 한 변전 많은 정치 경관을 낳은 요인들 가운데 물 공급과 불확실한 강우를 꼽을 수 있다. 고전기 마야 문명은 서기 300년부터 900년 사이에 번성했으며 정교한 문자와 탁월한 물 관리 그리고 독창적 농법 덕에 생산력이 고도로 높은 문명을 이루었으나 이는 취약한 환경을 반영하듯 규모가 상대적으로 작은 도시국가들로 구성되어 있었다. 인구밀도가 치솟았다. 서기 600년 이후로 저지대에 800만 명에서 1천만 명을 헤아리는 사람이 살았다. 그러다가 8세기 말에 남부 저지대의 티칼, 와학툰, 코판 같은 대중심지가 환경적, 정치적, 사회적 요인이 복합적으로 작용해서 버려졌는데 이 사건을 '고전기 마야 몰락'이라고 부른다. 그럼에도 마야 문명은 북부 유카탄에서 16세기 초에 스페인 사람들이 도래할 때까지 계속해서 번성하였다.

고지대 메조아메리카 문명의 토대는 와하카 계곡과 멕시코 계곡에서 발달하였다. 이 두 곳에서는 서기전 400년이면 적어도 4개소의 중심지를 다수의 전원 공동체가 둘러싼 가운데 각 중심지는 엘리트가 통치하였다. 사람들은 자신들의 지도자를 산 자와 조상 사이, 현 세계와 영계 사이의 중개자로 생각하였다. 정교한 달력과 곧 이어 만들어진 문자가 의식생활 및 일상생활을 규율하였다. 고지대 메조아메리카에서는 동일한 정형을 가진 문명이 2천년 동안 번성하였다. 서기전 300년부터 100년 사이에 사포텍 지배자들이 몬테 알반의 평탄화한 구릉 꼭대기에 위압적 중심지를 계획 건설하였다. 거대한 광장을 가진 이 도시는 서기전 200년 이후로 그 세력의 정점에 도달했으며 북쪽 멕시코 계곡의 테오티와칸에 중심을 두고 팽창을 하던 국가와 평화롭게 공존하였다.

테오티와칸은 대략 서기전 200년에 이전의 군장 사회들로부터 발전하였으며 점점 커진 이 도시 안에 마을 공동체들이 재배치되면서 급속하게 성장하였다. 서기 100년이면 거기에 최소한 8만 명의 사람이 살았고 이윽고 750년에는 약 15만 명으로 늘어났다. 테오티와칸은 격자 구획을 바탕으로 펼쳐진 거대한 도시로서 '해의 피라미드'와 '달의 피라미드'가 가장 두드러지는 가운데 드넓은 '망자의 가로'가 기반의 역할을 하였다. 도시의 중심부에는 '시우다델라'라는 이름의 거대한 네모 구획이 자리 잡고 그에는 '깃털 달린 뱀 신

케찰코아틀'의 신전이 굳건히 서 있었다. 테오티와칸은 몹시 성스러운 장소로 신들이 문명을 창조한 세계의 중심으로 여겨졌다. 이 도시가 정점에 있었을 때는 적어도 21km²의 면적을 차지하였고 그 권세는 교역, 정복 그리고 강력한 종교 이데올로기로부터 나왔다. 이 도시는 서기 750년경에 갑작스럽게 몰락했는데 그 이유는 아직도 미스터리로 남아 있다.

그에 이어지는 정치적 진공상태를 채운 것은 다른 고지대 도시들의 통치자들이었으며 그런 가운데 톨텍인이 650년부터 1200년까지 어느 정도 우위를 점하였다. 그들의 수도 툴라는 서기 900년이면 주민 약 4만 명의 도시가 되었으며 그 국가는 아주 호전적이 되어서 멕시코 중부의 많은 부분을 영역으로 차지하였다. 톨텍 국가는 대략 1200년에 붕괴하였다. 그 이유는 역시 알지 못하지만 아마도 지속적 가뭄과 연관이 있지 않은가 여겨진다. 그 공백으로는 그때까지 잘 알려져 있지 않았던 아스텍인이 들어섰다. 그들은 사납고 무자비한 전사들이었다. 그들은 자신들의 수도 테노치티틀란을 서기 1325년경에 세우고 거대한 제국을 만들어내었으며 정복과 공납을 통해 약 500만 명을 지배하였다. 테노치티틀란은 태양신 위칠로포치틀리와 비의 신 틀라록의 신전들이 군림한 위압적 중앙 구역을 가진 장려한 거대도시였다. 몇몇 아스텍 통치자는 기민한 정치가이자 대단한 정복자였다. 그들은 중앙집권화된 국가를 엘리트, 평민 그리고 노예로 계층화하고 상비군을 유지하였으며 인신공희를 포함한 정교한 공공 의례를 거행하였다.

테노치티틀란은 아스텍 우주의 상징적 중심이었고 그 제국은 끝없이 변화한 동맹들의 모자이크 같았다. 아스텍 제국은 마침 에르난 코르테스와 그 정복대가 멕시코만에 상륙했을 때 그 정점에 이르렀으나 이들은 피비린내 나는 포위 공격 끝에 그 대도시를 탈취하였다. 간단한 무기와 조악한 전술을 갖춘 아스텍 전사들은 총, 전투견, 말, 철제 무기에 대해서는 결코 적수가 되지 못하였다. 나중에 '신스페인'이라고 불렸던 땅을 10년에 걸쳐 정복하는 동안에 전쟁과 더불어 정복자들이 가져온 천연두와 여타 이국 질병으로 수만 명의 사람이 죽었다.

안데스 문명의 두 중심지는 멀리 남쪽에서 발달했는데 하나는 페루 해안에 있었고 다른 하나는 안데스 남중부 티티카카호수 둘레에 있었다. 이 대조되는 환경에서 놀라우리만치 다양한 국가가 발달했으니 부분적으로는 오래 지속된 종교 신앙 때문이지만 또한 해안과 고지대 사이의 끊임없는 상호작용 때문이었다. 모든 것은 타완틴수유, 즉 '사방 천지의 땅'으로 알려진 거대한 잉카 제국에서 절정에 도달했으며 이는 건조한 해안 사막들을 고지대 안데스에 연결하였다.

페루 북부 해안은 지구상에서 가장 건조한 환경 가운데 들며, 물 대부분은 산에서 발원해 흘러 내려가 사막을 가로지르며 바다로 들어가는 강들로부터 나왔다. 초기의 취락들은 태평양을 따라 자리 잡았다. 이는 해안 가까이에서 번성한 풍부한 멸치를 잡는 어업 때문이었다. 서기전 2600년에 이르면 수페 강 유역의 카랄이라는 이름의 중심지가 지배한 커다란 왕국 하나가 멸치 어업과 콩과 고추를 비롯한 지역 작물을 결합하고 그에다 강 계곡에서 기른 목화의 교역을 더했다. 여러 세기가 지나면서 다른 왕국들도 발달했으며 그 중에는 U자형 평면 배치의 중심지들도 있었다. 이런 변화는 관개 농경 및 옥수수 농업의 발달과 때를 같이하였을 가능성이 크다. 안데스 산록에서는 차빈 데 완타르에 있었던 한 주요 의례중심지가 해안지대와 아마존 삼림 둘 다의 종교적 관념을 가져와 이색적 종교 신앙으로 변모를 시켰으며 이는 서기 900년 이후로 넓은 지역에 걸쳐 확산되었다.

해안지대 그 자체에서는 해안의 계곡들에서 일련의 왕국이 발달하였으며 서로 간에 교역을 함은 물론 물고기 먹을거리를 아주 필요로 한 고지대들과도 교역을 벌였다. 사람들은 내륙으로 이동을 하였는데 그 이유는 관개 농경 덕에 옥수수, 목화 그리고 콩 같은 많은 부차 작물을 풍부하게 생산할 수 있었기 때문이다. 모체 국가는 서기 100년이면 등장해서 700년간 번성하며 강력한 전사 군주들이 통치를 하였다. 그 사실은 서기 300년경으로 연대가 측정된 시판 계곡의 한 장려한 무덤에서 알 수가 있다. 모체의 장인들은 전문적 금속 세공인과 도공들이었으며 후자는 그들이 묘사한 저명인사의 초상들로 유명하다. 계곡들에는 대중심지와 신전들이 세워졌지만 모체 문명은 가뭄뿐만 아니라 또한 엘니뇨 때문에 시달렸다. 이는 폭우를 몰고 와서 관개 시설을 파괴하고 또 멸치 어업에도 일시적이나마 심대한 타격을 입혔다. 이런 사건들과 한 차례의 큰 지진이 아마도 모체 국가가 서기 800년경에 몰락하는 데 일조를 하지 않았나 싶다.

모체의 뒤를 시칸과 치무가 이었다. 후자는 정교한 물 관리 체계를 발달시킨 강력한 국가였다. 그러나 권력의 중심은 다음 여러 세기에 걸쳐서 고지대로 옮겨갔으며 고지대 가운데 가장 풍요로운 곳은 티티카카호수를 둘러싼 평탄지에 있었다. 이 근거지로부터 티와나쿠가 출현했으며 경제 및 종교 중심지로서 서기 450년부터 1200년 사이에 번영하였으나 알 수 없는 이유로 몰락하고 말았다. 그에 이어진 정치적 진공 상태에 무명의 집단이었던 잉카가 들어섰다. 이들은 안데스 중부의 쿠스코 주변에 살았던 생업 농민들이었다. 그들의 지도자는 전문적 정복자이자 정치꾼들이었으며 그 가운데 아주 뛰어난 지도자 파차쿠티가 서기 1438년에 그들의 지배자가 되었다. 그와 그의 충복들은 타완틴수유를 구축하였다. 이는 고지대에서 저지대까지, 멀리 북쪽으로 에콰도르까지 펼쳐진 거대한 제국이었다. 그의 계승자들은 철두철미한 행정과 무력을 결합해 자신들의 영역을 통합하였다. 타완틴수유는 불가피하게 정치적 불안정과 내란에 시달리다 1532년 페루에 상륙한 스페인 정복자 프란시스코 피사로와 그의 탐욕스런 추종자들을 맞아 몰락하였다.

제12장

저지대 메조아메리카

Heritage Image Partnership Ltd/Alamy

마야 구기 경기자로 관식을 쓰고 몸에 검은색 칠을 했으며 정교한 보호대를 갖춘 모습으로 경기 준비를 마친 상태이다.

프롤로그

뉴욕의 변호사였다가 여행가로 변신한 존 로이드 스티븐스는 어떤 기준으로 보더라도 걸출한 인물이었다. 1839년 그와 스코틀랜드 출신 화가 프레더릭 케이터우드는 사라진 문명과 원시 정글로 덮인 거대한 폐허에 관한 풍문들을 따라 메조아메리카의 열대 우림 깊숙이 여행해 들어갔다. 그들은 먼저 코판의 조그만 마을에 갔는데 "그들 둘레에는 삼림으로 내리덮인 폐허의 컴컴한 윤곽들만이 자리 잡고 있었다. 이 묻힌 도시의 적막을 깨는 소리라고는 나무 꼭대기를 이리저리 오가는 원숭이들의 소리가 전부였다"(스티븐스, 『치아파스와 유카탄 여행기』(1841), 48쪽). 케이터우드가 자신이 발견한 마야 석비의 복잡한 상형문자를 그리는 동안 스티븐스는 코판의 고대 도시를 50달러에 사려고 애쓰고 있었다. 그래야만 그것들을 한 덩이씩 나누어 운반해 갈 수 있을 터였다. 흥정은 그 고물들을 강 하류로 띄워 보낼 수 없다는 사실을 알았을 때 끝장이 나고 말았다. 스티븐스와 케이터우드는 팔렝케, 우슈말, 치첸 이차, 여타 유적을 방문하였다. 그들은 이런 거대한 유적을 건설한 사람들이 마야인이라고 인식한 최초의 사람들이었다. 스티븐스는 "이런 도시들은…사라져 버린 종족들이 아니라…아직도 그 폐허 주변을 떠나지 않고 사는…바로 그 사람들과 같은 위대한 종족의 작품이다."(222쪽)라고 썼다. 마야와 옛 메조아메리카 문명에 대한 그 뒤의 모든 조사 연구는 그의 작업에 바탕을 두고 이루어졌다.

1. 초창기: 저지대의 선고전기 사람들(서기전 2000년부터 서기 300년까지) | 2. 올멕(서기전 1500년부터 서기전 500년까지) | 3. 마야 문명의 기원(서기전 1000년 이전부터 서기 300년까지) | 4. 고전기 마야 문명(서기 300년부터 900년까지) | 5. 고전기 마야의 몰락 | 6. 후고전기 마야 문명(서기 900년부터 1517년까지) | 7. 요약

복잡한 달력, 거대한 의례중심지와 웅혼한 건축, 신비스런 상형문과 샤먼의 장려한 의식으로 대변되는 화려한 마야 문명은 고고학자와 일반 사람을 똑같이 매료시킨다. 이국적이며 최근까지 거의 알려지지 않은 마야는 중미 문명의 옛 전통들을 집약하고 있다. 우리가 그 기원을 탐구하려면 이집트 문명이 정점에 달하고 상나라가 북중국을 지배한 거의 4천 년 전 메조아메리카에서 마을 농경 공동체들이 번성하고 있을 때로 시간을 거슬러 올라가야 한다. 이 장에서는 마야와 여타 중미 저지대 문명의 기원과 성장에 대해 서술하기로 한다. 그리고 제13장에서는 이 저지대 이웃들과 끊임없이 상호작용했던 고지대의 사람들에 대해 개관하기로 하겠다.

1 　초창기: 저지대의 선고전기 사람들(서기전 2000년부터 서기 300년까지)

　　고지대 메조아메리카는 거대 산맥 두 개가 척추를 형성하고 있으며, 이들은 양쪽 해안을 따라 달려 내려가 중부 고원 메사 센트랄을 형성한 동서 화산대에 이른다(그림 12.1). 다섯 개의 호수를 가진 멕시코 계곡의 내륙 분지는 이 고원의 심장부를 이루며, 고지대 메조아메리카에서 수천 년간 정치, 경제생활의 중심지였다. 한편 남부 메조아메리카의 고원 지방에는 산이 많으며, 이 지방에서는 와하카 고원이 드물게 평평한 지형 중 일부를 이룬다. 더 남쪽으로 가면 거대한 산맥들이 현대의 과테말라시가 위치한 고원지대를 둘러싸고 있다. 멕시코 분지와 남부 고지대의 사람들은 시원한 기후를 누리고 살았으며, 비가 6월부터 11월 사이에 대부분 내리므로 일모작밖에 할 수 없었다. 더 남쪽의 고원들은 좀 더 비옥하지만 한층 덥다.

　　동쪽과 북쪽으로는 밀집한 고지대 산들이 사라지고 그 자리를 유카탄의

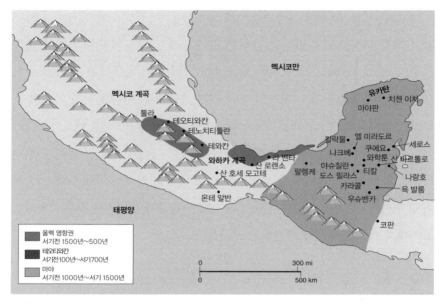

그림 12.1 제12장과 제13장에 언급된 유적들을 나타낸 지도.

석회암 저지, 이른바 마야 저지대가 대신하고 있다. 일 년 내내 덥고 습윤한 저지대의 기후는 고지대의 기후 조건과 극명하게 대조된다. 유카탄의 남부 3분의 2는 페텐 지방에 해당하는데, 호수와 습지들이 드문드문 개재한 빽빽한 열대 삼림이 구릉성 석회암층 지역을 덮고 있다. 북부 유카탄의 석회암 평원은 훨씬 건조하며 지하 수로에 기반을 둔 배수 유형을 갖고 있다. 멕시코만의 해안들은 지대가 낮고 더우며, 베라크루스와 타바스코의 저지대 해안 평원과 유카탄 반도로 나눌 수 있다. 그리고 온두라스만 연안에는 삼림이 빽빽이 우거진 좁은 해안지대가 자리잡고 있다.

　서기전 2000년이면 이미 메조아메리카 전역에 정주 마을이 흔하였으며, 이 소규모 공동체들은 저지대와 고지대 둘 다의 아주 다양한 농업 환경을 배경으로 산재하였다. 식량 자원과 원자재들이 널리 흩어져 있다는 바로 이 메조아메리카 환경의 다양성 때문에 모든 사람은 이웃들에게, 매우 다른 환경 속에 사는 공동체들에게 의존할 수밖에 없었다. 아주 이른 시기부터 교환 거래망이 마을과 마을을, 저지대 집단들과 반건조 고지대나 멕시코 분지에 사는 사람들을 연결하였다. 또 바로 이 교환망은 거부하기 어려운 이데올로기도 퍼뜨렸는데, 그것은 장차 고대 메조아메리카 문명들이 지닌 상징 세계의 토대를 이루게 될 터였다. 메조아메리카 문명의 요체는 바로 여기, 즉 흔히 수백 km밖에 떨어져 있지 않은데도 극명하게 대조되는 환경 속에 산 사람들 사이의 끊임없는 상호작용과 물품 및 아이디어의 교환에 들어 있다.

메조아메리카의 고지대와 저지대 많은 곳에서 정치, 사회적으로 복잡해진 징표가 처음 나타난 것은 이른바 선고전(先古典)기 혹은 형성(形成)기 중인 대략 서기전 2000년부터 서기전 1000년 사이이다. 많은 지방에서 한 사람의 수장과 소수 귀족층이 이끄는, 작기는 하지만 흔히 강력한 군장 사회들이 등장했다. 이와 비슷한 사회정치적 복합성 증대 유형은 초기 국가조직 사회들이 진화한 메소포타미아, 이집트, 중국, 여타 지역에서도 출현한 바 있었다. 이 새로운 사회 복합성 증대는 메조아메리카에서도 다른 곳과 마찬가지로 집의 형태 차이나 소규모 성소의 출현이나 피를 내는 의례 혹은 여타 종교 의례에 쓰인 멕시코만 연안산 물고기 등뼈와 조가비 같은 교역 위세품의 존재로써 식별할 수가 있다. 여기서도 다른 지역과 마찬가지로 군장 사회의 이데올로기에 이색 위세 물품 교역의 통제나 먼 지역에 대한 지식이 결정적으로 중요하였다. 그런 물품들 및 그와 관련된 이데올로기는 인적 자원과 자연 자원 모두를 통제하는 데 필요한 지도자들의 권위를 상징하고 정당화하였다.

그런데 이처럼 새로운 정치, 사회적 복합성은 반드시 어느 한 지방에서만 처음으로 나타난 것은 아니었다. 그보다는 메조아메리카의 여러 지방에서 어느 정도 동시에 일어난 진전이었으며, 저지대든 고지대든 각 지방이 독립적으로가 아니라 상호작용하는 가운데 이루어졌다. 이런 초기 사회들 가운데 가장 유명한 것이 올멕이었다.

2 올멕(서기전 1500년부터 서기전 500년까지)

올멕인은 후대 메조아메리카 문명들의 전설과 전승 속에서 외경되는 위치를 차지하였다. 마야의 신관들은 거의 알려지지 않은 이 조상 메조아메리카인에게서 물려받은 위대한 문화유산을 인식하고 있었다. 이전 학자들은 모든 후대 메조아메리카 문명의 조상인 올멕 국가를 그 '모(母)문명'으로 생각하였다. 오늘날 우리는 '올멕'이 베라크루스와 타바스코의 멕시코만 연안에 있었던 일련의 군장 사회로 선고전기 초기에 치아파스에 인접한 지역들과 멕시코 중부에 대해 약간의 영향력을 행사하였을 가능성이 있다는 점을 안다. 올멕 사회는 여러 지방에서 발달하고 있었던 군장 사회들이 멀리 떨어진 공동체 지도자들 사이의 정기적 접촉의 결과로, 또 일상적 교역을 통해 미술 의장, 종교 상징, 의식 신념을 공유한 시기 동안에 번성하였다. 올멕 미술과 인공물은 그간 멕시코만 심장부의 20배를 넘는 넓은 지역에서 발견된 바 있다. 올멕류 인공물들은 마야 저지대의 쿠에요와 코판시 지하의 선(先)마야기 무덤(뒤의 '팔렝케와 코판' 항 참조)에서도 나왔다. 고고학자 아서 드마레스트는 이 현상을 가리켜 여러 세기에 걸친 '상호작용의 격자'라고 불렀는데 이는 후세에 발생한 메조아메리카 문명의 복합적이고 정교한 전통들을 만들어내었다.

올멕 사람들은 대략 서기전 1500년부터 서기전 500년까지 멕시코만 남쪽 연안에 살았다. 그들의 본향은 비옥한 토양의 저지대로서 열대인데다 습윤했다. 그 저습지와 호수와 강에는 물고기, 새, 여타 동물이 풍부하였으며, 이 동물들은 장차 메조아메리카인의 삶에 영원한 흔적을 남기게 될 새롭고 놀랍도록 정교한 미술 양식의 한 부분을 이루었다. 올멕인의 기원은 완전한 미스터리지만, 그 문화는 강한 지역적 뿌리를 갖고 있었음에 틀림없다.

가장 이른 시기의 올멕 취락 일부는 자주 범람되는 삼림 평원의 한가운데 자리 잡은 산 로렌소 유적의 인공 대지에서 나오고 있다. 최초 마을의 생활층

그림 12.2 산 로렌소에서 출토된 거대한 올멕 두상.

은 올멕의 독특한 특징을 거의 나타내지 않지만, 서기전 1250년에 이르면 산 로렌소 사람들이 집 근처 채소밭과 강의 자연 제방에 위치한 경작지에서 밭 농사를 짓고 있었으며, 거기서는 이례적으로 많은 수확물을 거두었다. 얼마 지나지 않아 산 로렌소의 지도자들은 자신들의 대지 주변에 인공 구릉과 토루를 세웠으며, 거기에다 피라미드를 건립하였고 아마 구기 경기장도 지었을 것이다. 한 세기 뒤에는 지배자의 초상이 분명한 장대한 기념비적 조각들이 산 로렌소를 장식하였으며 올멕 사람들 스스로 그 목을 떼어놓는 수가 흔하였는데 아마도 당사자가 죽었을 때 그리하였을 것이다(그림 12.2). 산 로렌소 사람들은 그 중심지가 서기전 900년 이후 쇠퇴할 때까지 메조아메리카의 많은 지역과 흑요석 및 준보석을 교역하였다. 서기전 900년에는 멕시코만 쪽에 더 가까운 가장 유명한 올멕 유적인 라 벤타가 산 로렌소의 자리를 대신하였다.

올멕 사회는 하나의 균질적인 대규모 국가였는가 아니면 왕과 종교, 교역 관계로 한데 연결된 일련의 작은 왕국이었는가? 지금의 견해는 두 번째 안을 선호하고 있으니 애초부터 대규모 친족 집단들이 마을 토지를 소유하였다는 것이다. 어떤 가계가 여러 세대에 걸쳐 가장 비옥한 땅과 제일 좋은 고기잡이터와 물가 동물 사냥터를 관할하게 되었을 것이다. 그들은 올멕 사회에서 주도적 엘리트가 되었다. 이 새 엘리트는 새로 구축된 권력을 상징화하고 의식으로 표현하기 위해 경외감을 불러일으키는 인공 산을 건설하고 공지를 요소요소에 배치하였는데, 그 의도는 위압적 권력을 느끼게 하려는 데 있었다. 바로 여기서 통치자는 최고 권위를 공고히 하려는 의도에서 치밀하게 연출된 공공 의례와 과시성 행사를 벌였다. 이런 무대를 지배한 자들은 자신들을 표상한 거대 조각상으로 자기 구역을 장식하였다.

이런 건축물과 조각이 저습지 한가운데의 작은 섬에 지어진 라 벤타만큼 장대하게 서 있는 곳도 없다. 이 섬은 길이 120m, 너비 70m, 높이 32m의 장방형 토루 한 개가 압도한다. 이 대형 토루 앞에는 장방형 광장 하나가 있고 이를 길고 낮은 여러 토루가 둘러싸고 있으며, 광장 반대쪽 끝의 담 및 계단식 토루들과 마주보고 있다. 이 유적의 곳곳에는 막대한 수의 기념 석조 조각상이 흩어져 있으며, 그 중에는 경멸감과 흉포성의 표정을 담은 올멕 두상이 일부 있는데, 실제 통치자의 모습을 조각해 놓은 것으로 여겨진다(그림 12.2 참조).

옥좌처럼 보이는 돌덩이는 아마도 통치자일 한 인물의 앉은 모습을 표현하였으며, 그는 돌 깊숙이 파낸 벽감에서 나타나고 있는 중이다(그림 12.3). 양옆에는 재규어들을 도식화해 표현하였으며 통치자들이 그런 동물들 가운데서 신비스럽게 태어났음을 상징하는 것이라 생각된다. 라 벤타 사람들은 약 400년간 코스타리카 같은 먼 곳에서 나는 의례용 옥과 사문암을 교역하였으며, 그 동안에 올멕의 왕권 통치 관념과 종교 이데올로기는 저지대와 고지대를 가로질러 멀리 퍼졌다. 그러고 나서 라 벤타는 서기전 400년 즈음에 파괴되었고, 가장 훌륭한 기념물들의 표면은 의도적으로 뭉개졌다.

그림 12.3 라 벤타 유적 출토 올멕 제단으로 도식적으로 표현한 재규어 가죽 밑에 군주가 앉아 있다. 그는 왕좌의 좌우에 새긴 죄인들을 묶은 줄을 쥐고 감실 또는 동굴로부터 모습을 나타내고 있다.

올멕 사회에서 생겨난 가장 중요한 제도 한 가지는 왕권 통치 제도로서, 이는 우리에게 반은 재규어, 반은 인간의 모습을 한 신비스러운 인물을 중심으로 하는 독특한 미술 양식으로 알려져 있다. 올멕 군주는 재규어에 관한 옛 이데올로기를 새로운 왕권 통치 제도에 접목하였을 것이고, 거기서는 통치자가 무시무시한 초자연적 힘을 가진 샤먼-왕이었다. 올멕에서 비의 신은 반은 인간이고 반은 으르렁대는 재규어 이빨을 가진 동물이었을 것이지만, 그것은 숲 자체에 대해 환각 상태에 빠졌을 때 나타난 신화적 짐승들의 여러 가지 결합 중 한 가지에 지나지 않았다. 올멕 미술가들은 독수리의 깃털 및 갈고리 발톱을 뱀과 여타 짐승에 접목함으로써 신화적 존재들을 만들어내었다. 아마도 그 중 하나가 모든 메조아메리카 신 가운데 가장 오래 존속하였고 고지대 문명에서 여러 세기 동안 핵심 신이었던 '깃털 달린 뱀' 케찰코아틀이었을 것이다. 고지대와 저지대의 고전기 메조아메리카 문명이 흥기할 때에 이르면 이미 여러 왕조의 군주들이 메조아메리카를 거의 1천 년간 잘 정해진 노선을 따라 다스려온 터였다.

3 마야 문명의 기원(서기전 1000년 이전부터 서기 300년까지)

고대 마야 문명의 뿌리는 훨씬 이전 메조아메리카 저지대 문화 전통들에 있다. 고고학자 노먼 해먼드는 벨리즈 북부 쿠에요 유적에서 마야 문화의 뿌리가 서기전 2천년기로 거슬러 올라감을 추적해 낼 수 있었다. 쿠에요는 마야의 소규모 의례중심지로서 오늘날 1에이커에 3.6m 높이의 방형 기단을 가진 낮은 피라미드가 한 기 서 있다. 해먼드는 생활면을 한 층 한 층 발굴해나감으로써 석회 반죽 기단 위에 기둥을 세우고 야자수 이엉을 덮은 집 한 채를 노출시켰으며, 그 연대는 서기전 약 1000년으로 측정되었다. 쿠에요 사람들은 여러 세기 동안 기본적으로 동일한 평면의 광장을 유지하면서 서기전 약 400년까지 그 크기를 점점 키워 나갔다. 그 시점에서 마을들은 목조 초가 신전이 있는 의례 구역을 대규모 공공 활동 무대로 바꾸었다. 그들은 그 방형 구역을 자갈로 채워 넓이가 1헥타르 이상 되는 기단으로 만들었다. 해먼드는 자갈 사이에서 30개체 이상의 희생 인골 조각들을 발굴해내었다. 어떤 것은 두개골과 사지 뼈를 난도질해 넣은 것이었고, 어떤 것은 두 젊은 남자 둘레에 원을 그리고 앉은 것들이었다. 최근의 연구는 그 포로들 가운데 일부가 외국인이었음을 보여준 바 있다. 이 희생물들과 함께 매장된 뼈 피리 여섯 개에는 후대의 마야 왕권 통치를 상징하는 돗자리 문양이 새겨져 있었다. 그런 돗자리는 왕좌를 의미하니, 이 문양이 여기서 나타난 것은 서기전 400년이면 이미 마야 엘리트가 등장하였음을 입증한다고 여겨진다.

산 바르톨로, 나크베, 엘 미라도르(서기전 1000년쯤부터 서기전 300년까지)

선고전기 사람들의 생활은 이전에 생각했던 것보다 훨씬 복잡하였으며 그 것을 입증하는 것은 연대가 약 2000년 전 고전기 마야 문명이 출현하기 전으로 측정된 중요 마야 중심지들에 대한 일련의 놀라운 발견이다.

서기전 400년부터 200년 사이에 점유된 과테말라의 산 바르톨로 유적은 작은 피라미드 하나가 두드러질 뿐 그간 알려진 바가 별로 없었던 지점인데 그 피라미드 안의 방들에서 예상치 못한 벽화들이 세상에 드러났다. 마야학자 윌리엄 사투르노와 보리스 벨트란은 2005년 피라미드 속으로 터널을 뚫고 들어가 풍부한 다채색 벽화로 장식된 방 한 개를 발견하였다(테 글 '과테말라 산 바르톨로의 마야 벽화' 참조). 금석문 연구자들이 이 방의 상형문자를 아직 해독해내지 못한 상태지만 그것들은 우리가 한때 믿었던 것보다 훨씬 앞선 2400년 전에 이미 마야 사회가 문자를 사용하였다는 확실한 증거이다.

과테말라의 페텐 지방에 소재한 선고전기 유적 몇몇은 상당한 크기에다 중요성을 띠고 있었다. 나크베는 과테말라시에서 약 350km 떨어져 있는데, 15.5km²의 면적을 가진 초기 마야 도시 엘 미라도르에서는 13.6km 위치에 있다. 이 두 취락은 한때 방죽길로 연결되어 있었지만, 사람들이 살기 시작한 것은 규모가 작은 나크베 쪽이 훨씬 빨라 서기전 약 1000년이었다. 나크베의 지도자들은 서기전 650년부터 서기전 450년 사이에 이전의 의례 구조물 위에다 거대한 기단을 짓고 정면에 아무런 장식이 없는 피라미드들을 건립하였다. 장식 판과 가면들로 옆면을 짠 가파른 계단으로 피라미드를 올라가면 꼭대기에는 작은 신전 세 개가 한데 모여 서 있었다. 나크베 신전의 정면은 마야 사회에서 새로이 등장한 관념인 '츠울 아아우', 즉 신성 왕권 통치 제도의 관념을 반영하고 있다. 영향력 강한 군주들은 화려한 공공 의례에서 자신의 역할이 살아있는 신이라는 점을 상징하기 위해 신의 가면을 썼다. 나크베는 서기전 300년경 그 세력의 정점에 이르렀지만, 그 이웃 엘 미라도르가 강우가 충분해진 시기 동안 두각을 나타냄에 따라(기후 변화에 대해서는 테 글 '기후 변화와 마야 문명'을 참조) 그로부터 몇 세대 안에 정치, 경제적으로 완전히 무명의 위치로 가라앉아버렸다.

유적 **과테말라 산 바르톨로의 마야 벽화**

윌리엄 사투르노는 목이 마르고 지쳤다. 그는 과테말라 페텐 지방의 아득히 오래된 선고전기 마야 의례중심지인 작은 유적 산 바르톨로에 도굴꾼이 파놓은 어둑한 구덩이 속으로 기어들어갔다. 그 문화 파괴자들은 나중 시기 건축이 덮은 작은 방 한 개의 일부를 노출시켜 놓았다. 눈에 보이는 벽하나에 색깔 있는 그림들이 있었는데 그것이 보존된 이유는 진흙으로 덮였고 그 방이 밀봉되었기 때문이다.

주도면밀하게 조사를 해보니 아홉 개의 신화 인물이 나왔는데 그 가운데 주인공은 보석으로 치장한 옥수수 신이었으며 그의 머리는 옥수수에서 잎이 나는 모습을 재현한 것이었다(그림 12.4). 그는 팔을 펼쳐 들었으며 머

그림 12.4 과테말라 산 바르톨로 유적의 선고전기 벽화에서 옥수수 신이 보인다.

리를 뒤로 돌려 무릎 꿇은 여자를 보는데 그 여자 역시 팔을 위로 쳐들었다. 검은 머리를 한 다른 여자의 상들은 그 위로 떠다니는 듯하다. 한 남자가 옥수수 신 앞에 무릎을 꿇은 반면 다른 인물들은 행렬을 이룬 듯하다. 이 마야 창조 전설 이야기는 지금까지 알려진 것 중에서 가장 이른데, 다만 훨씬 나중 세기의 신화 미술에서 익히 보는 바와 같다. 이 산 바르톨로의 그림에 대한 AMS 측정연대가 서기전 400년에서 200년 사이로 나옴으로써 이 그림들은 지금까지 알려진 가장 오래된 마야 벽화가 되었다. 검은 색으로 그린 상형문자 10개 한 줄이 그 벽화의 일부를 이룬다. 지금까지는 전문가들이 후대 마야 문자에 대한 지식을 갖고서도 그것들을 읽어내지 못하였지만 적어도 그 중 하나는 왕권 통치의 상징으로 생각되고 있다.

산 바르톨로는 초기 마야 미술의 바티칸 시스티나 경당에 해당하며 이는 정교한 미술 전통, 문자, 종교 신앙을 가진 이 문명의 기원을 더욱 먼 과거로 끌어올리고 있다. 마야는 이전에 생각했던 것보다 훨씬 앞선 때인 서기전 400년부터 일찌감치 급속하게 발달하고 있었던 것이다.

엘 미라도르는 서기전 150년부터 서기전 50년 사이에 15.5km²를 차지할 정도로 성장하였다. 그 지역은 지대가 낮고 지형에 기복이 있어서 습윤한 계절에는 부분적으로 침수가 되었다. 엘 미라도르에는 피라미드와 광장들이 미로를 이루듯 자리 잡고 있었으며 방죽길, 신전, 군주 거관 등을 포함한 200기 이상의 위압적 구조물이 있었다. 이 도시는 옴팍한 지대에 위치해서 나중의 건기 동안에 쓸 물을 가두어 둘 수 있었다. 또 이때에 이르면 이미 마야인이 물을 저장하기 위한 대규모 저수지를 건설하였다. 이런 용의주도한 물 관리는 이 사회가 건조한 해에 대비해야 할 필요성을 잘 알고 있었음을 반영한다. 그런 전략은 먹힌 듯하니 마야 문명이 급속히 발전해 복잡한 도시국가들의 모자이크를 이루었기 때문이다.

그림 12.5 마야 고고학의 어려움을 한눈에 알 수 있는 공중사진으로 나무들이 과테말라 엘 미라도르의 단타 피라미드 꼭대기보다 높이 자란 모습이다.

　　미국 버리검영대학교의 고고학자들은 그간 엘 미라도르에서 적어도 200채의 건물을 발견하였으며, 그 중에는 피라미드, 신전, 광장들로 이루어진 대단지 하나가 있다. 이 유적의 동쪽 끝 단타 피라미드는 자연 구릉 위에 70m 이상의 높이로 솟아 있다. 서쪽으로 2km가 약간 넘는 곳에는 티그레 단지가 솟아 있으며, 55m 높이의 피라미드를 광장 하나와 소규모 건물 몇 개가 둘러싸고 있다(그림 12.5). 엘 미라도르에서는 가장 이른 마야 문자 일부가 출토되었는데 토기편에 쓰여 있으며 때로는 치장 벽토 소상(塑像)에도 있다. 엘 미라도르는 그에서 동북쪽으로 38km 떨어진 또 하나의 중요 선고전기 중심지 칼락물과 돋워 쌓은 길로 연결되어 있었다. 이 경이롭고 아직 알려진 바가 거의 없는 도시는 서력기원 초기에 갑자기 몰락했다. 그 몰락이 어떻게 일어났는지 그 과정은 거의 알지 못하고 있으나, 몰락 자체는 왕권 통치 제도가 생겨났다가는 버려진 다른 선고전기 마야 공동체들로 짐작할 수 있다.

왕권 통치·상형문자

왕권 통치는 저지대 마야 문명의 핵심에 있었다. 마야 통치자는 자신의 행위를 신과 조상의 행위에 연계하였고, 때로는 자신의 혈통을 신화적 사건들이 재연된 것이라고 주장함으로써 정당화하였다. 마야의 역사는 진정한 의미에서 현재와 '저승'에 연계되어 있었고, 또 아득히 오래된 과거의 전설적 올멕에 연계되어 있었다. 사회 전체가 성스러운 공간과 시간의 좌표 속에 뿌리박고 있었다.

마야의 왕권 통치는 복잡한 의례가 일 년 내내, 또 그보다 긴 주기로 열리는 너무나 신성한 무대인 인공 경관 속에서 전개되었다. 그리하여 달력은 마야인의 삶에서 결정적으로 중요하였다. 신성한 시간의 복잡한 배치가 정치적 전략과 사회적 조치를 결정하기 위한 복잡한 공간 배치만큼이나 중요했기 때문이다(그림 12.6). 마야인의 삶에서는 그 핵심에 무엇보다도 시간의 경

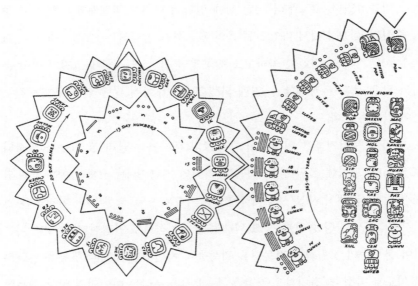

그림 12.6 마야의 달력으로 두 개의 맞물린 주기를 나타내고 있다. 왼쪽 바퀴는 13개 숫자(안쪽 바퀴)와 20개 날 이름들(바깥 바퀴)을 가진 260일로 된 신성력 '촐킨'이다. 오른쪽 바퀴는 매달 20일로 된 18달 세속력 '아압'이다.

과와 정기 종교 제전일을 측정하는 데 쓰인 정교한 상형문자와 달력이 놓여 있었다.

마야 문자

마야인은 이전 시기로부터 내려온 오랜 전통의 상형문자 체계를 이어받았다. 올멕 같은 일부 메조아메리카 사회는 일찍이 서기전 900년에 문자를 개발하였지만 우리는 그것을 거의 이해하지 못한 상태이다.

마야 문자의 해독은 20세기의 가장 위대한 학술 업적 가운데 한 가지로 꼽히고 있다. 여러 세대에 걸친 마야 전문가 대부분은 복잡한 상형문자가 달력을 기록하는 데 쓰였으며 고대 마야의 군주들이 평화로운 천문학자-신관들이라고 상정하였다. 그러나 1952년에 러시아의 금석문 연구가 유리 크노소로프는 마야 문자가 이집트의 문자와 똑같이 음성과 음절을 나타내는 상형문자임을 입증하였다. 그로부터 20년 뒤에 일단의 학자는 팔렝케와 티칼 같은 중요 중심지 몇 개소에서 마야 군주들의 왕조사를 집성하는 데 성공하였다. 그 이후 20년 이상에 걸친 신속하고도 집중적인 집단 연구 끝에 고전기 마야 문자의 많은 부분을 해독할 수 있게 되었다. 다만, 아직 많은 난제가 미해결로 남아 있기는 하다.

마야의 문헌기록은 이집트나 수메르의 문자와는 달리 그 범주가 한정되어 있으며, 토기에 쓰인 명문, 건물과 석비의 기념 명문, 스페인인의 정복 뒤에 잔존한 네 개의 사본(사슴 가죽에 쓰인 기록물)으로 국한된다. 이것들은 왕위 계승, 군사 원정 승전보, 중요 의례들을 공식적으로 언명한 것들이다. 이는 마야 군주들의 정치적 선전문이요 귀족층이 자신들의 치적과 혈통을 정당화할 의도로 작성한 '정치적으로 옳은' 문헌이다. 우리는 마야인의 일상적 문헌에 대해서는 아무것도 모른다. 하지만, 잔존하는 기록물들은 우리에게 마야 통치자들이 평화스러운 천문학자가 아니라 경쟁하던 도시국가들의 집합체를 통할한 피에 굶주린 군주들이었음을 말해주고 있다. 해독 결과는 마야 문명이 끊임없이 유동한 정략혼인, 정치 동맹, 무자비한 정복의 유사(流砂)였음을 드러내었다. 아래의 마야 문명에 대한 설명은 고고학과 해독된 문자에 바탕을 둔 것이다.

정치 변전의 주기

고고학자 조이스 마르쿠스는 메조아메리카의 여러 국가가 흥기하여 그 정점에 이르고 몰락하는 과정이 서로 놀라우리만치 비슷한 점을 포착해낸 바 있다. 그녀는 저지대와 고지대에서 모두, 마야 문명뿐만 아니라 고지대의 대도시 테오티와칸과 톨텍, 아스텍 문명(제13장 참조)에서도 일관된 시나리오가 보임을 지적하고 있다.

이 시나리오는 다음과 같이 펼쳐진다. 먼저, 이를테면 마야의 티칼이나 테오티와칸 같은 신생 도시국가가 외교와 정략혼인과 군사 정복으로 그 영역을 확대한다. 이 신생 국가는 그 역사의 초기에 영역의 최고 한도에 이른다. 그러고 나서 일부 지방이 문화적 복합성과 발전도에서 상당한 수준에 이르면, 그것들은 명목뿐인 군주로부터 떨어져 나와 독립 정치체를 이룬다. 원 국가는 약화되기는커녕 여전히 번영을 하는데, 그 에너지와 자원을 팽창보다는 자신의 지역 땅에 투자한 결과이다. 하지만, 이제는 독립 국가가 된 옛 지방들이 이전 군주에 대항해 동맹을 맺고는 그를 정복하는 일도 때로 일어나서 그 옛 국가는 부차적 중심지로 전락한다. 이처럼 다른 정치 단위를 희생시키면서 일어나는 흥기, 영역 팽창, 분열, 몰락의 주기는 계속 반복되기에 메조아메리카 문명의 일관된 정형성 가운데 하나로 생각될 수 있다는 것이다. 이와 같은 마르쿠스의 시나리오는 마야의 정치사에서 잘 입증되고 있다.

4 고전기 마야 문명(서기 300년부터 900년까지)

엘 미라도르가 아마도 물 공급 혹은 교역 관계가 불안정해진 것이 이유가 되어 몰락하였어도 그 결과로 생긴 정치, 경제적 진공 상태에는 다른 두 중심지 티칼과 와학툰이 들어섰다. 이 두 중심지는 20km도 채 떨어지지 않았으니, 원한 맺힌 경쟁자들이 공존하기에는 너무 가까웠다. 그러나 그들의 경쟁 관계와 때를 같이해서 고전기 마야 문명은 개화를 한다.

마야 문명의 고전기에는 도전적인 저지대 환경에 새로운 적응이 일어났다. 이제 많은 공동체가 작은 언덕의 꼭대기에 자리 잡음으로써 피라미드, 신전, 여타 구조물을 짓는 데 쓰인 그 기슭의 채석장들은 커다란 저수지가 되었고 그 둘레로 인공 언덕과 광장들이 자리 잡아 저수지로 물을 대는 포장 도수로의 역할을 하였다. 마야의 건축가들은 빛나는 독창성을 발휘해서 높은 데 설치한 중앙 저수지로부터 중력에 따라 풀려난 물이 저수조들과 주변 관개 체계로 흘러가도록 만들었다.

이런 정교한 물 관리 체계는 계절에 따른 강 홍수가 없고 또 이집트인이나 수메르인의 관개 체계에서 물을 댈 때 이용한 큰 강조차 없는 땅에서 물을 저장해 놓아야 할 필요 때문에 여러 세기에 걸쳐 개발한 것이었다. 마야인은 강우의 결핍을 보충하기 위해 고고학자 버넌 스카보로가 '미세분수계'라고 부른 것을 개발하였다. 그러나 이런 체계는 심각한 제약점들을 안고 있다. 이는 어쩔 수 없이 한정된 지역에만 물을 공급할 수 있다. 강우가 저수지와 저수조를 채우지만 해마다 변동이 컸기에 메소포타미아의 관개에서 전형을 보이는 것처럼 넘치는 물을 용의주도하게 통제해 방류하는 것이 불가능하였다. 저지대에서 물 관리와 관개를 하는 데는 올바른 지형 이용, 고도로 융통성 있는 노동력 운용, 수많은 시행착오가 필요하였다.

마야의 농경은 여러 세기에 걸쳐 서서히 고도로 공학적인 기반 시설을 만

들어내었고 이는 시간이 지남에 따라 점점 더 많은 수확물을 내놓았다. 취약한 열대 환경의 현실에 맞춘 사회, 정치적 맥락 속에서 모든 것이 서서히 의도적으로 진행되었다. 마야인은 이런 환경에서 농사짓는 법을 배우는 데 여러 세기를 보냈기 때문에 성공을 거둘 수 있었다. 그들은 쓰라린 고통을 겪으면서 배운 환경의 제약들 안에서 성공적으로 일을 해냈으며 마을들을 서로 떨어지게 흩어놓았고 토양과 먹을거리가 경관에 불균등하게 분포한 점을 반영하는 상호의존 체계를 발달시켰다. 이 체계가 잘 먹히는 한 그들은 기후 압박을 비교적 받지 않았다. 마야 문명이 각각 미세분수계에 중심을 둔 상대적으로 훨씬 작은 도시국가의 모자이크로서 발달한 것은 결코 우연이 아니며, 그 점 덕에 여러 세기 동안 지속된 단기 기후 변동에 대해 융통성과 탄력성을 지닐 수 있었다.

마야인은 특히 도시들의 변두리에서 인구가 증가하자 자신들의 농경 영역을 확대하였다. 그들은 일찍이 서기 1세기에 저습지들의 물을 빼고 수로를 만듦으로써 여태껏 농사를 지을 수 없었던 땅을 격자 모양의 돋운 경작지들로 바꾸어 놓았는데, 저지대는 강에 접해 계절에 따라 침수가 되었기에 그보다 지면을 높인 것이었다. 이런 경작지는 그보다 여러 세기 뒤에 고지대 멕시코의 아스텍 사람들이 자신들의 거대 수도 테노치티틀란에 식량을 공급하기 위해 이용했던 유명한 저습지 원예 농지들과 닮았다. 마야인은 인구가 더욱 증가하자 경사가 급한 언덕 측면을 계단식으로 바꾸어 비가 억수로 올 때 언덕 아래로 마구 깎여나갈 침니들을 제자리에 묶어 두었다. 마야가 몰락하기 직전인 서기 800년에는 800만에서 1천만 명에 이르는 인구가 저지대에 살았으며 이는 낮은 자연 인구 부양력을 가진 열대 환경으로서는 경이적으로 높은 인구밀도였다.

최근에 과테말라 북부 중앙 저지대의 2144km²에 대해 실시한 상업용 인공위성 탐사 결과는 치열한 점유를 나타내는 새로운 극적 증거를 제공하고 있다. 서기 560년부터 850년 사이에는 많게는 1km²당 80명에서 120명이라는 평균 밀도를 가진 인구가 그처럼 밀집한 주민을 유지하는 데 필수적인 집약 농경 때문에 심하게 변형된 경관 속에서 살았다. 저습지 개발 이용은 그 규모로 보건대 모종의 중앙집중적 기획이 개재된 반면 높은 지구에서 채택된 계단식 경작 체계는 아마도 그를 이용한 주체들에 의해 경영되었을 것이다. 크고 작은 여러 공동체를 광범위한 방죽길이 연결하였으며 광범위한 방호 시설은 대규모 전쟁이 벌어졌음을 시사한다. 95000km²에 걸쳐 많게는 700만에서 1천 1백만 명의 사람이 살았을 것이지만 그 인구밀도와 분포는 두말할 것도 없이 지형에 따라 다양하였을 것이다.

유적 엘살바도르 세렌의 비극

옛 자연 재난이 없었다면 우리는 마야 평민의 삶에 대해서는 거의 알지 못했을 것이다. 서기 6세기의 8월 어느 날 저녁 갑작스레 우르르 울리는 소리가 엘살바도르 세렌의 조용한 마야 마을을 뒤흔들었다. 1마일도 채 안 떨어진 곳에서 아무런 경고도 없이 지하 균열과 함께 화산 폭발이 일어났다. 빠르게 이동한 화산재 구름이 어둑한 하늘을 뒤덮어버렸다. 마을 사람들은 살기 위해 모든 것을 내버려 두고 도망쳤다. 몇 분 뒤 그들의 집은 두꺼운 화산 쇄설물 층으로 덮였다. 그로부터 1500년 뒤 고고학자 페이슨 쉬츠는 지중 탐사 레이더를 이용해 화산재 밑에 묻힌 가옥 몇 채를 찾아내었다. 그러고는 그 집들을 발굴하였다. 그는 모든 인공물, 심지어 개개 벽 조각, 씨앗, 이엉 조각들까지도 위치를 도면으로 작성함으로써 저녁 식사 후 폭포수처럼 쏟아지는 화산재를 피해 도망쳤던 옛날 사람 몇 가구를 분간해내었다.

   한 가구는 건물 네 동으로 이루어진 단지 속에서 살았는데, 그 건물들이란 부엌, 공방, 창고 각 하나와 주민이 사회생활을 하고 먹고 잔 주택이다. 주택은 삼면으로 열린 앞 현관을 가졌다. 안방은 면적이 4m×4m이고 뒷

벽에 저장 단지들을 기대어 놓았다. 단지 하나에는 면화 실을 잣는 가락바퀴가 하나 들어 있었다. 이 방 동측의 커다란 아도비 벤치는 침대 역할을 하였다. 사람들은 낮 동안에는 매트를 말아 서까래 사이에 얹어 놓았다. 날카로운 날을 가진 흑요석 칼날들까지도 안전을 위해 지붕 높이 간직해 둔 그대로 이엉 속에 있었다. 주택에서 근처 창고로 연결되는 통로가 있었고 도중에 식료를 가는 구역을 지나가는데 그곳에는 메타테(갈판)가 아직도 지상 약 50cm 높이의 갈래진 작대기 위에 놓여 있었다. 이 가구는 창고 옆쪽을 따라 잘 가꾼 채마밭을 갖고 있었는데 용의주도하게 간격을 띄운 세 종류의 약초가 1m 정도씩 떨어져 열을 지었으며 각 식물은 작은 두둑 위에 서 있었다. 그 바로 남쪽의 화산재로 덮인 밭에는 높이 20cm에서 40cm의 어린 옥수수 대들이 줄지어 서 있었는데 그 크기는 이 환경에서 8월 옥수수 생장의 전형이다. 옥수수 가운데 일부는 아직도 이삭이 붙은 채로 두 그루씩 묶여 있었으니, 이는 중미 여러 지역에서 오늘날까지도 이용되는 '저장' 법이다.

티칼과 와학툰의 흥기(서기전 200년쯤부터 서기 900년까지)

티칼은 서기전 1세기 동안에 커다란 공공건물들이 이전의 한층 수수한 구조물들의 기초 위에 세워짐과 동시에 영역을 크게 확장하였다. 그 의도는 명확했으니 엘 미라도르의 영화와 경쟁하고 이를 능가하려는 것이었다. 이 세기 동안 티칼에는 엘리트층이 등장하였다. 그 사실은 한 성소 밑에 어떤 귀족 여성을 매장한 것이나 아주 성장을 한 귀족들을 무덤 그림에 그린 데서 나타난다. 바로 북쪽의 와학툰도 동일한 세기에 비슷한 전이를 겪었다. 여기서는 선고전기 신전의 치장 벽토 가면과 정면들에 마야 세계와 그 구조물들을 지은 왕을 표현하였다. 이 두 중심지는 그 세기 동안에 정치 경제적으로 동등하였다(그림 12.7).

그림 12.7 티칼의 중심 구역.

티칼의 명문들은 고전기 초기로부터 서기 9세기까지 마야의 4대 수도 가운데 하나를 지배한 놀라운 한 왕조의 연대기이다. 최초로 기록된 군주는 '야슈-모치-속'(최초의 처형대 상어라는 뜻)이며 그는 서기 200년 즈음에 재위하였다고 생각된다. 다만, 이 도시는 그보다 훨씬 오래되고 긴 역사를 지녔다. 그의 치세 동안 고지대 테오티와칸으로부터 강한 영향이 있었음이 토기 양식과 더불어 그 도시가 강력 통제했던 자원인 녹색 흑요석에서 나타난다. 티칼의 정치, 군사, 종교 부문에 미친 이런 강한 영향은 서기 550년까지 지속되었다.

야슈-모치-속은 최초의 왕은 아니었으나 그 후 여러 세기 동안 티칼을 다스리게 될 위대한 왕족의 개창 조상 역할을 한 사람이었다. 티칼의 상형문자 원문에서는 이 개조 뒤로 31명의 통치자(이름은 그 중 18명이 알려짐)가 확인되고 최초는 서기 292년, 최후는 869년으로 나옴으로써 577년의 기록 역사를 갖게 된다. 와학툰 또한 강력한 하나의 왕조 아래 번영하였다. 그들의 기념물에는 얼마 지나지 않아 티칼 왕들의 기념물과 마찬가지로 통치자의 발아래 희생 제물들이 웅크려 있고, 육박전에서 생포해 나중의 공공 의례에서 희생시킬 귀족 포로들의 장면이 묘사되어 있다. 이런 인물상들은 마야 역사에서 결정적으로 중요한 사태 전개, 즉 전쟁과 의도적 군사 정복의 역할이 점점 커졌음을 알리는 신호탄이다.

서기 320년에서 378년 사이에는 야슈-모치-속의 9대 계승자인 군주 '위대한 재규어 발톱'이 티칼의 왕위에 있었으며 그때 티칼과 인근 와학툰 사이의 경쟁은 막바지에 이르렀다. 그는 378년에 죽었으며 그때 '불에서 난 자'라는 이름을 가진 한 전사가 '서쪽', 고지대의 테오티와칸시(제13장)로 추정되는 곳에서 이곳에 도착하였다. '위대한 재규어 발톱'의 죽음과 '불에서 난 자'의 도착 사이에 무슨 관계가 있는지는 분명하지 않으나 서기 378년 1월 16일에 와학툰의 군대를 쳐부순 이는 후자였다. 그의 군대는 오래 전부터 정해진 전투 규칙을 무시하고 와학툰을 함락시켰으며 '불에서 난 자'를 새로운 왕조의 개창자로 세웠다. 티칼의 군사적 확장은 테오티와칸의 도움을 받아 일어났다. 그때는 이 거대 도시와 많은 마야 중심지 사이에 정규 교역 접촉이 있었던 시기로 그런 접촉은 이 거대 도시가 채굴한 특징적 녹색 흑요석이 많이 발견된 점으로 알 수 있다. 바로 이 접촉은 또한 새로운 전쟁 및 정복의 철학과 그에 관련된 의례를 마야에 들여왔을 것이다. 이 의례들은 장차 여러 세기 동안 메조아메리카의 종교 전통이 될 터였다.

티칼의 왕조는 다가온 세기들에도 번영을 거듭하였다. 이는 이윽고 여러 중심지를 가진 한 정치체를 이끌었으며 자신의 영향권을 정복과 장거리 교역, 그리고 주변 통치자들을 모계 친족 관계로 중심에 연결한 정략혼인으로써 확대하였다. 티칼의 영역은 그 전성기에는 추산해서 30만 명이나 되는 인구를 부양하였을 것이고 그 도시와 직접 배후지에는 6만 2천 명이 살았을 것이다. 다만, 이런 수치는 순전한 추산치라 해야 하겠다. 티칼은 서기 557년 즈음에 새로 떠오른 국가 카라콜에 패한 후 쇠퇴의 길로 접어들었지만 다시 고전기 말기 동안에 새로이 번성하였다.

카라콜과 칼락물

카라콜은 티칼에서 동남쪽으로 70km 떨어진 벨리즈 남중부에 위치하고 있으며 중요한 수정 암석 공급을 관할한 주요 경쟁자였다. 그 위압적 의례중심지는 서기 7세기에 적어도 2.25km²를 차지하였다. 그때는 그곳에 3만 명에서 5만 명의 사람이 살았으며 주변 시골에는 10만 명이나 살았다. 카라콜은 뛰어난 한 군주를 티칼이 포로로 잡아가 처형한 뒤 얼마 지나지 않은 서기 557년 티칼에 대해 적대 행동에 들어갔다. 카라콜의 통치자 '물 군주'는 티칼을 격파하였으며 당시 그 도시의 통치자였던 '두 배 크기 새'를 포로로 잡았음이 분명하다. 이제 티칼은 카라콜의 조공국이 되었으며 카라콜은 그 후국이 쇠퇴함에 따라 그만큼 크기와 위세가 커졌다. '물 군주'의 계승자들은 티칼을 적어도 150년간 통치하였으며 이웃하는 칼락물과 나랑호에 대해 야심 찬 정복활동을 벌였다. 그러나 결국 카라콜은 그 군사 모험에 대한 대가를 치렀으며 그 후 고전기 말기에 가서야 겨우 다시 일어설 수 있었다.

저지대에서 끊임없이 변화한 외교, 군사 경관에는 수십 개의 크고 작은 도시국가와 도시가 관련되었는데 이들과 주요 중심지 및 약체 왕국들의 관계가 어떠하였는지에 대해서는 주장과 반대주장 그리고 고고학 자료가 한데 뒤엉킨 혼란 중에 있다. 카라콜 이외에도 남부 저지대에 있었던 티칼과 칼락물 또한 고전기 초기 동안 경쟁 관계에 있었던 지방의 수도들이었다. 칼락물은 전성기에 의례 구역이 약 2km²를 차지하였고 주변 거주 구역은 넓이가 20km²를 넘었다(그림 12.8). 적어도 서기 514년부터 814년 사이에 티칼의 중요 경쟁자였던 이 거대 도시의 중핵 지역에는 5만 명이 넘는 사람이 살았다. 칼락물은 티칼과 마찬가지로 중요한 육로 교역로에 걸터앉은 형국이었다. 이 두 도

그림 12.8 칼락물.

시 사이의 경쟁은 장거리 교역에서의 우위를 둘러싼 세력 다툼이자 투쟁이었을 것이다. 그들 사이에는 가족 관계도 있었을 것이다. 티칼, 칼락물, 카라콜 사이의 경쟁은 치열해서 으레 전쟁으로 결말이 났고 또 그들 사이의 동맹에는 끊임없는 변화가 있었다. 티칼은 바로 그 인근에서는 동맹이 거의 없었지만 더 먼 도시국가 둘과는 우호적 관계를 유지하였으니 그 도시란 곧 팔렝케와 코판이었다.

팔렝케와 코판

또 하나의 마야 수도이지만 서쪽 저지대에 있었던 팔렝케는 훌륭한 건축물뿐만 아니라 통치자들의 계보에 대한 집착이 또한 두드러진다. 7세기에 통치를 하였던 두 사람의 팔렝케 군주 대(大)파칼('방패')과 그의 장남 찬-발룸('뱀-재규어')이 선견력과 지혜에서 돋보인다. 팔렝케의 왕조 역사는 서기 431년 3월 11일 발룸-쿡('재규어-케찰')이 통치자가 되면서 시작되었으며 799년 이후 어느 때인가 끝났다. 파칼은 67년에 걸친 긴 재위의 마지막 즈음에 '명문

그림 12.9 팔렝케의 명문 신전.

신전'을 지었다. 이는 마야 건축의 걸작이며 그 밑에는 그의 무덤이 놓여 있다(그림 12.9). 그의 석관 뚜껑에는 그 왕가의 족보가 새겨져 있다. 팔렝케는 서기 603년부터 702년 사이에 남부 저지대를 통치하였다.

온두라스의 코판은 면적이 12헥타르를 차지하는 피라미드와 광장들로 꾸며져 있다. 돋워지고 담을 두른 안뜰, 피라미드, 신전들의 정교한 단지가 '대광장'과 '중광장'의 아주 넓은 공지들 위로 솟아 있어서 고고학자들은 이를 '아크로폴리스'라고 부르고 있다(그림 12.10). 여기서 통치자들은 대대로 선대의 건축물 위에다 자신의 이야기를 담은 건축물을 지어놓음으로써 고고학에 제일급 짜 맞추기 수수께끼를 내어 놓았다.

이 유적에서 가장 이른 명문은 서기 435년 12월 11일로 연대측정되며, 그것은 야슈-쿡-모('푸른 케찰 앵무새')라는 통치자의 작품이었다. 이 통치자의 계승자들은 4세기 동안 코판에 강력한 왕조를 이룩하였고, 이는 마야 세계

그림 12.10 화가 타티아나 프로스코리아코프의 코판 유적 복원도.

에서 주요 세력이 되었다. 코판은 어느 시점에서 이웃하는 키리과를 지배하였다. 주변 계곡에는 1만 명이 넘는 사람이 살았다. 738년 5월 3일 코판에 신속된 이웃 키리과의 지배자가 주군에게 반기를 들어 그를 사로잡고 희생 제물로 죽였다. 그래도 코판은 어느 정도 독립을 유지하면서 존속했던 것 같다. 749년에 '스모크 쉘(연기 조가비)'이라는 새로운 통치자가 한때 위대했던 이 도시의 왕좌에 올랐다. 그는 야심 찬 부흥 운동에 착수하였고, 먼 팔렝케의 공주와 혼인까지 하였다. 또 건축 사업을 광적으로 벌이기 시작하였으며, 그것은 755년 지어진 '상형문자 계단 신전'에서 절정을 이루었다. 스모크 쉘이 팔렝케 여자와 혼인해서 난 아들 야슈-팍('첫 새벽')은 혼란기에 통치를 하였고 내란이 증가하고 있었다. 이때에 이르러 이 도시는 특권에 굶주린 귀족들 때문에 불안정하였고 정치적 음모가 만연하였다. 몰락은 임박했다.

오늘날의 마야 고고학자는 금석문학자와 긴밀하게 함께 작업을 하며 신중하게 해독한 글자와 명문을 이용해 복잡한 건축 사건들뿐만 아니라 그 뒤에 숨은 의례 혹은 정치적 동기 또한 복원한다. 고고학자 윌리엄 파시와 바바라 파시는 두 계통의 증거를 모두 결합해서 코판에 있는 스모크 쉘의 상형문자 계단 신전을 복원하였는데 이 신전은 그가 이 도시에서 가장 신성한 구역들 가운데 한 곳에 세운 것이었다. 1930년대에 카네기연구소의 고고학자들은 부서진 계단의 많은 부분을 복구하였으며 명문 돌덩이들을 대체적 순서대로 제자리에 놓았다. 그들은 명문을 읽을 수 없었으며, 그래서 그 작업은 어려웠다. 1986년에 파시 부부가 이끄는 고고학자 및 금석문학자 팀은 그 건축을 복구하고 보존하는 데 착수하는 한편 그 계단의 진정한 의미를 확증하고자 하였다. 고고학자들은 면밀한 발굴을 함으로써 장부촉이음을 한 모자이크조각 수천 점을 찾아내어 도면을 그리고 사진촬영을 하고 나서 그것들을 한데 짜 맞추어 그 건축물을 정확하게 복원해내었다. 그들은 강력한 정치적 언명을 찾아내었다(그림 12.11).

2천 200개 이상의 글자가 계단의 양 측면을 따라 올라갔고 마야 왕들의 초자연적 행적을 우아하게 이야기하고 있다. 윌리엄 파시는 그 건축물을 스모크 쉘이 이전 시기에 정복당한 왕조를 다시 정당화하려 한 시도의 산물이라고 믿고 있다. 계단의 인물상들은 코판의 군주들을 방패 든 전사로 묘사하고 있으며 명문은 그들의 치적을 이야기한다. 아마도 스모크 쉘 자신일 한 인물은 제단이 계단 기부를 이룬 곳에 서 있는데 비의 신 틀라록의 도치된 머리 형태를 하고 있다. 틀라록은 마치 명문들을 뿜어내는 듯이 보이며 그 아래턱은 계단의 윗면을 형성하고 있다. 그 머리 안에는 스모크 쉘 자신이 그 계단에 바친 희생 및 피 내기 의례에서 이용했을 인공물과 인물상 형태로 장식된 플린트들이 봉헌되어 있다. 불운하게도 그 계단은 조잡하게 황급히 지어졌다. 얼마 지나지 않아 무너졌고 그때는 코판이 그 정치적 권위를 급속하게 잃어가던 중이었다(그림 12.11).

Gift of the Carneige Institution of Washington. ©President and Fellows of Harvard College, Peabody Museum, Harvard University. PM# 50-63-20/18489 (digital file #60741055)

그림 12.11 화가 타티아나 프로스코리아코프의 코판 유적 상형문자 계단의 복원 그림.

외교 및 군사 경관은 동맹들이 결성되었다가는 다시 똑같이 급속하게 와해됨에 따라 끊임없이 변화하고 있었다. 서기 771년 이후 고전기 말기 동안에 새로운 정치 유형이 나타났는데 이는 상황이 변화되고 압박이 심했던 시기였음을 나타낸다. 코판과 여타 유적의 지역 귀족 집들에서 조각된 명문이 등장하기 시작한 것이다. 마치 통치자가 이제 중요 인물들에게 명문을 사용할 특권을 인정하고 있었던 듯하며 이는 혼란기에 그들의 지지를 계속 얻어내기 위한 한 방편이었을 것이다. 이처럼 남부 저지대 및 여타 지역에서 명문이 성행한 데에는 또한 하급 귀족들이 혼란기와 정치적 권위의 해체를 이용해 자신들의 짧은 독립을 주장하려 한 점도 반영되어 있을 가능성이 있다. 혼란은 가속되었다. 서기 800년이면 마야 인구가 급격하게 감소하고 있었고, 기념물 조각과 주요 건축 사업은 얼마 지나지 않아 모두 끝나게 된다.

마야 문명의 중심 제도는 왕권 통치 제도였다. 사회를 온전한 전체로서 통합한 것이 바로 이 개념이었기 때문이다. 마야 왕들은 코판, 팔렝케, 티칼, 여타 장소에서 자신이 벌인 건축 사업들로써 기록한 역사의 맥락 속에 살면서 각자의 위업을 이루었다. 마야 엘리트는 자신들을 다스린 왕과의 연관 속에서 삶을 살았으며 다시 수천 명의 평민은 자신들의 삶을 귀족에 관련지어 살았다. 우리는 그들의 역사 태피스트리를 이제 막 이해하기 시작한 참이다.

5 고전기 마야의 몰락

마야 문명은 서기 600년 이후 정점에 도달하였다. 그러고 나서 8세기 말에는 페텐과 남부 저지대의 거대 의례중심지들이 버려졌고 장기력은 이어지지 않았으며 종교 생활과 국가 구조는 붕괴하였다. 마야의 최대 중심지였을 티칼에서는 엘리트들이 사라졌고 인구는 이전의 3분의 1 수준으로 감소하였다. 엘리트 아닌 잔존자들은 거대 석조 구조물들의 잔적 속으로 모여들었고 자신들의 이전 삶을 비슷하게나마 유지하려고 애를 썼다. 그들마저 한 세기가 되기 전에 사라졌다. 이렇게 말한다고 해서 마야 문명이 완전히 사라졌다는 것은 결코 아니니 이웃 지역에서 새로운 중심지들이 출현함으로써 옮겨간 주민 일부를 끌어당기고 있었기 때문이다. 마야 문명은 북부 유카탄에서 계속 번성하였다.

이 9세기의 몰락을 연구하는 모든 이가 동의하는 점은 많은 요인—어떤 요인은 생태적이고 또 어떤 요인은 정치, 사회적인 성격을 띤 각종 요인—이 남부 저지대에서 파국을 낳았다는 것이다. 1970년대의 이론들은 테오티와칸의 몰락이 마야에게 메조아메리카 교역에서 자신들의 운용 기능을 확대할 기회를 주었다고 주장하였다. 이 이론들에 따르면 엘리트들은 점점 더 지방 간 전쟁과 경쟁에 휩쓸렸다. 고전기 말에는 광적 건설 공사와 그에 따른 주민 압박을 목도하게 되는데 이 주민들이란 식료와 위세 사업용 노동 둘 다의 원천이었다. 농업 생산성은 떨어졌고 질병은 만연하는 수준이 되었으며 인구밀도는 수직으로 떨어졌으므로 회복이 불가능했다는 것이다. 질병, 신장 감소, 영양실조의 증거가 약간 있기는 하지만 그래도 증거는 불충분하다.

좀 더 최근에는 만성적 전쟁이 몰락의 강력한 요인으로 거론된 바 있다. 아서 드마레스트는 서기 645년 티칼 출신의 이탈 귀족이 티칼에서 105km 떨어진 과테말라 북부에 세운 도스 필라스에서 내전과 장기적 대립의 증거를 찾아내었다. 도스 필라스의 후대 통치자들은 영토 확장 전쟁을 벌이기 시작했으며 이는 그들의 영역을 8세기 중반이면 3,884km² 이상으로까지 넓혀주었다. 이제 도스 필라스는 옥 및 흑요석의 주요 교역로를 관할하였다. 그 군주들은 재부를 화려한 궁전들과 꼭대기에 신전 세 개가 있는 피라미드에 아낌없이 갖다 부었다. 드마레스트와 후안 안토니오 발데스는 서기 698년부터 726년 사이에 재위한 '통치자 2'를 기리는 석비 뒤의 작은 신전 아래를 깊이 파들어가 그 통치자의 묘실을 발견하였다. 그는 괴물 얼굴들로 장식한 조가비 모자이크식 관식, 무거운 옥 목걸이, 옥팔찌를 착용하고 있었다. 이 무덤과 공반된 상형문자는 그 군주가 이웃들에 대해 주도면밀한 외교 동맹과 정략혼인과 군사 정복을 획책하였음을 말하고 있다.

도스 필라스는 서기 761년에 이르기까지 번성하였다. 이때면 그 통치자가 자신의 영역을 유지하려고 필사적으로 노력하였지만 이미 너무 과도하게 팽창을 한 상태였다. 그 해에 근처의 탐린도가 공격을 해왔으며, 도스 필라스 국민이 필사적으로 저항을 하였지만 탐린도의 이전 주군인 도스 필라스의 '통치자 4'는 죽임을 당하였다. 침입자들은 왕궁을 무너뜨리고 신전 벽면들을 뜯어낸 후 그 자리를 자신들의 중심 구역으로 삼고 둘레에 목책으로 조잡한 방호벽을 지었다. 여기서 일반 사람은 나무 오두막으로 이루어진 작은 마을들로 군집한 반면 귀족들은 도망쳐 아과테카에 새 중심지를 건설하였다. 이 새 중심지는 깊은 구렁 위 가파른 절벽 꼭대기 위로 삼면이 천연 지형으로 방호되는 곳에 위치하였으며, 단지 전체를 육중한 방호벽으로 둘러쌌다. 그 아과테카인들은 부단한 공격을 받으면서도 다시 반세기를 버텨내었다. 드마레스트는 9세기 초에 전쟁이 너무나 만연해서 이 도스 필라스의 잔존자들이 요새화된 읍과 마을들로 밀려나 넓디넓은 농지 둘레까지 방호벽을 쌓기도 했다고 믿는다. 지역의 사정은 너무나 불안정하였기에 농민들은 방호되는 땅 바깥에서는 살 수가 없었고 그래서 수확량은 엄청나게 영향을 받았을 것이다. 잔존한 아과테카인은 최후의 필사 방어책으로 세 개의 해자를 팠는데, 하나의 길이가 140.2m로 이것들이 페테슈바툰 호수에 있는 한 반도를 가로지름으로써 일종의 섬 요새를 이루었다. 운하를 팔 때 나온 암반들은 방호벽이 되었고 또 카누가 닿는 담 두른 선착장이 되었다. 이 변경 거류지조차 오래 가지는 못하였으니, 주민들이 800년대에 그곳을 버렸기 때문이다.

여러 가지 몰락 이론에 대해 그간 철저한 실제 연구 분석을 실시하였으며 그 분석에는 모의실험 연구와 교역 유형 조사, 인구밀도에 영향을 미쳤을 수 있는 인구학적, 생태학적 압박들이 모두 관련지어졌다. 패트릭 컬버트는 남부 저지대의 인구밀도와 농업생산 잠재력을 조사하였다. 그는 그 저지대의 인구밀도가 고전기 말기 동안 넓은 범위에 걸쳐 $1km^2$당 200명 선까지 올라갔으며 이는 너무 높았기에 형편이 나쁠 때 사람들이 새 땅으로 옮겨가거나 분가하는 식의 이주만으로는 적응이 불가능하였음을 밝혀내었다. 그는 서기 800년 이후 두 세기 동안 일어난 인구 감소의 규모가 너무 크므로 그 사회의 기능부전만으로는 이를 설명할 수 없다고 믿는다. 이로 볼 때 농업 토대의 파탄이 지역 수준의 몰락 방정식에서 중요한 구성 요소였음에 틀림없다.

마야 농업은 인구가 증가함에 따라 점점 더 집약화하였으며 저지대의 많은 지역에서 계단식 경작과 돋운 흙 경작 체계가 넓은 면적을 차지하였다. 상대적으로 큰 티칼 같은 일부 유적에서는 사람들이 막대한 양의 식료를 50km에서 100km에 이르는 먼 거리까지 운송하였을 것이다. 단기적으로는 집약화 전략이 먹혀들었다. 하지만, 바로 그것이 몰락의 씨앗을 배태하고 있었다. 그런 경영 방식에서는 기후 변화, 작물 질병, 토양 침식, 토양 비옥도 장기 감소라는 위험요소들이 언제나 존재하였다. 이 새로운 집약화 체계가 계속 효율적으로 기능하기 위해서는 끊임없이 관리를 해야 하였을 터이다. 홍수 및 강우 뒤 경작 체계의 보수 작업에는 주도면밀한 대대적 노력이 필요하였을 것이다. 그런데 마야인이 그런 수준의 관리를 할 수 있도록 해줄 어떤 사회 변화라도 도모한 징표는 없다. 특히 너무나 많은 사람이 공공 건설 사업에 동원되고 또 군사 활동(마야인은 아마도 북쪽으로부터 압박을 받고 있었을 것이다)에 분명히 종사했을 때라서 그럴 수 없었을 것이다.

컬버트는 생산성에서의 단기 증가에 이어 파멸적 감소가 일어나는 시나리오에서는 장기 환경 악화가 중요 요소였다고 믿는다. 예를 들어 인구가 증가하자 휴경 주기가 짧아졌을 터이고 그래서 작물과 잡초 사이에는 경쟁이 증대되었다. 이는 끊임없이 잡초를 제거하는 고도의 노동집약적 활동을 해야만 풀 수 있는 문제이다. 짧아진 휴경 주기 또한 작물 영양 수준의 감소와 수확량 감소를 낳았다. 우리는 마야인이 이런 추세에 대해 체계적 제초작업을 하거나 지력 회복 작물을 심는 식으로 대응하였는지의 여부를 알지 못한다. 토양 침식의 문제는 더욱 심각했을 것이다. 저지대에서 강우성 급류에 많은 토양을 빼앗긴 징표들이 있으니 마야인이 토양을 간직할 필요가 있을 때에 맞추어 계단식 경작지를 만들지 않았기 때문이다. 이런 토양 침식 가운데 일부는 광범위한 개간이 이유가 되어 발생했을 것이다.

이제 가뭄과 기후 변화의 문제가 남아 있다. 기후 변화는 마야 문명의 흥기와 부분적 해체에 어떤 역할을 담당했는가? 우리는 그 점과 관련해 운이 아주 좋다고 할 수 있으니 마야 문자가 해독됨으로써 서기전 300년경에 고전기 마야 문명이 일어나서 서기 10세기에 광범위하게 몰락하기까지를 아주 잘 기록한 역사를 연구자들이 얻게 되었기 때문이다. 마야학자들은 오랫동안 가뭄과 강우의 주기를 마야 문명에서 주요 작인들이었다고 여겨왔으며 특히 그 몰락에서는 수십 년간씩 지속된 가뭄 주기들을 연관시켰다. 기후 변화는 그동안 논란이 많은 주제였으니 그 이유는 대체로 지금까지 이용할 수 있는 기후 기록이 주로 민물과 심해저 천공 자료에서 나왔으나 그것들이 다소간 부정확했기 때문이었다. 호수 퇴적물은 커다란 가뭄들의 최초 증거를 제공했지만 집약 농경이 일으킨 교란 때문에 티칼 같은 주요 중심지에 가까운 지역들에서는 이용하는 데 한계가 있었다. 근년에 들어서는 그보다 훨씬 더 정확한 기록들이 마야 저지대 동굴 퇴적물에서 나오니 이는 중국과 근동에서와 마찬가지로 그 석순에서 얻어내는 자료이다. 석순에 있는 생장 층위들은 우라늄토륨 연대들을 이용해 연대를 정확히 측정할 수 있다. 벨리즈에 있는 욕 발룸 동굴은 주요 마야 중심지 네 군데에 가까이 위치하고 있으며 그 중 고전기 마야 유적인 우슈벤카가 있다. 그 동굴의 석순은 고전기 전 기간에 걸친 강우 변화를 조사할 수 있는 기회를 주었으며 이는 마침 티칼과 칼락물 같은 주요 중심지가 바로 그 기후 체계의 영향을 받았기 때문에 가치가 대단히 크다(테 글 '기후 변화와 마야 문명'을 참조).

과학 **기후 변화와 마야 문명**

욕 발룸 동굴 내부의 56cm 높이 석순 하나는 윗부분이 서기전 40년부터 서기 2006년 사이에 자란 것임을 나타내었다. 연구단은 아주 작은 성장분에서 얻은 우라늄토륨 연대와 산소 동위원소 계측치를 결합해서 지표면에서의 기후 변화를 연구할 수 있었는데 산소 동위원소 값은 강우 변화를 반영하기 때문이다. 고대 마야인은 강우를 예측할 수 없는 경관에서 농사를 지었으며 그것은 석순 표본에 잘 나타나 있었다. 수십 년간 지속된 가뭄들이 서기 200년부터 300년, 820년부터 870년, 1020년부터 1100년 그리고 1530년부터 1580년 사이에 일어났다. 이런 변동들은 엘니뇨와 더불어 적도 근처의 '열대 수렴대'가 북쪽 및 남쪽으로 이동하면서 일어난 것인데 적도에서는 무역풍대들이 만나서 바람이 없는 상태가 되는 이른바 적도무풍대를 이룬다.

그 연구자들은 최근 가뭄에 대한 역사 기록을 토대로 특히 1535년부터 1575년 사이에 마야 저지대에서 일어난 농업 생산성 변화 때문에 흉작, 기근과 질병 그리고 주민 이동이 있었다고 주장한다. 예컨대 서기전 300년부터 200년 사이에는 강우가 충분해서 인구 증가가 일어나고 농업 생산은 확대되었으며 계절적 저습지도 이용되었다. 이때는 대중심지 엘 미라도르가 번성하였으나 그 뒤로 서기 200년부터 300년 사이에 한 세기가 지속된 가뭄이 찾아오자 당시의 정치적 조정에 동반해 쇠퇴하기 시작하였다. 강우가 다시 한 번 증가하자 광범위한 계절적 저지대에 인접한 티칼, 칼락물, 여타 주요 유적이 크고 강력한 왕국들이 되었으며 이는 저수지와 저수조들을 주도면밀하게 유지 관리한 데도 힘입은 바 컸다. 440년부터 660년 사이는 이례적으로 강우가 많았던 때로서 마야 문명 고전기 동안에 농업 생산성과 인구가 급증한 시기였다.

그러나 강우를 예측할 수 없는 지방에 인구가 밀집했기에 660년 이후로 간헐적 건조화가 다시 시작되자 곤란에 직면했다. 건조해진 시기 동안에 왕국들은 해체되는 경향이 있었고 정치적 경쟁이 심화되자 전쟁이 흔해졌다. 760년부터 800년 사이에는 $1km^2$당 145명이라는 인구밀도가 드물지 않은 수준이었으며, 그래서 가뭄은 경제적, 정치적 압박을 몰고 왔다. 780년부터 900년 사이에는 신성 왕권 통치 제도가 와해되고 정치 권력이 분권화하였다. 그 다음 몇 세기 동안 인구가 격감하였으며 그것은 이주와 재조직화로 인한 것이었다. 이제 주요 정치 중심지들은 유카탄 북부에 있게 되었으나 또 다른 격심한 가뭄 주기가 서기 1000년부터 1100년 사이에 찾아와 북쪽의 치첸 이차에 영향을 주었으며(뒤의 후고전기 마야 문명 절 참조) 그것은 고전기 마야의 영화로운 날들이 다시는 되돌아오지 못하게 못을 박은 듯이 보인다.

욕 발룸 석순 표본은 마야를 곤경에 빠트린 기후 변화의 놀라운 연대기를 우리에게 제공한다. 석순 연구는 이제 막 시작된 참이지만 앞으로 석순 기둥을 더 많이 얻게 된다면 신성한 마야 군주들, 그 신하들 그리고 그들을 부양한 예측 불가능했던 환경 사이의 관계에 대해 고도로 상세한 그림을 그려 줄 것이다.

10세기에 이르러 저지대에 가뭄이 자리를 잡았을 때 기본적으로 모든 가경지는 경작이 되고 있었고, 그래서 마야 농업은 농업 생산성에서 약간의 하락만 일어나더라도 심각한 문제가 발생할 정도로 결정적인 임계점에 아주 가까이 가 있었다. 거의 3세기 동안에 걸쳐 심각한 가뭄 주기들이 덮쳐 지하수면을 낮추고 비가 적절히 오지 않자 이미 귀족들의 가속화한 요구를 만족시키는 데 곤란을 겪고 있었던 농업 경제는 완전히 피폐해지고 말았다.

이와 같이 보면 마야 몰락의 근본 요인은 기아와 사회 격변을 몰고 온 최소 네 차례의 커다란 가뭄이었다. 이 도시와 저 도시의 대군주들이 연이어 비를 내리게 하는 데 실패하였다. 그래서 아마도 소요가 폭발하였을 것이다. 고고학은 우리에게 이 도시들의 주민이 사라지든지 아니면 작은 부락들을 지어 흩어졌음을 보여준다. 불운한 마야인은 스스로 도를 넘었기 때문에 자신들의 문명이 면전에서 와해되는 것을 보았다. 코판과 그 배후지에 대한 지표 조사 결과는 취락 변화가 얼마나 극적이었는지 보여준다(테 글 '온두라스 코판에서의 마야 몰락 연구' 참조).

과학 **온두라스 코판에서의 마야 몰락 연구**

코판은 왜 어떻게 몰락하였나? 이 도시의 장기 조사 작업을 하던 고고학자 데이비드 웹스터와 윌리엄 샌더스 그리고 많은 동료는 이 버려진 도시를 둘러싸고 변화한 취락 분포 정형과 인구밀도를 연구함으로써 그 몰락 과정을 조사하기로 작정하였다. 그들은 그보다 몇 년 전 실시되어 도회 중심 주변 135km²이상을 조사했던 유명한 멕시코 분지 탐사 사업을 본떠 대규모 취락 탐사 계획을 입안하였다. 이 연구단은 항공사진을 이용하고 체계적 야외 답사를 실시함으로써 4천500개가 넘는 구조물을 가진 1천425개 이상의 고고학 유적을 기록하였다. 연구단원은 각 지점을 도면으로 작성하고 지표 채집을 실시하였다. 252개 유적에 대해서는 시굴 구덩이를 파서 인공물과 연대측정용 표본을 얻었고 그것들을 이 계곡의 전반적 편년 틀 속에 위치시킬 수 있었다.

연구자들은 자료가 연구실로 밀려들어 오자 유적의 유형을 크기 및 여타 기준에 따라 분류하였으며 여러 세기에 걸쳐 변화한 경관의 그림을 그려낼 목적으로 그 유적들을 단순한 것에서 복잡한 것으로 위계를 설정해 나누었다. 이들은 그와 동시에 2천300개의 연대를 얻었는데 흑요석수화연대측정법으로 측정될 수 있는 화산 유리 조각들을 이용하였다. 이 탐사 사업은 인간 취락들이 계곡 경관에서 확대되고 축소됨에 따라 일어난 극적 인구 변동을 조감할 수 있었다.

이 탐사에서 발견된 이른 시기 유적들은 급속한 인구 성장을 나타내었으며 특히 이 도시와 그 근처에서 그러하였다. 농촌 인구는 소규모에 지나지 않았고 흩어져 있었다. 이 코판 계곡은 서기 700년에서 800년 사이에 사회 정치적 복합도가 최고조에 달하였는데 인구가 2만에서 2만 5천 명 사이로 급속히 증가하였다. 유적 크기로부터 산출한 이 수치는 지역 인구가 80년에서 100년마다 두 배가 되었음을 암시하며 그 주민의 약 80%는 도회 중심과 그 바로 주변에 살았다. 농촌 취락은 계곡 바닥을 따라 바깥으로 확산하였지만 아직도 비교적 분산되어 있었다. 이제 사람들은 언덕 기슭 지역들을 경작하고 있었으며 도시 핵심지의 인구밀도는 1km²당 8천 명을 넘었고 그 주변부에는 1km²당 약 5백 명이 살았다. 인구의 약 82%가 비교적 수수한 주거에서 살았으며 이는 코판 사회가 피라미드 같은 성격을 띠었음을 가리킨다.

이 탐사 결과는 서기 850년 이후 일어난 극적 변화들을 보여주었다. 도회의 핵심지와 그 주변은 인구의 대략 절반을 잃은 반면 농촌 인구는 거의 20% 증가하였다. 작은 지방 취락들이 이전 시기의 흩어진 마을들을 대체하였는데 이런 결과는 개간이 누적된데다 주변 농지조차 과도 개발됨으로써 수도 근처의 토양 침식이 통제할 수 없는 상태가 된 때문이었다. 1150년에 이르면 코판 계곡의 인구가 2천 명에서 5천 명 사이로 떨어졌다.

코판 조사 사업은 그 도시가 왜 몰락하였는지를 설명해주지는 못하였지만 생태적으로 취약한 경관 속에서 급속하게 증가한 인구가 미친 극적 영향을 연대순으로 잘 나타내었다. 그 증거는 마야 몰락에서 환경 악화가 중요한 하나의 요인임을 암시한다. 마야 문자 자료들에 따르면 마야 군주는 자신을 산 자와 초자연적 세계 사이의 중개자로 여겼다. 그렇지만 환경 악화라는 무정한 힘이 확고히 자리 잡자 군주의 권위는 증발해버렸고 농민과 정교한 우주관 사이의 여러 세기에 걸친 영적 관계도 거의 망각에 가까울 지경으로 사라져버렸다.

몰락의 한가운데는 생태적 요소들이 놓여 있었다. 확대일로의 마야 인구는 장기적 문제들을 고려할 틈이 없는 농업 체계에 의존하고 있었다. 결국 그 체계는 더 이상의 부를 산출할 수 없었고 또 확대될 수도 없었으니 다만 파멸적 결과를 안고 쇠퇴할 따름이었다. 그러나 마야 '몰락'을 보편적 현상이라 생각하면 오산이다. 그보다는 9세기의 몰락이 마야 문명, 정말이지 메조아메리카 문명 일반을 특징지었던 오랜 기간에 걸친 일련의 주기적 개화와 몰락에서 하나의 두드러진 사건이었다고 해야 하겠다.

6 후고전기 마야 문명(서기 900년부터 1517년까지)

마야의 종교와 사회 질서는 남부 저지대에서 몰락이 일어났음에도 유카탄 북부의 한층 트인 지역에서 여전히 지속되었다. 티칼과 다른 유명 도시들이 몰락하자 곧바로 동북부에서 치첸 이차 같은 북부 중심지들이 후고전기 동안 두각을 나타내었다. 치첸 이차 자체는 한 번도 제대로 도면 작성 작업을 한 적이 없어서 그 범위와 정확한 인구는 아직 미스터리로 남아 있다. 다만, 이 도시의 핵심 지구는 잘 알려져 있으니, 그 중앙 광장은 카스티요, 즉 쿠쿨칸(케찰코아틀) 신전이 압도하고 있다. 이는 계단식 방형 피라미드로서 높이가 23m이고 꼭대기에는 신전이 하나 있으며 사면 모두에 올라가는 계단이 있다(그림 12.12). 카스티요의 동쪽에 있는 전사의 신전은 조각된 기둥들을 가진 내부 신전으로 후대의 한층 정교한 구조물 속에 가려져 있다. 후대 신전의 모자이크, 조각된 벽면, 전사 및 뱀 조각들은 고지대의 톨텍으로부터 받은 영향을 보여준다. 이 대도시는 그 전성기에 멕시코만 저지대 마야와 교섭을 유지하고, 또 그들을 통해 와하카 계곡 및 그 고지대와도 교섭을 유지하였다(그림 12.13).

후고전기 마야 문명은 초기의 그것에 못지않게 아주 가변적이었던 점이 특징이다. 그 원인 중 한 부분은 정치적 내분과 생태적 문제였을 것이다. 서기 13세기에 치첸 이차가 몰락하자 그 정치 경제적 공백에 마야판시가 들어서 북부 마야 세계를 지배하였다. 마야판은 북부 유카탄의 한가운데에 위치하며 성벽을 두른 도시로 일련의 천연 샘 근처에 1만 2천 명 정도의 인구가 밀집하

그림 12.12 치첸 이차의 카스티요.

그림 12.13 치첸 이차의 구기장.

였다. 이는 교역 중심지로서 팽창 일로에 있었던 카카오, 소금, 흑요석 같은 부피 큰 상품의 수운 교역에 의존하였다. 이 연맹체는 15세기 중반에 와해되었다. 그로부터 한 세기의 3/4분기 뒤인 1519년에는 스페인 사람 에르난 코르테스와 그 정복대가 멕시코만 저지대에 상륙함으로써 메조아메리카의 얼굴을 영원히 바꾸어 놓게 된다. 그의 목표는 저지대 마야가 아니었고 먼 고지대 메히코인, 즉 아스테카인의 황금 왕국이었는데, 그에 대해서는 다음 제13장에서 서술한다.

요약

- 메조아메리카 선사시대의 선고전기는 대략 서기전 2000년부터 서기 250년까지 지속되었다. 이 시기는 저지대와 고지대 모두에서 커다란 문화 변화가 일어난 시기이다. 정주 촌락들은 서로 원자재와 이색 물품들을 교역하였다. 이 교환망은 점점 복잡해졌고 이윽고 큰 촌락들의 독점적 통제 아래 놓이게 되었다.

- 사회 복합도의 증가는 공공건물의 최초 출현 및 사회 계층화의 증거와 서로 손을 맞잡고 갔다. 이런 사태 진전은 저지대 올멕 문화에서 잘 나타난다. 이 문화는 대략 서기전 1500년에서 서기전 500년까지 번성하였다. 올멕 미술 양식과 종교 신앙은 선고전기 말기 동안 저지대와 고지대에서 널리 확산된 요소들 중에 든다.

- 종교 이데올로기, 의례 조직, 광범위한 교역망은 서기전 1000년 이후 저지대에서 마야 문명이 발전하는 데 핵심 요인들이었다.

- 고전기 마야 문명은 서기 250년에서 900년까지 번성하였으며 끊임없이 변화한 경쟁 국가들의 집합체로 구성되어 있었다. 마야 문자는 그 문명이 결코 균질하지 않았음을 보여준다. 마야 사회를 통합한 것은 경제 혹은 정치적 이해관계가 아닌 종교 신앙이었다.

- 서기 600년이 되기까지 최대 국가들은 과테말라 동북부 페텐에 있었는데 티칼의 '하늘' 통치자들이 이끄는 다(多)중심 정치체였다. 마야 문명은 서기 7세기 이후 남부 저지대에서 극성기에 도달하였으며 900년 이후로 유카탄에서 갑자기 몰락하였다.
- 몰락의 이유는 아직 분명하지 않지만 환경 악화, 노동력에 대한 압박, 식량 부족이 의심의 여지없이 그 가운데 들 것이다.
- 몰락 이후 마야 문명의 중심은 북부 유카탄으로 옮겨 갔으며 마야 문명은 그곳의 치첸 이차와 여타 중심지에서 16세기에 스페인인의 정복이 있기까지 줄곧 번영을 구가하였다. 많은 마야 공동체는 지금도 저지대에서 번영하고 있다.

참고문헌

결정적 개설서는 Susan Toby Evans의 *Ancient Mexico and Central America* (London and New York: Thames and Hudson, 2004)이다. 올멕에 대해서는 Richard Diehl의 *The Olmecs: America's First Civilization* (London and New York: Thames and Hudson, 2004)을 권한다. Michael D. Coe와 Stephen Houston의 *The Maya* (제9판, London: Thames and Hudson, 2015)는 이 휘황찬란한 문명의 고전적 개설서이다. 마야 문자에 대해서는 Michael Coe의 *Breaking the Maya Code* (제3판, London: Thames and Hudson, 2012)를 참고하시기 바란다. Linda Schele와 David Freidel의 *A Forest of Kings* (New York: Morrow, 1990)는 아직 진전이 많지 않아 때로는 논란의 여지가 있는 상형문자 해독 성과와 고고학 양자를 바탕으로 마야 역사를 알기 쉽게 쓴 종합서이다. 이들의 *Maya Cosmos*(New York: Morrow, 1993)는 마야인의 천문학과 세계관을 논하고 있다. Jeremy A. Sabloff의 *The Cities of Ancient Mexico* (New York: Thames and Hudson, 1989)는 주요 메조아메리카 유적들을 안내해준다. David Webster의 *The Fall of the Ancient Maya* (London and New York: Thames and Hudson, 2002)는 마야 몰락에 관한 아주 훌륭한 설명서이다.

●

제13장

고지대 메조아메리카

'멘도사 사본'에 그려진 아스텍 전사들.

프롤로그

"그리고 물속에 건설된 이 모든 도시와 마을, 마른 땅 위의 다른 거대 읍들, 멕시코로 이어지는 그 곧고 평평한 방죽길을 보았을 때 우리는 너무나 놀랐다. 전부 돌로 지어져 물 위로 솟아 오른 이 거대한 도시와 피라미드와 건물들은 마치 우리가 마술에 홀려 보이는 환상 같았다…실제로 우리 병사 몇몇은 이 모든 것이 꿈이 아닌가 하고 물었다…." 스페인 정복자 베르날 디아스는 멕시코만으로부터 아스텍 제국 심장부까지 가는 위험스런 행군 길에 에르난 코르테스를 뒤따랐던 600명의 군인과 모험가 중 일원이었다. 디아스가 1519년 멕시코 계곡을 뚫어지게 바라보고 또 자기 앞에 펼쳐진 아스텍 수도 테노치티틀란을 보았을 때 그는 감수성 강한 젊은이였다. 그는 반세기 뒤 "나는 그것을 바라보고 서서 전 세계 어느 곳에서도 이런 땅은 결코 발견되지 않을 것이라고 생각하였다. 왜냐하면 당시에는 페루가 알려지지 않았거니와 있으리라고 생각도 되지 않았기 때문이었다."라고 썼다. 그러고는 "내가 그때 본 모든 것은 파괴되었다."고 덧붙였다. 코르테스는 1521년 테노치티틀란을 무지막지하게 포위 공격하는 동안 이를 잡석더미로 만들어버리고 그 폐허 위에다 멕시코시를 건설하였다. 아스텍 문명은 몰락하였다. 정복자들이 가져온 천연두와 다른 외래 질병으로 수십만 명의 인디언이 죽었다. 그러나 디아스는 자신이 역사에 유례없는 한 순간, 세력의 정점에 있었던 질서정연한 한 산업화 이전 문명의 장관을 목도하였음을 알았다. 그가 처음 본 아스텍 수도의 기억은 그의 나이가 70대가 되어서도 멕시코 계곡을 처음 보았을 때와 똑같이 생생하였다(코헨, 『신스페인 정복기』(1963), 214-215쪽).

1. 고지대 문명의 흥기: 와하카 계곡(서기전 2000년부터 서기전 500년까지) | 2. 몬테 알반(서기전 500년부터 서기 750년까지) | 3. 멕시코 계곡: 테오티와칸(서기전 200년쯤부터 서기 750년까지) | 4. 톨텍(서기 650년부터 1200년까지) | 5. 아스텍 문명(서기 1200년부터 1521년까지) | 6. 요약

아스텍 문명의 기원은 지금부터 적어도 1500년은 거슬러 올라가며 토착의 뿌리와 저지대의 뿌리 둘 다로부터 싹터 나왔다. 메조아메리카 문명의 오랜 역사에서 저지대와 고지대는 처음부터 끝까지 아주 복잡하게 연계되어 있었다. 이 장에서는 고지대 메조아메리카 문명에 대해 서술하기로 한다. 이 문명은 복잡하고 급속하게 변화한 아스텍인의 세계에서 정점에 이르렀고, 1519년 스페인인의 정복에 의해 파멸적으로 붕괴되었다(앞의 그림 12.1 참조).

1 고지대 문명의 흥기: 와하카 계곡(서기전 2000년부터 서기전 500년까지)

고지대 메조아메리카 문명의 기반 중 많은 부분은 두 지역에서 마련되었다. 그것은 와하카 계곡과 멕시코 계곡이다. 따뜻하고 반건조한 와하카 계곡은 현대 사포텍인의 본향이다. 서기전 2000년에 이르면 옥수수와 콩 농사가 50명에서 75명으로 이루어진 소규모 마을과 부락 수십 개소를 부양하고 있었다. 시간이 흐르면서 이 취락들 중 일부가 상당히 커져 주민이 많으면 500명까지 되었으며, 그 일부는 농사를 짓지 않는 장인과 신관들이었다. 최초의 농경 마을들은 물 공급이 한층 잘되는 강 유역 바닥 쪽에 자리 잡고 있었다. 지역의 인구밀도가 증가하자 와하카인은 구릉과 한층 건조한 땅으로 확산하였다. 결국 켄트 플래너리가 주장하듯 이 신흥 농경 주민들이 창출한 경제력 덕분에 이곳 같은 고지대 지역들은 그 이웃들에 비해 유리하게 되었다.

와하카와 여타 지역에서 한층 큰 취락들이 진화한 것은 장거리 교역의 발달과 밀접한 관련이 있다. 이전의 단순한 물물 교환망은 정교한 지방 단위 교역 조직으로 진화하였고, 그에서 와하카인과 여타 마을 지도자는 흑요석의 산지와 분배에 대해 독점권을 행사하였다. 얼마 지나지 않아 (올멕 의식에서 중요하였던) 자철광 거울과 열대 새 깃털, 토기들이 고지대와 저지대 사이에 널리 교역되었다. 저지대의 영향은 와하카가 가장 강하게 받았다. 이곳에서는 서기전 1150년부터 서기전 650년 사이에 올멕 토기와 여타 의식 물품이 나타난다. 그 중 다수는 올멕 이데올로기에서 중요한 위치를 차지한 저지대 특유의 인간-재규어 의장을 담고 있었다(제12장 참조).

서기전 1300년에는 산 호세 모고테가 와하카 계곡 최대의 취락이었다. 이는 곁가지 계곡 세 개가 만나는 곳에 위치한 마을로서 초가집들로 이루어졌으며 주민 수는 약 150명 정도이고 석회 반죽 칠을 한 공공건물이 하나 있었다. 산 호세 모고테는 그 다음 세기 동안 급속하게 성장하여 약 20헥타르의 범위에 400명에서 600명의 주민이 사는 공동체가 되었다. 집들은 마루가 진흙 바닥이고 벽은 회반죽으로 쌓은 후 흰 칠을 한 장방형 초가집이었다. 이때 아도비 벽돌과 흙으로 쌓은 기단 위에 지은 공공건물이 상대적으로 큰 와하카 취락들에서 나타났다. 발굴을 해보면 이런 유구들에서는 소라고둥 나팔과 거북 껍질 북의 조각들이 나오고 있다. 산 호세 모고테의 의례용 건물들에는 가면을 쓰고 의상을 갖춘 춤꾼의 진흙 소상들(그림 13.1)이 놓여 있다. 또 바닷물고기 등뼈들도 있는데, 거의 틀림없이 어떤 인물이 신들 앞에서 개인적으로 거행한 피 내기 의례에 쓰였을 것이다. 서기전 400년이면 와하카 계곡에 작은 군장 사회가 적어도 일곱 개가 있었다.

기본적으로 메조아메리카적인 유형의 문명은 고지대에서 1천년이 넘는 기간에 걸쳐 태어났다. 멕시코 계곡과 와하카 계곡, 여타 지방에서 상대적으로 큰 중심지들은 엘리트가 지배를 하였고, 이들을 부양한 것은 주변 전원에 산재한 그보다 작은 마을들에 산 농촌 주민이었다. 서기전 50년이면 적어도 와하카 계곡의 몬테 알반 같은 일부 중심지들이 상당한 크기와 복합성을 이루었다. 이 고지대의 새로운 엘리트는 신관과 관리들로 이루어진 위계 조직을 관할하였고 신전과 피라미드와 궁전을 짓는 데 수천 명은 아닐지라도 수

그림 13.1 멕시코 와하카 산 호세 모고테의 집 바닥 밑에 묻혀 있었던 네 춤꾼 상들로 하나의 장면을 이루게끔 의도적으로 배치되어 있었다.

백 명의 농민 노동력을 부릴 수 있었다. 그들은 대규모 잉여 식량을 관리하였으며, 이는 점증하는 비농민과 상인, 장인 인구를 부양하였다. 그들이 지닌 정치 권력의 바탕은 다른 사람들을 강제할 수 있는 능력, 잘 확립된 사회불평등의 관념, 그리고 무엇보다도 통치자와 신민들 사이의 복잡하고 흔히 공개적으로 재연된 사회 계약 관계에 있었다. 사람들은 자신의 지도자를 산 자와 조상 사이, 자신의 현세(現世)와 영계 사이의 중개자로 보았다. 정교한 달력이, 또 얼마 지나지 않아서는 문자가 의례 생활과 일상생활의 모든 부분을 규율하였고, 수많은 왕국을 관할했던 누대의 통치자는 이것들의 도움을 받아 왕조의 기원을 정당화하고 신들과 자신의 관계를 정당화하였다. 이리하여 고지대 문명은 농업, 시장, 이득 많은 독점 교역을 용의주도하게 관리하면서 향후 2천년 동안 번성할 터였다.

2   몬테 알반(서기전 500년부터 서기 750년까지)

고전기 마야 문명이 저지대에서 번성하고 있을 때인 서기 1천년기 초에 메조아메리카의 고지대에서는 중요한 도시국가 두 개가 득세하였다. 하나는 와하카 계곡의 몬테 알반이었고 다른 하나는 멕시코 계곡의 테오티와칸이었다.

몬테 알반은 서기전 약 900년에 와하카 계곡의 세 지류를 400m 아래로 내려다보는 한 구릉 위에 건설되었다(그림 13.2 참조). 이 새 취락은 급속히 성장

f9photos/Thinkstock

그림 13.2 와하카 계곡 몬테 알반.

하였고, 곧 5천 명 이상의 주민을 자랑하게 되었다. 선정된 구릉은 전망이 아주 좋고 독특한 환경이었지만 계곡 아래의 비옥한 농경지에서 멀리 떨어져 있었기에 경제적 관점에서 볼 때 주요 의례중심지의 입지로 합당한 곳은 아니었다. 아마도 인근 산 호세 모고테의 지도자들이 단지 자신들의 권력과 정치적 우위를 상징하고자 영역을 굽어다 보는 위압적 입지를 터전으로 선정한 것이 참고가 되었을 터이다. 어떻든 몬테 알반은 얼마 지나지 않아 아주 영향력이 커졌고, 서기전 150년이면 이미 주요 국가가 되어 있었다. 서기전 350년에서 서기전 200년 사이에는 이 도시에 1만 6천 명 이상의 사람이 살았고, 인구는 점점 증가해서 서기 500년에서 700년 사이의 고전기 후기에는 3만 명으로 정점에 이르렀다. 여기서 급속 팽창과 그에 이은 중심지 성장이 쇠퇴하기 전에 일어났다는 마르쿠스 모델(제12장 참조)이 다시금 들어맞는 것 같다.

사포텍인 지배자들은 서기전 300년부터 서기전 100년 사이에 인공적으로 깎아 평평하게 만든 구릉 정상부에다 '주 광장'을 설치하였다. 몬테 알반은 궁전과 신전, 광장으로 이루어진 정교한 복합 단지가 되었으며, 일부는 의례의 무대 역할을, 또 일부는 시장 역할을 하였다. 이 도시는 세 개의 구릉에 걸터앉았으며 적어도 15개로 구분된 주거 구역이 있었고, 그 각각은 자체의 광장을 갖고 있었다. 주민 대부분은 급경사 지형에 기대어 만든 석조 기단들 위에 작은 집을 세워 살았다. 여러 해에 걸친 고고학적 발굴과 측량 작업에서는 2천 채 이상의 집과 포장된 '주 광장' 둘레의 광대한 의례 구역 하나가 도면으로 작성되었다. 이 의례 구역은 1천년이 넘는 기간 동안 재건축과 개수를 잇달아 해나간 것인데, 그로써 광장과 그 둘레에 사는 사람들을 도시의 나머지 구역으로부터 점차 분리시키는 결과를 낳았다. 서기 500년부터 720년 사이의 고전기 후기 광장은 길이가 300m에 너비가 150m였고, 그 북쪽과 남쪽 측면이 12m 높이의 기단으로 구획되었으며, 기단에는 위의 건물들로 올라가는 계단들이 있었다(그림 13.2). 통치자와 그 가족은 북쪽 기단 위의 건물 단지에 살았으며, 그곳은 고위 관리나 테오티와칸 같은 다른 국가에서 온 사절을 면담하는 장소로도 쓰였다.

몬테 알반은 서기전 200년 이후 세력의 정점에 이르렀으며 그때는 북쪽에서 팽창하고 있던 또 하나 국가 테오티와칸과 경쟁을 하였다. 이 대도시 두 개는 몇 세기 동안 평화롭게 공존하면서 상호 교역을 하였다. 몬테 알반의 일부분에는 스페인인의 정복 시까지도 사람이 살고 있었다.

3　멕시코 계곡: 테오티와칸 (서기전 200년쯤부터 서기 750년까지)

일찍이 서기전 600년이면 일련의 군장 사회가 멕시코 계곡을 지배하고 있었다. 그로부터 다섯 세기 뒤에 그 중 서쪽의 퀴퀼코와 동쪽의 테오티와칸 둘이 이 계곡의 주도권을 두고 어깨를 겨루었다. 그런데 바로 그때 자연이 엄청난 화산 폭발을 일으키면서 개입을 해 퀴퀼코를 완전히 묻어버리고 파괴함으로써 테오티와칸을 멕시코 계곡과 인접 중부 고지대 여러 지역의 패자로 남겨 놓았다.

그에 이어지는 몇 세기 동안 수천 명의 사람이 주변 공동체들로부터 이 거대 도시로 유입됨으로써 테오티와칸은 급속히 성장하였다. 그들이 자발적으로 이동했는지 아니면 정복이나 강제 이주의 결과로 이동했는지는 알려져 있지 않다. 서기 100년이면 적어도 8만 명의 사람이 이 도시에 살고 있었다. 테오티와칸은 몬테 알반과 마찬가지로 끊임없는 군사 정복을 바탕으로 성장했던 듯한데, 발전 초기 단계의 급속 팽창이라는 마르쿠스 모델의 또 한 예가 되겠다. 테오티와칸의 인구는 서기 200년부터 750년 사이에 15만 명 이상으로 증가하였다. 이는 당시 서아시아와 중국의 최대 도시들을 뺀 나머지 모든 대도시와 비슷한 규모이다.

고고학자 르네 미용이 작성한 이 도시의 도면은 장기적 마스터플랜에 따라 여러 세대 동안 성장한 한 거대 공동체의 모습을 보여준다. 테오티와칸은 여덟 세기가 넘는 기간에 걸쳐 600기의 피라미드, 500개소의 공방 구역, 1개소의 대시장, 2천 채의 복합 주거 시설, 구역별 광장들을 지었다. 이 모든 것은 5km 길이의 '망자의 가로'를 기준으로 삼은 격자 구획에 따라 배치되었으며, 그 가로는 정확하게는 북쪽에서 동쪽 방향으로 15.5도 기운 남북 축으로써 도시를 양분한다(그림 13.3). 방위는 천문 관측에 의해 설정되었다.

　　테오티와칸 도면은 이 도시가 친족 유대와 좀 더 상업적인 고려 둘 다에 바탕을 둔 구역들로 이루어져 있었음을 시사한다. 사람들은 대부분 각 면이 60m에 달하는 표준화된 주택 단지들에 살았으며, 담을 두른 단지 사이에는 좁은 골목길들이 지나고 있었다(테 글 '테오티와칸 바리오에서의 생활' 참조). 이 바리오(주택 단지) 중 일부는 흑요석 가공공이나 도공 같은 장인의 거처였다. 또 군사 구역도 있었다. 와하카 계곡과 저지대 베라크루스 같은 데서 온 외국

그림 13.3 달의 피라미드에서 남쪽을 향해 찍은 테오티와칸으로 왼쪽 위가 해의 피라미드, 가운데가 망자의 가로이다.

인은 자신들의 고유 구역에서 살았다. 상대적으로 중요한 지위의 신관과 장인들은 작은 마당 둘레에 지어진 주거에서 살았다. 지위가 높은 귀족은 한 단 낮은 중앙 마당이 있는 정교한 궁전을 차지하였다.

테오티와칸에서 삶의 가장 핵심에 있었던 것은 높이 64m인 '해의 피라미드' 아래의 하계로 들어가는 입구인 '신성 동굴'이었다. 이 동굴은 그 도시의 지도자들이 영속시킨 강력한 창조 신화의 초점이었다. 동굴 입구에서 서쪽 지평선으로 이어지는 시선은 이 지역 달력 특정일의 일몰 같은 천문학적 현상과 아마도 관련이 있을 것이다. 테오티와칸의 아주 유능한 최초 지도자들은 이 동굴 및 그와 관련된 창조 신화를 촉매로 이용해 자신들의 도시를 정치, 종교적으로 유명하게 만들었다. 그들은 자신들의 도시 전체를 천지 창조와 주요 신들을 기리는 상징적 경관이 되도록 설계하였다. 건축가들은 '망자의 가로'를 '신성 동굴'에 직교하도록 설계하였고, 지금의 '달의 피라미드' 자리에다 태양과 관련되고 학자들이 '대여신(大女神)'이라 부르는 것에 봉헌된 작은 신전 하나를 지평선 위의 한 성산(聖山) 격으로 지어 놓았다. 그러고 나서 그들은 '신성 동굴' 자리에다 '해의 피라미드'를 건설하였는데 이는 '대여신'과 불, 비, 바람의 신에게 바쳐진 것이었다.

넓은 가로는 남쪽으로 3.2km를 뻗어 나가 동서 가로와 교차됨으로써 이 도시를 네 구역으로 구분한다. 그 교차 지점에는 둘레 400m를 넘는 시우다델라라는 거대한 네모 구역이 놓여 있다. 바로 여기에 '케찰코아틀 신전', 즉 '깃털 달린 뱀의 신전'이 자리 잡고 있는데, 이는 경사진 벽에 장방형 상감 석판들을 층층이 장식한 6층 피라미드이다(그림 13.4). 당시 건축가들은 '신성 동굴'이 하계 통로라는 여러 세기 된 테오티와칸의 상징 관념을 이 '깃털 달린 뱀의 신전'에다 합체해 넣었다. 그 정면 외관은 천지창조의 순간을 묘사하고 있다고 생각된다. 배경에 푸른색으로 칠한 원초 대양 속에서 마주 보는 뱀 둘이 하나는 싱싱한 초록과 평화를, 다른 하나는 사막과 불과 전쟁을 대표하면

그림 13.4 테오티와칸 케찰코아틀 신전의 정면.

서 뛰어 오르고 있다. '케찰코아틀 신전'은 적어도 200명의 인신공희를 수반하면서 지어졌다. 젊은 전사들이 손을 등 뒤로 묶인 채 20일 한 달의 일 년 달수 18명을 단위로 해서 희생되었던 것이다.

> (유적) **테오티와칸 바리오에서의 생활**
>
> 테오티와칸의 의례 구역들 너머로는 마당과 통로들을 갖추고 납작한 지붕을 가진 단층집의 장방형 공동주택 단지들이 떼 지어 모인 지구가 자리 잡고 있었다. 각 단지 사이를 분리하는 좁은 골목길은 너비가 약 3.6m였다. 각각 20명에서 100명의 사람들이 살았는데 그들은 아마도 동일 친족 집단의 성원이었을 것이다. 인공물 정형으로 판단하건대 일부에는 숙련된 장인들이 살았으며 이들은 흑요석 및 조가비 장식품 제작자와 직공, 도공들이

었다.

　테오티와칸에서 '바리오'라 불리는 이 익명의 공동주택 단지 안의 삶은 어떠했을까? 멕시코 고고학자 린다 만사니야는 테오티와칸 서북 가장자리에 가까운 그런 단지 하나를 그 속의 여러 활동 흔적을 찾아내는 식으로 조사하였다. 그 공동 주택 안의 치장 벽토 바닥은 깨끗이 청소되어 있었기에 만사니야와 그 동료는 인간 활동을 찾아내기 위해 바닥 퇴적층의 화학 분석을 실시하였다. 그녀는 여러 가지로 서로 다른 화학 물질 시도(示度)들의 모자이크를 얻어내었는데 예를 들면 쓰레기가 썩은 곳에서는 인 성분 시도가 높았고 (토르티야와 치장 벽토의 준비 둘 다에 쓰이는) 석회로부터 나온 탄산염이 밀도 높게 모인 곳은 조리 활동 아니면 건축 활동을 가리켰다. 만사니야가 작성한 그 단지의 평면 화학 물질 수치표는 너무나 정확해서 조리용 불의 위치와 주민들이 사슴, 토끼, 칠면조 등의 동물을 먹은 식사 장소를 구체적으로 집어낼 수 있을 정도였다. 그녀는 훨씬 큰 공동체 속의 이 작은 공동체 안에서 세 개로 나뉜 공동주택에 살았던 약 30명으로 구성된 세 핵가족을 식별할 수 있었다. 각 공동주택은 잠, 식사, 종교 활동, 장례의식을 위한 특정 구역들을 갖고 있었다.

　테오티와칸의 바리오들은 서로 잘 아는 사람들끼리와 그처럼 꽉 째인 공동체들 사이, 그리고 이 도시 자체의 더 넓은 세계와의 집중적 상호작용을 드러내 보였다. 정리된 거리 가운데 하나를 따라 걸어내려 가보면 1500년 전에 동일한 좁은 길을 지나간다고 상상할 수 있을 것인데 길 양측은 아무 장식 없는 치장 벽토를 바른 단지 벽들로 구획되어 있다. 때때로 문들이 길을 향해 열려 어둑한 마당이 보이고 햇볕에 토기와 직물을 말리는 모습이 눈에 들어올 것이다. 거리는 나무 연기, 개 짖는 소리, 옥수수 가는 단조로운 소리, 베 짜는 여인들의 나지막한 목소리들, 스쳐지나가는 향 타는 냄새로 소리와 냄새가 불협화음을 이루었을 터이다.

　테오티와칸은 작은 공동체 수백 개로 이루어진 거대한 도회 공동체로서 메조아메리카 고지대와 저지대의 전역에서 온 상품과 이색 사치품들을 파는 시장을 하나 가졌다. 테오티와칸 사람들은 자신들의 대외 교역을 아주 높이 쳤기 때문에 자기들 사이에 외국인들이 여러 세기 동안 특별 바리오를 차지하고 정착해 살도록 허락하였다. 저지대 지방의 베라크루스에서 온 이민자들은 도시의 동측에 있는 지구에서 살았는데 그들의 존재는 멕시코만 연안 본향의 주민들과 똑같은 특징적 원형 아도비 집에 이엉을 얹은 지붕(제1장의 그림 1.11 참조)의 잔적으로써 식별해낼 수 있었다. 또 오렌지색, 갈색, 크림 색칠 토기들로 쉽게 알아 볼 수 있는 이 사람들은 아마도 화려한 색깔의 새 깃털 같은 이색 열대 사치품을 교역하였을 것이다. 또 다른 서쪽 지구에는 테오티와칸에서 남쪽으로 400km 떨어진 와하카 계곡에서 온 사포텍인 교역자들이 살았다. 우리는 이처럼 분리된 단지에서 출토된 토기 조각들 덕분에 사람들이 북적대고 산 이 도시에서 그들의 존재를 식별해낼 수 있다.

현대 학자들이 때로 '별들의 전쟁'이라고도 부르는 신성 전쟁과 인신공희에 대한 강력한 숭배는 깃털 달린 뱀의 신, 폭풍우의 신, 행성 금성의 주기 운동과 연관되게 되었다. 이 '별들의 전쟁' 숭배와 연관된 신앙은 메조아메리카에 널리 퍼졌고, 마야 문명에 심대한 영향을 미쳤다(제12장 참조). 시우다델라는 테오티와칸의 핵심부에 자리 잡고 있었으며, 도시의 교차로로서 우주의 상징적 중심이었고 우주는 그것을 축으로 돌아가는 것이었다.

테오티와칸은 면적이 최소 21km²나 되는 유례없는 도시였으며 성지 순례의 주요 장소였고 상징적 중요성이 가장 큰 신성 도시였다. 그 번영은 교역, 특히 근처에서 발견된 녹색 흑요석의 교역을 바탕으로 하였다. 테오티와칸의 상인들은 그것을 저지대의 새 깃털, 조가비, 물고기 등뼈를 포함한 온갖 열대 산물과 교환하였다. 식량은, 강 유역 땅을 집약적으로 경작하고 또 근처 호수들의 얕은 물에 쌓아 올린 여러 에이커의 저습지 밭을 경작한 데서 나왔다. 이 도시는 화려하게 채색된 도시로서 경관은 온갖 색조로 물들었고 집들은 매끄럽게 흰색 회반죽을 칠해 장식하였으며, 아직도 벽에 그 조각들이 붙어 있다. 그러나 무엇보다도 이 대도시는 우리에게 전해진 건축과 미술과 도기로써 강력한 상징 언어를 말한다. 그 지도자들은 자신들의 대도시를 우주와 현재의 시간 주기가 시작된 장소로 삼는 기원 신화를 계속 견지하였다. 테오티와칸의 여러 구역에서 벌어진 모든 의례는 그 주민이 우주를 유지하는 영광과 책임을 갖고 있다는 믿음을 조장하였다. 8년 주기로 거행된 전쟁과 희생의 예찬 의식은 우주와 그 도시와 그 주민의 안녕을 보장하였다. 테오티와칸의 군대는 전쟁에서 막강하였으며, 그들의 승리는 신들에게 희생 제물로 바칠 포로들의 원천이었다.

테오티와칸인이 된다는 것은 영광이었다. 그렇게 되면 이 세상의 한가운데에 살기 때문이다. 하지만, 이 영광에는 그 도시와 군주와 신들에 대한 중요 책무가 딸려 있었다. 모든 시민은 물품 제작 작업과 공공사업 노동, 테오티와칸 군복무를 통해 국가에 봉사하였다. 이런 의무들은 모든 가구와 모든 복합 주거 단지, 모든 궁정의 토대를 이룬 친족 유대를 통해 이행되었으며, 그로써 이 대도시의 모든 이를 우주 유지라는 공통 사업에 연결하였다. 정부는 덜 이용한 인접지에 도시 거주자들을 옮겨 살도록 하는 계획을 때로 추진하기도 하였으며, 이 때문에 특히 호수 근처 땅에서 농업 생산이 극대화될 수가 있었다. 하지만, 사람들 대부분은 여전히 넓이가 약 2만 6천km²로 대략 지중해 시실리 섬 정도의 크기이며 느슨하게 짜인 큰 국가의 심장부인 이 도시에서 살았다.

테오티와칸의 통치자들은 대략 반백만 인구의 운명을 좌지우지하였지만, 이것이 저지대와 고지대의 메조아메리카에 미친 주된 영향은 정치적이라기보다는 경제적, 이데올로기적, 문화적이었다. 그 권력은 정복과 교역, 그리고 무엇보다도 이 대도시를 천지창조의 장소, 바로 문명의 요람으로 주도면밀히 길러낸 이데올로기로부터 나왔다. 이 종교적 프로파간다는 너무나 성공적이어서 아스텍 사람과 여타 고지대 사람들은 일곱 세기 뒤 스페인인의 정복 시에도 폐허의 테오티와칸을 여전히 깊이 경외하고 있었다.

테오티와칸의 이데올로기는 대략 서기 650년 이후로 점점 더 호전적이 되었으며, 그때 국가도 아마 한층 압제적이 되었을 터이다. 이 도시의 인구가 엄청난데다가 멕시코 계곡의 자원을 불균등하게 개발한 것이 겹침으로써 국가의 토대를 잠식할 위협이 되는 심각한 경제적 문제가 야기되었다. 이 대도시가 정확히 왜 몰락했는지는 지금 논쟁거리이다. 그 멸망에는 여러 요인이 함께 작용했을 가능성이 가장 크다. 그 요인들로는 아마도 엘니뇨가 촉발했을 심대한 가뭄, 우세한 경제적 위치를 잠식한 여타 도시와의 경제적 경쟁, 그리고 평민들의 사회적 불만 폭발 등을 들 수 있다. 하여간 종말이 왔을 때 그것은 대격변 같았다. 시우다델라의 신전과 궁전들은 서기 750년경 불타고 약탈당하였다. 그런 파괴는 잿더미로부터 새 지배자가 일어나는 것을 막기 위해 테오티와칸을 정치 면과 의례 면에서 모두 조직적으로 탈신성화하려 한 작업의 한 부분이었다. 그로써 테오티와칸과 그 국가는 역사에서 사라져 버렸고, 오로지 후대의 전설 속에서 톨텍과 아스텍의 세계가 시작된 장소로만 기억될 뿐이었다.

4   톨텍(서기 650년부터 1200년까지)

테오티와칸은 여러 세기 동안 고지대의 농촌 주민에게 마치 자석처럼 작용하였다. 이 대도시가 몰락하자 그 정복자들이 남겨 놓은 정치적 진공지로 중부 멕시코의 다른 도시들이 세력을 뻗어왔고, 그에 따라 거주민들은 바깥을 향해 이동하였다. 정치적 권위는 성장일로의 이 도시에서 저 도시로 급속하게 옮겨갔다. 이윽고 한 집단이 우위에 가까운 상태로 올라섰으니 그것이 바로 톨텍인이었다.

톨텍의 초기 역사는 기껏해야 혼란스러울 뿐이지만 그들은 다른 고지대 사람들처럼 여러 부족 집단으로 이루어져 있었고, 그 중에 분명히 메조아메리카 변두리의 반문명화된 사람들인 나우아어를 말하는 톨테카-치치메카인이 들어 있었다(나우아어는 스페인인의 정복 시 아스텍 제국의 공용어였다). 서기 935년 또는 947년에 태어난 토필친 케찰코아틀이라는 통치자가 톨텍의 수도를 '갈대의 고장'이라는 뜻의 토얀(고고학자들이 툴라라고 부르는 곳)으로 옮겼는데, 전성기의 그 도시 인구는 약 3만에서 6만 명으로 테오티와칸보다는 훨씬 적었다. 여기서 평화애호적인 토필친 케찰코아틀의 추종자와 그 호전적 경쟁자 테슈카틀리포카, 전사의 신이자 생명 자체의 신인 '연기 내는 거울'의 추종자 사이에 극심한 싸움이 벌어졌다. 결국 테슈카틀리포카 파가 속임수와 굴욕적 수단을 써서 이겼다. 토필친과 그 추종자는 툴라에서 도망쳤고, 이윽고 멕시코만 해안으로 갔다. 한 이야기에 따르면 그 통치자는 그곳에서 의례용 복식으로 성장하고서 스스로를 불살랐다. 그 재가 하늘로 올라가면서 그는 새벽별이 되었다. 스페인 정복자들은 또 다른 버전의 전설을 들었으니, 토필친 케찰코아틀이 뱀들로 뗏목을 만들어서는 '1 갈대'의 해에 돌아올 것을 맹세하면서 동쪽 수평선 너머로 항해를 떠났다는 것이다. 그에 관해서는 아래에서 아스텍 멸망에 관련하여 좀 더 이야기할 것이다.

톨텍 국가는 토필친 케찰코아틀이 떠난 뒤 수년 만에 중부 멕시코 동쪽 해안에서 서쪽 해안까지의 많은 부분을 관할함으로써 최대 판도를 이루었다. 서기 900년이면 툴라는 번영하는 장인들의 읍이었고, 곧 16km²를 차지하면서 4만 명이나 사는 도시로 성장하였다. 서기 1000년이면 톨텍의 군주들이 이미 수도의 평면을 격자 구획 형태로 설계해 배치한 상태였다. 이에는 넓은 중앙 광장과 의례중심지에 접한 위압적 피라미드들과 구기 경기장이 적어도

그림 13.5 멕시코 소재 톨텍 수도 툴라의 피라미드 B 꼭대기에 올린 거대한 전사상들.

두 개 있었다. 창 던지개와 향주머니를 든 모습의 거대한 전사상 돌기둥 네 개
가 한 피라미드 꼭대기의 신전 지붕을 떠받치고 있었다(그림 13.5). 이 피라미
드의 북쪽 면을 따라 40m 길이의 강고한 '뱀 벽'이 달리고 있는데, 이에는 인
골을 삼키는 뱀들을 묘사한 소벽 장식들이 들어 있다. 이제 모든 것이 인신공
회에 사로잡힌 한 호전적 사회를 나타내고 있다. 툴라의 신전과 피라미드, 구
기 경기장들은 서기 1200년경 부분적으로는 장기간의 가뭄 때문에 톨텍 제국
이 붕괴되었을 때 부서져 땅에 내동댕이쳐졌다.

5 아스텍 문명(서기 1200년부터 1521년까지)

그 다음 세기 동안 멕시코 계곡은 정치적 진공 상태에 빠졌고, 그곳에서는 크기가 보통인 일련의 도시국가가 번영을 하면서 상호 경쟁하였다. 이렇게 자리 잡힌 경쟁 세계에 무명의 작은 집단 아스테카인, 즉 메히코인이 들어섰다. 고지대라는 무대에서 별 보잘 것 없던 이들은 그로부터 단 두 세기 안에 콜럼버스 이전 아메리카 대륙에서 가장 막강한 제국을 관할하게 되었다.

아스텍인이 말하는 자신들의 역사는 마치 입지전 소설처럼 들린다. 그들은 자신들이 멕시코 서쪽 또는 서북쪽의 한 호수에 있는 섬 아스틀란 출신으로 '왼쪽 벌새'라는 뜻의 부족 신 위칠로포치틀리의 인도를 받아 멕시코 계곡으로 이주해 들어왔다고 주장하였다. 그 신은 얼마 지나지 않아 바로 태양신으로 다시 태어나게 된다. 이것이 아스텍 사관들이 후세까지 전해주고 스페인 사람들이 기록한 공식적 서술이었다. 그런 이주 전설은 고대 메조아메리카에서는 흔하였고, 그래서 액면 그대로 받아들일 것은 못 된다. 아스텍인은 서기 13세기이면 그 계곡에 정착하였음에 틀림없지만, 사람들이 이미 조밀하게 살던 계곡에서 환영받을 수 없었던 내도인이었다. 이윽고 그들은 그 계곡에서 가장 큰 호수의 늪지에 있는 질퍽질퍽한 섬 몇몇에 정착하였고, 1325년을 약간 지나 그곳에 두 개의 쌍둥이 수도 테노치티틀란과 틀라텔롤코를 세웠다. 사납고 무자비한 전사였던 아스텍인은 1367년 일로 팽창하던 테파넥 왕국 군주 테소소목의 용병이 되었다. 아스텍인은 그의 영역 확장에서 얻은 전리품들을 나누어 가졌고, 곧 그 고용주의 제도와 제국 건설 전략을 채택하였다.

1426년 테소소목이 죽은 후 이츠코아틀이라는 아스텍 통치자와 유례없이 유능했던 그의 참모 틀라카엘렐은 테파넥인을 공격하였고, 아스텍 역사상 가장 중요한 전투들 가운데 한 전투에서 그들을 괴멸시켰다. 이로써 아스텍인은 멕시코 계곡의 패자가 되었고, 사회와 역사 자체를 다시 쓰는 일에 착수하였다. 위대한 틀라카엘렐은 아스텍 경쟁자들의 모든 역사 사본을 불태우도록 명령하였으며, 그 대신 신화적이고 가시적인 메히코인의 역사를 새로 만들어 내었다. 이제 아스텍인은 태양신 위칠로포치틀리의 선민이자 고대 톨텍인의 진정한 상속인이었으며, 천상을 매일 건너는 태양의 여행에 먹을거리로 댈 포로를 전투에서 얻도록 운명 지어진 대전사들이었다. 일련의 출중하고 무자비한 지도자가 침략 정복 전쟁을 벌이기 시작하였고, 그것은 아스텍의 운명을 실현하도록 미리 정해진 것이었다. 가장 위대한 아스텍 통치자는 아위초틀(1486-1502년)로 제6대 '틀라토아니', 즉 '대변인'이었다. 그의 군대는 멕시코 계곡 너머 멀리 과테말라 접경까지 진군하였다. 테오티와칸 및 티칼과 똑같이 초기 단계의 정복 활동을 통해 그 영역의 대략적 윤곽이 급속히 정해졌다.

아스텍 제국은 고지대와 저지대 모두를 포괄하였고 5백만이 넘는 사람들의 삶에 영향을 주었다. 출중한 전략가이자 유능한 행정가였던 아위초틀은 태양신에게 먹을거리를 댄다는 자신의 신성한 임무를 열렬하게 신봉한 외곬의 군국주의자였다. 예컨대 그가 1487년 테노치티틀란의 중심 구역에 재건축한 위칠로포치틀리 및 비의 신 틀라록 대신전의 낙성식을 거행하는 데 2만 명의 포로가 죽임을 당했다고 전해진다.

테노치티틀란

테노치티틀란은 15세기 말 전성기에는 이미 대규모였던 상주인구 속으로 많은 수의 국외자, 즉 상인, 순례자, 외국인과 수천 명의 노동자를 충분히 통합해 넣을 수 있을 만큼 융통성 있는 사회, 정치, 경제적 조직을 갖춘 발달되고 코스모폴리탄적인 도시였다. 이 아스텍 수도는 한 사회가 그 목적을 달성하는 데 군사력과 대규모 인간 집단 조직력에 의존했던 사실을 잘 보여준다.

그림 13.6 아스텍 수도 테노치티틀란 중심 구역을 화가가 복원한 그림. 왼쪽에 위칠로포치틀리 대신전이 있다.

운하들이 이리저리 가로지르고 주도면밀하게 계획된 수천 헥타르의 저습 농경지('치남파스')는 이 대규모 도시 주민들의 먹을거리를 공급하였다.

이 도시는 원래 두 개의 자치 공동체, 테노치티틀란과 틀라텔롤코로 이루어져 있었으며 둘은 각각의 의례 구역을 가졌다. 1519년에 이르면 테노치티틀란이 종교 권력 및 세속 권력의 중심지가 된 반면 틀라텔롤코에는 주 시장이 있었다. 이 수도는 중앙의 담 두른 광장 안 위칠로포치틀리와 틀라록 대신전으로 올라가는 계단 아래서 교차한 길로 네 구역으로 나뉘어 있었다. 네모꼴 광장은 한 변 약 457m의 정방형으로 주요 공공 의례에서 거의 1만 명을 수용할 수 있을 정도로 큰 규모이다(그림 13.6).

유적 테노치티틀란의 아스텍 대신전

아스텍 종교생활의 초점은 테노치티틀란 심장부에 있는 위칠로포치틀리 신과 틀라록 신의 대신전이었다. 아주 최근까지 이 아스텍 우주의 중추에 대한 우리의 지식은 대체로 문헌자료로부터 나왔다. 스페인 사람들은 정복 때 그 마지막 신전을 뭉개버리고 바로 그 자리의 대부분에 멕시코 시의 대성당을 지었다. 1978년 전기공들이 대성당에서 그리 멀지 않은 곳에서 구덩이를 파다가 지름 3.2m가 넘는 거대한 타원형 석판과 맞닥뜨렸다. 그 돌에 새겨진 부조는 사지가 절단된 여신 코욜샤우키의 시신을 묘사하였는데 이 여신은 신화에 따르면 그 오빠 위칠로포치틀리에게 죽었다. 고고학자 마토스 목테수마와 그 동료가 그 자리를 5년에 걸쳐 발굴하였더니 대신전(템플로 마요르)의 잔적이 나왔다. 스페인 사람들이 박살낸 마지막 건물에서는 살아남은 것이 거의 없었지만 그 아래에는 적어도 여섯 시기의 이른 신전들이 놓여 있었고 대략 서기 1390년으로 연대측정된 두 번째 신전은 실질적으로 온전하였다.

원래의 신전 구조는 작고 조잡한 건물이었는데 나중에 계속해서 점점 큰 외곽들, 즉 각기 자기 성소, 조각, 봉헌물, 여타 인공물을 가진 새로운 피라미드가 이전 것을 둘러싸면서 지어졌다. 86개의 별개 봉헌물 은닉처로부터 모두 약 6천 점의 물건이 나왔는데 그 중 일부는 아스텍 제품이었지만 대다수는 제국의 여러 지역에서 분명히 공물로나 전리품으로 가져 온 것을 아스텍의 권력과 무력을 성스럽게 표현하는 차원에서 이곳에 묻은 것이었다. 그 유물들에는 흑요석, 옥, 테라코타로 만든 격조 높은 인공물 이외에 테오티와칸에서 나온 옛 돌 가면까지 있었다. 아마도 아스텍 사람들은 이것을 그 폐허가 된 도시에서 발굴해낸 아마추어 고고학도들이었을지도 모르겠다.

대신전은 아스텍 사람들의 우주관을 표현한 것이다. 신전 전체 구조를 떠받친 기단은 존재의 지면 층에 해당한다. 위로 가면서 좁아지는 피라미드 자체의 네 면은 꼭대기로 올라가면서 천상의 여러 층을 반영한다. 꼭대기는 최고층이며 두 최고신인 위칠로포치틀리와 틀라록에 바쳐진 성소 둘을 갖고 있다. 지하세계는 기단 밑에 있다. 대부분의 봉헌물은 그곳에서 나왔다. 이 봉헌물 중 아주 많은 수가 틀라록과 관련이 있으며 그저 이 신을 묘사한 형상들뿐만 아니라 이 물과 비의 신에 어울리게 이례적으로 많은 양의 물고기 및 바다 동물 뼈가 있었다.

아스텍 사람들에 따르면 지구는 우주의 중심에 있으며 물의 테가 둘러싸고 있다. 그 위에는 신들의 천상세계가 있고 그 밑에는 지하세계가 놓여 있다. 존재의 지면 층에는 중심점이 있으니 바로 대신전 자리이며 그로부터 아스텍 세계가 사방으로 뻗어 나간다. 대신전은 상징적 중추였으며 천상 세계와 지하 세계 둘 다로 통하는 수직 통로였다. 이런 상징성은 더 나아가니 테노치티틀란 자체가 호수 한가운데 자리 잡고 있기 때문이다. 사실 이 도시는 때때로 세마나왁, 즉 '물의 테 속 장소'라고 불렸고 또 터키석 고리로 생각되었다. 또 신화에서 서북쪽 아스텍인의 고향이라는 아스틀란 역시 물로 둘러싸였다고 하였다. 이와 같이 테노치티틀란은 우주의 상징적 중심이었고 최고 통치자가 신들에게 탄원하는 장소이기도 하였다.

우리는 에두아르도 마토스 목테수마의 발굴 덕택에 대신전이 이 광장의 북측에 서 있었으며 계단식 피라미드로서 각각 위칠로포치틀리와 틀라록에게 봉헌된 두 개의 예배 성소와 두 개의 계단을 가졌음을 안다(테 글 '테노치티틀란의 아스텍 대신전' 참조)(그림 13.7). 붉은 위칠로포치틀리 예배소는 오른쪽에, 푸른 틀라록 예배소는 왼쪽에 위치하였다. 목테수마는 적어도 여섯 개의 시기로 구분되는 이전 신전 구조물들을 발굴해내었는데, 그 두 번째는 대략 1390년으로 연대측정되며 사실상 완전하게 남아 있었다. 목테수마는 이 대피

그림 13.7 멕시코시 심장부에 있는 템플로 마요르의 폐허.

라미드가 아스텍 우주관의 천상 세계 네 층을 나타냄을 지적한다. 그 구지표면은 현세 삶의 평면이었다. 바로 이 지점으로부터 아스텍 세계의 네 방위가 뻗어나갔으며, 각기 신과 여신을 여러 가지로 의인화한 색깔들에 연관이 되어 있었다. 또 이곳의 수직통로는 위의 천상 세계와 아래의 저승에 닿았다.

테노치티틀란은 우주의 상징적 중심지요 둥근 호수 속에 자리 잡은 도시로서 바로 신화 속에서 물로 둘러싸였다는 섬 아스틀란이었다. 아스텍 세계의 가장 큰 축제는 대피라미드에서 벌어졌으며, 화려하게 차려입은 포로들이 열 지어 가파른 계단을 올라가 죽음을 맞이하는 것이 주된 의식이었다. 그 희생 제물들은 희생용 석대 위에 팔다리를 뻗치고 눕혀졌다. 그러면 곧바로 신관이 흑요석 칼로 그 가슴을 찢어 열어 아직도 뛰고 있는 심장을 뜯어내어서는 희생석에다 부딪쳤다. 시체는 가파른 피라미드를 굴러 그 아래에 있는 도살자들의 손아귀에 떨어졌고, 이들은 시체를 절단한 후 머리는 근처에 있는

그림 13.8 아스텍의 인신 공희 광경. 위칠로포치틀리 신전에서 희생 제물의 심장을 꺼내는 장면이다.

거대한 두개골 선반에다 올려놓았다(그림 13.8). 그들의 식인 풍습에 대한 이
야기가 자자하지만, 대부분의 전문가는 아스텍인이 때때로 의식에서만 영혼
부흥 행위로 소량을 소비하였을 것으로 믿고 있다.

제5태양의 세상

아스텍인은 호전적이었지만, 그들의 모든 행위, 모든 삶의 순간은 상징적
의미를 띠고 있었고 의례의 지배를 받았다(테 글 '아스텍 사람의 인간 존재에 대
한 생각들' 참조). 그들은 천체 운동을 기준으로 정한 순환적 시간관을 물려받
았는데 이는 이미 수천 년간 메조아메리카 문명의 핵에 자리 잡고 있었다. 그
들의 365일 세속력(曆)은 계절의 경과와 장날을 측정하였다. 260일 주기의 의
식력은 각기 13일로 된 20개의 '주(週)'들로 이루어져 있었다. 각 주, 매일은

수호신을 갖고 있었고, 그 모두가 특정한 선과 악의 성질을 갖고 있었다. 두 달력은 52년마다 한 번씩 일치하였으며, 그 순간은 시간이 죽기에 신관들이 희생 제물의 가슴에다 신성한 불을 켜야 비로소 되살아난다고 생각되었다. 그러면 누구나 기뻐하는 가운데 새로운 주기가 시작되었다.

고대인의 음성 **아스텍 사람의 인간 존재에 대한 생각들**

아스텍 현자들은 질서가 잘 잡힌 자신들의 삶에도 불구하고 삶의 의미에 대해 고민했고 삶의 현실과 진실의 본질로 파고들었다. 이들은 삶이 모두 꿈이 아닌가 하였다.

> "생명을 주는 자여, 우리는 여기서 진리를 말하고 있는가?
> 우리는 단지 꿈을 꿀 뿐이고, 꿈들로부터 눈을 떴을 뿐인가?
> 모든 것이 꿈과 같도다…
> 여기서는 아무도 진리를 말하지 않네…(레온-포르티야, 『아스텍 사람
> 들의 사고와 문화: 옛 나우아 족의 마음 연구』(1963), 220쪽)

바로 이 철학자들은 더 실제적인 임무를 또한 띠었으니 그것은 "사람들이 현명해지고 신중해질 수 있도록 그들 앞에 거울 하나를 두는 일, 즉 다른 사람들의 용모에 지혜를 부여하는 일"이었다. 그들의 과업은 얼굴 없이 태어난 사람들에게 목적과 정체성을 주는 일이었다. 그래서 이들은 인간 존재의 의미를 추구했던 것이다. 인간의 삶에는 진리가 있는가? 인간은 실제 존재인가 아니면 그저 덧없는 환상에 지나지 않는가?

현자들은 각 사람의 자아가 지혜와 예술을 찾아, 자기 고유의 상을 찾아, 아스텍인의 인간 개인에 대한 상을 찾아 텅 빈 자신을 채우려고 노력해야 한다고 가르쳤다. 이런 관념은 너무나 깊은 전통을 가졌기에 아스텍에서 선생은 "사람들이 지닌 얼굴들의 '얼굴과 심장'"이라고 불렀다.

아스텍 현자들은 자기 학생들의 의지에 영향을 주는 수준을 넘어 엄격한 교육을 통한 자기 규율을 가르쳤다. 이들은 어느 정도 개인적 자유를 가진 사람들을 대면하는 동시에 창조자에 의해 지배되는 세계를 마주해야 하는 딜레마를 잘 알고 있었다. 한 현자는 "우리는 그에게 단지 장난감에 지나지 않는다. 그는 우리를 비웃는다."고 사색하였다. 인간은 신들에게 봉사하기 위해 존재하였다. 땅 위에서는 그저 일시적으로 머무를 뿐이었다. 죽으면 저 너머 세계, 망자의 장소로 들어갔다. 거기서 비의 신 틀라록의 은총을 받은 이들은 틀라로칸이라고 부른 지상 낙원으로 들어가며 그곳은 "푸른 옥수수, 호박, (영원히 시들지 않는) 아마란스의 가지, 꽃들이 결코 부족하지 않는 곳"이다(앤더슨과 디블,『신스페인 풍물 약사』(1963)(제6권), 122쪽).

대부분의 사람들은 규율이 잘 되고 평범한 삶을 살았는데 그런 삶에 대해서는 현자들이 준비를 잘 시켜 준 때문이었으니,

> "우리 선조들, 옛 남자들, 옛 여자들은…우리가 땅 위를 여행하면서 산의 꼭대기를 따라 산다고 일러주고 떠났다. 어디에나 끝없이 깊은 나락과 구렁텅이가 있다. 만약 그대가 어디서든 길을 벗어난다면, 어디서든 길을 잃는다면 그 깊은 곳으로 처박힐 것이오. 땅 위에서는 계속 조심해 나아가시오. 그대는 절제가 필요하다고 들었을 것이기 때문이오."(앤더슨과 디블, 위 책, 121-126쪽).

아스텍인의 창조 전설은 자신들의 세계, 즉 제5태양의 세상 이전에 네 개의 태양이 있었음을 이야기하였다. 제4태양의 세상은 대홍수가 파괴하였으니, 태초부터 존재하던 물이 땅을 덮었다. 신들은 신성 도시 테오티와칸에 모두 모여 의논을 하였다. 두 신이 해와 달의 역을 맡기 위해 뽑혔다. 그들은 나흘간 고행을 하였고, 다른 신들이 지켜보는 가운데 거대한 불 속에 스스로를 내던져 죽었다. 그들은 바람의 신 에에카틀에게 주기적 진로를 따라 불려서

해와 달로 나타났다. 이리하여 제5태양의 세상은 태어났지만, 이는 필연적으로 주기적 사멸을 맞게 되어 있는 세상이었다. 강력한 숙명주의가 아스텍인의 삶 밑바닥에 가로놓여 있었지만, 그들은 인간의 심장이라는 마력의 영약으로 태양을 먹여 살림으로써 생명을 확실하게 이어갈 수 있다고 믿었다. 바로 이것이 메조아메리카 사회에서 인신공희가 그토록 성행한 이유였다. 이는 살아있는 사람에게서 먹을거리와 에너지를 대지와 하늘과 바다에 되돌려주는 한 수단이었던 것이다. 태양을 먹이는 것은 전사가 할 일이었다. 그들은 정복을 하거나 아니면 전투에서 사로잡혔을 때 '꽃다운 죽음'(희생석 위의 죽음)을 감내하도록 숙명 지어진 태양의 선민이었기 때문이다. 아스텍인은 나면서부터 공식 식사(式辭)에서나 학교에서나 예술, 건축, 시를 통해서나, 의상 규정에서까지 자신이 해야 할 일이 신성한 추구, 즉 위칠로포치틀리의 이름으로 제국을 개척해 나가는 것이라고 들었다.

아스텍 국가

아스텍 제국은 끊임없이 변화한 동맹 관계의 모자이크로, 테노치티틀란의 군주를 우두머리로 한 극소수 통치자 집단이 지배를 하면서 정교한 공물 수취 조직을 바탕으로 한데 굳게 결합되었다. 모든 것은 일로 성장한 엘리트의 이익을 위해 굴러갔으며, 이들은 무자비하고도 효율적인 징세 작업과 정략혼인과 끊임없는 군사력 사용 위협으로 권력을 유지하였다. 공물의 양은 정복된 도시별로 매겨졌고, 금가루, 금속 인공물 혹은 의례용 외투 및 머리쓰개용 열대 새 깃털 같은 원자재 등 아주 다양한 형태로 수취되었다(그림 13.9). 훌륭한 장신구, 어깨 망토까지도 그런 산품을 전문적으로 만드는 공동체들로부터 징발하였다. 도시 26개는 단지 한 왕궁에서 쓸 땔감을 공급하는 일만 하였다. 명인 대장장이들은 종 같은 악기들을 만들었는데, 이것들은 구리를 합금해서 번쩍거리는 금은 광택을 내었다. 색깔과 소리는 모두 메조아메리카적 이데올

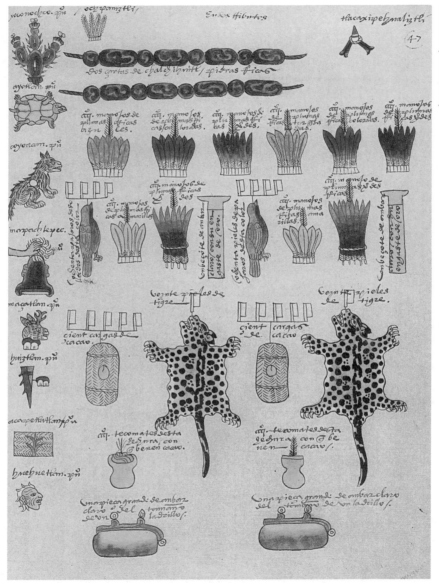

그림 13.9 아스텍의 공물. 스페인인의 정복 후 신스페인 총독을 위해 집성된 아스텍 사회의 설명서인 '멘도사 사본'에 보존된 이 목록은 토치테펙 지방에서 바친 품목들 가운데 "1600벌의 귀한 망토, 800벌의 적·백·녹색 줄무늬 망토, 400벌의 전사용 튜닉과 셔츠 등등…"을 열거하고 있다. 공물 중에는 화려한 색상의 새 깃털·카카오·나무 껌이 포함되어 있었다.

로기의 핵심 부분이었다. 이는 해와 달을 기리고 비, 천둥, 방울뱀 소리를 내어 이 세상에 상징적 질서를 가져오는 데 도움을 주는 것이었다. 취락 자료와 여타 고고학 자료는 아스텍 제국이 한 사회로서나 경제체로서 그 위대한 선배 테오티와칸보다 덜 중앙집권적이었음을 시사한다. 수요와 공급 같은 시장 원리에 대치되는 최상층의 의사 결정이 아스텍 제국의 경제를 어느 정도로 좌우했는지는 아직 알지 못한다.

아주 가시적이고 실제 이상으로 선전된 제국의 겉치장 아래에는 소규모 왕국과 읍과 마을들이라는 복합적 토대가 놓여 있었으며, 이 모든 것들은 지역 경제체들 속에 통합되어 있었다. 그런 지역 경제체 중 많은 부분은 아스텍 국가 이전부터 존재한 것이었다. 그 동안 이것들을 토대로 여러 문명이 탄생을 하였고 또 이는 스페인인의 정복 후에도 지속되었다. 그와 동시에 제국의 정치, 경제 정형은 지역적으로나 사회적으로 아주 변이가 많았으니 토지 소유에서 물품생산 전문화에 이르기까지, 도회 유형으로부터 상인과 시장에 이르기까지 모든 것에서 그러했다. 이제 새로운 세대의 고고학 연구에 의해 겨우 모습을 드러내는 중인 이토록 복잡한 사회적 모자이크가 정치, 경제적으로 통일되고 중앙집권화된 듯 보이는 외관 아래 놓여 있었던 것이다.

공납과 교역은 공조 관계에 있었다. 왜냐하면 아스텍 제국이 전문 상인, 즉 '포치테카'에 크게 의존했기 때문이다. 아스텍 상인들은 밀접하게 연계된 자신들만의 계급을 형성해서 국가의 눈과 귀 역할을 하였고, 때로는 대단한 부를 얻기도 하였다. 틀라텔롤코에 있는 테노치티틀란의 대시장은 아스텍 세계의 중추였으며, 스페인 연대기 작성자들이 기록한 바에 따르면 하루에 적어도 2만 명, 장날에는 5만 명의 사람이 북적대었다. 그곳에는 금과 은 상인, 노예와 열대 새 깃털 거래자, 어깨 망토와 초콜릿 판매상이 있었고, 상상할 수 있는 온갖 상품이 다 있었다. 그리고 그 시장에서는 확실한 공정 거래 질서 유지의 임무를 띠고 특별히 임명된 관리들이 엄중한 감독을 하고 있었다.

국가 자체는 통치자와 귀족의 이익을 위해 경영되었으며, 그들은 특권 계층으로서 토지를 관할하고 공공 노동력을 이용할 권리를 가지고 있었다. 귀족들은 타고난 특권, 노동 동원권, 임명받은 지위로 제국 안의 거의 모든 전략 자원과 그것을 취급하는 교역로를 관할하였다. 정교한 복식 규정은 장신구에서 어깨 망토 및 샌들의 양식에 이르기까지 모든 것을 망라하였으며, 이런 규제는 귀족 수를 제한하기 위한 조치였다. 국가를 지탱한 것은 공물과 평민 수만 명의 노동력이었다. 거친 어깨 망토를 걸치고 일로 손이 닳은 하찮은 평민들은 소수 사람에게 저지대와 고지대 전역에서 나온 식량, 땔감, 물, 좋은 옷감, 수많은 사치품을 끊임없이 공급하였다. 사회 위계 속에서 그들보다 하위에 있었던 것은 단지 노예와 죄수뿐이었다.

모든 아스텍인은 어떤 '칼푸이', 즉 '대가(大家)'의 일원이었는데, 이는 동일 조상으로부터 남계의 공통 혈통을 주장하는 친족 관계를 토대로 구성된 가계 집단이다. 테노치티틀란의 모든 통치 구역은 그런 집단들에 바탕을 둔 지구들로 조직되었다. 칼푸이는 개개 평민과 국가 사이의 매개 역할을 하면서 노동력과 공물을 세금으로 바치고 사람들을 할당해 공공사업을 수행하도록 하였다. 가장 중요한 것은 칼푸이가 토지를 공유하고 그 성원에게 할당한 점이다. 그 선출직 지도자는 토지가 어떻게 이용되고 있는지 나타내는 지도를 유지 관리하였고 정부 공물 징세관을 상대하였다. 칼푸이는 사회 성원 모두에게 일정한 안전을 보장했던 반면 국가가 수많고 다양한 도시 및 농촌 주민을 다스리고 다수 인민을 군대와 사업에 곧바로 동원 편성하는 데 효율적인 장치였다. 아스텍의 정치, 사회 제도 중 그 어느 것도 새로 만들어낸 것은 없었다. 그것들은 이미 여러 세기 전 톨텍인과 테오티와칸 지배자들이 무지막지하나 성공리에 이용하고 있었던 것이며, 다만 아스텍인의 경우에는 그것들을 한층 융통성 있고 다양한 환경 속에서 운용하였다.

스페인의 아스텍 정복(서기 1517년부터 1521년까지)

아스텍 제국이 전성기에 있었던 1501년에 침략적이고 호전적이었던 통치자 아위초틀이 죽었다. 그 이듬해에 목테수마 소코요친('2세')이 왕으로 뽑혔는데 복잡한 성격의 소유자였던 그는 훌륭한 군인이었지만 내성적이었다고 전해진다. 1517년 멕시코만에서 산들이 움직이고 동쪽 수평선 너머에서 온 흰 수염의 방문객들이 마야의 유카탄 벽지에 나타났다는 보고들이 테노치티틀란에 이르렀을 때, 목테수마는 토필친 케찰코아틀이 '1 갈대'의 해에 돌아올 것을 맹세하면서 배를 타고 동쪽 수평선 너머로 떠났다는 옛 톨텍 전설에 마음을 졸이고 있었다. 그런데 역사의 기묘한 우연으로 에르난 코르테스가 바로 그 '1 갈대'의 해(1519년)에 상륙함으로써 목테수마는 토필친 케찰코아틀이 자신의 왕국을 되돌려 받기 위해 돌아온 것이라고 확신할 수밖에 없었다.

이어지는 스페인인의 정복 이야기는 마치 한편의 그리스 비극처럼 전개된다. 자신들의 혁혁한 선배들처럼 전쟁의 모든 행위에는 깊은 상징적 의미가 있다는 것을 확신한 용감하고 박력 있는 사람들과 전투로 단련된 약 600명의 단독 정복대가 맞붙은 것이 정복 전쟁이었다. 아스텍인은 오랫동안 전쟁을 신들의 무지막지한 식욕을 채우고 느슨한 속국들의 집합체를 질서 있게 유지하는 데 이용하였다. 이들은 동요하는 자신들의 동맹국을 적이 교묘히 이용하는 데 맞서 자신과 싸움을 벌이는 꼴이 되었다. 그들이 할 수 있는 것이라고는 이전에 만나 본 어떤 적과도 닮은 데라고는 전혀 없는 수수께끼의 적으로부터 필사적으로 스스로를 방어하는 것뿐이었다. 금에 굶주린 이 단호한 소규모 모험가 부대는 오래도록 치열한 전투에 익숙해 있었고, 그래서 그들의 승리는 필지의 일이었다.

멕시코 전역(신스페인)이 스페인의 확실한 통제 하에 드는 데는 10년이 걸렸다. 수만 명이 유혈 충돌에서 죽었고, 또 신래자들이 들여온 인플루엔자와 천연두 같은 외래 질병으로 수십만 명이 더 죽었다. 정복자들은 케찰코아틀의 거룩한 자비 대신 고통, 죽음, 외래 질병, 예속을 가져다주었다. 3천 년 이상의 역사를 가진 메조아메리카 문명은 그렇게 해서 여러 세기 동안 이어질 역사의 망각 속으로 급속히 빠져들고 말았다.

요약

- 고지대 메조아메리카 문명은 토착적 뿌리 및 저지대의 뿌리로부터 생겨났다. 올멕의 영향은 강하였지만 늦어도 서기전 1000년이면 와하카 계곡에 작은 왕국들이 발달하였다.
- 이들은 하나로 연합해서 몬테 알반 국가를 이루었으며 이는 서기 1천년기 동안 전성기에 도달하였고 멕시코 분지 가장자리의 테오티와칸과 공존하였다.
- 테오티와칸은 고지대와 멕시코 분지에서 서기 첫 천년기의 첫 일곱 세기 동안 주도적 정치, 경제 세력이었다. 그 통치자들은 마야인과 끊임없이 교역을 하였고 그 호전적 철학과 종교 신앙은 메조아메리카의 많은 부분으로 침투하였다. 거대한 피라미드와 성소들을 가진 이 대도시는 아주 신성한 장소로서 아스텍 문명의 탄생 장소라고 여겨졌다.
- 톨텍 문명 또한 멕시코 분지에 기반을 두었으며 테오티와칸의 몰락으로 생긴 정치적 진공 상태를 채웠는데 서기 1200년에 와해되었다.
- 14세기에 이르면 멕시코 분지의 서북쪽에서 기원한 아스텍인이 고지대에서 주도 세력이 되던 참이었다. 그 통치자들은 그 다음 두 세기에 걸쳐 거대한 공납 수취 제국을 만들어내었으며 그 영역은 저지대와 남쪽 멀리 과테말라까지 뻗어 있었다. 아스텍 문명은 군사 노선 및 인신공희에 의존하면서 태양신 위칠로포치틀리의 야심 찬 목표들을 진전시켰다.
- 아스텍 제국은 1519년 에르난 코르테스와 그 정복대 600명이 아스텍 수도 테노

치티틀란에 입성했을 때 이미 한계에 도달한 상태라는 여러 조짐을 보이던 참이었다. 격렬한 포위 공격을 받은 이 도시는 2년 뒤 폐허로 변하였다. 아스텍 문명은 훨씬 우월한 군사 기술과 맞닥뜨린데다 그 주인을 몹시 미워해 반란을 일으켰던 제후들이 이 신기술 세력을 돕자 갑자기 몰락하고 말았던 것이다.

참고문헌

Susan Toby Evans의 *Ancient Mexico and Central America* (London and New York: Thames and Hudson, 2004)는 아주 훌륭한 종합서이다. Kent Flannery 편 *The Early Mesoamerican Village* (New York: Academic Press, 1976)는 와하카 계곡 초기 사회의 복합도에 관한 귀중한 정보를 담은 책이다. Joyce Marcus와 Kent Flannery의 *The Zapotec Civilization* (London: Thames and Hudson, 1996)은 몬테 알반과 와하카 계곡 문명의 기원에 대한 설명서로서 그림을 풍부하게 곁들이고 있다. 테오티와칸에 대해서는 René Millon, R. B. Drewitt, George Cowgill의 *Urbanization at Teotihuacán* (Austin: University of Texas Press, 1974)과 Esther Pasztory의 *Teotihuacán: An Experiment in Living* (Norman: University of Oklahoma Press, 1997)에 잘 설명되어 있다. William Sanders, Jeffrey Parsons, Robert Santley의 *The Basin of Mexico* (New York: Academic Press, 1979)는 이 멕시코 고지대에서 광범위하게 실시한 고고학적 탐사 성과를 서술하고 있다. 톨텍인에 대해서는 Richard Diehl의 *Tula, the Toltec Capital of Ancient Mexico* (New York: Thames and Hudson, 1983)에 요약되어 있다. 아스텍인에 대해서는 Geoffrey W. Conrad와 Arthur A. Demarest의 *Religion and Empire* (Cambridge, England: Cambridge University Press, 1984)를 권한다. 그 문명에 대해서는 Michael Smith의 *The Aztecs (The Peoples of America)* (제3판, Hoboken, NJ: Wiley-Blackwell, 2011)가 있다.

제14장

●

안데스 문명

DEA/G. Dagli Orti/Getty Images

페루 파라카스에서 출토된
장례용 담요에 보이는 샤먼.

프롤로그

그 해는 1911년이었다. 미국 탐험가 하이람 빙엄은 안데스 산맥 높은 곳에서 숲이 빽빽이 우거진 벼랑길을 따라 발 디디는 데마다 무릎까지 빠지는 진흙을 헤치고 나아가느라 악전분투를 하고 있었다. 빙엄은 1537년 스페인 정복대를 피해 달아난 잉카 통치자 망카 잉카의 마지막 은거지 빌카밤바를 찾고 있었다. 그와 그 탐사대는 그 지역 농민 한 사람을 안내자로 삼아 곤두박질치며 흐르는 우루밤바강 위쪽 높은 데를 향해 곳곳에서 완전히 기기도 하면서 오르고 있었다. 갑자기 빙엄은 앞이 탁 트인 높은 산등성이로 나와 있었다. 그는 "여러 세기 동안 자란 나무와 이끼와 식물들로 덮인 아름다운 화강암 집들의 미로" 사이를 이리저리 헤매고 다녔다. 그는 "꼼꼼하게 깎아 절묘하게 서로 맞춘…하얀 화강암 벽들" 사이를 몇 시간이고 돌아다녔다. 돌로 만든 테라스들은 그 작은 산 중턱을 거대한 계단처럼 올라가고 있었다. 화강암 계단 하나가 빙엄을 신전 두 개를 가진 광장으로 이끌었으며 그 신전 하나에는 커다란 제단석이 있었다. 빙엄은 "그 광경에 나는 매료되고 말았다."고 밝히고 있다. 잉카인은 산등성이에다 마추픽추를 지었던 것인데 이 취락이 그토록 아득히 떨어지고 범접할 수 없는 환경에 자리 잡았기에 빙엄은 '잃어버린 잉카 도시'(뒤의 그림 14.15 참조)라고 주장하였다. 빙엄은 마추픽추에서 3년간 집과 신전들을 소제하고 발굴해서 도면으로 작성하는 작업을 하였다.

마추픽추는 세계에서 가장 장려한 고고학 유적 중 하나이지만 결코 잃어버린 도시는 아니었다. 왜냐하면 그 지역 농민이 존재를 잘 알고 있었기 때문이다. 빙엄은 자신이 빌카밤바를 발견했다고 믿었다. 하지만, 탐험가 젠 사부아는 1964년 숲 우거진 파마코나스 계곡 벽지의 잉카 취락인 에스피리투 팜파가 그 마지막 잉카 수도임에 틀림없음을 확인하였다 (빙엄, 『잉카의 잃어버린 도시』(1964), 212쪽).

1. 안데스 문명의 해양 토대 | 2. 해안 토대(서기전 2600년부터 서기전 900년까지) | 3. 초기 지평 문화와 차빈 데 완타르(서기전 900년부터 서기전 200년까지) | 4. 초창기 | 5. 모체 국가(서기 100년부터 800년까지) | 6. 중기 지평 문화: 티와나쿠와 와리(서기 600년부터 1000년까지) | 7. 후기 중간기: 시칸과 치무(서기 700년부터 1460년까지) | 8. 후기 지평 문화: 잉카 국가(서기 1476년부터 1534년까지) | 9. 스페인의 잉카 정복(서기 1532년부터 1534년까지) | 10. 요약

타완틴수유('사방 천지의 땅')로 알려진 거대한 잉카 제국은 15세기 말의 전성기에는 안데스의 고도 높은 산악 계곡에서 건조한 고원지대를 거쳐 그 산록과 열대 우림, 그리고 지구상에서 가장 건조한 경관 중 하나인 해안사막까지 펼쳐져 있었다(그림 14.1).

안데스 문명의 두 '극(極)' 중 하나는 지금의 페루 북부 해안을 따라서, 다른 하나는 안데스 남중부에서 여러 세기에 걸쳐 발달하였다. 오로지 잉카인만이 두 극을 하나로 묶어 광대한 제국을 이루는 데 성공하였다. 황폐하고 사

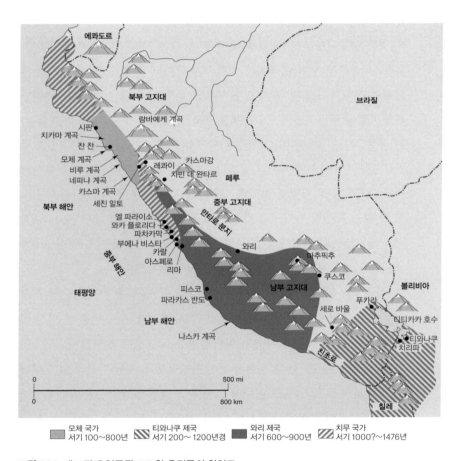

그림 14.1 제14장에 언급된 고고학 유적들의 위치도.

실상 비가 내리지 않는 페루 해안 평원에 중심을 두고 있었던 북쪽 극은 남쪽으로 해안을 따라 멀리 코야수유까지 거의 550km를 뻗었고 람바예케강 지역에서는 폭이 100km에 이르렀다. 산에서 흘러내리는 빗물이 모인 강과 시내 약 40개가 평원을 가로질러 흘렀지만 주변 사막이 충분히 낮은 지역들에서만 그 물을 관개에 이용할 수 있었다.

남쪽 극은 티티카카호 분지의 높은 평원, 볼리비아 고지대, 그리고 남중부 안데스의 아르헨티나 여러 부분과 북부 칠레를 포괄하였다. 이 지방의 많은 부분은 너무 건조하고 추워 인구가 밀집해 살 수가 없었다. 티티카카호 분지 북쪽 끝은 다소 따뜻하고 급수가 잘 되어 알파카와 야마를 기르고 감자와 키노아 농사를 지을 수 있었다.

안데스 문명은 여러 가지로 다른 진화의 궤적들을 거쳤으며, 그것들이 한데 모여 결코 범상치 않은 국가와 제국들의 모자이크를 이루었다. 그 많은 부분은 널리 믿은 영적 신앙의 결과이자 해안과 고지대 사이, 이웃하는 계곡들과 대규모 인구 중심지들 사이의 끊임없는 상호 교류의 결과였다. 타완틴수유 자체는 안데스의 잉카 군주들이 유럽인과 접촉하기 직전의 여러 세기에 걸쳐 봉합해낸 유례없는 정치적 합성체였다. 이는 안데스 전역에서 사회 복합도가 여러 세기에 걸쳐 증대한 후 그 정점에 이른 것이었다. 이 장에서는 잉카 제국으로 끝이 났던 안데스 문명의 발달 과정을 서술하기로 한다.

1   안데스 문명의 해양 토대

안데스 중부의 험준한 산맥은 높이가 히말라야에만 뒤질 뿐인데, 강우는 겨우 10%만이 태평양 분수계로 흘러 내려간다. 이 산맥 서쪽 기슭의 경사지와 평지는 세계에서 가장 건조한 사막들 중 하나로 덮여 있다. 이는 실로 적도로부터 남위 30도까지 펼쳐지며, 많은 부분이 페루 해안을 따라 자리 잡고 있다. 그 반대 극단으로 아메리카 대륙에서 가장 풍부한 어장이 태평양 해안을 감싸고 있어서 멸치처럼 떼 지어 다니는 작은 물고기를 수백, 수천 만 마리 산출한다. 그물로 쉽게 잡히는 이 고기떼는 오늘날 수백만 명을 먹여 살리고 있으며, 선사시대에도 밀집 인구를 부양하였다. 그와 대조적으로 이 건조한 경관을 경작하기 위해서는 안데스로부터 흘러내리는 물을 수백 명이 협동노동으로 건설한 긴 수로들을 이용하는 대규모 관개체계로 관리해야 한다. 이 사막은 단지 10%만이 경작될 수 있으며, 그래서 주민들은 그물로 쉽게 잡히는 멸치 떼를 비롯한 태평양의 선물에 크게 의존한다. 이처럼 사람이 살기에 분명히 적합하지 않은 사막이 고지대 이웃들과 교역을 하고 대규모 의례중심지를 건설한 복합적 초기 국가들의 주요 중심지였다는 사실은 놀라운 일일 것이다.

1970년대에 고고학자 마이클 모즐리는 스스로 '안데스 문명의 해양 토대'라고 이름 붙인 가설을 제시하였다. 그는 태평양 연안의 이 독특한 수산자원이 대규모 공동체들로 군집해 급속히 성장하던 정주민들을 부양하기에 충분한 열량을 제공했다고 주장하였다. 더욱이 바로 이 식량원은 해안의 신생 복합 사회 지도자들이 시간과 사람을 마음껏 써서 대형 공공 기념물과 신전들을 세우는 작업을 조직하기에 충분한 잉여를 산출했다는 것이다. 이 시나리오는 농업을 국가조직 사회의 경제 토대로 여기는 재래의 고고학적 사고에 반한다. 안데스에서는 그것이 어업이었다고 모즐리는 주장한다. 해안 주민의 인구는 수천 년 동안 증가했고, 이런 증가는 그들을 나중에 대규모 관개와 옥수수 농업을 채택하는 상황에 미리 적응시켰다.

해양 토대 가설에 대해 그간 몇몇 비판이 나타났는데, 모두 대규모 해안 취락들이 해양자원만으로는 부양될 수 없었을 것이라는 가정을 근거로 하였다. 하지만, 이 비판의 대부분은 멸치의 잠재력을 무시하는 경향이 있다. 해양 토대 가설은 만약 내륙 및 고지대, 그리고 대륙붕이 좁아 대대적 멸치잡이를 할 수 없었던 곳에서도 역시 일어난 진화의 과정들을 포괄하는 한층 광범한 설명 틀의 한 구성 요소로 본다면 전반적으로 말해 지금까지 시간의 시험을 잘 견뎌내었다 하겠다.

리처드 버거는 농업이 점점 중요해진 고지대에서 변화된 식단 유형 때문에 농민들 사이에 소금, 물고기, 해초류 등 저지대 생산물에 대한 수요가 창출되었을 것이라고 주장한다. 해초는 해양성 요드가 풍부해 고지대 특유의 갑상선종 및 여타 질병과 싸우는 데 쓰인 중요한 약재였을 것이다. 게다가 해안 지대에서 기를 수 없었던 감자 같은 탄수화물 먹을거리가 태평양 저지대의 유적들에서 그간 발견되었다. 이로 보아 고지대와 저지대 모두의 국가 형성은 해안과 내륙 사이의 지속적 상호 교류에 의해 촉진되었을 가능성이 크다.

마이클 모즐리는 해양자원에 대한 의존이 대규모로 밀집된 인구집단이라는 형태로 선적응을 낳았고, 그 지도자들은 그 덕분에 대규모 의례중심지를 건설하는 데뿐만 아니라 강 계곡들을 상당한 규모의 관개지로 바꾸어 놓는 데도 필요한 노동력을 조직할 수 있었다고 믿는다. 이 시나리오에 따르면 명확히 규정된 권위 소지 집단이 관개 농경을 장악하고 있었으며 그들은 기존의 단순 기술과 지역 주민을 이용해 새로운 경제를 창출했다는 것이다. 실제로 교역과 옥수수 농경, 해양 식단에 토대를 둔 이 변환은 안데스 사회에 급격한 변화를 일으킨 '촉발제' 역할을 했다. 하지만, 그 변환은 그보다 수천 년 전 초기 해안 마을들에서 입증될 수 있는 옛 어업 전통에 바탕을 둔 것이었다.

2   해안 토대(서기전 2600년부터 서기전 900년까지)

저지대에서는 농경이 비교적 최근까지 부차적 활동에 머무르고 있었다.

그럼에도 서기전 2500년부터 서기전 1800년 사이에는 북부 해안을 따라 수백 명의 인구를 가진 정주 마을들이 번성하였다. 이 안데스 문명의 '초창기'는 결정적으로 중요한 천년기였다. 그때 우주와 종교 둘 다에 대한 새로운 관심이 안데스에 널리 퍼졌기 때문이다. 이 새로운 신앙은 저지대와 고지대 모두에서 기념물 건축, 특히 평면 U자형 의례 구조물 축조가 고조되는 데서 모습을 드러내었다.

우리는 해안을 따라 처음으로 좀 더 복잡한 사회들이 발달한 때가 언제였는지 알지 못하지만 서기전 3000년 이전임은 분명하다. 적어도 15헥타르를 차지한 취락인 아스페로가 서기전 3055년이면 수페강 하구에서 번성하였다. 서기전 2600년이면 오늘날 리마에서 북쪽으로 약 193km 떨어진 더운 수페강 유역에서 커다란 왕국 하나가 카랄이라는 이름의 중심지에 의해 통치되고 있었다. 이 수페강 유역에는 17개나 되는 중심지가 있었으며 이들은 숙달된 관개 농업으로 기른 과바, 콩, 고추, 과실 등으로 부양되었다. 그 농민들은 목화도 길렀지만 나중에 안데스 생활에서 두 가지 주식이 되는 옥수수와 감자는 기르지 않았다. 이 왕국은 목화를 길러 그물 제품과 교역함으로써 번영을 구가하였을 것이다. 그 생업의 많은 부분은 멸치로부터 나왔는데 이는 유적에서 나온 건조 보존된 인간 대변에서 나타난다.

카랄에서는 여섯 개의 대형 석조 기단이 주위를 압도한다. 그 기단 위에는 채석한 돌로 짓고 근처 강에서 나는 자갈돌로 채운 구조물들이 있었다. 가장 큰 것은 152m×137m에 높이 18m이다(그림 14.2). 이 중요한 왕국은 소규모 엘리트가 통치하였지만 우리는 아직 그들에 대해 아는 바가 거의 없으며 또 그들이 그 인상적 중심지들을 짓도록 수천은 아닐지라도 수백 사람의 충성심을 자아낸 방법에 대해서도 아는 바가 거의 없다. 카랄은 알지 못하는 이유로 서기전 2000년부터 1500년 사이에 버려졌는데, 그때는 마침 해안을 따라 북쪽에서 다른 왕국들이 두각을 나타낸 때이다. 리마 근처 치욘강 가까이 있는

그림 14.2 페루 카랄 유적의 피라미드들.

부에나 비스타 유적에서는 계단식 피라미드 신전이 드러났으며 서기전 2200년으로 연대측정된 특징적 조각들이 있었다. 이 성소는 춘추분 및 여름 하지와 겨울 동지 때 해와 별자리들의 위치에 맞추어 방향을 잡았다. 그 절기들은 안데스인이 자신들의 농업 활동에 계획을 세우는 데 기준으로 쓴 날들이다.

서기전 약 1800년에 리마 근처의 치욘강 하구 가까이 건설된 엘 파라이소는 U자형 의례 단지 중 제일 오래되고 태평양에 가장 가까이 위치하였다(그림 14.3). 이 거대한 유적은 적어도 여섯 개의 커다란 방형 건물로 이루어져 있으며, 각 건물은 대충 다듬은 돌덩이를 가열하지 않은 진흙으로 접합하여 쌓았다. 사람들은 마연한 진흙 외벽에다 화려한 색칠을 했다. 각 단지는 다층 기단으로 둘러싸인 정방형 건물 하나로 이루어져 있으며, 그리로는 돌과 흙을 섞어 쌓은 계단을 통해 올라간다. 가장 큰 것은 길이가 250m, 너비가 50m이고 평원보다 10m 이상 높이 솟아 있다. 그 방들은 나무 기둥 위에다 엮어 짠 지붕을 얹었음이 분명하다. 이 엘 파라이소 건축물들을 짓는 데는 근처 구릉에서 채굴한 10만 톤에 달하는 암석이 필요했을 것이다. 하지만, 이것들은 둘레

그림 14.3 페루 엘 파라이소 유적.

에 사람이 산 흔적이 거의 없어 거주 구역이라기보다는 성소와 공공 지구였던 듯하다. 붕괴된 석조물 더미 중 가장 큰 두 개가 나란히 놓여 2.5헥타르가 넘는 면적을 가진 넓고 긴 형태의 마당을 구획하고 있다.

가장 놀라운 사실은 산재한 마을 수십 개에서 온 사람들이 이 거대한 구조물들을 세웠다는 점이다. 그들은 우리가 아직 알 수 없는 이유로 단결해서 건축 사업을 하는 데 가담하였으며 자신들의 잉여 에너지 대부분을 한 거대한 기념물적 중심지, 즉 사람들이 거의 살지는 않았지만 주요 공공 의례를 위해 모든 이가 모여든 장소에다 쏟아 부었다.

엘 파라이소의 U자형 평면 배치 건축 출현은 내륙에서 비슷한 형태의 의례 중심지들이 개화하는 것과 때를 같이한다. 그때 해안 사람들은 이전보다 훨씬 많은 양의 뿌리 작물을 먹고 토기를 만들며 취락을 내륙의 강 계곡들로 옮기기 시작하였다. 일부 학자는 이런 이동이 대규모 수로 관개의 도입과 시기가 일치한다고 믿고 있다. 아마도 U자형 의례 중심지의 확산은 커다란 경제적 변화를 수반한 사회의 근본 구조 조정을 반영하고 있을 것이다.

이런 것들은 의례의 관점에서 본다면 무엇을 의미하는가? 아메리카 대륙의 많은 지역에서 연기와 물을 교묘하게 조작하는 의례는 우주에서 공기, 땅, 물이 이룬 누중 층들을 연결하는 역할을 하였다. 해안과 고지대의 초기 의례 중심지들은 이런 물질들을 이용해 우주와 교감을 유지한 옛 전통을 반영하고 있을 것으로 추정된다.

3 초기 지평 문화와 차빈 데 완타르(서기전 900년부터 서기전 200년까지)

1943년 고고학자 훌리오 테요는 고지대 페루의 광범위한 지역에 걸쳐 돌, 도기, 귀금속으로 표현된 독특한 미술 양식 한 가지를 식별해내었다. 그는 이를 페루 중부 차빈 데 완타르의 한 유명한 선사시대 의례중심지 이름을 따서 차빈 양식이라고 명명하였다. 테요의 연구는 페루학자들 사이에서 오랫동안 견지되는 한 가지 믿음을 낳았으니 그것은 광범위한 차빈 미술 양식이 모든 후대 안데스 문명의 '모(母)문화'로서 메조아메리카 선사시대의 올멕 현상에 다소간 상응한다는 믿음이다. 이는 페루 선사시대에서 서기전 약 900년으로 연대측정되는 시점에 독특한 '초기 지평 문화'가 되었다. 그때는 문명이 시작됨에 따라 토착 종교 신앙이 정복과 교역과 식민화에 의해 아주 크게 팽창하였다.

차빈 데 완타르 유적은 정교한 도상술이 아주 발달하였음을 입증하고 있다. 이 유적은 긴 역사를 지니고 있으며 그것은 늦어도 서기전 1500년에는 시작된다. 하나의 성소로서 미약한 출발을 하였으나 그 건설자들은 이 유적을 확대시켰다. 여러 단을 이룬 신전 구역의 최상층에는 방대형 피라미드가 위압적으로 자리 잡고 있다(그림 14.4a, b). 높이 10m인 이 피라미드는 안이 꽉 차 있는 듯 보이지만 실은 석조 통로와 방들로 속 빈 벌집 모양을 하고 있다. 회랑의 통풍은 장방형의 특수한 관(管)들을 통해 이루어졌다. 이 신전 안에는 머리카락을 뱀 형태로 표현한 재규어 같은 인간의 희한한 조각이 들어 있다. 이것이 그 유명한 '란손'으로 천상 세계와 이승과 저승을 연결하는 축 역할을 하였을 것이다. 이 신은 균형과 질서의 판관 역할을 하였던 듯하다. 중심지 전체가 천상과 저승을 중개하는 장소였다. 차빈의 신관과 종무인들은 산 것과 초자연적인 것 사이의 중개자 역할을 하였다. 그들은 이런 샤먼의 역할을 하면서 스스로 초자연적 재규어와 볏 달린 독수리로 변신하였다.

차빈 미술은 이런 변신들을 나타내고 있다. 거기서는 재규어 의장이 지배적이다. 인간과 신과 동물들은 재규어 모양의 엄니나 사지를 갖고 있다. 많은

Jesse Kraft/Alamy

그림 14.4a 페루 차빈 데 완타르의 중심 안뜰.

그림 14.4b 차빈 데 완타르의 신전 내부 지하 터널.

조각상의 몸에서는 뱀들이 줄줄 흘러나오고 있다. 이 미술은 기괴한 동시에 약간 냉소적이다. 상들은 돌로 조각된 것이 많으며 그 외는 진흙이나 뼈로 되었다. 그들의 콧구멍은 환각 물질을 들이마셔 콧물을 질질 흘리고 있다. 주된 신은 천둥과 더불어 근처 고산의 강력한 여타 기후 현상과 관련된 자연 신이었을 것이다.

차빈 데 완타르는 리처드 버거가 그럴 듯하게 이론화한 대로 네 단의 인공 산이며, 여러 의례는 물의 순환을 둘러싸고 벌어졌다. 이 신앙에서는 땅이 거대한 대양에 떠 있었다. 물은 거기로부터 산을 통과하여 하늘의 은하수로 순환해서는 인간들의 논밭을 적시는 비가 되었다가 대양으로 흘러 되돌아간다. 페루 고고학자 루이스 룸브레라스는 이 대성소의 정교한 석조 터널과 수로들을 통과해 흐르는 물의 낮은 포효 소리를 재현해낸 바 있다. 그는 물의 포효 소리가 비를 내리는 산과 신전과 우주의 여러 층들 사이에 상징적 고리 역할을 하면서 우기 동안 신전 전체에 메아리쳤을 것으로 믿고 있다. 동물과 인간이 뒤얽힌 의장들을 가진 차빈 미술은 열대 우림의 모든 현란함과 이국적 기풍을 지니고 있다. 묘사된 동물들은 큰 악어, 재규어, 뱀 등으로 모두 삼림 동물이다. 이 미술은 아마도 안데스 동쪽의 열대 우림에서 기원하였을 터이지만 '초기 지평 문화 차빈' 신전은 여러 세기 전 해안 및 고지대의 다른 유적에서 확인되는 건축 설계인 U자형에다 한 단 낮은 중앙 광장을 갖고 있다.

차빈은 해안과 삼림 둘 다에서 나온 특성과 아이디어들이 융합되어 고지대의 한 국지 지역에서 현란한 문화 현상으로 발현했음을 나타낸다. 이 초기 지평 문화는 장기간에 걸친 문화 변화 및 정치적 조정 시기에 발현하였을 것이다.

4   초창기

초창기에는 안데스 세계의 양끝인 북부 해안과 멀리 남쪽의 티티카카호 호안에서 독특한 해안 사회와 고지대 사회들이 발달하였다.

해안지방(서기전 1800년 이후)

관개 농경이 번성한 모체, 카스마, 치욘 등의 강 계곡에서는 서기전 1800년 이후로 일단의 정치체가 발달해서 상호작용을 하였다. 그보다 여러 세기 전에 이미 이웃하는 해안 강 계곡들뿐만 아니라 저지대와 고지대 사이를 또한 연결한 소통망은 생겨나 있었다. 온갖 환경 지대에 걸친 이 교역로들은 기술, 이데올로기, 토기 제작술, 건축 양식이 넓은 지역으로 퍼지는 데 도움을 주었으며 그로써 막연한 일체감을 형성하였으니 이는 공통된 미술 의장들을 널리 이용한 사실에 반영되어 있다.

그때면 이미 사람들이 해안에서 내륙 쪽으로 이동해간 상태였다. 생업 토대는 어업에서 대규모 관개 농경으로 바뀌었다. 그보다 초기의 농경민조차 자신들의 강변 경작지에 물을 대기 위해 한정적으로나마 수로를 이용했을 것이다. 하지만, 새로운 시설들은 훨씬 큰 규모로 이루어졌다. 태평양의 풍부한 물고기로 작업단을 부릴 수 있고 또 경작할 수 있는 완만한 내륙 구릉이 있는 데다 지역민이 목화와 조롱박과 더불어 호박이나 콩 같은 덜 중요한 많은 작물을 능숙하게 재배할 수 있었던 데서 큰 힘을 얻었을 것이다.

처음에는 가계별로 각기 경사진 경작지에다 물을 대기 위해 공동 작업을 했을 것이지만, 점차 각 공동체가 너무 커져 협력 노동을 해야만 비로소 기본 관개 시설을 운용할 수 있게 되었을 것이다. 조직적 관개는 아마도 개개 가계 사이와 인접 마을 사이에 자주 이루어진 소규모 협동 작업으로 시작되었을 것이다. 그런 간단한 사업은 여러 세기를 거친 끝에 이윽고 내륙 계곡 전체를 포괄하는 발달된 공공 공사로 진화하였으며, 그것을 관할한 것은 물과 그 물을 대는 토지 모두에 대해 독점권을 행사한 하나의 집단 권위체였다.

티티카카호 분지: 치리파와 푸카라(서기전 1000년부터 서기 100년까지)

차빈 데 완타르가 북부 고지대에서 두각을 나타내었을 때 멀리 남쪽의 티티카카호 주변에서는 별개 전통의 초기 지평 문화 복합 사회가 발달하였다. 이 분지의 평원 경관은 농경과 목축이 날이 갈수록 집약화를 더해 감으로써 서서히 변모하였다.

호수 남안의 치리파에서는 농경과 목축이 훨씬 이전 시기의 수렵 채집 전통에 통합되어 있었다. 치리파 자체는 작은 마을로 머물러 있었으나 서기전 약 1000년에 가서는 기단 토루가 그 공동체 안에 건설되었고, 이는 여러 세기에 걸쳐 누차 개축되었다. 이윽고 벽에 맞추어 넣는 조각된 석판에다 뱀과 동물과 인간을 묘사하게 되었으며, 이는 호안을 따라 여러 세기 동안 이어질 석조 조각 전통이 처음으로 발현한 것이었다. 장방형 건물 16개가 이 마당을 둘러쌌다. 치리파 성소의 많은 특성, 특히 계단식 통로, 한 단 낮은 마당, 벽감 같은 창은 의례 건축에 동일한 장치들을 쓴 후대 티와나쿠 건축 전통의 조형(祖形)이다. 이 건축과 연관되어 여러 세기 동안 성행한 종교 신앙들은 그간 일괄해서 '야야-마마 종교 전통'이라고 부르고 있다.

또 하나의 주요 중심지는 티티카카호 서북 75km 되는 푸카라에서 번성하였다. 푸카라는 대규모 주거 단지와 더불어 위압적 의례 단지를 갖고 있었다. 이 의례 단지는 한 단 낮은 장방형 마당과 삼면에 1실 구조물을 완비하고 표면을 돌로 장식한 기단 위에 섰다. 이 왕국의 권세는 푸카라 토기 양식의 분포로 판단하건대 티티카카 분지 북부로 한정되었지만, 멀리 북부 해안 지역에서까지 나오는 그 도기와 여타 인공물은 광범위한 교역 관계를 반영하고 있다. 당시는 후세보다 상대적으로 작았던 중심지 티와나쿠는 서기전 400년부터 서기 100년 사이에 호수의 남안을 관할하였다. 고고학자들은 그간 푸카라가 이 남쪽 이웃을 통합하였다는 아무런 증거도 찾지 못하였다.

안데스 지방은 초창기 이래로 문화, 미술, 조직, 종교 신앙에서 놀라우리만치 다양한 모습을 드러내는 국가조직 사회들이 이례적으로 집결한 곳이었다. 그와 동시에 우주관과 문화는 대체로 비슷해서 이런 사회들을 선사시대 세계의 다른 지역 국가들과 구분 짓고 있다.

5 모체 국가(서기 100년부터 800년까지)

서기 100년이면 이미 페루 북부 해안에 모체 국가가 발생해서 그 후 700

년간을 번성한다. 그 기원지는 거대한 의례중심지와 엄청난 규모의 관개 시설물들이 있는 치카마 계곡과 모체 계곡이다.

리마에서 서북쪽으로 약 680km 떨어진 시판 마을에서 교란되지 않은 모체 무덤들이 극적으로 발견됨으로써 모체의 엘리트에 대한 우리의 지식을 완전히 바꾸어놓았다. 그곳에서 페루 고고학자 월터 알바는 도굴되지 않은 왕묘 3기를 발굴하였다. 묘실 속 나무판자 관에는, 금으로 만든 코걸이와 귀걸이를 차고 금 및 터키옥 구슬 팔찌를 끼었으며 구리 샌들을 신은 남자들의 인골이 팔을 양옆에 붙인 채 똑바로 누워 있었다. 각 시신 둘레에는 의례용 요령, 반달 모양의 칼, 홀(笏), 창, 먼 이국산 조가비들이 놓였다(테 글 '페루 시판의 군주들' 참조).

유적 **페루 시판의 군주들**

페루 북부 해안에 있는 시판에서 교란되지 않은 모체 무덤들을 발견한 일은 모든 시대의 위대한 고고학 발견들 가운데 하나로 꼽힌다. 페루 고고학자 월터 알바는 이 왕묘들을 힘들여 발굴하느라 여러 달을 보냈으며 페루와 유럽의 보존과학 실험실들을 활용하였다. 그 결과는 과학고고학이 거둔 하나의 개가이다.

무덤 I에는 30대 말이나 40대 초에 죽은 전사-신관의 시신이 들어 있었다(그림 14.5). 유족들은 피라미드 안 깊이 벽돌 묘실을 하나 지었는데(그림 14.6) 묘를 방처럼 만들었으며 그 양 측면과 머리 쪽 끝에는 단단히 굳은 진흙벽돌 벤치들이 놓였다. 이들은 그 벤치의 작은 벽감들에 수백 점의 토기를 넣었다. 신관들은 죽은 군주를 완전한 복식으로 성장시켰으며 그에는 금제 가면이 포함되었고 또 시신과 복식은 직물 수의로 감쌌다. 그러고 나서 이들은 그를 판재 관 속에 넣고 묘실의 한가운데 안치하였다. 뚜껑은 구

그림 14.5 마네킹에 시판 군주의 복식을 갖추어 입힌 모습.

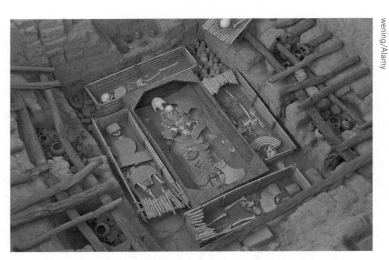

그림 14.6 시판 무덤 I의 화가 복원도로 군주가 복식으로 성장을 한 채 관에 안치되어 있고 남녀 시종들도 놓여 있다.

리 끈으로 단단히 붙들어 매었다. 이들은 더 많은 도기, 특히 주둥이가 붙은 훌륭한 병들을 관의 머리와 발치 쪽에 놓았다. 다음으로 누군가 아마 두 마리를 희생시켜 관 발치의 좌우에 놓았다. 이와 동시에 신관들은 또 아홉 살에서 열 살쯤의 건강이 좋지 못한 한 어린이의 시신을 전사-신관의 머리맡에 놓았다.

그러고 나서 등나무 같은 줄기나무로 짠 관 다섯 개가 묘실 안으로 내려졌는데 각각에는 어른의 시신이 들어 있었다. 그 중 두 남성은 아마도 경호원이거나 군주의 측근일 터인데 둘 다 야마들 가운데 한 마리의 위에 놓였다. 한 사람은 35세가 넘는 건장한 체격의 남성으로 구리 장식을 걸치고 전쟁용 곤봉 하나를 갖추었다. 다른 이는 구슬 가슴걸이를 찼고 35세에서 45세 사이였다. 세 사람의 여자 관 중 둘은 왕의 손궤 머리맡에 놓았다. 다른 하나는 군주의 관 발치에 놓였는데 군주를 바라보게 옆으로 눕혔다. 흥미롭게도 이 여자들은 뼈가 해체되었다가 다시 맞춘 상태로 보건대 희생 제물은 아니었다. 군주보다 이미 오래 전에 죽어 여기 매장될 당시에는 부분적으로 부패한 상태였기 때문이다. 이들은 아마도 부인, 첩 혹은 시녀였을 것이다. 일단 관들이 제자리에 놓이자 낮은 들보 지붕을 자리를 잡아 덮었는데 묘실 안에 누가 서 있기에는 너무 낮았다. 그러고 나서 묘실을 흙으로 덮었으며 그 속에는 한쪽 발이 없는 남성 희생자 하나를 집어넣었다. 마지막으로 책상 다리를 하고 앉은 시신 하나를 지붕에서 약 1m 높이에 있는 남쪽 벽 작은 벽감 속에 마치 묘실을 감시하라는 듯이 넣었다.

크리스토퍼 도난은 이 무덤에서 발견된 유물들을 모체 미술에 표현된 사람들과 비교함으로써 그 주인공을 전사-신관이라고 판별하였다. 그런 인물들은 모체 토기에서 전쟁포로의 희생 의식을 주재하는 모습으로 그려져 있다 (그림 14.7). 모체 전사들은 특히 포로를 획득하기 위해 전장에 나갔음이 분명

그림 14.7 한 모체 군주가 희생될 포로들의 행렬식을 주재하고 있다. 채색 토기에 그려진 그림을 사진처럼 사실적으로 '펼친' 것이다.

하다. 그들은 포로들을 무장해제하고는 '전사-신관' 앞으로 데리고 갔다. 이윽고 포로들의 목은 잘리었고, 전사-신관과 여타 사람들은 시체의 사지가 절단되는 동안 희생자의 피를 마셨다. 토기마다 전사-신관은 원통형 헬멧 꼭대기에 초승달 모양의 관식을 쓴 모습으로 나오는데, 이는 바로 시판 무덤에서 발견된 복식 그대로이다. 그런 사람들은 왕국의 여러 지역에 살았던 신관층 귀족들로서 미리 정해진 때마다 그 희생 의례를 연출하였다.

모체 사회는 농민 및 어민과 더불어 숙련된 장인 그리고 신관들로 이루어져 있었다. 신관들은 도기에서 입에 고양잇과 동물의 송곳니를 내밀고 머리에 퓨마가죽 관을 쓴 모습으로 표현되어 있다. 몇몇 명인 도공은 거만하고 용모가 수려한 남자들의 탄복할 만한 초상을 담은 아주 훌륭한 상형 토기들을 빚어내었는데, 그들은 모체 사회의 지도자들이었음에 틀림없다(그림 14.8). 또 도공들은 방호용 쿠션을 잘 댄 헬멧에다 화려한 면화 제복을 입고 방패와 전쟁용 몽둥이를 갖춘 전사들의 모습도 빚었다. 모체 묘장들에서는 사회의 일부 성원이 50점이나 되는 그릇이나 무기 또는 계서 표장들을 지니고 안치되어 있어서 다른 이보다 훨씬 부유하였음을 보여준다.

그림 14.8 모체의 초상 토기.

우리는 모체 사회가 정확히 어떻게 조직되었는지 알지 못하지만, 통치자가 전사, 신관-의사, 장인, 농민 대중으로 이루어진 위계 구조의 국가에 대해 권력을 휘둘렀음은 추정할 수 있다. 예를 들면 예속된 각 계곡에는 모체 양식의 취락이 적어도 한 개소는 있었다.

이때면 해안 주민이 이미 숙련된 금속 야장(冶匠)이 되어 있었다. 그들은 금의 특성을 벌써 발견한 터였고 금광석을 채굴하기보다는 냇물 바닥에서 사금으로 채취를 하였다. 그들은 곧 금을 아주 얇게 두드려 펴는 방법을 개발하였고, 돋을새김 문양을 내는 법도 터득하였다(그림 14.9 참조). 또 그들은 담금질 기법을 알아내어 금을 부드럽게 만든 다음 다시 두드려 한층 정교한 형태를 만들어내었고, 금판들을 미세한 땜납으로 연접도 하였다. 장인들은 금을 터키옥과 조가비 장식의 감입 판으로 이용하였으며, 관, 팔찌, 목걸이, 핀, 집

그림 14.9 시판 군주 무덤에서 출토된 두드려 편 금판으로 만든 모체 귀걸이 장식. 전사는 터키석 튜닉을 걸치고 전쟁 곤봉을 들고 있는데 이는 분리할 수 있게 되어 있다. 그는 귀마개와 더불어 허리에 아주 작은 종을 착용하고 있으며 역시 뗄 수 있는 둥근 방패를 들고 있다. 이 정교한 장신구의 모든 부위가 모체 사회에서는 아주 큰 상징적 의미를 지니고 있었다.

게도 공들여 만들었다.

　모체는 여러 계곡을 포괄하는 국가였으며, 이를 구성한 일련의 위성 중심지는 각자 자기 계곡을 다스리면서 모체 계곡의 대중심지에 대해 신종의 의무를 다하였다. 모체 계곡은 한때 남쪽 멀리 네페냐 계곡이 있는 해안까지 관할하기도 하였다. 모체 사람들은 가능하기만 하면 자신들의 야심 찬 관개 시설을 확장해 이웃하는 강 계곡 몇 개에 연결하고는 각각에 자신들의 수도를 본뜬 좀 작은 중심지를 구축함으로써 그 새로운 영역을 확실하게 통치하는 기지로 삼았다.

　모체 사람들은 모든 안데스 해안 사회와 마찬가지로 가뭄과 엘니뇨에 좌우되면서 살았다. 마이클 모즐리는 6세기 말에 일련의 자연 재난이 모체 영역을 덮쳤다고 믿고 있다. 최초의 재난은 아마도 서기 564년부터 594년 사이의 괴멸적 연속 가뭄이었을 것이며, 이는 쿠스코와 티티카카호 사이 산악 빙하 속 깊은 곳의 빙하 생장 테로부터 식별된다. 일부 계곡에서는 작물 수확량이 20%까지 떨어졌을 것이다. 서기 650년부터 700년 사이의 어느 때에는 대지진이 안데스를 강타하였고, 산사태의 잔해들은 강들을 메웠다. 그로부터 한 세기 안에 모체 문명은 몰락하였다.

과학 **엘니뇨와 안데스 문명**

엘니뇨는 아마도 틀림없이 지구 전체의 기후에 여러 해에 걸쳐 가장 강력한 영향을 미치는 요소일 것이다. 엘니뇨는 페루 해안 앞바다의 대양 수온을 몇 년이고 끌어올렸다. 대양 수온이 올라가면 못 보던 열대 물고기들이 연안 가까이 나타났고 지구상에서 가장 건조한 경관들 중 하나인 해안 사막들에 폭우가 쏟아졌다. 페루의 어부들에게 엘니뇨, 즉 '크리스마스 아이(아기 예수)'로 알려져 있는데 그것이 크리스마스 즈음에 나타났기 때문이며, 이는 애초에 지역적 현상으로 생각되었다. 그런데 1960년대 동안에 캘리포니아 로스앤젤레스대학교의 과학자 제이콥 브저크니스가 엘니뇨는 태평양 중앙부에서 온수대가 축적되어 동쪽으로 이동함에 따라 정상 기후 조건을 역전시킴으로써 생겨나는 범지구적 사건임을 밝혀내었다. 동남아시아의 우림에는 가뭄이 계속되고 북미 서부 해안 일부에는 폭우가 쏟아지며 남부 아프리카에서는 심각한 가뭄이 생겨났다. 이제 우리는 엘니뇨를 만들어내는 기후 엔진이 거대한 범지구적 날씨 기계의 한 부분으로서 다른 기후 산출력과 상호작용한다는 것을 안다. 고고학자와 역사학자들이 기후학자들과 협력을 시작하면서 엘니뇨 사건들이 장맛비 안 내리기, 가뭄 그리고 폭우로 인한 홍수로써 역사의 진로에 중요한 영향을 끼쳤다는 사실을 인식하게 되었으니 고대 이집트 문명, 동남아시아의 크메르, 중앙아메리카의 마야 그리고 고대 안데스 등지에서 그랬다.

예를 들어 1천500년 전에 페루 북부 해안을 따라 자리 잡은 비옥한 강 유역 몇 개를 통치한 모체의 전사-신관들은 자신들의 강 유역 경작 체계에 누대에 걸친 수리 및 관개 관련 전문지식을 쏟아 넣었다. 그들은 이에다 군사력을 합체해서 지배를 했으며 또한 초자연적 세계의 힘들이 자신을 이끈다는 식으로 통치를 정당화한 종교 이데올로기를 이용하였다. 모체의 통치자들은 빛나고 풍요로운 문명을 발전시켰지만 결국 가뭄에 직면해서, 또 관개 체계 전체를 단 몇 시간 안에 쓸어버릴 수 있고 피할 도리가 도무지 없는 엘니뇨 속에서는 아무런 힘도 쓸 수 없었다. 안데스 높은 곳의 빙하 천공물을 이용한 기후 연구는 특히 서기 564년부터 594년 사이에 일어난 가뭄을 포함한 격심한 가뭄 주기들을 입증한 바 있다. 안데스에서 발원해 내려오는 물이 사막 강 유역의 관개 체계에 영양분을 공급하는데 만약 물 공급이 25%에서 30% 줄어들면 설령 통치자들이 곡식을 어떻게든 배급한다 하더라도 파멸적 결과를 낳았을 것이다. 풍부한 연안 멸치 어업이 사람들을 먹여 살리지만 엘니뇨가 덮치면 멸치들이 다른 곳으로 가버린다. 상황은 절망적 위기였으나 쉬운 해답은 없었다. 전사-신관들은 자신들의 이데올로기가 이런 파멸적 사건들을 허용하도록 조정을 하였다. 이 시기에 그들의 미술은 이국적 열대 물고기, 인신공회를 묘사하였는데 그것은 발굴로 실제 일어난 사건이었음이 드러났으니 엘니뇨가 모체 세계에 대해 휘두른 강력한 힘들을 어떻게든 달래보려고 그들이 무진 애를 썼음을 나타낸다.

엘니뇨가 덮침과 더불어 거대한 사구들에서 내륙으로 모래 바람이 불어대자 통치자들은 귀중한 물이 산으로부터 처음 모습을 드러내는 상류 쪽으로 이동할 수밖에 없었다. 서기 500년 이후로 장기간 계속된 가뭄들과 강력한 엘니뇨 때문에 광범위한 정치적 무질서가 야기되었고 모체 국가는 자체적으로 파멸이 되었다. 물론 기후 변화가 그 몰락의 유일한 원인은 아니었지만 주요 원인 제공자였음에는 의문의 여지가 없다.

6 중기 지평 문화: 티와나쿠와 와리(서기 600년부터 1000년까지)

중기 지평 문화는 서기 600년부터 1000년 사이에 남부 고지대에서 번성하였다. 이 시기에는 고지대의 한 유적인 티와나쿠에서 기념 건축이 시작되어 장차 옛 페루 세계의 많은 부분에 영향을 미치게 된다.

티와나쿠

서기 600년부터 1000년 사이에 가장 풍요로웠던 고지대 구역은 중부 안데스의 남쪽 끝 티티카카호를 둘러싼 높은 평지에 있었다. 그곳은 야마를 기르기에 좋은 곳이었다. 지역 주민은 이 짐 싣는 짐승을 엄청나게 많이 길렀으며 또한 능숙한 관개 농민이기도 했다. 이 '알티플라노'는 고지대 가운데 가장 밀집된 인구를 부양하였고, 그래서 티티카카 지역이 번영일로의 북부 해안과 극명하게 대조되는 경제와 인구의 중심지가 된 것은 거의 필연적인 일이다.

서기 450년이면 호수 동측에 있는 티와나쿠가 그 지방의 중요 인구 중심지이자 경제, 종교 핵심지가 되어가던 중이었다. 유적이 위치한 건조한 땅은 관개가 되어 유적 중심부 가까이 기념 구조물 둘레에 살았던 2만 명에 이르는 주민을 부양하였다. 서기 600년이면 티와나쿠가 번영의 많은 부분을 호수 남안에서 이루어진 교역을 통해 얻어내었다. 북부 해안에서 이미 굳건히 확립된 구리 기술과는 별개의 구리 가공 기술이 이곳에서 발달하였을 것이다.

티와나쿠는 단지 경제 세력만이 아니었다. 이는 또한 종교 세력이기도 하였다. 거대한 칼라사사야 구역에서는 네 면을 돌로 짠 대규모 토축 기단이 주위를 압도하고 있다. 근처에는 입석들이 줄지어 늘어서 장방형 공간을 구획하고 있으며, 때로 비라코차라 불린 주신으로 여겨지는 반신반인의 신이 조각된 출입구가 있다(그림 14.10).

이목을 끄는 이 티와나쿠 미술 양식은 앞 시기의 푸카라에서 보이는 도상

그림 14.10 볼리비아 티와나쿠 유적의 칼라사사야 신전.

술과 관련이 있다. 이 도상술은 너무나 강력하였고 또 티와나쿠 뒤에 내재하였을 정치, 경제력도 그러하였기 때문에 서기 1200년 티와나쿠가 불가사의하게 무명의 처지로 몰락해버린 이후 남부 지방에 심각한 정치적 진공 상태가 생겼을 정도였다.

와리

아야쿠초 계곡에 있는 와리는 구릉 위에 자리 잡은 또 하나의 고지대 도회 및 의례중심지이다. 여기에는 거대한 석벽과 수 평방마일을 차지하는 수많은 집이 있다. 와리 미술 양식 또한 특히 도기들에 묘사된 반신반인, 고양잇과 동물, 독수리, 뱀 같은 것에서 푸카라의 영향을 일부 보여준다. 와리 사람들도 남쪽의 이웃들과 마찬가지로 비라코차 같은 존재를 경배했던 듯하다. 서기 800년이면 그들의 영역이 북부 해안 람바예케 계곡의 모체 국에서부터 나스카 영역 남쪽까지, 또 그 아래로 남중부 안데스의 모케과 계곡과 쿠스코의 남부 고지대까지로 확장된다. 그들은 능숙한 교역상이었으며, 자신들의 영역을 아마도 정복 활동과 상업과 종교 개종을 통해 확장했을 것이다. 창고와 도로들은 국가에 의해 유지 관리되었을 것이다. 또 후세의 잉카와 마찬가지로 국가가 식량 공급과 노동력을 관할하였다.

와리 자체는 서기 9세기에 폐기되었지만, 그 미술 양식은 해안 지방에서 적어도 두 세기를 더 이어갔다. 와리와 티와나쿠는 둘 다 페루의 선사시대에서 하나의 전환점이었다. 그때 비로소 소규모 지역 국가들이 훨씬 큰 정치 단위로 통합되었던 것이다. 각기 아주 다른 식량 자원과 산물을 갖고 있었던 고지대와 저지대 안데스 문명의 양극 사이에는 끊임이 없고 흔히 집중적으로 벌어진 상호작용이 있었다. 오랜 기간 안데스 생활의 한 특성이었던 이 상호작용은 앞으로 다가올 세기들에서 더욱 강화될 터이었다.

7 후기 중간기: 시칸과 치무(서기 700년부터 1460년까지)

고지대 국가들은 해안에 있는 신흥 정치체 몇 개와 정규적으로 교역을 하였으며, 이들 각각은 광범한 관개 체계를 바탕으로 삼고 있었다. 람바예케 계곡에서 모체가 몰락하자 북부 해안지대는 일종의 정치적 진공 상태가 되었고, 그 자리는 서기 700년 이후로 시칸 문화가 채웠다. 시칸은 900년부터 1100년 사이에 전성기에 이르렀으며 중심지는 람바예케 계곡이었고 훌륭한 금공 기술이 괄목할 만하다. 그 수도의 엘리트 묘들은 시판의 그것들에 필적한다. 1050년부터 1100년 사이에 엘니뇨가 대대적 홍수와 환경 파괴를 일으켰다. 1375년에는 팽창하던 치무 국가가 시칸을 뒤집어엎고 그 영역을 흡수해 신생 제국을 이루었다.

모체 계곡은 이미 오랫동안 집중적으로 경작되어 왔던 터이지만 치무인은 이전보다 훨씬 야심 찬 관개 시설을 건설하는 데 착수하였다. 그들은 대규모 저수 시설을 짓고 수백 마일에 걸친 구릉 사면에 계단식 대지를 만들어 급경사를 따라 흘러내리는 물을 관리하였다. 이런 관개 기법은 정말로 효율적이어서 치무는 모두 괭이나 뒤지개로 경작된 최소 5만 6백 헥타르의 경작지를 가진 12개 이상의 강 계곡을 통합하였다.

치무 국가의 핵심은 찬 찬이었다. 이는 모체 계곡 어귀의 태평양 가까이 자리 잡고 성벽을 두른 구역들로 이루어진 거대한 단지였다. 찬 찬은 넓이가 거의 10.3km²에 달하였으며, 중심부는 말하자면 한 변이 깨어진 장방형 대규모 담장을 두른 구역 9개로 이루어져 있었다. 각 구역은 전임자의 본궁 가까이에 자신의 새로운 궁을 지었을 것으로 생각되는 찬 찬의 각대 통치자를 위한 왕궁으로 기능하였을 것이다(그림 14.11). 이 구역의 넓이는 200m×600m였고, 아도비 벽돌 담은 한때 높이가 10m였다. 그 담은 통치자들을 보호하기 위해서가 아니라 사생활의 자유를 확보하고 태양의 바람을 좀 막기 위해 세운 것이다. 각 구역은 독자적으로 급수를 하였고 매장을 위한 기단을 갖추었으며 지붕틀을 나무줄기로 짜고 흙과 떼로 덮은 화려하게 꾸민 거실들을 갖고 있었다. 생전에 왕의 궁전으로 쓰인 바로 그 구역이 통치자가 죽었을 때는 매장 장소가 되었다. 평민들은 도시 서측에 아도비와 갈대를 엮어 만든 작은 주거 단지에 살았다. 그와 비슷한 주거는 해안지대에서 오늘날까지 볼 수 있다.

치무 통치자들은 구비전승에 따르면 분리 상속이라는 제도를 실시하고 있었다. 이는 각 통치자가 자신의 통치를 재정적으로 뒷받침할 물질적 자산을 상속받지 않는다는 것이다. 분리 상속은 장차 잉카 문명(둘 다 아래에서 서술함)에서 중요한 역할을 하게 된다. 치무 통치자들은 엄청난 예비 노동력을 쓰고 관할하는 권한을 갖고 있었다. 이들은 노동자를 동원해 관개 시설을 확충하고 유지하였다. 또 노동자들은 새 땅을 얻고 징세 기반을 확대하기 위한 군

그림 14.11 치무 수도 찬 찬의 아도비 벽돌 담으로 두른 거주 단지로 들어가는 문.

역에 복무하였다.

얼마 지나지 않아 통치자들은 군대를 한 장소에서 다른 장소로 빨리 파견할 수 있도록 해주는 공로(公路)의 가치를 깨달았다. 그들은 수도와 영역 안의 모든 계곡을 연결하는 도로를 건설했다. 그 도로가 바로 금 장식품과 더불어 얇게 두드려 만든 금 그릇들을 찬 찬으로 운반해오고 직물과 훌륭한 흑색 토기 그릇들을 제국 전역에 나른 길이었다. 모든 조세와 공물도 이 공로를 통과했으며, 새로 정복된 인민이 그들의 본향에서 멀리 떨어진 곳으로 사민된 것도 역시 이 길을 통해서였다. 이 가혹한 사민 정책은 정말로 성공적이었기에 나중의 잉카인 역시 채택을 하였다. 통치자는 사민을 한 후 그 새로운 땅에 자신의 대리인을 임명해 찬 찬의 축소판 복합 건물 궁전에 앉히곤 하였다.

치무 국가(치모르)는 멀리 남쪽으로 적어도 카스마와 현대의 리마 근처까지 뻗어 있었을 것이지만, 이 문명의 핵심 지역은 페루 북부 연안 지역에 있었다. 그곳은 토양이 비옥하고 대규모 관개가 실제로 가능했기 때문이다.

치모르는 광범위한 군사 활동을 벌이고 물질적 부를 갖추고 있었음에도 외부의 공격에 아주 취약했다. 아무리 강력한 지도자라 해도 제국의 국경 전체를 요새화할 수는 없기 때문에 북부 계곡의 대대적 관개시설도 과감한 정복자가 있으면 쉽사리 붕괴되었다. 또 치무는 장기 가뭄에도 취약했다. 거대한 관개 시설의 저수 용량조차 겨우 한두 철의 흉작을 버텨 넘길 정도였기 때문이다. 그리고 관개된 사막의 토양이 농사를 짓기에는 염분이 너무 많아져서 마침 인구가 급격히 증가하던 때에 수확량은 극적으로 감소했을 것이다. 치무는 고도로 특화된 농경 체계에 의존했기 때문에 일단 그 체계가 자연적이유로든 인위적 이유로든 붕괴하자 다른 세력의 군대가 이를 정복하고 관개망을 장악하는 일은 쉽게 이루어졌다. 이는 특히 1460년대에 치무를 정복한잉카 같은 공격적이고 노련한 정복자에게 그러하였다.

8   후기 지평 문화: 잉카 국가(서기 1476년부터 1534년까지)

페루 고고학의 후기 지평 문화는 서기 1476년부터 1534년까지로 연대가할당되어 가장 짧으며, 바로 잉카 제국의 시기였다. 잉카인은 치열하게 경쟁하던 세계 속에 태어났다. 본향은 티티카카 분지 서북쪽 쿠스코의 주변 지역에 있었다. 그들은 조상이 동일하다고 믿고 토지도 공동으로 소유한 집단인아이유라고 하는 친족집단별로 조직되어 작은 마을에 살았던 소규모 농경 사회였다.

후대의 잉카 통치자들은 자신들의 기원에다 영웅적 치적의 장엄한 갑옷을입혔다. 하지만, 잉카는 까칠하고 끊임없이 다투기만 한 보잘 것 없는 군장 사회였을 가능성이 크다. 초기 정복의 연대기들은 마을 수장들이 서로 끊임없이 으르렁대고 있었음을 반영하며, 최초의 잉카 지배자들은 선발된 관리로서그 출세 여부가 전투에서의 승리와 전리품으로 매겨진 하급 전쟁 지휘관('신치')이었을 것이다. 그들이 관직을 유지하기 위해서는 수많은 잠재적 경쟁자를 물리치거나 달랠 수 있을 정도로 정치적으로나 군사적으로 기민해야만 했다. 잉카의 공식 역사는 1200년에서 1438년 사이에 적어도 8대의 통치자가 있었다고 말하고 있으나, 이 족보는 신빙성이 아주 낮다.

14세기 동안의 잉카는 지도자들이 능란한 정치가이자 전사였기 때문에 이런 경쟁적 환경 속에서도 번영을 하였다. 15세기 초에 비라코차 잉카라는 한 지도자가 권좌에 올랐다. 그는 급습을 감행하곤 했던 전임자들과는 달리 전략을 영구 복속 쪽으로 바꾸었고, 얼마 지나지 않아 쿠스코를 중심으로 하는 작은 왕국을 지배하게 되었다. 비라코차 잉카는 살아 있는 신이 되었으며, 이는 이 새 왕국을 강력한 통제 하에 유지시켜준 일련의 끊임없는 종교적 변혁 중 최초의 변화였다.

1438년경 쿠시 잉카 유팡키라는 혁혁한 전사가 이웃 창카 부족에 대해 잊을 수 없는 승리를 거둔 뒤에 '잉카'(이 용어는 통치자와 그 인민을 모두 가리킬 수 있다)의 왕이 되었다. 그는 곧 파차쿠티('세상을 개조하는 자')를 자칭하면서 잉카 국가를 변혁시키는 일에 착수했다. 그와 그 심복들은 특히 왕의 조상 숭배라는 한 가지 형태의 신앙을 개발하였다. 파차쿠티는 안데스 지방의 옛 전통을 단지 개조한 것이기에 그 자체로 특별히 큰 의미를 가진 것은 아니었지만, 그와 결부된 분리 상속의 법제는 영속적이고도 심대한 중요성을 지닌 것이었다. 죽은 통치자는 미라로 만들었다. 궁전과 하인과 재산은 여전히 그의 소유로 생각되었기에 대개 아들 가운데 한 사람인 후계자를 제외한 모든 남자 후손들이 관리를 하였다. 하지만, 망자는 죽었다고 생각되지 않았다. 그의 미라는 국가의 중요한 공공 의례들에 참석하고, 심지어는 산 자의 집을 방문하기까지 했다(그림 14.12).

그 왕을 돌보기로 되어 있는 사람들은 마치 그가 여전히 살아있는 것처럼 같이 식사를 하고 이야기를 했다. 이런 연속성의 요소 때문에 왕의 미라들은 제국 안에서 가장 신성한 인공물들 중 일부가 되었다. 죽은 통치자들은 신과 연결되는 눈에 보이는 연결고리요 바로 잉카 국가 및 자연 다산의 화신이었다.

한편 새 통치자는 위세는 대단했지만 가진 것은 빈약했다. 새 왕은 재위하는 동안 영화 속에 살기 위해, 또 미래의 자기 미라를 부양하기 위해 재산을 획득해야만 했으나, 그 고지대 왕국에서 유일한 재부는 징발 가능한 노동력뿐이었다. 그리하여 잉카 나라의 모든 성인은 자기 '아이유'의 기본 생계 요구를 제공한 후 매년 일정량의 노동을 국가에 바쳐야 했다. 이 '미트아' 제도는 다리와 도로들을 보수하고 국유지를 경작하며 군대 인력을 충당하고 공공사

그림 14.12 잉카의 조상 숭배. 17세기 안데스 원주민 연대기 작가인 펠리페 과만 포마 데 아얄라의 그림.

업을 수행하였다. 이는 호혜적 제도였다. 국가나 그 일로부터 이익을 얻는 사람들은 일하는 사람들을 먹이고 위무해야 하였다. 잉카 통치자들은 자신들을 위해 일하는 사람들에게 식량을 제공할 땅이 필요하였으나 쿠스코 근처의 땅은 선왕들이 이미 대부분 소유한 상태였으므로, 새 통치자가 자신의 왕유지를 확보하는 유일한 길은 새 영토를 확장하는 것뿐이었다(그림 14.13). 그 복속은 영구적이어야 했고, 정복지를 관리 유지하고 세금을 징수해야 했으며, 또 왕의 신하들에게 장기 정복 정책의 가치를 확신시켜야만 했다.

잉카의 정복 활동에서는 특전, 경제적 동기 유발, 포상, 정당화 등 아주 복합적인 요인들이 집합적 추진력이 되고 자양분이 되었다. 잉카 통치자들은 모든 사람에게 자신이 신이고 그들의 행복이 과거와 현재의 모든 통치자의 번영과 간단없는 군사 정복에 달려 있다는 점을 상기시키는 뛰어난 선전술

julof90/Thinkstock by Getty Images

그림 14.13 페루 피삭에 있는 잉카의 계단식 농경지. 잉카인들은 고도가 높은 곳에서의 농경에 전문가들이었다. 키노아와 여타 작물을 기르는 데 바위 면들이 있는 계단식 밭을 광범위하게 이용하였다.

가로 변신하였다. 처음에는 기근으로부터 더 잘 보호해준다는 형태의 경제적 이득도 있었다. 그리고 통치자는 전투에서의 용맹성에 대해서는 용의주도하게 포상을 하였다. 귀족들은 새로운 자리로 승진이 되었고, 생활양식이 왕의 그것을 점점 더 방불하도록 해주는 기장을 받았으며, 심지어 용감한 전사는 하위 귀족의 일원이 될 수도 있었다.

유적 **잉카 수도 쿠스코**

쿠스코는 그 수호신인 태양신 인티의 고향으로 타완틴수유의 심장부에 위치하였다. 왕족들은 수도 안에 살았으며 그들과 그 하인은 수가 4만 명을 헤아렸다. 또 2만 명 정도가 50km 안에 살았는데 다수는 장인, 하급 관리 혹은 기사들이었다. 고위 귀족은 우주 타완틴수유의 배꼽인 이 도시 가까이 좋은 땅들을 가졌다.

　파차쿠티의 재위 동안 와야파 리마치라는 이름의 뛰어난 건축가가 '점박이 매'라는 뜻의 삭사와만(혹은 삭사이와만)이라는 이름을 가진 언덕에 거대한 요새를 지을 계획을 세웠다. 이 삐죽 나온 거대한 땅과 그 성채는 쿠스코를 압도하듯이 굽어다보는데 거기서 동쪽을 향해 바라보면 떠오르는 해를 맞는다. 삭사와만은 이 도시의 나머지보다 훨씬 앞서 햇빛을 가득 받는다. 그래서 태양의 집이라는 뜻의 인티와시는 여기 말고는 따로 있을 수 없었다. 인티와시는 쿠스코의 '푸카라', 즉 피난처였다. 그 통치자의 가까운 친척이 이 요새를 관할 지휘하였으며 그 자리는 대단히 신임을 받는 자리였다. 왜냐하면 그는 왕가의 보물 창고를 책임지고 관리하였고 또 엄청난 양의 무기가 군사들의 병영에 가까운 무기고에 들어 있었기 때문이다. 오늘날 쿠스코 위로 낮게 얹힌 거대한 돌 벽들은 원래 건축물의 단지 그림자에 지나지 않으며 그 원 건축은 스페인인의 정복 뒤 얼마 지나지 않아 그 사람들이 무너뜨렸다(그림 14.14).

그림 14.14 쿠스코 근처 삭사와만 성채. 잉카 건축에서는 큰 돌덩이들을 서로 꼭 맞추어 쌓았다. 안데스의 야마가 실어 나를 수 있는 짐의 무게는 겨우 45kg 정도에 지나지 않으므로 이 돌들은 인력으로 운반되었음을 알 수 있다.

잉카 사람들은 이 도시를 토파 쿠스코라고 불렀는데 '왕의 쿠스코'라는 뜻이다. 이들의 수도는 깊은 골짜기 두 개 사이의 좁은 산마루 척릉을 따라 동남쪽을 향해 마치 삼각형처럼 생긴 경관 속에 자리 잡고 있었다. 이 도시의 살아 있는 통치자와 그 죽은 전임자들의 거대한 단지들은 이 삼각형 안에 있다. 각 단지는 나름의 세계를 이루었으며 그 이웃과 가깝지만 그래도 서로 분리되어 있어서 잉카 궁정을 특징지은 격렬한 분파성을 쉽게 낳을 만하였다.

쿠스코의 중앙 광장은 와카이파타라고 불렸는데 오늘날의 아르마스 광장이다. 이 잉카 광장은 장축이 강을 따라 약 120m이고 너비는 91m였다. 사피강이 남측을 경계 지었는데 석판들을 깔아 와카이파타를 다른 강안의 네모난 땅인 쿠시파타에 연결하였다. 와카이파타는 제국의 주요 도로 네 개가 만나는 곳으로 타완틴수유의 네 구역을 구분 짓고 또 한 제국의 심장부로 한데 합친 곳이었다. 위압적 건물과 왕궁들이 그 광장을 둘러싸고 세워졌다. 파차쿠티의 궁전은 서측에 서 있었다. 배움의 집이라는 뜻의 유차와시, 즉 젊은 귀족과 서기들을 위한 학교가 그 옆에 붙었다. 지역 전체가 잉카 통치자들과 그 치적을 건축으로써 기린 것이었다.

잉카 왕궁은 농촌 농장을 더욱 확대하고 정교하게 만든 형태였다. 입구로 들어가면 경비대가 머무르는 안뜰이 있었다. 예복을 차려입은 병사들이 전쟁용 곤봉을 들고 입구에서 궁전 자체로 들어가는 곳을 지켰다. 경호실은 앞방으로 이어지는데 그곳은 고관들이 근처 대기실의 접견인을 기다리는 곳이었다. 여기서 사파 잉카는 나라의 권좌에 앉아 대사와 대표단들을 맞이하였다. 저장 구역과 보물 창고는 궁전의 핵심부에 있었으며 가장 보호를 받은 곳이었다. '전리품의 집'에는 통치자가 승리를 거두어 얻은 전리품들과 때로는 정복한 적 지도자를 말려 박제로 한 시신들이 있었다. 하렘 구역은 가장 격리된 곳이었으며 그곳에서는 왕가의 여인들이 다닥다닥 붙은 독방 같은 데서 바깥세상으로부터 감추어진 채 푸르게 우거진 정원들 가까이 살았다. 왕의 거주 구역이 가까이 있었는데 용의주도하게 간택한 젊은 여자들이 잉카를 모셨다. 궁전은 잉카가 살아있는 동안에는 중요한 행사, 의례, 음모가 벌어진 미궁이었다. 통치자가 죽으면 그 궁전은 마치 아무 일도 일어나지 않은 듯 기능을 계속하였지만 이제 그곳에서는 어느 누구도 정책을 놓고 이러쿵저러쿵 하지는 않았다.

코리칸차는 궁전 가운데 가장 컸으며 신들이 거한 궁전이었는데 각 신은 자기 초가집과 안뜰을 갖고 있었다. 적어도 4천 명의 사람이 이 성스러운 가구들에 부속되어 있었으며 그 중 약 200명에서 300명이 태양신 인티의 부인으로 봉사한 처녀들이었다. 그들은 그의 음식을 준비하고 옥수수술을 빚었으며 그의 옷을 짜고 주요 축제에서는 북을 쳤다. '마나코나'라고 불린 이 사람들은 또한 인티의 배우자로서 상징적으로 그의 성적 욕구를 만족시켰다. 코리칸차의 석벽은 이 도시에서 가장 오래된 부위의 급경사진 계단상 땅에 지어졌다. 그 석벽은 돌덩이들을 멋지게 맞추어 쌓고 위로 올라가면서 좁아져서 높고 튼튼하다는 강력한 환상을 불러일으키며 잔존 석벽은 아직도 내부 신전 기단의 제일 높은 곳보다 3m 높게 솟아 있다. 신전 자체는 금판으로 입히고 안에는 황금으로 만든 태양상을 모셨으며 그 상징이 놓인 방 앞에는 황금 식물들의 정원이 있었다.

쿠스코는 또 믿을 수 없을 정도의 부로 가득 찬 제국의 거대 창고이기도 하였다. 쿠스코의 창고들은 타완틴수유의 구석구석에서 수도로 쏟아 부은 엄청난 양의 원자재와 완제품들을 갖고 있었으니 외투, 털실, 무기, 금속류, 먹을거리가 수백 개의 저장고에 종류별로 깔끔하게 정리되어 들어 있었다.

이 잉카의 성공적 이데올로기 덕분에 그들은 이웃들에 비해 결정적으로 유리해졌다. 그들은 파차쿠티가 즉위한 지 10년 이내에 남부 고지대의 패자가 되었고, 그 군대는 무적의 불가항력이 되었다. 파차쿠티가 물려받은 아주 작은 국가는 한 세기가 지나지 않아 거대한 제국이 되었다. 토파 잉카(재위 1471~1493년)는 잉카 제국을 에콰도르, 아르헨티나 북부, 볼리비아 일부, 칠레로까지 확장했다. 토파 잉카를 이어 34년간 재위한 또 한 사람의 왕 와이나 카팍은 제국을 에콰도르로 더 깊숙이 밀어붙였다.

타완틴수유, 즉 제국은 '수유'(구역)라고 하는 네 개의 커다란 지방으로 나뉘었고 그 각각은 다시 더 작은 단위로 나뉘었는데, 그 일부는 이전에 정복된 왕국들의 국경과 일치했다. 정말로 중요한 정부 요직은 모두 잉카 귀족이 차지했다. 그렇지만 잉카 통치자들은 그토록 다양한 지형을 효율적으로 통치하기 위한 관건이 효율적 정보 소통임을 인식하였으므로, 도로 건설공들을 시켜 정복된 개개 국가가 오래 전부터 닦아 놓은 방대한 간선도로망을 징발하였다. 이들은 그 도로들을 일정 간격으로 역소를 둔 조정된 체계 속에 연계함으로써 군대와 교역품을 이동시키고 사자(使者)들을 왕국 한쪽 끝에서 다른 끝까지 최단기간에 보낼 수 있도록 만들었다.

잉카인의 조직에 대한 열정은 모든 사람의 생활에 영향을 주었다. 그 사회는 인구 통계와 과세 평가를 목적으로 한 12개 나이 분단으로 조직되어 있었다. 그 구분은 사춘기 같은 신체 변화와 결혼 같은 주요 사회적 변화 둘 다를 기반으로 하였다. 가장 중요한 단계는 성인 단계였다. 이는 해당자가 하루 일을 할 수 있는 한 지속이 되었다. 인구 통계와 여타 제국 자료는 판이 아니라 매듭을 지운 줄에다 기록하였다. 이 '키푸'는 아주 복잡하고 정교한 기록 유지 체계였으며 너무나 효율적이어서 문자가 없는 것을 보충하고도 남을 지경이었다. 또 이는 법전을 성문화하고 국가 감찰관들에게 자료를 제공하는 강력한 도구였다. 이 감찰관들은 정기적으로 각 세대를 방문해 모두가 생산 활동에 참여하고 위생적으로 살고 있는지 확인하였다.

잉카는 스페인의 정복전이 벌어진 시점에는 6백만 명이나 되는 국민의 삶을 통할하였으며, 국민 대부분은 큰 중심지 둘레에 산재한 작은 마을들에 살고 있었다. 잉카의 정치, 종교 권력의 기반은 안데스의 쿠스코 같은 주요 의례 지점들에 있었으며, 그곳에서 의례 구역은 돌로 치밀하게 짜 맞추어 지었다 (그림 14.14와 테 글 '잉카 수도 쿠스코' 참조). 잉카 통치자는 쿠스코에 궁정을 갖고 있었다. 그런데 그 궁정은 음모 가득한 파당들과 끊임없이 변화한 정치적 조류에 둘러싸여 있었다. 그 중 한 악당은 잉카의 군사 정복에 추진력이 되었던 바로 그 분리 상속 제도였다. 모든 통치자는 이 때문에 점점 더 복잡한 통치 문제들에 직면하게 되었다. 정복 활동이 점점 더 필요함에 따라 커다란 군사, 경제, 행정적 부담이 생겨났다. 장거리 군사 원정의 병참은 끔찍스러울 정도였고, 병사들은 왕유지가 아닌 국유지의 소출로 부양해야 하였다. 더욱이 그들의 전술은 개활지에 맞게 개발되었기에 거기서는 무적이었지만, 이윽고 통치자들이 삼림지에서 싸우지 않으면 안 되게 되자 영 신통치 않았다. 한편으로 제국이 너무 커져 교신 과정이 점점 길어졌고, 게다가 잉카 영역 안에

Martin Bisof/Thinkstock

그림 14.15 안데스 고지의 마추픽추로 이전에는 잉카의 최후 도시로 생각된 적이 있으나 실은 그보다 훨씬 일찍 사람들이 살았다.

너무나 다양한 민족이 산 탓에 혼란이 더해졌다(그림 14.15). 타완틴수유는 그 빛나는 외면 밑에서 속 썩은 사과가 되고 있었다. 결국 잉카 제국은 페루인에 의해서가 아니라 총포를 가진 극소수 외국인 부대에 의해 타도되고 말았다. 그 부대는 그처럼 위계적이고 획일적인 사회에 내재된 취약성을 또한 잘 이용할 수 있었다.

9 스페인의 잉카 정복(서기 1532년부터 1534년까지)

위에서 말한 취약성은 1532년 탐욕스런 소규모 스페인 정복자 집단이 북부 페루에 상륙했을 때 자업자득처럼 제자리를 찾았다. 프란시스코 피사로가 도착했을 때 잉카 제국은 정치적 혼란 속에 있었고, 국민은 몇 년 전 바로 최초 정복자들이 갖고 온 천연두와 다른 질병에 감염되어 이미 아주 많은 수가 죽은 상태였다. 잉카 와이나 카팍도 그런 전염병으로 1525년에 죽었다. 그러자 제국은 그 아들 와스카르와 또 다른 아들이자 와스카르의 이복형제인 아타왈파 사이의 내전으로 내몰렸다. 아타왈파가 결국 이겼지만, 그는 자신의 영토를 다지기 위해 에콰도르에서 남쪽으로 가는 도중에 피사로가 이미 페루에 상륙했다는 것을 알았다.

이 스페인 사람들은 페루를 스페인의 일부로 만들 것을 미리 서약했기 때문에 약탈과 정복에 골몰하였다. 피사로는 도착할 때 외교관을 가장하였고, 배신행위를 이용해 아타왈파를 사로잡았으며, 엄청난 양의 금을 받고 석방하고서는 잔인하게 살해했다. 일 년 뒤 스페인 사람들은 아주 작은 부대를 가지고 잉카의 수도를 장악했다. 고립 부대들의 저항이 있었지만 결국 세계 최후의 산업화 이전 국가 잉카는 멸망하고 말았다.

요약

- 페루 해안지대의 최초 복합사회들은 해양 자원, 특히 카누를 타고 그물로 쉽게 잡을 수 있는 작은 물고기를 집약적으로 이용한 결과로 발달하였을 것이다.
- 시간이 지나자 해안지대 사람들은 풍부한 식량 잉여, 인구밀도 증가, 취락의 대형화 덕분에 집약 관개 농경에 미리 적응할 수 있었다. 이 사회들은 점점 더 복잡하게 조직되었다.
- 초창기 동안에는 대규모 기념건축물이 출현하였다. 그 다수는 평면 U자형이었고 그때는 옥수수 농사에 한층 크게 의존하기 직전이나 그렇게 되는 도중이었다. 또 해안지대와 고지대 사이에 지속적 상호작용과 광범위한 교역이 이루어진

시기이기도 하였다.

- 이 추세의 정점은 여러 지역 전통에서 보이며 그 중 유명한 것이 차빈 양식이다. 한때는 페루 문명의 원천으로 여겨졌던 차빈 데 완타르는 이제 일찍이 서기전 2000년에 개시된 문화 발전 추세가 후대에 발현한 한 사례로 알려져 있다.
- 이 초기 지평 문화가 서기전 200년경 끝난 후 일련의 해안 왕국이 서기 700년경까지 번성하였으며 그것들이 끼친 정치, 경제적 영향은 자신들의 본향 계곡 인근을 넘어서 확산되었다. 이 국가들 가운데 모체 국가가 있다. 이는 훌륭한 도기 양식, 뛰어난 합금 및 금 야금술로 주목할 만하며 서기 100년부터 서기 800년까지 번영을 구가하였다.
- 서기 1375년 즈음에는 북부 해안에 찬 찬을 대수도로 둔 치무 제국이 저지대의 넓은 지역을 통합하였다. 그 거주 구역들을 보면 많은 전문 장인과 복잡한 물질 문화를 가진 계층화된 국가였음을 알 수 있다.
- 페루 선사시대의 후기 지평 문화(서기 1476년에서 1534년까지) 동안에 고지대와 저지대가 잉카 제국 아래 통일되었다. 이는 일찍이 1200년경 출현해서 1532-1534년 스페인인의 정복 때까지 존속하였다.
- 잉카 통치자들은 관료제와 군사 조직의 귀재였으며 아주 구조화된 국가를 다스렸지만 내전과 외래 질병으로 너무나 약해짐으로써 정복자 프란시스코 피사로와 그의 소규모 모험 부대에 맥없이 무너지고 말았다.

참고문헌

Michael Moseley의 *The Incas and Their Ancestors* (제2판, New York: Thames and Hudson, 2001)는 일반 독자를 위한 훌륭한 안데스 고고학 개론서이다. Jerry Moore의 *A Prehistory of South America* (Boulder, CO: University Press of Colorado, 2014)는 많은 정보를 담고 있고 읽기가 쉽다. Lawrence Sullivan의 *Icanchu's Drum* (New York: Macmillan, 1988)은 라틴 아메리카 전통 종교를 탐구한 기념비적 연구

서로 안데스 고고학도라면 누구나 필독해야 할 책이다. 모체에 대해서는 Jeffrey Quilter의 *The Moche of Ancient Peru* (Cambridge, MA: Peabody Museum Press, 2011)를 참고하시기 바란다. Christopher Donnan과 Walter Alva의 *Royal Tombs of Sipán* (Los Angeles: Fowler Museum of Cultural History, UCLA, 1994)은 20세기의 가장 장려한 발견 중 하나에 대한 결정판 설명서이다. 티와나쿠에 대해서는 Alan Kolata의 *Tiwanaku* (Oxford, England: Blackwell, 1993)를 참고하시기 바란다. 치무에 대해서는 Michael Moseley와 C. Kent Day가 편집한 *Chan Chan: Andean Desert City* (Albuquerque: University of New Mexico Press, 1982)를 권한다. 잉카에 대해서는 Terence N. D'Altroy의 *The Incas* (제2판, Oxford: Wiley-Blackwell, 2014) 와 Craig Morris와 Adriana von Hagen의 *The Incas* (London: Thames and Hudson, 2012)가 훌륭한 설명서이다.

제15장

●

에필로그

선사시대의 오랜 세월을 거쳐 온 우리의 여정은 현대의 바로 문턱에서 끝이 난다. 우리 여정은 이른바 '대발견의 시대'와 더불어 끝이 나니 이 시대는 유럽인 탐험가들이 금과 향신료를 찾아서나 신을 섬기기 위해서나 단순히 주체할 수 없는 호기심 때문에 모국으로부터 점점 더 멀리 항해했던 시기이다.

서유럽은 3천 년 전에 탄생했다. 이곳은 수천 년간 지리적으로 아시아의 전진기지였으며, 근동과 지중해 연안을 근거로 삼은 문명과 제국들의 주변부에 놓여 있었다. 2천500년 전 유럽은 순전히 자신만의 의식과 정체성을 가진 서부의 반도가 되었다. 이 의식은 그리스 문명으로부터 태어난 것이며 유럽인이 훨씬 나중 시기에 훈족, 터키족, 무어족에 대해 승리를 거두면서 더욱 성숙하였다. 또 유럽은 기독교의 고립 영토로서 그 교리는 개인이 국가만큼이나 중요함을 깊이 지각하도록 고무한 추동력이었다. 점점 커진 개인주의의 지각과 모험심은 바깥 세계에 대한 강한 호기심을 낳았다. 끝없는 사하라 사막 남쪽에는 어떤 사람들이 살고 있을까? 대서양의 가없는 수평선 너머 먼 곳에는 땅이 있을까?

1420년대와 1430년대 동안 포르투갈 왕자인 '항해가' 헨리는 유럽으로부터 남쪽으로 열대지방 깊숙한 곳을 향한 연례 탐사 항해단을 조직했다. 그의 선장들은 아프리카 서안을 연안 항해해 내려갔고 1433년에는 서안의 대돌출부를 돌았다. 그러고 나서 1488년에는 바르톨로뮤 디아스가 아프리카 남단을 돌았다. 그는 소떼와 함께 아무런 목적 없이 떠돌아다니는 듯 보인 유목민 코이 코이족과 마주쳤다. 코이 코이는 서구인의 마음에 깊은 인상을 남겼다. 그들의 관습이 지구상의 어떤 민족보다도 원시적으로 보였기 때문이다. 코이 코이는 수세기 동안 '존재의 대사슬'에서 다른 인간보다 열등한 위치에 있는 반은 유인원이고 반은 인간인 존재로 생각되었다. 1652년 유럽인이 희망봉에 정착한 후 백인 농민이 이들의 목축 적응 지대를 잠식해 들어가 파괴하기 시작하자, 그로부터 단 70년 만에 이들은 지구상에서 사라졌다.

디아스의 뒤를 이어 바스코 다 가마가 1497년 동아프리카 해안을 항해해 지금의 케냐까지 갔고, 거기서 다시 무역풍을 따라 인도로 갔다. 이리하여 유럽인은 남아시아와 동남아시아의 금과 향신료가 풍부한 시장으로 가는 또 다른 길을 발견했다. 그들은 무한정한 듯한 금, 상아, 노예의 수출 물량을 가진 아프리카와 그런 상품들에 대해 끝없는 수요를 가진 시장들을 연결해주는 고대의 항로를 따라 항해를 하였다. 그에 이어진 세기들 동안 아프리카는 유럽 국가들뿐만 아니라 이슬람에 의해서도 인적 자원과 물질적 부를 착취당했다. 급격하게 발달했던 국제 노예무역은 이미 익숙한 아프리카 대륙 해안지대에서 멀리 떨어진 내륙의 수많은 주민을 죽였다. 유럽 탐험가들은 19세기가 되어서야 비로소 내륙 깊숙이 들어갔는데, 그때는 아프리카가 이미 거대하고 복잡한 세계 경제체계의 한 부분이 되어 있었다.

디아스와 다 가마가 아프리카 해안을 탐사하는 동안 크리스토퍼 콜럼버스는 1492년 서쪽으로 항해해서 '인도 제도'로 갔다. 그는 자신이 아시아의 문턱에 있다고 생각했다. 기실 그는 새로운 동식물 종과 아주 다양한 아메리카 인디언 사회들이 가득 찬 '신세계'를 발견하였다. 우리가 앞에서 본 대로 멕시코와 페루의 대문명은 그 정복자들 앞에 급속히 몰락했고, 유럽인 방문객들이 처음 나타났던 곳이면 어디서든 몇 세대 안에 천연두와 기타 이국에서 온 병들이 창궐함으로써 아메리카 원주민이 엄청나게 죽었다.

희망봉을 돌고 아메리카 대륙을 발견함으로써 인류 선사시대의 마지막 장이 시작되었다. 여기서는 발전을 거듭했던 서구 문명과 세계 도처의 수많은 비서구 사회 사이에 복잡한 충돌이 오랫동안 계속 벌어졌다. 기본 시나리오가 자꾸자꾸 되살아났다. 제임스 쿡 선장이 타히티와 뉴질랜드에서, 프랑스 항해가 마리옹 뒤 프레슨느가 오스트레일리아와 태즈메이니아에서 그랬던 것처럼 소규모 유럽인 탐험가들이 도착한다. 최초의 조우는 거의 언제나 순식간에 지나가는 호기심의 만화경이며 때로는 두려움에 찬 매료였고 흔히 낭만적인 흥분이었다. 어떤 때는 창이 던져지고 머스켓 총이 불을 뿜었다. 또 어떤 때는 값싼 유리구슬이나 다른 작은 장식물을 짐승 털가죽과 우호적으로 교환하기도 했다. 그렇지만 거의 언제나 양측 모두 서로에 대한 전면적 불가해가 있을 뿐이었다.

때때로 사람들은 목테수마가 테노치티틀란 입구에서 에르난 코르테스를 그렇게 보았듯이 자신들의 이상한 방문객을 신이라고 생각했다. 19세기에 뉴질랜드의 연로한 어떤 마오리 추장은 한 관리에게 자신의 신관들이 백인은 뒤통수에 눈을 가진 신령들이라 한 적이 있다고 했다. 이는 쿡 선장의 노 젓는 사람들이 배에서 고물을 향해 앉은 것을 언급한 것임이 분명하다. 하지만, 그 방문객들은 정말로 빨리 그리고 그들이 나타난 곳이면 어디서든 신이 아니라 너무나 분명한 인간, 그것도 공격적이고 호전적이며 탐욕스러운 인간임이 증명되었다.

처음에는 접촉이 잠깐 동안이었다. 그러나 곧 유럽인들이 털가죽을 사거나 배를 정비하기 위해, 혹은 금을 찾아 떼거리로 몰려왔다. 그러고 나서 선교사들이 이교도들을 개종시키고 그들의 영혼을 구하기 위해 도착했다. 오스트레일리아는 죄수들을 갖다 버리는 땅이 되었고, 그들 중 다수가 도망해서 오스트레일리아 원주민 집단을 짐승처럼 다루었다. 많은 곳에서 초기 방문객들에 이어 이민자가 홍수처럼 몰려왔다. 그들은 흔히 가난해 빠진 토지소유욕 강한 유럽 출신 농민으로서, 아프리카 내륙, 브리티시 콜롬비아, 뉴질랜드, 혹은 태즈메이니아의 비옥한 땅에서 좀 더 나은 삶을 추구하고자 한 것이었다.

이들은 철제 도구와 무기를 가지고 영구 거주자로서 새 집과 넓은 땅을 찾아 온 사람들이었다. 그들은 토착 주민과 좋은 땅을 두고 경쟁했고, 주민을 한편으로 밀쳐 내거나 때로는 아예 몰아내기도 하고, 흔히 뒤가 구린 땅 매매나 불법 계약으로 대규모 농장을 획득했다. 토착 주민은 거의 필연적으로 자신들의 땅을 잃었다. 그 땅이란 흔히 동일 친족집단이 수천 년은 아닐지라도 수백 년 동안 차지했던 영지였다. 토착 주민들이 어떻게 해서든 생존하려면 가장자리의 외딴 땅으로 물러나 이전 문화와 생활양식의 잔영을 지키면서 사는 수밖에는 선택의 여지가 거의 없었다. 아니면 흔히 농업 노동자로서나 하인으로 고용되어 거의 언제나 주변부에 살면서 신입자의 사회에 스스로를 동화시키는 것뿐이었다.

서구 문명의 전 세계 확산은 18세기 말 산업혁명 이후 획기적으로 가속화되었다. 이 혁명은 인류사에서 또 하나의 촉매였고, 인간의 손이 아닌 화석연료가 몰고 가는 사회를 만들어냈다. 이는 모든 종류의 원자재에 대해 채워질 줄 모르는 수요를 조장했고 증기선과 철도를 탄생시켰으며 유럽으로부터 아메리카로, 아시아로부터 태평양과 북미 곳곳으로 전례 없는 대규모 인간 이주를 일으켰다. 근래의 대규모 이주는 그간 크고 작은 비서구 사회들에게 파멸적 영향을 끼쳤다.

오늘날 세계에서 현대 문명에 때 묻지 않은 전통 생활양식이 잔존하고 있는 곳은 없다. 아마존 분지 깊숙한 곳이나 뉴기니 고지대에 아직 공업 문명과 지속적으로 접촉을 하지 않은 몇몇 집단이 남아 있을 뿐이다. 이런 사회들도 공업 문명의 채워질 줄 모르는 밥통 때문에 열대 우림이 베어지고 경관이 알아보지 못하리만치 바뀜에 따라 위협을 받고 있다. 어떻든 300만 년도 더 전에 아프리카에서 시작된 옛 세계는 이제 현대의 학술적 연구로 우리가 알고 있는 한도 외에는 모두 망각될 정도로 사라졌다.

참고문헌

다음 세 권의 책이 선사시대 마지막 세기들을 서로 다른 시각에서 다루고 있다. John Bodley의 *Victims of Progress* (제6판, Lanham, MD: Rowman and Littlefield, 2014)는 문화 변동과 현대화에 관해 널리 참조하는 대학 교재이다. Brian Fagan의

Clash of Cultures (제2판, Walnut Creek, CA: Alta Mira Press, 1997)는 일반 독자를 위해 서양 사람들과 일련의 비 서양 사회 사이의 접촉이라는 주제에 대해 서술하고 있다. Eric Wolf의 *Europe and the People Without History* (Berkeley and Los Angeles: University of California Press, 1984)는 인류학적 편향이 강한 권위 있는 책이다.

전문 용어 해설

가속질량분석(AMS) 방사성탄소연대측정법 가속질량분석기를 이용하는 방사성탄소연
대측정법으로 재래식보다 훨씬 정확하다.

거석묘 영어 원어는 큰 돌을 뜻하는 그리스어에서 유래한 것인데 대개 서기전 5천년
기의 서부 유럽 초기 농경 시절에 널리 퍼져 있었던 돌로 지은 무덤들을 가리키는
용어.

고고학 인류의 과거를 인간 행동의 물질 잔적 중 남은 것을 이용해 연구하는 학문.

고고학적 문화 특정 공간 및 시기에 해당하는 고고학 유적 몇 개소에 보존된 인간 문화
의 물질 잔적.

국가 이전 사회 공동체, 유단 혹은 마을에 토대를 둔 소규모 사회들.

국가조직 사회 강력한 중앙집권적 정부와 현저한 계층 구조를 가진 대규모 사회. 산업
화 이전 문명과 동의어로 쓰인다.

군장사회 예외적 경영, 정치, 종교 권력을 가진 지도자들이 이끌지만 여전히 친족에 토
대를 둔 사회.

너클 걷기 사지를 써서 돌아다니는 특화한 이동 방식 가운데 한 가지로 몸무게를 지탱
하는 데 손등 부분을 이용한다.

농업혁명 V. 고든 차일드가 만들어낸 말로서 가뭄과 그에 따라 형성된 동물, 인간, 식
물 사이의 긴밀한 결합 관계가 일으킨 식량생산의 개시를 가리킨다.

다선 문화 진화 여러 다양한 경로를 따라 일어나는 문화 진화.

단계통(單系統) 진화에서 어떤 문(門)의 성원들이 모두 단일 조상으로부터 내려온 경
우를 가리키는 용어.

도시혁명 V. 고든 차일드의 개념으로 야금술, 물품생산 전문가, 잉여식량이 인류 생활
에 혁명을 일으켰고 도시 문명을 발생시켰다는 전제를 토대로 한다.

돌날 제작 기술 석기 제작 기술의 한 가지로 미리 모양을 갖춘 몸돌로부터 쐐기를 이용
해 길고 두 날이 평행한 돌날들을 떼어내는 기술이며 많은 후기 구석기인의 특징
이다.

뢰스 빙하시대 빙기들, 특히 빙하시대 말기 동안 바람에 불려와 광대한 중부 유럽 및 유라시아 스텝지대에 쌓인 가는 모래.

마제 석기 돌덩이의 표면과 가장자리를 돌로 쪼고 나서 매끈하게 갈아 날카로운 작업 날을 세운 인공물로서 나무를 베어 쓰러뜨리고 나무를 가공하는 데 쓴 도끼와 자귀를 만드는 데 마제 기법을 썼다.

마투야마/브루네스 경계 오랜 기간 역전되어 있었던 지구 자장이 약 78만 년 전 정상화된 순간.

만달라 동남아시아 고고학에서 힌두 개념의 국가를 지칭하는 데 쓰는 용어.

말라쿠난자, 오스트레일리아 아넘 랜드에 있는 암벽 밑 은거지로 6만 년 전으로 연대측정된 인공물이 출토되었다고 함.

메조아메리카 고고학자들이 중앙아메리카에서 옛 국가조직 사회들이 발생하였던 지역들을 가리킬 때 쓰는 용어.

문명 국가조직 사회 항을 보시오.

문화 인간들이 자연 환경에 적응하는 데 쓰는 주된 비생물학적 수단.

문화 과정 인간 문화들이 시간의 흐름에 따라 변화하는 방식.

문화생태학 인간사회들이 각기 환경에 적응하고 또 그 환경을 변형시키는 방식들에 대한 연구.

문화 역사 고고학적 증거로부터 도출된 인간 문화들을 서술하는 연구 분야.

문화 체계 인간들이 그 물리적 환경 및 사회적 환경에 적응하는 데 쓰는 여러 부분으로 이루어진 적응 메커니즘.

미토콘드리아 DNA 모계로 유전되는 DNA로 옛 진화의 관계성을 확립하는 데 대단히 큰 가치를 지니고 있다.

민족지 유추 현존 사회의 인공물 및 여타 문화 특성을 옛 사회의 그것들과 비교하는 작업.

민족지고고학 옛 사회 연구에 도움을 얻기 위해 실시하는 현존사회에 대한 연구.

민족지적 현재 유럽인과 접촉하기 전의 선사시대 사회들을 묘사하는 데 쓰는 용어이지만 실제성에 바탕을 둔 것이 아닌데 그 이유는 정지 상태의 문화란 없었으며 또 어떤 순간의 문화 모습이란 것은 오도된 것이기 때문이다.

밑동에 홈이 진 북아메리카 고(古)인디언 투사 첨두기의 기부(밑동)로부터 쐐기를 이용해 얇은 세로 격지를 떼어낸 모습을 서술하는 데 쓰는 용어로 그 덕에 기부가 더 얇아져 그 찌르개를 대에 부착하기가 한층 쉽다.

발명 어떤 인간 문화에서 우연히 나오거나 의도적으로 생겨난 새로운 착상들.

방사성탄소연대측정법 절대연대측정법의 한 가지로 방사성탄소 동위원소(C14)가 안정된 질소로 붕괴하는 비율을 바탕으로 한 연대측정법이다. 그 측정 연대는 나무 나이테, 빙하 천공 자료, 열대 천공 자료 편년을 이용해 보정함으로써 역연대로 바꿀 수 있다.

복합도구 두 가지 이상의 구성 요소로 만들어진 인공물로 예컨대 대에 부착한 창끝을 들 수 있다.

부유선별법 식물유체를 체와 물에 통과시켜 수습하는 방법으로 줄여서 부선법(浮選法) 혹은 영어 원어대로 플로테이션 기법이라고도 부른다.

부족 정식 친족 집단들로 연계된 여러 유단의 집합체.

분기 분석 체계 진화 관계를 복원하는 데 쓰이는 분석 체계의 한 가지로 균질성에 비해 다양성을 강조한다.

불가피한 변이 학습 행위에서의 사소한 차이들이 시간의 흐름에 따라 누적됨으로써 일어나는 문화 변화.

뷰랭 돌날로 만든 끌 같은 석기로 돌·뿔·뼈·나무에 홈을 내고 암각화를 새기는 데도 쓰였음.

비옥한 초승달지대 농경과 문명이 처음으로 발생한 나일강 유역에서 이란 고원지대를 거쳐 메소포타미아에 이르는 초승달 모양의 땅을 가리키는 용어.

산업화 이전 문명 국가조직 사회 항을 보시오. 또 화석 연료를 사용하지 않고 조직된 문명을 가리키는 용어이기도 하다.

샤먼(혹은 영매) 이 단어는 시베리아 통구스어에서 신관을 뜻하는 saman에서 유래되었다.

선사 문헌기록 등장 이전의 인류사.

설형문자(쐐기문자) 점토판에 쐐기 모양 필기구로 눌러 쓴 메소포타미아 문자로 영어 원어는 쐐기를 뜻하는 그리스말 *cuneus*에서 유래된 것이다. 고대 동지중해 세계에서 오랫동안 국제 외교 문자로 쓰였다.

세계 선사학 인간 탄생으로부터 문자 문명 등장까지의 인류 선사를 범세계적 관점에서 연구하는 학문 분야.

세석기 영어 원어는 작은 돌을 뜻하는 그리스말에서 유래되었는데 아주 작은 돌날로
　　만든 미소한 석기들로서 미늘과 찌르개로(나중 시기에는 화살촉으로) 쓰였으며
　　빙하시대 말기와 홀로세 초기 사회들의 특징적 석기.

순다돈티 옛 유라시아와 유럽의 주민들이 공유한 이빨 특성들.

시노돈티 시베리아인 및 토착 아메리카인과 관련된 이빨 특성들의 특징적 결집 양상.

식량생산 농경과 가축 순화.

식물 규산체 어떤 식물의 생애 내내 세포에서 만들어지는 아주 미소한 규소 입자들로
　　고고학 유적에서 해당 식물의 종을 식별하는 데 쓰인다.

신석기혁명 농업혁명 항을 보시오.

씨족 한 장소에 살고 혈통이 공통된 여러 동족으로 이루어진 인간 집단.

아틀라틀 초기 북아메리카 사냥꾼들이 사용한 던지는 막대기로 투창기임.

안데스 고고학에서 옛 국가조직 사회들이 발생했던 페루와 인접 국가 지역들을 가리
　　키는 데 쓰는 용어.

역사(학) 문헌기록을 이용한 과거 연구.

연륜연대측정법 나무나이테연대측정법.

원기(原基) 태초의 상태. 창조 신화들의 출발점이다.

유단 긴밀한 사회 유대로 결합된 여러 가족들의 평등한 결사.

이족보행(직립보행) 두 발로 똑바로 서서 걷기.

이주 인간 집단이 한 지역에서 다른 지역으로 이동하는 현상.

인공물 인간이 제작하거나 변형시킨 물체를 가리키는 말로 보통은 유물이라고 함.

인지고고학 '마음의 고고학'이라고 불리는 연구 분야로 고고학적 방법을 사용해 옛 인
　　간의 행동 동기, 이데올로기, 무형적 측면을 연구한다.

적응 방산 전형적으로는 한 분기군(分岐群 또는 클레이드)―공통 조상과 그 모든 후
　　손을 포괄하는 일단의 종들―이 새로 확립됨에 따라 등장한 진화상의 어떤 혁신
　　에 이어 그 변종들이 급격히 늘어나는 현상.

적응으로서의 문화 문화생태학 항을 보시오.

전파 아이디어들이 가까이나 멀리 퍼지는 현상.

정황 고고학에서 유적, 인공물 혹은 여타 고고학적 발견물의 정확한 시공간 위치를 가

리키는 말로 맥락이라고도 한다.

제4기 홍적세 항을 보시오.

창 던지개 갈고리가 달리고 때로 추가 붙은 막대기나 그에 상응하는 장치로 창을 던지
는 데 쓰인다.

충적세(홀로세) 영어 원어는 최근을 뜻하는 그리스 말에서 유래되었는데, 서기전 약
10000년에 끝난 홍적세(플라이스토세)(빙하시대) 이후의 시기를 가리킨다.

취락 분포 정형(또는 취락 유형) 인간 취락들의 경관 위 분포 및 고고학 공동체들 내 배
치 양상.

탈과정주의고고학 과거의 문화 변동을 일으킨 이데올로기, 행동 동기, 비환경적 측면
들을 연구하고자 하는 접근법들.

포타슘아르곤연대측정법 방사성 이용 연대측정법의 한 가지로 화산암에 관련된 지층
및 고고학 유적의 연대를 측정한다. 선사시대의 맨 처음부터 약 10만 년 전까지의
연대를 측정하는 데 쓰인다.

호미니드 생물학상 호미니대(Hominidae) 과(科)의 구성원을 가리키는 말로 그에는
현생 인간, 침팬지, 고릴라, 오랑우탄 그리고 각각의 조상들이 포함된다.

호미닌 생물학상 호미니니(Hominini) 족(族)의 구성원을 가리키는 최신의 용어로 현
대의 인간, 이전의 인간 아종들 그리고 700만 년 전쯤에 침팬지와의 공통 조상으
로부터 분기한 그 직접 조상들을 포함한다(단, 일부 과학자들은 여기에 침팬지도
포함하나 이 책에서는 그렇게 하지 않는다).

홈 내어 쪼개기 기법 뿔이나 뼈에 긴 홈을 내어 쪼갬으로써 창끝, 작살, 여타 인공물용
의 두 변이 나란하고 긴 조각들을 얻는 기법으로 후기 구석기시대 및 중석기시대
사람들이 썼다.

홍적세(플라이스토세) 마지막 지질시대로 때로 빙하시대 혹은 제4기라고도 불린다.

화축 낱알이 식물에 붙은 경첩 같은 부분.

흑요석 화산 유리.

고고학 유적 및 문화 용어 해설

이 용어 해설은 주요 문화 용어와 고고학 유적을 대상으로 하며 지도자 및 여타 인물의 이름은 포함하지 않았다.

가나(Ghana) 왕국 일찍이 서기 8세기에 서아프리카 금 무역의 많은 부분을 좌지우지 했던 사하라 사막 남변의 서아프리카 왕국.

간지 다레(Ganj Dareh, 이란) 서기전 10500년 자그로스 산록에 있었던 계절적 수렵채집 야영지.

고(古)인디언(Paleo-Indian) 북미에서 가장 이른 시기의 채집 문화를 일반적으로 부르는 이름으로 대략 서기전 12000년 이전부터 서기전 6000년까지의 시간 폭을 갖는다.

고기(古期 Archaic) 아메리카 대륙에서 서기전 6000년경부터 최근까지의 늦은 시기 수렵채집 문화를 일컫는 일반화된 명칭으로 문화들이 아주 다양하고 흔히 정치한 수준까지 발달하였다. 이집트에서는 같은 영어 원어를 왕조시대 이집트 문명의 첫 몇 세기를 가리키는 말로 쓰는데 이 책에서는 상고기라 옮긴다.

괴베킬리 테페(Göbekli Tepe, 터키) 서기전 9500년경으로 연대측정된 성소 유적으로 반지하 구조물과 조각된 일주석들을 자랑한다.

그로트 드 쇼베(Grotte de Chauvet, 프랑스) 사자, 코뿔소, 여타 동물을 아주 훌륭하게 묘사한 빙하시대 말기 벽화 동굴로 연대는 서기전 31000년까지 거슬러 올라간다.

기자(Giza, 이집트) 서기전 2600년경으로 연대측정된 이집트 고왕국시대의 주요 피라미드 유적.

길라 나키츠(Guilá Naquitz, 멕시코) 서기전 8750년부터 서기전 6670년 사이에 소규모 채집 유단이 살았던 동굴로 초기 콩 및 호박 재배 연구에 중요하다.

나가다(Nagada, 이집트) 서기전 4천년기로 연대측정된 상이집트 선왕조시대 왕국.

나크베(Nakbé, 과테말라) 일찍이 서기전 1000년에 사람이 살았으며 서기전 600년부터 서기전 400년 사이 초기 마야의 의례 중심지.

남방계 제식(Southern Cult) 미국 중서부와 동남부의 넓은 지역에 걸쳐 발견되는 일련의 미시시피 문화 미술 의장 및 그와 관련된 종교 신앙을 가리키는 용어.

네왈리 초리(Nevali Çori, 터키) 서기전 9600년경으로 연대측정된 취락 및 제의 중심지.

네켄(Nekhen, 이집트) 고대 이집트 읍으로 선왕조시대 중요 왕국의 중심지.

누비아(Nubia) 고대 이집트보다 상류지역에 위치했던 '쿠시의 땅'으로 오늘날의 수단
에 해당한다.

니네베(Nineveh, 이라크) 서기전 630년경 아수르바니팔 왕 치하의 아시리아 제국 수
도.

대짐바브웨(Great Zimbabwe, 짐바브웨) 서기 1250년 이전부터 서기 1450년 사이에 종
교와 교역의 주요 중심지였던 카랑가족 군장 사회.

도스 필라스(Dos Pilas, 과테말라) 서기 600년 이후 고전기 마야의 중요 중심지.

동투르카나(East Turkana, 케냐) 약 250만 년 전부터 160만 년 전까지로 연대측정된 화
석 호미닌과 그 유적들이 발견된 지점.

듁타이 동굴(Dyuktai Cave, 시베리아) 동북 시베리아에서 빙하시대 최말기에 널리 퍼
져 있었던 문화를 대표하는 가장 유명한 유적으로 그 문화는 일부 초기 토착 아메
리카인 집단들의 조상일 가능성이 있다. 연대는 1만 8천 년 전으로까지 거슬러 올
라간다.

드마니시(Dmanisi, 조지아 공화국) 약 180만 년 전으로 연대측정된 유적으로 호모 에렉
투스(혹은 호모 게오르기쿠스일 가능성이 있다)의 두개골이 출토되었는데 이는
지금까지 유럽과 유라시아에서 나온 것 중 가장 이르다.

딜문(Dilmun, 바레인) 일찍이 서기전 2500년에 페르시아 만에 있었던 메소포타미아와
인더스강 유역 사이의 중요 환적 항구.

라 마들렌느(La Madeleine, 프랑스) 막달레니안 문화 항을 보시오.

라 벤타(La Venta, 멕시코) 서기전 900년 이후로 연대측정된 올멕 의례 중심지.

라 페라시(La Ferrassie, 프랑스) 프랑스 서남부 레 제지 근처 암벽 밑 은거지로 네안데
르탈 매장들의 증거가 발견되었다.

라가시(Lagash, 이라크) 서기전 3천년기 수메르 주요 도시국가.

라스코(Lascaux, 프랑스) 약 1만 5천 년 전으로 연대측정된 서남 프랑스의 중요한 막달
레니안 동굴 벽화 유적.

라에톨리(Laetoli, 탄자니아) 360만 년 전 굳어진 화산재 속에 호미닌의 발자국들이 보
존된 유적.

라피타 문화(Lapita culture) 서남태평양 문화 전통으로 서기전 2000년 이후 태평양 원

해의 많은 지역으로 인간을 이주시켰다.

르 튁 도두베르(Le Tuc d' Audoubert, 프랑스) 막달레니안 문화 의례 유적으로 진흙 들
소상들로 유명하다.

리앙 부아 동굴(Liang Bua Cave, 플로레스) 아주 작은 인간인 호모 플로레시엔시스가
약 10만 년 전부터 5만 년 전까지 살았던 동굴.

마간(Magan) 페르시아 만에 있었던 메소포타미아와 인더스강 유역 사이의 환적 항구.

마야 문명(Maya civilization) 저지대 메조아메리카에서 서기전 약 1000년 이전부터 생
겨나 서기 900년경 끝나는 고전기를 거쳐 15세기까지 이어진 주요 문명.

마야판(Mayapan, 멕시코) 후고전기 마야 중심지로 서기 13세기 이후 코콤 가문의 통
치를 받았다.

마오리인(Maori people) 뉴질랜드 토착 주민이며 그 선조는 늦어도 서기 1000년으로
연대가 거슬러 올라가는 폴리네시아 출신이다.

마우리아 제국(Mauryan Empire, 인도) 서기전 1천년기 중반 갠지스강 유역에 중심을
두었던 초기 인도 제국.

마운드 시티(Mound City, 미국 오하이오주) 오하이오강 유역의 13에이커 면적을 차지
한 호프웰 문화 토루 단지.

마운드빌(Moundville, 미국 앨라배마주) 서기 900년 이후 주요 미시시피 문화 읍이자 의
례 중심지.

마추픽추(Machu Picchu, 페루) 안데스 고지대에 있었던 잉카 취락으로 스페인인의 정
복 당시와 그 이후 사람들이 살았다.

마풍구브웨(Mapungubwe, 남아프리카) 서기 1220년부터 1600년까지 림포포강 유역에
있었던 군장 사회로 소 및 교역의 중심지였다.

막달레니안 문화(Magdalenian culture) 프랑스 서남부, 유럽 중부 일부, 스페인 북부에
서 발견되는 정교한 기술과 미술 전통을 가진 빙하시대 말기 문화로 1만 5천 년 전
부터 1만 2천 년 전 사이에 번성하였는데 그 이름은 프랑스 도르도뉴 지방 레 제지
의 라 마들렌느 암벽 밑 은거지에서 땄다.

말리(Mali) 왕국 서기 1200년경 가나를 계승한 서아프리카 왕국으로 그 다음 세기 동안
금 때문에 국제적으로 유명하였다.

메도우크로프트 암벽 밑 은거지(Meadowcroft Rock Shelter, 미국 펜실베이니아주) 오랫

동안 사람이 살았던 암벽 밑 은거지로 여기서 나온 증거는 서기전 12000년으로까지 거슬러 올라갈 가능성이 있다.

메로에(Meroe, 수단) 대략 서기전 500년부터 서기 400년까지 같은 이름을 가진 왕국의 수도였으며 주요 교역소였다.

메림데 베니 살라마(Merimde Beni Salama, 이집트) 서기전 4500년경 이집트 삼각주지대에 있었던 농경 취락.

메사 베르데(Mesa Verde, 미국 콜로라도주) 콜로라도에 있는 일련의 협곡으로 서기 13세기 및 14세기 원조 푸에블로 문화의 다실(多室) 푸에블로로 유명하다.

메사(Mesa, 미국 알래스카주) 서기전 9700년경에 사람이 살았던 알래스카 북부 브룩스 레인지의 수렵채집 야영 유적.

메쥐리히(Mezhirich, 우크라이나) 약 1만 7천 년 전 빙하시대 말기에 우크라이나 드네프르강 강변에 매머드 뼈로 지은 집이 있었던 수렵채집 야영지.

멜루하(Meluhha) 페르시아만에 있었던 인더스 문명의 중요 환적 항구였는데 정확한 위치는 모른다.

멤피스(Memphis, 이집트) 고대 이집트의 수도.

모골론(Mogollon) 서기전 300년경부터 서기 1100년경까지의 미국 서남부 문화 전통으로 주요 인구 중심지를 가지지 않았던 고지대 농경문화였다.

모체 문명(Moche civilization) 서기 100년에서 800년까지로 연대측정되는 페루 해안지대 문명으로 치카마강과 모체강 유역을 중심으로 하였다.

모헨조다로(Mohenjodaro, 파키스탄) 인더스 문명의 주요 도시.

몬테 베르데(Monte Verde, 칠레) 서기전 10000년경으로 연대측정된 칠레 북부 냇가 수렵채집 유적.

몬테 알반(Monte Albán, 멕시코) 서기 1천년기 동안 와하카 계곡에 있었던 주요 도시이자 국가.

무스테리안 기술(Mousterian technology) 약 10만 년 전 이후 유럽, 유라시아 및 중동의 네안데르탈 사람들과 관련된 석기 제작 기술로 용의주도하게 준비한 원반형 몸돌을 토대로 하였으며 그 이름은 프랑스 르 무스티에 마을에서 땄다.

미노아 문명(Minoan civilization) 크레타섬에 중심을 둔 청동기시대 왕국으로 서기전 1900년부터 서기전 1400년 사이에 전성기를 이루었다.

미르(Meer, 벨기에) 서기전 7600년경 석기시대 야영 유적으로 석공들이 이용하였다.

미시시피 전통(Mississippian tradition) 서기 600년부터 1500년까지 미국 중서부와 동남부에 있었던 옥수수 및 콩 재배 문화로 대규모 의례 중심지. 정교한 종교 신앙, 강력한 군장 사회 때문에 주목할 만하다.

미케네(Mycenae, 그리스) 미케네 왕들의 성채로 서기전 1500년경의 연대를 가진다.

미케네 문명(Mycenaean civilization) 그리스 본토의 청동기시대 문명으로 서기전 1500년부터 1200년 사이에 전성기를 이루었다.

미탄니(Mitanni, 시리아) 서기전 2천년기에 유프라테스강 동쪽에 있었던 청동기시대 국가로 히타이트와 동시대였다.

바빌론(Babylon, 이라크) 주요 초기 도시국가였으며 후대인 서기전 6세기에는 네부차드네짜르 왕 치하 바빌로니아 왕국의 수도였다.

반트케라믹 문화 복합(Bandkeramik complex) 서기전 6000년경의 중부, 서북부 유럽 초기 농경민 문화를 가리키는 용어로 선문대 토기가 특징이다.

발세키요(Valsequillo, 멕시코) 대략 서기전 12000년으로 연대측정된 마스토돈 뼈와 인공물들이 나온 유적.

베닌(Benin, 나이지리아) 서기 14세기 이전부터 최근까지 번성한 같은 이름의 수도를 가진 서아프리카 삼림 왕국.

베르흐네-트로이츠카야(Verkhne-Troitskaya, 시베리아) 시베리아에서 지금까지 알려진 가장 오래된 듁타이 문화 유적으로 약 1만 8천 년 전으로 연대측정된다.

보가즈코이(Boghazkoy, 터키) 서기전 2천년기 히타이트 제국의 수도.

복스그로브(Boxgrove, 영국) 약 50만 년 전 호모 에렉투스가 이용한 영국 남부 사냥 유적.

부에나 비스타(Buena Vista, 페루) 리마 근처 치욘 계곡의 중요 종교 중심지로 서기전 2200년으로 연대측정된 특징적 천문 배열물들이 있다.

사카라(Saqqara, 이집트) 하이집트의 나일강 서안에 있는 의례 단지로 많은 고왕국 파라오들이 묻혀 있다. 서기전 2600년경 축조된 파라오 조세르의 계단 피라미드 자리이며 중요한 아피스 황소 숭배 중심지이기도 한데 이 신앙은 말기 왕조시대에 가서 번성하였다.

사훌(Sahul) 빙하시대 말기의 오스트레일리아와 뉴기니, 그리고 그 대륙붕 둘레 지역.

산 로렌소(San Lorenzo, 멕시코) 서기전 1250년경으로 연대측정된 주요 올멕 중심지.

산 마르코스 동굴(San Marcos Cave, 멕시코) 테와칸 계곡의 유적으로 옥수수의 초기 역사에서 중요하다.

산 바르톨로(San Bartolo, 과테말라) 선고전기 마야 중심지로 대략 서기전 400년에서 서기전 200년의 마야 창조 전설 묘사 벽화들이 출토되었다.

산토리니(Santorini, 그리스) 크레타섬에서 북쪽으로 113km 떨어진 섬으로 서기전 15세기에 화산 폭발이 일어난 장소이다(연대에 대해서는 논란이 있으며 그보다 1세기 반 정도 이를 수도 있다).

산 호세 모고테(San José Mogote, 멕시코) 서기전 2천년기 와하카 계곡의 중요 농경 마을.

상 문명(Shang civilization) 서기전 1766년경부터 서기전 1122년까지 북중국 황허 유역에 자리 잡았던 초기 문명.

샤오툰(Xiao-tun, 小屯, 중국) 서기전 1400년경부터 1122년까지 상 문명의 수도 소재지였는데 북중국 안양 지방에 위치하였다.

선고전기(Preclassic) 대략 서기전 1500년부터 서기 250년까지의 마야 문명 초기 단계. 때때로 형성기라고도 불린다.

세렌(Cerén, 엘살바도르) 서기 6세기에 화산 폭발로 파괴된 작은 마야 마을로 화산재가 가내생활의 많은 세부 사항들을 보존해주었다.

송하이(Songhay) 왕국 서아프리카 왕국으로 서기 1450년부터 말리를 계승하였으나 1500년 이후 몰락하였는데 그 이유 중 일정 부분은 당시 아메리카에서 유럽으로 금이 새로이 공급되었기 때문이다.

쇠닝엔(Schoningen, 독일) 약 40만 년 된 구석기시대 고고학 유적으로 지금까지 알려진 가장 오래된 나무창들이 출토되었다.

쇼베(Chauvet) 그로트 드 쇼베 항을 보시오.

순다(Sunda) 빙하시대 말기 동안의 동남아시아 대륙붕.

스네이크타운(Snaketown, 미국 애리조나주) 길라강 근처에 있는 주요 호호캄 취락으로 중요 의례 중심지였다.

스완스콤(Swanscombe, 영국) 템스강 유역 유적으로 약 23만 년 된 아슐리안 주먹도끼와 옛 호미닌의 두개골이 출토되었다.

스톤헨지(Stonehenge, 영국) 신석기시대와 청동기시대로 연대측정된 환상석렬 단지로 일찍이 서기전 2950년경부터 번성하기 시작하여 서기전 1600년경 정점에 이르렀다.

시아(Xia, 夏) 서기전 1700년 이전으로 비정되는 북중국 왕조로서 고고학적 증거와 전설 둘 다로 알려져 있다.

시앤런둥(Xianrendong, 仙人洞, 중국) 서기전 9220년경부터 7550년 사이의 초기 벼 재배 유적으로 보고되었는데 벼 재배가 정확히 언제 최초로 이루어졌는지는 아직 알려져 있지 않다.

시칸(Sicán, 페루) 서기 700년경부터 1375년 사이의 연대를 가진 안데스 해안 문화.

시판(Sipán, 페루) 모체인의 주요 의례 중심지로 서기 300년경으로 연대측정된 장려한 왕묘들로 유명하다.

아과테카(Aguateca, 과테말라) 고전기 말 서기 9세기의 마야 취락.

아데나 문화(Adena culture) 서기전 500년부터 서기 400년 사이에 미국 오하이오 계곡에 중심을 두고 발달한 문화로서 정교한 토루들로 유명하다.

아둘리스(Adulis, 에티오피아) 악숨 문명과 연관된 홍해 항구.

아라미스(Aramis, 에티오피아) 아르디피테쿠스 라미두스가 발견된 아와쉬강 유역의 유적으로 그 연대는 450만 년 전으로 측정되었다.

아부 후레이라(Abu Hureyra, 시리아) 유프라테스강 강가의 유적으로 서기전 10500년 이전에 수렵채집 집단이 처음 살았다가 그 뒤에는 아주 초기의 농경민이 살았다. 농경 기원에 관한 대단히 훌륭한 식물 증거로 유명하다.

아브리 파토(Abri Pataud, 프랑스) 빙하시대 말 후기 구석기시대 사람들이 이용한 서남 프랑스의 암벽 밑 은거지로 순록 사냥 증거로 유명하다.

아비도스(Abydos, 이집트) 이집트 최초 파라오들의 매장 장소로서 하계로 들어가는 신성한 입구로 여겨졌다.

아수르(Assur, 이라크) 티그리스 강가의 아시리아 수도로 서기전 900년 이후 강성하였다.

아슐리안 석기 제작 기술(Acheulian stone technology) 주먹도끼, 자르개, 격지 석기에 바탕을 둔 기술로 아프리카, 유럽, 근동, 동남아시아 일부에서 약 165만 년 전부터 10만 년 전 사이에 발달하였으며 그 이름은 프랑스 북부 생타쉘(St. Acheul) 읍으로부터 땄다.

아스페로(Aspero, 페루) 서기전 3055년경으로 연대측정된 토루 기단을 가지고 수페강 어귀에 세워진 대규모 취락.

아오(Ao, 隞, 중국) 서기전 1560년경의 북중국 상 문명 수도.

아이유(Ayllu) 공통 조상의 후손임을 자처하는 안데스 친족 집단.

아인 가잘('Ain Ghazal, 시리아) 서기전 8천년기의 초기 농경 마을.

아타푸에르카(Atapuerca, 스페인) 120만 년 전에서 50만 년 전으로 연대측정된 호모 안테케소르(개척인)의 화석들이 출토된 동굴계. 이 종에 대해서는 논란이 있으며 어떤 사람은 이를 호모 하이델베르겐시스로 한데 묶음.

악숨(Aksum, 에티오피아) 서기 1천년기의 고지대 에티오피아 문명으로 지중해 및 인도양 세계와 교역을 하였다.

안양(Anyang, 중국) 서기전 1400년경부터 서기전 1122년 사이의 북중국 상 문명 핵심 지역.

알리 코시(Ali Kosh, 이란) 쿠지스탄 평원에 서기전 9000년부터 6000년 사이에 자리 잡았던 농경 취락.

알리아 베이(Allia Bay, 케냐) 투르카나 호숫가의 초기 호미닌 유적으로 약 400만 년 전의 오스트랄로피테쿠스 아나멘시스 화석이 출토되었다.

알링턴 스프링즈(Arlington Springs, 미국) 캘리포니아 남부 산타 로사섬에 있는 유적으로서 약 1만 3천 년 전의 인간 거주 증거가 나왔다.

알타미라(Altamira, 스페인) 약 1만 5천년 전으로 연대측정된 막달레니안 벽화 동굴로서 여러 색으로 그린 들소가 유명하다.

암브로나(Ambrona, 스페인) 40만 년 전에서 20만 년 전 사이로 연대측정된 아슐리안 문화의 사냥감 해체 유적.

앙코르 톰과 앙코르 와트(Angkor Thom and Angkor Wat, 캄보디아) 서기 1000년부터 1200년 사이의 캄보디아 크메르 통치자들이 건립한 왕도와 성소들.

양샤오(Yangshao, 仰韶, 중국) 서기전 5000년 이후로 북중국 황허 유역에 널리 퍼져 있었던 농경문화.

에리두(Eridu, 이라크) 세계 최초의 도시 중 하나로 서기전 4000년경 성소 및 그 이후 성소들로 유명하다.

에이브베리(Avebury, 영국) 석기시대 경관에서 환상석렬을 가진 대규모 원형 토루가 핵을 이루었던 유적으로 그 최종 형태는 서기전 2500년경 갖추어졌다.

엘 미라도르(El Mirador, 과테말라) 서기전 250년부터 서기전 50년 사이로 연대측정된 선고전기 마야 중심지.

엘 파라이소(El Paraíso, 페루) 서기전 1800년경으로 연대측정된 페루 치욘강 유역 의례 중심지.

예리코(Jericho, 요르단) 구약성경에 나오는 도시로 방호벽을 가진 서기전 8천년기의 초기 읍과 서기전 7800년까지 올라가는 농경 취락의 증거를 가진 고고학 유적으로 유명하다.

올도완(Oldowan) 지금까지 알려진 가장 이른 석기 기술로 간단한 격기와 찍개를 바탕으로 하며 약 250만 년 전에 나타나 거의 1백만 년 동안 쓰였다. 그 이름은 올두바이 고르지 유적에서 따서 붙였다.

올두바이 고르지(Olduvai Gorge, 탄자니아) 오래 전 말라버린 전기 및 중기 홍적세 호수들과 관련된 층서를 가진 초기 호미닌 고고학 유적으로 연대는 175만 년 전부터 10만 년 전 사이이다.

올멕(Olmec) 대략 서기전 1500년부터 서기전 500년까지의 저지대 메조아메리카 미술 양식과 일련의 문화를 가리키는 말인데 이는 이 지방 후대 문명들의 토대 중 한 가지가 되었다.

와리(Wari, 페루) 서기 800년경 고지대 안데스 왕국으로 같은 이름의 도회 및 의례 중심지를 핵으로 하고 있었다.

와학툰(Uaxactún, 과테말라) 메조아메리카 저지대의 고전기 마야 도시로 서기 378년 이웃 티칼에 격파되었다.

왈라세아(Wallacea) 빙하기 말기 동안의 동남아시아 술라웨시와 티모르.

왕둥(Wangdong, 王洞, 중국) 시앤런둥 항을 보시오.

우가리트(Ugarit, 시리아) 북부 레반트에 서기전 1200년경 이후 청동기시대 동안에 있었던 주요 항구이자 상업 왕국.

우루크(Uruk, 이라크) 세계 최초의 도시로 서기전 4500년부터 2천 년 이상 번성하였다.

우르(Ur, Ur-of-the-Chaldees, 이라크) 구약성경에 칼라로 나오는 도시 우르는 서기전 3천년기 수메르 문명의 주요 도시 중 하나였다.

우바이드 문화('Ubaid culture) 서기전 5000년경 이라크 남부에 있었던 초기 농경문화.

울루부룬(Uluburun, 터키) 터키 남부 연안 앞바다에 좌초된 청동기시대 난파선 유적으로 서기전 14세기로 연대측정되었다.

원조 푸에블로(Ancestral Pueblo(Anasazi)) 미국의 소위 '사우(四隅) 지방'에 중심을 둔 서남부의 주요 문화 전통으로 서기 1100년 이후 대전성기에 이르렀다.

윌란드라 호수(Willandra Lakes, 오스트레일리아) 약 3만 7천 년 전부터 2만 6천 년 전 사이로 연대측정된 조개더미 및 야영 유적.

인더스 문명(Indus civilization) 지금의 파키스탄 인더스강 유역에서 서기전 2700년경 부터 서기전 1700년까지 번성한 토착 인도 문명.

자르모(Jarmo, 이라크) 자그로스 산록의 초기 농경 마을로 서기전 5000년 이전에 사람이 살았다.

절벽 궁전 메사 베르데(Cliff Palace, Mesa Verde, 미국 콜로라도주) 원조 푸에블로 문화의 주요 유적으로 서기 1200년 이후 최대 판도를 이루었다.

젠느-제노(Jenne-Jeno) 서아프리카 니제르 분지의 서기 1천년기 초기 도시이자 교역 중심지.

조우(Zhou, 周) 중요한 중국 왕조의 하나로 서기전 1122년 이후 북중국의 많은 부분을 통치하였다.

조우코디엔(Zhoukoudian, 周口店, 중국) 60만 년 전으로까지 올라가는 연대를 가진 호모 에렉투스 화석으로 유명한 동굴 유적.

짐바브웨(Zimbabwe) 대짐바브웨 항을 보시오.

차빈 데 완타르(Chavín de Huántar, 페루) 서기전 900년부터 서기전 200년 사이의 페루 안데스 산록 의례 중심지로 수많은 안데스 미술 및 이데올로기의 산실이었다.

차요뇌 테페시(Çayönü Tepesi, 터키) 서기전 8600년경에서 7000년경의 의례 건물과 조상숭배 증거를 가진 초기 농경 취락.

차코 캐니언(Chaco Canyon, 미국 뉴멕시코주) 차코 현상 항을 보시오.

차코 현상(Chaco phenomenon) 서기 11, 12세기의 원조 푸에블로 유적 및 그와 관련된 뉴멕시코주 차코 캐니언의 현상들에 붙인 이름.

차탈회윅(Çatalhöyük, 터키) 서기전 6000년부터 5000년 사이에 흑요석 교역을 바탕으로 번성했던 초기 농경 읍.

찬 찬(Chan Chan, 페루) 서기 1000년 이후 치무 문명의 수도.

치리파(Chiripa, 페루) 티티카카 호수 근처에 서기전 1000년경 건립된 의례 중심지.

치모르(Chimor, 페루) 치무 제국의 영역.

치무 문명(Chimu civilization) 페루 람바예케 계곡에 있었던 저지대 문명으로 서기
　　1000년경부터 1476년 사이에 번성하였다.

치첸 이차(Chichén Itzá, 멕시코) 유카탄 북부에 있었던 후고전기 마야 중심지로 특히
　　서기 13세기에 번성하였다.

칠카(Chilca, 페루) 서기전 4000년 이후로 연대측정된 페루 해안지대 반영구 수렵채집
　　취락.

카나포이(Kanapoi, 케냐) 알리아 베이 항을 보시오.

카네시(Kanesh, 터키) 서기전 17세기에 세워진 히타이트 취락으로 나중 세기에는 아
　　시리아 교역소로 유명하였다.

카라콜(Caracol, 벨리즈) 서기 7세기 마야의 중요 중심지로 칼락물의 경쟁국이었으며
　　석재 교역의 주요 중심지였다.

카랄(Caral, 페루) 페루 해안지대의 초기 의례 중심지로 서기전 2600년경 세워져 서기
　　전 2000년부터 서기전 1500년 사이에 버려졌다.

카랑가(Karanga) 짐바브웨의 쇼나어를 쓰는 사람들에 대해 붙인 족(族)명.

카르나크(Karnak, 이집트) 서기전 1500년 이후 이집트 신왕국시대 태양신 아문의 신
　　전.

카호키아(Cahokia, 미국 일리노이주) 서기 900년 이후 미시시피 문화의 주요 의례 중심
　　지.

칼락물(Calakmul, 과테말라) 선고전기부터 서기 800년까지 마야의 주요 정치 및 종교
　　중심지.

칼람보 폴즈(Kalambo Falls, 잠비아) 옛 호수 바닥층 유적으로 20만 년도 더 전에 아슐
　　리안 문화를 영위한 사람들의 잔적이 발견되었다.

칼푸이(Calpulli) 농촌 및 도시 주민을 조직하는 데 이용되었던 아스텍 친족 집단 구분.

케르마(Kerma, 수단) 서기전 3천년기의 누비아 왕국.

코로 토로(Koro Toro, 차드) 사하라 중부 남쪽 오스트랄로피테쿠스 아파렌시스 유적으
　　로 연대는 약 350만 년에서 300만 년 전으로 측정되었다.

코슈카틀란 동굴(Coxcatlán Cave, 멕시코) 서기전 2000년경으로 연대측정된 건조 옥수수 속대들이 출토된 테와칸 계곡 암벽 밑 은거지.

코스터(Koster, 미국 일리노이주) 북미 중서부 일리노이강 유역에 있는 성층 유적으로 대략 서기전 7500년부터 서기 1200년까지 처음에는 수렵채집민이, 나중에는 농경민이 살았다.

코이 코이(Khoe Khoe)족 서기 15세기 포르투갈 탐험가들이 아프리카 남단에서 만난 소 이목민.

코판(Copán, 온두라스) 서기 1천년기 중반 동안의 주요 마야 중심지.

쿠비 포라(Koobi Fora, 케냐) 약 250만 년 전으로 연대측정되는 가장 이른 석기 제작의 흔적 가운데 일부가 남은 지점.

쿠스코(Cuzco, 페루) 고지대 페루 잉카 제국의 수도.

쿠시(Kush) 수단에 있었던 아프리카 국가로 서기전 900년 이후 나일강을 따라 번성하였다. 누비아 항을 참조.

쿠에요(Cuello, 벨리즈) 초기 마야 취락이자 의례 중심지로 일찍이 서기전 1500년부터 사람이 살았으며 서기전 2천년기 초로 연대측정된 성소들이 있다.

크노소스(Knossos, 크레타) 크노소스의 미노스 궁전은 미노아 문명의 주요 중심지였다. 이 유적에는 서기전 2000년 이전부터 서기 1400년경까지 사람이 살았다.

크로마뇽(Cro-Magnon, 프랑스) 프랑스 서남부 레 제지 근처 암벽 밑 은거지로 1868년 빙하시대 말기 인간 유골이 최초로 발견되었다. 서부 및 중부 유럽의 후기 구석기시대 사람들은 흔히 크로마뇽인이라 불린다.

클로비스 전통(Clovis tradition) 북미 전역에 아주 이른 시기에 널리 퍼져 있었던 인간 거주와 관련된 문화 전통으로 연대는 서기전 12천년기로 측정된다.

키리과(Quirigua, 온두라스) 코판에 예속되어 있었던 마야 도시였으나 서기 738년 그 주군을 정복하였다.

키바(Kiva) 미국 서남부 선사시대 주민들이 지은 성스러운 의식 거행실.

키시(Kish, 이라크) 서기전 약 2800년 및 그 이후의 초기 수메르 도시국가.

킬와(Kilwa, 탄자니아) 동아프리카 해안의 무역항으로 서기 1200년 이후 아프리카산 금과 상아의 주요 환적 항구였다.

타완틴수유(Tawantinsuyu) 잉카인이 자기네 제국을 가리켜 부른 이름으로 '사방 천지의 땅'이라는 뜻.

타이마 타이마(Taima Taima, 베네수엘라) 서기전 12000년 정도로 오래된 초기 인간 거주 흔적일 가능성이 있는 증거가 나온 유적.

탐린도(Tamrindo, 과테말라) 마야의 한 중심지로 서기 760년경 근처에 있었던 도스 필라스를 공격하였다.

테노치티틀란(Tenochtitlán, 멕시코) 서기 1325년경부터 1521년까지 아스텍 문명의 수도였으며 최대 인구는 약 25만 명으로 추산된다.

테베(Thebes, 이집트) 서기전 1520년 이후 중왕국시대와 신왕국시대 이집트의 수도였으며 태양신 아문의 숭배 중심지로서 고대 이집트인이 와세트라고 불렀다.

테오티와칸(Teotihuacán, 멕시코) 멕시코 계곡에서 대략 서기전 200년부터 서기 750년까지 번성한 주요 도시.

테와칸 계곡(Tehuacán Valley, 멕시코) 멕시코의 건조 계곡으로 가장 이른 옥수수 재배의 증거 중 일부가 발견된 바 있다.

토랄바(Torralba, 스페인) 암브로나 항을 보시오.

토로 메날라(Toro-Menalla, 차드) 700만 년 전에서 600만 년 전의 연대를 가졌다는 사헬란트로푸스 차덴시스 두개골이 출토된 화석 포함층 유적.

툴라(Tula, 멕시코) 대략 서기 900년부터 1160년까지의 톨텍 문명 수도.

트루아 프레르(Trois Frères, 프랑스) 막달레니안 문화의 벽화 동굴로 주술사 그림이 유명하다.

트리닐(Trinil, 인도네시아 자바) 연대가 180만 년 전으로 거슬러 올라가는 자갈 퇴적층으로 호모 에렉투스 화석 잔적이 출토되었다.

티스(This, 이집트) 서기전 4천년기 상이집트에 있었던 선왕조시대 이집트 왕국.

티와나쿠(Tiwanaku, 볼리비아) 티티카카 호수 근처에 자리 잡았던 고지대 안데스 국가로 서기 200년부터 1000년까지 광범위한 지방과 교역을 벌였다.

티칼(Tikal, 과테말라) 고전기 마야 도시로 서기 200년부터 600년까지 전성기를 이루었다.

파날라우카 동굴(Panalauca Cave, 페루) 서기전 2500년경으로 연대측정된 초기 키노아 재배 및 야마 사육 증거가 출토된 유적.

팔렝케(Palenque, 멕시코) 마야 도시이자 의례 중심지로 '방패 왕조'가 여러 세기 동안 통치하였으며 서기 7세기에 강성하였다.

팔로마(Paloma, 페루) 페루 해안지대에서 서기전 4000년 이후로 채집 경제를 영위하면서 농경을 한정적으로 실시한 대규모 취락.

페니키아인(Phoenicians) 서기전 500년 이후로 지중해 교역의 많은 부분을 좌지우지했던 전문 교역상들로 북아프리카에 카르타고시를 건립하였으며 그들은 로마의 숙적이 되었다.

페이슬리 5마일 동굴(Paisley 5Mile Caves, 미국 워싱턴주) 1만 2천300년 전으로 연대측정된 인간 대변이 발견된 유적으로 문화 연관성은 알지 못한다.

포트 록 동굴(Fort Rock Cave, 미국 오리건주) 서기전 12000년까지 거슬러 올라갈 가능성이 있는 증거가 나온 북미 초기 인간 거주 유적.

푸난(Funan, 캄보디아) 서기 3세기부터 6세기 사이에 번성한 동남아시아 도시국가.

푸에블로 보니토(Pueblo Bonito, 미국 뉴멕시코주) 차코 캐니언에 있는 원조 푸에블로 문화의 주요 '대궐'로 서기 12세기 동안 사람들이 살았다.

푸카라(Pukara, 페루) 티티카카 호수 북쪽 분지에 자리 잡았던 서기 1천년기 소규모 왕국의 중심지.

필로스(Pylos, 그리스) 서기전 1500년경으로 연대측정된 미케네 왕궁으로 문자 점토판 서고로 유명하다.

하다르(Hadar, 에티오피아) 오스트랄로피테쿠스 아파렌시스 표본이 많이 발견된 지점으로 연대는 약 300만 년 전이다.

하라파(Harappa, 파키스탄) 서기전 2500년경 인더스 문명의 주요 도시.

하티(Hatti, 터키) 서기전 2천년기에 아나톨리아에 중심을 두었던 히타이트 왕국.

해상족(Sea Peoples) 교역상이자 해적들로 서기전 1200년 이후 300년간 동지중해의 많은 부분을 석권하였다.

헤르토(Herto, 에티오피아) 아디스아바바 서북쪽에서 16만 년 전으로 연대측정된 해부학상 현대인 두개골 세 점이 발견된 지점.

호모 하이델베르겐시스(Homo heidelbergensis) 60만 년 전에서 20만 년 전으로 연대측정된 아프리카와 유럽의 여러 유적에서 출토된 호미닌 종으로 유럽의 네안데르탈인과 아프리카 현생인류의 마지막 공통 조상으로 생각되고 있다.

호프웰 전통(Hopewell tradition) 일리노이주와 미국 동부를 중심으로 하였던 종교 및 매장 숭배 문화로 서기전 200년부터 서기 400년까지 번성하였다.

호호캄 문화(Hohokam culture, 미국 애리조나주) 애리조나주 남부를 중심으로 널리 퍼져 있었던 사막 농경문화로 대략 서기전 300년부터 서기 1500년까지 번성하였다.

후온 반도(Huon Peninsula, 뉴기니) 4만 년 된 마제 석부가 출토되어 이 섬의 초기 인간 거주 증거가 된다.

히든 매머드유적(Hidden Mammoth site, 미국 알래스카주) 서기전 9700년경으로 연대 측정된 알래스카 중부 사냥 야영지.

히타이트(Hittites) 하티 항을 보시오.

본문 중 인용문헌 원전

레온-포르티야, 『아스텍 사람들의 사고와 문화: 옛 나우아족의 마음 연구』(1963)(Leon-Portil-
la, Miguel. 1963. *Aztec thought and Culture: A Study of the Ancient Nahuatl Mind*. Jack
Emory Davis, trans. Norman, OK: University of Oklahoma Press.)

리히트하임, 『고대 이집트 문학: 제2 독본 제2권 신왕국 편』(1976)(Lichtheim, Miriam. 1976.
Ancient Egyptian Literature: A Book of Readings. Vol. 2: The New Kingdom. Berkeley:
University of California Press.)

린다 쉘레와 데이비드 프리델, 『왕들의 숲』(1990)(Shele, Linda, and David Freidel. 1990. *A
Forest of Kings*. New York: William Morrow.)

메리 리키와 잭 해리스, 『라에톨리』(1990)(Leakey, Mary D., and Jack Harris. 1990. *Laetoli: A
Pliocene Site in Northen Tanzania*. Oxford: Oxford University Press.)

빙엄, 『잉카의 잃어버린 도시』(1964)(Bingham, Hiram. 1964. *Lost Cities of the Incas*. New
York: Athenaum.)

설리번, 『이칸추의 북』(1988)(Sullivan, Laurence. 1988. *Icanchu's Drum*. New York: Free
Press.)

쇼베, 데샹, 일레르, 『미술의 여명: 쇼베 동굴』(1996)(Chauvet, Jean-Marie, Eliette Brunel De-
schamps, and Christian Hillaire. 1996. *Dawn of Art: The Chauvet Cave*. New York:
Harry Abrams.)

스티븐스, 『치아파스와 유카탄 여행기』(1841)(Stephens, John Lloyd. 1841. *Incidents of Trav-
el in Chiapas and Yucatan*. New York: Harpers.)

앤더슨과 디블스, 『신스페인 풍물 약사』(1963)(Anderson, A. O., and Charles Dibbles, trans.
1963. *A General History of the Things of New Spain*. Vol. 7. Salt Lake City: University
of Utah Press.)

우드와 콜라드, 「인간 속」 『과학』(1999)(Wood, Bernard and Mark Collard. 1999. "Human
Genus." *Science* 284: 65-71.)

제닝스, 『문명 죽이기』(2016)(Jennings, Justin D. 2016, *Killing Civilization: A Reassessment
of Early Urbanism and Its consequences*. Albuquerque: University of New Mexico
Press.)

코헨(역), 『신스페인 정복기』(Cohen, J. M., trans. 1963. *The Conquest of New Spain*. Balti-
more: Pelican Books.)

쿠싱, 『주니』(1979)(Cushing, Frank. 1979. *Zuni*. Lincoln: University of Nebraska Press.)

크레이머, 『역사는 수메르에서 시작된다』(1981)(Kramer, Samuel. 1981. *History Begins at Sumer*. Philadelphia: University of Pennsylvania Press.)

터너, 「이빨, 바늘, 개와 신대륙 인간 이주의 인체고고학적 증거」, (자블론스키 편)『최초의 아메리카인』(2002)(Turner, Christy. 2002. "Teeth, Needles, Dogs, and Bioarchaeological Evidence for the Colonization of the New World." in *The First Americans*, Nina Jablonski, ed., pp. 123-158. San Francisco: California Academy of Science.)

페이건, 『바빌론으로의 귀환』(2007 개정판)(Fagan, Brian M. 2007. *Return to Babylon*. Rev. ed. Boulder: University of Colorado Press.)

폴리, 『인간 이전의 인류』(1995)(Forley, Robert. 1995, *Humans Before Humanity*. Oxford: Blackwell.)

화이트, 『문화의 진화』(1949)(White, Leslie. 1949. *The Evolution of Culture*. New York: McGraw-Hill.)

휠러, 『인더스 문명』(1968)(Wheeler, Sir Mortimer. 1968. *The Indus Civilization*. Rev. ed. Cambridge: Cambridge University Press.)

찾아보기

[ㄱ]

가나 492, 498

가속질량분석(AMS) 64, 226, 227, 241, 280, 281

간지 다레, 이란 317

갈판 310, 311

강건형 오스트랄로피테쿠스군 121

강압 이론(국가 기원론) 403

거석 324~326, 453

게벨레인, 이집트 466

경제 권력 407, 408

계단 피라미드 472, 473

계통분기학 129

고고학적 문화 70

고(古)기 252

고나 유적, 에티오피아 125

고왕국 386, 470~479

고인디언 주거지 252, 253, 255~258

고전기 마야 문명 548, 570~582

고지대 메조아메리카 597~626

공공건물 314, 377, 378, 393, 409, 418, 428, 521, 573, 593, 598

공공 건축 406, 412, 445

공반의 법칙 61

관개 농경 397~399

괴베킬리 테페, 터키 314, 315

교역 399~403

교역과 교환 347, 360, 361

교환 400

구대륙 문명 384~388

구비역사 52, 53

국가 이전 사회 77, 78

국가조직 사회 76, 78, 340, 345, 389~419

군장 사회 78, 344~380

그로트 드 쇼베, 프랑스 237, 239~241

기근 293~295

기자, 이집트 425, 474

기후 변화 321, 322, 586~588

『길가메시 서사시』 416, 436

길라 나키츠, 멕시코 334, 335

[ㄴ]

나가다, 이집트 465, 466

나랑호 556

나르메르 팔레트 468, 469

나무나이테연대측정법 356~369

나스카 계곡 630

나크베, 과테말라 556, 563

낙타 대상 495

남미 251, 286, 334

남방계 제식 375

남아시아 515~525

남아시아 문명 516

너클걷기 106, 107

네안데르탈인 179~194

네왈리 초리, 터키 314

네켄, 이집트 466

네페냐 계곡 630, 648

농경 262

농경의 기원 274~277, 298~340

농업혁명 262, 265, 276, 277
누비아 425, 487~489
니네베, 이라크 425, 456

[ㄷ]
다선 문화 진화 75~79
다인 이론 282~285
다트(레이먼드) 114, 120
단계통 진화 129
단타 피라미드 566
대궐 362, 363
대나무 175, 176
대문화 469~471
대옹벽 507~509
대인 346~349
대짐바브웨 492, 507~509
던바(로빈) 146, 177
데 사우투올라(마르셀리노) 218
덴데라, 이집트 466
도구 제작자 127~139
도난(크리스토퍼) 645
도스 필라스, 과테말라 556, 583, 584
도시 395, 396
도시혁명 262, 384, 396, 397, 400, 420
돌 읍 502, 504
돌날 233~235
동남아시아 223, 227~229, 534~543
동물 순화 301~303
동물고고학 278
동북 시베리아 248~250
동아프리카 해안 502~504
동투르카나 110, 111, 124
뒤부아(외젠) 153
듀란트(에리얼) 262
듀란트(윌) 262

듁타이 동굴 248
드라이어(귄터) 464
드마니시, 조지아 167
드마레스트(아서) 558, 583, 584
디아스(베르날) 596
딜러해이(톰) 252
딜문 518

[ㄹ]
라가시, 이라크 518
라 마들렌느 암벽 밑 은거지 235
라 벤타, 멕시코 556, 559~561
라스코, 프랑스 84
라에톨리, 탄자니아 110, 118
라 페라시, 프랑스 194
라피타 문화 350, 351
람바예케, 페루 630
레반트 206, 263, 307, 312, 317, 320, 347,
    394, 401, 437, 438, 440, 445, 450, 454,
    455
레이트만(제프리) 147, 148
레콰이 630
렉(한스) 131
렌프루(콜린) 401, 402, 413
로메크위 3 42, 110, 135
로버츠(닐) 166
로이드(시튼) 428
뢰스 341
루갈 385
루시 116~118
룸브레라스(루이스) 639
르 튁 도두베르, 프랑스 238
리(리처드) 294
리마 630
리비(윌러드) 25

리앙 부아, 인도네시아 223
리키(루이스) 98, 123, 125, 132
리키(리처드) 123
리키(메리) 98, 118, 123, 125, 132, 141
리키(미브) 116

[ㅁ]
마간 518
마나코나스 662
마르쿠스(조이스) 569
마아트 468, 476
마야 문명 548, 555, 562~593
마야 문자 568, 569
마야의 몰락 582~591
마야 인디언 49, 66
마야판 556, 591
마오리인 353, 354
마우리아 제국 514, 525
마운드빌 374, 376~379
마운드 시티, 미국 오하이오주 370, 371
마제 석기 292
마추픽추, 페루 629, 630, 665
마카팡스가트 110
마투야마/브루네스 155
마풍구브웨 505~508
막달레니안 문화 235
만달라 535
만사니야(린다) 606
만타로 분지 630
말기 왕조시대 470, 485, 486
말라쿠난자 암벽 밑 은거지 227
말리 492, 499~501
망자의 가로 603, 604
매머드 뼈 243
맥니시(리처드) 336, 337

메도우크로프트 암벽 밑 은거지, 미국 펜실베
    이니아주 251
메로에, 수단 490~492
메림데 베니 살라마, 이집트 318
메사, 미국 알래스카주 255
메사 베르데, 미국 콜로라도주 364, 365
메소포타미아 422~457
메조아메리카 77, 83, 266, 276, 286,
    334~338, 340, 375, 379, 391, 395, 402,
    405, 407, 416, 419, 469, 548, 549
메쥐리히, 우크라이나 243
멘델스존(쿠르트) 475
멜라네시아 184, 185, 349, 350~352
멜루하 518
멤피스, 이집트 425, 471, 472
멸치 어업 632~633
명문 계단 581
명문 신전 578
모골론 360
모우드(마이클) 224
모즐리(마이클) 632, 633, 648
모차노프(유리) 248
모체 58, 385, 394, 404, 411, 552, 629, 630,
    640~654, 667, 668
모헨조다로, 파키스탄 514, 519~523
목테수마(에두아르도 마토스) 615, 616
몬테 베르데, 칠레 252, 253
몬테 알반, 멕시코 556, 600~602
몰레슨(테야) 84, 310, 311
몽크스 마운드 372
무스테리안 기술 157, 193
문명 44, 391, 417~419
문헌기록 52~55, 63
문화 57~79
문화 과정 68~70

문화 변동 80, 81

문화생태학 74

문화 역사 59, 66, 70

문화 전통 80, 81

문화체계 58, 404~406

미국 서남부 34, 35, 56, 63, 64, 266, 344,
345, 355, 358, 359, 381, 382

미노아 문명 72, 448~451

미라 만들기 476, 477

미르, 벨기에 66

미세분수계 570

미술, 크로마뇽 235~242

미슨(스티븐) 85, 144, 316

미시시피 전통 371~380

미용(르네) 603

미케네, 그리스 425, 451~452

미케네 문명 451~454

미토콘드리아 DNA 182, 184, 187, 188, 197

민족지고고학 66, 67

민족지 유추 66~68

민족지적 현재 68

밀과 보리의 순화 304~306

밑동에 홈이 진 255

[ㅂ]

바리오 603, 605~607

바빌론 문명 425, 428, 441, 442, 455, 456

반트케라믹 문화복합 324

발데스(후안 안토니오) 583

발명 71

발세키요, 멕시코 251, 254

방사성탄소연대측정법 44, 64

버거(리처드) 633, 639

베닌, 나이지리아 50

베르날(마틴) 486

베르흐네-트로이츠카야, 시베리아 249

베링 육교 249, 254, 255, 258

벨쪼니(지오반니) 461, 462

벨트란(보리스) 563

벼 재배 328~331

변화의 주역, 인간 390, 414~417

보가즈코이, 터키 425, 444

보리 268, 275, 283, 299, 300, 304, 312, 318,
398, 436, 501, 524, 563

보스럽(에스터) 294, 398

보타(폴 에밀) 390, 391

복스그로브, 영국 157, 171

복합도구 191, 193

부에나 비스타, 페루 630, 635

부유선별법(플로테이션) 278, 279

부족 78

분자생물학 197~201

불가피한 변이 71

뷰랭 234

브레스테드(헨리) 276

브레이드우드(로버트) 277, 278

브뢰이유(앙리) 235

브뤼네(미셸) 108, 119

블루멘샤인(로버트) 142, 143

비뇨(파트릭) 108

비루 계곡 630

비비안(그윈) 363

비옥한 초승달지대 276, 396, 397

비트포겔(칼) 398

빙엄(하이람) 629

빙하 100~102, 153~~158, 163, 165, 168,
192, 194, 201, 204, 208, 212, 213,
218~222, 227, 229, 231~236, 240~242

빙하시대(빙하를 참조)

[ㅅ]

사부아(젠) 629

사이비고고학 25, 38~41

사카라, 이집트 471, 472

사투르노(윌리엄) 563

사파르(푸아드) 428

사하라이남 아프리카 494~496

사헬란트로푸스 차덴시스 46, 91, 108, 109, 150, 158

사훌 222, 223, 227, 349

삭사와만 661

산 로렌소, 멕시코 548, 556~559

산 마르코스 동굴, 멕시코 337

산 바르톨로, 과테말라 556, 563~565

산 호세 모고테, 멕시코 556, 598~601

산업화 이전 문명 384, 385, 388, 392

산토리니, 그리스 425, 451

살린스(마샬) 348

상 문명 81, 387, 514, 525~530

상고기(上古期) 469, 470, 510

상이집트 466

상호작용 84~86

상호작용의 격자 558

샌더스(윌리엄) 406, 589

생물인류학 32, 84, 112, 147, 245, 310

생태학적 이론 397~399

샤먼 238

샤오툰, 중국 528

샤카, 줄루 414, 415

서남아시아 306~320

서비스(엘만) 345

서아프리카 왕국 496~501

선고전기 555~557

선사 26~29, 41~45

선왕조시대 462~469

설형문자 432

세계 선사 24~35, 41~45, 55, 56, 63, 74, 75, 86, 87

『세계선사학』(클라크) 45

세렌, 엘살바도르 572

세로 바울 630

세로스 556

세석인 246

세친 알토 630

솔라눔 투베로숨(*solanum tuberosum*) 338

솔로몬 제도 349

송하이 492, 501

쇠닝엔, 독일 157, 169, 172, 173

수렵채집민 139~143, 212~215, 242~245, 269~274, 292, 425~427

수리 문명 398

수메르 문명 434~441

수유 663

순다 222, 223

순다돈티 247

쉘레(린다) 83

스네이크타운, 미국 조지아주 360, 361

스미스(브루스) 337

스미스(앤드류) 303

스미스(조지) 423

스완스콤, 영국 170

스카보로(버넌) 570

스터크폰테인 110

스튜어드(줄리언) 74, 398

스티븐스(존 로이드) 554

스페인인의 정복 625, 626, 665, 666

시간 척도 62~64

시노돈티 247, 248

시아 왕조 525

시앤런둥 동굴, 중국 330

시칸, 페루 552, 653

시판, 페루 630, 643~645, 653

시판 군주 643~645

식량생산 28, 46, 62, 78, 212, 214, 215,
258~263, 272, 274, 280~288, 292~297,
300, 313, 316~319

식물규산체 330

식물 유체 70, 278, 286, 308

신념 82, 83

신(新)드리아스기 213

신석기혁명 262, 397

신성 동굴 604

신왕국 470, 481~485

심층 역사학자 26

씨족 78

[ㅇ]

아과테카, 과테말라 584

아나사지 360

아놀드(J. R.) 44, 45

아데나 문화 367

아둘리스, 에티오피아 492

아라미스, 에티오피아 110, 112

아르디피테쿠스 라미두스 46, 91, 113, 150

아르디피테쿠스 카답바 112

아문 신전 481, 482

아바나의 아들 아모세 484, 485

아부 후레이라, 시리아 84, 263, 264, 279,
306~312, 340, 342, 346

아브리 파토 암벽 밑 은거지, 프랑스 231

아비도스, 이집트 464~466, 472

아수르, 이라크 425, 455

아슐리안 석기 제작기술 93, 132, 156, 162,
165, 170, 171, 174, 175, 208

아스텍 국가 621, 623

아스텍 문명 68, 550, 612~626

아스페로, 페루 630, 634

아시리아 문명 391, 455~457

아시아 306~317, 328~332, 515~543

아오, 중국 527

아와쉬 지방, 에티오피아 110, 112, 116, 117,
121

아이유 656, 658

아인 가잘, 시리아 309

아카드 문명 386, 441, 442

아크로폴리스 507, 508, 578

아타푸에르카, 스페인 157, 177~180

아틀라틀 257

아프리카 152~208, 212, 219, 222, 225, 235,
236, 258, 264, 267, 275, 276, 286~289,
293, 299, 303, 318, 319, 341, 348, 349,
380, 384, 386, 394, 400, 414, 447, 448,
460~462, 471, 486~499, 502~504

아프리카 농민 318, 319

아프리카 중심주의 486, 487

악숨, 에티오피아 386, 461, 489~494, 510,
511

안데스 농민 338~340

안데스 문명 408, 551, 628~632, 634, 637,
649, 653

안데스 지역 279

안양, 중국 514, 527

알리 코시, 이란 263, 264, 317, 401

알리아 베이, 케냐 110, 116

알링턴 스프링즈, 캘리포니아 251

알바(월터) 58, 643

알타미라, 스페인 218, 219, 237

암브로나, 스페인 157, 171

앙코르 와트, 캄보디아 27, 387, 395, 514,
538~540, 542

앙코르 톰, 캄보디아 540

애덤스(로버트) 399, 405

야슈칠란 556

약취 98, 121, 132, 138~140, 143, 144, 151, 175, 252

양샤오, 중국 332, 333

언어의 발달 146~148

에드푸, 이집트 466

에리두, 이라크 427~430

에스나, 이집트 466

에이브베리, 영국 326~328

에인콘 밀 214, 304, 305, 309, 313

에일로(레슬리) 177

엘니뇨 552, 649, 650

엘레판티네섬 466

엘 미라도르, 과테말라 548, 556, 563, 565, 566, 570, 573, 587

엘-아마르나, 이집트 465

엘 칵, 이집트 466

엘 파라이소, 페루 630, 635, 636

여덟 줄 옥수수 337

역사 기록 63

연륜연대측정법 62, 356~359

연약형 오스트랄로피테쿠스군 120

영양 294~296

영장류 103~107

영장목 102, 103

옆구리 구릉지대 276, 277

예리코 82, 83

옐렌(존) 66, 67

『오디세이』 452

오로린 투게넨시스 112

오모 유적 110

오스트랄로피테쿠스 46, 112~130, 133~136, 146, 148~151, 156~163, 165

오스트랄로피테쿠스 가르히 121~123, 130,

오스트랄로피테쿠스 라미두스 46, 91, 113, 130, 156

오스트랄로피테쿠스 로부스투스 114, 121

오스트랄로피테쿠스 아나멘시스 114, 116, 130

오스트랄로피테쿠스 아파렌시스 114, 117~120, 130

오스트랄로피테쿠스 아프리카누스 114, 115, 120

오스트레일리아 46, 48, 51, 53, 62, 67, 93

오오담 인디언 360

오할로II, 이스라엘 286

옥수수 순화 335~338

올도완 기술 125, 136~139

올두바이 고르지 98, 110, 111, 123, 131, 136, 140, 157

올멕 문명 558~562

와리, 페루 630, 652, 653

와카 프리에타, 페루 251

와하카 계곡 556, 597~600

와학툰, 과테말라 573~576

왈라세아 222

왕권 통치 567

『왕들의 숲』 83

요피(노먼) 410

우가리트, 시리아 425, 445

우드(버나드) 123

우루크, 이라크 425, 430~433, 436, 438

우르, 이라크 425, 426, 438~442

우르파 지방, 터키 313

우바이드 문화 425, 426

울루부룬, 터키 425, 446, 447

울리(레너드) 439, 440

워커(알란) 116

원기 36
원조 푸에블로 사회 360~365
웹스터(데이비드) 589
위칠로포치틀리 신전 614~618
위험 관리 282, 283
윌란드라 호수, 오스트레일리아 228, 229
윌슨(데이비드) 404
유단(遊團) 77, 78
유럽 들소 241, 302, 314
유럽의 농민 320~328
유전자 분석 90, 91
유추 66~68
육각형 아코디언 효과 535, 536
이데올로기 411~414
이스튼 다운 유적, 영국 326~328
이슬람 502~504
이족보행 105~107, 118
이주 72
이집트 문명 469, 470
인구압 282, 283
인더스 문명 387, 515~525
인류의 이야기 100
인류 진화 35, 90, 93, 95, 98, 99, 102,
    106~109, 114, 120, 126~129, 132, 147,
    148
인지고고학 81
『일리아드』 452
잃어버린 고리 153
잉카 제국 629, 656~666

[ㅈ]
자르모, 이라크 317
장기력 49
저지대 메조아메리카 553~593
적응 74

적응방산 129, 134, 135
적응으로서의 문화 74~79
전쟁 403, 404
전파 72
절벽궁전(메사 베르데), 미국 콜로라도주
    364, 365
정체 가설 250
정치 권력 407~410
정치 변전의 주기 569
정황 59~61
제4기 100
제5태양 618~621
제닝스(저스틴) 416
제벨 이루드 95, 157, 199~201
조우 왕조 531
조우코디엔, 중국 157, 164
조핸슨(도날드) 116, 117, 132
종교 이데올로기 194, 385, 386, 388
주니족 344, 345
주먹도끼 157
줄루 68
중국 문명 387, 388, 525~531
중국 진시황제 무덤 532, 533
중세 온난기 506
중왕국, 이집트 470, 479~481
지구라트 427~430
지역 연속 이론 195
직선적 시간 48
진잔트로푸스 보이세이 98, 132
쩐라 536

[ㅊ]
차빈 데 완타르, 페루 630, 637~40
차요뇌 테페시, 터키 314
차일드(비어 고든) 262, 265, 276, 278, 384,

385, 397, 400, 420

차코 캐니언 362

차코 현상 362, 364

차탈회육, 터키 320~323, 448

찬 찬, 페루 630, 654, 655

창 던지개 234, 235

철 야금술 447, 492, 494

청동 가공 529

초기 호모 123~127

추마시 문화 273, 274

충적세(홀로세) 268, 269, 271, 272

취락 분포 정형 65

츠울 아아우(신성 왕권 통치) 563

치남파스 614

치리파, 페루 630, 641, 642

치모르 655

치무 문명 552, 630, 653~656

치첸 이차, 멕시코 554, 556, 588, 591, 592, 594

치카마 계곡 630

칠카, 페루 340

[ㅋ]

카나포이, 케냐 110, 116

카네시, 터키 444

카네이로(로버트) 403, 404

카라콜, 벨리즈 576, 577

카랄, 페루 630, 634, 635

카르나본 483

카르나크, 이집트 481, 482

카브웨, 잠비아 157

카스마 계곡 630

카스티요, 치첸 이차 591, 592

카터(하워드) 483

카트빙켈(빌헬름) 131

카호키아, 미국 일리노이주 372~375

칼라사사야 신전, 티와나쿠 652

칼락물, 과테말라 556, 566, 576, 577

칼람보 폴스, 잠비아 157, 170

칼푸이 624

캠벨-톰슨(리처드) 428

컬버트(패트릭) 584, 585

케넌(캐설린) 299

케르마, 수단 487, 488

케이터우드(프레더릭) 554

케찰코아틀 신전 604, 605

켐프(베리) 463

코로 토로, 차드 110, 119

코르테스(에르난) 593, 596

코슈카틀란 동굴, 멕시코 337

코스터 유적, 미국 일리노이주 270, 271

코판, 온두라스 554, 556, 558, 577~582, 588~590

콤 옴보 466

콥토스, 이집트 466

쿠메야아이 인디언 282

쿠비 포라, 케냐 110, 124, 137, 140, 141

쿠스코, 페루 630, 657, 660~663

쿠시 487~489

쿠싱(프랭크) 344, 345

쿠에요, 벨리즈 556, 562

쿨라 환상 교환망 370

쿵 산 67, 294

크노소스, 크레타 425, 448

크로마뇽인 229~242

클라크(그래함) 45

클로비스 전통 255~258

클로비스 찌르개 256

키리과(온두라스) 579

키메우(카모야) 160

키바 361, 362
키시, 이라크 438
키푸 664
킬와, 탄자니아 492, 503, 508

[ㅌ]
타 프롬, 캄보디아 540, 541
타완틴수유 551, 630, 660~663
타웅, 남아프리카 110, 114
타이마 타이마, 베네수엘라 251
탄자니아 67, 92, 118, 123, 131, 142, 159,
　　201, 502, 503, 508
탈과정주의 고고학 82
탐린도, 과테말라 583
태평양 제도 349~355
터너(크리스티) 247
터키 313~316
테노치티틀란, 멕시코 613~618
테베, 이집트 425, 466, 479~482
테오티와칸, 멕시코 73, 549, 550, 556,
　　602~609
테와칸, 멕시코 336, 556
테요(훌리오) 637
텔 제이단, 시리아 427
템플로 마요르 615, 617
텝(모리스) 116
토랄바, 스페인 157, 171
토로-메날라, 차드 108, 110
토루축조족 366~380
토바 화산 157
토스(니콜라스) 136, 144
톨텍 문명 609~611
투르카나 소년 160, 161
투르카나 호수, 케냐 110, 123, 157
투마이 108, 109

투탕카멘 482, 483
툴라, 멕시코 550, 610, 611
트레벨리안(조지) 262
트루아 프레르, 프랑스 237
트리닐, 인도네시아 157, 164
티스, 이집트 465, 466
티에메(하트무트) 172~174
티와나쿠, 볼리비아 39, 630, 642, 651~653
티칼, 과테말라 556, 568, 573~576
티티카카호(호수) 630, 641, 642

[ㅍ]
파날라우카 동굴, 페루 339
파라카스 반도 630
파시(바바라) 580
파시(윌리엄) 580
파차카막 630
팔렝케, 멕시코 554, 556, 568, 577~579
팔로마, 페루 340
페니키아인 454, 455
페에보(스바안테) 94, 182
페이슬리 5마일 동굴 251
편년 44, 62, 101, 470
포벨(프랑수아 자비에) 495
포치테카 623
포타슘아르곤연대측정법 62, 110, 111
포트 락 동굴, 미국 오하이오주 251
포프(제프리) 175
폰 비스마르크(오토) 48
폰 훔볼트(알렉산더) 338
폴리(로버트) 201
푸난, 캄보디아 514, 535
푸에블로 보니토, 미국 뉴멕시코주 362~364
푸카라, 페루 630, 642
풀락(체말) 446

프리델(데이비드) 83

플래너리(켄트) 283, 284, 334, 335, 338, 405, 597

피라미드 43, 471~475, 565, 566, 603, 604

피사로(프란시스코) 665

피스코 630

피어슨(리처드) 330

피테칸트로푸스 에렉투스 153

픽포드(마틴) 112

필로스, 그리스 453

[ㅎ]

하다르, 에티오피아 110, 116, 118, 119

하드자, 탄자니아 67

하라파, 파키스탄 514, 519, 520

하티, 터키 425, 443~445

해먼드(노먼) 562

해부학상 현대인 201, 202

해상 교역자 443~447

해상족 454, 455

해양 토대 631~637

해의 피라미드, 멕시코 603, 604

핸콕(그래함) 39, 40

헉슬리(토머스) 99

헤르토, 에티오피아 198

현대인 212

호모 134

호모 가우텐겐시스 126

호모 게오르기쿠스 167

호모 네안데르탈렌시스(네안데르탈인 참조)

호모 루돌펜시스 123

호모 사피엔스 27, 28, 32, 33, 46, 62, 70, 90, 94, 95, 101, 104, 135, 153~158, 179, 183~189, 191, 193~213

호모 사피엔스 이달투 198

호모 안테케소르 177

호모 에렉투스 46, 90, 93, 94, 127~130, 133, 134, 148, 151~168, 171, 174~178

호모 에르가스테르 127, 133, 148, 151, 156, 160, 208

호모 플로레시엔시스 223~225

호모 하빌리스 46, 92, 123~126, 132, 154

호모 하이델베르겐시스 172, 178, 179

호미니대 103

호미니드 103

호미닌 90~99, 101, 103~106, 108~112, 167

호프웰 전통 368~371

호혜 교환 346~349

호호캄, 미국 애리조나주 360, 361

홈 내어 쪼개기 기법 234

홍적세(플라이스토세) 100~102, 154, 166, 172

홍해 502

화분 분석 266

화석 증거 108~120

화이트(레슬리) 74

화이트(팀) 112, 117

화전 농경 293

화축 304, 305

환경 변화 406

황금과 상아 505~509

후, 이집트 466

후고전기 마야 문명 591~593

후온 반도, 뉴기니 227

후프만(토머스) 508

휘틀(알리스데어) 326

흑요석 산지 292, 401, 402

흑인 아테나여신 이론 486

히든 매머드, 미국 알래스카주 255

히타이트 425, 443~445

힐만(고든) 279, 304, 308

DNA 93, 516

KNM-ER 1470 123, 159

Zea mays 335